한국어문회 기준 최근 출제경향 반영

합격 필수교재

봉선생의 한자능력 검정시험

김봉환(金峯煥) 편저

- 배정한자(1급, 2급) 완벽 정리
- 배정한자(1급, 2급)별 상세풀이, 유의자, 약자, 예제 수록
- 독학이 가능한 합격 필수교재

동영상 강의 mainedu.co.kr

한자능력검정시험이란(한국어문회 기준)

전국한자능력검정시험(全國漢字能力檢定試驗)은 韓國語(한국어)의 많은 部分(부분)을 차지하고 있는 漢字語(한자어)의 깊고 바른 理解(이해)와, 傳統文化(전통문화)의 繼承(계승), 그리고 韓中日(한중일) 漢字文化圈(한자문화권)에서의 바른 正體性(정체성) 確立(확립)을 目標(목표)로, 漢字(한자)에 대한 關心(관심)을 擴散(확산)·深化(심화)시키기 위해 社團法人(사단법인) 韓國語文會(한국어문회)가 主管(주관)하고 韓國漢字能力檢定會(한국한자능력검정회)가 施行(시행)하는 綜合的(종합적)인 漢字能力測定試驗(한자능력측정시험)이다.

漢字能力檢定試驗(한자능력검정시험)은 2012년부터 4급~8급까지를 敎育級數(교육급수)로, 특급~3급II까지를 國家公認級數(국가공인급수)로 區分(구분)하고 있다.

漢字能力檢定試驗(한자능력검정시험)은 漢字(한자) 學習(학습)의 必要性(필요성)을 깨우치고, 個人別(개인별) 漢字(한자) 習得(습득) 程度(정도)에 대한 客觀的(객관적)인 檢定資料(검정자료)로 活用(활용)되어 漢字(한자) 學習(학습) 意慾(의욕)을 鼓吹(고취)시키고, 社會的(사회적)으로 漢字(한자) 活用能力(활용능력)을 認定(인정)받는 優秀(우수)한 人材(인재)를 養成(양성)함을 目的(목적)으로 한다.

● 한자능력검정시험 응시 요강(한국어문회 기준)

✔ 급수별 배정한자 수 및 수준

급수	읽기	쓰기	수준 및 특성
특급	5,978	3,500	國漢混用 古典을 불편 없이 읽고, 연구할 수 있는 수준 고급
특급II	4,918	2,355	國漢混用 古典을 불편 없이 읽고, 연구할 수 있는 수준 중급
1급	3,500	2,005	國漢混用 古典을 불편 없이 읽고, 연구할 수 있는 수준 초급
2급	2,355	1,817	常用漢字를 활용하는 것은 물론 인명지명용 기초한자 활용 단계
3급	1,817	1,000	고급 常用漢字 활용의 중급 단계
3급II	1,500	750	고급 常用漢字 활용의 초급 단계(상용한자 1500자, 쓰기 750자)
4급	1,000	500	중급 常用漢字 활용의 고급 단계(상용한자 1000자, 쓰기 500자)
4급II	750	400	중급 常用漢字 활용의 중급 단계(상용한자 750자, 쓰기 400자)
5급	500	300	중급 常用漢字 활용의 초급 단계(상용한자 500자, 쓰기 300자)
5급II	400	225	중급 常用漢字 활용의 초급 단계(상용한자 400자, 쓰기 225자)
6급	300	150	기초 常用漢字 활용의 고급 단계(상용한자 300자, 쓰기 150자)
6급II	225	50	기초 常用漢字 활용의 중급 단계(상용한자 225자, 쓰기 50자)
7급	150	→	기초 常用漢字 활용의 초급 단계(상용한자 150자)
7급II	100	→	기초 常用漢字 활용의 초급 단계(상용한자 100자)
8급	50	→	漢字 學習 동기 부여를 위한 급수(상용한자 50자)

✔ 문제유형

讀音(독음)	한자의 소리를 묻는 문제입니다. 독음은 두음법칙, 속음현상, 장단음과도 관련이 있습니다.
訓音(훈음)	한자의 뜻과 소리를 동시에 묻는 문제입니다. 특히 대표 훈음을 익히시기 바랍니다.
長短音(장단음)	한자 단어의 첫소리 발음이 길고 짧음을 구분하고 있는가를 묻는 문제입니다. 4급 이상에서만 출제됩니다.
反義語 / 反意語(반의어) 相對語(상대어)	어떤 글자(단어)와 반대 또는 상대되는 글자(단어)를 알고 있는가를 묻는 문제입니다.
完成型(완성형)	고사성어나 단어의 빈칸을 채우도록 하여 단어와 성어의 이해력 및 조어력을 묻는 문제입니다.
部首(부수)	한자의 부수를 묻는 문제입니다. 부수는 한자의 뜻을 짐작할 수 있는 중요한 부분입니다.
同義語 / 同意語(동의어) 類義語(유의어)	어떤 글자(단어)와 뜻이 같거나 유사한 글자(단어)를 알고 있는가를 묻는 문제입니다.
同音異義語(동음이의어)	소리는 같고, 뜻은 다른 단어를 알고 있는가를 묻는 문제입니다.
뜻풀이	고사성어나 단어의 뜻을 제대로 알고 있는가를 묻는 문제입니다.
略字(약자)	한자의 획을 줄여서 만든 略字를 알고 있는가를 묻는 문제입니다.
漢字(한자쓰기)	제시된 뜻, 소리, 단어 등에 해당하는 한자를 쓸 수 있는가를 확인하는 문제입니다.
筆順(필순)	한 획 한 획의 쓰는 순서를 알고 있는가를 묻는 문제입니다. 글자를 바르게 쓰기 위해 필요합니다.
漢文(한문)	한문 문장을 제시하고 뜻풀이, 독음, 문장의 이해, 한문법의 이해 등을 측정하는 문제입니다.

✔ 급수별 출제기준

구분	특급	특급II	1급	2급	3급	3급II	4급	4급II	5급	5급II	6급	6급II	7급	7급II	8급
讀音	45	45	50	45	45	45	32	35	35	35	33	32	32	22	24
訓音	27	27	32	27	27	27	22	22	23	23	22	29	30	30	24
長短音	10	10	10	5	5	5	3	0	0	0	0	0	0	0	0
反義語(相對語)	10	10	10	10	10	10	3	3	3	3	3	2	2	2	0
完成型(成語)	10	10	15	10	10	10	5	5	4	4	3	2	2	2	0
部首	10	10	10	5	5	5	3	3	0	0	0	0	0	0	0
同義語(類義語)	10	10	10	5	5	5	3	3	3	3	2	0	0	0	0
同音異義語	10	10	10	5	5	5	3	3	3	3	2	0	0	0	0
뜻풀이	5	5	10	5	5	5	3	3	3	3	2	2	2	2	0
略字	3	3	3	3	3	3	3	3	3	3	0	0	0	0	0
漢字 쓰기	40	40	40	30	30	30	20	20	20	20	20	10	0	0	0
筆順	0	0	0	0	0	0	0	0	3	3	3	3	2	2	2
漢文	20	20	0	0	0	0	0	0	0	0	0	0	0	0	0
出題問項(計)	200	200	200	150	150	150	100	100	100	100	90	80	70	60	50

✔ 합격기준

구분	특급·특급II·1급	2급·3급·3급II	4급·4급II·5급·5급II	6급	6급II	7급	7급II	8급
출제문항	200	150	100	90	80	70	60	50
합격문항	160	105	70	63	56	49	42	35

목차

제1장 한자의 이해 / 9

제2장 한자의 부수 / 15

제3장 배정(전용)한자 익히기 / 27

제4장 부록(附錄) / 381

제5장 실전문제(實戰問題) / 533

제1장

한자의 이해

1. 한자의 역사와 학습 방법

지금까지 發見(발견)된 草創期(초창기) 漢字(한자)로는 약 3300년 전에 使用(사용)된 것으로 보이는 甲骨文(갑골문)과 약 3000년 전부터 사용된 것으로 보이는 金文(금문)이 있다. 이 시기보다 훨씬 앞서 6800년 전부터 사용된 것으로 보이는 陶文(도문)도 있으나, 아직까지 陶文(도문)에 관해선 漢字(한자)의 여부(與否)를 놓고도 學者(학자)들 사이에 많은 論難(논란)이 있는 관계로 除外(제외)한다. 누구나 漢字(한자)로 認定(인정)하는데 異論(이론)의 여지(餘地)가 없는 甲骨文(갑골문)을 가지고 計算(계산)해 보더라도 漢字(한자)의 歷史(역사)는 3300년이 넘는다.

中國(중국)에서 漢字(한자)가 처음 支配階級(지배계급)의 文字(문자)로 普遍化(보편화)된 時期(시기)는 甲骨文(갑골문)이 사용된 商(상)나라 때이다. 그런데 한자가 지금 우리나라나 臺灣(대만)에서 쓰는 繁體(번체) 모양과 비슷한 글자체로 定着(정착)한 시기는 漢(한)나라 때이다. 그러니까 甲骨文(갑골문)에서 보이는 原始的(원시적)인 漢字(한자) 모양에서 지금 우리에게 익숙한 漢字(한자) 모양 사이에는 약 1500년이란 시간의 間隔(간격)이 있는 것이다. 漢字(한자) 모양에 변화가 있는 것은 當然(당연)한 일이다.

그러나 漢字(한자)의 모양이 어떻게 달라졌건 간에 원래 무엇을 본뜬 글자인가를 알면 어려웠던 漢字(한자)도 이해가 쉬어진다. 예를 들어 수많은 漢字(한자) 語彙(어휘) 중에서 사람의 모습과 관련된 漢字(한자)의 比重(비중)이 가장 크다. 사람의 서 있는 모습, 앉아 있는 모습, 무릎을 꿇는 모습 등 사람의 활동 모습과 입, 손, 발 등 사람의 身體(신체) 部位(부위)를 描寫(묘사)한 漢字(한자)들이 많다.

이렇게 具體的(구체적) 形態(형태)가 있는 사물을 본떠 만든 글자를 象形字(상형자)라 한다. 이 象形字(상형자)들은 한자 학습의 기본이 될 수 있는 基礎字(기초자)이다. 基礎字(기초자)는 더 이상 분리되지 않는 意味(의미)를 가진 最小單位(최소단위)이다. 이 基礎字(기초자)의 盤石(반석) 위에 시대의 變化(변화) 發展(발전)에 따라 수많은 會意字(회의자)나 形成字(형성자) 같은 合成字(합성자)가 만들어진 것이다.

수많은 合成字(합성자)를 학습하기 위해선 基礎字(기초자)의 학습이 于先(우선)되어야 한다. 이 基礎字(기초자)는 漢(한)나라 때 許愼(허신)이나 明(명)나라 때 梅膺祚(매응조) 같은 학자들에 의해서 部首(부수)의 형태로 體系化(체계화) 되었다. 煩雜(번잡)한 合成字(합성자)들도 有意味(유의미)한 단위까지 破字(파자)를 해보면 결국 象形字(상형자)인 部首(부수)로 나눠진다. 따라서 우리 學習者(학습자)들은 단순한 象形字(상형자)는 물론 複雜(복잡)한 合成字(합성자)라도 部首(부수)의 熟知(숙지)에 의해 자연스럽게 理解(이해)되고 習得(습득)될 수 있는 것이다.

2. 한자와 육서

① 상형(象形) : 눈에 보이는 사물의 구체적인 모양을 본떠 문자를 만드는 방법

예 日, 月, 山, 川, 木, 耳, 魚

② 지사(指事) : 상형의 방법으로 만들 수 없는 추상적인 개념을 부호나 도형으로 나타내어 문자를 만드는 방법

예 上, 下, 本, 末, 刃

③ 회의(會意) : 상형과 지사의 방법을 통해 이미 만들어진 두 개 이상 한자의 뜻과 뜻을 결합해서 새로운 뜻을 가진 문자를 만드는 방법

예 日 (날 일) + 月 (달 월) → 明 (밝을 명)
人 (사람 인) + 言 (말씀 언) → 信 (믿을 신)

④ 형성(形聲) : 상형과 지사의 방법을 통해 이미 만들어진 두 개 이상의 한자를 결합해서 한 글자는 뜻을, 다른 한 글자는 소리를 나타내도록 문자를 만드는 방법

예 水 (물 수) + 青 (푸를 청) → 清 (맑을 청)
日 (날 일) + 青 (푸를 청) → 晴 (갤 청)

⑤ 전주(轉注) : 이미 만들어진 한자의 뜻을 더 늘린 방법으로, 본래의 뜻을 변화(轉)시키고 끌어내어(注) 본래의 뜻과 연관이 있는 뜻으로 바꾸어 쓰는 것을 전주(轉注)라고 한다.

예 度, 樂, 說, 索, 更, 降

⑥ 가차(假借) : 어떤 사물이나 이름을 글자로 표기할 경우, 관계가 전혀 없는 뜻을 가진 글자라고 하더라도 소리가 같으면 빌려 쓰는 방법을 가차(假借)라고 한다.
* 주로 외래어, 고유명사, 의성어, 의태어의 경우가 많다.

예 Asia → 亞細亞 , Russia → 露西亞, 그리스도→ 基督

3. 한자의 필순의 기본 원칙

① 왼쪽에서 오른쪽으로, 위에서 아래로 쓴다.

예 川, 三

② 가로획과 세로획이 교차할 때에는 가로획을 먼저 쓴다.

예 十, 土

③ 삐침과 파임이 만날 때에는 삐침을 먼저 쓴다.

예 人, 父

④ 왼쪽과 오른쪽의 모양이 같을 때에는 가운데를 먼저 쓴다.

예 山, 水

⑤ 안쪽과 바깥쪽이 있을 때에는 바깥쪽을 먼저 쓴다.

예 日, 內

⑥ 꿰뚫는 획은 나중에 쓴다.

예 中, 車

⑦ 오른쪽 위의 점은 나중에 찍는다.

예 代, 成

⑧ 삐침이 짧고 가로획이 길면 삐침을 먼저 쓴다.

예 右

⑨ 삐침이 길고 가로획이 짧으면 가로획을 먼저 쓴다.

예 左

4. 한자어의 구성

① 주술 관계 : 주어와 서술어가 결합된 한자어로, 서술어는 행위·동작·상태 등을 나타내고, 주어는 그 주체가 된다. 주어를 먼저 해석하고, 서술어는 나중에 해석하여 '~가(이) ~함' 으로 해석한다.

예 日出, 月出, 夜深, 年少, 骨折

② 술목 관계 : 서술어와 목적어가 결합된 한자어로, 서술어는 행위·동작을 나타내고, 목적어는 대상이 된다. 목적어을 먼저 해석하고, 서술어를 나중에 해석하여 '~를(을) ~함' 으로 해석한다.

예 卒業, 讀書, 交友, 修身, 敬老

③ 술보 관계 : 서술어와 보어가 결합된 한자어로, 서술어는 행위나 동작을 나타내고, 보어는 서술어를 도와 부족한 뜻을 완전하게 해준다. 보어를 먼저 해석하고 서술어를 나중에 해석하여 ' ~이(가) ~함' , '~에 ~함'으로 해석한다.

예 無敵, 無罪, 有能, 有限, 着陸, 登山, 入學

④ 수식 관계 : 수식어와 피수식어가 결합된 한자어로, 앞에 있는 한자가 뒤에 있는 한자를 꾸미거나 한정하는 역할을 한다. 구성되는 한자의 성분에 따라 다음과 같이 나눌 수 있다.

㉠ (관형어 + 체언) → 예 靑山, 落葉, 幼兒

㉡ (부사어 + 용언) → 예 必勝, 急行, 過食

⑤ 병렬 관계 : 같은 성분의 한자끼리 병렬되어 짜여진 것으로, 이것은 다시 '대립', '유사', '대등' 으로 나눌 수 있다.

㉠ 유사 관계 : 서로 비슷한 뜻을 가진 한자로 이루어진 한자어로, 두 글자의 종합된 뜻으로 해석한다.

예 衣服, 樹木, 恩惠, 溫暖

㉡ 대립 관계 : 서로 반대되는 의미를 가진 한자로 이루어진 한자어로, '~하고 ~함' 으로 해석한다.

예 往來, 去來, 經緯, 强弱, 貧富

㉢ 대등 관계 : 서로 대등한 의미를 가진 한자로 이루어진 한자어로, '~와 ~' 로 해석한다.

예 花鳥, 松竹, 正直, 兄弟

제2장

한자의 부수

1. 부수의 위치와 명칭

① 부수가 글자의 왼쪽 부분을 차지 → 변(邊)

이에 속하는 부수는 부수로서의 명칭 뒤에 '변'을 붙인다.

예 人(亻:사람인 변), 彳(중인 변), 心(忄·⺗:마음심 변), 手(손수 변, 扌:재방 변), 木(나무목 변), 水(물수 변, 氵:삼수 변), 犬(犭:개사슴록 변), 石(돌석 변), 示(礻:보일시 변), 禾(벼화 변), 糸(실사 변), 言(말씀언 변), 金(쇠금 변), 阜(阝:언덕부 변), 矢(화살시 변), 馬(말마 변)

② 부수가 글자의 오른쪽 부분을 차지 → 방(傍)

이에 속하는 부수는 부수로서의 명칭 뒤에 '방'을 붙인다.

예 刀(칼도 방, 刂:선칼도 방), 戈(창과 방), 攴(攵:등글월문 방), 欠(하품흠 방), 邑(고을읍 방, 阝:우부 방), 斤(날근 방), 力(힘력 방)

③ 부수가 글자의 윗 부분을 차지 → 머리(頭, 冠)

이에 속하는 부수는 부수로서의 명칭 뒤에 '머리'를 붙인다.

예 亠(돼지해 머리), 宀(갓 머리), 冖(민갓 머리), 竹(대죽 머리), 艸(++:초두 머리), 网(罒·⺳·罓:그물망 머리), 爪(爫:손톱조 머리)

④ 부수가 글자의 아랫 부분을 차지 → 발(脚)

이에 속하는 부수는 부수로서의 명칭 뒤에 '발'을 붙인다.

예 儿(어진사람인 발), 火(불화 발, 灬:연화 발), 皿(그릇명 발), 心(심 발), 貝(조개패 발)

⑤ 부수가 글자의 위와 왼쪽을 덮음 → 엄(垂)

이에 속하는 부수는 부수로서의 명칭 뒤에 '엄'을 붙인다.

예 厂(민엄호 엄), 尸(주검시 엄), 广(엄호 엄), 疒(병질 엄), 虍(범호 엄)

⑥ 부수가 글자의 왼쪽과 밑을 감쌈 → 받침(沓)

이에 속하는 부수는 부수로서의 명칭 뒤에 '받침'을 붙인다.

예 廴(민책받침), 辵(辶:책받침, 착받침)

⑦ 부수가 글자의 둘레를 감쌈 → 에운담, 몸(構)

이에 속하는 부수는 부수로서의 명칭 뒤에 '몸'을 붙인다.

예 凵(위튼입구 몸), 匚(감출혜 몸), 囗(에울위 몸), 門(문문 몸)

⑧ 한 글자가 그대로 부수인 것 → 제부수(獨體字)

부수 자체가 글자인 것으로 독립된 형태이다.

예 一, 乙, 二, 人, 入, 八, 刀, 力, 十, 又, 口, 土, 士, 夕, 大, 女, 子, 寸, 小, 山, 川, 工, 己, 干, 弓, 心, 戶, 手, 支, 文, 斗, 方, 日, 曰, 月, 木, 止, 比, 毛, 氏, 水, 火, 父, 片, 牛, 犬, 玉, 瓦, 甘, 生, 用, 田, 白, 皮, 目, 石, 示, 禾, 立, 竹, 米, 羊, 老, 而, 耳, 肉, 臣, 自, 至, 舟, 色, 血, 行, 衣, 見, 角, 言, 谷, 豆, 貝, 赤, 足, 身, 車, 辛, 辰, 邑, 酉, 里, 金, 長, 門, 雨, 青, 非, 面, 音, 風, 飛, 食, 首, 香, 馬, 骨, 高, 魚, 鳥, 麥, 黃, 黑, 鼻, 鹿, 鬼, 鼎, 鼓, 鼠, 齒, 齊, 龍, 龜

2. 부수(部首)의 이해

一. 사람

1) 사람

① 사람 인(人/亻) → 休(쉴 휴), 伏(엎드릴 복), 今(이제 금)

② 어진 사람 인(儿) → 兒(아이 아), 兄(맏 형)

③ 비수 비(匕) → 比(견줄 비), 北(북녘 북)

④ 큰 대(大) → 夫(지아비 부), 夷(오랑캐 이)

⑤ 설 립(立) → 竝(아우를 병), 端(끝 단)

⑥ 주검 시(尸) → 尿(오줌 뇨), 尺(자 척)

⑦ 병부 절(卩/㔾) → 却(물리칠 각), 卷(책 권)

⑧ 아들 자(子) → 孕(아이 밸 잉), 孫(자손 손)
⑨ 여자 녀(女) → 姓(성씨 성), 婦(지어미 부)
⑩ 말 무(毋) → 母(어미 모), 每(매양 매)
⑪ 긴 장(長) → 髮(터럭 발)
⑫ 늙을 로(老/耂) → 考(생각할 고), 者(놈 자)
⑬ 몸 기(己) → 巷(거리 항), 改(고칠 개)

2) 머리와 얼굴

① 머리 혈(頁) → 類(무리 류), 順(순할 순)
② 머리 수(首) → 道(길 도)
③ 얼굴 면(面) → 麵(면 면)
④ 스스로 자(自) → 鼻(코 비), 臭(냄새 취)
⑤ 귀 이(耳) → 聲(소리 성), 聯(이을 련)
⑥ 눈 목(目/罒) → 省(살필 성), 盲(눈멀 맹), 夢(꿈 몽)
⑦ 볼 견(見) → 視(볼 시), 覺(깨달을 각)

3) 입

① 입 구(口) → 古(옛 고), 哭(울 곡)
② 가로 왈(曰) → 曷(어찌 갈), 替(바꿀 체)
③ 달 감(甘) → 甚(심할 심)
④ 혀 설(舌) → 舍(집 사)
⑤ 말씀 언(言) → 話(말씀 화), 計(헤아릴 계)
⑥ 소리 음(音) → 響(울릴 향), 韻(운 운)
⑦ 하품 흠(欠) → 欲(바랄 욕), 歌(노래 가)

4) 손

① 손 수(手/扌) → 打(칠 타), 擧(들 거)
② 또 우(又) → 反(되돌릴 반), 及(미칠 급)
③ 왼손 좌(屮) → 屯(진칠 둔)
④ 손톱 조(爪) → 爲(할 위), 采(캘 채)
⑤ 돼지머리 계(彐/彑/⺕) → 彙(무리 휘), 彗(비 혜)
⑥ 마디 촌(寸) → 射(쏠 사), 導(이끌 도)
⑦ 손 맞잡을 공(廾) → 弄(희롱할 롱), 弊(해질 폐)

⑧ 절구 구(臼) → 與(줄 여), 興(일 흥)

5) 손과 막대기

① 지탱할 지(支) → 枝(가지 지), 肢(사지 지)
② 칠 복(攴/攵) → 敵(적 적), 攻(칠 공)
③ 칠 수(殳) → 殺(죽일 살), 殼(껍질 각)

6) 발

① 그칠 지(止) → 歷(지낼 력), 歲(해 세)
② 뒤에 올 치, 천천히 걸을 쇠(夂/夊) → 夏(여름 하), 各(각각 각)
③ 가죽 위(韋) → 韓(나라 이름 한)
④ 어그러질 천(舛) → 舞(춤출 무), 桀(홰 걸)
⑤ 발 족(足) → 路(길 로), 蹟(발자취 적)
⑥ 필 필, 발 소(疋) → 疏(트일 소), 疑(의심할 의)
⑦ 달릴 주(走) → 起(일어날 기), 赴(나아갈 부)
⑧ 걸을 발(癶) → 登(오를 등), 發(쏠 발)

7) 고기, 뼈, 털

① 고기 육(肉) → 肺(허파 폐), 胃(밥통 위)
② 뼈 골(骨) → 體(몸 체), 骸(뼈 해)
③ 터럭 모(毛) → 毫(가는 털 호)
④ 터럭 삼(彡) → 形(모양 형), 彩(채색 채)

8) 병, 죽음

① 병 녁(疒) → 疾(병 질), 癌(암 암)
② 부서진 뼈 알(歹/歺) → 死(죽을 사), 殘(해칠 잔)

9) 마음

① 마음 심(心/忄/㣺) → 思(생각 사), 懼(두려워할 구), 恭(공손할 공)

二. 자연

1) 천체

① 날 일(日) → 明(밝을 명), 旦(아침 단)
② 달 월(月) → 朔(초하루 삭), 望(바랄 망)
③ 저녁 석(夕) → 夜(밤 야), 外(바깥 외)

2) 흙과 지형

① 흙 토(土) → 地(땅 지), 基(터 기)
② 뫼 산(山) → 岳(큰 산 악), 崇(높을 숭)
③ 언덕 부(阜/阝) → 降(내릴 강), 陟(오를 척)
④ 기슭 엄(厂) → 原(언덕 원), 厄(재앙 액)

3) 광물

① 돌 석(石) → 碧(푸를 벽), 砂(모래 사)
② 옥 옥(玉/王) → 現(나타날 현), 理(다스릴 리)
③ 쇠 금(金) → 錄(기록할 록), 銘(새길 명)

4) 날씨

① 비 우(雨) → 雲(구름 운), 雪(눈 설)
② 얼음 빙(冫) → 冷(찰 냉), 冬(겨울 동)

5) 물

① 물 수(水/氵/氺) → 江(강 강), 永(길 영)
② 내 천(川/巛) → 州(고을 주), 巡(돌 순)

6) 불

① 불 화(火/灬) → 災(재앙 재), 炊(불 땔 취)

7) 가축과 짐승

① 개 견(犬/犭) → 獸(짐승 수), 獲(얻을 획)
② 소 우(牛) → 牧(칠 목), 牢(우리 뢰)

③ 양 양(羊) → 美(아름다울 미), 群(무리 군)
④ 돼지 시(豕) → 豚(돼지 돈), 豪(호걸 호)
⑤ 말 마(馬) → 騷(떠들 소), 驚(놀랄 경)
⑥ 사슴 록(鹿) → 麟(기린 린), 麗(고울 려)
⑦ 범 호(虍) → 虎(범 호), 虐(사나울 학)

8) 새

① 새 조(鳥) → 鷄(닭 계), 鶴(학 학)
② 새 추(隹) → 雀(참새 작), 集(모일 집)
③ 깃 우(羽) → 翼(날개 익), 翁(늙은이 옹)

9) 어패류

① 물고기 어(魚) → 鮮(고울 선), 鱗(비늘 린)
② 조개 패(貝) → 責(꾸짖을 책), 負(질 부)

10) 벌레

① 벌레 충(虫) → 蟲(벌레 충), 蟄(숨을 칩)

11) 초목

① 나무 목(木) → 本(뿌리 본), 末(끝 말)
② 날 생(生) → 産(낳을 산)
③ 뿌리 씨(氏) → 氐(근본 저), 民(백성 민)
④ 풀 초(艸/++) → 花(꽃 화), 落(떨어질 락)
⑤ 작을 소(小) → 尖(뾰족할 첨), 少(적을 소)

三. 생활

1) 실과 옷

① 실 사(糸) → 絲(실 사), 紙(종이 지)
② 작을 요(幺) → 幼(어릴 유), 幾(기미 기)
③ 수건 건(巾) → 布(베 포), 席(자리 석)
④ 옷 의(衣/衤) → 裳(치마 상), 補(기울 보)

⑤ 덮을 멱(冖) → 冠(갓 관), 冥(어두울 명)

2) 주거 생활

① 구멍 혈(穴) → 突(갑자기 돌), 竊(훔칠 절)
② 돌집 엄(广) → 廟(사당 묘), 庶(무리 서)
③ 집 면(宀) → 家(집 가), 宮(집 궁)
④ 주검 시(尸) → 居(살 거), 履(신 리)
⑤ 높을 고(高) → 稿(볏짚 고), 膏(기름 고)
⑥ 문 문(門) → 開(열 개), 閉(닫을 폐)
⑦ 지게 호(戶) → 房(방 방), 所(곳 소)
⑧ 나무조각 장(爿) → 牀(평상 상), 牆(담 장)

3) 농사와 곡식

① 밭 전(田) → 畓(논 답), 男(사내 남), 番(차례 번)
② 사사 사(厶) → 私(사사로울 사), 公(공변될 공)
③ 힘 력(力) → 加(더할 가), 劣(못할 렬)
④ 벼 화(禾) → 秀(빼어날 수), 種(씨 종)
⑤ 쌀 미(米) → 精(찧을 정), 粗(거칠 조)
⑥ 보리 맥(麥) → 麵(밀가루 면), 麴(누룩 국)
⑦ 기장 서(黍) → 黎(검을 려)
⑧ 말 두(斗) → 料(헤아릴 료), 斜(기울 사)

4) 음식과 그릇

① 먹을 식(食) → 飯(밥 반), 饌(반찬 찬)
② 술 유(酉) → 酒(술 주), 醫(의원 의)
③ 그릇 명(皿) → 盟(맺을 맹), 監(살필 감)
④ 솥 정(鼎) → 則(법 칙), 具(갖출 구)
⑤ 오지병 격, 솥 력(鬲) → 隔(사이 뜰 격), 獻(드릴 헌)
⑥ 항아리 부(缶) → 缺(이지러질 결), 缸(항아리 항)
⑦ 숟가락 비(匕) → 匙(숟가락 시)
⑧ 울창주 창(鬯) → 鬱(답답할 울)

5) 붓과 책

① 붓 율(聿) → 肅(엄숙할 숙), 肆(방자할 사)
② 대나무 죽(竹) → 算(셀 산), 筆(붓 필)

6) 도로와 운송

① 다닐 행(行) → 街(거리 가), 衝(찌를 충)
② 걸을 척(彳) → 後(뒤 후), 得(얻을 득)
③ 길게 걸을 인(廴) → 延(끌 연), 建(세울 건)
④ 쉬엄쉬엄 갈 착(辵/辶) → 逸(달아날 일), 逐(쫓을 축), 逮(붙잡을 체)
⑤ 수레 거, 차(車) → 輩(무리 배), 軍(군사 군)
⑥ 배 주(舟) → 船(배 선), 艦(배 함)

7) 무기

① 칼 도(刀/刂) → 分(나눌 분), 列(가를 렬)
② 도끼 근(斤) → 新(새로울 신), 斷(끊을 단)
③ 선비 사(士) → 壹(한 일), 壽(목숨 수)
④ 창 과(戈) → 戟(창 극), 戒(경계할 계)
⑤ 활 궁(弓) → 强(강할 강), 弱(약할 약)
⑥ 화살 시(矢) → 短(짧을 단), 矯(바로잡을 교)
⑦ 주살 익(弋) → 鳶(솔개 연)

8) 깃발과 북

① 모 방(方) → 族(겨레 족), 旅(나그네 려)
② 북 고(鼓) → 喜(기쁠 희)

9) 형벌

① 매울 신(辛) → 辭(말씀 사), 辨(분별할 변)
② 검을 흑(黑) → 點(점 점), 黨(무리 당)
③ 그물 망(网/罒) → 罪(허물 죄), 罷(놓을 파)

10) 점과 귀신

① 보일 시(示) → 神(귀신 신), 祖(조상 조)

② 귀신 귀(鬼) → 魔(마귀 마), 魄(넋 백)
③ 점 복(卜) → 占(점 점), 卦(점괘 괘)
④ 점괘 효(爻) → 爽(시원할 상), 學(배울 학), 教(가르칠 교)

11) 나라와 고을

① 둘러싸일 위, 나라 국(口) → 圖(그림 도), 囚(가둘 수), 國(나라 국)
② 고을 읍(邑/ 阝) → 都(도읍 도), 郡(고을 군)

* 기타

① 불똥 주(丶) → 主(주인 주), 붉을 단(丹)
② 뚫을 곤(丨) → 中(가운데 중)
③ 갈고리 궐(亅) → 事(일 사)
④ 삐칠 별(丿) → 乘(탈 승), 乖(어그러질 괴)
⑤ 새 을(乙) → 九(아홉 구), 乳(젖 유), 乾(하늘 건)
⑥ 돼지해머리 두(亠) → 交(사귈 교), 亡(망할 망)
⑦ 조각 편(片) → 版(널 판), 牌(패 패)

제3장

배정(전용)한자 익히기

1. 4급 배정한자(1000자)

001 7급Ⅱ

집 가

宀
총10획

파자풀이 家자는 宀(집 면)자와 豕(돼지 시)자가 결합한 회의자(會意字)이다.

유의자 閣 집 각, 館 집 관, 堂 집 당, 室 집 실, 屋 집 옥, 宇 집 우, 宙 집 주, 宅 집 택, 戶 집 호

용례 家計 가계, 家系 가계, 家難 가난, 家門 가문, 家寶 가보, 家譜 가보, 家勢 가세, 家屬 가속, 家率 가솔, 家業 가업, 家屋 가옥, 家庭 가정, 一家 일가, 專門家 전문가, 家家戶戶 가가호호, 家和萬事成 가화만사성

002 7급

노래 가

欠
총14획

파자풀이 歌는 발음요소인 哥(노래 가)와 의미요소인 欠(하품 흠)으로 구성된 형성자(形聲字)이다.

유의자 曲 노래 곡, 樂 음악 악, 詠 읊을 영, 謠 노래 요, 唱 부를 창

용례 歌劇 가극, 歌舞 가무, 歌辭 가사, 歌手 가수, 牧歌 목가, 流行歌 유행가, 高聲放歌 고성방가, 四面楚歌 사면초가

003 5급Ⅱ

값 가

亻(人)
총15획

파자풀이 價는 亻(사람 인)자와 발음요소인 賈(장사 고)로 구성된 형성자(形聲字)이다.

유의자 値 값 치

약자 価

용례 價値 가치, 價格 가격, 株價 주가, 評價 평가, 同價紅裳 동가홍상, 稀少價値 희소가치

004 5급

옳을 가:

口
총5획

파자풀이 可자는 丁(고무래 정)과 口(입 구)자가 결합한 회의자(會意字)이다.

유의자 當 마땅 당, 義 옳을 의

상대자 否 아닐 부

용례 可決 가결, 可能 가능, 可當 가당, 可否 가부, 燈火可親 등화가친, 不可思議 불가사의, 曰可曰否 왈가왈부

005 5급

加

더할 가

力
총5획

파자풀이 加자는 力(힘 력)에 口(입 구)를 결합한 회의자이다.

유의자 益 더할 익, 增 더할 증, 添 더할 첨

상대자 減 덜 감

용례 加減 가감, 加擊 가격, 加階 가계, 加納 가납, 加擔 가담, 加味 가미, 加算 가산, 加勢 가세, 加速 가속, 加熱 가열, 加點 가점, 增加 증가, 追加 추가, 雪上加霜 설상가상

006 4급Ⅱ

假

거짓 가:

亻(人)
총11획

파자풀이 假자는 亻자와 발음요소인 叚(빌릴 가)로 구성된 형성자(形聲字)이다.

유의자 僞 거짓 위

상대자 眞 참 진

약자 仮

용례 假道 가도, 假量 가량, 假令 가령, 假面 가면, 假名 가명, 假髮 가발, 假使 가사, 假飾 가식, 假裝 가장, 假葬 가장, 假建物 가건물, 假登記 가등기, 假分數 가분수

007 4급Ⅱ

街

거리 가(:)

行
총12획

파자풀이 街는 의미요소인 行과 발음요소인 圭(쌍토 규)로 구성된 형성자이다.

유의자 巷 거리 항, 道 길 도, 路 길 로

용례 街道 가도, 街頭 가두, 街販 가판, 商街 상가, 繁華街 번화가, 街路燈 가로등, 街談巷說 가담항설

008 4급

暇

겨를 가:

日
총13획

파자풀이 暇는 의미요소인 日자와 발음요소인 叚(빌릴 가)자가 결합한 형성자이다.

용례 公暇 공가, 病暇 병가, 餘暇 여가, 閑暇 한가, 休暇 휴가, 席不暇暖 석불가난

009 6급Ⅱ

角

뿔 각

角
총7획

파자풀이 角자는 짐승의 뿔을 그린 상형자(象形字)이다.

용례 角度 각도, 角質 각질, 角逐 각축, 鹿角 녹각, 對角 대각, 鈍角 둔각, 銳角 예각, 直角 직각, 觸角 촉각, 角者無齒 각자무치

---

010 6급Ⅱ

각각 각

口
총6획

파자풀이 各자는 夊(뒤져서 올 치)와 口(입 구) 구성된 회의자이다.

상대자 共 한 가지 공, 同 한 가지 동, 合 합할 합

용례 各各 각각, 各個 각개, 各色 각색, 各自 각자, 各種 각종, 各個擊破 각개격파, 各個戰鬪 각개전투, 各界各層 각계각층, 各樣各色 각양각색

---

011 4급

깨달을 각

見
총20획

파자풀이 覺자는 學(배울 학)과 見(볼 견)으로 구성된 회의자이다.

유의자 警 깨우칠 경, 悟 깨달을 오

약자 覚

용례 覺悟 각오, 感覺 감각, 發覺 발각, 先覺 선각, 知覺 지각, 警覺心 경각심, 無知沒覺 무지몰각

---

012 4급

새길 각

刂(刀)
총8획

파자풀이 刻자는 亥(돼지 해)와 刂(칼 도)가 결합된 회의자이다.

유의자 刊 새길 간, 銘 새길 명

용례 刻苦 각고, 刻印 각인, 時刻 시각, 寸刻 촌각, 刻苦勉勵 각고면려, 刻骨難忘 각골난망, 刻骨銘心 각골명심, 刻舟求劍 각주구검

---

013 7급Ⅱ

사이 간(:)

門
총12획

파자풀이 間자는 門(문 문)자와 日(해 일)자가 합체한 회의자이다.

유의자 隔 사이뜰 격

용례 間斷 간단, 間食 간식, 間接 간접, 間或 간혹, 期間 기간, 世間 세간, 人間 인간, 晝間 주간, 行間 행간

---

014 4급

看

볼 간

目
총9획

파자풀이 看자는 手(손 수)자와 目(눈 목)자로 구성된 회의자이다.

유의자 監 볼 감, 見 볼 견, 觀 볼 관, 覽 볼 람, 視 볼 시, 閱 볼 열

용례 看過 간과, 看病 간병, 看守 간수, 看破 간파, 看護 간호, 走馬看山 주마간산

---

015 4급

簡

대쪽/간략할 간(:)

竹
총18획

파자풀이 簡자는 竹(대나무 죽)과 발음요소인 間(사이 간)으로 구성된 형성자이다.

유의자 略 간략할 략

상대자 細 가늘 세

용례 簡潔 간결, 簡單 간단, 簡略 간략, 簡明 간명, 簡素 간소, 簡易 간이, 簡擇 간택, 簡便 간편, 竹簡 죽간

---

016 4급

干

방패 간

干
총3획

파자풀이 干자는 성의 입구를 막던 큰 방패를 그린 상형자이다.

유의자 盾 방패 순

상대자 戈 창 과, 矛 창 모, 滿 찰 만

용례 干戈 간과, 干滿 간만, 干城 간성, 干與 간여, 干潮 간조

---

017 6급

感

느낄 감:

心
총13획

파자풀이 感자는 발음요소인 咸(다 함)과 의미요소인 心(마음 심)으로 구성된 형성자이다.

유의자 覺 깨달을 각

용례 感覺 감각, 感激 감격, 感謝 감사, 感想 감상, 感知 감지, 同感 동감, 萬感 만감, 所感 소감, 實感 실감, 豫感 예감

---

018 4급Ⅱ

監

볼 감

皿
총14획

파자풀이 監자는 臥(누울 와)자와 一(한 일), 皿(그릇 명)자로 구성된 회의자이다.

유의자 看 볼 간, 見 볼 견, 觀 볼 관, 督 살펴볼 독, 覽 볼 람, 視 볼 시, 察 살필 찰

약자 监

용례 監禁 감금, 監督 감독, 監房 감방, 監査 감사, 監視 감시, 監察 감찰

019 4급 II

減

덜 감:

氵(水)
총12획

파자풀이 減자는 의미요소인 氵(물 수)와 발음요소인 咸(다 함)으로 구성된 형성자이다.

유의자 省 덜 생, 損 덜 손, 除 덜 제

상대자 加 더할 가, 益 더할 익, 增 더할 증, 添 더할 첨

약자 减

용례 減價 감가, 減量 감량, 減産 감산, 減稅 감세, 減少 감소, 加減乘除 가감승제

---

020 4급

달 감

甘
총5획

파자풀이 甘자는 입 안에 달콤한 것을 물고 있는 모양을 표현한 지사자(指事字)이다.

상대자 苦 쓸 고

용례 甘苦 감고, 甘味 감미, 甘受 감수, 甘酒 감주, 甘草 감초, 甘言利說 감언이설, 苦盡甘來 고진감래

---

021 4급

감히/
구태여 감:

攵
총12획

파자풀이 敢자는 爪(손톱 조), 口(입 구), 攵(칠 복)으로 구성된 회의자이다.

용례 敢請 감청, 敢鬪 감투, 敢行 감행, 果敢 과감, 勇敢 용감, 敢不生心 감불생심

---

022 4급

갑옷/첫째 갑

田
총5획

파자풀이 甲자는 단단한 거북의 등이나 씨앗의 두꺼운 껍질이 균열된 모습을 표현한 상형자이다.

용례 甲富 갑부, 甲衣 갑의, 甲子 갑자, 同甲 동갑, 甲男乙女 갑남을녀

---

023 7급 II

강 강

氵(水)
총6획

파자풀이 江자는 氵자와 발음요소인 工(장인 공)자가 결합한 형성자이다.

유의자 河 물 하

상대자 山 메 산

용례 江山 강산, 江邊 강변, 江湖 강호, 漢江 한강, 江原道 강원도

---

024 6급

强

강할 강(:)

弓
총12획

파자풀이 본래 모습인 強자는 弘(넓을 홍)자와 虫(벌레 충)자가 결합한 회의자이다.

유의자 健 굳셀 건

상대자 弱 약할 약

용례 强健 강건, 强勸 강권, 强度 강도, 强盜 강도, 强勢 강세, 强調 강조, 强打 강타, 列强 열강, 强近之親 강근지친, 牽强附會 견강부회, 抑强扶弱 억강부약, 博覽强記 박람강기

---

025 4급 II

康

편안 강

广
총11획

파자풀이 康자는 탈곡기를 표현한 것으로 보이는 庚(별 경)자와 米(쌀 미)자가 결합한 회의자이다.

유의자 健 굳셀 건, 安 편안 안, 便 편할 편

상대자 危 위태로울 위

용례 康健 강건, 康福 강복, 健康 건강, 小康 소강

---

026 4급 II

講

욀 강:

言
총17획

파자풀이 講자는 言(말씀 언)자와 冓(짜다 구)자가 결합한 글자이다.

유의자 誦 욀 송, 解 풀 해

용례 講壇 강단, 講堂 강당, 講讀 강독, 講演 강연, 受講 수강

---

027 4급

降

내릴 강:
항복할 항

阝(阜)
총9획

파자풀이 降자는 아래로 내려오는 모습을 그린 夅자에 阜(언덕 부)자를 결합한 글자이다.

유의자 下 아래 하

상대자 登 오를 등, 昇 오를 승, 上 위 상

용례 降等 강등, 降福 강복, 降神 강신, 降水 강수, 降雪 강설, 降雨 강우, 降伏 항복, 投降 투항

---

028 6급

開

열 개

門
총12획

파자풀이 開자는 門(문 문)자와 빗장을 양손으로 들어 올려 벗기는 모습의 幵(평평할 견)자가 결합한 회의자이다.

상대자 閉 닫을 폐

용례 開國 개국, 開發 개발, 開放 개방, 開業 개업, 開票 개표, 開學 개학, 續開 속개, 開化思想 개화사상, 開卷有得 개권유득

029 5급

改

고칠 개(:)
攵
총7획

파자풀이 改자는 자기 자신을 의미하는 己(몸 기)자와 채찍질하다는 의미인 攵(칠 복)자가 결합한 형성자이다.

유의자 更 고칠 경

용례 改良 개량, 改修 개수, 改心 개심, 改正 개정, 改造 개조, 改築 개축, 改憲 개헌, 改革 개혁, 改過遷善 개과천선

030 4급 II

個

낱 개(:)
亻(人)
총10획

파자풀이 個자는 亻자와 발음요소인 固(굳을 고)자가 결합한 형성자이다.

유의자 枚 낱 매

상대자 總 다 총, 皆 다 개, 合 합할 합

용례 個當 개당, 個別 개별, 個性 개성, 個人 개인, 半個 반개

031 5급 II

손 객
宀
총9획

파자풀이 客자는 宀(집 면)과 입구로 발이 들어오는 모습을 그린 各(각각 각)자가 결합한 글자이다.

유의자 旅 나그네 려, 賓 손 빈

상대자 主 주인 주

용례 客觀 객관, 客席 객석, 客員 개원, 客地 객지, 觀客 관객, 旅客船 여객선, 客反爲主 객반위주

032 7급 II

수레 거/차
車
총7획

파자풀이 車자는 물건이나 사람을 싣고 다니던 '수레'를 그린 것이다.

용례 車庫 차고, 車道 차도, 車輪 차륜, 拍車 박차, 馬車 마차, 列車 열차, 急停車 급정거, 停車場 정거장

033 5급

들 거:
手
총18획

파자풀이 擧자는 舁(마주들 여)자와 与(어조사 여)자, 手(손 수)자가 결합한 회의자이다.

유의자 動 움직일 동

약자 挙

용례 擧動 거동, 擧論 거론, 擧名 거명, 擧事 거사, 擧行 거행, 檢擧 검거, 列擧 열거, 義擧 의거, 一擧一動 일거일동

034 5급

去

갈 거:
厶
총5획

파자풀이 갑골문에서의 去자는 厶의 자리에 口를 써서 '문 밖으로 나가다'는 것을 표현했다.

유의자 往 갈 왕, 之 갈 지

상대자 來 올 래

용례 去來 거래, 去勢 거세, 去處 거처, 過去 과거, 收去 수거, 除去 제거, 退去 퇴거, 空手來空手去 공수래공수거

035 4급

巨

클 거:
工
총5획

파자풀이 巨자는 고대에 사용하던 큰 자를 그린 것으로 보인다.

유의자 大 큰 대, 偉 클 위, 太 클 태

상대자 小 작을 소, 細 가늘 세

용례 巨金 거금, 巨大 거대, 巨木 거목, 巨物 거물, 巨富 거부

036 4급

據

근거 거:
扌(手)
총16획

파자풀이 據자는 扌(손 수)자와 豦(원숭이 거)자가 결합한 형성자이다.

유의자 依 의지할 의

약자 拠

용례 據點 거점, 根據 근거, 論據 논거, 依據 의거, 占據 점거, 證據 증거

037 4급

拒

막을 거:
扌(手)
총8획

파자풀이 拒자는 의미요소인 扌자와 발음요소인 巨자를 결합한 형성자이다.

유의자 防 막을 방, 障 막을 장, 抵 막을 저, 抗 겨룰 항

용례 拒否 거부, 拒逆 거역, 拒絶 거절, 抗拒 항거, 拒門不納 거문불납

038 4급

居

살 거
尸
총8획

파자풀이 居자는 尸(주검 시)자와 古(옛 고)자가 결합한 글자이다.

유의자 住 살 주, 活 살 활, 留 머무를 류

용례 居士 거사, 居室 거실, 隱居 은거, 住居 주거, 居之半 거지반, 居安思危 거안사위

039 5급

建

세울 건:
廴
총9획

파자풀이 建자는 廴(길게 걸을 인)자와 聿(붓 율)자가 결합한 회의자이다.

유의자 設 베풀 설, 立 설 립

상대자 壞 무너질 괴

용례 建國 건국, 建軍 건군, 建物 건물, 建設 건설, 建議 건의, 建造 건조, 建築 건축, 再建 재건, 創建 창건, 建功之臣 건공지신

040 5급

件

물건 건
亻(人)
총6획

파자풀이 件자는 亻과 牛(소 우)가 결합한 글자이다.

유의자 物 물건 물, 品 물건 품

용례 件數 건수, 物件 물건, 事件 사건, 與件 여건, 要件 요건, 用件 용건, 條件 조건, 事事件件 사사건건

041 5급

健

굳셀 건:
亻(人)
총11획

파자풀이 健자는 亻자와 발음요소인 建(세울 건)자가 결합한 형성자이다.

유의자 康 편안 강, 强 굳셀 강

상대자 弱 약할 약

용례 健康 건강, 健勝 건승, 健實 건실, 健兒 건아, 健全 건전, 健鬪 건투, 保健 보건

042 4급

傑

뛰어날 걸
亻(人)
총12획

파자풀이 傑자는 亻자와 나무 위에 사람의 발을 그린 桀(홰 걸)자가 결합한 형성자이다.

유의자 秀 빼어날 수, 俊 준걸 준

용례 傑物 걸물, 傑作 걸작, 傑出 걸출, 女傑 여걸, 英雄豪傑 영웅호걸

043 4급 II

검사할 검:
木
총17획

파자풀이 檢자는 의미요소인 木자와 발음요소인 僉(다 첨)자가 결합한 형성자이다.

유의자 督 감독할 독, 査 조사할 사, 察 살필 찰

약자 検, 検

용례 檢問 검문, 檢査 검사, 檢事 검사, 檢算 검산, 檢察 검찰, 檢擧旋風 검거선풍

044 4급

儉

검소할 검:
亻(人)
총15획

파자풀이 儉자는 의미요소인 亻자와 발음요소인 僉(다 첨)자가 결합한 형성자이다.

약자 倹, 俭

용례 儉年 검년, 儉素 검소, 儉約 검약, 勤儉節約 근검절약

045 5급 II

格

격식 격
木
총10획

파자풀이 格자는 木자와 발음요소인 各자가 결합한 형성자이다.

유의자 式 법 식

용례 格言 격언, 格下 격하, 規格 규격, 同格 동격, 失格 실격, 嚴格 엄격, 資格 자격, 適格 적격, 破格 파격, 格物致知 격물치지

046 4급

擊

칠 격
手
총17획

파자풀이 擊자는 毄(수레 끌 수)자와 手(손 수)자가 결합한 글자이다.

유의자 攻 칠 공, 伐 칠 벌, 打 칠 타

상대자 防 막을 방, 守 지킬 수

약자 撃

용례 擊發 격발, 擊退 격퇴, 擊破 격파, 攻擊 공격, 反擊 반격, 射擊 사격, 擊壤歌 격양가, 聲東擊西 성동격서

047 4급

激

격할 격
氵(水)
총16획

파자풀이 激자는 의미요소인 氵자와 발음요소인 敫(노래할 교)자가 결합한 글자이다.

유의자 烈 매울 렬

용례 激減 격감, 激怒 격노, 激動 격노, 激烈 격렬, 激憤 격분, 激戰 격전, 過激 과격, 激化一路 격화일로

048 5급 II

見

볼 견:
뵈올 현:
見
총7획

파자풀이 見자는 目(눈 목)자와 儿(사람 인)자가 결합한 회의자이다.

유의자 看 볼 간, 監 볼 감, 觀 볼 관, 覽 볼 람, 視 볼 시, 謁 뵐 알

상대자 隱 숨을 은

용례 見聞 견문, 見本 견본, 見習 견습, 見積 견적, 見解 견해, 私見 사견, 豫見 예견, 意見 의견, 異見 이견, 政見 정견, 謁見 알현, 先見之明 선견지명, 見利思義 견리사의, 見危授命 견위수명, 見物生心 견물생심

049 4급

堅

굳을 견

土
총11획

파자풀이 堅자는 臤(굳을 간)자에 土(흙 토)자를 결합한 글자이다.

유의자 固 굳을 고, 確 굳을 확

약자 坚

용례 堅固 견고, 堅果 견과, 堅實 견실, 中堅 중견, 堅忍不拔 견인불발, 堅引持久 견인지구, 堅忍至終 견인지종, 堅甲利兵 견갑이병

050 4급

犬

개 견

犬
총4획

파자풀이 犬자는 개가 마치 재롱을 피우듯이 꼬리를 올린 모습을 묘사한 상형자이다.

유의자 狗 개 구, 戌 개 술

용례 軍犬 군견, 名犬 명견, 愛犬 애견, 忠犬 충견, 犬馬之勞 견마지로, 犬兎之爭 견토지쟁

051 5급 II

決

결단할 결

氵(水)
총7획

파자풀이 決자는 氵자와 夬(터놓을 쾌)자가 결합한 형성자이다.

유의자 判 판단할 판, 斷 끊을 단

용례 決斷 결단, 決死 결사, 決算 결산, 決勝 결승, 決意 결의, 決議 결의, 決定 결정, 決鬪 결투, 對決 대결, 旣決 기결, 未決 미결, 可決 가결, 否決 부결, 決死報國 결사보국

052 5급 II

結

맺을 결

糸
총12획

파자풀이 結자는 糸(실 사)자에 발음요소인 吉(길할 길)자가 결합한 형성자이다.

유의자 契 맺을 계, 構 얽을 구, 束 묶을 속, 約 맺을 약

상대자 離 떠날 리, 解 풀 해

용례 結果 결과, 結局 결국, 結氷 결빙, 結束 결속, 結實 결실, 結合 결합, 結婚 결혼, 歸結 귀결, 連結 연결, 結草報恩 결초보은, 結者解之 결자해지

053 4급 II

潔

깨끗할 결

氵(水)
총15획

파자풀이 潔자는 氵자에 絜(깨끗할 결)자를 결합한 형성자이다.

유의자 白 흰 백, 淨 깨끗할 정, 淸 맑을 청

상대자 汚 더러울 오

용례 潔白 결백, 簡潔 간결, 高潔 고결, 不潔 불결, 純潔 순결, 淸潔 청결

054 4급 II

缺

이지러질 결

缶
총10획

파자풀이 缺자는 의미요소인 缶(장군 부)자에 발음요소인 夬(터놓을 결)자를 결합한 형성자이다.

약자 欠

용례 缺禮 결례, 缺席 결석, 缺食 결식, 缺如 결여, 缺點 결점, 病缺 병결

055 6급

京

서울 경

亠
총8획

파자풀이 京자의 갑골문을 보면 기둥 위에 큰 건축물이 세워져 있었다. 따라서 큰 건물이 많은 서울을 의미하는 글자이다.

유의자 都 도읍 도

상대자 村 마을 촌, 鄕 시골 향

용례 京畿 경기, 京鄕 경향, 開京 개경, 西京 서경, 柳京유경, 北京 북경, 燕京 연경, 在京 재경, 京義線 경의선

056 5급 II

敬

공경 경:

攵
총13획

파자풀이 敬자는 苟(진실로 구)자에 채찍질을 의미하는 攵(칠 복)자를 결합한 글자이다.

유의자 恭 공손할 공

용례 敬禮 경례, 敬老 경로, 敬拜 경배, 敬語 경어, 敬愛 경애, 敬歎 경탄, 恭敬 공경, 尊敬 존경, 敬而遠之 경이원지, 敬天勤民 경천근민, 敬天愛人 경천애인

057 5급

景

볕 경(:)

日
총12획

파자풀이 景자는 日(해 일)자와 京(서울 경)자가 결합한 형성자이다.

유의자 光 빛 광, 陽 볕 양

용례 景觀 경관, 景氣 경기, 景致 경치, 光景 광경, 雪景 설경, 絶景 절경, 造景 조경, 珍風景 진풍경, 景福宮 경복궁, 景勝之地 경승지지

058 5급

輕

가벼울 경

車
총14획

파자풀이 輕자는 의미요소인 車자와 발음요소인 巠(물줄기 경)자가 결합한 형성자이다.

상대자 重 무거울 중

약자 軽

용례 輕減 경감, 輕量 경량, 輕傷 경상, 輕視 경시, 輕重 경중, 輕犯罪 경범죄, 輕洋食 경양식, 輕音樂 경음악, 輕慮淺謀 경려천모

059 5급

競

다툴 경:

立
총20획

파자풀이 競자의 갑골문을 보면 힘을 겨루는 노예 둘을 묘사한 글자이다.

유의자 戰 싸움 전, 爭 다툴 쟁, 鬪 싸움 투

상대자 和 화할 화, 協 화할 협

용례 競技 경기, 競馬 경마, 競演 경연, 競爭 경쟁, 競走 경주, 競進 경진, 競合 경합

060 4급

鏡

거울 경:

金
총19획

파자풀이 鏡자는 의미요소인 金(쇠 금)에 발음요소인 竟(마침내 경)자를 결합한 형성자이다.

유의자 鑑 거울 감

용례 水鏡 수경, 眼鏡 안경, 望遠鏡 망원경, 顯微鏡 현미경, 鏡中美人 경중미인

061 4급 II

經

지날/글 경

糸
총13획

파자풀이 經자는 의미요소인 糸자와 발음요소인 巠(물줄기 경)자가 결합한 형성자이다.

유의자 過 지날 과, 歷 지날 력, 理 다스릴 리, 文 글월 문, 書 글 서

상대자 緯 씨 위

약자 経

용례 經過 경과, 經歷 경력, 經費 경비, 經營 경영, 經緯 경위, 經典 경전, 經驗 경험, 經世濟民 경세제민, 經口投藥 경구투약, 經國之才 경국지재, 牛耳讀經 우이독경

062 4급 II

지경 경

土
총14획

파자풀이 境자는 의미요소인 土자에 발음요소인 竟(끝낼 경)자를 결합한 형성자이다.

유의자 界 지경 계, 區 지경 구, 域 지경 역

용례 境遇 경우, 國境 국경, 邊境 변경, 死境 사경, 接境 접경, 環境 환경, 漸入佳境 점입가경

063 4급 II

경사 경:

心
총15획

파자풀이 慶자는 鹿(사슴 록)자와 心(마음 심)자, 夊(뒤져 올 치)자의 결합자이다.

유의자 祝 빌 축

상대자 弔 조상할 조

용례 慶州 경주, 慶祝 경축, 慶弔事 경조사, 國慶日 국경일, 慶尙道 경상도, 建陽多慶 건양다경, 弄瓦之慶 농와지경

064 4급 II

警

경계할 경:

言
총20획

파자풀이 警자는 발음요소인 敬자에 의미요소인 言자를 결합한 형성자이다.

유의자 戒 경계할 계, 覺 깨달을 각

용례 警備 경비, 警察 경찰, 警護 경호, 軍警 군경, 警覺心 경각심, 警世訓民 경세훈민

065 4급

驚

놀랄 경

馬
총23획

파자풀이 驚자는 발음요소인 敬자에 의미요소인 馬(말 마)자를 결합한 형성자이다.

용례 驚異 경이, 驚歎 경탄, 驚弓之鳥 경궁지조, 驚天動地 경천동지, 大驚失色 대경실색

066 4급

傾

기울 경

亻(人)
총13획

파자풀이 傾자는 亻에 발음요소인 頃(잠깐 경)자를 결합한 형성자이다.

유의자 斜 비낄 사

용례 傾斜 경사, 傾注 경주, 傾聽 경청, 傾向 경향, 左傾 좌경, 傾國之色 경국지색

067 4급

更

고칠 경
다시 갱:

日
총7획

파자풀이 更자의 갑골문을 보면 탁자 앞에 회초리를 든 손이 그려져 있었다.

유의자 改 고칠 개, 復 다시 부

용례 更新 경신, 更任 경임, 更張 경장, 更生 갱생, 更正豫算 경정예산

068 6급 II

界

지경 계

田
총9획

파자풀이 界자는 介(낄 개)자에 田(밭 전)자를 결합한 글자이다.

유의자 境 지경 경, 區 지경 구, 域 지경 역

용례 各界 각계, 境界 경계, 世界 세계, 外界 외계, 財界 재계, 政界 정계

069 6급 II

計

셀 계:

言
총9획

파자풀이 計자는 言(말씀 언)자에 十(열 십)자를 결합한 회의자이다.

유의자 算 셀 산, 數 셀 수, 策 꾀 책

용례 計略 계략, 計量 계량, 計算 계산, 計數 계수, 生計 생계, 設計 설계, 集計 집계, 統計 통계, 會計 회계, 凶計 흉계, 計窮力盡 계궁력진

070 4급 II

係

맬 계:

亻(人)
총9획

파자풀이 系자는 실타래를 손으로 엮는 모습을 그린 것으로 '잇다'라는 뜻이 있다.

용례 係員 계원, 係長 계장, 關係 관계

071 4급

繼

이을 계:

糸
총20획

파자풀이 繼자는 糸자에 여러 개의 실타래가 이어져 있는 모습을 그린 㡭(이을 계)자를 결합한 글자이다.

유의자 連 이을 련, 續 이을 속, 承 이을 승

상대자 斷 끊을 단, 絶 끊을 절, 切 끊을 절

약자 継

용례 繼母 계모, 繼續 계속, 繼承 계승, 繼走 계주, 中繼 중계, 引受引繼 인수인계

072 4급

階

섬돌 계

阝(阜)
총12획

파자풀이 階자는 의미요소인 阝(언덕 부)자에 발음요소인 皆(다 개)자가 결합된 형성자이다.

유의자 段 계단 단, 層 층 층

용례 階級 계급, 階段 계단, 階層 계층, 段階 단계, 位階 위계

073 4급

戒

경계할 계:

戈
총7획

파자풀이 戒자는 양손을 그린 廾(받들 공)자에 戈(창 과)자가 결합된 글자이다.

유의자 警 경계할 경

용례 戒嚴 계엄, 戒律 계율, 警戒 경계, 訓戒 훈계, 斷機之戒 단기지계

074 4급

季

계절/끝 계:

子
총8획

파자풀이 季자는 禾(벼 화)자와 子(자식 자)자의 결합자이다.

유의자 末 끝 말, 節 마디 절

용례 季父 계부, 季世 계세, 季節 계절, 四季 사계, 季候病 계후병

075 4급

鷄

닭 계

鳥
총21획

파자풀이 鷄자는 발음요소이자 닭 볏을 묘사한 奚자에 鳥(새 조)자를 결합한 형성자이다.

유의자 酉 닭 유

용례 鷄冠 계관, 鷄卵 계란, 養鷄場 양계장, 鷄卵有骨 계란유골, 鷄口牛後 계구우후, 群鷄一鶴 군계일학

076 4급

系

이어맬 계:

糸
총7획

파자풀이 系자의 갑골문을 보면 실(糸) 위에 손(爪)을 그려 '이어 매는' 모습을 표현했다.

용례 系列 계열, 系統 계통, 家系 가계, 父系 부계, 體系 체계

077 6급 II

高

높을 고

高
총10획

파자풀이 갑골문에 나온 高자를 보면 城의 망루나 종을 쳐서 시간을 알리던 종각(鐘閣)을 그렸다.

유의자 崇 높을 숭, 尊 높을 존, 卓 높을 탁

상대자 低 낮을 저, 下 아래 하

용례 高價 고가, 高潔 고결, 高貴 고귀, 高度 고도, 高額 고액, 高原 고원, 高潮 고조, 高性能 고성능, 氣高萬丈 기고만장

078 6급

苦

쓸/괴로울 고

++(艸)
총9획

파자풀이 苦자는 艸(풀 초)자와 古(옛 고)자가 결합한 형성자이다.

유의자 難 어려울 난

상대자 甘 달 감, 樂 즐거울 락

용례 苦難 고난, 苦樂 고락, 苦生 고생, 苦心 고심, 苦役 고역, 刻苦 각고, 勞苦 노고, 苦盡甘來 고진감래, 惡戰苦鬪 악전고투, 同苦同樂 동고동락

079 6급

古

옛 고:

口
총5획

파자풀이 古자는 전쟁을 상징하는 방패(十)와 이야기를 의미하는 口자를 결합한 글자이다.

유의자 舊 예 구, 故 옛 고

상대자 新 새 신, 今 이제 금

용례 古宮 고궁, 古今 고금, 古物 고물, 古典 고전, 復古 복고, 太古 태고, 考古學 고고학, 東西古今 동서고금, 古今不同 고금부동, 自古以來 자고이래

---

080 5급 II

告

고할 고:

口
총7획

파자풀이 告자는 牛(소 우)자와 口(입 구)자가 결합한 글자이다.

유의자 報 알릴 보, 白 아뢸 백, 示 보일 시

용례 告白 고백, 告別 고별, 告訴 고소, 告示 고시, 公告 공고, 警告 경고, 密告 밀고, 報告 보고, 宣告 선고, 豫告 예고, 原告 원고, 忠告 충고, 被告 피고

---

081 5급

考

생각할 고(:)

耂
총6획

파자풀이 考자는 늙은 사람을 묘사한 老자에서 파생된 글자이다.

유의자 念 생각 념, 慮 생각할 려, 思 생각 사, 想 생각 상

용례 考慮 고려, 考案 고안, 考證 고증, 考察 고찰, 備考 비고, 思考 사고, 再考 재고, 參考 참고, 考例施賞 고례시상

---

082 5급

굳을 고(:)

囗
총8획

파자풀이 固자는 성벽(城壁)을 그린 囗자에 발음요소인 古자를 결합한 형성자이다.

유의자 堅 굳을 견, 確 굳을 확

용례 固辭 고사, 固守 고수, 固有 고유, 固定 고정, 固着 고착, 固體 고체, 堅固 견고, 確固不動 확고부동, 固執不通 고집불통

---

083 4급 II

옛/연고 고(:)

攵
총9획

파자풀이 故자는 古자와 攵자의 결합자이다. 古자와 같은 의미를 갖는 글자이다.

유의자 古 옛 고, 舊 옛 구

상대자 今 이제 금, 新 새 신

용례 故國 고국, 故人 고인, 故意 고의, 故障 고장, 故鄕 고향, 無故 무고, 事故 사고, 溫故知新 온고지신

---

084 4급

孤

외로울 고

子
총8획

파자풀이 孤자는 의미요소인 子자와 발음요소인 瓜(오이 과)자가 결합한 형성자이다.

유의자 獨 홀로 독

상대자 群 무리 군, 類 무리 류, 衆 무리 중

용례 孤苦 고고, 孤高 고고, 孤島 고도, 孤獨 고독, 孤兒 고아, 孤立無援 고립무원

---

085 4급

庫

곳집 고

广
총10획

파자풀이 庫자는 广(집 엄)자와 車자의 합체자이다.

유의자 倉 곳집 창

용례 國庫 국고, 文庫 문고, 在庫 재고, 倉庫 창고, 出庫 출고

---

086 5급

曲

굽을/노래 곡

曰
총6획

파자풀이 갑골문에 나온 曲자를 보면 굽은 모양의 '자'를 그렸다.

유의자 屈 굽힐 굴, 折 꺾을 절

상대자 直 곧을 직

용례 曲目 곡목, 曲藝 곡예, 曲折 곡절, 曲解 곡해, 屈曲 굴곡, 名曲 명곡, 序曲 서곡, 作曲 작곡, 愛唱曲 애창곡, 變曲點 변곡점

---

087 4급

穀

곡식 곡

禾
총15획

파자풀이 穀자는 殼(껍질 각)자와 禾(벼 화)자의 합체자이다.

유의자 糧 양식 량

약자 穀

용례 穀食 곡식, 穀雨 곡우, 米穀 미곡, 糧穀 양곡, 雜穀 잡곡, 秋穀 추곡

---

088 4급

곤할 곤:

囗
총7획

파자풀이 困자는 囗(에운담 위)자에 木(나무 목)자를 결합한 회의자이다.

유의자 窮 다할 궁, 貧 가난할 빈, 疲 피곤할 피

용례 困境 곤경, 困窮 곤궁, 勞困 노곤, 貧困 빈곤, 春困 춘곤, 疲困 피곤, 困而知之 곤이지지

089 4급

骨

뼈 골

骨
총10획

파자풀이 骨자는 본래 뼈와 살을 함께 묘사한 글자이지만, 지금은 뼈의 의미로만 쓰이고 있다.

상대자 肉 고기 육

용례 骨格 골격, 骨盤 골반, 骨材 골재, 骨折 골절, 遺骨 유골, 骨多孔 골다공, 骨品制 골품제, 骨肉相殘 골육상잔, 骨肉之親 골육지친

---

090 7급 II

장인 공

工
총3획

파자풀이 工자는 땅을 다질 때 사용하던 '달구'라는 도구를 그린 상형자이다.

유의자 作 지을 작, 造 지을 조

용례 工具 공구, 工夫 공부, 工事 공사, 工程 공정, 細工 세공, 起工 기공, 施工 시공, 完工 완공, 着工 착공, 工藝品 공예품

---

091 7급 II

빌 공

穴
총8획

파자풀이 空자는 의미요소인 穴자와 발음요소인 工자의 결합자이다.

유의자 虛 빌 허

상대자 陸 뭍 륙, 滿 찰 만, 實 열매 실, 有 있을 유, 在 있을 재, 存 있을 존

용례 空白 공백, 空想 공상, 空席 공석, 空然 공연, 空前 공전, 空虛 공허, 領空 영공, 空中樓閣 공중누각, 卓上空論 탁상공론, 空前絶後 공전절후, 赤手空拳 적수공권, 色卽是空 색즉시공, 空手來空手去 공수래공수거

---

092 6급 II

공평할 공

八
총4획

파자풀이 公자는 나누는 것을 의미하는 八자와 厶(사사 사)자의 결합자이다.

상대자 私 사사 사

용례 公開 공개, 公告 공고, 公共 공공, 公式 공식, 公演 공연, 公衆 공중, 公權力 공권력, 公納金 공납금, 公休日 공휴일, 公明正大 공명정대, 公私多忙 공사다망, 公平無私 공평무사

---

093 6급 II

공 공

力
총5획

파자풀이 功자는 발음요소인 工자와 의미요소인 力자가 결합한 형성자이다.

상대자 過 허물 과, 罪 허물 죄

용례 功過 공과, 功德 공덕, 功勞 공로, 成功 성공, 論功行賞 논공행상, 富貴功名 부귀공명, 功利主義 공리주의

---

094 6급 II

共

한가지 공:

八
총6획

파자풀이 共자는 제기(祭器)를 공손히 들고 가는 모습을 표현한 것으로 보인다.

유의자 同 한가지 동

상대자 異 다를 이

용례 共感 공감, 共同 공동, 共鳴 공명, 共犯 공범, 共用 공용, 共産黨 공산당, 共存共榮 공존공영

---

095 4급

孔

구멍 공:

子
총4획

파자풀이 孔자는 아이의 모습을 그린 子(아들 자)자에 어머니의 가슴을 묘사한 乚자를 결합한 회의자이다.

유의자 穴 구멍 혈

용례 氣孔 기공, 九孔炭 구공탄, 孔孟之道 공맹지도

---

096 4급

攻

칠 공:

攵
총7획

파자풀이 攻자는 발음요소인 工자와 의미요소인 攵자가 결합한 형성자이다.

유의자 擊 칠 격, 伐 칠 벌, 打 칠 타, 討 칠 토

상대자 防 막을 방, 守 지킬 수

용례 攻擊 공격, 攻略 공략, 攻城 공성, 攻勢 공세, 攻守 공수, 速攻 속공, 專攻 전공

---

097 6급 II

과목 과

禾
총9획

파자풀이 科자는 禾(벼 화)자에 곡식을 담는 바가지를 그린 斗(말 두)자를 결합한 회의자이다.

유의자 目 과목 목

용례 科擧 과거, 科目 과목, 科學 과학, 眼科 안과, 理科 이과, 敎科書 교과서

---

098 6급 II

果

실과 과:

木
총8획

파자풀이 果자는 나무에 열매가 열린 모습을 본뜬 상형자이다.

유의자 實 열매 실

상대자 因 인할 인

용례 果敢 과감, 果然 과연, 結果 결과, 效果 효과, 果斷性 과단성, 果樹園 과수원, 因果應報 인과응보

099 5급 II

課

공부할/과정 과(:)

言
총15획

파자풀이 課자는 의미요소인 言자와 발음요소인 果자를 결합한 형성자이다.

유의자 程 길 정

용례 課業 과업, 課外 과외, 課程 과정, 課題 과제, 日課 일과, 公課金 공과금

100 5급 II

過

지날/허물 과:

辶(辵)
총13획

파자풀이 過자는 의미요소인 辶자와 발음요소인 咼(입 비뚤어질 와)자의 결합자이다.

유의자 去 갈 거, 經 지날 경, 歷 지날 력, 失 잃을 실, 誤 그르칠 오

상대자 功 공 공

용례 過去 과거, 過激 과격, 過多 과다, 過分 과분, 過信 과신, 過失 과실, 過讚 과찬, 看過 간과, 謝過 사과, 通過 통과, 過恭非禮 과공비례, 過大評價 과대평가, 過猶不及 과유불급

101 5급 II

關

빗장/관계할 관

門
총19획

파자풀이 關자는 門자에 열쇠와 빗장을 표현한 絲자와 丱자가 결합한 글자이다.

유의자 係 관계할 계

약자 関

용례 關係 관계, 關門 관문, 關稅 관세, 關與 관여, 難關 난관, 通關 통관, 大關嶺 대관령, 關東八景 관동팔경

102 5급 II

觀

볼 관

見
총25획

파자풀이 觀자는 발음요소인 雚(황새 관)자와 의미요소인 見자의 결합자이다.

유의자 看 볼 간, 監 볼 감, 見 볼 견, 覽 볼 람, 視 볼 시, 察 살필 찰

약자 观, 観

용례 觀光 관광, 觀念 관념, 觀覽 관람, 觀點 관점, 可觀 가관, 客觀 객관, 達觀 달관, 美觀 미관, 外觀 외관, 明若觀火 명약관화

103 4급

管

대롱/주관할 관

竹
총14획

파자풀이 管자는 의미요소인 竹자와 발음요소인 官자가 결합한 형성자이다.

유의자 理 다스릴 리

용례 管理 관리, 保管 보관, 主管 주관, 血管 혈관, 管樂器 관악기, 管中之天 관중지천

104 4급 II

官

벼슬 관

宀
총8획

파자풀이 官자는 宀(집 면)자와 𠂤(언덕 부)자가 결합한 모습이다.

상대자 民 백성 민

용례 官吏 관리, 官舍 관사, 官職 관직, 器官 기관, 上官 상관, 長官 장관, 官尊民卑 관존민비

105 4급

鑛

쇳돌 광:

金
총23획

파자풀이 鑛자는 의미요소인 金자와 발음요소인 廣자가 결합한 형성자이다.

약자 鉱

용례 鑛脈 광맥, 鑛山 광산, 鑛業 광업, 採鑛 채광, 炭鑛 탄광

106 6급 II

光

빛 광

儿
총6획

파자풀이 光자는 사람의 머리 위에 빛이 나는 모습을 그린 것이다.

유의자 色 빛 색

상대자 陰 그늘 음

용례 光景 광경, 光明 광명, 光復 광복, 光線 광선, 光榮 광영, 光陰 광음, 眼光 안광, 夜光 야광, 榮光 영광, 風光 풍광, 電光石火 전광석화

107 5급 II

廣

넓을 광:

广
총15획

파자풀이 廣자는 의미요소인 广자와 발음요소인 黃(누를 황)자의 결합자이다.

유의자 博 넓을 박, 汎 넓을 범, 普 넓을 보, 浩 넓을 호, 洪 넓을 홍

상대자 狹 좁을 협

약자 広

용례 廣告 광고, 廣大 광대, 廣野 광야, 廣域 광역, 廣義 광의, 廣場 광장, 廣範圍 광범위, 廣大無邊 광대무변

108 8급

학교 교:

木
총10획

파자풀이 校자는 의미요소인 木자와 발음요소인 交자가 결합한 형성자이다.

용례 校舍 교사, 校庭 교정, 校誌 교지, 校則 교칙, 校訓 교훈, 開校 개교, 登校 등교, 閉校 폐교, 學校 학교

109 8급

가르칠 교:

攵
총11획

파자풀이 敎자는 爻(효 효)자와 子(아들 자)자 그리고 攵(칠 복)자가 결합한 글자이다.

유의자 訓 가르칠 훈

상대자 習 익힐 습, 學 배울 학

용례 敎壇 교단, 敎務 교무, 敎授 교수, 敎習 교습, 敎育 교육, 說敎 설교, 布敎 포교, 敎學相長 교학상장, 敎外別傳 교외별전

110 6급

사귈 교

亠
총6획

파자풀이 交자는 다리를 꼬고 있는 사람을 그린 상형자이다.

유의자 際 사귈 제

용례 交感 교감, 交代 교대, 交流 교류, 交信 교신, 交易 교역, 交際 교제, 國交 국교, 斷交 단교, 修交 수교, 絶交 절교, 交友以信 교우이신, 水魚之交 수어지교

111 5급

다리 교

木
총16획

파자풀이 橋자는 의미요소인 木자와 발음요소인 喬(높을 교)자를 결합한 형성자이다.

용례 橋脚 교각, 橋梁 교량, 假橋 가교, 陸橋 육교, 潛水橋 잠수교

112 8급

아홉 구

乙
총2획

파자풀이 九자는 본래 '팔꿈치'를 묘사하고 의미했으나, 후에 숫자 '아홉'으로 가차(假借)되면서 본래의 의미는 더는 쓰이지 않고 있다.

용례 九泉 구천, 九官鳥 구관조, 九牛一毛 구우일모, 九死一生 구사일생, 九折羊腸 구절양장, 十中八九 십중팔구

113 7급

口

입 구

口
총3획

파자풀이 口자는 사람의 입 모양을 본뜬 상형자이다.

용례 口頭 구두, 口令 구령, 口味 구미, 口傳 구전, 食口 식구, 入口 입구, 窓口 창구, 虎口 호구, 一口二言 일구이언, 異口同聲 이구동성, 耳目口鼻 이목구비, 衆口難防 중구난방

114 6급Ⅱ

球

공 구

王(玉)
총11획

파자풀이 球자는 의미요소인 玉자와 발음요소인 求자가 결합한 형성자이다.

용례 球技 구기, 球團 구단, 球速 구속, 球場 구장, 眼球 안구, 地球 지구, 血球 혈구

115 6급

區

지경/
구분할 구

匸
총11획

파자풀이 區자는 匸(감출 혜)자와 品(물건 품)자의 합체자이다.

유의자 別 나눌 별, 分 나눌 분, 境 지경 경, 界 지경 계, 域 지경 역

상대자 合 합할 합

약자 区

용례 區間 구간, 區內 구내, 區別 구별, 區分 구분, 區域 구역, 區劃 구획, 區區私情 구구사정

116 5급Ⅱ

舊

옛 구:

臼
총18획

파자풀이 舊자는 萑(풀 많을 추)자와 臼(절구 구)자가 결합한 모습이다.

유의자 古 옛 고, 故 옛 고

상대자 新 새 신

약자 旧

용례 舊官 구관, 舊面 구면, 舊習 구습, 舊式 구식, 親舊 친구, 舊態依然 구태의연, 送舊迎新 송구영신

117 5급Ⅱ

具

갖출 구(:)

八
총8획

파자풀이 具자는 鼎(솥 정)자와 廾(받들 공)자가 결합한 모습이다.

유의자 備 갖출 비

용례 具備 구비, 具色 구색, 具體 구체, 具現 구현, 家具 가구, 工具 공구, 器具 기구, 寢具 침구, 裝身具 장신구

118 5급

救

구원할 구:

攵

총11획

파자풀이 救자는 발음요소인 求자와 의미요소인 攵자의 결합자이다.

유의자 扶 도울 부, 援 도울 원, 助 도울 조, 濟 구제할 제, 護 도울 호

용례 救國 구국, 救急 구급, 救命 구명, 救援 구원, 救濟 구제, 救助 구조, 救出 구출, 救護 구호, 自救 자구, 救世主 구세주

119 4급 II

求

구할 구

水

총7획

파자풀이 求자는 본래 짐승의 털 가죽옷을 표현한 상형자이다.

용례 求職 구직, 求刑 구형, 求婚 구혼, 要求 요구, 探求 탐구, 求心點 구심점, 求心力 구심력, 自求多福 자구다복

120 4급 II

究

연구할 구

穴

총7획

파자풀이 究자는 穴자와 발음요소인 九자의 결합자이다.

유의자 硏 연구할 연

용례 究明 구명, 講究 강구, 窮究 궁구, 研究 연구, 探究 탐구

121 4급 II

句

글귀 구

口

총5획

파자풀이 句자는 勹(쌀 포)자와 口(입 구)자가 결합한 모습이다.

약자 勾

용례 句節 구절, 結句 결구, 詩句 시구, 語句 어구, 美辭麗句 미사여구

122 4급

構

얽을 구

木

총14획

파자풀이 構자는 의미요소인 木자와 발음요소인 冓(짤 구)자가 결합한 형성자이다.

유의자 造 지을 조, 築 쌓을 축

용례 構內 구내, 構想 구상, 構成 구성, 構造 구조, 構築 구축

123 5급 II

局

판 국

尸

총7획

파자풀이 局자는 장기판 위로 말이 얹어져 있는 모습을 표현한 것이다.

용례 局面 국면, 局長 국장, 局限 국한, 亂局 난국, 當局 당국, 時局 시국, 政局 정국, 支局 지국, 破局 파국, 形局 형국

124 8급

國

나라 국

囗

총11획

파자풀이 國자는 경계를 의미하는 囗과 본래 나라를 의미했던 或자의 합체자이다.

유의자 邦 나라 방

약자 国

용례 國家 국가, 國歌 국가, 國境 국경, 國權 국권, 國旗 국기, 國技 국기, 國益 국익, 國籍 국적, 國債 국채, 强國 강국, 歸國 귀국, 祖國 조국, 護國 호국, 國恥日 국치일, 國慶日 국경일

125 8급

軍

군사 군

車

총9획

파자풀이 軍자는 車(수레 거)자와 冖(덮을 멱)자가 결합한 모습이다.

유의자 兵 군사 병, 士 선비 사, 卒 군사 졸

상대자 帥 장수 수, 將 장수 장)

용례 軍紀 군기, 軍氣 군기, 軍旗 군기, 軍隊 군대, 軍備 군비, 敵軍 적군, 進軍 진군, 强行軍 강행군, 獨不將軍 독불장군, 孤軍奮鬪 고군분투, 白衣從軍 백의종군

126 6급

郡

고을 군:

阝(邑)

총10획

파자풀이 郡자는 발음요소인 君(임금 군)자와 의미요소인 阝(邑)자가 결합한 글자이다.

유의자 邑 고을 읍, 州 고을 주, 縣 고을 현

용례 郡民 군민, 郡守 군수, 郡廳 군청

127 4급

群

무리 군

羊

총13획

파자풀이 群자는 발음요소인 君자와 의미요소인 羊자가 결합한 형성자이다.

유의자 黨 무리 당, 徒 무리 도, 等 무리 등, 類 무리 류, 衆 무리 중

상대자 孤 외로울 고, 獨 홀로 독

용례 群島 군도, 群落 군락, 語群 어군, 群衆心理 군중심리, 群鷄一鶴 군계일학, 群雄割據 군웅할거

128 4급

君

임금 군

口
총7획

파자풀이 君자는 尹(다스릴 윤)자와 口(입 구)자가 결합한 글자이다.

유의자 王 임금 왕, 帝 임금 제, 主 임금 주, 皇 임금 황

상대자 民 백성 민, 臣 신하 신

용례 君臨 군림, 君子 군자, 君主 군주, 聖君 성군, 暴君 폭군, 君臣有義 군신유의, 君子三樂 군자삼락

129 4급

屈

굽힐 굴

尸
총8획

파자풀이 屈자는 尸(주검 시)자와 出(날 출)자가 결합한 글자이다.

유의자 曲 굽을 곡, 折 꺾을 절

상대자 直 곧을 직, 伸 펼 신

용례 屈曲 굴곡, 屈伏 굴복, 屈服 굴복, 屈折 굴절, 屈節 굴절, 屈指 굴지, 百折不屈 백절불굴

130 4급 II

宮

집 궁

宀
총10획

파자풀이 宮자는 宀(집 면)자에 여러 개의 건물을 표현한 呂자가 결합한 글자이다.

유의자 家 집 가, 閣 집 각, 闕 집 궐, 堂 집 당, 舍 집 사, 室 집 실, 屋 집 옥, 宇 집 우, 宙 집 주

용례 宮闕 궁궐, 宮女 궁녀, 古宮 고궁, 龍宮 용궁, 宮合 궁합, 子宮 자궁, 景福宮 경복궁

131 4급

다할 궁

穴
총15획

파자풀이 窮자는 穴자에 발음요소인 躬(몸 궁)자가 결합한 형성자이다.

유의자 困 곤할 곤, 極 다할 극, 貧 가난할 빈, 盡 다할 진

상대자 富 부자 부

용례 窮究 궁구, 窮極 궁극, 窮理 궁리, 窮狀 궁상, 窮色 궁색, 困窮 곤궁, 貧窮 빈궁, 無窮花 무궁화, 無窮無盡 무궁무진

132 4급 II

權

권세 권

木
총22획

파자풀이 權자는 木자에 발음요소인 雚(황새 관)자를 결합한 형성자이다.

약자 权, 権

용례 權力 권력, 權利 권리, 權威 권위, 權座 권좌, 權限 권한, 敎權 교권, 投票權 투표권, 權謀術數 권모술수

133 4급

勸

권할 권:

力
총20획

파자풀이 勸자는 발음요소인 雚자와 의미요소인 力자가 결합한 형성자이다.

유의자 勉 힘쓸 면, 奬 장려할 장, 勵 힘쓸 려

약자 劝, 勧

용례 勸告 권고, 勸酒 권주, 勸學 권학, 强勸 강권, 勸善懲惡 권선징악

134 4급

卷

책 권(:)

㔾(卩)
총8획

파자풀이 卷자를 보면 죽간(竹簡)을 손으로 마는 모습을 표현하고 있다.

유의자 冊 책 책, 篇 책 편

용례 卷頭 권두, 卷末 권말, 席卷 석권, 壓卷 압권

135 4급

券

문서 권

刀
총8획

파자풀이 券자는 분별을 의미하는 釆자와 刀자가 결합한 글자이다.

유의자 狀 문서 장, 籍 문서 적

용례 福券 복권, 旅券 여권, 乘車券 승차권, 入場券 입장권

136 5급

貴

귀할 귀:

貝
총12획

파자풀이 갑골문에 나온 貴자를 보면 양손으로 흙을 감싸고 있는 모습이 그려져 있다.

유의자 重 무거울 중

상대자 賤 천할 천

용례 貴骨 귀골, 貴重 귀중, 貴族 귀족, 貴賤 귀천, 貴下 귀하, 高貴 고귀, 珍貴 진귀, 品貴 품귀, 貴金屬 귀금속, 富貴榮華 부귀영화

137 4급

歸

돌아갈 귀:

止
총18획

파자풀이 歸자는 𠂤(언덕 부)자와 止(그칠 지)자, 帚(비 추)자가 결합한 모습이다.

약자 帰

용례 歸家 귀가, 歸京 귀경, 歸國 귀국, 歸省 귀성, 歸屬 귀속, 歸天 귀천, 歸鄕 귀향, 歸化 귀화, 事必歸正 사필귀정

138 5급

規

법 규

見
총11획

파자풀이 規자는 상투를 한 성인을 묘사한 夫자와 見자의 결합자이다.

유의자 格 격식 격, 度 법도 도, 例 법식 례, 律 법칙 률, 範 법 범, 法 법 법, 式 법 식, 典 법 전

용례 規格 규격, 規模 규모, 規範 규범, 規約 규약, 規律 규율, 規定 규정, 規制 규제, 規則 규칙, 法規 법규, 定規 정규, 正規職 정규직

---

139 4급

均

고를 균

土
총7획

파자풀이 均자는 의미요소인 土자와 발음요소인 勻(고를 균)자가 결합한 형성자이다.

유의자 平 평평할 평

용례 均等 균등, 均配 균배, 均一 균일, 均質 균질, 均衡 균형, 平均 평균

---

140 4급 II

極

다할 극

木
총13획

파자풀이 極자는 木자와 발음요소인 亟(빠를 극)자가 결합한 형성자이다.

유의자 端 끝 단, 盡 다할 진

용례 極端 극단, 極東 극동, 極祕 극비, 極致 극치, 極限 극한, 極大化 극대화, 極惡無道 극악무도

---

141 4급

심할/연극 극

刂(刀)
총15획

파자풀이 劇자는 豦(원숭이 거)자 刂(칼 도)자를 결합한 글자이다.

유의자 甚 심할 심

용례 劇本 극본, 劇藥 극약, 劇場 극장, 悲劇 비극, 演劇 연극, 喜劇 희극

---

142 4급

筋

힘줄 근

竹
총12획

파자풀이 筋자는 竹(대나무 죽)자와 月(肉)자 그리고 力자가 결합한 글자이다.

용례 筋力 근력, 鐵筋 철근, 筋肉質 근육질

---

143 6급

根

뿌리 근

木
총10획

파자풀이 根자는 木자와 艮(어긋날 간)자 결합한 글자이다.

유의자 本 근본 본

용례 根據 근거, 根本 근본, 根性 근성, 根源 근원, 根絶 근절, 毛根 모근, 事實無根 사실무근, 根固枝榮 근고지영

---

144 6급

近

가까울 근:

辶(辵)
총8획

파자풀이 近자는 의미요소인 辶자와 발음요소인 斤자가 결합한 형성자이다.

상대자 遠 멀 원

용례 近代 근대, 近方 근방, 近海 근해, 接近 접근, 最近 최근, 近視眼 근시안, 近墨者黑 근묵자흑

---

145 4급

勤

부지런할 근(:)

力
총13획

파자풀이 勤자는 발음요소인 堇(진흙 근)자와 의미요소인 力자가 결합한 형성자이다.

상대자 慢 게으를 만, 怠 게으를 태

용례 勤儉 근검, 勤勞 근로, 勤勉 근면, 勤務 근무, 缺勤 결근, 轉勤 전근, 敬天勤民 경천근민

---

146 8급

金

쇠 금
성씨 김

金
총8획

파자풀이 金자는 산에 보석이 있는 모양을 표현한 글자이다.

유의자 鐵 쇠 철

용례 金庫 금고, 金額 금액, 巨金 거금, 基金 기금, 賞金 상금, 誠金 성금, 料金 요금, 殘金 잔금, 貯金 저금, 金剛山 금강산, 金一封 금일봉, 金字塔 금자탑, 金城湯池 금성탕지

---

147 6급 II

이제 금

人
총4획

파자풀이 今자의 갑골문을 보면 입안에 무언가가 들어가 있다는 것을 표현한 글자이다.

상대자 古 옛 고, 故 옛 고, 舊 옛 구, 昔 옛 석

용례 今日 금일, 古今 고금, 方今 방금, 昨今 작금, 今始初聞 금시초문, 今昔之感 금석지감

148 4급 II

禁

금할 금

示
총13획

파자풀이 禁자는 林(수풀 림)자에 제단(祭壇)을 표현한 示자가 결합한 글자이다.

유의자 止 그칠지

용례 禁忌 금기, 禁斷 금단, 禁書 금서, 禁食 금식, 禁煙 금연, 禁酒 금주, 禁止 금지, 嚴禁 엄금

149 6급 II

急

급할 급

心
총9획

파자풀이 急자는 及자의 변형인 刍(꼴 추)자와 心자가 결합한 글자이다.

유의자 速 빠를 속

상대자 緩 느릴 완

용례 急減 급감, 急激 급격, 急落 급락, 急流 급류, 急變 급변, 急性 급성, 急行 급행, 緩急 완급, 危急 위급, 急轉直下 급전직하

150 6급

級

등급 급

糸
총10획

파자풀이 級자는 糸자와 발음요소인 及자가 결합한 형성자이다.

유의자 等 등급 등

용례 級數 급수, 級友 급우, 高級 고급, 等級 등급, 留級 유급, 進級 진급, 初級 초급, 特級 특급, 學級 학급, 巨物級 거물급

151 5급

給

줄 급

糸
총12획

파자풀이 給자는 糸자와 발음요소인 合자가 결합한 형성자이다.

유의자 賜 줄 사, 授 줄 수, 與 줄 여, 贈 줄 증

상대자 受 받을 수, 需 쓰일 수

용례 給水 급수, 給食 급식, 給與 급여, 給油 급유, 供給 공급, 官給 관급, 發給 발급, 配給 배급

152 7급 II

氣

기운 기

气
총10획

파자풀이 氣자는 공기의 흐름을 묘사한 气자와 米자의 합체자이다.

약자 気

용례 氣分 기분, 氣勢 기세, 氣壓 기압, 氣運 기운, 氣絶 기절, 氣候 기후, 同氣 동기, 殺氣 살기, 人氣 인기, 氣高萬丈 기고만장, 意氣投合 의기투합

153 7급 II

記

기록할 기

言
총10획

파자풀이 記자는 의미요소인 言자와 발음요소인 己자가 결합한 형성자이다.

유의자 錄 기록할 록, 識 기록할 지, 誌 기록할 지

용례 記念 기념, 記錄 기록, 記入 기입, 記號 기호, 速記 속기, 手記 수기, 暗記 암기, 記誦之學 기송지학

154 7급

旗

기 기

方
총14획

파자풀이 旗자는 㫃 나부낄 언)자와 其 그기)자가 결합한 글자이다.

용례 旗手 기수, 旗章 기장, 反旗 반기, 白旗 백기, 五輪旗 오륜기, 太極旗 태극기

155 5급 II

己

몸 기

己
총3획

파자풀이 己자는 몸을 구부린 모습에서 유래한 것으로 본다.

유의자 身 몸 신, 自 스스로 자, 體 몸 체

상대자 心 마음 심, 人 사람 인

용례 自己 자기, 知己 지기, 利己主義 이기주의, 知己之友 지기지우

156 5급 II

基

터 기

土
총11획

파자풀이 基자는 발음요소인 其자에 의미요소인 土자를 결합한 형성자이다.

유의자 本 근본 본, 礎 주춧돌 초

용례 基金 기금, 基盤 기반, 基本 기본, 基底 기저, 基準 기준, 基地 기지, 基礎 기초, 基調演說 기조연설

157 5급

技

재주 기

扌(手)
총7획

파자풀이 技자는 의미요소인 扌자와 발음요소인 支자가 결합한 형성자이다.

유의자 術 재주 술, 藝 재주 예, 才 재주 재

용례 技能 기능, 技術 기술, 技藝 기예, 競技 경기, 演技 연기, 特技 특기

158 5급

汽

물끓는김 기

氵(水)
총7획

파자풀이 汽자는 氵자와 气자의 결합자이다.

용례 汽管 기관, 汽船 기선, 汽笛 기적, 汽車 기차

159 5급

期

기약할 기

月
총12획

파자풀이 期자는 발음요소인 其자에 의미요소인 月(달 월)자를 결합한 형성자이다.

유의자 約 맺을 약

용례 期間 기간, 期待 기대, 期約 기약, 期限 기한, 納期 납기, 短期 단기, 早期 조기, 婚期 혼기

160 4급 II

器

그릇 기

口
총16획

파자풀이 器자는 犬(개 견)자와 네 개의 口(입 구)자가 결합한 모습이다.

유의자 具 갖출 구

용례 器具 기구, 器官 기관, 武器 무기, 容器 용기, 祭器 제기, 銃器 총기, 消火器 소화기

161 4급 II

起

일어날 기

走
총10획

파자풀이 起자는 의미요소인 走자와 발음요소인 己자가 결합한 형성자이다.

유의자 立 설 립, 發 필 발

상대자 結 맺을 결, 伏 엎드릴 복, 臥 엎드릴 와, 寢 잠잘 침

용례 起工 기공, 起動 기동, 起伏 기복, 起用 기용, 起源 기원, 起寢 기침, 提起 제기, 起承轉結 기승전결, 起死回生 기사회생

162 4급

奇

기특할 기

大
총8획

파자풀이 奇자는 大자와 可자가 결합한 회의자이다.

용례 奇怪 기괴, 奇數 기수, 奇異 기이, 奇跡 기적, 奇智 기지, 奇特 기특, 神奇 신기, 獵奇 엽기, 好奇心 호기심, 奇想天外 기상천외, 奇貨可居 기화가거

163 4급

機

틀 기

木
총16획

파자풀이 機자는 의미요소인 木자와 발음요소인 幾자가 결합한 형성자이다.

유의자 械 기계 계

용례 機構 기구, 機智 기지, 機會 기회, 契機 계기, 動機 동기, 危機 위기, 飛行機 비행기, 電話機 전화기, 臨機應變 임기응변, 危機一髮 위기일발, 斷機之戒 단기지계

164 4급

紀

벼리 기

糸
총9획

파자풀이 紀자는 의미요소인 糸자와 발음요소인 己자가 결합한 형성자이다.

유의자 綱 벼리 강, 維 벼리 유

용례 紀綱 기강, 紀念 기념, 紀元 기원, 軍紀 군기, 檀紀 단기, 世紀 세기, 紀行文 기행문

165 4급

寄

부칠 기

宀
총11획

파자풀이 寄자는 의미요소인 宀자에 발음요소인 奇(기이할 기)자를 결합한 형성자이다.

유의자 附 부칠 부, 着 붙을 착

용례 寄稿 기고, 寄附 기부, 寄與 기여, 寄贈 기증, 寄宿舍 기숙사

166 5급

吉

길할 길

口
총6획

파자풀이 吉자는 본래 신전에 꽂아두는 위패(位牌)를 그린 글자이다.

유의자 福 복 복, 祥 상서로울 상

상대자 凶 흉할 흉

용례 吉祥 길상, 吉運 길운, 吉日 길일, 吉鳥 길조, 不吉 불길, 吉凶禍福 길흉화복, 立春大吉 입춘대길

167 4급 II

暖

따뜻할 난:

日
총13획

파자풀이 暖자는 의미요소인 日자와 발음요소인 爰자가 결합한 형성자이다.

유의자 溫 따뜻할 온

상대자 冷 찰 냉, 寒 찰 한

용례 暖帶 난대, 暖流 난류, 暖房 난방, 溫暖 온난, 飽食暖衣 포식난의, 席不暇暖 석불가난

168 4급 II

難

어려울 난(:)

隹
총19획

파자풀이 難자는 발음요소인 堇(진흙 근)자와 의미요소인 隹(새 추)자가 결합한 글자이다.

상대자 易 쉬울 이

용례 難局 난국, 苦難 고난, 困難 곤란, 論難 논란, 非難 비난, 受難 수난, 災難 재난, 難易度 난이도, 難攻不落 난공불락, 難兄難弟 난형난제, 刻骨難忘 각골난망, 孤掌難鳴 고장난명

169 8급

南

남녘 남

十
총9획

파자풀이 南자는 본래 남쪽에 걸어두던 종의 일종을 그린 글자이다.

상대자 北 북녘 북

용례 南極 남극, 南侵 남침, 南韓 남한, 南向 남향, 江南 강남, 嶺南 영남, 湖南 호남, 指南鐵 지남철, 南男北女 남남북녀

170 7급 II

男

사내 남

田
총7획

파자풀이 男자는 田(밭 전)자에 쟁기를 그린 力(힘 력)자를 결합한 회의자이다.

유의자 郞 사내 랑

상대자 女 계집 녀

용례 男妹 남매, 男便 남편, 美男 미남, 長男 장남, 男女老少 남녀노소, 甲男乙女 갑남을녀, 善男善女 선남선녀

171 4급

들일 납

糸
총10획

파자풀이 納자는 의미요소인 糸자와 발음요소인 內자의 결합자이다.

유의자 入 들 입

상대자 出 날 출

용례 納期 납기, 納得 납득, 納涼 납량, 納付 납부, 納稅 납세, 納品 납품, 容納 용납, 出納 출납

172 7급 II

內

안 내:

入
총4획

파자풀이 內자는 冂(멀 경)자와 入(들 입)자가 결합한 회의자이다.

상대자 外 바깥 외

용례 內科 내과, 內勤 내근, 內陸 내륙, 內紛 내분, 內需 내수, 內容 내용, 內戰 내전, 內助 내조, 內包 내포, 外柔內剛 외유내강

173 8급

女

계집 녀

女
총3획

파자풀이 女자의 갑골문을 보면 무릎을 꿇고 단아하게 손을 모으고 있는 여자가 그려져 있었다.

유의자 娘 계집 랑

상대자 男 사내 남, 郞 사내 랑

용례 養女 양녀, 烈女 열녀, 有夫女 유부녀, 男女有別 남녀유별, 甲男乙女 갑남을녀

174 8급

年

해 년

干
총6획

파자풀이 年자의 갑골문을 보면 볏단을 등에 지고 가는 사람을 묘사하였다.

유의자 歲 해 세

용례 年輪 연륜, 今年 금년, 明年 명년, 少年 소년, 送年 송년, 新年 신년, 往年 왕년, 昨年 작년, 豊年 풍년, 謹賀新年 근하신년, 百年河淸 백년하청

175 5급 II

念

생각 념:

心
총8획

파자풀이 念자는 今자와 心자의 결합자이다.

유의자 考 생각할 고, 慮 생각할 려, 思 생각 사, 想 생각 상, 憶 생각할 억, 惟 생각할 유

용례 念頭 염두, 念慮 염려, 念願 염원, 記念 기념, 斷念 단념, 想念 상념, 專念 전념, 無念無想 무념무상

176 4급 II

努

힘쓸 노

力
총7획

파자풀이 努자는 奴(종 노)자에 力자를 결합한 형성자이다.

유의자 勵 힘쓸 려, 勉 힘쓸 면, 務 힘쓸 무

용례 努力 노력, 努肉 노육, 奮鬪努力 분투노력

177 4급 II

怒

성낼 노:

心
총9획

파자풀이 怒자는 발음요소인 奴(종 노)자에 心자가 결합한 형성자이다.

유의자 憤 분할 분

용례 怒氣 노기, 激怒 격노, 憤怒 분노, 怒發大發 노발대발, 天人共怒 천인공노, 喜怒哀樂 희로애락, 怒甲移乙 노갑이을

178 7급Ⅱ

農

농사 농

辰
총13획

파자풀이 農자는 田의 변형인 曲자와 辰(별 진)자의 결합자이다.

용례 農事 농사, 農村 농촌, 勸農 권농, 歸農 귀농, 營農 영농, 農産物 농산물, 農作物 농작물, 士農工商 사농공상

179 5급Ⅱ

能

능할 능

月(肉)
총10획

파자풀이 能자는 본래 곰을 묘사한 글자이다.

용례 能通 능통, 機能 기능, 技能 기능, 效能 효능, 可能性 가능성, 能小能大 능소능대, 無所不能 무소불능, 全知全能 전지전능, 多才多能 다재다능

180 6급

多

많을 다

夕
총6획

파자풀이 多자는 夕(저녁 석)이 아닌 月(肉)이 중첩된 글자로 보아야한다.

상대자 寡 적을 과, 少 적을 소

용례 多急 다급, 多讀 다독, 多産 다산, 多少 다소, 多彩 다채, 頗多 파다, 許多 허다, 多角的 다각적, 多多益善 다다익선, 多事多難 다사다난, 博學多識 박학다식, 千萬多幸 천만다행, 複雜多端 복잡다단, 多情多感 다정다감, 同時多發 동시다발

181 6급Ⅱ

短

짧을 단(:)

矢
총12획

파자풀이 短자는 투호(投壺)통을 묘사한 豆자와 矢(화살 시)자가 결합한 글자이다.

상대자 長 긴 장

용례 短見 단견, 短折 단절, 短點 단점, 短縮 단축, 輕薄短小 경박단소, 一長一短 일장일단, 絶長補短 절장보단

182 5급Ⅱ

團

둥글 단

囗
총14획

파자풀이 團자는 의미요소인 囗(둘레 위)자와 발음요소인 專자가 합체한 형성자이다.

유의자 圓 둥글 원

상대자 方 모 방

약자 団

용례 團束 단속, 團地 단지, 團體 단체, 團合 단합, 球團 구단, 入團 입단, 財團 재단, 集團 집단, 大團圓 대단원, 大同團結 대동단결, 一致團結 일치단결

183 5급

壇

단 단

土
총16획

파자풀이 壇자는 의미요소인 土자와 발음요소인 亶(믿음 단)자가 결합한 형성자이다.

용례 壇上 단상, 講壇 강단, 敎壇 교단, 登壇 등단, 文壇 문단, 花壇 화단

184 4급Ⅱ

斷

끊을 단:

斤
총18획

파자풀이 斷자는 이어져 있는 실타래를 묘사한 㡭자와 斤(도끼 근)자의 결합자이다.

유의자 絶 끊을 절, 切 끊을 절

상대자 連 이을 련, 續 이을 속

약자 断

용례 斷交 단교, 斷念 단념, 斷面 단면, 斷食 단식, 斷言 단언, 斷定 단정, 斷罪 단죄, 斷行 단행, 斷乎 단호, 決斷 결단, 獨斷 독단, 裁斷 재단, 中斷 중단, 判斷 판단, 斷金之契 단금지계, 斷金之交 단금지교, 孟母斷機 맹모단기

185 4급Ⅱ

端

끝 단

立
총14획

파자풀이 端자는 立(설 립)자에 耑(끝 단)자가 결합한 글자이다.

유의자 末 끝 말, 正 바를 정, 終 마칠 종, 卒 마칠 졸

상대자 始 비로소 시, 初 처음 초

용례 端緖 단서, 端初 단초, 極端 극단, 末端 말단, 發端 발단, 事端 사단, 異端 이단, 尖端 첨단, 弊端 폐단, 端末機 단말기, 四端七情 사단칠정

186 4급Ⅱ

單

홑 단

口
총12획

파자풀이 單자는 원시 무기의 일종인 투석을 묘사한 글자이다.

유의자 孤 외로울 고, 獨 홀로 독

상대자 複 겹칠 복

약자 単

용례 單價 단가, 單獨 단독, 單純 단순, 單式 단식, 單語 단어, 單位 단위, 簡單 간단, 名單 명단, 單刀直入 단도직입

187 4급Ⅱ

檀

박달나무 단

木
총17획

파자풀이 檀자는 의미요소인 木자와 발음요소인 亶(믿음 단)자가 결합한 형성자이다.

용례 檀君 단군, 檀紀 단기, 檀君王儉 단군왕검

188 4급

段

층계 단

殳
총9획

파자풀이 段자는 돌을 깎는 모습을 묘사한 글자이다.

유의자 階 계단 계, 層 층 층

용례 段階 단계, 段落 단락, 階段 계단, 手段 수단

189 4급 II

達

통달할 달

辶(辵)
총13획

파자풀이 達자는 의미요소인 辶자와 발음요소인 羍(어린양 달)자가 결합한 글자이다.

유의자 成 이룰 성, 通 통할 통

용례 達觀 달관, 到達 도달, 未達 미달, 發達 발달, 配達 배달, 倍達 배달, 速達 속달, 熟達 숙달, 傳達 전달, 調達 조달, 四通八達 사통팔달, 欲速不達 욕속부달

190 5급

談

말씀 담

言
총15획

파자풀이 談자는 의미요소인 言자와 발음요소인 炎(불꽃 염)자가 결합한 형성자이다.

유의자 辯 말씀 변, 辭 말씀 사, 詞 말씀 사, 說 말씀 설, 語 말씀 어, 言 말씀 언, 話 말씀 화

용례 談笑 담소, 談判 담판, 對談 대담, 德談 덕담, 相談 상담, 俗談 속담, 餘談 여담, 會談 회담, 懇談會 간담회, 街談巷說 가담항설, 豪言壯談 호언장담

191 4급 II

擔

멜 담

扌(手)
총16획

파자풀이 擔자는 의미요소인 扌자에 발음요소인 詹(이를 첨)자를 결합한 글자이다.

유의자 任 맡길 임

약자 担

용례 擔當 담당, 擔保 담보, 擔任 담임, 負擔 부담, 分擔 분담, 專擔 전담, 全擔 전담

192 7급 II

答

대답 답

竹
총12획

파자풀이 答자는 竹자와 合자의 결합자이다.

상대자 問 물을 문

용례 答辯 답변, 答案 답안, 對答 대답, 誤答 오답, 應答 응답, 自問自答 자문자답, 愚問賢答 우문현답, 東問西答 동문서답, 默默不答 묵묵부답

193 6급 II

堂

집 당

土
총11획

파자풀이 堂자는 발음요소인 尙자와 의미요소인 土자의 결합자이다.

유의자 家 집 가, 宮 집 궁, 舍 집 사, 室 집 실, 屋 집 옥, 宇 집 우, 院 집 원, 宙 집 주, 宅 집 택, 戶 집 호

용례 講堂 강당, 明堂 명당, 聖堂 성당, 食堂 식당, 天堂 천당, 正正堂堂 정정당당

194 5급 II

當

마땅 당

田
총13획

파자풀이 當자는 발음요소인 尙자와 의미요소인 田자가 결합한 글자이다.

유의자 宜 마땅 의, 該 마땅 해

상대자 落 떨어질 락

약자 当

용례 當局 당국, 當落 당락, 當選 당선, 當時 당시, 當然 당연, 當場 당장, 當初 당초, 手當 수당, 適當 적당, 的當 적당, 充當 충당, 當事者 당사자, 相當數 상당수, 妥當性 타당성

195 4급 II

黨

무리 당

黑
총20획

파자풀이 黨자는 발음요소인 尙자에 의미요소인 黑자가 결합한 형성자이다.

유의자 群 무리 군, 隊 무리 대, 徒 무리 도, 等 무리 등, 類 무리 류, 衆 무리 중

상대자 孤 외로울 고, 獨 홀로 독

약자 党

용례 黨爭 당쟁, 野黨 야당, 與黨 여당, 作黨 작당, 政黨 정당, 脫黨 탈당, 不偏不黨 불편부당

196 8급

大

큰 대(:)

大
총3획

파자풀이 大자는 양팔을 벌리고 있는 사람을 묘사한 상형자이다.

유의자 巨 클 거, 碩 클 석, 偉 클 위, 泰 클 태, 弘 클 홍

상대자 微 작을 미, 小 작을 소

용례 大勢 대세, 大衆 대중, 大破 대파, 大敗 대패, 盛大 성대, 遠大 원대, 偉大 위대, 大規模 대규모, 大同小異 대동소이, 大器晚成 대기만성, 小貪大失 소탐대실, 百年大計 백년대계

197 6급 II

代

대신할 대:

亻(人)
총5획

파자풀이 代자는 亻자와 弋(주살 익)자가 결합한 글자이다.

용례 代價 대가, 代納 대납, 代身 대신, 代用 대용, 代替 대체, 交代 교대, 世代 세대, 歷代 역대, 代辯人 대변인, 代表理事 대표이사, 前代未聞 전대미문, 代代孫孫 대대손손

---

198 6급 II

對

대할 대:

寸
총14획

파자풀이 對자의 여러 개의 초가 꽂힌 긴 촛대를 손으로 들고 있는 모습을 그린 글자이다.

유의자 答 대답할 답

약자 対

용례 對決 대결, 對談 대담, 對答 대답, 對等 대등, 對比 대비, 對象 대상, 對應 대응, 對敵 대적, 對策 대책, 對處 대처, 對抗 대항, 反對 반대, 相對 상대, 絶對 절대, 對人關係 대인관계, 對牛彈琴 대우탄금

---

199 6급

待

기다릴/대접할 대:

彳
총9획

파자풀이 待자는 彳(조금걸을 척)자와 寺(관청 시)자의 결합자이다.

용례 待期 대기, 待望 대망, 待遇 대우, 待接 대접, 期待 기대, 企待 기대, 冷待 냉대, 優待 우대, 接待 접대, 賤待 천대, 招待 초대, 下待 하대, 歡待 환대, 忽待 홀대, 待合室 대합실, 鶴首苦待 학수고대, 守株待兎 수주대토

---

200 4급 II

隊

무리 대

阝(阜)
총12획

파자풀이 隊자는 阝(阜)자와 㒸(멧돼지 수)자가 결합한 글자이다.

유의자 群 무리 군, 黨 무리 당, 徒 무리 도, 等 무리 등, 類 무리 류, 衆 무리 중

상대자 孤 외로울 고, 獨 홀로 독

용례 隊列 대열, 軍隊 군대, 部隊 부대, 入隊 입대, 先發隊 선발대, 示威隊 시위대

---

201 4급 II

띠 대(:)

巾
총11획

파자풀이 帶자에 쓰인 巾자는 몸에 두른 옷을 뜻하고, 상단은 장식이 들어간 허리띠를 표현한 것이다.

용례 附帶 부대, 眼帶 안대, 溫帶 온대, 一帶 일대, 革帶 혁대, 携帶 휴대, 共感帶 공감대, 無風地帶 무풍지대

---

202 5급 II

德

큰 덕

彳
총15획

파자풀이 德자는 彳(조금 걸을 척)자와 直(곧을 직)자 그리고 心자가 결합한 글자이다.

약자 徳

용례 德談 덕담, 德望 덕망, 德分 덕분, 德澤 덕택, 功德 공덕, 美德 미덕, 恩德 은덕, 厚德 후덕, 公衆道德 공중도덕, 背恩忘德 배은망덕

---

203 7급 II

道

길 도:

辶(辵)
총13획

파자풀이 道자는 길을 뜻하는 辶자에 首(머리 수)자를 결합한 글자이다.

유의자 途 길 도, 路 길 로, 程 길 정

용례 道具 도구, 道德 도덕, 道理 도리, 道廳 도청, 得道 득도, 報道 보도, 正道 정도, 道不拾遺 도불습유, 安貧樂道 안빈낙도

---

204 6급 II

圖

그림 도

囗
총14획

파자풀이 圖자는 囗(둘레 위)자와 啚(더러울 비)자가 합체한 회의자이다.

유의자 畫 그림 화

약자 図

용례 圖謀 도모, 圖式 도식, 圖章 도장, 圖表 도표, 圖形 도형, 圖解 도해, 試圖 시도, 意圖 의도, 各自圖生 각자도생

---

205 6급

度

법도 도(:)
헤아릴 탁

广
총9획

파자풀이 度자는 广(집 엄)자와 廿(스물 입)자 그리고 又(또 우)자가 결합한 글자이다.

유의자 例 법식 례, 律 법칙 률, 法 법 법, 式 법 식, 典 법 전, 則 법칙 칙, 憲 법 헌

용례 度量 도량, 角度 각도, 强度 강도, 密度 밀도, 溫度 온도, 程度 정도, 制度 제도, 進度 진도, 態度 태도, 限度 한도, 度支部 탁지부, 度外視 도외시

---

206 5급 II

이를 도:

刂(刀)
총8획

파자풀이 到자는 의미요소인 至(이를 지)자에 발음요소인 刂(칼 도)자가 결합한 형성자이다.

유의자 達 도달할 달, 至 이를 지, 着 붙을 착, 致 이를 치

용례 到達 도달, 到來 도래, 到着 도착, 到處 도처, 當到 당도, 殺到 쇄도, 用意周到 용의주도, 周到綿密 주도면밀, 精神一到 정신일도

207 5급

島

섬 도

山
총10획

파자풀이 島자는 鳥자와 山자의 결합자이다.

용례 群島 군도, 落島 낙도, 半島 반도, 列島 열도, 獨島 독도, 三多島 삼다도, 可居島 가거도, 絶海孤島 절해고도

208 5급

도읍 도

阝(邑)
총12획

파자풀이 都자는 사람을 의미하는 者(놈 자)자와 阝(고을 읍)자가 결합한 글자이다.

유의자 京 서울 경, 市 저자 시

상대자 農 농사 농, 村 마을 촌, 鄕 시골 향

용례 都賣 도매, 都市 도시, 都邑 도읍, 首都 수도, 都大體 도대체, 都農複合 도농복합, 離村向都 이촌향도

209 4급 II

導

인도할 도ː

寸
총16획

파자풀이 導자는 발음요소인 道자와 의미요소인 寸자가 결합한 형성자이다.

유의자 引 끌 인

용례 導入 도입, 導出 도출, 啓導 계도, 矯導 교도, 先導 선도, 誤導 오도, 誘導 유도, 引導 인도, 主導 주도, 指導 지도, 半導體 반도체

210 4급

무리 도

彳
총10획

파자풀이 徒자는 彳자와 走(달릴 주)자가 결합한 글자이다.

유의자 群 무리 군, 黨 무리 당, 隊 무리 대, 等 무리 등, 類 무리 류, 衆 무리 중

상대자 孤 외로울 고, 獨 홀로 독

용례 徒黨 도당, 徒步 도보, 信徒 신도, 學徒 학도, 無爲徒食 무위도식, 家徒壁立 가도벽립

211 4급

도둑 도(ː)

皿
총12획

파자풀이 盜자는 次(버금 차)자와 皿(그릇 명)자의 결합자이다.

유의자 賊 도둑 적

용례 盜難 도난, 盜用 도용, 盜聽 도청, 强盜 강도, 鷄鳴狗盜 계명구도

212 4급

逃

도망할 도

辶(辵)
총10획

파자풀이 逃자는 의미요소인 辶자와 발음요소인 兆(조짐 조)자의 결합자이다.

유의자 亡 도망할 망, 北 달아날 배, 避 피할 피

용례 逃亡 도망, 逃走 도주, 逃避 도피, 夜半逃走 야반도주

213 6급 II

讀

읽을 독ː
구절 두ː

言
총22획

파자풀이 讀자는 言자와 賣(팔 매)자의 결합자이다.

약자 読

용례 讀破 독파, 讀解 독해, 朗讀 낭독, 默讀 묵독, 速讀 속독, 精讀 정독, 通讀 통독, 吏讀 이두, 晝耕夜讀 주경야독, 牛耳讀經 우이독경

214 5급 II

獨

홀로 독

犭
총16획

파자풀이 獨자는 의미요소인 犬(개 견)자와 발음요소인 蜀(애벌레 촉)자가 결합한 형성자이다.

유의자 孤 외로울 고, 單 홑 단

상대자 群 무리 군, 黨 무리 당, 隊 무리 대, 徒 무리 도, 等 무리 등, 類 무리 류, 衆 무리 중

약자 独

용례 獨斷 독단, 獨白 독백, 獨善 독선, 獨食 독식, 獨裁 독재, 獨占 독점, 獨走 독주, 獨創 독창, 獨特 독특, 獨學 독학, 單獨 단독, 惟獨 유독, 獨步的 독보적, 獨不將軍 독불장군

215 4급 II

督

감독할 독

目
총13획

파자풀이 督자는 땅에 떨어진 콩을 줍는 모습인 叔자에 目(눈 목)자를 결합한 자이다.

유의자 監 볼 감

용례 監督 감독, 提督 제독, 總督 총독, 督勵 독려, 基督敎 기독교

216 4급 II

毒

독 독

毋
총8획

파자풀이 毒자의 본래 모습은 毋자가 아닌 毌(말 무)자와 艹(艸)자가 결합한 것이다.

용례 毒氣 독기, 毒杯 독배, 毒舌 독설, 毒性 독성, 毒感 독감, 消毒 소독, 惡毒 악독, 旅毒 여독, 至毒 지독, 解毒 해독, 以毒制毒 이독제독, 毒樹毒果 독수독과

217 8급

東

동녘 동

木

총8획

파자풀이 東자는 木(나무 목)자와 日(날 일)자가 합체한 모습이다.

상대자 西 서녘 서

용례 東問西答 동문서답, 馬耳東風 마이동풍, 頭東尾西 두동미서, 魚東肉西 어동육서, 紅東白西 홍동백서, 聲東擊西 성동격서

218 7급II

動

움직일 동:

力

총11획

파자풀이 動자는 重(무거울 중)자와 力자가 결합한 글자이다.

상대자 靜 고요할 정, 止 그칠지

용례 動機 동기, 動搖 동요, 動作 동작, 動態 동태, 動向 동향, 感動 감동, 激動 격동, 變動 변동, 騷動 소동, 運動 운동, 移動 이동, 制動 제동, 波動 파동, 行動 행동, 活動 활동, 不動産 부동산, 驚天動地 경천동지, 輕擧妄動 경거망동, 伏地不動 복지부동

219 7급

洞

골 동:
밝을 통:

氵(水)

총9획

파자풀이 洞자는 氵자와 同자의 결합자이다.

유의자 谷 골 곡, 里 마을 리, 明 밝을 명

상대자 暗 어두울 암

용례 洞口 동구, 洞里 동리, 洞察 통찰, 洞燭 통촉, 空洞化 공동화, 洞事務所 동사무소

220 7급

同

한가지 동

口

총6획

파자풀이 同자는 凡(무릇 범)자와 口(입 구)자가 결합한 모습이다.

유의자 共 한가지 공, 等 같을 등, 一 한 일

상대자 異 다를 이

용례 同甲 동갑, 同感 동감, 同僚 동료, 同盟 동맹, 同席 동석, 同窓 동창, 同胞 동포, 同名異人 동명이인, 同病相憐 동병상련, 附和雷同 부화뇌동, 表裏不同 표리부동, 同床異夢 동상이몽, 草綠同色 초록동색, 同苦同樂 동고동락, 同價紅裳 동가홍상

221 7급

冬

겨울 동(:)

冫

총5획

파자풀이 冬자는 본래 실의 매듭을 묘사한 상형자로, 終자의 原字이다.

상대자 夏 여름 하

용례 冬季 동계, 冬眠 동면, 冬節 동절, 冬至 동지, 冬將軍 동장군, 嚴冬雪寒 엄동설한

222 6급II

童

아이 동(:)

立

총12획

파자풀이 童자는 立(설 립)자와 里(마을 리)자가 결합한 글자이다.

유의자 兒 아이 아

상대자 長 어른 장, 丈 어른 장

용례 童心 동심, 童謠 동요, 童話 동화, 牧童 목동, 神童 신동, 三尺童子 삼척동자

223 4급II

銅

구리 동

金

총14획

파자풀이 銅자는 의미요소인 金자와 발음요소인 同자가 결합한 형성자이다.

용례 銅鏡 동경, 銅像 동상, 銅錢 동전, 青銅器 청동기

224 4급II

斗

말 두

斗

총4획

파자풀이 斗자는 곡식이나 액체를 담는 용도로 사용하던 '구기'를 그린 상형자이다.

용례 泰斗 태두, 斗酒不辭 두주불사, 北斗七星 북두칠성

225 6급

頭

머리 두

頁

총16획

파자풀이 頭자는 발음요소인 豆(콩 두)자에 頁(머리 혈)자를 결합한 형성자이다.

유의자 首 머리 수, 頁 머리 혈

용례 頭角 두각, 頭目 두목, 頭痛 두통, 街頭 가두, 口頭 구두, 念頭 염두, 沒頭 몰두, 羊頭狗肉 양두구육

226 4급 II

豆

콩 두

豆
총7획

파자풀이 豆자는 본래 제기(祭器)를 묘사한 글자이다.

유의자 菽 콩 숙

용례 豆腐 두부, 豆太 두태, 綠豆 녹두, 大豆 대두, 種豆得豆 종두득두

227 4급 II

得

얻을 득

彳
총11획

파자풀이 得자는 彳자와 貝(조개 패)자 그리고 寸(마디 촌)자가 결합한 글자이다.

유의자 取 취할 취, 獲 얻을 획

상대자 失 잃을 실

용례 得失 득실, 納得 납득, 說得 설득, 所得 소득, 習得 습득, 拾得 습득, 利得 이득, 體得 체득, 取得 취득, 不得不 부득불, 不得已 부득이, 旣得權 기득권, 一擧兩得 일거양득, 得意滿面 득의만면, 千慮一得 천려일득

228 7급

登

오를 등

癶
총12획

파자풀이 登자는 癶(등질 발)자와 祭器를 묘사한 豆자의 결합자이다.

유의자 騰 오를 등, 昇 오를 승, 陟 오를 척

상대자 降 내릴 강, 落 떨어질 락, 下 아래 하

용례 登校 등교, 登極 등극, 登壇 등단, 登錄 등록, 登山 등산, 登場 등장, 登載 등재, 登龍門 등용문, 登高自卑 등고자비

229 6급 II

等

무리 등

竹
총12획

파자풀이 等자는 竹자와 寺(관청 시)자의 결합자이다.

유의자 群 무리 군, 黨 무리 당, 隊 무리 대, 徒 무리 도, 類 무리 류, 衆 무리 중, 級 등급 급

상대자 孤 외로울 고, 獨 홀로 독, 單 홑 단, 異 다를 이

용례 等級 등급, 等神 등신, 降等 강등, 均等 균등, 對等 대등, 優等 우등, 劣等 열등, 差等 차등, 平等 평등, 等身大 등신대

230 4급 II

燈

등 등

火
총16획

파자풀이 燈자는 의미요소인 火자에 발음요소인 登자가 결합된 형성자이다.

약자 灯

용례 消燈 소등, 點燈 점등, 街路燈 가로수, 燈火可親 등화가친, 風前燈火 풍전등화, 燈下不明 등하불명

231 4급 II

羅

벌일 라

罒(网)
총19획

파자풀이 羅자는 网(그물 망)자와 維(벼리 유)자가 결합한 글자이다.

유의자 列 벌일 렬

용례 羅列 나열, 羅州 나주, 新羅 신라, 總網羅 총망라

232 6급 II

樂

즐길 락
노래 악
좋아할 요

木
총15획

파자풀이 樂자는 絲자와 白자, 木자의 조합으로 만들어진 글자이다.

유의자 娛 즐길 오, 歌 노래 가, 謠 노래 요, 喜 기쁠 희

상대자 苦 쓸 고, 悲 슬플 비, 哀 슬플 애

약자 楽

용례 樂觀 낙관, 樂器 악기, 樂勝 낙승, 聲樂 성악, 快樂 쾌락, 行樂 행락, 同苦同樂 동고동락, 樂山樂水 요산요수, 喜怒哀樂 희로애락, 安貧樂道 안빈낙도

233 5급

落

떨어질 락

艹(艸)
총13획

파자풀이 落자는 艹(풀 초)자와 발음요소인 洛(물이름 락)자가 결합한 형성자다.

유의자 零 떨어질 령, 墮 떨어질 타

상대자 及 미칠 급, 當 마땅 당, 登 오를 등

용례 落望 낙망, 落傷 낙상, 落書 낙서, 落選 낙선, 落第 낙제, 急落 급락, 漏落 누락, 當落 당락, 沒落 몰락, 轉落 전락, 村落 촌락, 墮落 타락, 脫落 탈락, 暴落 폭락, 下落 하락, 難攻不落 난공불락, 烏飛梨落 오비이락

234 4급

亂

어지러울 란:

乙 총13획

파자풀이 亂자는 실타래를 손으로 풀고 있는 모습을 표현한 부분과 乚(새 을)자가 결합했다.

유의자 紊 어지러울 문, 紛 어지러울 분

상대자 理 다스릴 리, 治 다스릴 치

약자 乱

용례 亂離 난리, 亂舞 난무, 亂世 난세, 亂打 난타, 亂暴 난폭, 紊亂 문란, 紛亂 분란, 散亂 산란, 騷亂 소란, 淫亂 음란, 混亂 혼란, 亂鬪劇 난투극, 一絲不亂 일사불란, 自中之亂 자중지란

---

235 4급

卵

알 란:

卩 총7획

파자풀이 卵자는 풀줄기에 붙은 곤충의 알을 묘사한 상형자이다.

용례 卵子 난자, 鷄卵 계란, 明卵 명란, 排卵 배란, 産卵 산란, 無精卵 무정란, 受精卵 수정란, 鷄卵有骨 계란유골, 累卵之危 누란지위, 累卵之勢 누란지세, 以卵擊石 이란격석

---

236 4급

覽

볼 람

見 총21획

파자풀이 覽자는 監(볼 감)자와 見(볼 견)자가 결합한 글자이다.

유의자 監 볼 감, 見 볼 견, 觀 볼 관, 視 볼 시, 閱 볼 열

약자 覧

용례 觀覽 관람, 閱覽 열람, 回覽 회람, 一覽表 일람표, 博覽强記 박람강기

---

237 5급 II

밝을 랑:

月 총11획

파자풀이 朗자는 발음요소인 良(어질 량)자와 상현달의 모습을 그린 月자의 결합자이다.

유의자 明 밝을 명, 洞 밝을 통

상대자 暗 어두울 암, 黑 검을 흑

용례 朗讀 낭독, 朗朗 낭랑, 朗報 낭보, 朗誦 낭송, 明朗 명랑

---

238 7급

올 래(:)

人 총8획

파자풀이 來자는 본래 '보리'를 뜻하던 글자였다.

상대자 去 갈 거, 往 갈 왕, 進 나아갈 진, 就 나아갈 취

약자 来

용례 來歷 내력, 來日 내일, 來韓 내한, 去來 거래, 未來 미래, 往來 왕래, 將來 장래, 傳來 전래, 從來 종래, 招來 초래, 苦盡甘來 고진감래, 興盡悲來 흥진비래, 說往說來 설왕설래

---

239 5급

冷

찰 랭:

冫 총7획

파자풀이 冷자는 의미요소인 冫(얼음 빙)자와 발음요소인 令(명령할 령)자의 결합자이다.

유의자 寒 찰 한

상대자 暖 따뜻할 난, 溫 따뜻할 온, 熱 더울 열

용례 冷却 냉각, 冷氣 냉기, 冷淡 냉담, 冷待 냉대, 冷房 냉방, 冷笑 냉소, 冷戰 냉전, 冷情 냉정, 冷徹 냉철

---

240 4급

略

간략할 략

田 총11획

파자풀이 略자는 田자와 各(각각 각)자의 결합자이다.

유의자 簡 간략할 간, 計 셀 계, 省 덜 생

용례 略圖 약도, 略歷 약력, 略稱 약칭, 簡略 간략, 計略 계략, 省略 생략, 戰略 전략, 智略 지략, 侵略 침략, 中傷謀略 중상모략

---

241 5급 II

良

어질 량

艮 총7획

파자풀이 良자는 좋은 곡류(穀類)만을 골라내는 기구를 묘사한 글자이다.

유의자 仁 어질 인, 賢 어질 현, 好 좋을 호

용례 良否 양부, 良識 양식, 良心 양심, 良好 양호, 改良 개량, 不良 불량, 善良 선량, 閑良 한량, 良藥苦口 양약고구, 美風良俗 미풍양속, 賢母良妻 현모양처

---

242 5급

量

헤아릴 량

里 총12획

파자풀이 量자는 곡물을 넣은 자루에 깔대기를 댄 모습을 묘사한 글자이다.

유의자 料 헤아릴 료, 測 헤아릴 측, 度 헤아릴 탁

용례 假量 가량, 減量 감량, 度量 도량, 分量 분량, 商量 상량, 力量 역량, 容量 용량, 定量 정량, 酒量 주량, 質量 질량, 自由裁量 자유재량

---

243 4급 II

兩

두 량:

入 총8획

파자풀이 兩자는 마차를 끌던 말의 등에 씌우던 '멍에'와 '고삐 고리'를 묘사한 글자이다.

유의자 雙 두 쌍, 二 두 이, 再 두 재

약자 両

용례 兩極 양극, 兩立 양립, 兩班 양반, 兩分 양분, 兩親 양친, 兩側 양측, 一刀兩斷 일도양단, 一擧兩得 일거양득, 進退兩難 진퇴양난

244 4급

糧

양식 량

米
총18획

파자풀이 糧자는 의미요소인 米자와 발음요소인 量(헤아릴 량)자가 결합한 형성자이다.

유의자 穀 곡식 곡

용례 糧穀 양곡, 糧食 양식, 食糧難 식량난

245 5급 II

나그네/군사 려

方
총10획

파자풀이 旅자는 깃발을 의미하는 㫃(나부낄 언)자와 从(좇을 종)자가 결합한 글자이다.

유의자 客 손 객, 賓 손 빈, 兵 군사 병, 卒 군사 졸

상대자 主 주인 주

용례 旅客 여객, 旅毒 여독, 旅券 여권, 旅團 여단, 旅費 여비, 旅裝 여장, 旅行 여행, 行旅病死 행려병사

246 4급 II

고울 려

鹿
총19획

파자풀이 麗자는 鹿(사슴 록)자와 사슴뿔을 묘사한 丽(고울 려)자가 결합한 글자이다.

유의자 鮮 고울 선, 美 아름다울 미

용례 麗水 여수, 高麗 고려, 秀麗 수려, 美麗 미려, 華麗 화려, 高句麗 고구려, 美辭麗句 미사여구

247 4급

생각할 려:

心
총15획

파자풀이 慮자는 虍(범 호)자와 思(생각 사)자의 결합자이다.

유의자 考 생각할 고, 念 생각 념, 思 생각 사, 想 생각 상, 憶 생각할 억, 惟 생각할 유

용례 考慮 고려, 無慮 무려, 配慮 배려, 心慮 심려, 深慮 심려, 念慮 염려, 憂慮 우려, 千慮一得 천려일득, 千慮一失 천려일실, 深謀遠慮 심모원려

248 5급 II

지날 력

止
총16획

파자풀이 歷자는 厂(기슭 엄)자와 禾자 그리고 止자의 결합자이다.

유의자 經 지날 경, 過 지날 과

용례 歷代 역대, 歷史 역사, 歷任 역임, 歷程 역정, 經歷 경력, 來歷 내력, 涉歷 섭력, 略歷 약력, 履歷 이력, 前歷 전력

249 7급 II

力

힘 력

力
총2획

파자풀이 力자는 본래 밭을 가는 농기구를 묘사한 상형자이다.

용례 力量 역량, 力說 역설, 力走 역주, 努力 노력, 能力 능력, 勢力 세력, 實力 실력, 壓力 압력, 威力 위력, 底力 저력, 全力 전력, 思考力 사고력, 潛在力 잠재력

250 5급 II

練

익힐 련:

糸
총15획

파자풀이 練자는 糸자와 柬(가릴 간)자의 결합자이다.

유의자 修 닦을 수, 熟 익을 숙, 習 익힐 습

약자 糸 + 東

용례 練習 연습, 未練 미련, 洗練 세련, 修練 수련, 訓練 훈련, 老練味 노련미

251 4급 II

連

이을 련

辶(辵)
총11획

파자풀이 連자는 辶자와 車자의 결합자이다.

유의자 繼 이을 계, 絡 이을 락, 續 이을 속, 承 이을 승, 接 이을 접

상대자 斷 끊을 단, 絶 끊을 절, 切 끊을 절

용례 連結 연결, 連繫 연계, 連帶 연대, 連絡 연락, 連累 연루, 連勝 연승, 連續 연속, 連休 연휴

252 4급 II

列

벌일 렬

刂(刀)
총6획

파자풀이 列자 歹(부서진뼈 알)자 刂(칼 도)자가 결합한 글자이다.

유의자 羅 벌일 라

용례 列强 열강, 列擧 열거, 列島 열도, 列車 열차, 隊列 대열, 羅列 나열, 配列 배열, 分列 분열, 序列 서열, 陳列 진열

253 4급

烈

매울 렬

灬(火)
총10획

파자풀이 烈자는 발음요소인 列(벌릴 렬)자와 의미요소인 灬(불 화)자가 결합한 형성자이다.

유의자 辛 매울 신

용례 烈士 열사, 强烈 강렬, 激烈 격렬, 猛烈 맹렬, 先烈 선열, 熱烈 열렬, 壯烈 장렬, 烈女門 열녀문

254 5급

領

거느릴 령

頁

총14획

파자풀이 領자는 발음요소인 令자와 의미요소인 頁자의 결합자이다.

유의자 率 거느릴 솔, 御 거느릴 어, 統 거느릴 통

용례 領空 영공, 領域 영역, 領海 영해, 首領 수령, 受領 수령, 要領 요령, 占領 점령, 橫領 횡령, 領收證 영수증, 大統領 대통령

---

255 5급

하여금 령(:)

人

총5획

파자풀이 令자는 亼 삼합 집)자와 卩 병부 절)자가 결합한 모습이다.

유의자 命 명령할 명, 使 하여금 사

용례 令狀 영장, 令愛 영애, 假令 가령, 發令 발령, 法令 법령, 設令 설령, 指令 지령, 司令官 사령관, 巧言令色 교언영색

---

256 6급

例

법식 례:

亻(人)

총8획

파자풀이 순서를 매긴다는 것을 뜻하는 列자에 亻자를 결합한 例자는 '사람이 지켜야 할 순서'라는 뜻으로 만들어졌다.

유의자 規 법 규, 律 법칙 률, 範 법 범, 法 법 법, 式 법 식, 典 법 전, 則 법칙 칙

용례 例事 예사, 例示 예시, 先例 선례, 實例 실례, 用例 용례, 類例 유례, 前例 전례, 條例 조례, 次例 차례

---

257 6급

예도 례:

示

총18획

파자풀이 禮자는 제단을 묘사한 示자와 제물을 담은 제기를 묘사한 豊자의 결합자이다.

약자 礼

용례 禮度 예도, 禮訪 예방, 禮拜 예배, 禮服 예복, 禮遇 예우, 缺禮 결례, 無禮 무례, 失禮 실례, 禮儀凡節 예의범절, 克己復禮 극기복례, 仁義禮智 인의예지

---

258 7급

老

늙을 로:

老

총6획

파자풀이 老자는 지팡이를 짚고 있는 노인을 묘사한 글자이다.

유의자 長 어른 장, 翁 늙은이 옹

상대자 少 젊을 소, 童 아이 동, 兒 아이 아

용례 老患 노환, 老後 노후, 敬老 경로, 老弱者 노약자, 老益壯 노익장, 老鍊味 노련미, 不老草 불로초, 百戰老將 백전노장

---

259 6급

路

길 로:

足

총13획

파자풀이 路자는 足자와 各자의 결합자이다.

유의자 道 길 도, 途 길 도, 程 길 정

용례 路面 노면, 路邊 노변, 路線 노선, 經路 경로, 進路 진로, 通路 통로, 航路 항로, 活路 활로, 一帶一路 일대일로

---

260 5급 II

勞

일할 로

力

총12획

파자풀이 勞자는 밤에도 불을 밝힌 채 열심히 일하고 있는 모습을 표현한 글자이다.

유의자 勤 부지런할 근, 務 힘쓸 무

상대자 使 부릴 사

약자 労

용례 勞困 노곤, 勞動 노동, 勞使 노사, 勞組 노조, 功勞 공로, 過勞 과로, 勤勞 근로, 不勞所得 불로소득, 犬馬之勞 견마지로

---

261 6급

綠

푸를 록

糸

총14획

파자풀이 綠자는 의미요소인 糸자와 발음요소인 彔(나무깎을 록)자가 결합한 형성자이다.

유의자 碧 푸를 벽, 蒼 푸를 창, 靑 푸를 청

용례 綠豆 녹두, 綠末 녹말, 綠陰 녹음, 綠地 녹지, 綠茶 녹차, 綠化 녹화, 常綠樹 상록수, 草綠同色 초록동색, 綠衣紅裳 녹의홍상

---

262 4급 II

錄

기록할 록

金

총16획

파자풀이 錄자는 의미요소인 金자와 발음요소인 彔(나무깎을 록)자가 결합한 형성자이다.

유의자 記 기록할 기, 誌 기록할 지, 識 기록할 지

약자 录

용례 錄音 녹음, 錄畫 녹화, 記錄 기록, 登錄 등록, 目錄 목록, 收錄 수록, 實錄 실록

---

263 4급 II

논할 론

言

총15획

파자풀이 論자는 言자와 侖(둥글 륜)자의 결합자이다.

유의자 議 의논할 의, 評 평론할 평

용례 論據 논거, 論難 논란, 論爭 논쟁, 論題 논제, 激論 격론, 勿論 물론, 反論 반론, 輿論 여론, 討論 토론, 論功行賞 논공행상, 卓上空論 탁상공론

264 5급

料

헤아릴 료(:)

斗
총10획

파자풀이 料자는 米자와 斗자의 결합자이다.

유의자 量 헤아릴 량, 測 헤아릴 측, 度 헤아릴 탁

용례 料金 요금, 無料 무료, 思料 사료, 資料 자료, 材料 재료, 香料 향료, 手數料 수수료, 食料品 식료품, 調味料 조미료

265 4급

용 룡

龍
총16획

파자풀이 갑골문에서 龍자는 뿔과 불을 뿜는 입 그리고 곡선을 이룬 몸통을 특징적으로 표현했다.

약자 竜

용례 龍宮 용궁, 恐龍 공룡, 土龍 토룡, 登龍門 등용문, 龍頭蛇尾 용두사미

266 5급 II

類

무리 류(:)

頁
총19획

파자풀이 類자는 頪(엇비슷할 뢰)자에 犬자를 결합한 모습이다.

유의자 群 무리 군, 黨 무리 당, 徒 무리 도, 等 무리 등, 衆 무리 중

상대자 孤 외로울 고, 獨 홀로 독

용례 類別 유별, 類似 유사, 類推 유추, 分類 분류, 書類 서류, 人類 인류, 種類 종류, 類類相從 유유상종

267 5급 II

흐를 류

氵(水)
총10획

파자풀이 流자는 의미요소인 氵자와 발음요소인 㐬(깃발 류)자의 결합자이다.

용례 流動 유동, 流配 유배, 流域 유역, 流出 유출, 流通 유통, 流布 유포, 流行 유행, 交流 교류, 急流 급류, 氣流 기류, 物流 물류, 逆流 역류, 支流 지류, 韓流 한류, 落花流水 낙화유수

268 4급 II

머무를 류

田
총10획

파자풀이 留자는 발음요소인 卯(토끼 묘)자와 의미요소인 田자의 결합자이다.

유의자 泊 머무를 박, 停 머무를 정, 駐 머무를 주, 住 살 주

용례 留念 유념, 留意 유의, 留宿 유숙, 留學 유학, 繫留 계류, 保留 보류, 抑留 억류, 殘留 잔류, 滯留 체류, 虎死留皮 호사유피, 人死留名 인사유명

269 4급

柳

버들 류(:)

木
총9획

파자풀이 柳자는 의미요소인 木자와 발음요소인 卯자의 결합자이다.

유의자 楊 버들 양

용례 柳京 유경, 楊柳 양류, 花柳界 화류계

270 8급

六

여섯 륙

八
총4획

파자풀이 六자는 세 손가락씩 양손을 편 모양을 본떠 만든 글자이다.

용례 望六 망육, 六面體 육면체, 死六臣 사육신, 六十甲子 육십갑자, 三十六計 삼십육계, 六何原則 육하원칙

271 5급 II

陸

뭍 륙

阝(阜)
총11획

파자풀이 陸자는 의미요소인 阝자와 발음요소인 坴(언덕 륙)자가 결합한 형성자이다.

유의자 地 땅 지

상대자 海 바다 해

용례 陸橋 육교, 陸路 육로, 陸地 육지, 大陸 대륙, 上陸 상륙, 離陸 이륙, 着陸 착륙, 連陸橋 연륙교

272 4급

바퀴 륜

車
총15획

파자풀이 輪자는 의미요소인 車자와 발음요소인 侖(둥글 륜)자의 결합자이다.

용례 輪番 윤번, 輪作 윤작, 年輪 연륜, 五輪旗 오륜기

273 4급 II

律

법칙 률

彳
총9획

파자풀이 律자는 彳자와 聿(붓 율)자의 결합자이다.

유의자 規 법 규, 例 법식 례, 範 법 범, 法 법 법, 式 법 식, 則 법칙 칙, 憲 법 헌

용례 律令 율령, 律法 율법, 規律 규율, 自律 자율, 他律 타율, 音律 음률, 調律 조율, 千篇一律 천편일률, 二律背反 이율배반

274 7급

里

마을 리:

里
총7획

파자풀이 里자는 田자와 土자의 합체자이다.

유의자 洞 마을 동, 村 마을 촌, 府 마을 부

용례 洞里 동리, 鄕里 향리, 海里 해리, 千里眼 천리안, 里程標 이정표, 萬里長城 만리장성, 不遠千里 불원천리, 五里霧中 오리무중

275 6급 II

理

다스릴 리:

王(玉)
총11획

파자풀이 理자는 의미요소인 玉자와 발음요소인 里자를 결합한 형성자이다.

유의자 治 다스릴 치, 攝 다스릴 섭

상대자 亂 어지러울 란

용례 理想 이상, 理性 이성, 理由 이유, 理致 이치, 理解 이해, 管理 관리, 窮理 궁리, 論理 논리, 道理 도리, 修理 수리, 合理 합리, 理判事判 이판사판

276 6급 II

利

이로울/날카로울 리:

刂(刀)
총7획

파자풀이 利자는 禾자와 刂자가 결합한 회의자이다.

유의자 益 더할 익

상대자 損 덜 손, 害 해로울 해

용례 利得 이득, 利用 이용, 利益 이익, 利子 이자, 利點 이점, 權利 권리, 勝利 승리, 銳利 예리, 有利 유리, 便利 편리, 漁父之利 어부지리, 甘言利說 감언이설, 見利思義 견리사의, 堅甲利兵 견갑이병, 利害得失 이해득실

277 6급

李

오얏/성씨 리:

木
총7획

파자풀이 李자는 열매를 많이 맺는 자두나무의 특성을 응용해 만든 글자이다.

용례 李朝 이조, 行李 행리, 張三李四 장삼이사

278 4급

離

떠날 리:

隹
총19획

파자풀이 離자는 离(흩어질 리)자와 隹(새 추)자가 결합한 형성자이다.

유의자 別 나눌 별, 散 흩어질 산

상대자 結 맺을 결, 合 합할 합, 會 모일 회

약자 文+隹

용례 離陸 이륙, 離別 이별, 離脫 이탈, 離婚 이혼, 分離 분리, 會者定離 회자정리, 支離滅裂 지리멸렬

279 7급

林

수풀 림

木
총8획

파자풀이 林자는 木자를 겹쳐 그린 것으로 '나무가 많다'라는 뜻을 표현하고 있다.

유의자 森 수풀 삼

용례 林業 임업, 林野 임야, 密林 밀림, 山林 산림, 森林 삼림, 防風林 방풍림, 原始林 원시림, 酒池肉林 주지육림

280 7급 II

立

설 립

立
총5획

파자풀이 立자의 갑골문을 보면 大자 아래로 획을 하나 그어 땅 위에 서 있는 사람을 표현했다.

유의자 建 세울 건, 起 일어날 기

상대자 坐 앉을 좌, 伏 엎드릴 복, 臥 누울 와

용례 立案 입안, 立場 입장, 立證 입증, 起立 기립, 亂立 난립, 對立 대립, 獨立 독립, 設立 설립, 樹立 수립, 而立 이립, 存立 존립, 確立 확립, 不立文字 불립문자, 孤立無援 고립무원, 立春大吉 입춘대길

281 5급

馬

말 마:

馬
총10획

파자풀이 馬자는 말을 묘사한 상형자이다.

용례 馬力 마력, 競馬 경마, 落馬 낙마, 出馬 출마, 車馬費 거마비, 走馬看山 주마간산, 竹馬故友 죽마고우, 馬耳東風 마이동풍

282 8급

萬

일만 만:

++(艸)
총13획

파자풀이 萬자는 본래 '전갈'을 뜻하기 위해 만든 글자였다.

약자 万

용례 萬感 만감, 萬能 만능, 萬物 만물, 千萬多幸 천만다행, 千差萬別 천차만별, 千態萬象 천태만상, 萬病通治 만병통치

283 4급 II

滿

찰 만(:)

氵(水)
총14획

파자풀이 滿자는 의미요소인 氵자와 발음요소인 㒼(평평할 만)자의 결합자이다.

유의자 充 채울 충

상대자 干 방패 간, 空 빌 공, 虛 빌 허

약자 満

용례 滿開 만개, 滿船 만선, 滿員 만원, 滿點 만점, 滿足 만족, 未滿 미만, 不滿 불만, 肥滿 비만, 圓滿 원만, 充滿 충만, 滿場一致 만장일치, 餘裕滿滿 여유만만

284 **5급**

末

끝 말

木
총5획

파자풀이 末자는 나무의 '끝부분'을 강조한 지사문자(指事文字)이다.

유의자 端 끝 단, 終 마칠 종

상대자 本 근본 본, 始 비로소 시, 初 처음 초

용례 末期 말기, 末端 말단, 末世 말세, 結末 결말, 年末 연말, 終末 종말, 週末 주말, 端末機 단말기, 秋毫之末 추호지말, 物有本末 물유본말

285 **5급 II**

望

바랄/보름 망:

月
총11획

파자풀이 望자는 발음요소인 亡자와 月(달 월), 壬(북방 임)자가 결합한 형성자이다.

유의자 希 바랄 희

용례 望月 망월, 望鄕 망향, 可望 가망, 觀望 관망, 物望 물망, 失望 실망, 熱望 열망, 要望 요망, 怨望 원망, 野望 야망, 前望 전망, 展望 전망, 絶望 절망, 責望 책망, 希望 희망, 望遠鏡 망원경, 望雲之情 망운지정

286 **5급**

망할 망

亠
총3획

파자풀이 亡자는 본래 칼날이 부러졌다는 뜻을 표현했었다.

유의자 逃 도망할 도, 滅 멸할 멸

상대자 盛 성할 성, 存 있을 존, 興 일 흥

용례 亡命 망명, 亡失 망실, 亡者 망자, 逃亡 도망, 滅亡 멸망, 死亡 사망, 未亡人 미망인, 敗家亡身 패가망신, 亡羊之歎 망양지탄, 脣亡齒寒 순망치한, 興亡盛衰 흥망성쇠

287 **7급 II**

매양 매(:)

毋
총7획

파자풀이 갑골문에 나온 每자를 보면 비녀를 꽂고 있는 여자가 그려져 있었다.

용례 每年 매년, 每番 매번, 每事 매사, 每樣 매양, 每事不成 매사불성

288 **5급**

賣

팔 매(:)

貝
총15획

파자풀이 賣자는 出의 변형인 士자와 買(살 매)자의 결합자이다.

유의자 販 팔 판

상대자 購 살 구, 買 살 매

약자 売

용례 賣却 매각, 賣渡 매도, 賣上 매상, 賣盡 매진, 賣出 매출, 强賣 강매, 競賣 경매, 都賣 도매, 發賣 발매, 豫賣 예매, 販賣 판매, 賣國奴 매국노, 非賣品 비매품, 賣官賣職 매관매직, 買占賣惜 매점매석, 立稻先賣 입도선매, 薄利多賣 박리다매

289 **5급**

買

살 매:

貝
총12획

파자풀이 買자는 网(그물 망)자와 貝(조개 패)자가 결합한 모습이다.

유의자 購 살 구

상대자 賣 팔 매, 販 팔 판

용례 買上 매상, 買收 매수, 買入 매입, 買票 매표, 收買 수매, 不買 불매

290 **4급**

妹

누이 매

女
총8획

파자풀이 妹자는 의미요소인 女자와 발음요소인 未(아닐 미)자가 결합한 글자이다.

상대자 男 사내 남, 姉 누이 자

용례 妹夫 매부, 妹兄 매형, 妹弟 매제, 男妹 남매, 姉妹 자매, 無媒獨子 무매독자

291 **4급 II**

脈

줄기 맥

月(肉)
총10획

파자풀이 脈자는 月(肉)자와 派(물갈래 파)자가 합체한 글자이다.

약자 脉

용례 脈絡 맥락, 鑛脈 광맥, 命脈 명맥, 文脈 문맥, 山脈 산맥, 血脈 혈맥, 氣盡脈盡 기진맥진, 一脈相通 일맥상통

292 **7급**

낯 면:

面
총9획

파자풀이 面자는 본래 사람의 얼굴을 표현한 글자이다.

유의자 顔 낯 안, 容 얼굴 용

용례 面談 면담, 面目 면목, 面識 면식, 面接 면접, 面會 면회, 假面 가면, 局面 국면, 斷面 단면, 反面 반면, 書面 서면, 喜色滿面 희색만면, 面從腹背 면종복배

293 4급

勉

힘쓸 면:

力
총9획

파자풀이 勉자는 발음요소인 免(면할 면)자와 의미요소인 力자가 결합한 형성자이다.

유의자 勞 일할 로, 勵 힘쓸 려, 務 힘쓸 무

용례 勉學 면학, 勸勉 권면, 勤勉 근면, 刻苦勉勵 각고면려

294 7급 II

名

이름 명

口
총6획

파자풀이 名자는 夕(저녁 석)자와 口(입 구)자가 결합한 모습이다.

유의자 稱 일컬을 칭, 號 이름 호

상대자 實 열매 실

용례 名曲 명곡, 名分 명분, 名聲 명성, 名所 명소, 名譽 명예, 名將 명장, 名稱 명칭, 名筆 명필, 記名 기명, 作名 작명, 除名 제명, 名實相符 명실상부, 立身揚名 입신양명, 有名人士 유명인사

295 7급

命

목숨/명령할 명:

口
총8획

파자풀이 命자는 亼(삼합 집)자와 口(입 구)자, 卩(병부 절)자가 결합한 글자이다.

유의자 令 명령할 령, 壽 목숨 수

용례 命脈 명맥, 命題 명제, 救命 구명, 亡命 망명, 宿命 숙명, 運命 운명, 任命 임명, 致命 치명, 特命 특명, 革命 혁명, 知天命 지천명, 佳人薄命 가인박명, 命在頃刻 명재경각, 非命橫死 비명횡사

296 4급

울 명

鳥
총14획

파자풀이 鳴자는 口자와 鳥자가 결합한 것으로 새가 우는 소리를 표현한 글자이다.

유의자 哭 울 곡, 泣 울 읍

상대자 笑 웃을 소

용례 共鳴 공명, 悲鳴 비명, 自鳴鐘 자명종, 孤掌難鳴 고장난명, 鷄鳴狗盜 계명구도, 百家爭鳴 백가쟁명

297 6급 II

明

밝을 명

日
총8획

파자풀이 明자는 日자와 月자가 결합한 회의자이다.

유의자 朗 밝을 랑, 白 흰 백, 昭 밝을 소, 洞 밝을 통

상대자 冥 어두울 명, 暗 어두울 암, 昏 어두울 혼

용례 明朗 명랑, 明白 명백, 明示 명시, 明暗 명암, 明快 명쾌, 未明 미명, 分明 분명, 鮮明 선명, 說明 설명, 證明 증명, 表明 표명, 賢明 현명, 明若觀火 명약관화, 燈下不明 등하불명, 明鏡止水 명경지수, 山紫水明 산자수명

298 8급

母

어미 모:

毋
총5획

파자풀이 母자는 여성의 가슴 부위에 점을 찍어 아기에게 젖을 물려야 하는 어머니를 표현하고 있었다.

상대자 父 아비 부, 子 아들 자

용례 母系 모계, 母國 모국, 母校 모교, 母乳 모유, 母子 모자, 母情 모정, 繼母 계모, 母性愛 모성애, 早失父母 조실부모, 孟母三遷 맹모삼천

299 4급 II

毛

터럭 모

毛
총4획

파자풀이 毛자는 본래 새의 깃털을 그린 것이었다.

유의자 髮 터럭 발, 毫 터럭 호

용례 毛孔 모공, 毛髮 모발, 毛織 모직, 毛布 모포, 毛皮 모피, 脫毛 탈모, 不毛地 불모지, 九牛一毛 구우일모

300 4급

模

본뜰 모

木
총15획

파자풀이 模자는 의미요소인 木자와 발음요소인 莫자의 결합자이다.

유의자 倣 본뜰 방, 範 법 범

용례 模倣 모방, 模範 모범, 模寫 모사, 模樣 모양, 模唱 모창, 規模 규모, 模造品 모조품

301 8급

나무 목

木
총4획

파자풀이 木자는 나무의 뿌리와 가지가 함께 표현된 상형문자이다.

유의자 樹 나무 수

용례 木石 목석, 木手 목수, 木材 목재, 木造 목조, 巨木 거목, 伐木 벌목, 植木 식목, 原木 원목, 接木 접목, 緣木求魚 연목구어, 十伐之木 십벌지목

302 6급

目

눈 목

目
총5획

파자풀이 目자는 사람 눈을 그린 상형자이다.

유의자 眼 눈 안

용례 目擊 목격, 目禮 목례, 目的 목적, 目標 목표, 面目 면목, 反目 반목, 眼目 안목, 耳目 이목, 注目 주목, 條目 조목, 項目 항목, 盲目的 맹목적, 目不忍見 목불인견, 目不識丁 목불식정

303 4급II

牧

칠 목

牛
총8획

파자풀이 牧자는 牛자와 攵자가 결합한 회의자이다.

용례 牧童 목동, 牧師 목사, 牧者 목자, 牧場 목장, 牧草 목초, 放牧 방목, 牧民之官 목민지관

304 4급

妙

묘할 묘ː

女
총7획

파자풀이 妙자는 女자와 少자의 결합자이다.

용례 妙技 묘기, 妙味 묘미, 妙案 묘안, 奇妙 기묘, 微妙 미묘, 神妙 신묘, 絶妙 절묘, 奇奇妙妙 기기묘묘

305 4급

무덤 묘ː

土
총14획

파자풀이 墓자는 莫자와 土자의 결합자이다.

유의자 墳 무덤 분

용례 墓碑 묘비, 墓所 묘소, 墓域 묘역, 墓地 묘지, 墳墓 분묘, 省墓 성묘

306 5급

없을 무

灬(火)
총12획

파자풀이 無자는 본래 무당이나 제사장이 춤추는 모습을 그린 글자이다.

유의자 莫 없을 막, 罔 없을 망

상대자 有 있을 유, 在 있을 재, 存 있을 존

용례 無關 무관, 無難 무난, 無慮 무려, 無料 무료, 無數 무수, 無視 무시, 無作爲 무작위, 無酌定 무작정, 無差別 무차별, 無條件 무조건, 有備無患 유비무환, 眼下無人 안하무인, 厚顔無恥 후안무치

307 4급II

武

호반 무ː

止
총8획

파자풀이 武자는 戈(창 과)자와 止(발 지)자가 결합한 모습이다.

상대자 文 글월 문

용례 武器 무기, 武力 무력, 武術 무술, 武勇談 무용담, 非武裝 비무장, 武陵桃源 무릉도원, 文武兼全 문무겸전

308 4급II

務

힘쓸 무ː

力
총11획

파자풀이 務자는 敄(힘쓸 무)자와 力(힘 력)자가 결합한 모습이다.

유의자 勞 일할 로, 勵 힘쓸 려, 勉 힘쓸 면

용례 勤務 근무, 勞務 노무, 實務 실무, 業務 업무, 用務 용무, 任務 임무, 義務 의무, 休務 휴무, 急先務 급선무, 始務式 시무식, 公務員 공무원, 君子務本 군자무본

309 4급

舞

춤출 무ː

舛
총14획

파자풀이 본래 無자가 '춤추다'는 의미를 가졌었지만, '없다'라는 뜻으로 가차(假借)되면서 舞자가 '춤추다'라는 뜻을 대신하게 되었다.

용례 舞曲 무곡, 舞臺 무대, 歌舞 가무, 鼓舞 고무, 群舞 군무, 亂舞 난무

310 8급

門

문 문

門
총8획

파자풀이 門자는 보면 양쪽으로 여닫는 큰 대문을 묘사한 글자이다.

유의자 戶 외짝문 호

용례 同門 동문, 部門 부문, 入門 입문, 門下生 문하생, 專門家 전문가, 門外漢 문외한, 登龍門 등용문, 門前成市 문전성시

311 7급

글월 문

文
총4획

파자풀이 文자는 본래 몸에 새긴 '문신'을 표현한 것이었다.

유의자 書 글 서, 章 글 장

상대자 武 호반 무, 言 말씀 언

용례 文庫 문고, 文段 문단, 文壇 문단, 文明 문명, 文章 문장, 論文 논문, 例文 예문, 注文 주문, 文化財 문화재, 不立文字 불립문자, 文房四友 문방사우, 死後藥方文 사후약방문

312 **7급**

問

물을 문:

口
총11획

파자풀이 問자는 발음요소인 門자와 의미요소인 口자가 합체한 형성자이다.

유의자 諮 물을 자

상대자 答 대답할 답, 聞 들을 문, 聽 들을 청

용례 問病 문병, 問安 문안, 問議 문의, 問責 문책, 檢問 검문, 反問 반문, 訪問 방문, 設問 설문, 審問 심문, 疑問 의문, 諮問 자문, 東問西答 동문서답, 不問可知 불문가지, 不問曲直 불문곡직, 不恥下問 불치하문

313 **6급Ⅱ**

聞

들을 문(:)

耳
총14획

파자풀이 聞자는 발음요소인 門자와 의미요소인 耳자가 합체한 형성자이다.

유의자 聽 들을 청

상대자 問 물을 문

용례 見聞 견문, 所聞 소문, 新聞 신문, 風聞 풍문, 聽聞會 청문회, 今始初聞 금시초문, 前代未聞 전대미문, 聞一知十 문일지십

314 **7급Ⅱ**

物

물건 물

牛
총8획

파자풀이 物자는 牛자에 뭔가를 자르는 모습인 勿자를 결합한 모습이다.

유의자 件 물건 건, 品 물건 품

상대자 心 마음 심

용례 物議 물의, 物資 물자, 古物 고물, 萬物 만물, 俗物 속물, 實物 실물, 財物 재물, 物心兩面 물심양면, 見物生心 견물생심, 格物致知 격물치지

315 **6급**

쌀 미

米
총6획

파자풀이 米자는 十자 주위로 낟알이 흩어져 있는 모습으로 그려진 것이다.

용례 米穀 미곡, 米飮 미음, 白米 백미, 玄米 현미, 精米所 정미소

316 **6급**

아름다울 미(:)

羊
총9획

파자풀이 美자는 羊자와 大자의 결합자이다.

유의자 佳 아름다울 가, 麗 고울 려

상대자 醜 추할 추

용례 美觀 미관, 美談 미담, 美德 미덕, 美麗 미려, 美容 미용, 美化 미화, 美辭麗句 미사여구, 美風良俗 미풍양속, 美人薄命 미인박명

317 **4급Ⅱ**

味

맛 미:

口
총8획

파자풀이 味자는 의미요소인 口자와 발음요소인 未자가 결합한 형성자이다.

용례 加味 가미, 別味 별미, 意味 의미, 趣味 취미, 興味 흥미, 調味料 조미료, 老鍊味 노련미, 山海珍味 산해진미

318 **4급Ⅱ**

아닐 미(:)

木
총5획

파자풀이 未자의 본래 의미는 '(나뭇잎이)무성하다'였다. 그러나 지금은 '아니다'는 의미로 가차되어 쓰이고 있다.

유의자 否 아닐 부, 不 아닐 불, 弗 아닐 불, 非 아닐 비

용례 未達 미달, 未來 미래, 未滿 미만, 未熟 미숙, 未婚 미혼, 未完成 미완성, 未曾有 미증유

319 **8급**

백성 민

氏
총5획

파자풀이 民자의 금문을 보면 송곳으로 사람의 눈을 찌르는 모습을 표현하고 있다.

상대자 君 임금 군, 主 임금 주, 王 임금 왕, 帝 임금 제, 皇 임금 황

용례 民間 민간, 民俗 민속, 民衆 민중, 貧民 빈민, 庶民 서민, 市民 시민, 住民 주민, 民生苦 민생고, 失鄕民 실향민

320 **4급Ⅱ**

빽빽할 밀

宀
총11획

파자풀이 密자는 宓(잠잠할 밀)자와 山자가 결합한 모습이다.

상대자 疎 드물 소, 顯 나타날 현

용례 密告 밀고, 密度 밀도, 密接 밀접, 密閉 밀폐, 祕密 비밀, 精密 정밀, 周到綿密 주도면밀, 密雲不雨 밀운불우

321 **6급**

성씨/순박할 박

木
총6획

파자풀이 朴자에 쓰인 卜자는 거북의 등처럼 갈라진 후박나무의 특징을 함께 표현하고 있다.

용례 素朴 소박, 質朴 질박

322 **4급Ⅱ**

博

넓을 박

十
총12획

파자풀이 博자는 꽉 찬 수를 뜻하는 十자에 '펴다'라는 뜻을 가진 尃자를 결합한 모습이다.

유의자 廣 넓을 광, 漠 넓을 막, 普 넓을 보, 浩 넓을 호, 洪 넓을 홍

용례 博士 박사, 博愛 박애, 該博 해박, 博物館 박물관, 博學多識 박학다식, 博聞强記 박문강기

323 **4급**

칠 박

扌(手)
총8획

파자풀이 拍자는 의미요소인 扌자와 발음요소인 白자가 결합한 형성자이다.

유의자 擊 칠 격, 攻 칠 공, 伐 칠 벌, 征 칠 정, 打 칠 타, 討 칠 토

상대자 防 막을 방, 守 지킬 수

용례 拍手 박수, 拍子 박자, 拍車 박차, 拍掌大笑 박장대소

324 **6급Ⅱ**

돌이킬 반:

又
총4획

파자풀이 反자는 손을 묘사한 又를 뒤집는 모습을 표현했다.

유의자 返 돌이킬 반, 還 돌아올 환, 回 돌아올 회

상대자 贊 도울 찬

용례 反感 반감, 反對 반대, 反亂 반란, 反面 반면, 反復 반복, 反省 반성, 反映 반영, 反應 반응, 反則 반칙, 客反爲主 객반위주

325 **6급Ⅱ**

반 반:

十
총5획

파자풀이 半자는 牛자에 나누는 것을 의미하는 八자가 결합한 모습이다.

용례 半減 반감, 半球 반구, 半島 반도, 折半 절반, 過半數 과반수, 半導體 반도체, 上半身 상반신, 半信半疑 반신반의, 一言半句 일언반구, 夜半逃走 야반도주

326 **6급Ⅱ**

班

나눌 반

王(玉)
총10획

파자풀이 班자는 두 개의 옥(玉)과 刂(칼도)자가 결합한 글자이다.

유의자 配 나눌 배, 別 나눌 별, 分 나눌 분

상대자 常 항상 상, 合 합할 합

용례 班常 반상, 武班 무반, 文班 문반, 首班 수반, 兩班 양반, 虎班 호반

327 **4급**

髮

터럭 발

髟
총15획

파자풀이 髮자는 머리털이 드리워진 모습의 髟자에 발음요소인 犮자를 결합한 모습이다.

유의자 毛 터럭 모, 毫 터럭 호

용례 假髮 가발, 間髮 간발, 頭髮 두발, 削髮 삭발, 散髮 산발, 理髮 이발, 斷髮令 단발령, 危機一髮 위기일발

328 **6급Ⅱ**

發

필 발

癶
총12획

파자풀이 發자의 갑골문을 보면 도망가는 사람을 향해 화살을 쏘는 모습을 표현했다.

유의자 射 쏠 사, 展 펼 전

상대자 着 붙을 착

약자 発

용례 發覺 발각, 發見 발견, 發達 발달, 發想 발상, 發送 발송, 發展 발전, 發電 발전, 發表 발표, 開發 개발, 濫發 남발, 滿發 만발, 頻發 빈발, 誘發 유발, 一觸卽發 일촉즉발, 百發百中 백발백중

329 **7급Ⅱ**

方

모 방

方
총4획

파자풀이 方자는 소가 끄는 쟁기를 묘사한 글자이다.

상대자 團 둥글 단, 圓 둥글 원

용례 方今 방금, 方面 방면, 方法 방법, 方案 방안, 方位 방위, 方針 방침, 方便 방편, 方向 방향, 近方 근방, 祕方 비방, 八方美人 팔방미인, 死後藥方文 사후약방문

330 **4급Ⅱ**

防

막을 방

阝(阜)
총7획

파자풀이 防자는 의미요소인 阝(언덕 부)자와 발음요소인 方(모 방)자가 결합한 형성자이다.

유의자 拒 막을 거, 抵 막을 저, 守 지킬 수, 衛 지킬 위

상대자 擊 칠 격, 攻 칠 공, 伐 칠 벌, 打 칠 타, 討 칠 토

용례 防犯 방범, 防火 방화, 攻防 공방, 豫防 예방, 防風林 방풍림, 衆口難防 중구난방

331 **4급Ⅱ**

放

놓을 방(:)

攵
총8획

파자풀이 放자는 발음요소인 方자와 의미요소인 攵자의 결합자이다.

유의자 釋 풀 석

상대자 拘 잡을 구, 操 잡을 조

용례 放課 방과, 放流 방류, 放漫 방만, 放牧 방목, 放射 방사, 放送 방송, 放心 방심, 放任 방임, 放置 방치

332 4급 II

房

방 방

戶
총8획

파자풀이 房자는 의미요소인 戶자와 발음요소인 方자의 합체자이다.

유의자 室 집 실

용례 暖房 난방, 藥房 약방, 冊房 책방, 文房四友 문방사우, 獨守空房 독수공방

333 4급

妨

방해할 방

女
총7획

파자풀이 妨자는 女자와 발음요소인 方자의 결합자이다.

유의자 害 방해할 해

용례 妨害 방해, 無妨 무방

334 4급 II

訪

찾을 방:

言
총11획

파자풀이 訪자는 본래 의견을 물어 답을 찾는다는 뜻이다.

유의자 搜 찾을 수, 索 찾을 색, 尋 찾을 심, 探 찾을 탐

용례 訪問 방문, 訪韓 방한, 來訪 내방, 禮訪 예방, 探訪 탐방

335 5급

곱 배(:)

亻(人)
총10획

파자풀이 倍자는 亻자와 발음요소인 咅(침부)자가 결합한 글자이다.

용례 倍加 배가, 倍數 배수, 倍率 배율, 倍達民族 배달민족, 勇氣百倍 용기백배

336 4급 II

나눌/짝 배:

酉
총10획

파자풀이 配자는 술통을 묘사한 酉자와 술통의 술을 살피는 모습을 묘사한 己자가 결합한 글자이다.

유의자 班 나눌 반, 分 나눌 분, 別 나눌 별, 伴 짝 반, 偶 짝 우, 匹 짝 필

용례 配達 배달, 配慮 배려, 配置 배치, 配布 배포, 手配 수배, 流配 유배, 支配 지배

337 4급 II

拜

절 배:

手
총9획

파자풀이 拜자는 본래 수확한 곡식을 조상신에게 바치며 절하는 모습을 표현한 것이었다.

약자 拝

용례 拜上 배상, 歲拜 세배, 崇拜 숭배, 禮拜 예배, 參拜 참배, 拜金主義 배금주의

338 4급 II

背

등 배:

月(肉)
총9획

파자풀이 背자는 발음요소인 北자와 의미요소인 月(肉)자의 결합자이다.

상대자 腹 배 복, 向 향할 향

용례 背景 배경, 背信 배신, 背任 배임, 背水陣 배수진, 二律背反 이율배반

339 8급

白

흰/아뢸 백

白
총5획

파자풀이 白자는 자원(字源)에 대한 의견이 분분하다. 엄지손톱을 묘사한 글자로 보는 것이 합리적일 것 같다.

유의자 素 흴 소, 明 밝을 명, 告 아뢸 고

상대자 黑 검을 흑, 玄 검을 현

용례 白眉 백미, 白壽 백수, 白紙 백지, 告白 고백, 獨白 독백, 明白 명백, 餘白 여백, 白衣從軍 백의종군, 白骨難忘 백골난망

340 7급

일백 백

白
총6획

파자풀이 百자도 자원에 대한 의견이 분분하다. 많은 수를 의미하는 것을 보면, 지붕에 매달린 벌집을 그린 것으로 보인다.

용례 百姓 백성, 百方 백방, 百貨店 백화점, 百折不屈 백절불굴, 百害無益 백해무익, 百發百中 백발백중, 百年河淸 백년하청

341 6급

番

차례 번

田
총12획

파자풀이 番자는 동물의 발자국을 그린 釆자에 田자가 결합한 모습이다.

유의자 序 차례 서, 第 차례 제, 秩 차례 질, 次 차례 차

용례 番外 번외, 番地 번지, 番號 번호, 每番 매번, 當番 당번, 非番 비번, 不寢番 불침번, 輪番制 윤번제

342 4급 II

伐

칠 벌

亻(人)
총6획

파자풀이 伐자는 亻자와 戈(창 과)자의 결합자이다.

유의자 攻 칠 공, 擊 칠 격, 征 칠 정

상대자 防 막을 방, 守 지킬 수

용례 伐木 벌목, 伐草 벌초, 殺伐 살벌, 征伐 정벌, 十伐之木 십벌지목

343 4급 II

罰

벌할 벌

罒(网)
총14획

파자풀이 罰자는 '죄인을 잡아(网) 꾸짖고(言) 형벌을 내린다(刂)'란 의미이다.

상대자 賞 상줄 상

용례 罰金 벌금, 罰點 벌점, 處罰 처벌, 刑罰 형벌, 信賞必罰 신상필벌, 一罰百戒 일벌백계

344 4급

範

법 범:

竹
총15획

파자풀이 範자는 승전(勝戰)을 비는 제사를 지낸 후 선봉에 선 수레가 길을 열어 후발 수레들의 본을 보이는 것을 의미했다.

유의자 規 법 규, 律 법칙 률, 例 법식 례, 法 법 법, 式 법식 식, 典 법 전, 則 법칙 칙

용례 範圍 범위, 規範 규범, 模範 모범, 示範 시범, 率先垂範 솔선수범

345 4급

犯

범할 범:

犭(犬)
총5획

파자풀이 犯자는 犭자에 사람이 무릎 꿇고 있는 모습을 그린 㔾자를 결합한 글자이다.

용례 犯法 범법, 共犯 공범, 防犯 방범, 眞犯 진범, 侵犯 침범

346 5급 II

法

법 법

氵(水)
총8획

파자풀이 法자는 氵자와 去(갈 거)자의 결합자이다.

유의자 規 법 규, 律 법칙 률, 例 법식 례, 範 법 범, 式 법식 식, 典 법 전, 則 법칙 칙

용례 法律 법률, 法院 법원, 法治 법치, 方法 방법, 用法 용법, 解法 해법, 憲法 헌법

347 4급 II

壁

벽 벽

土
총16획

파자풀이 壁자는 辟(피할 피)자와 土자가 결합한 모습으로, 흙을 쌓아 외부의 시선을 피한다는 뜻이다.

용례 壁報 벽보, 壁畫 벽화, 防壁 방벽, 絶壁 절벽, 家徒壁立 가도벽립

348 5급 II

變

변할 변:

言
총23획

파자풀이 變자는 어지러운 상황을 뜻하는 䜌자에 夊자를 결합한 글자이다.

유의자 改 고칠 개, 更 고칠 경, 易 바꿀 역, 革 고칠 혁

약자 变

용례 變更 변경, 變數 변수, 變移 변이, 變裝 변장, 變調 변조, 變質 변질, 變化 변화, 急變 급변, 突變 돌변, 陵谷之變 능곡지변

349 4급 II

邊

가 변

辶(辵)
총19획

파자풀이 邊자는 辶자와 自자, 穴자, 方자가 결합한 모습이다.

상대자 中 가운데 중, 央 가운데 앙

약자 辺, 边

용례 邊境 변경, 邊方 변방, 周邊 주변, 底邊 저변, 一邊倒 일변도, 多邊化 다변화, 廣大無邊 광대무변

350 4급

辯

말씀 변:

言
총21획

파자풀이 辯자는 죄인들이 서로 다투는 것을 뜻하는 辡자에 言자의 합체자이다.

유의자 言 말씀 언, 語 말씀 어

용례 辯論 변론, 强辯 강변, 達辯 달변, 答辯 답변, 言辯 언변, 雄辯 웅변, 抗辯 항변, 辯護士 변호사, 懸河之辯 현하지변

351 6급

別

다를/나눌 별

刂(刀)
총7획

파자풀이 別자는 사람 뼈를 의미하는 另(헤어질 령)자와 刂(칼 도)자의 결합자이다.

유의자 區 나눌 구, 分 나눌 분, 配 나눌 배, 異 다를 이, 差 다를 차, 他 다를 타

상대자 共 한가지 공, 同 한가지 동

용례 別個 별개, 別途 별도, 別味 별미, 別世 별세, 訣別 결별, 告別 고별, 離別 이별, 特別 특별, 敎外別傳 교외별전

352 6급

病

병 병:

疒
총10획

파자풀이 病자는 의미요소인 疒(병들 녁)자에 발음요소인 丙(남녘 병)자를 결합한 형성자이다.

유의자 疾 병 질, 患 병 환

용례 病缺 병결, 病勢 병세, 病席병석, 病弊 병폐, 看病 간병, 問病 문병, 發病 발병, 鬪病 투병, 同病相憐 동병상련

353 5급 II

兵

군사 병

八
총7획

파자풀이 갑골문에 나온 兵자를 보면 도끼를 양손으로 받들고 있는 모습이 그려져 있었다.

유의자 軍 군사 군, 卒 군사 졸, 士 병사 사

상대자 將 장수 장, 帥 장수 수

용례 兵役 병역, 伏兵 복병, 私兵 사병, 勇兵 용병, 派兵 파병, 用兵術 용병술, 敗殘兵 패잔병, 堅甲利兵 견갑이병

354 4급 II

報

갚을/알릴 보:

土
총12획

파자풀이 報자의 금문을 보면 수갑을 찬 죄수를 잡으려는 모습이 그려져 있다.

유의자 償 갚을 상, 告 알릴 고

용례 報告 보고, 報道 보도, 報答 보답, 悲報 비보, 朗報 낭보, 誤報 오보, 情報 정보, 弘報 홍보, 結草報恩 결초보은, 因果應報 인과응보

355 4급 II

寶

보배 보:

宀
총20획

파자풀이 寶자는 宀자, 玉자, 缶(항아리 부) 그리고 貝(조개 패)자로 구성된 글자이다.

유의자 珍 보배 진

약자 宝

용례 寶庫 보고, 寶物 보물, 家寶 가보, 國寶 국보, 傳家寶刀 전가보도

356 4급

普

넓을 보:

日
총12획

파자풀이 普자는 '모두'라는 뜻을 가진 竝자에 日자를 결합한 것으로 햇볕을 모두에게 골고루 비춘다는 의미이다.

유의자 廣 넓을 광, 博 넓을 박, 浩 넓을 호, 洪 넓을 홍

상대자 狹 좁을 협

용례 普及 보급, 普通 보통, 普遍 보편

357 4급 II

保

지킬 보(:)

亻(人)
총9획

파자풀이 保자는 亻자에 呆(어리석을 매)자의 결합자이다.

유의자 守 지킬 수, 衛 지킬 위, 護 지킬 호

상대자 攻 칠 공, 擊 칠 격

용례 保健 보건, 保守 보수, 保安 보안, 保溫 보온, 保全 보전, 保存 보존, 保護 보호, 留保 유보, 確保 확보, 明哲保身 명철보신

358 4급 II

步

걸음 보:

止
총7획

파자풀이 步자는 사람이 걷는 모습을 표현한 글자이다.

용례 踏步 답보, 徒步 도보, 散步 산보, 讓步 양보, 進步 진보, 初步 초보

359 4급

伏

엎드릴 복

亻(人)
총6획

파자풀이 伏자는 개가 사람 옆에 바짝 엎드려 복종하고 있는 모습을 표현한 것이다.

상대자 起 일어날 기, 立 설 립

용례 伏線 복선, 起伏 기복, 屈伏 굴복, 降伏 항복, 伏地不動 복지부동, 哀乞伏乞 애걸복걸

360 6급

服

옷 복

月
총8획

파자풀이 갑골문에서의 服자는 무릎을 꿇은 사람(卩)을 이끌어(又) 배(舟)에 태우고 있는 모습이 표현되어 있었다.

유의자 衣 옷 의, 屈 굴복할 굴

용례 服從 복종, 服用 복용, 感服 감복, 屈服 굴복, 克服 극복, 說服 설복, 着服 착복

361 5급 II

福

복 복

示
총14획

파자풀이 福자는 제단을 묘사한 示자에 술잔에 술이 가득한 모습인 畐(가득할 복)자가 결합한 글자이다.

유의자 祉 복 지, 祚 복 조

상대자 災 재앙 재, 禍 재화 화, 厄 재앙 액

용례 福券 복권, 福利 복리, 福音 복음, 祝福 축복, 幸福 행복, 冥福 명복, 轉禍爲福 전화위복, 吉凶禍福 길흉화복

362 4급

複

겹칠 복

衤(衣)
총14획

파자풀이 複자는 의미요소인 衤(衣)자와 발음요소인 复(회복할 복)자가 결합한 형성자이다.

상대자 單 홑 단

용례 複寫 복사, 複數 복수, 複製 복제, 重複 중복, 複雜多端 복잡다단

363 6급

근본 본

木
총5획

파자풀이 本자는 나무의 뿌리 부분을 강조한 지사자이다.

유의자 原 근원 원

상대자 末 끝 말

용례 本國 본국, 本論 본론, 本流 본류, 本色 본색, 本然 본연, 本籍 본적, 基本 기본, 資本 자본, 物有本末 물유본말, 拔本塞源 발본색원

364 5급 II

받들 봉:

大
총8획

파자풀이 갑골문에 나온 奉자를 보면 약초를 양손으로 떠받치고 있는 모습이 그려져 있었다.

유의자 仕 섬길 사

용례 奉仕 봉사, 奉養 봉양, 奉獻 봉헌, 信奉 신봉, 滅私奉公 멸사봉공, 陽奉陰違 양봉음위

365 8급

아비 부

父
총4획

파자풀이 父는 손에 막대기를 들고 있는 모습을 그린 글자이다.

상대자 母 어미 모, 子 아들 자

용례 父系 부계, 伯父 백부, 叔父 숙부, 家父長, 漁父之利 어부지리, 父傳子傳 부전자전

366 7급

지아비 부

大
총4획

파자풀이 夫자는 비녀를 꽂은 남자를 그린 것이다.

상대자 婦 아내 부, 妻 아내 처

용례 夫君 부군, 弟夫 제부, 兄夫 형부, 令夫人 영부인, 士大夫 사대부, 匹夫匹婦 필부필부

367 6급 II

部

떼 부

阝(邑)
총11획

파자풀이 部자는 본래 '이 마을'과 '저 마을'이라는 식의 의미를 주기 위해 만든 글자였으나, 후에 서로를 구분하거나 분류한다는 뜻이 확대되었다.

유의자 隊 무리 대, 類 무리 류

상대자 單 홑 단, 獨 홀로 독

용례 部隊 부대, 部類 부류, 部分 부분, 部門 부문, 部屬 부속, 部處 부처 全部 전부

368 4급 II

婦

며느리 부

女
총11획

파자풀이 婦자는 빗자루를 들고 있는 모습을 그린 帚자에 女자가 결합한 글자이다.

상대자 姑 시어미 고, 夫 지아비 부

용례 新婦 신부, 主婦 주부, 派出婦 파출부, 匹夫匹婦 필부필부, 夫唱婦隨 부창부수

369 4급 II

富

부자 부:

宀
총12획

파자풀이 '가득하다'라는 뜻을 가진 畐자에 宀자를 결합한 富자는 집안에 재물이 가득하다는 의미이다.

유의자 裕 넉넉할 유

상대자 困 곤할 곤, 窮 궁할 궁, 貧 가난할 빈

약자 冨

용례 甲富 갑부, 巨富 거부, 豊富 풍부, 富貴榮華 부귀영화, 富國强兵 부국강병

370 4급 II

復

회복할 복
다시 부:

彳
총12획

파자풀이 復자는 彳자와 复자의 결합자이다.

유의자 歸 돌아올 귀, 回 돌아올 회

상대자 更 다시 갱

용례 復舊 복구, 復歸 복귀, 復習 복습, 復活 부활, 復興 부흥, 反復 반복, 克己復禮 극기복례

371 4급 II

副

버금 부:

刂(刀)
총11획

파자풀이 副자는 가득함을 뜻하는 畐자에 刂자를 결합해 가득한 것을 둘로 나누었다는 뜻을 표현했다.

유의자 亞 버금 아, 仲 버금 중, 次 버금 차

용례 副賞 부상, 副食 부식, 副業 부업, 副産物 부산물, 副作用 부작용

372 4급 II

府

마을 부(:)

广
총8획

파자풀이 府자는 广자와 付(줄 부)자가 합체한 글자이다.

유의자 里 마을 리, 署 관청 서, 廳 관청 청

용례 政府 정부, 議政府 의정부, 春府丈 춘부장, 三府要人 삼부요인

---

373 4급

아닐 부:

口
총7획

파자풀이 '아니다'라는 뜻을 가진 不자에 口자를 결합한 否자는 '아니라고 말하다'라는 뜻으로 만들어졌다.

유의자 未 아닐 미, 不 아닐 불, 非 아닐 비

상대자 可 옳을 가

용례 否認 부인, 否定 부정, 拒否 거부, 安否 안부, 與否 여부, 曰可曰否 왈가왈부

---

374 4급

질 부:

貝
총9획

파자풀이 사람과 재물이 함께 결합한 형태인 負자는 '빚'을 뜻하기 위해 만든 글자이다.

유의자 敗 질 패

상대자 勝 이길 승

용례 負擔 부담, 負傷 부상, 負債 부채, 自負 자부, 請負 청부, 抱負 포부

---

375 8급

북녘 북
달아날 배

匕
총5획

파자풀이 北자의 갑골문을 보면 두 사람이 서로 등을 맞댄 모습이 그려져 있었다.

상대자 南 남녘 남

용례 北端 북단, 敗北 패배, 泰山北斗 태산북두

---

376 6급 II

나눌 분(:)

刀
총4획

파자풀이 사물이 나누어진 모습을 그린 八자에 刀자가 결합한 分자가 물건을 반으로 나누었다는 뜻을 표현한 것이다.

유의자 區 나눌 구, 別 나눌 별, 配 나눌 배, 班 나눌 반, 析 가를 석

상대자 合 합할 합

용례 分斷 분단, 分離 분리, 分明 분명, 分散 분산, 分數 분수, 分野 분야, 細分 세분, 養分 양분, 職分 직분, 充分 충분, 安分知足 안분지족

---

377 4급

憤

분할 분:

忄(心)
총15획

파자풀이 憤자는 의미요소인 忄자와 발음요소인 賁(클 분)자가 결합한 형성자이다.

용례 憤慨 분개, 憤怒 분노, 憤痛 분통, 憤敗 분패, 公憤 공분

---

378 4급

粉

가루 분(:)

米
총10획

파자풀이 粉자는 米(쌀 미)자와 分자의 결합자이다.

유의자 末 가루 말

용례 粉骨 분골, 粉末 분말, 粉筆 분필, 粉食 분식, 製粉 제분, 粉飾會計 분식회계

---

379 7급 II

不

아닐 불

一
총4획

파자풀이 不자는 땅속으로 뿌리를 내린 식물을 그린 것으로 '아니다'라는 뜻을 갖고 있다.

유의자 未 아닐 미, 非 아닐 비, 否 아닐 부, 弗 아닐 불

용례 不拘 불구, 不具 불구, 不當 부당, 不斷 부단, 不滿 불만, 不利 불리, 不義 불의, 不正 부정, 不快 불쾌, 不惑 불혹, 不動産 부동산, 過猶不及 과유불급, 目不識丁 목불식정

---

380 4급 II

佛

부처 불

亻(人)
총7획

파자풀이 佛자는 본래 '어그러지다'라는 뜻을 표현했던 글자였다. 그러나 불교가 중국에 전해진 이후부터는 불교를 대표하는 글자가 되었다.

약자 仏

용례 佛經 불경, 佛敎 불교, 空念佛 공염불

---

381 5급

比

견줄 비:

比
총4획

파자풀이 比자는 두 사람이 우측을 향해 나란히 서 있는 모습을 그린 것이다.

유의자 較 견줄 교

용례 比等 비등, 比例 비례, 比重 비중, 對比 대비, 連理比翼 연리비익

382 5급

코 비:

鼻
총14획

파자풀이 鼻자는 본래 코를 뜻했던 自자가 '자기'나 '스스로'라는 뜻으로 가차되면서 畀(줄 비)자를 결합해 만든 글자이다.

용례 鼻笑 비소, 鼻炎 비염, 鼻音 비음, 鼻祖 비조, 吾鼻三尺 오비삼척, 宿虎衝鼻 숙호충비

383 5급

費

쓸 비:

貝
총12획

파자풀이 費자는 발음요소인 弗(아닐 불)자와 의미요소인 貝자가 결합한 형성자이다.

유의자 需 쓸 수, 用 쓸 용

용례 費用 비용, 經費 경비, 浪費 낭비, 歲費 세비, 消費 소비, 虛費 허비

384 4급 II

悲

슬플 비:

心
총12획

파자풀이 悲자는 발음요소인 非(아닐 비)자와 의미요소인 心자의 결합자이다.

유의자 哀 슬플 애

상대자 歡 기쁠 환, 喜 기쁠 희, 樂 즐길 락

용례 悲觀 비관, 悲劇 비극, 悲鳴 비명, 悲運 비운, 悲壯 비장, 慈悲 자비, 興盡悲來 흥진비래

385 4급 II

備

갖출 비:

亻(人)
총12획

파자풀이 備자는 人자와 用자, 矢자가 결합한 모습이다.

유의자 具 갖출 구

용례 備考 비고, 兼備 겸비, 對備 대비, 設備 설비, 完備 완비, 準備 준비, 備忘錄 비망록, 有備無患 유비무환

386 4급 II

아닐 비(:)

非
총8획

파자풀이 非자는 새의 날개가 서로 엇갈려 있는 모습에서 '어긋하나'라는 뜻이 파생되면서 지금은 '아니다'라는 뜻으로 쓰이고 있다.

유의자 未 아닐 미, 否 아닐 부, 不 아닐 불

상대자 可 옳을 가, 是 옳을 시

용례 非難 비난, 非理 비리, 非常 비상, 非行 비행, 似而非 사이비, 非一非再 비일비재, 非命橫死 비명횡사

387 4급 II

飛

날 비

飛
총9획

파자풀이 飛자는 새의 날개와 몸통을 함께 그린 글자이다.

용례 飛上 비상, 飛躍 비약, 飛火 비화, 雄飛 웅비, 烏飛梨落 오비이락

388 4급

祕

숨길 비:

示
총10획

파자풀이 祕자는 의미요소인 示자와 발음요소인 必자의 결합자이다.

유의자 密 감출 밀

용례 祕境 비경, 祕密 비밀, 祕話 비화, 極祕 극비, 神祕 신비

389 4급

批

비평할 비:

扌(手)
총7획

파자풀이 批자는 의미요소인 扌자와 발음요소인 比자의 결합자이다.

유의자 評 평할 평

용례 批判 비판, 批評 비평

390 4급

碑

비석 비

石
총13획

파자풀이 碑자는 의미요소인 石자에 발음요소인 卑(낮을 비)자를 결합한 형성자이다.

용례 碑文 비문, 墓碑 묘비, 記念碑 기념비, 口碑文學 구비문학

391 4급 II

가난할 빈

貝
총11획

파자풀이 貧자를 分(나눌 분)자와 貝(조개 패)자가 결합한 글자이다.

유의자 困 곤할 곤, 窮 궁할 궁

상대자 富 부자 부, 裕 넉넉할 유

용례 貧困 빈곤, 貧民 빈민, 貧血 빈혈, 清貧 청빈, 貧益貧 빈익빈, 安貧樂道 안빈낙도, 外華內貧 외화내빈

392 5급

冰

얼음 빙

水
총5획

파자풀이 氷자의 갑골문을 보면 평평했던 강의 얼음이 깨지면서 위로 솟구친 모습을 표현하고 있다.

상대자 炭 숯 탄

용례 氷河 빙하, 結氷 결빙, 製氷 제빙, 解氷 해빙, 氷姿玉質 빙자옥질, 氷炭之間 빙탄지간, 如履薄氷 여리박빙

---

393 4급

실 사

糸
총12획

파자풀이 糸자는 실타래가 묶여있는 모습을 그린 것으로 '실'이라는 뜻을 갖고 있다.

용례 鐵絲 철사, 一絲不亂 일사불란

---

394 8급

넉 사:

囗
총5획

파자풀이 금문에서는 '숨 쉬다'라는 뜻으로 쓰였던 四자를 숫자 '4'로 가차한 경우이다.

용례 四通八達 사통팔달, 朝三暮四 조삼모사, 張三李四 장삼이사, 四顧無親 사고무친, 文房四友 문방사우

---

395 7급Ⅱ

일 사:

亅
총8획

파자풀이 事자는 祭祀를 지내고 점을 치는 주술 도구를 손에 쥔 모습을 표현한 글자이다.

유의자 業 일 업, 務 힘쓸 무

용례 事件 사건, 事故 사고, 事例 사례, 事實 사실, 事態 사태, 例事 예사, 慶弔事 경조사, 事必歸正 사필귀정, 多事多難 다사다난

---

396 6급Ⅱ

모일 사

示
총8획

파자풀이 示자는 신에게 제사를 지내는 제단을 그린 것으로 여기에 土자가 결합한 社자의 본래 의미는 '토지의 신'이었다.

유의자 集 모일 집, 會 모일 회

상대자 散 흩을 산

용례 社說 사설, 社員 사원, 社會 사회, 結社 결사, 會社 회사, 支社 지사, 退社 퇴사

---

397 6급

使

하여금/부릴 사:

亻(人)
총8획

파자풀이 使자는 亻자에 吏(벼슬아치 리)자가 결합한 회의자이다.

유의자 令 하여금 령

상대자 勞 일할 로

용례 使命 사명, 使臣 사신, 使用 사용, 勞使 노사, 密使 밀사, 設使 설사, 行使 행사, 咸興差使 함흥차사

---

398 5급Ⅱ

仕

섬길 사(:)

亻(人)
총5획

파자풀이 仕자는 학식을 갖춘 사람을 뜻하는 士자에 人자를 더한 것으로 임금을 모시던 관리를 뜻한다.

유의자 奉 받들 봉

용례 給仕 급사, 奉仕 봉사, 出仕 출사

---

399 5급Ⅱ

史

사기 사:

口
총5획

파자풀이 史자는 본래 신에게 지내는 제사를 주관하는 사관(祀官)을 뜻했던 글자였다.

용례 史觀 사관, 史劇 사극, 史記 사기, 略史 약사, 歷史 역사, 女史 여사

---

400 6급

死

죽을 사:

歹
총6획

파자풀이 死자는 歹(부서진뼈 알)자와 匕(비수 비)자가 결합한 글자이다.

유의자 殺 죽일 살

상대자 生 살 생, 活 살 활

용례 死境 사경, 死別 사별, 死線 사선, 死守 사수, 死鬪 사투, 死藏 사장, 變死 변사, 虎死留皮 호사유피

---

401 5급Ⅱ

士

선비 사:

士
총3획

파자풀이 士자는 본래 휴대가 간편한 고대 무기를 그린 것으로, 고대에는 무관(武官)을 의미했던 글자이다.

유의자 軍 군사 군, 兵 군사 병, 卒 군사 졸

상대자 將 장수 장

용례 士氣 사기, 講士 강사, 演士 연사, 烈士 열사, 義士 의사, 志士 지사, 士農工商 사농공상

402 **5급**

思

생각 사(:)

心
총9획

파자풀이 思자의 본래 모습은 囟(정수리 신)자가 들어간 恖으로, '생각'이라는 뜻으로 쓰였었다.

유의자 考 생각할 고, 慮 생각 려, 想 생각 상, 念 생각 념

용례 思潮 사조, 意思 의사, 不可思議 불가사의, 易地思之 역지사지, 見利思義 견리사의, 居安思危 거안사위

403 **4급 II**

집 사

舌
총8획

파자풀이 舍자의 금문을 보면 집을 받치는 토대 위에 기둥과 지붕이 얹어져 있었다.

유의자 家 집 가, 屋 집 옥, 堂 집 당, 室 집 실, 宇 집 우, 宙 집 주

용례 舍監 사감, 舍宅 사택, 廳舍 청사, 寄宿舍 기숙사

404 **5급**

베낄 사

宀
총15획

파자풀이 寫자는 宀자와 舃(신 석)자의 결합자이다.

유의자 謄 베낄 등

약자 写, 寫, 冩

용례 寫本 사본, 寫生 사생, 寫眞 사진, 複寫 복사, 筆寫 필사

405 **5급**

조사할 사

木
총9획

파자풀이 査자는 의미요소인 木자와 발음요소인 且(또 차)자의 결합자이다.

유의자 檢 검사할 검, 察 살필 찰

용례 査正 사정, 內査 내사, 審査 심사, 調査 조사

406 **4급 II**

사례할 사:

言
총17획

파자풀이 謝자는 의미요소인 言자와 발음요소인 射(쏠 사)자의 결합자이다.

용례 謝過 사과, 謝恩 사은, 謝絶 사절, 謝罪 사죄, 感謝 감사, 厚謝 후사, 新陳代謝 신진대사

407 **4급 II**

師

스승 사

巾
총10획

파자풀이 師자는 𠂤(언덕 부)자와 帀(두를 잡)자의 결합자이다.

유의자 傅 스승 부

상대자 弟 제자 제

약자 师

용례 師團 사단, 師表 사표, 講師 강사, 牧師 목사, 恩師 은사, 醫師 의사

408 **4급 II**

寺

절 사
관청 시

寸
총6획

파자풀이 寺자는 본래 나랏일을 하던 '관청'을 뜻했었다. 후에 불교가 중국에 전해진 이후에는 부처님을 모시는 장소를 뜻하게 되었다.

유의자 刹 절 찰

용례 寺院 사원, 山寺 산사, 司農寺 사농시

409 **4급**

말씀 사

辛
총19획

파자풀이 辭자는 실타래를 손으로 엮고 있는 모습을 그린 𤔔(어지러울 난)자와 辛(매울 신)자가 결합한 모습이다.

유의자 言 말씀 언, 語 말씀 어, 談 말씀 담, 話 말씀 화, 說 말씀 설

약자 辞

용례 辭意 사의, 辭職 사직, 辭退 사퇴, 辭表 사표, 固辭 고사, 修辭 수사, 讚辭 찬사, 辭讓之心 사양지심, 美辭麗句 미사여구

410 **4급**

私

사사 사

禾
총7획

파자풀이 私자는 禾자와 厶(사사 사)자의 결합자이다.

상대자 公 공평할 공

용례 私見 사견, 私席 사석, 私心 사심, 先公後私 선공후사, 滅私奉公 멸사봉공

411 **4급**

射

쏠 사(:)

寸
총10획

파자풀이 금문에서 射자는 손으로 활을 당기고 있는 모습을 표현했다.

유의자 發 쏠 발

용례 射擊 사격, 射手 사수, 反射 반사, 放射 방사, 日射 일사, 注射 주사

412 8급

山

메 산

山
총3획

파자풀이 山자는 육지에 우뚝 솟은 3개의 봉우리를 그린 것으로 '산'을 형상화한 상형문자이다.

상대자 江 강 강, 河 강 하, 川 내 천

용례 愚公移山 우공이산, 他山之石 타산지석, 山戰水戰 산전수전, 山紫水明 산자수명, 積土成山 적토성산, 走馬看山 주마간산

413 7급

算

셈 산:

竹
총14획

파자풀이 算자는 竹자와 目자, 廾(받들 공)자가 결합한 회의자이다.

유의자 計 셀 계, 數 셀 수

용례 算出 산출, 加算 가산, 勝算 승산, 豫算 예산, 誤算 오산, 定算 정산, 淸算 청산, 推算 추산, 利害打算 이해타산

414 5급 II

産

낳을 산:

生
총11획

파자풀이 産자는 '집(厂)에서 아이(文)를 낳았다(生)'라는 뜻으로 해석된다.

유의자 生 날 생

용례 産地 산지, 量産 양산, 遺産 유산, 流産 유산, 資産 자산, 財産 재산, 産油國 산유국, 不動産 부동산

415 4급

散

흩을 산:

攵(攴)
총12획

파자풀이 散자는 𣢟(흩어질 산)자와 月(육달 월)자가 결합한 모습이다.

유의자 漫 흩어질 만, 分 나눌 분, 解 풀 해

상대자 集 모일 집, 會 모일 회, 社 모일 사

용례 散發 산발, 散步 산보, 散在 산재, 散策 산책, 閑散 한산, 離合集散 이합집산

416 4급 II

殺

죽일 살
감할 쇄:

殳
총11획

파자풀이 殺자는 짐승의 목에 칼을 꽂는 모습을 그린 杀자와 殳(몽둥이 수)자가 결합한 글자이다.

유의자 死 죽을 사

상대자 生 살 생, 活 살 활, 增 더할 증, 加 더할 가, 益 더할 익

약자 殺

용례 殺氣 살기, 暗殺 암살, 被殺 피살, 殺到 쇄도, 減殺 감쇄, 相殺 상쇄, 殺身成仁 살신성인, 矯角殺牛 교각살우, 寸鐵殺人 촌철살인

417 8급

三

석 삼

一
총3획

파자풀이 三자는 막대기 3개를 늘어놓은 모습을 본떠 숫자 3을 의미하는 글자이다.

유의자 參 석 삼

용례 三伏 삼복, 張三李四 장삼이사, 作心三日 작심삼일, 君子三樂 군자삼락, 朝三暮四 조삼모사

418 7급 II

上

윗 상:

一
총3획

파자풀이 上자는 하늘을 가리키고 있는 것으로 '위'를 뜻하고 있다.

상대자 下 아래 하

용례 上演 상연, 格上 격상, 飛上 비상, 賣上 매상, 引上 인상, 錦上添花 금상첨화, 雪上加霜 설상가상, 莫上莫下 막상막하

419 5급 II

相

서로 상

目
총9획

파자풀이 相자는 木자와 目자가 결합한 회의자이다.

유의자 互 서로 호

용례 相當 상당, 相對 상대, 相異 상이, 觀相家 관상가, 類類相從 상종, 一脈相通 일맥상통, 骨肉相殘 골육상잔, 同病相憐 동병상련

420 5급 II

商

장사/
헤아릴 상

口
총11획

파자풀이 商자는 금문에서 좌판 위에 물건을 올려놓은 모습에 口자를 더해 물건을 팔기 위해 지르는 소리까지 표현하였다.

유의자 賈 장사 고, 量 헤아릴 량

용례 商街 상가, 商術 상술, 商量 상량, 通商 통상, 協商 협상, 無本大商 무본대상, 士農工商 사농공상

421 5급

賞

상줄 상

貝
총15획

파자풀이 賞자는 발음요소인 尙자와 부상으로 주어지는 재물을 의미하는 貝자가 결합한 형성자이다.

상대자 罰 벌할 벌

용례 賞狀 상장, 鑑賞 감상, 副賞 부상, 施賞 시상, 懸賞金 현상금, 信賞必罰 신상필벌, 論功行賞 논공행상

422 **4급Ⅱ**

狀

형상 상
문서 장ː

犬
총8획

파자풀이 狀자는 마치 개(犬)가 탁자(爿) 위에 올라가 있는 모습이다. 그러나 지금은 단순히 '형상'이라는 뜻으로 쓰인다.

유의자 形 모양 형, 券 문서 권, 簿 문서 부, 籍 문서 적

약자 状

용례 狀況 상황, 答狀 답장, 令狀 영장, 現狀 현상, 形狀 형상, 招待狀 초대장, 情狀參酌 정상참작, 白紙狀態 백지상태

423 **4급Ⅱ**

상 상

广
총7획

파자풀이 본래는 牀자가 '평상'이라는 뜻으로 쓰였었지만, 해서에서부터는 속자였던 床자가 뜻을 대신하고 있다.

유의자 案 책상 안

용례 起床 기상, 病床 병상, 溫床 온상, 臨床 임상, 冊床 책상, 同床異夢 동상이몽

424 **4급Ⅱ**

떳떳할 상

巾
총11획

파자풀이 常자는 집을 그린 尙자에 巾(수건 건)자를 결합해 집에서 항시 두르고 있던 옷이라는 뜻으로 만들어졌다.

유의자 恒 항상 항

상대자 班 양반 반

용례 常勤 상근, 常設 상설, 常識 상식, 常用 상용, 尋常 심상, 正常 정상, 人生無常 인생무상

425 **4급Ⅱ**

생각 상ː

心
총13획

파자풀이 想자는 발음요소인 相자와 의미요소인 心자가 결합한 형성자이다.

유의자 考 생각할 고, 慮 생각 려, 思 생각 사, 念 생각 념, 惟 생각할 유

용례 想念 상념, 空想 공상, 發想 발상, 思想 사상, 想像 상상, 豫想 예상, 回想 회상, 誇大妄想 과대망상

426 **4급**

코끼리 상

豕
총12획

파자풀이 象자는 고대 중국인들이 직접 코끼리를 보고 묘사한 상형자이다.

유의자 形 모양 형

용례 象徵 상징, 對象 대상, 印象 인상, 現象 현상, 抽象的 추상적, 象牙塔 상아탑, 群盲評象 군맹평상

427 **4급**

傷

다칠 상

亻(人)
총13획

파자풀이 傷자는 亻자와 矢(화살 시), 昜(볕 양)자를 결합해 화살을 맞은 상처로 인해 몸에 열이 나고 있음을 표현했다.

용례 傷處 상처, 傷害 상해, 感傷 감상, 負傷 부상, 損傷 손상, 中傷謀略, 중상모략, 傷弓之鳥 상궁지조

428 **7급**

빛 색

色
총6획

파자풀이 갑골문에 나온 色자를 보면 두 사람이 나란히 붙어있는 모습이 그려져 있었다.

유의자 光 빛 광, 彩 채색 채

용례 具色 구색, 物色 물색, 本色 본색, 染色 염색, 脫色 탈색, 和色 화색, 各樣各色 각양각색, 大驚失色 대경실색, 傾國之色 경국지색, 巧言令色 교언영색, 草綠同色 초록동색

429 **8급**

生

날/살 생

生
총5획

파자풀이 生자의 갑골문을 보면 땅 위로 새싹이 돋아나는 모습이 그려져 있었다.

유의자 産 낳을 산, 出 날 출, 活 살 활

상대자 死 죽을 사, 殺 죽일 살

용례 生育 생육, 生食 생식, 苦生 고생, 發生 발생, 餘生 여생, 厚生 후생, 死生決斷 사생결단, 捨生取義 사생취의

430 **8급**

서녘 서

襾
총6획

파자풀이 西자는 본래 새의 둥지를 그린 것이기 때문에 '새집'이라는 의미로 쓰였었지만, 후에 '서쪽'이라는 뜻으로 가차되었다.

상대자 東 동녘 동

용례 西洋 서양, 東問西答 동문서답, 東西古今 동서고금, 東奔西走 동분서주

431 **6급Ⅱ**

書

글 서

曰
총10획

파자풀이 書자는 聿(붓 율)자와 曰(가로 왈)자의 결합자이다.

유의자 文 글월 문, 章 글 장, 籍 문서 적, 冊 책 책

용례 書簡 서간, 書記 서기, 書類 서류, 讀書 독서, 證書 증서, 指針書 지침서, 身言書判 신언서판

432 5급

序

차례 서:

广
총7획

파자풀이 序자는 의미요소인 广자와 발음요소인 予(나 여)자의 합체자이다.

유의자 番 차례 번, 第 차례 제, 秩 차례 질

용례 序頭 서두, 序論 서론, 序列 서열, 序言 서언, 順序 순서, 長幼有序 장유유서

433 7급

夕

저녁 석

夕
총3획

파자풀이 갑골문에 나온 夕자를 보면 초승달이 그려져 있다.

상대자 旦 아침 단, 朝 아침 조

용례 夕陽 석양, 夕陰 석음, 秋夕 추석, 朝變夕改 조변석개, 命在朝夕 명재조석

434 6급

石

돌 석

石
총5획

파자풀이 石자의 갑골문이나 금문을 보면 벼랑과 돌덩이가 그려져 있었다.

용례 石油 석유, 石材 석재, 石造 석조, 石炭 석탄, 採石 채석, 電光石火 전광석화, 他山之石 타산지석, 一石二鳥 일석이조

435 6급

席

자리 석

巾
총10획

파자풀이 席자는 广(집 엄)자와 돗자리를 표현한 廿자와 巾자가 결합한 회의자이다.

유의자 位 자리 위, 座 자리 좌

용례 席卷 석권, 缺席 결석, 出席 출석, 空席 공석, 滿席 만석, 同席 동석, 合席 합석, 首席 수석, 着席 착석, 坐不安席 좌불안석

436 8급

先

먼저 선

儿
총6획

파자풀이 先자의 갑골문을 보면 止자와 儿자가 결합한 모습이었다. 이것은 사람보다 발이 앞서나가는 모습을 표현한 것이다.

유의자 前 앞 전

상대자 後 뒤 후

용례 先攻 선공, 先納 선납, 先約 선약, 先任 선임, 先取 선취, 先親 선친, 優先 우선, 于先 우선, 先覺者 선각자, 行先地 행선지, 率先垂範 솔선수범

437 6급II

線

줄 선

糸
총15획

파자풀이 線자는 의미요소인 糸자와 발음요소인 泉(샘 천)자의 결합자이다.

유의자 絃 줄 현

용례 曲線 곡선, 直線 직선, 伏線 복선, 複線 복선, 視線 시선, 脫線 탈선, 混線 혼선, 導火線 도화선

438 5급II

仙

신선 선

亻(人)
총5획

파자풀이 仙자는 亻자와 山자의 결합자이다.

유의자 神 귀신 신

용례 仙境 선경, 仙界 선계, 仙女 선녀, 仙風道骨 선풍도골

439 5급II

鮮

고울 선

魚
총17획

파자풀이 鮮자는 魚자와 羊자의 결합자이다.

유의자 麗 고울 려, 美 아름다울 미

용례 鮮度 선도, 鮮明 선명, 鮮血 선혈, 新鮮 신선, 朝鮮 조선

440 5급

善

착할 선:

口
총12획

파자풀이 善자의 본래 모습은 譱으로, 말다툼을 착한 양(羊)의 마음으로 중재한다는 의미이다.

유의자 良 어질 량

상대자 惡 악할 악

용례 善導 선도, 善良 선량, 善戰 선전, 善政 선정, 善處 선처, 改善 개선, 獨善 독선, 最善 최선, 多多益善 다다익선, 勸善懲惡 권선징악, 改過遷善 개과천선, 善男善女 선남선녀

441 5급

船

배 선

舟
총11획

파자풀이船자는 舟(배 주)자와 㕣(물따라갈 연)자가 결합한 글자이다.

유의자 舟 배 주, 航 배 항

약자 舩

용례 船長 선장, 船積 선적, 下船 하선, 商船 상선, 漁船 어선, 造船 조선, 貨物船 화물선, 救助船 구조선, 宇宙船 우주선

442 4급

宣

베풀 선

宀

총9획

파자풀이 宣자는 宀자와 亘(걸칠 긍)자의 결합자이다.

유의자 設 베풀 설, 張 베풀 장, 陳 베풀 진

용례 宣告 선고, 宣明 선명, 宣言 선언, 宣傳 선전, 宣布 선포, 宣戰布告 선전포고, 黑色宣傳 흑색선전

---

443 5급

選

가릴 선ː

辶(辵)

총16획

파자풀이 選자는 辶자와 巽(공손할 손)자의 합체자이다.

유의자 拔 뽑을 발, 擇 가릴 택

용례 選擧 선거, 選別 선별, 選出 선출, 落選 낙선, 當選 당선, 嚴選 엄선, 入選 입선, 精選 정선, 取捨選擇 취사선택

---

444 6급Ⅱ

눈 설

雨

총11획

파자풀이 雪자의 금문을 보면 雨자 아래로 彗자가 그려져 있었다. 이것은 내린 눈을 빗자루로 쓰는 모습을 표현한 것이다.

용례 雪景 설경, 降雪 강설, 積雪 적설, 暴雪 폭설, 嚴冬雪寒 엄동설한, 雪上加霜 설상가상

---

445 5급Ⅱ

말씀 설
달랠 세ː

言

총14획

파자풀이 입을 벌린 모습을 그린 兌자에 言자가 결합한 說자는 누군가에게 웃으며 말하는 모습을 표현한 것이다.

유의자 言 말씀 언, 語 말씀 어, 談 말씀 담, 話 말씀 화

용례 說得 설득, 說服 설복, 說破 설파, 假說 가설, 定說 정설, 力說 역설, 遊說 유세, 街談巷說 가담항설, 說往說來 설왕설래, 甘言利說 감언이설, 語不成說 어불성설

---

446 4급Ⅱ

베풀 설

言

총11획

파자풀이 設자는 본래 전쟁이나 사냥에서 획득한 물건을 늘여놓고 잔치를 벌인다는 뜻으로 만든 글자였다.

유의자 建 세울 건, 宣 베풀 선, 施 베풀 시, 張 베풀 장

용례 設使 설사, 設令 설령, 設備 설비, 設定 설정, 設置 설치, 改設 개설, 新設 신설, 增設 증설, 創設 창설

---

447 4급

舌

혀 설

舌

총6획

파자풀이 갑골문에 나온 舌자를 보면 길게 뻗은 혓바닥 주위로 침이 튄 모습이 그려져 있었다.

용례 舌端 설단, 舌戰 설전, 毒舌 독설, 筆舌 필설, 口舌數 구설수

---

448 7급Ⅱ

姓

성 성ː

女

총8획

파자풀이 生자와 女자로 이루어진 姓자는 '태어남(生)은 곧 여자(女)에 의해 결정된다.'라는 뜻이다.

유의자 氏 성 씨

용례 姓名 성명, 百姓 백성, 通姓名 통성명, 同姓同本 동성동본, 易姓革命 역성혁명

---

449 6급Ⅱ

成

이룰 성

戈

총7획

파자풀이 창을 그린 戊자에 발음요소인 丁자가 더해진 成자는 본래 '평정하다'라는 뜻으로 만들어졌었다.

유의자 達 통달할 달, 就 이룰 취

상대자 敗 패할 패

용례 成功 성공, 成熟 성숙, 成長 성장, 成績 성적, 結成 결성, 構成 구성, 形成 형성, 殺身成仁 살신성인, 門前成市 문전성시, 大器晩成 대기만성

---

450 6급Ⅱ

省

살필 성
덜 생

目

총9획

파자풀이 省자는 少자와 目자의 결합자이다.

유의자 審 살필 심, 察 살필 찰, 減 덜 감, 損 덜 손, 略 간략할 략, 除 덜 제

상대자 加 더할 가, 益 더할 익, 增 더할 증

용례 省墓 성묘, 歸省 귀성, 反省 반성, 自省 자성, 省略 생략, 人事不省 인사불성, 昏定晨省 혼정신성

---

451 5급Ⅱ

性

성품 성ː

忄(心)

총8획

파자풀이 性자는 忄자와 生자가 결합한 모습이다.

용례 性格 성격, 性能 성능, 性別 성별, 個性 개성, 毒性 독성, 屬性 속성, 當爲性 당위성, 流動性 유동성, 蓋然性 개연성

452 4급 II

誠

정성 성

言
총14획

파자풀이 誠자는 의미요소인 言자와 발음요소인 成자의 결합자이다.

유의자 實 성실할 실

용례 誠實 성실, 誠意 성의, 熱誠 열성, 精誠 정성, 忠誠 충성, 孝誠 효성, 至誠感天 지성감천

453 4급 II

聖

성인 성:

耳
총13획

파자풀이 聖자는 耳자와 口자 그리고 발돋움을 하고 선 사람을 묘사한 壬자의 결합자이다.

용례 聖君 성군, 聖域 성역, 聖恩 성은, 聖職 성직, 神聖 신성, 聖誕節 성탄절, 太平聖代 태평성대

454 4급 II

城

재 성

土
총10획

파자풀이 城자는 의미요소인 土자에 발음요소인 成자를 결합한 글자이다.

용례 城壁 성벽, 都城 도성, 築城 축성, 不夜城 불야성

455 4급 II

聲

소리 성

耳
총17획

파자풀이 聲자는 고대 아악기를 그린 声자에 경쇠를 치는 막대를 의미하는 殳자 그리고 耳자로 구성된 글자이다.

유의자 音 소리 음

약자 声

용례 聲量 성량, 聲明 성명, 聲優 성우, 聲援 성원, 名聲 명성, 怨聲 원성, 歎聲 탄성, 歡呼聲 환호성, 聲東擊西 성동격서, 虛張聲勢 허장성세

456 4급 II

星

별 성

日
총9획

파자풀이 星자는 日(날 일)자와 生(날 생)자가 결합한 글자이다.

유의자 辰 별 진

용례 星座 성좌, 衛星 위성, 流星 유성, 將星 장성, 行星 행성, 恒星 항성, 占星術 점성술

457 4급 II

盛

성할 성:

皿
총12획

파자풀이 盛자는 발음요소인 成자와 皿(그릇 명)자가 결합한 형성자이다.

유의자 隆 높을 륭, 茂 무성할 무, 興 일 흥

상대자 衰 쇠할 쇠, 亡 망할 망

용례 盛大 성대, 盛業 성업, 盛行 성행, 盛況 성황, 豊盛 풍성, 榮枯盛衰 영고성쇠, 興亡盛衰 흥망성쇠

458 7급 II

世

인간 세:

一
총5획

파자풀이 世자의 금문을 보면 나뭇가지에서 뻗어 나온 새순이 그려져 있었다.

유의자 代 세대 대, 界 세계 계

용례 世上 세상, 世習 세습, 世襲 세습, 亂世 난세, 末世 말세, 出世 출세, 隔世之感 격세지감, 曲學阿世 곡학아세, 經世濟民 경세제민

459 5급 II

歲

해 세:

止
총13획

파자풀이 歲자는 步(걸음 보)자와 戊(도끼 월)자를 결합한 글자이다.

유의자 年 해 년

약자 岁, 嵗

용례 歲暮 세모, 歲首 세수, 歲拜 세배, 歲時 세시, 過歲 과세, 年歲 연세, 萬歲 만세, 歲寒孤節 세한고절

460 5급 II

洗

씻을 세:

氵(水)
총9획

파자풀이 洗자는 氵자와 발을 강조한 先자의 결합자이다.

유의자 濯 씻을 탁

용례 洗練 세련, 洗面 세면, 洗手 세수, 洗眼 세안, 洗車 세차, 洗兵 세병

461 4급 II

勢

형세 세:

力
총13획

파자풀이 묘목을 심는 모습을 그린 埶자에 力자를 결합한 勢자는 나무가 힘차게 자란다는 뜻으로 만들어졌다.

유의자 權 권세 권

용례 攻勢 공세, 守勢 수세, 勢力 세력, 大勢 대세, 實勢 실세, 優勢 우세, 破竹之勢 파죽지세, 累卵之勢 누란지세, 伯仲之勢 백중지세

462 4급 II

細

가늘 세

糸
총11획

파자풀이 細자는 糸자와 囟(정수리 신)자의 변형인 田자로 구성된 글자이다.

유의자 微 작을 미, 纖 가늘 섬

상대자 大 큰 대

용례 細密 세밀, 細分 세분, 細則 세칙, 細胞 세포, 詳細 상세, 零細 영세, 明細書 명세서

463 4급 II

세금 세:

禾
총12획

파자풀이 稅자는 유래가 명확하지 않으나, 농사 수확(禾)이 넉넉해서 기쁜 마음(兌)으로 세금을 납부할 수 있는 상황을 묘사한 것으로 해석해볼 수 있다.

유의자 租 조세 조

용례 稅制 세제, 課稅 과세, 納稅 납세, 脫稅 탈세, 所得稅 소득세

464 8급

小

작을 소:

小
총3획

파자풀이 小자는 큰 덩어리에서 작은 파편이 튀는 모습을 그린 글자이다.

유의자 微 작을 미

상대자 巨 클 거, 大 큰 대, 偉 클 위, 太 클 태

용례 小心 소심, 過小 과소, 極小 극소, 弱小 약소, 縮小 축소, 大同小異 대동소이, 小貪大失 소탐대실

465 4급 II

쓸 소(:)

扌(手)
총11획

파자풀이 掃자는 빗자루를 잡은 손을 의미하는 扌자에 帚(비 추)자를 결합한 글자이다.

용례 掃射 소사, 掃除 소제, 一掃 일소, 淸掃 청소

466 7급

적을/젊을 소:

小
총4획

파자풀이 少자도 작은 파편이 튀는 모습을 그린 것이기 때문에 小자와 기원이 같다.

유의자 寡 적을 과

상대자 多 많을 다, 衆 무리 중, 老 늙을 로

용례 少量 소량, 少額 소액, 減少 감소, 多少 다소, 靑少年 청소년, 老少同樂 노소동락

467 7급

所

바 소:

戶
총8획

파자풀이 所자는 발음요소인 戶자와 의미요소인 斤자가 결합한 글자이다.

유의자 處 곳 처

용례 所感 소감, 所管 소관, 所見 소견, 所得 소득, 所屬 소속, 所要 소요, 所願 소원, 所任 소임, 名所 명소, 場所 장소, 處所 처소, 適材適所 적재적소, 無所不爲 무소불위

468 4급 II

素

본디/흴 소(:)

糸
총10획

파자풀이 素자는 누에고치에서 갓 뽑아낸 하얀 실을 표현한 글자이다.

유의자 朴 소박할 박, 質 바탕 질

상대자 黑 검을 흑, 玄 검을 현

용례 素材 소재, 素地 소지, 素朴 소박, 質朴 질박, 要素 요소, 平素 평소, 活力素 활력소

469 6급 II

消

사라질 소

氵(水)
총10획

파자풀이 消자는 氵자와 肖(작을 초)자의 결합자이다.

상대자 現 나타날 현, 顯 나타날 현

용례 消毒 소독, 消燈 소등, 消費 소비, 消息 소식, 消日 소일, 消盡 소진, 消火 소화, 消化 소화, 解消 해소

470 4급 II

笑

웃음 소:

竹
총10획

파자풀이 笑자는 竹(대나무 죽)자와 夭(어릴 요)자가 결합한 모습이다.

상대자 哭 울 곡, 泣 울 읍

용례 苦笑 고소, 談笑 담소, 微笑 미소, 失笑 실소, 拍掌大笑 박장대소, 笑裏藏刀 소리장도

471 6급

速

빠를 속

辶(辵)
총11획

파자풀이 速자는 의미요소인 辶자와 발음요소인 束(묶을 속)자의 합체자이다.

유의자 急 급할 급

상대자 緩 느릴 완, 徐 천천히 서

용례 速攻 속공, 速斷 속단, 速達 속달, 速讀 속독, 速報 속보, 過速 과속, 早速 조속, 拙速 졸속, 快速 쾌속, 欲速不達 욕속부달

472 5급 II

束

묶을 속

木
총7획

파자풀이 束자는 나뭇단을 묶어놓은 모습으로 그려져 '묶다'나 '동여매다'라는 뜻을 표현한 글자이다.

유의자 結 맺을 결, 約 맺을 약

상대자 解 풀 해, 釋 풀 석

용례 檢束 검속, 結束 결속, 拘束 구속, 團束 단속, 約束 약속, 束手無策 속수무책

473 4급 II

俗

풍속 속

亻(人)
총9획

파자풀이 俗자는 산골짜기(谷)가 가른 지역마다 가지고 있는 고유의 풍습을 가진 사람(人)들이 있다는 뜻으로 만들어졌다.

상대자 雅 맑을 아

용례 俗談 속담, 民俗 민속, 卑俗 비속, 低俗 저속,土俗 토속, 風俗 풍속, 美風良俗 미풍양속

474 4급 II

續

이을 속

糸
총21획

파자풀이 續자는 糸(실 사)자에 賣(팔 매)자를 결합한 글자이다.

유의자 繼 이을 계, 承 이을 승, 連 이을 련, 接 이을 접

상대자 斷 끊을 단, 絶 끊을 절, 切 끊을 절

약자 続

용례 續開 속개, 續出 속출, 續篇 속편, 續行 속행, 相續 상속, 存續 존속, 持續 지속

475 4급

屬

붙일 속

尸
총21획

파자풀이 屬자는 尾(꼬리 미)자와 蜀(애벌레 촉)자가 결합한 모습이다.

유의자 附 붙을 부, 着 붙을 착

약자 属

용례 繫屬 계속, 歸屬 귀속, 部屬 부속, 附屬 부속, 所屬 소속, 從屬 종속, 直屬 직속, 貴金屬 귀금속

476 6급

孫

손자 손(:)

子
총10획

파자풀이 孫자는 子자와 系(이을 계)자가 결합한 모습이다.

상대자 祖 할아비 조

용례 孫子 손자, 外孫 외손, 親孫 친손, 宗孫 종손, 後孫 후손, 子子孫孫 자자손손

477 4급

損

덜 손:

扌(手)
총13획

파자풀이 損자는 扌자와 員(인원 원)자의 결합자이다.

유의자 減 덜 감, 除 덜 제, 省 덜 생, 失 잃을 실

상대자 加 더할 가, 得 얻을 득, 益 더할 익, 增 더할 증

용례 損傷 손상, 損失 손실, 損益 손익, 損害 손해, 缺損 결손, 破損 파손, 毁損 훼손

478 4급 II

送

보낼 송:

辶(辵)
총10획

파자풀이 送자는 辶자와 关(불씨 선)자가 결합한 모습이다.

유의자 遣 보낼 견, 輸 보낼 수

상대자 迎 맞을 영

용례 送別 송별, 送還 송환, 放送 방송, 運送 운송, 歡送 환송, 虛送歲月 허송세월, 送舊迎新 송구영신

479 4급

松

소나무 송

木
총8획

파자풀이 松자는 木(나무 목)자와 公(공평할 공)자가 결합한 모습이다.

용례 松花 송화, 老松 노송, 青松 청송, 落落長松 낙락장송

480 4급

頌

칭송할/기릴 송:

頁
총13획

파자풀이 頌자는 발음요소인 公자와 의미요소인 頁자의 결합자이다.

유의자 譽 기릴 예, 讚 기릴 찬

용례 頌辭 송사, 頌祝 송축, 讚頌 찬송, 萬口稱頌 만구칭송

481 8급

水

물 수

水
총4획

파자풀이 水자는 여러 하천이 큰 강으로 모이는 모습을 표현한 글자이다.

유의자 河 물 하

상대자 火 불 화, 陸 뭍 륙

용례 水位 수위, 水準 수준, 水平 수평, 給水 급수, 治水 치수, 沈水 침수, 脫水 탈수, 水魚之交 수어지교, 我田引水 아전인수

482 7급 II

手

손 수(:)

手
총4획

파자풀이 手자는 사람의 손을 그린 상형자이다.

상대자 足 발 족

용례 手段 수단, 手相 수상, 手續 수속, 擧手 거수, 妙手 묘수, 失手 실수, 敵手 적수, 助手 조수, 着手 착수, 手不釋卷 수불석권, 自手成家 자수성가

483 7급

數

셈 수:

攵(支)
총15획

파자풀이 數자는 겹쳐진 모습을 표현한 婁자에 산가지를 든 모습을 표현한 攵자의 결합자이다.

유의자 計 셀 계, 算 셀 산

약자 数

용례 數値 수치, 單數 단수, 等數 등수, 複數 복수, 變數 변수, 運數 운수, 相當數 상당수, 手數料 수수료, 口舌數 구설수, 權謀術數 권모술수

484 6급

樹

나무 수

木
총16획

파자풀이 樹자는 의미요소인 木자와 발음요소인 尌(세울 주)자의 결합자이다.

유의자 木 나무 목, 建 세울 건, 立 설 립

용례 樹立 수립, 植樹 식수, 街路樹 가로수, 針葉樹 침엽수, 常綠樹 상록수, 有實樹 유실수, 風樹之嘆 풍수지탄

485 5급 II

首

머리 수

首
총9획

파자풀이 首자는 갑골문이나 금문을 보면 동물의 머리를 그린 것이지만, 지금은 사람의 '머리'나 '우두머리'를 의미한다.

유의자 頭 머리 두

상대자 尾 꼬리 미

용례 首肯 수긍, 首都 수도, 首席 수석, 黨首 당수, 部首 부수, 首丘初心 수구초심, 鶴首苦待 학수고대

486 4급 II

收

거둘 수

攵(支)
총6획

파자풀이 收자는 본래 몽둥이(攵)로 죄인을 잡아 줄(丩)로 포박했다는 의미를 가진 글자였다.

유의자 撤 거둘 철, 穫 거둘 확

상대자 支 지탱할 지, 給 줄 급

약자 収

용례 收監 수감, 收錄 수록, 收拾 수습, 收集 수집, 未收 미수, 領收證 영수증, 覆水不收 복수불수

487 4급 II

授

줄 수

扌(手)
총11획

파자풀이 授자는 扌자와 受(받을 수)자의 결합자이다.

유의자 給 줄 급, 與 줄 여, 賜 줄 사, 贈 줄 증

상대자 受 받을 수

용례 授賞 수상, 授業 수업, 授乳 수유, 敎授 교수, 傳授 전수, 見危授命 견위수명

488 4급 II

受

받을 수(:)

又
총8획

파자풀이 受자는 본래 배에서 물건을 건네주거나 받는 모습을 표현하였다. 그래서 갑골문에서의 受자는 '받다'나 '주다'의 구별이 없었다.

상대자 給 줄 급, 與 줄 여, 賜 줄 사, 授 줄 수, 贈 줄 증

용례 受難 수난, 受動 수동, 受諾 수락, 受容 수용, 受益 수익, 受惠 수혜, 甘受 감수, 收受 수수, 接受 접수, 引受引繼 인수인계

489 4급 II

修

닦을 수

亻(人)
총10획

파자풀이 修자는 사람을 때리는 모습을 그린 攸자에 피를 표현한 것으로 보이는 彡자를 더한 모습이다.

유의자 習 익힐 습, 硏 갈 연

용례 修交 수교, 修辭 수사, 修習 수습, 修養 수양, 修正 수정, 硏修 연수, 修身齊家 수신제가

490 4급 II

守

지킬 수

宀
총6획

파자풀이 守자는 宀자와 손을 표현한 寸자의 결합자이다.

유의자 防 막을 방, 保 지킬 보, 衛 지킬 위

상대자 攻 칠 공, 擊 칠 격, 討 칠 토, 伐 칠 벌, 打 칠 타

용례 守備 수비, 守則 수칙, 守護 수호, 固守 고수, 死守 사수, 嚴守 엄수, 遵守 준수, 守株待兎 수주대토

491 4급

秀

빼어날 수

禾
총7획

파자풀이 秀자는 禾자와 북돋는 모습을 표현한 乃자의 결합자이다.

유의자 優 넉넉할 우, 俊 준걸 준, 傑 빼어날 걸

용례 秀麗 수려, 秀才 수재, 優秀 우수, 麥秀之歎 맥수지탄

492 5급 II

宿

잘 숙
별자리 수:

宀
총11획

파자풀이 宿자는 宀자와 亻자 그리고 百자로 구성된 글자이다.

유의자 眠 잠잘 면, 寢 잠잘 침

용례 宿命 숙명, 宿所 숙소, 宿願 숙원, 宿題 숙제, 宿患 숙환, 露宿 노숙, 留宿 유숙, 投宿 투숙, 星宿 성수, 宿虎衝鼻 숙호충비

493 4급

肅

엄숙할 숙

聿
총12획

파자풀이 肅자는 聿(붓 율)자와 淵(못 연)자가 결합한 모습이다.

유의자 嚴 엄숙할 엄

약자 粛

용례 肅然 숙연, 肅淸 숙청, 嚴肅 엄숙, 自肅 자숙, 靜肅 정숙

494 4급

叔

아재비 숙

又
총8획

파자풀이 금문에 나온 叔자를 보면 떨어져 있는 콩을 줍는 모습이 그려져 있었다.

상대자 姪 조카 질

용례 叔父 숙부, 叔母 숙모, 堂叔 당숙, 從叔 종숙

495 5급 II

順

순할 순:

頁
총12획

파자풀이 順자는 川(내 천)자와 頁(머리 혈)자가 결합한 회의자이다.

상대자 逆 거스를 역

용례 順理 순리, 順序 순서, 順位 순위, 順應 순응, 順調 순조, 順從 순종, 順次 순차, 不順 불순, 式順 식순, 耳順 이순

496 4급 II

純

순수할 순

糸
총10획

파자풀이 純자는 糸자와 屯(진칠 둔)자의 결합자이다.

유의자 潔 깨끗할 결

용례 純潔 순결, 純度 순도, 純眞 순진, 純化 순화, 單純 단순, 不純 불순, 淸純 청순, 至高至純 지고지순

497 6급 II

術

재주 술

行
총11획

파자풀이 術자는 네거리를 의미하는 行자와 朮자의 합체자이다. 손을 놀리는 모습을 표현한 朮자의 합체자이다.

유의자 技 재주 기, 藝 재주 예, 才 재주 재

용례 武術 무술, 手術 수술, 施術 시술, 藝術 예술, 戰術 전술, 話術 화술, 護身術 호신술, 處世術 처세술

498 4급

崇

높을 숭

山
총11획

파자풀이 崇자는 山자와 宗(마루 종)자의 결합자이다.

유의자 高 높을 고, 隆 높을 륭, 尊 높을 존, 卓 높을 탁

상대자 卑 낮을 비, 低 낮을 저

용례 崇高 숭고, 崇拜 숭배, 崇尙 숭상, 隆崇 융숭

499 6급

習

익힐 습

羽
총11획

파자풀이 習자는 羽(깃 우)자와 白자의 결합자이다.

유의자 練 익힐 련

용례 習慣 습관, 習得 습득, 習性 습성, 慣習 관습, 敎習 교습, 復習 복습, 豫習 예습, 因習 인습, 惡習 악습, 自習 자습, 風習 풍습

500 6급

勝

이길 승

力
총12획

파자풀이 勝자는 朕(나 짐)자와 力자가 결합한 모습이다.

유의자 克 이길 극

상대자 負 질 부, 敗 패할 패

용례 勝利 승리, 決勝 결승, 優勝 우승, 完勝 완승, 辛勝 신승, 樂勝 낙승, 快勝 쾌승, 名勝地 명승지, 景勝地 경승지, 百戰百勝 백전백승

501 4급 II

承

이을 승

手
총8획

파자풀이 承자의 갑골문을 보면 양손을 뜻하는 廾(받들 공)자가 卩(병부 절)자를 떠받드는 모습으로 그려져 있었다.

유의자 繼 이을 계 續 이을 속, 連 이을 련, 接 이을 접

상대자 斷 끊을 단, 絶 끊을 절, 切 끊을 절

용례 承服 승복, 承諾 승낙, 承認 승인, 傳承 전승, 起承轉結 기승전결

502 **4급 II**

試

시험 시(:)

言
총13획

파자풀이 규칙이라는 뜻을 가진 式자에 言자를 더한 試자는 본래 규칙을 관리 감독한다는 뜻이었다.

유의자 驗 시험할 험

용례 試圖 시도, 試食 시식, 試案 시안, 應試 응시, 入試 입시, 試行錯誤 시행착오

503 **7급 II**

저자 시:

巾
총5획

파자풀이 금문에 나온 市자를 보면 본래는 兮(어조사 혜)자와 止(발 지)자가 결합한 모습으로 발자국 소리가 울리는 것을 표현했다.

용례 市街 시가, 市價 시가, 市立 시립, 市勢 시세, 市場 시장, 市長 시장, 市廳 시청, 都市 도시, 證市 증시, 門前成市 문전성시

504 **7급 II**

때 시

日
총10획

파자풀이 時자는 의미요소인 日자와 발음요소인 寺(관청 시)자의 결합자이다.

유의자 期 기약할 기

용례 時急 시급, 時給 시급, 時論 시론, 時點 시점, 當時 당시, 同時 동시, 不時 불시, 隨時 수시, 平常時 평상시, 今時初聞 금시초문, 晩時之歎 만시지탄

505 **6급 II**

始

비로소 시:

女
총8획

파자풀이 始자는 女자와 台(기를 태)자의 결합자이다.

유의자 初 처음 초

상대자 端 끝 단, 了 마칠 료, 末 끝 말, 終 마칠 종, 卒 마칠 졸

용례 始動 시동, 始作 시작, 始祖 시조, 開始 개시, 原始 원시, 始務式 시무식, 始終一貫 시종일관, 今始初聞 금시초문

506 **5급**

보일 시:

示
총5획

파자풀이 示자는 신에게 제를 지낼 때 사용하던 제단을 그린 것이다.

유의자 看 볼 간, 監 볼 감, 見 볼 견, 觀 볼 관, 覽 볼 람, 視 볼 시, 閱 볼 열

용례 示範 시범, 示威 시위, 告示 고시, 公示 공시, 明示 명시, 例示 예시, 提示 제시, 指示 지시, 表示 표시, 訓示 훈시

507 **4급 II**

視

볼 시:

見
총12획

파자풀이 視자는 신을 의미하는 示자와 見자의 결합자이다.

유의자 看 볼 간, 監 볼 감, 見 볼 견, 觀 볼 관, 覽 볼 람, 閱 볼 열

용례 視覺 시각, 視角 시각, 視線 시선, 視野 시야, 視點 시점, 輕視 경시, 重視 중시, 無視 무시, 注視 주시, 凝視 응시, 度外視 도외시, 白眼視 백안시

508 **4급 II**

詩

시 시

言
총13획

파자풀이 사詩자는 사찰(寺)에서 불경을 읊는 소리(言)를 '시'에 비유해 만들어진 글자로 해석된다.

용례 詩客 시객, 詩想 시상, 詩題 시제, 詩評 시평, 童詩 동시

509 **4급 II**

施

베풀 시:

方
총9획

파자풀이 施자는 깃발이 날리는 모습을 표현한 㫃(나부낄 언)자와 也자의 결합자이다.

유의자 宣 베풀 선, 設 베풀 설, 張 베풀 장, 陳 베풀 진

용례 施工 시공, 施賞 시상, 施術 시술, 施政 시정, 施行 시행, 施惠 시혜, 實施 실시

510 **4급 II**

是

이/옳을 시:

日
총9획

파자풀이 是자는 日자와 正자가 결합한 모습이다.

유의자 此 이 차

상대자 非 그를 비

용례 是認 시인, 是日 시일, 是正 시정, 必是 필시, 或是 혹시, 亦是 역시, 實事求是 실사구시, 是是非非 시시비비

511 **7급 II**

食

밥/먹을 식

食
총9획

파자풀이 食자는 음식을 담는 식기를 그린 것이다.

유의자 飯 밥 반

용례 食口 식구, 食單 식단, 食傷 식상, 過食 과식, 缺食 결식, 禁食 금식, 斷食 단식, 飮食 음식, 食料品 식료품, 三旬九食 삼순구식, 飽食暖衣 포식난의

512 7급

植

심을 식

木
총12획

파자풀이 植자는 의미요소인 木자와 발음요소인 直자의 결합자이다.

유의자 栽 심을 재

용례 植物 식물, 植樹 식수, 移植 이식, 植木日 식목일, 植民地 식민지

513 6급

式

법 식

弋
총6획

파자풀이 式자는 弋(주살 익)자와 工(장인 공)자의 결합자이다.

용례 規 법 규, 範 법 범, 法 법 법, 律 법칙 률, 例 법식 례, 典 법 전, 則 법칙 칙, 憲 법 헌

용례 格式 격식, 圖式 도식, 舊式 구식, 新式 신식, 單式 단식, 複式 복식, 略式 약식, 正式 정식, 方式 방식, 公式 공식, 形式 형식, 樣式 양식

514 5급 II

識

알 식
기록할 지

言
총19획

파자풀이 識자는 言자와 音자 그리고 戈자로 구성된 글자이다.

유의자 認 알 인, 知 알 지, 誌 기록할지

용례 識見 식견, 識別 식별, 鑑識 감식, 常識 상식, 良識 양식, 學識 학식, 標識 표지, 自意識 자의식, 博學多識 박학다식, 目不識丁 목불식정, 識字憂患 식자우환, 一字無識 일자무식

515 4급 II

息

쉴 식

心
총10획

파자풀이 息자는 사람의 코를 묘사한 自자와 心자가 결합한 모습이다.

유의자 休 쉴 휴

용례 消息 소식, 令息 영식, 子息 자식, 歎息 탄식, 安息處 안식처, 瞬息間 순식간, 自強不息 자강불식, 姑息之計 고식지계

516 6급 II

믿을 신:

亻(人)
총9획

파자풀이 信자는 亻자와 言자가 결합한 회의자이다.

상대자 疑 의심할 의

용례 信念 신념, 信徒 신도, 信賴 신뢰, 信用 신용, 信任 신임, 信條 신조, 信號 신호, 交信 교신, 過信 과신, 送信 송신, 受信 수신, 確信 확신, 回信 회신, 半信半疑 반신반의, 尾生之信 미생지신

517 6급 II

身

몸 신

身
총7획

파자풀이 身자의 갑골문을 보면 배가 볼록한 임신한 여자가 그려져 있었다.

유의자 己 몸 기, 體 몸 체

상대자 心 마음 심

용례 身分 신분, 身上 신상, 身世 신세, 身元 신원, 代身 대신, 出身 출신, 投身 투신, 避身 피신, 變身 변신, 裝身具 장신구, 殺身成仁 살신성인, 立身揚名 입신양명

518 6급 II

新

새 신

斤
총13획

파자풀이 新자는 발음요소인 辛자와 木자 그리고 斤자로 조합된 글자이다.

상대자 古 예 고, 故 예 고, 舊 예 구

용례 新規 신규, 新婦 신부, 新聞 신문, 新鮮 신선, 新築 신축, 更新 갱신, 革新 혁신, 溫故知新 온고지신, 謹賀新年 근하신년, 送舊迎新 송구영신

519 6급 II

神

귀신 신

示
총10획

파자풀이 神자는 신을 의미하는 示자와 번개를 의미하는 申자의 결합자이다.

유의자 鬼 귀신 귀

용례 神經 신경, 神奇 신기, 神技 신기, 神童 신동, 神聖 신성, 神通 신통, 失神 실신, 精神 정신, 神出鬼沒 신출귀몰

520 5급 II

臣

신하 신

臣
총6획

파자풀이 臣자는 눈을 묘사했는데, 머리를 숙인 채 위를 쳐다보는 모습으로 노예를 의미한다.

상대자 君 임금 군, 王 임금 왕, 帝 임금 제, 民 백성 민, 主 임금 주

용례 臣下 신하, 功臣 공신, 使臣 사신, 忠臣 충신, 逆臣 역신, 亂臣賊子 난신적자

521 4급 II

납/펼 신

田
총5획

파자풀이 申자의 갑골문을 보면 번개가 내려치는 모습이 그려져 있었다.

유의자 告 알릴 고

용례 申告 신고, 申請 신청, 申聞鼓 신문고, 申申當付 신신당부

522 8급

집 실

宀
총9획

파자풀이 室자는 宀자와 至(이를 지)자가 결합한 글자이다.

유의자 家 집 가 屋 집 옥, 堂 집 당, 宇 집 우, 宙 집 주, 宅 집 택, 戶 집 호

용례 室內 실내, 客室 객실, 居室 거실, 暗室 암실, 溫室 온실, 入室 입실, 密室 밀실, 別室 별실, 應接室 응접실, 化粧室 화장실, 高臺廣室 고대광실

523 6급

잃을 실

大
총5획

파자풀이 失자는 손에서 물건을 떨어트린 모습에서 '잃다'라는 뜻을 갖게 된 글자이다.

유의자 過 허물 과, 喪 잃을 상, 敗 패할 패

상대자 得 얻을 득

용례 失格 실격, 失權 실권, 失禮 실례, 失望 실망, 失笑 실소, 失言 실언, 損失 손실, 遺失 유실, 早失父母 조실부모, 小貪大失 소탐대실, 千慮一失 천려일실, 茫然自失 망연자실

524 5급Ⅱ

열매 실

宀
총14획

파자풀이 實자는 宀자와 돈 꾸러미를 의미하는 貫(꿸 관)자의 결합자이다.

유의자 果 실과 과

상대자 空 빌 공, 虛 빌 허, 名 이름 명

약자 実

용례 實感 실감, 實錄 실록, 實利 실리, 實積 실적, 實際 실제, 實踐 실천, 實態 실태, 實現 실현, 實話 실화, 結實 결실, 誠實 성실, 確實 확실, 名實相符 명실상부, 以實直告 이실직고, 有名無實 유명무실

525 7급

마음 심

心
총4획

파자풀이 갑골문에 나온 心자를 보면 심장이 간략하게 표현되어 있었다.

유의자 性 성품 성, 情 뜻 정

상대자 己 몸 기, 身 몸 신, 體 몸 체

용례 心境 심경, 心理 심리, 心證 심증, 心血 심혈,關心 관심, 都心 도심, 童心 동심, 作心 작심, 從心종심, 核心 핵심, 求心點 구심점, 遠心力 원심력, 自尊心 자존심, 以心傳心 이심전심

526 4급Ⅱ

깊을 심

氵(水)
총11획

파자풀이 深자는 氵자와 罙(점점 미)자가 결합한 모습이다.

용례 深刻 심각, 深度 심도, 深層 심층, 深海 심해, 深化 심화, 深山幽谷 심산유곡, 深思熟考 심사숙고, 九重深處 구중심처

527 8급

열 십

十
총2획

파자풀이 고대에는 단순히 막대기를 세우는 방식으로 숫자 10을 표기했었다. 후에 금문에서부터 세로획 중간에 점이 찍힌 형태로 발전하면서 지금의 十자가 만들어지게 되었다.

유의자 拾 열 십

용례 十二支 십이지, 十長生 십장생, 十中八九 십중팔구, 十伐之木 십벌지목, 權不十年 권불십년

528 4급

각시/성씨 씨

氏
총4획

파자풀이 氏자를 해석이 분분한 글자이지만, 가장 적절한 해석은 나무뿌리를 그린 것으로 보는 것이다.

유의자 姓 성 성

용례 攝氏 섭씨, 氏族社會 씨족사회, 創氏改名 창씨개명

529 5급Ⅱ

아이 아

儿
총8획

파자풀이 兒자는 어린 아이의 머리를 묘사한 臼자와 儿(어진사람 인)자의 결합자이다.

유의자 童 아이 동, 幼 어릴 유, 稚 어릴 치

상대자 長 어른 장, 丈 어른 장

약자 児

용례 孤兒 고아, 迷兒 미아, 乳兒 유아, 育兒 육아, 優良兒 우량아, 幸運兒 행운아, 風雲兒 풍운아

530 5급Ⅱ

악할 악
미워할 오

心
총12획

파자풀이 惡자는 사방이 막힌 집을 표현한 亞(버금 아)자와 心자가 결합한 글자이다.

유의자 憎 미워할 증

상대자 善 착할 선, 愛 사랑 애, 好 좋아할 호

약자 悪

용례 惡談 악담, 惡黨 악당, 惡評 악평, 惡化 악화, 劣惡 열악, 暴惡 포악, 害惡 해악, 惡戰苦鬪 악전고투, 勸善懲惡 권선징악

531 **5급**

책상 안:
木
총10획

파자풀이 案자는 발음요소인 安자와 의미요소인 木자의 결합자이다.

유의자 床 상 상

용례 案内 안내, 考案 고안, 起案 기안, 答案 답안, 代案 대안, 妙案 묘안, 法案 법안, 腹案 복안, 立案 입안, 提案 제안, 創案 창안, 草案 초안, 懸案 현안, 擧案齊眉 거안제미

532 **7급Ⅱ**

편안 안
宀
총6획

파자풀이 安자는 宀(집 면)자와 女(여자 여)자가 결합한 회의자이다.

유의자 康 편안 강, 寧 편안할 녕, 便 편안할 편

상대자 危 위태할 위

용례 安否 안부, 安保 안보, 安全 안전, 安定 안정, 安住 안주, 安置 안치, 安着 안착, 問安 문안, 治安 치안, 居安思危 거안사위, 安貧樂道 안빈낙도, 安分知足 안분지족

533 **4급Ⅱ**

눈 안:
目
총11획

파자풀이 眼자는 눈을 강조해 그린 艮자에 目자를 결합한 것으로 '눈'이나 '눈동자'를 뜻하기 위해 만든 글자이다.

유의자 目 눈 목

용례 眼目 안목, 開眼 개안, 肉眼 육안, 心眼 심안, 主眼 주안, 血眼 혈안, 白眼視 백안시, 眼下無人 안하무인

534 **4급Ⅱ**

어두울 암:
日
총13획

파자풀이 暗자는 日자와 音(소리 음)자의 결합자이다.

유의자 冥 어두울 명, 昏 어두울 혼

상대자 明 밝을 명, 朗 밝을 랑, 昭 밝을 소

용례 暗記 암기, 暗算 암산, 暗殺 암살, 暗誦 암송, 暗示 암시, 暗行 암행, 暗默的 암묵적

535 **4급Ⅱ**

壓

누를 압
土
총17획

파자풀이 壓자는 발음요소인 厭(싫어할 염)자에 의미요소인 土자의 결합자이다.

유의자 抑 누를 억, 押 누를 압

상대자 解 풀 해

약자 圧

용례 壓卷 압권, 壓力 압력, 壓迫 압박, 壓縮 압축, 强壓 강압, 制壓 제압, 彈壓 탄압

536 **6급**

사랑 애(:)
心
총13획

파자풀이 소전에서의 愛자는 마치 손(爫)으로 심장(心)을 감싸 안은(冖)것과 같은 형태로 표현되었다.

유의자 慈 사랑 자

상대자 憎 미워할 증, 惡 미워할 오

용례 愛犬 애견, 愛用 애용, 愛着 애착, 愛稱 애칭, 敬愛 경애, 求愛 구애, 令愛 영애, 友愛 우애, 割愛 할애, 愛唱曲 애창곡, 愛之重之 애지중지, 敬天愛人 경천애인

537 **4급Ⅱ**

진 액
氵(水)
총11획

파자풀이 液자는 의미요소인 氵자와 발음요소인 夜(밤 야)자가 결합한 형성자이다.

용례 液化 액화, 液體 액체, 樹液 수액, 血液 혈액

538 **4급**

이마 액
頁
총18획

파자풀이 額자는 발음요소인 客(손 객)자와 의미요소인 頁(머리 혈)자가 결합한 형성자이다.

용례 額面 액면, 額數 액수, 額子 액자, 巨額 거액, 殘額 잔액, 總額 총액, 高額券 고액권

539 **6급**

野

들 야:
里
총11획

파자풀이 野자는 의미요소인 里자와 발음요소인 予(나 여)자가 결합한 형성자이다.

유의자 坪 들 평

상대자 與 더불 여

용례 野黨 야당, 野望 야망, 野生 야생, 野俗 야속, 野營 야영, 廣野 광야, 分野 분야, 視野 시야, 在野 재야

540 **6급**

밤 야:
夕
총8획

파자풀이 夜자는 겨드랑이를 묘사한 亦자에 夕자를 더한 것으로 깜깜한 '어두움'을 뜻하고 있다.

상대자 晝 낮 주, 午 낮 오

용례 夜光 야광, 夜勤 야근, 除夜 제야, 徹夜 철야, 前夜祭 전야제, 不夜城 불야성, 夜半逃走 야반도주, 錦衣夜行 금의야행, 晝耕夜讀 주경야독

541 6급Ⅱ

弱

약할 약

弓

총10획

파자풀이 弱자는 두 개의 弓(활 궁)자에 활 시위가 약하다는 것을 표현하기 위해 획을 그은 모습이다.

상대자 强 강할 강

용례 弱骨 약골, 弱冠 약관, 弱勢 약세, 弱化 약화, 衰弱 쇠약, 虛弱 허약, 老弱者 노약자, 弱肉强食 약육강식

542 6급Ⅱ

약 약

++(艸)

총19획

파자풀이 藥자는 ++(풀 초)자와 樂(즐거울 락)자가 결합한 모습이다.

약자 薬

용례 藥果 약과, 藥局 약국, 藥物 약물, 藥用 약용, 藥材 약재, 製藥 제약, 投藥 투약, 爆藥 폭약, 韓藥 한약, 良藥苦口 양약고구, 死後藥方文 사후약방문

543 5급Ⅱ

約

맺을 약

糸

총9획

파자풀이 約자는 의미요소인 糸자와 발음요소인 勺(구기 작)자가 결합한 형성자이다.

유의자 結 맺을 결, 契 맺을 계, 束 묶을 속

상대자 解 풀 해

용례 約定 약정, 約婚 약혼, 儉約 검약, 公約 공약, 期約 기약, 密約 밀약, 豫約 예약, 節約 절약, 制約 제약, 百年佳約 백년가약, 金石盟約 금석맹약

544 6급

큰바다 양

氵(水)

총9획

파자풀이 洋자는 의미요소인 氵자와 발음요소인 羊자가 결합한 형성자이다.

유의자 海 바다 해

용례 洋式 양식, 洋屋 양옥, 洋酒 양주, 大洋 대양, 輕洋食 경양식, 太平洋 태평양, 望洋之歎 망양지탄

545 6급

陽

볕 양

阝(阜)

총12획

파자풀이 陽자는 阝(언덕 부)자와 昜(볕 양)자가 결합한 형성자이다.

유의자 景 볕 경

상대자 陰 그늘 음

용례 陽極 양극, 陽氣 양기, 陽性 양성, 夕陽 석양, 太陽 태양, 陽奉陰違 양봉음위, 和風暖陽 화풍난양, 建陽多慶 건양다경

546 5급Ⅱ

養

기를 양:

食

총15획

파자풀이 養자는 羊자와 食자가 결합한 모습이다.

유의자 飼 기를 사, 育 기를 육

용례 養鷄 양계, 養蜂 양봉, 養成 양성, 敎養 교양, 培養 배양, 保養 보양, 奉養 봉양, 修養 수양, 營養 영양, 養虎遺患 양호유환

547 4급Ⅱ

羊

양 양

羊

총6획

파자풀이 羊자는 양의 머리를 정면에서 바라본 모습을 그린 것이다.

용례 羊毛 양모, 九折羊腸 구절양장, 亡羊之歎 망양지탄, 羊頭狗肉 양두구육

548 4급

樣

모양 양

木

총15획

파자풀이 樣자는 의미요소인 木자와 발음요소인 羕(강이 길 양)자가 결합한 모습이다.

유의자 貌 모양 모, 像 모양 상, 姿 모양 자, 態 모양 태, 形 모양 형

용례 樣相 양상, 樣式 양식, 多樣 다양, 模樣 모양, 各樣各色 각양각색

549 5급

魚

물고기 어

魚

총11획

파자풀이 魚자는 물고기를 그대로 그린 상형문자이다.

용례 魚類 어류, 人魚 인어, 活魚 활어, 乾魚物 건어물, 緣木求魚 연목구어, 水魚之交 수어지교, 魚東肉西 어동육서

550 7급

語

말씀 어:

言

총14획

파자풀이 語자는 의미요소인 言자와 발음요소인 吾(나 오)자의 결합자이다.

유의자 談 말씀 담, 話 말씀 화, 言 말씀 언, 說 말씀 설, 辭 말씀 사

용례 語感 어감, 語源 어원, 語法 어법, 口語 구어, 文語 문어, 敬語 경어, 俗語 속어, 標準語 표준어, 外來語 외래어, 流行語 유행어, 言語道斷 언어도단, 語不成說 어불성설

551 5급

漁

고기잡을 어

氵(水)

총14획

파자풀이 漁자는 氵자에 발음요소인 魚자가 결합한 형성자이다.

용례 漁夫 어부, 漁船 어선, 漁場 어장, 漁港 어항, 出漁 출어, 漁父之利 어부지리

552 5급

억 억

亻(人)

총15획

파자풀이 億자는 亻자와 意(뜻 의)자의 결합자이다. 사람(亻)의 수많은 생각(意)처럼 많은 수를 의미한다.

용례 億兆蒼生 억조창생, 億萬長者 억만장자

553 6급

言

말씀 언

言

총7획

파자풀이 言자는 입에서 소리가 퍼져나가는 모습을 그린 글자이다.

유의자 語 말씀 어, 談 말씀 담, 話 말씀 화, 說 말씀 설, 辭 말씀 사, 辯 말씀 변

용례 言及 언급, 言論 언론, 言約 언약, 格言 격언, 過言 과언, 極言 극언, 宣言 선언, 豫言 예언, 遺言 유언, 形言 형언, 有口無言 유구무언, 言語道斷 언어도단, 甘言利說 감언이설, 身言書判 신언서판

554 4급

엄할 엄

口

총20획

파자풀이 기세가 당당한 모습을 그린 敢자에 口자가 더해진 嚴자는 기세가 대단한 사람이 말을 내뱉는다는 뜻으로 만들어졌다.

유의자 肅 엄숙할 숙

약자 厳

용례 嚴格 엄격, 嚴禁 엄금, 嚴守 엄수, 嚴選 엄선, 嚴重 엄중, 嚴親 엄친, 尊嚴 존엄, 森嚴 삼엄, 嚴冬雪寒 엄동설한

555 6급 II

업 업

木

총13획

파자풀이 業자는 본래 종(鍾)이나 석경(石磬)을 걸어 사용하던 악기의 일종을 그린 것이다.

유의자 務 일 무, 事 일 사

용례 業績 업적, 課業 과업, 企業 기업, 副業 부업, 分業 분업, 生業 생업, 殘業 잔업, 卒業 졸업, 創業 창업, 就業 취업, 罷業 파업, 學業 학업, 自業自得 자업자득, 德業相勸 덕업상권

556 4급 II

餘

남을 여

食

총16획

파자풀이 餘자는 의미요소인 食(밥 식)자와 발음요소인 余(나 여)자가 결합한 글자이다.

유의자 裕 넉넉할 유, 殘 남을 잔

약자 余

용례 餘暇 여가, 餘念 여념, 餘力 여력, 餘生 여생, 餘地 여지, 餘波 여파, 窮餘之策 궁여지책

557 4급 II

如

같을 여

女

총6획

파자풀이 女자와 口자가 결합한 如자는 여자가 남자의 말에 순종하는 모습을 표현한 것이다.

유의자 若 같을 약, 似 같을 사

상대자 異 다를 이, 差 다를 차, 他 다를 타

용례 如干 여간, 如實 여실, 如前 여전, 如此 여차, 缺如 결여, 或如 혹여

558 4급

與

더불/줄 여:

臼

총14획

파자풀이 與자는 舁(마주들 여)자와 与(어조사 여)자가 결합한 모습이다.

유의자 給 줄 급, 賜 줄 사, 授 줄 수, 贈 줄 증

상대자 受 받을 수, 野 들 야

약자 与

용례 與件 여건, 與黨 여당, 與否 여부, 關與 관여, 給與 급여, 寄與 기여, 參與 참여, 賞與金 상여금

559 4급 II

逆

거스를 역

辶(辵)

총10획

파자풀이 逆자는 辶자와 屰(거스를 역)자가 결합한 글자이다.

상대자 順 순할 순

용례 逆境 역경, 逆流 역류, 逆說 역설, 逆順 역순, 逆風 역풍, 拒逆 거역, 反逆 반역, 莫逆之友 막역지우, 忠言逆耳 충언역이

560 4급

易

바꿀 역

쉬울 이:

日

총8획

파자풀이 易자는 日(해 일)자와 勿(말 물)자가 결합한 모습이다.

유의자 替 바꿀 체, 換 바꿀 환

상대자 難 어려울 난

용례 易經 역경, 貿易 무역, 簡易 간이, 安易 안이, 容易 용이, 易地思之 역지사지

561 4급

域

지경 역

土
총11획

파자풀이 域자는 土자에 창을 들고 城을 지키는 모습인 或(혹 혹)자를 결합한 글자이다.
유의자 境지경 경, 界 지경 계, 區 구역 구
용례 廣域(광역), 區域(구역), 聖域(성역), 領域(영역), 異域(이역), 全域(전역)

562 7급

然

그럴 연

灬(火)
총12획

파자풀이 然자는 肉자와 犬자 그리고 灬자가 결합한 글자이다.
상대자 否 아닐 부
용례 果然 과연, 當然 당연, 斷然 단연, 未然 미연, 本然 본연, 依然 의연, 自然 자연, 隱然中 은연중, 蓋然性 개연성

563 4급 II

煙

연기 연

火
총13획

파자풀이 煙자는 火자와 아궁이를 그린 垔(막을 인)자가 결합한 글자이다.
용례 煙氣 연기, 禁煙 금연, 無煙炭 무연탄, 愛煙家 애연가, 江湖煙波 강호연파

564 4급 II

펼 연:

氵
총14획

파자풀이 演자는 氵자에 발음요소인 寅(범 인)자가 결합한 형성자이다.
유의자 伸 펼 신, 展 펼 전
용례 演劇 연극, 演技 연기, 演說 연설, 講演 강연, 熱演 열연, 助演 조연

565 4급 II

研

갈 연:

石
총11획

파자풀이 研자는 石자에 幵(평평할 견)자를 결합한 글자로서 “돌을 갈아 평평하게 만들다”라는 뜻을 표현하고 있다.
유의자 磨 갈 마, 究 연구할 구, 修 닦을 수
약자 研
용례 研究 연구, 研磨 연마, 研修 연수

566 4급

延

늘일 연

廴
총7획

파자풀이 延자는 廴(길게 걸을 인)자와 止(발 지)자 丿(삐침 별)자가 결합한 글자이다.
상대자 縮 줄일 축
용례 延期 연기, 延命 연명, 延長 연장, 延着 연착, 延滯 연체, 遲延 지연, 延人員 연인원

567 4급

緣

인연 연

糸
총15획

파자풀이 緣자는 糸자와 발음요소인 彖(판단할 단→연)자가 결합한 형성자이다.
용례 緣故 연고, 緣分 연분, 緣由 연유, 結緣 결연, 惡緣 악연, 因緣 인연, 血緣 혈연, 緣木求魚 연목구어

568 4급

鉛

납 연

金
총13획

파자풀이 鉛자는 의미요소인 金자와 발음요소인 㕣(늪 연)자가 결합한 글자이다.
약자 鈆
용례 鉛筆 연필, 亞鉛 아연, 黑鉛 흑연

569 4급

燃

탈 연

火
총16획

파자풀이 燃자는 火자와 然자가 결합한 글자이다.
유의자 燒 사를 소
용례 燃燈 연등, 燃料 연료, 燃燒 연소, 可燃性 가연성, 燃眉之急 연미지급

570 5급

熱

더울 열

灬(火)
총15획

파자풀이 熱자는 火자와 맹렬한 기세를 의미하는 埶(심을 예)자가 결합한 모습이다.
유의자 暑 더울 서
상대자 冷 찰 냉, 寒 찰 한
용례 熱氣 열기, 熱量 열량, 熱望 열망, 熱誠 열성, 熱風 열풍, 加熱 가열, 過熱 과열, 斷熱 단열, 以熱治熱 이열치열

571 5급

葉

잎 엽

艹(艸)
총13획

파자풀이 葉자는 艹(풀 초)자와 枼(나뭇잎 엽)자가 결합한 글자로서 '나뭇잎'이라는 뜻을 가진다.

용례 葉書 엽서, 葉錢 엽전, 末葉 말엽, 觀葉植物 관엽식물, 秋風落葉 추풍낙엽

---

572 6급

英

꽃부리 영

艹(艸)
총9획

파자풀이 英자는 艹(풀 초)자와 발음요소인 央(가운데 앙)자가 결합한 형성자이다.

유의자 特 특별할 특

용례 英傑 영걸, 英圖 영도, 英略 영략, 英雄 영웅, 英才 영재, 育英 육영, 英雄豪傑 영웅호걸

---

573 6급

永

길 영:

水
총5획

파자풀이 永자의 갑골문을 보면 작은 물줄기가 큰 강이 되어 뻗어 나가는 모습을 표현하는 것으로 보인다.

유의자 遠 멀 원, 長 긴 장

상대자 短 짧을 단

용례 永久 영구, 永眠 영면, 永生 영생, 永續 영속, 永遠 영원, 永住權 영주권, 永世不忘 영세불망

---

574 4급Ⅱ

영화 영

木
총14획

파자풀이 榮자는 두 개의 火자와 冖(덮을 멱)자 그리고 木자가 결합한 글자이다.

유의자 華 빛날 화

상대자 辱 욕될 욕

약자 栄

용례 榮光 영광, 榮達 영달, 榮譽 영예, 榮轉 영전, 榮華 영화, 繁榮 번영, 虛榮 허영, 榮枯盛衰 영고성쇠

---

575 4급

경영할 영

火
총17획

파자풀이 營자는 '궁궐'을 뜻하는 宮자에 火자를 결합한 것으로 궁궐에 불을 켜고 밤새워 일하는 모습을 표현했다.

유의자 經 경영할 경

약자 営

용례 營利 영리, 營養 영양, 營爲 영위, 國營 국영, 運營 운영, 直營 직영, 陣營 진영

---

576 4급

맞을 영

辶
총8획

파자풀이 迎자는 우러러 모신다는 뜻을 가진 卬(나 앙)자에 辶자를 결합한 글자이다.

상대자 遣 보낼 견, 送 보낼 송, 輸 보낼 수

용례 迎入 영입, 迎接 영접, 迎合 영합, 歡迎 환영, 送舊迎新 송구영신

---

577 4급

비출 영(:)

日
총9획

파자풀이 映자는 의미요소인 日(날 일)자와 발음요소인 央(중앙 앙)자가 결합된 글자이다.

유의자 照 비칠 조

용례 映畫 영화, 反映 반영, 放映 방영, 上映 상영, 終映 종영

---

578 4급Ⅱ

藝

재주 예:

艹(艸)
총19획

파자풀이 藝자는 艹자와 埶(재주 예)자, 云(이를 운)자가 결합한 글자이다. 藝자는 埶자가 확장된 글자이다.

유의자 技 재주 기, 才 재주 재, 術 재주 술

약자 芸, 兿

용례 藝能 예능, 工藝 공예, 技藝 기예, 文藝 문예, 演藝 연예, 園藝 원예

---

579 4급

미리 예:

豕
총16획

파자풀이 豫자는 발음요소인 予(나 여)자에 象(코끼리 상)자를 결합한 글자이다.

상대자 決 결단할 결

약자 予

용례 豫見 예견, 豫告 예고, 豫買 예매, 豫算 예산, 豫想 예상, 豫言 예언, 豫定 예정, 猶豫 유예, 豫行演習 예행연습

---

580 8급

다섯 오

二
총4획

파자풀이 갑골문에서의 五자는 二사이에 X자를 넣은 방식으로 표기했었지만, 해서에서는 모양이 바뀌었다.

용례 五感 오감, 五穀 오곡, 五福 오복, 五行 오행, 五味子 오미자, 五里霧中 오리무중, 三三五五 삼삼오오, 五十步百步 오십보백보

581 7급Ⅱ

午

낮 오:

十 총4획

파자풀이 午자의 본래 '절굿공이'를 의미했다. 그러나 후에 午자는 '정오'나 '낮'이라는 뜻으로 가차(假借)되었다.

유의자 晝 낮 주

상대자 夜 밤 야

용례 午前 오전, 午後 오후, 正午 정오, 端午 단오, 子午線 자오선

582 4급Ⅱ

그르칠 오:

言 총14획

파자풀이 誤자는 의미요소인 言자와 발음요소인 吳(나라이름 오)자가 결합한 형성자이다.

유의자 過 허물 과, 謬 그르칠 류

용례 誤答 오답, 誤算 오산, 誤認 오인, 誤差 오차, 誤判 오판, 誤解 오해

583 5급

屋

집 옥

尸 총9획

파자풀이 屋자는 시신을 뜻하는 尸자에 至자를 더한 것으로 본래는 '조상의 위패를 모신 곳'이라는 뜻으로 만들어졌다.

유의자 家 집 가, 宮 집 궁, 館 집 관, 堂 집 당, 室 집 실, 院 집 원, 宅 집 택

용례 屋上 옥상, 屋外 옥외, 家屋 가옥, 社屋 사옥, 洋屋 양옥, 韓屋 한옥, 屋上架屋 옥상가옥

584 4급Ⅱ

玉

구슬 옥

玉 총5획

파자풀이 玉자는 가공된 여러 개의 보석을 끈으로 연결해놓은 모습을 그렸다.

유의자 珠 구슬 주

용례 玉座 옥좌, 玉體 옥체, 玉篇 옥편, 金科玉條 금과옥조, 金枝玉葉 금지옥엽

585 6급

따뜻할 온

氵 총13획

파자풀이 溫자는 氵자와 囚(가둘 수)자, 皿(그릇 명)자가 결합한 글자이다. 그릇에 담은 더운 물을 표현한 글자이다.

유의자 暖 따뜻할 난

상대자 冷 찰 냉, 凍 얼 동, 寒 찰 한

약자 温

용례 溫氣 온기, 溫度 온도, 溫順 온순, 溫情 온정, 溫厚 온후, 氣溫 기온, 保溫 보온, 常溫 상온, 溫故知新 온고지신

586 5급

완전할 완

宀 총7획

파자풀이 完자는 의미요소인 宀(집 면)자와 발음요소인 元(으뜸 원)자가 결합한 글자이다.

유의자 全 온전할 전

용례 完結 완결, 完納 완납, 完備 완비, 完勝 완승, 完敗 완패, 完治 완치, 未完 미완, 補完 보완, 完製品 완제품, 完全無缺 완전무결

587 8급

王

임금 왕

王(玉) 총4획

파자풀이 갑골문에서 王자는 고대에 권력을 상징하던 도끼의 일종을 그렸다.

유의자 君 임금 군, 帝 임금 제, 皇 임금 황

상대자 臣 신하 신

용례 王國 왕국, 王宮 왕궁, 王權 왕권, 王道 왕도, 王命 왕명, 王朝 왕조, 帝王 제왕

588 4급Ⅱ

往

갈 왕:

彳 총8획

파자풀이 往자는 彳(조금 걸을 척)자와 主(주인 주)자가 결합한 글자이다.

유의자 去 갈 거

상대자 來 올 래, 復 돌아올 복

용례 往來 왕래, 往復 왕복, 已往 이왕, 旣往之事 기왕지사, 說往說來 설왕설래, 右往左往 우왕좌왕

589 8급

外

바깥 외:

夕 총5획

파자풀이 外자는 夕(저녁 석)자와 卜(점 복)자가 결합한 글자이다.

상대자 內 안 내

용례 外界 외계, 外勤 외근, 外面 외면, 外樣 외양, 外出 외출, 野外 야외, 列外 열외, 意外 의외, 除外 제외, 門外漢 문외한, 外柔內剛 외유내강, 敎外別傳 교외별전

590 5급Ⅱ

要

요긴할 요(:)

襾 총9획

파자풀이 要자의 본래는 '허리'를 의미했다. 그러나 후에 허리가 신체에서 가장 중요한 부위라는 의미가 확대되면서 '중요하다'라는 의미가 파생됐다.

유의자 緊 긴할 긴, 求 구할 구

용례 要件 요건, 要求 요구, 要望 요망, 要素 요소, 要員 요원, 要點 요점, 要職 요직, 强要 강요, 需要 수요, 重要 중요, 必要 필요, 要注意 요주의, 不要不急 불요불급

591 5급

曜

빛날 요:

日

총18획

파자풀이 曜자는 日자와 羽(깃 우)자, 그리고 隹(새 추)자가 결합한 글자이다.

유의자 華 빛날 화, 熙 빛날 희

용례 曜日 요일, 顯曜 현요

592 4급 II

謠

노래 요

言

총17획

파자풀이 謠자는 의미요소인 言자와 발음요소인 䍃(질그릇 요)자가 결합한 글자이다.

유의자 歌 노래 가, 曲 노래 곡, 樂 노래 악

약자 謡

용례 歌謠 가요, 童謠 동요, 民謠 민요

593 5급

浴

목욕할 욕

氵

총10획

파자풀이 浴자는 氵자에 谷(골짜기 곡)자를 결합한 글자이다.

유의자 沐 목욕할 목

용례 浴室 욕실, 日光浴 일광욕, 浴佛日 욕불일, 海水浴場 해수욕장

594 6급 II

勇

날랠 용:

力

총9획

파자풀이 勇자는 甬(솟을 용)자와 力(힘 력)자가 결합한 글자이다.

유의자 猛 사나울 맹, 敢 용감할 감

용례 勇敢 용감, 勇氣 용기, 勇斷 용단, 勇猛 용맹,勇士 용사, 武勇談 무용담, 匹夫之勇 필부지용

595 6급 II

用

쓸 용:

用

총5획

파자풀이 用자는 본래 '나무통'을 뜻하다가 후에 '쓰다'라는 뜻으로 전용되었다.

유의자 費 쓸 비, 需 쓸 수

용례 用法 용법, 公用 공용, 起用 기용, 盜用 도용, 使用 사용, 常用 상용, 利用 이용, 適用 적용, 活用 활용, 利用厚生 이용후생

596 4급 II

容

얼굴 용

宀

총10획

파자풀이 容자는 宀자와 谷자가 결합한 모습이다. 谷자는 본래 의미와 관계없이 耳目口鼻를 표현한 모양자로 보인다.

유의자 面 낯 면, 顔 낯 안

용례 容器 용기, 容納 용납, 容恕 용서, 容易 용이, 內容 내용, 美容 미용, 受容 수용, 許容 허용, 花容月態 화용월태

597 7급 II

右

오른(쪽) 우:

口

총5획

파자풀이 右자는 '손'을 뜻했던 又자에 口자를 더해 '오른손'으로 구분한 글자이다.

상대자 左 왼 좌

용례 右傾 우경, 右派 우파, 右翼 우익, 極右 극우, 右往左往 우왕좌왕, 左之右之 좌지우지

598 5급 II

雨

비 우:

雨

총8획

파자풀이 雨자는 구름 아래로 빗방울이 떨어지는 모습을 표현한 상형자이다.

용례 雨期 우기, 雨備 우비, 雨天 우천, 暴雨 폭우, 降雨量 강우량

599 5급 II

友

벗 우:

又

총4획

파자풀이 友자의 갑골문을 보면 친한 벗과 손을 맞잡고 있는 모습을 표현하고 있다.

유의자 朋 벗 붕

용례 友情 우정, 友好 우호, 校友 교우, 級友 급우, 社友 사우, 竹馬故友 죽마고우, 知己之友 지기지우, 文房四友 문방사우, 莫逆之友 막역지우

600 5급

牛

소 우

牛

총4획

파자풀이 牛자는 소의 머리 모양을 그린 상형자이다.

유의자 丑 소 축

용례 牛乳 우유, 牛黃 우황, 鬪牛 투우, 牛耳讀經 우이독경, 九牛一毛 구우일모, 矯角殺牛 교각살우

601 4급

遇

만날 우:

⻍
총13획

파자풀이 遇자는 ⻍자와 발음요소인 禺(원숭이 우)자가 결합한 형성자이다.

유의자 逢 만날 봉

용례 境遇 경우, 待遇 대우, 不遇 불우, 禮遇 예우, 處遇 처우, 千載一遇 천재일우

602 4급

넉넉할 우

亻
총17획

파자풀이 優자는 亻자와 발음요소인 憂(근심할 우)자가 결합한 글자이다.

유의자 秀 빼어날 수, 裕 넉넉할 유

상대자 劣 못할 렬

용례 優待 우대, 優等 우등, 優良 우량, 優勢 우세, 優秀 우수, 優勝 우승, 優劣 우열, 優柔不斷 우유부단

603 4급

우편 우

阝(邑)
총11획

파자풀이 郵자는 垂자가 아닌 陲(변방 수)자와 邑자가 결합한 것으로 해석해야 한다.

용례 郵送 우송, 郵便 우편, 郵票 우표

604 6급 II

옮길 운:

⻍
총13획

파자풀이 運자는 ⻍자와 軍자가 결합한 글자이다.

유의자 動 움직일 동, 移 옮길 이, 遷 옮길 천

용례 運動 운동, 運轉 운전, 運航 운항, 運行 운행, 氣運 기운, 國運 국운, 悲運 비운, 通運 통운

605 5급 II

구름 운

雨
총12획

파자풀이 雲자는 雨(비 우)자와 云(이를 운)자가 결합한 글자이다.

용례 雲集 운집, 雲海 운해, 暗雲 암운, 戰雲 전운, 靑雲 청운, 風雲兒 풍운아, 望雲之情 망운지정

606 5급

雄

수컷 웅

隹
총12획

파자풀이 雄자는 厷(클 굉)자와 隹(새 추)자의 결합자이다.

상대자 雌 암컷 자

용례 雄大 웅대, 雄辯 웅변, 雄飛 웅비, 雄壯 웅장, 英雄 영웅, 雌雄同體 자웅동체, 蓋世英雄 개세영웅

607 6급

園

동산 원

囗
총9획

파자풀이 園자는 囗(에운담 위)자와 袁(옷 길 원)자의 합체자이다.

용례 園兒 원아, 園藝 원예, 公園 공원, 樂園 낙원, 田園 전원, 庭園 정원, 花園 화원, 果樹園 과수원, 遊園地 유원지, 幼稚園 유치원

608 6급

遠

멀 원:

⻍
총14획

파자풀이 遠자는 ⻍자와 발음요소인 袁(옷 길 원)자가 결합한 글자이다.

유의자 遙 멀 요, 悠 멀 유

상대자 近 가까울 근

약자 逺

용례 遠隔 원격, 遠景 원경, 遠近 원근, 遠視 원시, 遠洋 원양, 深遠 심원, 永遠 영원, 遙遠 요원, 敬而遠之 경이원지, 日暮途遠 일모도원

609 5급 II

元

으뜸 원

儿
총4획

파자풀이 元자는 본래 사람의 머리를 뜻하기 위해 만든 글자였다.

유의자 覇 으뜸 패

용례 元旦 원단, 元老 원로, 元首 원수, 元祖 원조, 紀元 기원, 壯元 장원, 次元 차원

610 5급

願

원할 원:

頁
총19획

파자풀이 願자는 발음요소인 原(근원 원)자에 頁(머리 혈)자를 결합한 글자이다.

유의자 希 바랄 희, 望 바랄 망

용례 願望 원망, 願書 원서, 祈願 기원, 民願 민원, 宿願 숙원, 念願 염원, 請願 청원, 歎願 탄원, 所願成就 소원성취

611 5급

原

언덕/근원 원

厂

총10획

파자풀이 原자는 厂(기슭 엄)자와 泉(샘 천)자의 결합자이다.

유의자 丘 언덕 구, 陵 언덕 릉, 阿 언덕 아, 岸 언덕 안, 源 근원 원

용례 原價 원가, 原來 원래, 原論 원론, 原料 원료, 原理 원리, 原色 원색, 原因 원인, 原則 원칙, 高原 고원, 復原 복원

612 5급

집 원

阝(阜)

총10획

파자풀이 院자는 완벽하게 지어진 집을 뜻하는 完자에 阜자를 더한 것으로 담벼락이 있는 잘 지어진 큰 집이라는 뜻으로 만들어졌다.

유의자 家 집 가, 堂 집 당, 室 집 실, 舍 집 사, 屋 집 옥, 宅 집 택, 戶 집 호

용례 開院 개원, 法院 법원, 病院 병원, 寺院 사원, 議院 의원, 退院 퇴원, 監査院 감사원

613 4급Ⅱ

인원 원

口

총10획

파자풀이 員자는 口(입 구)자와 貝(조개 패)자의 결합자이다.

약자 負

용례 減員 감원, 缺員 결원, 滿員 만원, 要員 요원, 議員 의원, 職員 직원, 充員 충원, 公務員 공무원, 委員會 위원회

614 4급Ⅱ

둥글 원

囗

총13획

자원풀이 圓자는 囗(에운담 위)자와 員(인원 원)자의 합체자이다.

유의자 團 둥글 단, 丸 둥글 환

용례 圓滿 원만, 圓卓 원탁, 一圓 일원

615 4급

원망할 원

心

총9획

파자풀이 怨자는 夗(누워 뒹굴 원)자에 心자를 결합해 너무도 분하고 원통하여 바닥을 뒹굴 정도의 심정이라 뜻을 표현하고 있다.

유의자 恨 한 한

용례 怨望 원망, 怨聲 원성, 怨恨 원한, 民怨 민원

616 4급

援

도울 원:

扌

총12획

파자풀이 援자는 扌자와 누군가를 구하기 위해 밧줄을 내미는 모습인 爰자가 결합한 글자이다.

유의자 救 구원할 구, 助 도울 조, 扶 도울 부, 佐 도울 좌, 贊 도울 찬

용례 救援 구원, 援助 원조, 聲援 성원, 應援 응원, 支援 지원, 孤立無援 고립무원

617 4급

源

근원 원

氵

총12획

파자풀이 源자는 氵자와 原(언덕 원)자를 결합한 글자이다.

유의자 根 뿌리 근

용례 源流 원류, 源泉 원천, 起源 기원, 語源 어원, 資源 자원, 財源 재원, 拔本塞源 발본색원, 武陵桃源 무릉도원

618 8급

月

달 월

月

총4획

파자풀이 月자는 초승달의 모습을 본떠 만든 상형자이다.

상대자 日 날 일

용례 月給 월급, 月例 월례, 月食 월식, 月次 월차, 滿月 만월, 望月 망월, 日就月將 일취월장, 堂狗風月 당구풍월, 花容月態 화용월태

619 5급Ⅱ

偉

클 위

亻

총11획

파자풀이 偉자는 亻자와 발음요소인 韋(가죽 위)자를 결합한 글자이다.

유의자 巨 클 거, 大 큰 대, 太 클 태, 弘 클 홍

상대자 小 작을 소

용례 偉大 위대, 偉力 위력, 偉業 위업, 偉容 위용, 偉人 위인

620 5급

位

자리 위

亻

총7획

파자풀이 位자는 亻자에 立(설 립)자를 결합한 글자이다.

유의자 座 자리 좌, 席 자리 석

용례 位置 위치, 高位 고위, 單位 단위, 同位 동위, 方位 방위, 部位 부위, 順位 순위, 優位 우위, 地位 지위

621 4급 II

爲

할 위(:)

爫

총12획

파자풀이 爲자는 본래 코끼리를 길들여 뭔가를 하게 만든다는 의미였다.

약자 為

용례 爲主 위주, 當爲 당위, 營爲 영위, 行爲 행위, 爲政者 위정자, 無作爲 무작위, 人爲的 인위적, 指鹿爲馬 지록위마, 轉禍爲福 전화위복

---

621 4급 II

지킬 위

行

총15획

파자풀이 衛자는 行(다닐 행)자와 발음요소이자 둘레를 의미하는 韋(가죽 위)자의 합체자이다.

유의자 防 막을 방, 保 지킬 보, 守 지킬 수, 護 보호할 호

용례 衛星 위성, 衛生 위생, 防衛 방위, 守衛 수위, 護衛 호위

---

623 4급

에워쌀 위

口

총12획

파자풀이 圍자는 둘레를 표현한 口자에 발음요소인 韋자를 결합한 글자이다.

유의자 包 쌀 포

약자 囲

용례 範圍 범위, 周圍 주위, 包圍 포위

---

624 4급

위태로울 위

㔾

총6획

파자풀이 危자는 厄(재앙 액)자와 人(사람 인)자가 결합한 것으로 해석해야 한다.

유의자 險 험할 험

상대자 安 편안 안

용례 危急 위급, 危機 위기, 危重 위중, 安危 안위

---

625 4급

위엄 위

女

총9획

파자풀이 威자는 도끼 창을 그린 戌자 안에 女자가 그려져 있다.

유의자 嚴 엄할 엄

용례 威力 위력, 威勢 위세, 威信 위신, 權威 권위, 示威 시위

---

626 4급

委

맡길 위

女

총8획

파자풀이 委자는 禾자와 女자의 결합자이다.

유의자 預 맡길 예, 任 맡길 임, 托 맡길 탁

용례 委任 위임, 委員會 위원회

---

627 4급

慰

위로할 위

心

총15획

파자풀이 慰자는 尉(벼슬 위)자와 心(마음 심)자가 결합한 글자이다.

용례 慰靈 위령, 慰勞 위로, 慰問 위문, 慰安 위안, 慰樂施設 위락시설

---

628 7급

有

있을 유:

月

총6획

파자풀이 有자는 又(또 우)자와 月(肉)자가 결합한 글자이다. 고기(肉)를 손(又)으로 잡는 모습에서 '내 소유'라는 의미가 나왔다.

유의자 存 있을 존, 在 있을 재

상대자 無 없을 무

용례 有能 유능, 有力 유력, 有利 유리, 有益 유익, 保有 보유, 所有 소유, 占有 점유, 有權者 유권자, 有事時 유사시, 有實樹 유실수, 專有物 전유물, 未曾有 미증유, 有備無患 유비무환

---

629 6급

由

말미암을 유

田

총5획

파자풀이 由자는 나무 가지에 달린 열매를 그린 것이다. 나무로 말미암아 열매가 달린다는 것을 표현한 글자이다.

용례 由來 유래, 經由 경유, 理由 이유, 事由 사유, 緣由 연유, 自由自在 자유자재

---

630 6급

油

기름 유

氵

총8획

파자풀이 油자는 氵자와 발음요소인 由(말미암을 유)자의 결합자이다.

유의자 脂 기름 지

용례 油價 유가, 豆油 두유, 燈油 등유, 石油 석유, 原油 원유, 精油 정유, 注油 주유, 油印物 유인물, 産油國 산유국

631 4급

遺

남길 유

辶
총16획

파자풀이 遺자는 辶자와 貴(귀할 귀)자의 결합자이다.

유의자 失 잃을 실

용례 遺物 유물, 遺産 유산, 遺言 유언, 遺跡 유적, 遺傳 유전, 遺族 유족, 後遺症 후유증, 養虎遺患 양호유환, 道不拾遺 도불습유

632 4급

乳

젖 유

乙
총8획

파자풀이 乳자는 아이의 머리를 잡는 모습인 孚(미쁠 부)자와 어머니 가슴을 그린 乙자가 결합한 모습이다.

용례 乳兒 유아, 乳業 유업, 母乳 모유, 授乳 수유, 初乳 초유, 乳製品 유제품, 口尙乳臭 구상유취

633 4급

遊

놀 유

辶
총13획

파자풀이 遊자는 辶자와 㫃(나부낄 언)자 그리고 子자의 결합자이다.

용례 遊說 유세, 遊覽 유람, 外遊 외유, 野遊會 야유회

634 4급

儒

선비 유

亻
총16획

파자풀이 '필요하다'라는 뜻을 가진 需자에 人자가 더해진 儒자는 그 시대가 '필요로 하는 사람'이라는 뜻을 내포하고 있다.

유의자 士 선비 사

용례 儒教 유교, 儒林 유림, 儒生 유생, 儒學 유학

635 7급

育

기를 육

月(肉)
총8획

파자풀이 育자는 子자를 뒤집은 모습에 肉자가 결합한 것으로 보아야 한다.

유의자 飼 기를 사, 養 기를 양

용례 育成 육성, 育英 육영, 教育 교육, 發育 발육, 保育 보육, 生育 생육, 養育 양육, 訓育 훈육

636 4급Ⅱ

肉

고기 육

肉
총6획

파자풀이 肉자는 고깃덩어리에 칼집을 낸 모양을 그린 상형자이다.

유의자 身 몸 신, 體 몸 체

상대자 骨 뼈 골

용례 肉類 육류, 肉聲 육성, 肉眼 육안, 精肉 정육,血肉 혈육, 骨肉相殘 골육상잔, 苦肉之策 고육지책, 羊頭狗肉 양두구육

637 6급

銀

은 은

金
총14획

파자풀이 銀자는 金(쇠 금)자와 艮(그칠 간)자가 결합한 글자이다.

용례 銀行 은행, 銀貨 은화, 銀河水 은하수, 金銀房 금은방

638 4급Ⅱ

恩

은혜 은

心
총10획

파자풀이 恩자는 因(인할 인)자와 心자의 결합자이다.

유의자 惠 은혜 혜

상대자 怨 원망할 원

용례 恩德 은덕, 恩師 은사, 恩人 은인, 恩惠 은혜, 謝恩會 사은회, 結草報恩 결초보은, 背恩忘德 배은망덕

639 4급

隱

숨을 은

阝(阜)
총17획

파자풀이 隱자는 阝(언덕 부)자와 㥯(삼갈 은)자가 결합한 글자이다.

유의자 秘 숨길 비

상대자 現 나타날 현, 顯 나타날 현

약자 隠, 隐

용례 隱居 은거, 隱密 은밀, 隱士 은사, 隱身 은신, 隱退 은퇴, 隱蔽 은폐, 隱然中 은연중, 隱忍自重 은인자중

640 6급Ⅱ

音

소리 음

音
총9획

파자풀이 音자는 立(설 립)자와 日(날 일)자의 결합자이다.

유의자 聲 소리 성

상대자 義 뜻 의, 訓 가르칠 훈

용례 音階 음계, 音聲 음성, 音樂 음악, 音節 음절, 發音 발음, 騷音 소음, 防音 방음, 福音 복음, 雜音 잡음, 知音 지음, 和音 화음

641 4급 II

陰

그늘 음

阝(阜)
총11획

파자풀이 陰자는 阝(언덕 부)자와 발음요소인 今(이제 금)자, 云(구름 운)자가 결합한 모습이다.

상대자 景 볕 경, 陽 볕 양

약자 陰

용례 陰德 음덕, 陰謀 음모, 陰散 음산, 陰地 음지, 陰凶 음흉, 寸陰 촌음, 一寸光陰 일촌광음, 陰陽五行 음양오행

---

642 6급 II

마실 음(:)

食
총13획

파자풀이 飮자는 食(먹을 식)자와 입을 벌린 모양인 欠(하품 흠)자의 결합자이다.

유의자 吸 마실 흡

용례 飮毒 음독, 飮料 음료, 飮食 음식, 飮酒 음주, 過飮 과음, 試飮 시음, 暴飮 폭음

---

643 7급

고을 읍

邑
총7획

파자풀이 여기에서 口자는 '성(城)'이나 '지역'을 표현한 것으로 邑자는 성안에 사람들이 모여 살고 있는 모습이다.

유의자 郡 고을 군, 洞 고을 동, 州 고을 주, 縣 고을 현

용례 邑內 읍내, 都邑 도읍, 井邑 정읍

---

644 4급 II

응할 응:

心
총17획

파자풀이 應자는 雁(매 응)자와 心(마음 심)자가 결합한 글자이다.

유의자 諾 허락할 낙

약자 応

용례 應答 응답, 應當 응당, 應試 응시, 應援 응원, 適應 적응, 呼應 호응, 因果應報 인과응보

---

645 6급 II

뜻 의:

心
총13획

파자풀이 意자는 音(소리 음)자와 心자의 결합자이다.

유의자 思 생각 사, 義 뜻 의, 情 뜻 정, 志 뜻 지, 趣 뜻 취

용례 意見 의견, 意圖 의도, 意味 의미, 意識 의식, 意志 의지, 意向 의향, 故意 고의, 決意 결의, 謝意 사의, 辭意 사의, 眞意 진의, 弔意 조의

---

646 6급

醫

의원 의

酉
총18획

파자풀이 醫자는 몸에 꽂혀있던 화살을 빼내어 상자에 담아놓은(医) 모습과 창에 찔린 상처(殳)를 술(酉)로 소독한다는 의미를 담은 글자이다.

약자 医

용례 醫師 의사, 醫術 의술, 醫院 의원, 名醫 명의, 醫務室 의무실, 醫藥品 의약품, 專門醫 전문의, 主治醫 주치의

---

647 4급 II

義

옳을 의:

羊
총13획

파자풀이 義자는 羊(양 양)자와 손으로 창을 든 모습인 我(나 아)자가 결합한 글자이다.

용례 義理 의리, 義務 의무, 義士 의사, 義絶 의절, 主義 주의, 義手 의수, 義兄弟 의형제, 捨生取義 사생취의, 見利思義 견리사의, 桃園結義 도원결의

---

648 4급 II

議

의논할 의(:)

言
총20획

파자풀이 議자는 의미요소인 言자에 발음요소인 義자를 결합한 글자이다.

유의자 論 논할 론

용례 議決 의결, 同議 동의, 異議 이의, 發議 발의, 相議 상의, 審議 심의, 抗議 항의, 協議 협의

---

649 6급

옷 의

衣
총6획

파자풀이 衣자는 옷을 그린 상형자이다. 고대에는 상의는 衣로 하의는 裳(치마 상)으로 구분했다.

유의자 服 옷 복

용례 衣帶 의대, 衣糧 의량, 衣服 의복, 脫衣 탈의, 衣食住 의식주, 錦衣還鄕 금의환향, 錦衣夜行 금의야행

---

650 4급

의지할 의

亻
총8획

파자풀이 依자는 亻자와 衣자의 결합자이다. 사람은 옷에 의지하여 활동한다는 의미이다.

유의자 據 근거 거

용례 依據 의거, 依賴 의뢰, 依然 의연, 依存 의존, 依支 의지, 舊態依然 구태의연

651 **4급**

疑

의심할 의

疋
총14획

파자풀이 疑자는 匕(비수 비)자에, 矢(화살 시)자 그리고 矛(창 모)자와 疋(발 소)자가 결합한 것으로 보인다.

용례 疑問 의문, 疑心 의심, 疑惑 의혹, 質疑 질의, 懷疑 회의, 容疑者 용의자, 被疑者 피의자, 半信半疑 반신반의

652 **4급**

儀

거동 의

亻
총15획

파자풀이 儀자는 亻자에 발음요소인 義자가 결합한 글자이다. 사람은 거동을 올바르게(義) 해야 한다는 의미이다.

용례 禮儀 예의, 祭天儀式 제천의식, 禮儀凡節 예의범절

653 **8급**

二

두 이:

二
총2획

파자풀이 二자는 막대기를 나란히 두 개를 놓은 모습을 그린 글자이다.

유의자 再 두 재, 兩 두 량

용례 二重的 이중적, 二律背反 이율배반, 不事二君 불사이군, 一石二鳥 일석이조, 一口二言 일구이언, 身土不二 신토불이

654 **5급 II**

써 이:

人
총5획

파자풀이 以자는 유래가 분명치 않은 글자이다. 人자가 부수로 지정되어 있지만, 사람과는 아무 관계가 없다.

용례 以前 이전, 以後 이후, 所以 소이, 以實直告 이실직고, 以心傳心 이심전심, 以熱治熱 이열치열, 自古以來 자고이래

655 **5급**

귀 이:

耳
총6획

파자풀이 耳자는 사람의 귀를 본떠 만든 상형자이다.

용례 耳順 이순, 耳目口鼻 이목구비, 牛耳讀經 우이독경, 馬耳東風 마이동풍

656 **4급 II**

移

옮길 이

禾
총11획

파자풀이 移자는 禾(벼 화)자와 多(많을 다)자의 결합자이다.

유의자 運 옮길 운, 轉 구를 전, 遷 옮길 천

용례 移動 이동, 移民 이민, 移植 이식, 移轉 이전, 變移 변이, 推移 추이, 愚公移山 우공이산, 怒甲移乙 노갑이을

657 **4급**

異

다를 이:

田
총12획

파자풀이 異자는 田(밭 전)자와 共(함께 공)자가 결합한 글자이다.

유의자 差 다를 차, 別 다를 별, 他 다를 타, 殊 다를 수

상대자 共 한가지 공, 同 한가지 동

용례 異見 이견, 異常 이상, 異說 이설, 異色 이색, 異變 이변, 奇異 기이, 同床異夢 동상이몽

658 **4급 II**

益

더할 익

皿
총10획

파자풀이 益자는 皿(그릇 명)자와 水(물 수)자가 결합한 글자이다. 그래서 益자의 본래 의미는 '(물이)넘치다'였다.

유의자 加 더할 가, 增 더할 증, 添 더할 첨

상대자 減 덜 감, 損 덜 손, 除 덜 제

용례 權益 권익, 收益 수익, 利益 이익, 便益 편익, 老益壯 노익장, 多多益善 다다익선, 百害無益 백해무익

659 **4급 II**

引

끌 인

弓
총4획

파자풀이 引자는 활과 활시위를 그린 것이다. 화살을 쏘기 위해서 활시위를 몸 쪽으로 당기는 모습에서 '끌다'라는 의미가 나왔다.

유의자 牽 끌 견, 導 인도할 도

상대자 推 밀 추

용례 引導 인도, 引上 인상, 引用 인용, 引出 인출, 牽引 견인, 引受引繼 인수인계, 我田引水 아전인수

660 **4급**

仁

어질 인

亻
총4획

파자풀이 仁자는 亻자와 二자의 결합자이다. 두 사람이 주고받는 배려심을 '어질다'고 표현한 글자이다.

유의자 良 어질 량, 慈 사랑 자, 賢 어질 현

용례 仁術 인술, 仁義禮智 인의예지, 殺身成仁 살신성인

661 4급Ⅱ

認

알 인

言
총14획

파자풀이 認자는 의미요소인 言자와 발음요소인 忍(참을 인)자가 결합한 글자이다.

유의자 知 알지, 識 알 식

용례 認定 인정, 承認 승인, 誤認 오인, 容認 용인, 確認 확인, 自他共認 자타공인

---

662 8급

人

사람 인

人
총2획

파자풀이 人자는 사람의 옆모습을 본떠 만든 상형자이다.

상대자 天 하늘 천

용례 人權 인권, 人氣 인기, 人情 인정, 人才 인재, 人造 인조, 個人 개인, 求人 구인, 故人 고인, 證人 증인, 人之常情 인지상정, 眼下無人 안하무인

---

663 5급

因

인할 인

囗
총6획

파자풀이 因자는 囗(에운담 위)자와 大(큰 대)자의 합체자이다.

유의자 緣 인연 연, 原 근원 원

상대자 果 결과 과

용례 因緣 인연, 因習 인습, 要因 요인, 原因 원인, 遠因 원인, 近因 근인, 火因 화인, 因果應報 인과응보

---

664 4급Ⅱ

도장 인

卩
총6획

파자풀이 印자는 爫(손톱 조)자와 卩(병부 절)자가 결합한 것으로 보인다. 꿇어앉은 사람(卩)을 손(爪)으로 누르는 모습이다.

용례 印象 인상, 印刷 인쇄, 印朱 인주, 刻印 각인, 職印 직인, 心心相印 심심상인

---

665 8급

一

한 일

一
총1획

파자풀이 一자는 막내기 하나를 가로로 놓은 모습을 그린 글자이다.

유의자 壹 한 일

용례 一流 일류, 一定 일정, 擇一 택일, 進一步 진일보, 一擧兩得 일거양득, 非一非再 비일비재, 千篇一律 천편일률

---

666 8급

日

날 일

日
총4획

파자풀이 日자는 해의 모양을 본뜬 상형자이다.

상대자 月 달 월

용례 日課 일과, 日氣 일기, 日當 일당, 日常 일상, 日程 일정, 終日 종일, 擇日 택일, 抗日 항일, 日就月將 일취월장

---

667 5급Ⅱ

任

맡길 임(:)

亻
총6획

파자풀이 任자는 亻자에 발음요소이자 등짐을 묘사한 壬(북방 임)자가 결합한 글자이다.

유의자 擔 멜 담, 預 맡길 예, 委 맡길 위, 托 맡길 탁

용례 任命 임명, 任務 임무, 任用 임용, 辭任 사임, 信任 신임, 留任 유임, 退任 퇴임, 歷任 역임, 適任 적임, 責任 책임

---

668 7급

들 입

入
총2획

파자풀이 入자는 사람이 동굴 같은 곳에 들어가는 모습을 묘사한 글자이다.

상대자 出 날 출, 落 떨어질 락

용례 入庫 입고, 入隊 입대, 入門 입문, 入室 입실, 入籍 입적, 入住 입주, 記入 기입, 流入 유입, 投入 투입, 輸入 수입, 導入 도입, 購入 구입, 漸入佳境 점입가경

---

669 7급Ⅱ

스스로 자

自
총6획

파자풀이 自자는 사람의 코를 정면에서 그린 상형자이다.

유의자 己 몸 기

상대자 他 다를 타

용례 自覺 자각, 自白 자백, 自殺 자살, 自省 자성, 自責 자책, 自招 자초, 自治 자치, 自宅 자택, 自由 자유, 自然 자연, 自强不息 자강불식, 登高自卑 등고자비, 自暴自棄 자포자기

---

670 7급

子

아들 자

子
총3획

파자풀이 子자는 갓난아이의 모습을 본떠 만든 상형자이다.

상대자 女 계집 녀

용례 子婦 자부, 子孫 자손, 子息 자식, 骨子 골자, 弟子 제자, 孝子 효자, 四君子 사군자, 父傳子傳 부전자전

671 7급

字

글자 자

子
총6획

파자풀이 字자는 서당과 같은 건물(宀)에서 아이들(子)에게 글자를 가르치는 것을 표현한 글자이다.

용례 字句 자구, 字典 자전, 字解 자해, 習字 습자, 誤字 오자, 赤字 적자, 黑字 흑자, 活字 활자, 打字機 타자기, 識字憂患 식자우환, 不立文字 불립문자, 一字無識 일자무식

672 6급

者

놈 자

耂
총9획

파자풀이 者자는 耂(늙을 노)자와 白(흰 백)자가 결합한 모습이다.

약자 者

용례 記者 기자, 讀者 독자, 富者 부자, 亡者 망자, 走者 주자, 筆者 필자, 話者 화자, 或者 혹자, 生産者 생산자, 消費者 소비자, 會者定離 회자정리, 結者解之 결자해지, 近墨者黑 근묵자흑

673 4급

姿

모양 자:

女
총9획

파자풀이 姿자는 발음요소인 次(버금 차)자와 의미요소인 女자가 결합한 글자이다.

유의자 貌 모양 모, 樣 모양 양, 態 모양 태, 形 모양 형, 像 모양 상

용례 姿勢 자세, 姿態 자태, 氷姿玉質 빙자옥질

674 4급

姊

손위누이 자

女
총8획

파자풀이 姊자는 女자와 市(저자 시)자의 결합자이다.

상대자 妹 손아래누이 매

용례 姊妹 자매, 姊兄 자형, 姊夫 자부, 姊妹結緣 자매결연

675 4급

資

재물 자

貝
총13획

파자풀이 資자는 발음요소인 次(버금 차)자와 의미요소인 貝(조개 패)자가 결합한 글자이다.

유의자 財 재물 재, 貨 재화 화, 質 바탕 질

용례 資格 자격, 資料 자료, 資本 자본, 資質 자질, 物資 물자, 增資 증자, 投資 투자

676 6급 II

昨

어제 작

日
총9획

파자풀이 昨자는 의미요소인 日자와 발음요소인 乍(일어날 작)자가 결합한 글자이다.

상대자 今 이제 금

용례 昨今 작금, 昨年 작년, 昨報 작보, 昨日 작일

677 6급 II

作

지을 작

亻
총7획

파자풀이 作자는 亻자와 발음요소인 乍(일어날 작)자가 결합한 글자이다.

유의자 製 지을 제, 造 지을 조, 創 비롯할 창

용례 作故 작고, 作曲 작곡, 作動 작동, 作爲 작위, 傑作 걸작, 拙作 졸작, 造作 조작, 始作 시작, 副作用 부작용, 作心三日 작심삼일

678 4급

殘

남을 잔

歹
총12획

파자풀이 殘자는 주검을 의미하는 歹(부서진 뼈 알)자와 창을 맞대고 싸우는 모습인 戔자가 결합한 글자이다.

유의자 餘 남을 여, 遺 남길 유

약자 残

용례 殘高 잔고, 殘金 잔금, 殘留 잔류, 殘額 잔액, 殘業 잔업, 殘在 잔재, 殘惡 잔악, 殘忍 잔인

679 4급

雜

섞일 잡

隹
총18획

파자풀이 雜자는 衣자와 集(모을 집)자의 결합자로 보인다. 색이 다른 여러 옷(衣)이 모인(集)데서 '섞이다'는 의미가 생겨났다.

유의자 混 섞을 혼

약자 雑

용례 雜多 잡다, 雜談 잡담, 雜音 잡음, 雜誌 잡지,混雜 혼잡, 錯雜 착잡, 複雜多端 복잡다단

680 8급

長

어른/긴 장(:)

長
총8획

파자풀이 長자는 지팡이를 짚은 노인의 모습을 본떠 만든 상형자이다.

유의자 永 길 영

상대자 短 짧을 단, 幼 어릴 유

용례 長技 장기, 長髮 장발, 長足 장족, 長指 장지, 家長 가장, 成長 성장, 長短點 장단점, 長幼有序 장유유서, 絶長補短 절장보단

681 **4급 II**

將

장수 장(:)

寸
총11획

파자풀이 將자는 爿(나뭇조각 장)자와 肉(고기 육)자, 寸(마디 촌)자가 결합한 글자이다.

유의자 帥 장수 수

상대자 軍 군사 군, 士 군사 사, 兵 군사 병, 卒 군사 졸

약자 将

용례 將帥 장수, 老將 노장, 名將 명장, 將來 장래, 將次 장차, 獨不將軍 독불장군, 日就月將 일취월장

682 **7급 II**

場

마당 장

土
총12획

파자풀이 場자는 土자에 昜(볕 양)자를 결합한 글자이다. 햇볕은 잘 드는 땅을 마당으로 표현한 글자이다.

용례 場面 장면, 場所 장소, 開場 개장, 當場 당장, 登場 등장, 劇場 극장, 職場 직장, 運動場 운동장, 滿場一致 만장일치

683 **6급**

글 장

立
총11획

파자풀이 章자는 立(설 립)자와 早(아침 조)자가 결합한 글자이다.

유의자 經 글 경, 文 글월 문, 書 글 서

용례 國章 국장, 旗章 기장, 圖章 도장, 印章 인장, 指章 지장, 憲章 헌장, 勳章 훈장, 斷章取義 단장취의

684 **4급 II**

막을 장

阝(阜)
총14획

파자풀이 障자는 의미요소인 阝(언덕 부)자와 발음요소인 章(글 장)자가 결합한 모습이다.

유의자 拒 막을 거, 防 막을 방

용례 障壁 장벽, 障害 장해, 故障 고장, 保障 보장, 支障 지장

685 **4급**

壯

장할 장:

士
총7획

파자풀이 壯자는 爿(나무 조각 장)자와 武士를 의미하는 士자가 결합한 글자이다.

유의자 健 건장할 건

약자 壮

용례 壯觀 장관, 壯年 장년, 壯士 장사, 健壯 건장, 悲壯 비장, 老益壯 노익장, 豪言壯談 호언장담

686 **4급**

腸

창자 장

月(肉)
총13획

파자풀이 腸자는 月(肉)자와 昜(볕 양)자가 결합한 글자이다.

용례 肝腸 간장, 心腸 심장, 十二指腸 십이지장, 九折羊腸 구절양장

687 **4급**

裝

꾸밀 장

衣
총13획

파자풀이 裝자는 발음요소인 壯(장할 장)자에 의미요소인 衣자를 결합한 글자이다.

유의자 飾 꾸밀 식

약자 装

용례 裝備 장비, 裝飾 장식, 裝置 장치, 假裝 가장, 武裝 무장, 服裝 복장, 正裝 정장, 包裝 포장

688 **4급**

獎

장려할 장(:)

犬
총14획

파자풀이 獎자는 將(장수 장)자와 犬(개 견)자의 합체자이다.

유의자 勵 장려할 려

약자 奨

용례 勸獎 권장, 獎學金 장학금, 獎勵賞 장려상

689 **4급**

帳

장막 장

巾
총11획

파자풀이 帳자는 巾(수건 건)자에 발음요소이자 길게 늘어트린 모습을 표현한 長(긴 장)자를 결합한 글자이다.

용례 帳幕 장막, 通帳 통장, 日記帳 일기장

690 **4급**

張

베풀 장

弓
총11획

파자풀이 張자는 弓(활 궁)자와 발음요소인 長(긴 장)자의 결합자이다.

유의자 施 베풀 시, 設 베풀 설, 宣 베풀 선, 伸 펼 신, 擴 넓힐 확

상대자 縮 줄일 축

용례 緊張 긴장, 主張 주장, 出張 출장, 擴張 확장, 張三李四 장삼이사, 虛張聲勢 허장성세

691 6급 II

才

재주 재

扌
총3획

파자풀이 才자는 힘 있게 올라오는 새싹을 사람의 '재능'이나 '재주'에 빗대어 만든 글자라고 할 수 있다.

유의자 技 재주 기, 術 재주 술, 藝 재주 예

용례 才能 재능, 才量 재량, 才質 재질, 才致 재치, 秀才 수재, 英才 영재, 俊才 준재, 多才多能 다재다능

692 6급

있을 재:

土
총6획

파자풀이 在자는 土자와 才자가 결합한 글자이다. 흙(土)을 뚫고 나오는 새싹(才)을 통해 존재를 표현한 글자이다.

유의자 有 있을 유, 存 있을 존

상대자 無 없을 무

용례 在京 재경, 在鄕 재향, 在庫 재고, 散在 산재, 殘在 잔재, 存在 존재, 現在 현재, 潛在力 잠재력, 不在者 부재자, 主權在民 주권재민, 命在頃刻 명재경각

693 5급 II

財

재물 재

貝
총10획

파자풀이 財는 의미요소인 貝자와 단순 발음요소인 才자가 결합한 글자이다.

유의자 資 재물 자, 貨 재물 화

용례 財界 재계, 財團 재단, 財物 재물, 財産 재산, 財源 재원, 財政 재정, 財貨 재화, 私財 사재

694 5급 II

재목 재

木
총7획

파자풀이 材자는 의미요소인 木자에 발음요소인 才자를 결합한 글자이다.

용례 材料 재료, 教材 교재, 素材 소재, 人材 인재, 取材 취재, 適材適所 적재적소

695 5급

재앙 재

火
총7획

파자풀이 災자는 火자와 巛(내 천)자를 결합한 글자이다. 산불 같은 화재(火災)와 홍수 같은 수재(水災)를 의미하는 글자이다.

유의자 殃 재앙 앙, 禍 재앙 화, 厄 재앙 액

용례 災難 재난, 災害 재해, 官災 관재, 水災 수재, 火災 화재, 天災地變 천재지변

696 5급

再

두 재

冂
총6획

파자풀이 再자는 王(임금 왕)자와 冂(멀 경)자의 결합자로 볼 수 있다.

유의자 二 두 이, 兩 두 량, 雙 두 쌍

용례 再建 재건, 再考 재고, 再起 재기, 再拜 재배, 再生 재생, 再演 재연, 再請 재청, 再活 재활, 再會 재회, 再發見 재발견, 非一非再 비일비재

697 5급

다툴 쟁

爫
총8획

파자풀이 爭자는 손의 모습을 그린 爫자와 又자 그리고 亅(갈고리 궐)자를 결합한 글자이다.

유의자 競 다툴 경, 戰 싸움 전, 鬪 싸움 투

상대자 和 화할 화, 協 화할 협

약자 争

용례 爭點 쟁점, 爭取 쟁취, 競爭 경쟁, 論爭 논쟁, 紛爭 분쟁, 言爭 언쟁, 戰爭 전쟁, 鬪爭 투쟁, 抗爭 항쟁, 百家爭鳴 백가쟁명

698 5급

쌓을 저:

貝
총12획

파자풀이 貯자는 재물을 의미하는 貝자와 발음요소인 宁(쌓을 저)자의 결합자이다.

유의자 蓄 모을 축

용례 貯金 저금, 貯水 저수, 貯藏 저장, 貯炭 저탄, 貯蓄 저축

699 4급 II

低

낮을 저:

亻
총7획

파자풀이 低자는 亻자와 氐(근본 저)자가 결합한 글자이다.

유의자 卑 낮을 비

상대자 高 높을 고, 尊 높을 존, 卓 높을 탁

용례 低價 저가, 低級 저급, 低廉 저렴, 低俗 저속, 低溫 저온, 低下 저하, 最低 최저, 低地帶 저지대

700 4급

밑 저

广
총8획

파자풀이 底자는 广(집 엄)자와 氐(근본 저)자의 합체자이다.

용례 底力 저력, 底邊 저변, 底意 저의, 基底 기저, 根底 근저, 到底 도저, 徹底 철저, 海底 해저

701 5급Ⅱ

的

과녁 적

白
총8획

파자풀이 的자는 白자와 발음요소인 勺(구기 작)자가 결합한 모습이다. 흰(白)바탕의 과녁을 의미하는 글자이다.

용례 的中 적중, 的確 적확, 目的 목적, 公的 공적, 心的 심적, 量的 양적, 知的 지적, 標的 표적, 積極的 적극적, 具體的 구체적

702 5급

赤

붉을 적

赤
총7획

파자풀이 赤자는 大자와 火자가 결합한 모습이다. 붉은 색의 큰 불길을 표현하였다.

유의자 丹 붉을 단, 朱 붉을 주, 紅 붉을 홍

용례 赤旗 적기, 赤道 적도, 赤色 적색, 赤子 적자, 赤字 적자, 赤信號 적신호, 赤外線 적외선, 赤化統一 적화통일

703 4급Ⅱ

敵

대적할 적

攵
총15획

파자풀이 敵자는 발음요소인 啇(밑동 적)자와 의미요소인 攵자의 결합자이다.

용례 敵對 적대, 敵手 적수, 敵陣 적진, 强敵 강적, 宿敵 숙적, 衆寡不敵 중과부적, 仁者無敵 인자무적, 天下無敵 천하무적

704 4급

適

맞을 적

辶
총15획

파자풀이 適자는 辶자와 발음요소인 啇(밑동 적)자가 결합한 모습이다.

용례 適格 적격, 適當 적당, 適用 적용, 適應 적응, 適切 적절, 最適 최적, 適者生存 적자생존

705 4급

籍

문서 적

竹
총20획

파자풀이 籍자는 의미요소인 竹자와 발음요소인 耤(친경할 적)자가 결합한 글자이다.

유의자 券 문서 권, 簿 분서 부, 狀 문서 장

용례 國籍 국적, 本籍 본적, 除籍 제적, 入籍 입적, 學籍 학적, 戶籍 호적

706 4급

賊

도둑 적

貝
총13획

파자풀이 賊자는 재물을 뜻하는 貝자와 戎(오랑캐 융)자가 결합한 글자이다.

유의자 盜 도둑 도

용례 盜賊 도적, 馬賊 마적, 逆賊 역적, 海賊 해적, 山賊 산적, 黃巾賊 황건적

707 4급

積

쌓을 적

禾
총16획

파자풀이 積자는 禾(벼 화)자와 발음요소인 責(꾸짖을 책)자를 결합한 글자이다.

유의자 築 쌓을 축

용례 積善 적선, 累積 누적, 面積 면적, 容積 용적, 蓄積 축적, 積極的 적극적, 積塵成山 적진성산, 積土成山 적토성산

708 4급

績

길쌈 적

糸
총17획

파자풀이 績자는 의미요소인 糸자와 발음요소인 責자의 결합자이다.

유의자 紡 길쌈 방, 織 짤 직

용례 功績 공적, 成績 성적, 實績 실적, 業績 업적, 治績 치적, 行績 행적

709 7급Ⅱ

前

앞 전

刂
총9획

파자풀이 前자의 月은 배를 그린 모양자이고, 윗부분과 刂자는 배를 묶었던 줄을 자른다는 의미를 표현하고 있다.

상대자 後 뒤 후

용례 前景 전경, 前提 전제, 前職 전직, 面前 면전, 事前 사전, 如前 여전, 前無後無 전무후무, 前代未聞 전대미문, 風前燈火 풍전등화, 門前成市 문전성시

710 7급Ⅱ

電

번개 전:

雨
총13획

파자풀이 電자는 雨(비 우)자와 번개 치는 모습을 그린 申(펼 신)자가 결합한 것으로 해석해야 한다.

용례 電燈 전등, 電流 전류, 電源 전원, 感電 감전, 斷電 단전, 停電 정전, 充電 충전, 電擊的 전격적, 電光石火 전광석화, 携帶電話 휴대전화

711 7급 II

全

온전 전

入
총6획

파자풀이 全자는 入(들 입)자와 玉(옥 옥)자가 결합한 글자이다.

유의자 完 완전할 완

용례 全擔 전담, 全力 전력, 全般 전반, 全部 전부, 全額 전액, 全域 전역, 全員 전원, 保全 보전, 安全 안전, 完全 완전, 全知全能 전지전능, 文武兼全 문무겸전

712 6급 II

戰

싸움 전:

戈
총16획

파자풀이 戰자는 고대의 새총 모양의 사냥 도구를 그린 單(홑 단)자와 또한 전쟁 무기인 戈(창 과)자를 결합하여 싸움을 의미하는 글자이다.

유의자 競 다툴 경, 爭 다툴 쟁, 鬪 싸움 투

상대자 和 화할 화, 協 화할 협

약자 戦, 战

용례 戰略 전략, 激戰 격전, 苦戰 고전, 善戰 선전, 舌戰 설전, 作戰 작전, 接戰 접전, 主戰 주전, 血戰 혈전, 局地戰 국지전, 全面戰 전면전, 惡戰苦鬪 악전고투

713 5급 II

법 전:

八
총8획

파자풀이 典자는 冊(책 책)자와 廾(받들 공)자가 결합한 글자이다.

유의자 法 법 법, 律 법칙 률, 規 법 규, 則 법칙 칙, 式 법 식, 範 법 범, 憲 법 헌, 例 법식 례

용례 經典 경전, 古典 고전, 辭典 사전, 字典 자전, 祭典 제전, 盛典 성전, 典型的 전형적

714 5급 II

전할 전

亻
총13획

파자풀이 傳자는 亻자와 발음요소인 專(오로지 전)자의 결합자이다.

약자 伝

용례 傳達 전달, 傳來 전래, 傳說 전설, 傳受 전수, 傳播 전파, 口傳 구전, 宣傳 선전, 遺傳 유전, 父傳子傳 부전자전, 以心傳心 이심전심

715 5급 II

펼 전:

尸
총10획

파자풀이 展자는 尸자와 衣자의 합체자이다. 사람이 누우면 옷이 흐트러지는 것에서 '펴지다'는 의미가 나왔다.

유의자 伸 펼 신, 演 펼 연

용례 展開 전개, 展望 전망, 展示 전시, 發展 발전, 進展 진전, 展覽會 전람회

716 4급 II

田

밭 전

田
총5획

파자풀이 田자는 밭도랑 모습을 본떠 만든 상형자이다.

상대자 畓 논 답

용례 田園 전원, 田畓 전답, 油田 유전, 火田民 화전민, 我田引水 아전인수, 桑田碧海 상전벽해

717 4급

專

오로지 전

寸
총11획

파자풀이 專자는 실을 감아두던 도구인 방추(紡錘)를 손(寸)으로 돌리는 모습이다.

용례 專攻 전공, 專屬 전속, 專用 전용, 專任 전임, 專門家 전문가

718 4급

轉

구를 전:

車
총18획

파자풀이 轉자는 의미요소인 車자와 발음요소인 專(오로지 전)자의 결합자이다.

약자 転

용례 轉勤 전근, 轉業 전업, 轉用 전용, 自轉 자전, 逆轉 역전, 榮轉 영전, 回轉 회전, 轉禍爲福 전화위복

719 4급

錢

돈 전:

金
총16획

파자풀이 錢자는 金자와 戔(남을 잔)자의 결합자이다.

약자 銭

용례 金錢 금전, 銅錢 동전, 本錢 본전, 口錢 구전, 葉錢 엽전, 無錢旅行 무전여행

720 5급 II

節

마디 절

竹
총15획

파자풀이 節자는 竹자와 卽(곧 즉)자가 결합한 글자이다.

유의자 寸 마디 촌

용례 節減 절감, 節氣 절기, 節度 절도, 節約 절약, 節電 절전, 節制 절제, 節次 절차, 季節 계절, 守節 수절, 時節 시절, 調節 조절, 歲寒孤節 세한고절

721 **5급 II**

切

끊을 절
온통 체

刀
총4획

파자풀이 切자는 칼로 막대기를 내려치는 모습을 그린 七자와 刀자의 결합자이다.

유의자 斷 끊을 단, 絶 끊을 절, 全 온전 전

상대자 繼 이을 계, 續 이을 속, 連 이을 련, 接 이을 접

용례 切感 절감, 切斷 절단, 切實 절실, 切迫 절박, 懇切 간절, 適切 적절, 親切 친절, 品切 품절, 一切 일체, 切齒腐心 절치부심

722 **4급 II**

絶

끊을 절

糸
총12획

파자풀이 絶자는 糸자에 色(빛 색)자를 결합한 글자이다.

유의자 斷 끊을 단, 切 끊을 절

상대자 繼 이을 계, 續 이을 속, 連 이을 련, 接 이을 접

용례 絶境 절경, 絶色 절색, 絶對 절대, 絶交 절교, 絶望 절망, 絶壁 절벽, 拒絶 거절, 根絶 근절, 斷絶 단절, 謝絶 사절

723 **4급**

折

꺾을 절

扌
총7획

파자풀이 折자는 扌(손 수)자에 斤(도끼 근)자를 결합한 글자이다.

유의자 屈 굽을 굴, 曲 굽을 곡

상대자 直 곧을 직

용례 折半 절반, 曲折 곡절, 骨折 골절, 折衝 절충, 百折不屈 백절불굴

724 **5급 II**

가게 점

广
총8획

파자풀이 店자는 의미요소인 广(집 엄)자와 발음요소인 占(차지할 점)자의 결합자이다.

용례 店員 점원, 店主 점주, 開店 개점, 閉店 폐점, 本店 본점, 支店 지점, 商店 상점, 書店 서점, 百貨店 백화점, 便宜店 편의점

725 **4급**

點

점 점(:)

黑
총17획

파자풀이 點자는 의미요소인 黑(검을 흑)자에 발음요소인 占(차지할 점)자를 결합한 글자이다.

약자 点, 奌

용례 點檢 점검, 點數 점수, 强點 강점, 缺點 결점, 時點 시점, 失點 실점, 要點 요점, 採點 채점, 虛點 허점, 長短點 장단점

726 **4급**

占

점령할 점:
점칠 점

卜
총5획

파자풀이 占자는 卜(점 복)자에 口(입 구)자를 결합한 글자이다.

용례 占據 점거, 占領 점령, 占有 점유, 占術 점술, 獨占 독점, 寡占 과점, 先占 선점, 買占賣惜 매점매석

727 **4급 II**

接

이을 접

扌
총11획

파자풀이 接자는 扌자에 발음요소인 妾(첩 첩)자를 결합한 글자이다.

유의자 繼 이을 계, 續 이을 속, 連 이을 련, 絡 이을 락, 着 붙을 착

용례 接境 접경, 接近 접근, 接待 접대, 接着 접착, 面接 면접, 應接 응접, 隣接 인접, 直接 직접, 間接 간접, 皮骨相接 피골상접

728 **6급 II**

庭

뜰 정

广
총10획

파자풀이 庭자는 广(집 엄)자와 廷(조정 정)자의 합체자이다.

용례 庭園 정원, 庭球 정구, 家庭 가정, 校庭 교정, 親庭 친정

729 **7급 II**

正

바를 정(:)

止
총5획

파자풀이 正자는 一자와 止자의 결합자이다. 목표점(一)에 가서 정확히 멈추는(止) 것으로 '올바르다'를 설명한 글자이다.

유의자 直 곧을 직

상대자 反 돌이킬 반, 副 버금 부, 誤 그르칠 오

용례 正刻 정각, 正答 정답, 正常 정상, 正義 정의, 正統 정통, 正確 정확, 改正 개정, 公正 공정, 校正 교정, 矯正 교정, 端正 단정, 事必歸正 사필귀정

730 **6급**

定

정할 정:

宀
총8획

파자풀이 '바르다'라는 뜻을 가진 正자에 宀자를 결합한 定자는 '(집이)편안하다'라는 뜻으로 만들어졌다.

약자 㝎

용례 定價 정가, 定着 정착, 決定 결정, 改定 개정, 設定 설정, 安定 안정, 約定 약정, 認定 인정, 豫定 예정, 制定 제정, 指定 지정, 協定 협정

731 5급 II

情

뜻 정

忄
총11획

파자풀이 情자는 忄자와 발음요소인 靑(푸를 청)자의 결합자이다.

유의자 意 뜻 의, 志 뜻 지, 趣 뜻 취

용례 情談 정담, 情報 정보, 情緖 정서, 感情 감정, 多情 다정, 非情 비정, 事情 사정, 純情 순정, 愛情 애정, 友情 우정, 人情 인정, 人之常情 인지상정

---

732 5급

머무를 정

亻
총11획

파자풀이 停자는 亻자에 亭(정자 정)자를 결합한 글자이다.

유의자 留 머무를 류, 泊 머무를 박, 駐 머무를 주

용례 停年 정년, 停止 정지, 停電 정전, 停戰 정전, 停滯 정체, 停學 정학, 停會 정회, 調停 조정, 急停車 급정거

---

733 4급 II

精

정할 정

米
총14획

파자풀이 精자는 米자와 靑자를 결합한 글자이다. 쌀을 먹기 좋게 도정(搗精)하듯이 무언가를 다듬는 것을 의미한다.

상대자 粗 거칠 조

용례 精誠 정성, 精神 정신, 精油 정유, 精進 정진, 精通 정통, 精米所 정미소, 精肉店 정육점

---

734 4급 II

程

한도/길 정

禾
총12획

파자풀이 程자는 禾자와 발음요소인 呈(드릴 정)자의 결합자이다.

유의자 道 길 도, 路 길 로

용례 程度 정도, 過程 과정, 上程 상정, 旅程 여정, 日程 일정, 敎科課程 교과과정

---

735 4급 II

政

정사 정

攵
총9획

파자풀이 政자는 正자와 攵(칠 복)자의 결합자이다.

유의자 治 다스릴 치

용례 政權 정권, 政界 정계, 政府 정부, 政勢 정세, 政策 정책, 政治 정치 財政 재정, 行政 행정, 爲政者 위정자, 執政官 집정관

---

736 4급

丁

고무래/장정 정

一
총2획

파자풀이 丁자는 본래 못의 모양을 본떠 만든 글자이다. 또 곡식을 그러모으거나 펼 때 쓰는 고무래 모양과 같다하여 고무래를 뜻하기도 한다.

용례 白丁 백정, 兵丁 병정, 壯丁 장정, 目不識丁 목불식정

---

737 4급

整

가지런할 정

攵
총16획

파자풀이 整자는 束(묶을 속)자와 攵(칠 복)자 그리고 正(바를 정)자를 결합한 글자이다.

유의자 齊 가지런할 제

용례 整列 정렬, 整理 정리, 整備 정비, 整齊 정제, 端整 단정, 調整 조정, 李下不整冠 이하부정관

---

738 4급

靜

고요할 정

靑
총16획

파자풀이 靜자는 전쟁(爭)이 끝나고 다시 푸름(靑)을 되찾은 산과 들에서 평화와 고요를 느낄 수 있다는 의미이다.

유의자 寂 고요할 적

상대자 動 움직일 동

약자 静

용례 靜觀 정관, 靜物 정물, 冷靜 냉정, 動靜 동정, 安靜 안정, 鎭靜 진정, 平靜 평정

---

739 8급

아우 제

弓
총7획

파자풀이 弟자는 본래 나무토막에 줄을 순서대로 묶는다 하여 '차례'나 '순서'를 뜻했었다.

상대자 兄 맏 형

용례 弟夫 제부, 妹弟 매제, 師弟 사제, 子弟 자제, 首弟子 수제자, 難兄難弟 난형난제, 呼兄呼弟 호형호제

---

740 6급 II

第

차례 제

竹
총11획

파자풀이 본래는 弟자가 '차례'를 의미했었다. 그러나 후에 형제간의 순서란 의미에서 '아우'를 뜻하게 되자, 지금은 여기에 竹자를 더한 第자가 뜻을 대신하고 있다.

유의자 番 차례 번, 序 차례 서, 秩 차례 질

용례 第一 제일, 及第 급제, 落第 낙제, 登第 등제, 本第入納 본제입납

741 **6급Ⅱ**

題

제목 제

頁
총18획

파자풀이 題자는 是(옳을 시)자와 頁(머리 혈)자의 합체자이다.

용례 題目 제목, 課題 과제, 難題 난제, 論題 논제, 無題 무제, 問題 문제, 宿題 숙제, 主題 주제, 解題 해제, 話題 화제

742 **4급Ⅱ**

제사 제:

示
총11획

파자풀이 祭자는 제단(示) 위로 고기(肉)를 손(又)으로 공손히 올려 제사를 지낸다는 의미이다.

유의자 祀 제사 사

용례 祭器 제기, 祭禮 제례, 祭物 제물, 祭典 제전, 祝祭 축제, 藝術祭 예술제, 映畫祭 영화제, 冠婚喪祭 관혼상제

743 **4급Ⅱ**

濟

건널 제:

氵
총17획

파자풀이 濟자는 氵자에 齊(가지런할 제)자를 결합한 글자이다.

유의자 渡 건널 도

약자 済

용례 濟度 제도, 救濟 구제, 經濟 경제, 濟州道 제주도, 經世濟民 경세제민

744 **4급Ⅱ**

製

지을 제:

衣
총14획

파자풀이 製자는 制(마를 제)자와 衣(옷 의)자의 결합자이다.

유의자 造 지을 조, 作 지을 작

용례 製圖 제도, 製作 제작, 製造 제조, 複製 복제, 調製 조제, 創製 창제, 手製品 수제품

745 **4급Ⅱ**

즈음/가 제:

阝(阜)
총14획

파자풀이 際자는 阝(언덕 부)자와 발음요소인 祭(제사 제)자의 결합자이다.

유의자 交 사귈 교

용례 交際 교제, 國際 국제, 實際 실제, 此際 차제

746 **4급Ⅱ**

制

절제할 제:

刂
총8획

파자풀이 制자는 무성한 나무를 그린 未자와 刂자가 결합한 글자이다.

용례 制度 제도, 制服 제복, 制壓 제압, 制定 제정, 制限 제한, 牽制 견제, 規制 규제, 自制 자제, 節制 절제

747 **4급Ⅱ**

提

끌 제

扌
총12획

파자풀이 提자는 扌자와 是(옳을 시)자의 결합자이다.

유의자 牽 끌 견, 引 끌 인, 拉 끌 랍, 携 끌 휴

상대자 推 밀 추

용례 提供 제공, 提起 제기, 提示 제시, 前提 전제

748 **4급Ⅱ**

除

덜 제

阝(阜)
총10획

파자풀이 除자는 阝(언덕 부)자에 余(남을 여)자의 결합자이다.

유의자 減 덜 감, 省 덜 생, 損 덜 손

상대자 添 더할 첨, 加 더할 가, 增 더할 증

용례 除去 제거 除隊 제대 除名 제명 除雪 제설 除外 제외

749 **4급**

帝

임금 제:

巾
총9획

파자풀이 帝자는 황제가 면류관을 쓰고 곤룡포를 입고 띠를 두른 모양을 본떠 만든 글자이다.

유의자 君 임금 군 王 임금 왕 皇 임금 황

상대자 臣 신하 신 民 백성 민

용례 帝王 제왕, 反帝 반제, 日帝 일제, 皇帝 황제, 帝國主義 제국주의

750 **7급**

祖

할아버지 조

示
총10획

파자풀이 祖자는 제단을 묘사한 示자와 위패를 묘사한 且(또 차)자의 결합자이다.

상대자 孫 자손 손

용례 祖國 조국, 祖上 조상, 鼻祖 비조, 始祖 시조, 先祖 선조, 元祖 원조, 祖父母 조부모

751 **6급**

朝

아침 조

月
총12획

파자풀이 朝자는 艹(풀 초)자와 日(해 일)자, 月(달 월)자가 결합한 글자이다.

유의자 旦 아침 단

상대자 暮 저물 모, 夕 저녁 석, 野 들 야

용례 朝禮 조례, 朝夕 조석, 朝鮮 조선, 朝野 조야, 朝變夕改 조변석개, 朝令暮改 조령모개, 朝三暮四 조삼모사

752 **5급 II**

調

고를 조

言
총15획

파자풀이 調자는 言자와 周자의 결합자이다. 말(言)을 두루(周) 이해하도록 조정한다는 의미이다.

유의자 均 고를 균, 和 화할 화

용례 調練 조련, 調味 조미, 調律 조율, 調査 조사, 調印 조인, 調節 조절, 調整 조정, 調和 조화, 强調 강조, 順調 순조, 語調 어조, 快調 쾌조, 協調 협조

753 **5급**

操

잡을 조(:)

扌
총16획

파자풀이 操자는 의미요소인 扌자에 발음요소인 喿(울 소)자의 결합자이다.

유의자 執 잡을 집

용례 操身 조신, 操心 조심, 操業 조업, 操作 조작, 志操 지조, 操縱士 조종사

754 **4급 II**

助

도울 조:

力
총7획

파자풀이 助자는 且(또 차)자에 力자를 결합한 글자이다.

유의자 扶 도울 부, 援 도울 원, 佐 도울 좌, 護 도울 호

용례 助力 조력 助手 조수 助演 조연 助言 조언 共助 공조 內助 내조 補助 보조 協助 협조 相扶相助 상부상조

755 **4급 II**

새 조

鳥
총11획

파자풀이 鳥자는 꼬리가 긴 새를 본떠 만든 상형자이다.

용례 鳥類 조류, 吉鳥 길조, 不死鳥 불사조, 一石二鳥 일석이조, 鳥足之血 조족지혈, 驚弓之鳥 경궁지조, 傷弓之鳥 상궁지조

756 **4급 II**

造

지을 조:

辶
총11획

파자풀이 造자는 辶자와 발음요소인 告(알릴 고)자의 결합자이다.

유의자 製 지을 제 作 지을 작

용례 造景 조경 造成 조성 造作 조작 造花 조화 造化 조화 改造 개조 構造 구조 創造 창조 築造 축조

757 **4급 II**

早

이를 조:

日
총6획

파자풀이 早자는 日자와 풀을 묘사한 十자를 결합한 글자이다.

유의자 速 빠를 속

상대자 晩 늦을 만

용례 早期 조기, 早産 조산, 早速 조속, 早退 조퇴, 早晩間 조만간, 時機尙早 시기상조

758 **4급**

條

가지 조

木
총11획

파자풀이 회초리질 하는 모습을 그린 攸자에 木자를 결합한 條자는 회초리의 재질인 '나뭇가지'를 뜻하기 위해 만든 글자이다.

약자 条

용례 條件 조건, 條約 조약, 條項 조항, 信條 신조, 不條理 부조리, 金科玉條 금과옥조

759 **4급**

組

짤 조

糸
총11획

파자풀이 組자는 糸자와 且자의 결합자이다. 실(糸)을 겹쳐서(且) 옷감을 짜다는 의미이다.

유의자 紡 길쌈 방, 績 길쌈 적, 織 짤 직

용례 組立 조립, 組長 조장, 組織 조직, 組合 조합, 勞組 노조

760 **4급**

潮

조수 조

氵
총15획

파자풀이 潮자는 氵자와 발음요소인 朝자의 결합자이다. 바닷물(氵)이 조석(朝夕)으로 들어왔다 나갔다 하는 것을 의미한다.

용례 潮流 조류, 潮水 조수, 干潮 간조, 滿潮 만조, 高潮 고조, 思潮 사조, 退潮 퇴조, 風潮 풍조, 防潮堤 방조제

761 7급 II

足

발/족할 족

足 총7획

파자풀이 足자는 발의 모양을 본떠 만든 상형자이다.

유의자 豊 풍년 풍

상대자 手 손 수

용례 滿足 만족, 發足 발족, 蛇足 사족, 失足 실족, 充足 충족, 豊足 풍족, 禁足令 금족령, 力不足 역부족, 自給自足 자급자족, 安分知足 안분지족

---

762 6급

族

겨레 족

方 총11획

파자풀이 族자는 㫃(나부낄 언)자와 矢(화살 시)자가 결합한 글자이다. 같은 깃발 아래서 전쟁을 치루는 공동체를 '겨레'로 표현한 글자이다.

용례 族屬 족속, 家族 가족, 遺族 유족, 親族 친족, 血族 혈족, 擧族的 거족적, 倍達民族 배달민족, 同族相殘 동족상잔

---

763 4급 II

높을 존

寸 총12획

파자풀이 尊자는 오래 묵은 술을 의미하는 酋자와 손이 모습을 표현한 寸자의 결합자이다.

유의자 高 높을 고 貴 귀할 귀 崇 높을 숭 隆 높을 륭 卓 높을 탁

상대자 卑 낮을 비

용례 尊敬 존경, 尊貴 존귀, 尊屬 존속, 尊重 존중, 尊稱 존칭, 自尊心 자존심, 唯我獨尊 유아독존

---

764 4급

있을 존

子 총6획

파자풀이 存자는 새싹의 모습을 표현한 才자와 子자의 결합자이다.

유의자 有 있을 유 在 있을 재

상대자 無 없을 무 亡 없을 망 廢 폐할 폐

용례 存續 존속 存在 존재 共存 공존 依存 의존 現存 현존

---

765 5급 II

마칠/군사 졸

十 총8획

파자풀이 卒자는 衣자와 爻자가 결합한 모습으로 봐야한다.

유의자 軍 군사 군, 士 군사 사, 兵 군사 병, 終 마칠 종

상대자 將 장수 장, 帥 장수 수, 始 처음 시, 初 처음 초

약자 卆

용례 卒徒 졸도, 卒倒 졸도, 卒業 졸업, 兵卒 병졸, 病卒 병졸, 腦卒中 뇌졸중, 烏合之卒 오합지졸

---

766 5급 II

種

씨 종(:)

禾 총14획

파자풀이 種자는 禾자와 重자의 결합자이다. 벼(禾)농사를 짓는데 중요(重)한 종자(種子)를 의미한다.

유의자 核 씨 핵

용례 種類 종류, 各種 각종, 變種 변종, 別種 별종, 純種 순종, 雜種 잡종, 業種 업종, 職種 직종, 特種 특종, 種豆得豆 종두득두

---

767 5급

終

마칠 종

糸 총11획

파자풀이 終자는 糸자와 冬자의 결합자이다.

유의자 末 끝 말, 端 끝 단, 了 마칠 료, 卒 마칠 졸, 結 맺을 결

상대자 始 비로소 시, 初 처음 초

용례 終講 종강, 終結 종결, 終局 종국, 終映 종영, 終日 종일, 有終 유종, 最終 최종, 終止符 종지부, 始終一貫 시종일관, 自初至終 자초지종

---

768 4급 II

宗

마루 종

宀 총8획

파자풀이 宗자는 집을 그린 宀자와 제단을 그린 示자의 결합자이다.

용례 宗敎 종교, 宗團 종단, 宗廟 종묘, 宗社 종사, 宗孫 종손, 改宗 개종, 宗主國 종주국

---

769 4급

鍾

쇠북 종

金 총17획

파자풀이 鍾자는 金자와 重자의 결합자이다. 무거운(重) 쇳덩이(金)로 만든 종을 표현했다.

용례 鍾閣 종각, 警鍾 경종, 打鍾 타종, 自鳴鍾 자명종

---

770 4급

從

좇을 종(:)

彳 총11획

파자풀이 從자는 彳자와 止(발 지)자, 从(좇을 종)자가 결합한 모습이다.

유의자 遵 좇을 준 追 좇을 추

약자 从, 従

용례 從來 종래, 從事 종사, 從前 종전, 服從 복종, 順從 순종, 從業員 종업원, 從軍記者 종군기자, 類類相從 유유상종, 面從腹背 면종복배

771 7급Ⅱ

左

왼 좌:

工
총5획

파자풀이 左자는 장인(工)이 왼 손(又)에 공구를 쥔 모습을 표현한 글자이다.

상대자 右 오른 우

용례 左傾 좌경, 左翼 좌익, 左遷 좌천, 右往左往 우왕좌왕, 左之右之 좌지우지

772 4급

座

자리 좌:

广
총10획

파자풀이 座자는 广자와 坐(앉을 좌)자의 합체자이다.

유의자 席 자리 석, 位 자리 위

용례 座談 좌담, 座席 좌석, 座中 좌중, 權座 권좌, 計座 계좌, 座右銘 좌우명

773 5급

罪

허물 죄:

罒
총13획

파자풀이 罪자는 罒(그물 망)자와 非(그릇될 비)자의 결합자이다. 그릇된(非) 행동을 하는 사람을 잡아(罒) 죄를 묻는다는 의미이다.

유의자 過 허물 과

상대자 刑 형벌 형

용례 罪目 죄목, 罪狀 죄상, 罪惡 죄악, 論罪 논죄, 犯罪 범죄, 謝罪 사죄, 餘罪 여죄, 罪責感 죄책감, 免罪符 면죄부, 有無罪 유무죄

774 7급

주인/임금 주

丶
총5획

파자풀이 主자는 王자에 丶(점 주)자가 결합한 글자로서 본래 촛대를 그린 것이었다.

유의자 君 임금 군, 王 임금 왕, 皇 임금 황, 帝 임금 제

상대자 賓 손 빈, 客 손 객, 從 좇을 종

용례 主觀 주관, 主導 주도, 主流 주류, 主要 주요, 主張 주장, 主宰 주재, 主體 주체, 戶主 호주, 主客一體 주객일체

775 7급

住

살 주:

亻
총7획

파자풀이 住자는 亻자와 主자의 결합자이다. 집의 주인이 되어 거주(居住)한다는 의미이다.

유의자 居 살 거

용례 住民 주민, 住所 주소, 住宅 주택, 居住 거주, 安住 안주, 移住 이주, 入住 입주, 永住權 영주권

776 6급Ⅱ

注

부을 주:

氵
총8획

파자풀이 注자는 의미요소인 氵자와 발음요소인 主자의 결합자이다.

용례 注目 주목, 注文 주문, 注射 주사, 注視 주시, 注油 주유, 注意 주의, 注入 주입, 傾注 경주, 受注 수주

777 6급

晝

낮 주

日
총11획

파자풀이 晝자는 聿(붓 율)자와 日자 그리고 一자의 결합자이다.

유의자 午 낮 오

상대자 夜 밤 야

약자 昼

용례 晝間 주간, 晝夜 주야, 晝寢 주침, 白晝 백주, 晝耕夜讀 주경야독

778 5급Ⅱ

週

주일 주

辶
총12획

파자풀이 週자는 辶자와 발음요소인 周(두루 주)자의 결합자이다.

용례 週間 주간, 週期 주기, 週末 주말, 週番 주번, 週報 주보, 週日 주일, 來週 내주

779 5급Ⅱ

州

고을 주

川(巛)
총6획

파자풀이 州자는 본래 하천의 모래톱을 표현한 글자이다.

유의자 郡 고을 군, 洞 고을 동, 邑 고을 읍

용례 州郡 주군, 州境 주경, 慶州 경주, 尙州 상주, 全州 전주, 羅州 나주, 濟州 제주, 光州 광주

780 4급Ⅱ

走

달릴 주

走
총7획

파자풀이 走자는 十자와 疋(발 소)자의 결합자로 볼 수 있다. 동서남북 사방(十)으로 발을 재빨리 놀려 '달리다'는 의미이다.

유의자 奔 달릴 분

용례 走力 주력, 走者 주자. 走行 주행, 逃走 도주, 獨走 독주, 力走 역주, 疾走 질주, 走馬看山 주마간산, 夜半逃走 야반도주, 東奔西走 동분서주

781 4급

周

두루 주

口
총8획

파자풀이 周자의 갑골문을 보면 田자에 점을 찍어놓은 모습이 그려져 있었다. 이것은 밭의 둘레를 표현한 것이다.

유의자 圍 에워쌀 위

용례 周到 주도, 周邊 주변, 周旋 주선, 周圍 주위, 周知 주지, 一周 일주, 周到綿密 주도면밀, 用意周到 용의주도

782 4급

朱

붉을 주

木
총6획

파자풀이 朱자는 본래 건물을 지을 때 사용하던 붉은빛을 가진 적심목(赤心木)이라 불리는 나무를 뜻하던 글자였다.

유의자 丹 붉을 단, 赤 붉을 적, 紅 붉을 홍

상대자 靑 푸를 청

용례 印朱 인주, 朱蒙 주몽, 近朱者赤 근주자적

783 4급

酒

술 주(:)

酉
총10획

파자풀이 酒자는 氵자와 술통을 묘사한 酉자가 결합한 글자이다.

용례 酒量 주량, 酒邪 주사, 毒酒 독주, 藥酒 약주, 暴酒 폭주, 勸酒 권주, 飮酒 음주, 麥酒 맥주, 燒酒 소주, 洋酒 양주, 淸酒 청주, 濁酒 탁주, 酒池肉林 주지육림

784 4급 II

竹

대 죽

竹
총6획

파자풀이 竹자는 대나무 줄기와 잎을 묘사한 상형자이다.

용례 竹簡 죽간, 竹夫人 죽부인, 竹馬故友 죽마고우, 破竹之勢 파죽지세

785 4급 II

준할 준:

氵
총13획

파자풀이 準자는 隼(송골매 준)자에 水자를 더한 것으로 새가 물 위를 일직선으로 날아가는 모습에서 '평평하다'는 의미가 나왔다.

유의자 平 평평할 평

약자 准

용례 準據 준거, 準備 준비, 基準 기준, 水準 수준, 平準 평준, 標準 표준, 準優勝 준우승

786 8급

中

가운데 중

丨
총4획

파자풀이 中자는 어느 쪽도 기울지 않고 돌아가는 팽이의 중심축을 묘사한 글자로 보인다.

유의자 央 가운데 앙

상대자 邊 가 변, 外 바깥 외

용례 中古 중고, 中斷 중단, 中略 중략, 中心 중심, 中止 중지, 命中 명중, 的中 적중, 門中 문중, 眼中 안중, 熱中 열중, 集中 집중, 隱然中 은연중, 五里霧中 오리무중

787 7급

重

무거울 중:

里
총9획

파자풀이 重자는 千(일천 천)자와 里(마을 리)자의 합체자이다.

유의자 複 겹칠 복

상대자 輕 가벼울 경

용례 重力 중력, 重要 중요, 重用 중용, 重點 중점,加重 가중, 過重 과중, 比重 비중, 所重 소중, 愼重 신중, 嚴重 엄중, 置重 치중, 重複 중복, 九重宮闕 구중궁궐, 愛之重之 애지중지

788 4급 II

衆

무리 중:

血
총12획

파자풀이 衆자의 본래 모습은 日자와 众(무리 중)자로 이루어져, 뙤약볕 아래서 무리지어 일하는 노예를 의미했다.

유의자 群 무리 군 徒 무리 도 等 무리 등 類 무리 류

상대자 寡 적을 과

용례 觀衆 관중, 大衆 대중, 聽衆 청중, 出衆 출중, 衆口難防 중구난방, 衆寡不敵 중과부적, 公衆道德 공중도덕, 群衆心理 군중심리

789 4급 II

增

더할 증

土
총15획

파자풀이 增자는 土자와 시루를 표현한 曾자의 결합자이다. 시루에 떡을 포개어 놓듯이 흙을 겹쳐 더한다는 의미이다.

유의자 加 더할 가, 益 더할 익, 添 더할 첨

상대자 減 덜 감, 損 덜 손, 除 덜 제

약자 増

용례 增加 증가, 增强 증강, 增設 증설, 增員 증원, 增築 증축, 急增 급증

790 4급

證

증거 증

言
총19획

파자풀이 證자는 言자와 발음요소인 登(오를 등)자의 결합자이다.

유의자 據 근거 거

약자 証

용례 證據 증거, 證明 증명, 檢證 검증, 傍證 방증, 立證 입증, 確證 확증

791 7급

紙

종이 지

糸
총10획

파자풀이 紙자는 糸자와 氏(성씨 씨)자의 결합자이다.

용례 紙面 지면, 紙質 지질, 紙幣 지폐, 壁紙 벽지, 用紙 용지, 印紙 인지, 製紙 제지, 破紙 파지, 便紙 편지, 休紙 휴지, 白紙化 백지화

---

792 7급

地

땅 지

土
총6획

파자풀이 地자는 土자와 也자의 결합자이다. 흙(土)으로 이뤄진 땅을 의미하는 글자이다.

상대자 天 하늘 천

용례 地方 지방, 地域 지역, 地點 지점, 地形 지형, 客地 객지, 餘地 여지, 處地 처지, 行先地 행선지, 原産地 원산지, 不毛地 불모지, 易地思之 역지사지, 伏地不動 복지부동

---

793 4급 II

志

뜻 지

心
총7획

파자풀이 志자는 士자와 心자의 결합자로, 쉽사리 꺾이지 않는 선비의 의지(意志)를 표현하였다.

유의자 意 뜻 의, 情 뜻 정, 趣 뜻 취

용례 志士 지사, 志願 지원, 志操 지조, 志學 지학, 志向 지향, 同志 동지, 立志 입지, 寸志 촌지, 鬪志 투지, 靑雲之志 청운지지

---

794 5급 II

알 지

矢
총8획

파자풀이 知자는 矢(화살 시)자와 여기에서는 과녁을 묘사한 口자의 결합자이다.

유의자 認 알 인 識 알 식

상대자 行 행할 행

용례 知覺 지각, 知能 지능, 知識 지식, 知音 지음, 未知 미지, 認知 인지, 周知 주지, 探知 탐지, 通知 통지, 道知事 도지사, 知行合一 지행합일, 溫故知新 온고지신, 知己之友 지기지우

---

795 5급

그칠 지

止
총4획

파자풀이 止자는 사람 발자국의 모양을 본떠 만든 상형자이다.

유의자 停 머무를 정

용례 禁止 금지, 防止 방지, 停止 정지, 終止 종지, 廢止 폐지, 行動擧止 행동거지, 明鏡止水 명경지수

---

796 4급 II

至

이를 지

至
총6획

파자풀이 至자는 화살을 그린 矢(화살 시)자가 땅(一)에 박힌 모습을 그린 글자이다.

유의자 到 이를 도, 致 이를 치, 極 다할 극

용례 至極 지극, 至急 지급, 至當 지당, 至大 지대, 至毒 지독, 至尊 지존, 甚至於 심지어, 至誠感天 지성감천

---

797 4급 II

支

지탱할 지

支
총4획

파자풀이 支자는 十자와 손을 묘사한 又자의 결합자이다. 손(又)으로 열(十)을 세며 버티는 모습을 표현했다.

유의자 依 의지할 의

용례 支給 지급 支配 지배 支援 지원 支持 지지 依支 의지 支離滅裂 지리멸렬

---

798 4급 II

指

가리킬/손가락 지

扌
총9획

파자풀이 指자는 扌자와 발음요소인 旨(맛있을 지)자가 결합한 형성자이다.

용례 指導 지도, 指目 지목, 指示 지시, 指章 지장, 指摘 지적, 指定 지정, 指稱 지칭, 指標 지표, 指向 지향, 指鹿爲馬 지록위마

---

799 4급

誌

기록할 지

言
총14획

파자풀이 誌자는 言자와 志자의 결합자이다. 말(言)뿐 아니라 그 속에 담긴 뜻(志)까지도 기록한다는 의미이다.

유의자 記 기록할 기, 錄 기록할 록, 識 기록할 지

용례 校誌 교지, 日誌 일지, 雜誌 잡지, 週刊誌 주간지, 學術誌 학술지

---

800 4급

持

가질 지

扌
총9획

파자풀이 持자는 扌자와 발음요소인 寺(관청 시)자의 결합자이다.

유의자 取 취할 취

용례 持病 지병, 持續 지속, 所持 소지, 維持 유지, 支持 지지

801 4급

智

파자풀이 智자는 知자와 日자의 결합자이다. 태양(日)이 세상을 비추듯 모든 것을 밝게 안다(知)는 의미이다.

유의자 慧 지혜 혜

용례 智略 지략, 智慧 지혜, 奇智 기지, 機智 기지, 仁義禮智 인의예지, 智者一失 지자일실

지혜/슬기 지

日
총12획

802 7급 II

直

파자풀이 直자는 目(눈 목)자와 十(열 십)자, ㄴ(숨을 은)자가 결합한 글자이다.

유의자 貞 곧을 정, 正 바를 정

상대자 屈 굽을 굴, 曲 굽을 곡

용례 直覺 직각, 直觀 직관, 直流 직류, 直面 직면, 直接 직접, 直進 직진, 直通 직통, 直後 직후, 率直 솔직, 正直 정직, 不問曲直 불문곡직

곧을 직

目
총8획

803 4급 II

職

파자풀이 職자는 耳자와 音자 그리고 戈자의 결합자이다. 소리(音)를 듣고(耳) 기록하는(戈) 직업을 의미하는 글자이다.

유의자 官 벼슬 관

용례 職務 직무, 職業 직업, 職場 직장, 辭職 사직, 復職 복직, 移職 이직, 轉職 전직, 退職 퇴직

직분 직

耳
총18획

804 4급

파자풀이 織자는 의미요소인 糸자와 발음요소인 戠(찰흙 시)자의 결합자이다.

유의자 紡 길쌈 방, 績 길쌈 적, 組 짤 조

용례 織造 직조, 毛織 모직, 手織 수직, 組織 조직

짤 직

糸
총18획

805 4급 II

進

파자풀이 進자는 辶자와 隹(새 추)자의 결합자이다.

유의자 就 나아갈 취, 出 날 출

상대자 退 물러날 퇴

용례 進級 진급, 進路 진로, 進步 진보, 進展 진전, 促進 촉진, 推進 추진, 行進 행진, 進退兩難 진퇴양난, 進退維谷 진퇴유곡

나아갈 진:

辶
총12획

806 4급 II

眞

파자풀이 眞자는 본래 제사에 사용하는 큰 솥을 의미하는 鼎(솥 정)자와 수저를 의미하는 匕자가 결합한 글자이다.

유의자 實 열매 실

상대자 假 거짓 가, 僞 거짓 위

약자 真

용례 眞價 진가 眞理 진리 眞實 진실 眞僞 진위 眞情 진정 純眞 순진 眞面目 진면목 青寫眞 청사진

참 진

目
총10획

807 4급

盡

파자풀이 盡자는 皿(그릇 명)자와 여기에서는 그릇 씻는 솔을 의미하는 聿(붓 율)자가 결합한 글자이다.

유의자 窮 다할 궁, 極 다할 극

약자 尽

용례 盡力 진력, 盡心 진심, 極盡 극진, 賣盡 매진, 未盡 미진, 消盡 소진, 脫盡 탈진, 苦盡甘來 고진감래, 興盡悲來 흥진비래, 無窮無盡 무궁무진

다할 진:

皿
총14획

808 4급

파자풀이 珍자는 玉자에 㐱(숱 많고 검을 진)자가 결합한 글자이다. 반짝이고 윤이 나는 구슬 같은 보물을 의미하는 글자이다.

유의자 寶 보배 보

약자 珎

용례 珍貴 진귀 珍味 진미 珍珠 진주 珍風景 진풍경 山海珍味 산해진미

보배 진

王(玉)
총9획

809 4급

파자풀이 陣자는 阝(언덕 부)자와 車자의 결합이다.

용례 陣營 진영, 陣痛 진통, 對陣 대진, 退陣 퇴진, 布陣 포진, 背水陣 배수진, 長蛇陣 장사진

진칠 진

阝(阜)
총10획

810 5급 II

파자풀이 質자는 나무를 패거나 자를 때에 받쳐 놓는 나무토막을 의미하는 斦(모탕 은)자와 貝자의 결합자이다.

유의자 素 본디 소 朴 질박할 박 本 근본 본

약자 貭

용례 質問 질문 質疑 질의 物質 물질 變質 변질 性質 성질 素質 소질 資質 자질 異質 이질 低質 저질 體質 체질 氷姿玉質 빙자옥질 羊質虎皮 양질호피

바탕 질

貝
총15획

811 6급 II

集

모을 집

隹
총12획

파자풀이 集자는 隹(새 추)자와 木자의 결합자이다.

유의자 會 모일 회 社 모일 사 團 모일 단

상대자 離 떠날 리 配 나눌 배 散 흩어질 산

용례 集結 집결, 集計 집계, 集團 집단, 集配 집배, 集約 집약, 集積 집적, 集中 집중, 募集 모집, 密集 밀집, 收集 수집, 雲集운집, 採集 채집

---

812 4급 II

次

버금 차

欠
총6획

파자풀이 次자는 침방울을 묘사한 冫자와 입 벌린 모양을 묘사한 欠자의 결합자이다.

유의자 副 버금 부, 亞 버금 아, 仲 버금 중

용례 次例 차례 次席 차석 次元 차원 目次 목차 順次 순차 將次 장차 節次 절차 漸次 점차

---

813 4급

差

다를 차

工
총10획

파자풀이 差자는 羊자와 左자의 결합자이다.

유의자 別 다를 별 殊 다를 수 異 다를 이 他 다를 타

상대자 共 한가지 공 同 한가지 동 等 같을 등

용례 差度 차도 差別 차별 差異 차이 隔差 격차 格差 격차 誤差 오차 快差 쾌차 天壤之差 천양지차 雲泥之差 운니지차 咸興差使 함흥차사

---

814 5급 II

붙을 착

目
총12획

파자풀이 着자는 羊자와 目자의 결합자이다.

유의자 到 이를 도, 附 붙을 부

상대자 發 쏠 발

용례 着陸 착륙, 着手 착수, 着想 착상, 固着 고착, 密着 밀착, 延着 연착, 接着 접착, 定着 정착, 執着 집착, 土着 토착

---

815 4급

讚

기릴 찬:

言
총26획

파자풀이 讚자는 의미요소인 言자와 발음요소인 贊(도울 찬)자의 결합자이다.

유의자 頌 기릴 송 譽 기릴 예

약자 讃

용례 讚歌 찬가 讚辭 찬사 讚揚 찬양 激讚 격찬 極讚 극찬 稱讚 칭찬 自畫自讚 자화자찬

---

816 4급 II

察

살필 찰

宀
총14획

파자풀이 察자는 宀자와 祭(제사 제)자의 결합자이다.

유의자 省 살필 성 審 살필 심

용례 監察 감찰 檢察 검찰 警察 경찰 觀察 관찰 不察 불찰 査察 사찰 省察 성찰

---

817 5급 II

참여할 참
석 삼

厶
총11획

파자풀이 參자는 머리카락(㐱)에 장식(厽)을 하고 의식에 참여한다는 의미이다.

유의자 與 더불 여, 三 석 삼

약자 参

용례 參加 참가, 參席 참석, 參與 참여, 參考 참고, 參觀 참관, 參拜 참배, 參戰 참전, 古參 고참, 持參 지참

---

818 6급 II

창 창

穴
총11획

파자풀이 본래 '창문'이라는 뜻은 囱(창 창)자가 먼저 쓰였었다. 중국에서는 아직도 窗자를 사용하고 있지만, 우리나라에서는 이체자(異體字)였던 窓자가 '창문'이라는 뜻으로 쓰이고 있다.

용례 窓口 창구, 窓門 창문, 窓戶 창호, 同窓 동창, 學窓 학창, 鐵窓 철창

---

819 5급

부를 창:

口
총11획

파자풀이 唱자는 口자와 昌(창성할 창)자의 결합자이다.

유의자 聘 부를 빙 召 부를 소 招 부를 초 呼 부를 호

용례 唱法 창법 歌唱 가창 獨唱 독창 復唱 복창 先唱 선창 再唱 재창 提唱 제창 合唱 합창 愛唱曲 애창곡 夫唱婦隨 부창부수

---

820 4급 II

비롯할 창:

刂
총12획

파자풀이 創자는 발음요소인 倉(곳집 창)자와 刂자의 결합자이다.

유의자 始 비로소 시

용례 創建 창건 創案 창안 創業 창업 創意 창의 創造 창조 創出 창출 獨創的 독창적

821 **4급**

採

캘 채:

扌
총11획

파자풀이 採자는 扌자와 采자의 결합자이다.

유의자 擇 가릴 택

용례 採鑛 채광 採用 채용 採點 채점 採取 채취 採擇 채택 特採 특채 採算性 채산성

822 **5급Ⅱ**

꾸짖을 책

貝
총11획

파자풀이 責자는 貝자와 朿(가시 자)자가 결합한 글자이다. 빌려준 돈(貝) 갚으라고 쿡쿡 찌르듯(朿) 추심하는 것을 표현한 글자이다.

용례 責望 책망 責務 책무 責任 책임 見責 견책 問責 문책 自責 자책 重責 중책 職責 직책 罪責感 죄책감

823 **4급**

책 책

冂
총5획

파자풀이 冊자는 대나무를 쪼개어 엮어놓은 죽간(竹簡)의 모습을 묘사한 상형자이다.

유의자 篇 책 편

용례 冊房 책방, 冊床 책상, 冊張 책장, 書冊 서책

824 **4급Ⅱ**

곳 처:

虍
총11획

파자풀이 處자는 虍(범 호)자와 処(곳 처)자가 결합한 글자이다.

약자 処

용례 處理 처리, 處分 처분, 處罰 처벌, 處事 처사, 處地 처지, 近處 근처, 對處 대처, 傷處 상처, 出處 출처

825 **4급**

샘 천

水
총9획

파자풀이 泉자는 白자와 水자의 결합자이다. 맑은(白) 물(水)이 흘러나오는 곳이란 의미이다.

용례 九泉 구천, 冷泉 냉천, 溫泉 온천, 源泉 원천, 黃泉 황천

826 **7급**

川

내 천

川(巛)
총3획

파자풀이 川자는 계곡 사이를 흐르는 물을 묘사한 상형자이다.

유의자 溪 시내 계

상대자 山 메 산

용례 河川 하천 淸溪川 청계천 山川草木 산천초목 晝夜長川 주야장천

827 **7급**

일천 천

十
총3획

파자풀이 千자의 갑골문을 보면 사람을 뜻하는 人자의 다리 부분에 획이 하나 그어져 있었다. 이것은 사람의 수가 '일천'이라는 뜻이다.

용례 千古 천고, 千里馬 천리마, 千里眼 천리안, 千萬多幸 천만다행, 千差萬別 천차만별, 千篇一律 천편일률, 千載一遇 천재일우

828 **7급**

天

하늘 천

大
총4획

파자풀이 天자는 사람(大) 머리 위로 쭉 뻗어(一)있는 하늘을 의미한 글자이다.

유의자 乾 하늘 건

상대자 地 땅 지

용례 天命 천명, 天罰 천벌, 天壽 천수, 天才 천재, 天惠 천혜, 樂天的 낙천적, 破天荒 파천황, 天生緣分 천생연분, 天高馬肥 천고마비

829 **5급**

鐵

쇠 철

金
총21획

파자풀이 鐵자는 金자, 吉자, 王자, 戈자가 결합한 글자이다. 창(戈)을 만드는 데 가장(王) 좋은(吉) 재료가 철이라는 의미이다.

유의자 金

약자 鉄

용례 鐵鋼 철강, 鐵鑛 철광, 鐵筋 철근, 鐵道 철도, 鐵物 철물, 鐵絲 철사, 古鐵 고철, 製鐵所 제철소, 地下鐵 지하철, 鐵面皮 철면피, 寸鐵殺人 촌철살인

830 **8급**

푸를 청

靑
총8획

파자풀이 靑자는 生(날 생)자와 井(우물 정)자가 결합한 것으로 보인다. 푸른 우물물처럼 새싹이 푸르게 돋아나는 것을 표현한 글자이다.

유의자 綠 푸를 록 碧 푸를 벽 蒼 푸를 창

상대자 丹 붉을 단 朱 붉을 주 紅 붉을 홍

용례 靑果 청과, 靑春 청춘, 靑寫眞 청사진, 靑信號 청신호, 靑瓦臺 청와대, 靑少年 청소년, 靑雲之志 청운지지

831 4급 II

請

청할 청

言
총15획

파자풀이 請자는 의미요소인 言자와 발음요소인 靑자의 결합자이다.

용례 請求 청구, 請婚 청혼, 申請 신청, 要請 요청, 招請 초청, 不請客 불청객

832 6급 II

淸

맑을 청

氵
총11획

파자풀이 淸자는 氵자와 靑자의 결합자이다. 푸른 빛이 돌 정도로 물이 맑을 것을 표현한 글자이다.

유의자 潔 깨끗할 결 淨 깨끗할 정

상대자 濁 흐릴 탁

용례 淸潔 청결, 淸明 청명, 淸貧 청빈, 淸算 청산, 淸掃 청소, 淸純 청순, 百年河淸 백년하청, 淸廉潔白 청렴결백

833 4급

聽

들을 청

耳
총22획

파자풀이 聽자는 耳(귀 이)자와 壬(천간 임)자, 悳(덕 덕)자가 결합한 글자이다.

유의자 聞 들을 문

상대자 問 물을 문

약자 聴

용례 聽力 청력, 聽衆 청중, 傾聽 경청, 敬聽 경청, 盜聽 도청, 視聽 시청, 聽聞會 청문회, 道聽塗說 도청도설

834 4급

廳

관청 청

广
총25획

파자풀이 廳자는 广자와 聽자의 결합자이다. 백성의 소리를 듣는(聽) 건물(广)이 관청이란 의미이다.

유의자 府 관청 부, 署 관청 서, 寺 관청 시

약자 庁

용례 官廳 관청, 道廳 도청, 大廳 대청, 檢察廳 검찰청, 警察廳 경찰청

835 6급 II

體

몸 체

骨
23획

파자풀이 體자는 骨(뼈 골)자와 豊(풍성할 풍)자의 결합자이다. 뼈에 풍성하게 살이 붙은 것이 몸이란 의미이다.

유의자 己 몸 기, 身 몸 신

상대자 心 마음 심

약자 体

용례 體感 체감, 體系 체계, 體得 체득, 體面 체면, 體罰 체벌, 體溫 체온, 體統 체통, 全體 전체, 主體 주체, 總體 총체, 形體 형체, 具體的 구체적, 主客一體 주객일체, 絶體絶命 절체절명

836 7급

草

풀 초

艹
총10획

파자풀이 草자는 艹자와 발음요소인 早(일찍 조)자의 결합자이다.

용례 草食 초식, 草案 초안, 伐草 벌초, 除草 제초, 花草 화초, 草創期 초창기, 不老草 불로초, 結草報恩 결초보은, 草綠同色 초록동색, 藥房甘草 약방감초

837 5급

初

처음 초

刀
총7획

파자풀이 初자는 衤자와 刀자의 결합자이다. 옷감(衤)을 재단(裁斷)하는 일이 옷을 만들기 위한 첫 일이라는 의미이다.

유의자 始 비로소 시 創 비롯할 창

상대자 終 마칠 종 了 마칠 료 末 끝 말 端 끝 단

용례 初代 초대, 初面 초면, 初步 초보, 初演 초연, 初行 초행, 當初 당초, 自初至終 자초지종, 今始初聞 금시초문, 初志一貫 초지일관, 首丘初心 수구초심

838 4급

招

부를 초

扌
총8획

파자풀이 招자는 扌자와 召(부를 소)자의 결합자이다. 누군가를 손짓(扌)을 하며 부른다(召)는 의미이다.

유의자 聘 부를 빙, 唱 부를 창, 呼 부를 호

용례 招待 초대, 招來 초래, 招聘 초빙, 招請 초청, 自招 자초

839 8급

寸

마디 촌:

寸
총3획

파자풀이 寸자는 손을 묘사한 又자에 점(丶)을 찍은 지사문자(指事文字)로 손끝에서 맥박이 뛰는 곳까지의 길이를 뜻하고 있다.

유의자 節 마디 절

용례 寸劇 촌극, 寸數 촌수, 寸陰 촌음, 寸志 촌지, 寸評 촌평, 寸鐵殺人 촌철살인, 一寸光陰 일촌광음

840 7급

村

마을 촌:

木
총7획

파자풀이 村자는 木자와 寸자의 결합자이다.

유의자 里 마을 리, 鄕 마을 향, 落 떨어질 락

용례 村落 촌락, 農村 농촌, 漁村 어촌, 山村 산촌, 散村 산촌, 集村 집촌, 地球村 지구촌

841 4급Ⅱ

銃

총 총

金
총14획

파자풀이 銃자는 의미요소인 金자와 발음요소인 充(채울 충)자의 결합자이다.

용례 銃擊 총격, 銃器 총기, 銃殺 총살, 銃傷 총상, 銃聲 총성, 拳銃 권총

---

842 4급Ⅱ

總

다 총:

糸
총17획

파자풀이 總자는 의미요소인 糸자와 발음요소인 悤(바쁠 총)자의 결합자이다.

유의자 皆 다 개, 咸 다 함

상대자 個 낱 개, 枚 낱 매

약자 総

용례 總計 총계, 總論 총론, 總力 총력, 總理 총리, 總務 총무, 總選 총선, 總帥 총수, 總監督 총감독, 總動員 총동원

---

843 5급

가장 최:

日
총12획

파자풀이 最자는 여기에서 관모(官帽)를 표현하는 曰자와 取(취할 취)자의 결합자이다.

용례 最强 최강, 最高 최고, 最近 최근, 最多 최다, 最善 최선, 最適 최적, 最終 최종, 最初 최초, 最後 최후

---

844 7급

가을 추

禾
총9획

파자풀이 秋자는 禾자와 火자가 결합한 회의자이다. 뜨거운(火) 햇볕에 벼(禾)가 익어가는 계절을 의미한다.

상대자 春 봄 춘

용례 秋穀 추곡, 秋季 추계, 秋霜 추상, 秋色 추색, 秋夕 추석, 秋波 추파, 秋毫 추호, 春秋 춘추, 千秋 천추, 秋風落葉 추풍낙엽

---

845 4급

밀 추

扌
총11획

파자풀이 推자는 扌자와 隹자의 결합자이다.

상대자 引 끌 인, 提 끌 제, 導 이끌 도

용례 推理 추리, 推算 추산, 推移 추이, 推定 추정, 推進 추진, 推薦 추천, 推己及人 추기급인

---

846 5급

祝

빌 축

示
총10획

파자풀이 祝자는 제단을 묘사한 示자와 兄자의 결합자이다. 집안의 맏이(兄)가 축문(祝文)을 읽는 것을 표현한 글자이다.

유의자 祈 빌 기

용례 祝歌 축가, 祝福 축복, 祝辭 축사, 祝願 축원, 祝祭 축제, 祝賀 축하, 慶祝 경축, 頌祝 송축, 自祝 자축

---

847 4급Ⅱ

築

쌓을 축

竹
총16획

파자풀이 築자는 筑(쌓을 축)자와 木(나무 목)자가 결합한 글자이다.

유의자 貯 쌓을 저, 蓄 쌓을 축, 積 쌓을 적, 建 세울 건

용례 建築 건축, 構築 구축, 新築 신축, 增築 증축, 築造 축조

---

848 4급Ⅱ

蓄

모을 축

艹
총14획

파자풀이 蓄자는 艹자와 畜(짐승 축)자가 결합한 글자이다.

유의자 貯 쌓을 저 積 쌓을 적 築 쌓을 축

용례 蓄積 축적, 蓄財 축재, 備蓄 비축, 貯蓄 저축, 含蓄 함축, 蓄電池 축전지

---

849 4급

縮

줄일 축

糸
총17획

파자풀이 縮자는 의미요소인 糸자와 발음요소인 宿(잠잘 숙)자의 결합자이다.

상대자 伸 펼 신, 張 베풀 장, 擴 넓힐 확

용례 縮小 축소, 減縮 감축, 短縮 단축, 壓縮 압축, 縮地法 축지법

---

850 7급

봄 춘

日
총9획

파자풀이 春자는 본래 따뜻한 햇살에 초목의 새순이 돋아나는 것을 묘사한 글자이다. 해서에서 글자 모습이 많이 바뀌어, 본래 의미를 유추하기 어려운 경우이다.

상대자 秋 가을 추

용례 春季 춘계, 春困 춘곤, 春秋 춘추, 回春 회춘, 春窮期 춘궁기, 立春大吉 입춘대길, 一場春夢 일장춘몽

851 7급

出

날 출

凵
총5획

파자풀이 出자는 사람의 발이 입구를 벗어나는 모습을 그린 것이다. 식물의 싹이 땅 위로 돋아나는 모습을 그린 글자로 보기도 한다.

유의자 進 나아갈 진, 就 나아갈 취, 生 날 생

상대자 缺 이지러질 결, 納 들일 납, 沒 빠질 몰, 入 들 입

용례 出勤 출근, 出納 출납, 出發 출발, 出場 출장, 出張 출장, 出衆 출중, 出處 출처, 傑出 걸출, 放出 방출, 日出 일출, 提出 제출, 神出鬼沒 신출귀몰

---

852 5급 II

充

채울 충

儿
총6획

파자풀이 充자는 볼록한 사람의 배가 강조해 그린 것으로 '가득 차다'라는 뜻을 표현하고 있다.

유의자 滿 찰 만

용례 充當 충당, 充滿 충만, 充分 충분, 充實 충실, 充員 충원, 充電 충전, 充足 충족, 充血 충혈, 補充 보충, 擴充 확충

---

853 4급 II

蟲

벌레 충

虫
총18획

파자풀이 蟲자는 여러 마리 애벌레를 그린 글자이다.

약자 虫

용례 毒蟲 독충, 害蟲 해충, 益蟲 익충, 寄生蟲 기생충, 冬蟲夏草 동충하초

---

854 4급 II

충성 충

心
총8획

파자풀이 忠자는 中자와 心자의 결합자이다. 어떤 유혹이나 시련에도 기울지 않는(中) 한결같은 마음(心)을 표현한 글자이다.

상대자 逆 거스를 역

용례 忠犬 충견, 忠告 충고, 忠誠 충성, 忠臣 충신, 忠心 충심, 忠言 충언, 事君以忠 사군이충, 忠言逆耳 충언역이

---

855 4급 II

가질 취:

又
총8획

파자풀이 取자는 전쟁터에서 전공(戰功)의 증거로 적군의 귀(耳)를 잘라 거둔(又) 것에서 유래한 글자이다.

용례 取得 취득, 取消 취소, 攝取 섭취, 爭取 쟁취, 受取人 수취인, 取捨選擇 취사선택, 捨生取義 사생취의

---

856 4급

趣

뜻 취:

走
총15획

파자풀이 趣자는 의미요소인 走자와 발음요소인 取자의 합체자이다.

유의자 意 뜻 의, 志 뜻 지, 旨 뜻 지, 情 뜻 정

용례 趣味 취미, 趣旨 취지, 趣向 취향, 情趣 정취, 興趣 흥취

---

857 4급

就

나아갈 취:

尢
총12획

파자풀이 '더욱'이라는 뜻을 가진 尤자에 '높다'를 뜻하는 京자를 결합한 就자는 '더욱 높아지다'라는 뜻으로 만들어졌다.

유의자 進 나아갈 진

상대자 去 갈 거, 退 물러날 퇴

용례 就業 취업, 就任 취임, 就職 취직, 就寢 취침, 就學 취학, 就航 취항, 去就 거취, 成就 성취, 日就月將 일취월장

---

858 4급 II

測

헤아릴 측

氵
총12획

파자풀이 測자는 氵자와 則(법칙 칙)자의 결합자이다.

유의자 商 헤아릴 상, 量 헤아릴 량, 料 헤아릴 료, 度 헤아릴 탁

용례 測量 측량, 測定 측정, 觀測 관측, 豫測 예측, 推測 추측

---

859 4급

층 층

尸
총15획

파자풀이 層자는 '겹치다'라는 뜻을 가진 曾자에 尸자를 더한 것으로 사람이 거주하는 '층집'을 의미한다.

유의자 階 섬돌 계 段 층계 단

용례 階層 계층, 單層 단층, 斷層 단층, 深層 심층, 高位層 고위층, 加一層 가일층, 富裕層 부유층, 層層侍下 층층시하

---

860 5급

致

이를 치:

至
총10획

파자풀이 致자는 채찍으로 쳐서(攵) 어떤 목표에 도달하게(至) 한다는 의미이다.

유의자 到 이를 도, 至 이를지

용례 致命 치명, 致富 치부, 致誠 치성, 景致 경치, 誘致 유치, 理致 이치, 筆致 필치, 滿場一致 만장일치, 言行一致 언행일치

861 4급Ⅱ

置

둘 치:

罒(网)
총13획

파자풀이 置자는 그물(罒)을 펼치지 않고 곧게(直) 세워두는 모습에서 '방치(放置)하다'는 의미를 표현했다.

용례 代置 대치, 放置 방치, 備置 비치, 設置 설치, 位置 위치, 裝置 장치, 處置 처치

862 4급Ⅱ

齒

이 치

齒
총15획

파자풀이 齒자는 입을 벌려서 이를 보이고 있는 모양을 본뜬 상형자이다.

약자 歯

용례 齒骨 치골, 齒石 치석, 齒牙 치아, 齒藥 치약, 齒列 치열, 齒痛 치통, 齒周炎 치주염, 脣亡齒寒 순망치한

863 4급Ⅱ

治

다스릴 치

氵
총8획

파자풀이 治자는 氵자와 수저를 입에 대는 모습을 묘사한 台자의 결합자이다.

유의자 理 다스릴 리

상대자 亂 어지러울 란

용례 治水 치수, 治安 치안, 完治 완치, 政治 정치, 統治 통치, 以熱治熱 이열치열

864 5급

則

법칙 칙
곧 즉

刂
총9획

파자풀이 則자는 재산(貝)을 나눌(刂) 때는 일정한 기준에 따라야한다는 의미이다.

유의자 法 법 법 規 법 규 律 법칙 률 範 법 범 式 법 식 典 법 전

용례 校則 교칙 反則 반칙 犯則 범칙 細則 세칙 原則 원칙 準則 준칙 總則 총칙 會則 회칙 先則制人 선즉제인

865 6급

친할 친

見
총14획

파자풀이 親자는 객지에 나간 자식을 그리며 나무(木) 위에 올라서서(立) 바라보는(見) 모습에서 '어버이'란 의미를 표현한 글자이다.

상대자 疎 드물 소

용례 親舊 친구, 親權 친권, 親密 친밀, 親切 친절, 親族 친족, 親戚 친척, 兩親 양친

866 8급

일곱 칠

一
총2획

파자풀이 七자는 본래 '자르다'라는 뜻으로 쓰였었지만, 후에 숫자 '7'로 가차되었다. 그래서 지금은 여기에 刀자를 더한 切자가 '자르다'라는 뜻을 대신하고 있다.

용례 七書 칠서, 七夕 칠석, 七旬 칠순, 七情 칠정, 北斗七星 북두칠성

867 4급Ⅱ

侵

침노할 침

亻
총9획

파자풀이 侵자는 침입자(人)를 빗자루(帚)로 내쫓는 모습을 표현한 글자이다.

유의자 掠 노략질할 략 犯 범할 범

용례 侵攻 침공, 侵略 침략, 侵犯 침범, 侵奪 침탈, 侵害 침해

868 4급

寢

잘 침:

宀
총14획

파자풀이 寢자는 宀자와 침상을 의미하는 爿자 그리고 帚자의 합체자이다.

유의자 眠 잠잘 면, 宿 잘 숙

상대자 起 일어날 기

용례 寢具 침구, 寢臺 침대, 寢食 침식, 寢室 침실, 起寢 기침, 不寢番 불침번

869 4급

바늘 침(:)

金
총10획

파자풀이 針자는 의미요소인 金자와 발음요소인 十자의 결합자이다.

용례 針線 침선, 毒針 독침, 方針 방침, 分針 분침, 時針 시침, 指針 지침, 針葉樹 침엽수

870 4급

일컬을 칭

禾
총14획

파자풀이 稱자는 禾자와 爯(들 칭)자가 결합한 글자로, 곡식(禾)의 '무게를 달다'라는 의미이다.

약자 称

용례 稱讚 칭찬, 稱號 칭호, 假稱 가칭, 名稱 명칭, 俗稱 속칭, 尊稱 존칭, 指稱 지칭, 總稱 총칭

871 4급Ⅱ

快

쾌할 쾌

忄
총7획

파자풀이 快자는 忄자와 夬(터놓을 쾌)자의 결합자이다. 마음(忄)을 호쾌하게 터놓는다(夬)는 의미이다.

용례 快擧 쾌거, 快勝 쾌승, 快適 쾌적, 快差 쾌차, 輕快 경쾌, 明快 명쾌, 豪快 호쾌, 快刀亂麻 쾌도난마

---

872 5급

打

칠 타:

扌
총5획

파자풀이 打자는 손(扌)으로 못(丁)을 두드려 박는 모습을 표현한 글자이다.

유의자 攻 칠 공 擊 칠 격 討 칠 토 伐 칠 벌

상대자 守 지킬 수 防 막을 방

용례 打開 타개, 打擊 타격, 打破 타파, 强打 강타, 亂打 난타, 利害打算 이해타산, 一網打盡 일망타진

---

873 5급

他

다를 타

亻
총5획

파자풀이 他자는 사람(亻)과 뱀(也)은 다른 영역에서 살아야한다는 의미이다.

유의자 殊 다를 수 別 다를 별 異 다를 이 差 다를 차

상대자 自 스스로 자

용례 他界 타계, 他官 타관, 他國 타국, 他殺 타살, 出他 출타, 他方面 타방면, 排他的 배타적, 自他共認 자타공인, 他山之石 타산지석

---

874 5급

높을 탁

十
총8획

파자풀이 卓자는 卜(점 복)자와 早(아침 조)자가 결합한 글자이다.

유의자 高 높을 고 隆 높을 륭 崇 높을 숭 尊 높을 존

상대자 卑 낮을 비 低 낮을 저

용례 卓見 탁견 卓球 탁구 卓越 탁월 卓子 탁자 食卓 식탁 圓卓 원탁 卓上空論 탁상공론

---

875 5급

炭

숯 탄:

火
총9획

파자풀이 炭자는 나무가 있는 산(山)과 기슭(厂), 그리고 불(火)을 결합해 숯이 처음 만들어졌던 장소와 방법을 표현한 글자라 할 수 있다.

용례 炭鑛 탄광, 炭素 탄소, 石炭 석탄, 採炭 채탄, 九孔炭 구공탄, 炭水化物 탄수화물, 氷炭之間 빙탄지간, 塗炭之苦 도탄지고

---

876 4급

彈

탄알 탄:

弓
총15획

파자풀이 彈자는 의미요소인 弓자와 발음요소인 單(홑 단)자의 결합자이다.

약자 弾

용례 彈性 탄성, 彈壓 탄압, 糾彈 규탄, 防彈 방탄, 誤發彈 오발탄, 對牛彈琴 대우탄금

---

877 4급

歎

탄식할 탄:

欠
총15획

파자풀이 歎자는 難(어려울 난)자의 생략자와 欠(하품 흠)자가 결합한 글자이다.

용례 歎聲 탄성 歎息 탄식 歎服 탄복 感歎 감탄 慨歎 개탄 痛歎 통탄 恨歎 한탄 風樹之歎 풍수지탄 亡羊之歎 망양지탄 晩時之歎 만시지탄

---

878 4급

脫

벗을 탈

月(肉)
총11획

파자풀이 脫자는 의미요소인 月(肉)자와 발음요소인 兌(기뻐할 태)자의 결합자이다.

용례 脫黨 탈당, 脫落 탈락, 脫線 탈선, 脫營 탈영, 脫出 탈출, 離脫 이탈, 逸脫 일탈, 虛脫 허탈, 足脫不及 족탈불급

---

879 4급

探

찾을 탐

扌
총11획

파자풀이 探자는 扌(손 수)자와 횃불을 들고 동굴로 들어가는 모습을 그린 罙(점점 미)자가 결합한 글자이다.

유의자 訪 찾을 방, 搜 찾을 수, 索 찾을 색, 尋 찾을 심

용례 探究 탐구, 探問 탐문, 探訪 탐방, 探査 탐사, 探索 탐색, 探知 탐지

---

880 6급

太

클 태

大
총4획

파자풀이 太자는 大자에 점을 찍은 것으로 '더욱 크다'라는 뜻을 위해 만든 지사문자(指事文字)이다.

유의자 巨 클 거 大 큰 대 碩 클 석 偉 클 위 泰 클 태

상대자 微 작을 미 小 작을 소

용례 太古 태고 太半 태반 太陽 태양 太祖 태조 太初 태초 豆太 두태 太平洋 태평양 太極旗 태극기 太平聖代 태평성대

881 **4급 II**

態

모양 태:

心

총14획

파자풀이 態자는 곰을 그린 能자와 心자가 결합한 글자이다.

유의자 樣 모양 양, 姿 모양 자, 形 모양 형

용례 態度 태도, 動態 동태, 事態 사태, 狀態 상태,實態 실태, 行態 행태, 形態 형태, 舊態依然 구태의연, 炎凉世態 염량세태

882 **5급 II**

집 택

宀

총6획

파자풀이 宅자는 의미요소인 宀자와 발음요소인 乇(부탁할 탁)자의 결합자이다.

유의자 家 집 가 屋 집 옥 堂 집 당 室 집 실

용례 宅居 택거, 宅內 댁내, 宅地 택지, 家宅 가택, 古宅 고택, 社宅 사택, 幽宅 유택, 自宅 자택, 住宅 주택

883 **4급**

가릴 택

扌

총16획

파자풀이 擇자에서 睪자는 죄수(辛)를 감시(目)한다는 뜻을 가진 글자로서, 여기에 扌자를 더해 진짜 죄수가 누구인지 가린다는 의미가 있다.

유의자 選 가릴 선

약자 択

용례 擇日 택일, 採擇 채택, 兩者擇一 양자택일, 取捨選擇 취사선택, 殺生有擇 살생유택

884 **8급**

흙 토

土

총3획

파자풀이 土자의 갑골문을 보면 평지 위로 둥근 것이 올라온 모습이 그려져 있는데, 이것은 흙을 표현한 것이다.

유의자 壤 흙덩이 양 地 땅 지

용례 土臺 토대, 土俗 토속, 土種 토종, 土質 토질, 土着 토착, 領土 영토, 風土 풍토, 土産品 토산품, 積土成山 적토성산

885 **4급**

칠 토(:)

言

총10획

파자풀이 討자는 법도(寸)있는 말(言)로써 상대방을 공격한다는 데서 '치다', '토론하다'를 의미하는 글자이다.

유의자 攻 칠 공 擊 칠 격 伐 칠 벌 打 칠 타

상대자 守 지킬 수 防 막을 방

용례 討論 토론 討伐 토벌 檢討 검토

886 **6급**

통할 통

辶

총11획

파자풀이 通자는 의미요소인 辶자와 발음요소인 甬(솟을 용)자가 결합한 형성자이다.

유의자 達 통달할 달 貫 꿸 관 徹 통할 철

용례 通過 통과, 通達 통달, 通常 통상, 通商 통상, 通知 통지, 通風 통풍, 通貨 통화, 通話 통화, 共通 공통, 交通 교통, 能通 능통, 變通 변통, 普通 보통, 流通 유통, 一脈相通 일맥상통

887 **4급 II**

統

거느릴 통:

糸

총12획

파자풀이 統자는 糸자와 발음요소인 充(채울 충)자의 결합자이다.

유의자 領 거느릴 령, 率 거느릴 솔, 御 거느릴 어, 合 합할 합

용례 統計 통계, 統一 통일, 統制 통제, 統合 통합, 系統 계통, 傳統 전통, 血統 혈통, 大統領 대통령

888 **4급**

痛

아플 통:

疒

총12획

파자풀이 痛자는 의미요소인 疒(병들 녁)자와 발음요소인 甬(솟을 용)자의 합체자이다.

용례 痛感 통감, 痛快 통쾌, 痛恨 통한, 苦痛 고통, 頭痛 두통, 悲痛 비통, 陣痛 진통, 鎭痛 진통, 大聲痛哭 대성통곡

889 **4급 II**

退

물러날 퇴:

辶

총10획

파자풀이 退자는 辶자와 艮(어긋날 간)자가 결합한 글자이다.

유의자 去 갈 거

상대자 進 나아갈 진 就 나아갈 취

용례 退步 퇴보, 退場 퇴장, 退職 퇴직, 退陣 퇴진, 退治 퇴치, 減退 감퇴, 辭退 사퇴, 隱退 은퇴, 脫退 탈퇴, 進退兩難 진퇴양난, 進退維谷 진퇴유곡

890 **4급**

鬪

싸움 투

鬥

총20획

파자풀이 鬪자는 鬥(싸울 투)자와 북을 세우는 모습인 尌(세울 주)자가 결합한 모습입니다.

유의자 爭 다툴 쟁, 戰 싸울 전

상대자 和 화할 화

용례 鬪士 투사, 鬪爭 투쟁, 鬪志 투지, 鬪魂 투혼, 決鬪 결투, 拳鬪 권투, 戰鬪 전투, 孤軍奮鬪 고군분투, 各個戰鬪 각개전투

891 **4급**

投

던질 투

扌 총7획

파자풀이 投자는 扌자와 殳(창 수)자의 결합자이다. 손으로 창을 잡고 던지는 것을 표현한 글자이다.

상대자 打 칠 타

용례 投球 투구, 投機 투기, 投藥 투약, 投入 투입, 投資 투자, 投票 투표, 投下 투하, 意氣投合 의기투합, 漢江投石 한강투석

892 **6급**

特

특별할 특

牛 총10획

파자풀이 特자는 관청(寺)에서 제사에 사용하던 특별한 수소(牛)라는 의미에서 '특별하다'라는 뜻을 갖게 된 글자이다.

상대자 普 넓을 보

용례 特講 특강, 特權 특권, 特性 특성, 特殊 특수, 特徵 특징, 特出 특출, 特許 특허, 特惠 특혜, 奇特 기특, 獨特 독특, 英特 영특, 不特定 불특정, 特派員 특파원, 大書特筆 대서특필

893 **4급Ⅱ**

波

물결 파

氵 총8획

파자풀이 波자는 의미요소인 氵자와 발음요소인 皮(가죽 피)자의 결합자이다.

용례 波動 파동, 波紋 파문, 波長 파장, 世波 세파, 餘波 여파, 秋波 추파, 平地風波 평지풍파, 江湖煙波 강호연파, 萬頃蒼波 만경창파

894 **4급Ⅱ**

破

깨뜨릴 파:

石 총10획

파자풀이 破자는 石(돌 석)자와 가죽을 벗기는 모습을 표현한 皮자가 결합한 모습이다.

용례 破格 파격, 破壞 파괴, 破産 파산, 破損 파손, 看破 간파, 說破 설파, 突破口 돌파구, 破天荒 파천황, 破竹之勢 파죽지세, 破顔大笑 파안대소

895 **4급**

갈래 파

氵 총9획

파자풀이 派자는 물이 갈리며 흐르는 모습을 그린 것이다. 물길이 여러 갈래로 흘러나가는 모습을 응용해 '보내다'라는 뜻도 파생되어 있다.

용례 派兵 파병, 派生 파생, 急派 급파, 黨派 당파

896 **5급**

板

널 판

木 총8획

파자풀이 板자는 木자와 발음요소인 反자의 결합자이다. 나무로 만들어진 널빤지를 의미하는 글자이다.

용례 板刻 판각, 板本 판본, 板書 판서, 板子 판자, 看板 간판, 甲板 갑판, 氷板 빙판, 漆板 칠판, 懸板 현판

897 **4급**

判

판단할 판

刂 총7획

파자풀이 判자는 半(반 반)자와 刂자의 결합자이다.

유의자 決 결단할 결

용례 判決 판결, 判斷 판단, 判讀 판독, 判別 판별, 判定 판정, 批判 비판, 審判 심판, 誤判 오판, 身言書判 신언서판

898 **8급**

여덟 팔

八 총2획

파자풀이 八자는 본래 '나누다'라는 뜻으로 쓰였었다. 그러나 후에 숫자 '여덟'로 가차되면서 지금은 여기에 刀자를 더한 分자가 '나누다'라는 뜻을 대신하고 있다.

용례 上八字 상팔자, 四柱八字 사주팔자, 八方美人 팔방미인, 四通八達 사통팔달, 十中八九 십중팔구

899 **5급**

敗

패할 패:

攵 총11획

파자풀이 敗자는 貝자와 攵자의 결합자이다.

유의자 負 질 부, 北 달아날 배, 亡 망할 망

상대자 勝 이길 승, 克 이길 극, 成 이룰 성

용례 敗亡 패망, 敗北 패배, 敗戰 패전, 敗走 패주, 腐敗 부패, 成敗 성패, 失敗 실패, 連敗 연패, 完敗 완패, 敗家亡身 패가망신, 輕敵必敗 경적필패

900 **7급**

便

편할 편(:)
똥오줌 변

亻 총9획

파자풀이 便자는 亻자와 更(고칠 경)자의 결합자이다.

유의자 康 편안 강 寧 편안 녕 安 편안 안

용례 便覽 편람, 便利 편리, 便法 편법, 便易 편이, 便益 편익, 便宜 편의, 便紙 편지, 簡便 간편, 男便 남편, 車便 차편, 形便 형편, 便所 변소

901 4급

篇

책 편

竹
총15획

파자풀이 篇자는 의미요소인 竹자와 발음요소인 扁(넓적할 편)자의 결합자이다.

유의자 冊 책 책

용례 玉篇 옥편, 長篇 장편, 短篇 단편, 千篇一律 천편일률

902 7급 II

平

평평할 평

干
총5획

파자풀이 平자는 악기 소리의 울림이 고르게 퍼져나는 것을 형상화한 글자이다.

유의자 均 고를 균, 安 편안 안, 和 화할 화

용례 平均 평균, 平等 평등, 平常 평상, 平素 평소, 平安 평안, 平易 평이, 平靜 평정, 平和 평화, 公平 공평, 太平聖代 태평성대

903 4급

評

평할 평:

言
총12획

파자풀이 評자는 言자와 平(공평할 평)자의 결합자이다.

유의자 批 비평할 비

용례 評價 평가, 評論 평론, 批評 비평, 世評 세평, 總評 총평, 品評 품평, 好評 호평, 惡評 악평, 再評價 재평가, 群盲評象 군맹평상

904 4급

閉

닫을 폐:

門
총11획

파자풀이 閉자는 門자와 빗장을 건 모습을 그린 才자의 결합자이다.

상대자 開 열 개

용례 閉校 폐교, 閉幕 폐막, 閉鎖 폐쇄, 閉業 폐업, 閉店 폐점, 閉會 폐회, 開閉 개폐, 密閉 밀폐

905 4급 II

砲

대포 포:

石
총10획

파자풀이 砲자는 石자와 발음요소인 包(쌀 포)자의 결합자이다. 돌을 포탄으로 쏘는 '돌쇠뇌'를 의미하는 글자이다.

용례 砲擊 포격, 砲門 포문, 砲聲 포성, 砲手 포수, 砲彈 포탄, 發砲 발포, 祝砲 축포

906 4급 II

包

쌀 포(:)

勹
총5획

파자풀이 包자는 勹자와 신생아를 의미하는 巳자의 결합자이다. 갓난아이를 강보에 싸는 모습을 표현한 글자이다.

유의자 圍 에워쌀 위, 容 용납할 용

용례 包圍 포위, 包容 포용, 包裝 포장, 包含 포함, 內包 내포

907 4급 II

布

베 포(:)

巾
총5획

파자풀이 布자는 손을 표현한 又자와 巾(수건 건)자가 결합한 글자이다.

용례 布敎 포교, 布陣 포진, 公布 공포, 毛布 모포, 配布 배포, 分布 분포, 流布 유포

908 4급

胞

세포 포(:)

月(肉)
총9획

파자풀이 胞자는 의미요소인 月(肉)자와 발음요소인 包자의 결합자이다.

용례 同胞 동포, 細胞 세포, 四海同胞 사해동포

909 4급 II

暴

사나울 폭
모질 포:

日
총15획

파자풀이 暴자는 본래 물(氺)에 젖은 것을 양손(廾)으로 높이 들어 햇빛(日)에 쬐이는 것을 표현한 글자였다.

용례 暴君 폭군, 暴動 폭동, 暴騰 폭등, 暴力 폭력, 暴露 폭로, 暴發 폭발, 暴言 폭언, 亂暴 난폭, 暴惡 포악, 行暴 행포, 橫暴 횡포, 自暴自棄 자포자기

910 4급

爆

불터질 폭

火
총15획

파자풀이 爆자는 火자와 暴(사나울 폭)자의 결합자이다. 불이 사납게 타서 폭발한다는 의미이다.

용례 爆擊 폭격, 爆發 폭발, 爆笑 폭소, 爆彈 폭탄, 爆破 폭파, 爆竹 폭죽

911 6급 II

表

겉 표

衣
총8획

파자풀이 表자는 衣자와 毛(털 모)자가 결합한 글자이다. 털옷은 겉옷이라는 의미이다.

상대자 裏 속 리

용례 表決 표결, 表示 표시, 表現 표현, 代表 대표, 發表 발표, 別表 별표, 四表 사표, 師表 사표, 一覽表 일람표, 表裏不同 표리부동

912 4급 II

票

표 표

示
총11획

파자풀이 票자는 襾(덮을 아)자와 示자의 결합자이다.

용례 票決 표결, 買票 매표, 手票 수표, 暗票 암표, 郵票 우표, 投票 투표

913 4급

標

표할 표

木
총15획

파자풀이 標자는 중요한 물건을 나무(木)로 만든 상자에 넣어두고 증표(票)를 붙여 표시한다는 의미이다.

용례 標本 표본, 標題 표제, 標準 표준, 標識 표지, 目標 목표, 指標 지표

914 5급 II

品

물건 품:

口
총9획

파자풀이 品자는 여러 개의 그릇이 함께 놓여있는 모습을 표현한 것이다.

유의자 物 물건 물 件 물건 건

용례 品切 품절, 物品 물품, 部品 부품, 備品 비품, 商品 상품, 食品 식품, 製品 제품, 眞品 진품, 非賣品 비매품, 生必品 생필품, 品評會 품평회, 天下一品 천하일품

915 6급 II

風

바람 풍

風
총9획

파자풀이 고대에는 風자가 '봉황'과 '바람'으로 혼용되기도 했지만, 이를 명확히 구분하기 위해 凡자에 鳥자가 결합한 鳳자가 '봉황새'를 뜻하게 되었고, 바람은 凡자에 虫자가 더해진 風자로 분리되었다.

용례 風物 풍물, 風俗 풍속, 風速 풍속, 風習 풍습, 風向 풍향, 旋風 선풍, 熱風 열풍, 威風 위풍, 通風 통풍, 珍風景 진풍경, 風前燈火 풍전등화, 馬耳東風 마이동풍

916 4급 II

豊

풍년 풍

豆
총13획

파자풀이 豊자는 제기(豆) 위로 곡식이 풍성하게 쌓여있는 모습을 그린 것이다.

유의자 足 풍족할 족

상대자 凶 흉할 흉

용례 豊年 풍년, 豊滿 풍만, 豊富 풍부, 豊盛 풍성, 豊作 풍작

917 4급

疲

피곤할 피

疒
총10획

파자풀이 疲자는 疒(병들 녁)자와 皮(가죽 피)자의 합체자이다.

유의자 困 곤할 곤 勞 일할 로

용례 疲困 피곤, 疲勞 피로, 疲弊 피폐

918 4급

避

피할 피:

辶
총17획

파자풀이 避자는 辶자와 辟(피할 피)자가 결합한 모습이다.

유의자 逃 도망할 도

용례 避難 피난, 避身 피신, 忌避 기피, 待避 대피, 逃避 도피, 回避 회피, 不可避 불가피

919 5급 II

必

반드시 필

心
총5획

파자풀이 必자는 본래 물을 퍼 담는 바가지를 그린 것이다.

용례 必須 필수, 必需 필수, 必勝 필승, 期必 기필, 必讀書 필독서, 必要惡 필요악, 事必歸正 사필귀정, 信賞必罰 신상필벌, 去者必返 거자필반

920 5급 II

붓 필

竹
총12획

파자풀이 筆자는 竹자와 聿(붓 율)자의 결합자이다. 대나무로 만든 붓을 의미하는 글자이다.

용례 筆記 필기, 筆談 필담, 筆致 필치, 達筆 달필, 代筆 대필, 名筆 명필, 細筆 세필, 隨筆 수필, 惡筆 악필, 親筆 친필, 色鉛筆 색연필, 大書特筆 대서특필

921 7급 II

下

아래 하:
一
총3획

파자풀이 下자는 가로선 아래에 표시를 한 모양으로 아래를 의미하는 지사자이다.

상대자 上 윗 상

용례 下達 하달, 下車 하차, 下向 하향, 下鄕 하향, 降下 강하, 貴下 귀하, 尊下 존하, 部下 부하, 投下 투하, 眼下無人 안하무인, 燈下不明 등하불명, 莫上莫下 막상막하

---

922 7급

여름 하:
夊
총10획

파자풀이 夏자는 頁자와 夊(천천히 걸을 쇠)자가 결합한 글자이다. 천천히 걸어도 머리에서 땀이 나는 계절을 의미한다.

상대자 冬 겨울 동

용례 夏季 하계, 夏服 하복, 夏至 하지, 立夏 입하, 冬蟲夏草 동충하초

---

923 5급

河

물 하
氵
총8획

파자풀이 河자는 氵자와 발음요소인 可자의 결합자로, 황하(黃河) 같은 큰 강을 의미하는 글자이다.

유의자 江 강 강, 川 내 천, 水 물 수

상대자 山 메 산

용례 河口 하구, 氷河 빙하, 運河 운하, 銀河水 은하수, 百年河淸 백년하청

---

924 8급

배울 학
子
총16획

파자풀이 學자는 양손을 표현한 臼자와 배우는 곳을 의미하는 宀자, 교육도구인 爻자, 교육의 대상인 子자가 결합한 글자이다.

유의자 習 익힐 습

상대자 敎 가르칠 교, 訓 가르칠 훈

약자 学

용례 學校 학교, 學問 학문, 學費 학비, 學點 학점, 進學 진학, 就學 취학, 學用品 학용품, 向學熱 향학열, 敎學相長 교학상장, 曲學阿世 곡학아세, 博學多識 박학다식

---

925 8급

한국/나라 한(:)
韋
총17획

파자풀이 韓자는 倝(햇빛 간)자와 성의 둘레를 의미하는 韋자가 결합한 글자이다. 햇빛이 성을 비추는 모습을 표현했다.

용례 韓流 한류, 韓服 한복, 韓食 한식, 韓式 한식, 韓屋 한옥, 來韓 내한, 訪韓 방한, 韓半島 한반도, 大韓民國 대한민국

---

926 7급 II

漢

한수/한나라 한:
氵
총14획

파자풀이 漢자는 물(氵)이 있는 땅(堇)을 표현한 것으로, 양자강 지류인 한수(漢水)와 그 지역에 건국된 한나라를 의미하는 글자이다.

용례 漢江 한강, 漢陽 한양, 漢文 한문, 漢字 한자, 惡漢 악한, 門外漢 문외한, 無賴漢 무뢰한

---

927 5급

寒

찰 한
宀
총12획

파자풀이 寒자의 宀자와 ++자, 人자, 冫자가 결합한 글자이다.

유의자 冷 찰 랭

상대자 溫 따뜻할 온 暖 따뜻할 난 熱 뜨거울 열 暑 더울 서

용례 寒氣 한기, 寒流 한류, 寒波 한파, 防寒服 방한복, 嚴冬雪寒 엄동설한, 脣亡齒寒 순망치한, 歲寒孤節 세한고절

---

928 4급 II

限

한할 한:
阝(阜)
총9획

파자풀이 限자는 阝(언덕 부)자와 발음요소인 艮(어긋날 간)자의 결합자이다.

용례 限界 한계, 限定 한정, 局限 국한, 期限 기한, 權限 권한, 制限 제한, 無限大 무한대, 最小限 최소한

---

929 4급

閑

한가할 한
門
총12획

파자풀이 閑자는 드나드는 사람이 없어 문(門)에 나무(木)가 자랄 정도로 한가하다는 의미이다.

상대자 忙 바쁠 망

용례 閑暇 한가, 閑良 한량, 閑散 한산, 忙中閑 망중한, 等閑視 등한시

---

930 4급

恨

한 한:
忄
총9획

파자풀이 恨자는 忄자와 발음요소인 艮(어긋날 간)자의 결합자이다.

용례 恨歎 한탄, 餘恨 여한, 怨恨 원한, 痛恨 통한, 悔恨 회한, 徹天之恨 철천지한

931 **6급**

合

합할 합

口
총6획

파자풀이 合자는 人자, 一자, 口자의 결합자이다. 사람들이 어떤 문제에 대해 하나로 입을 맞추는 것을 표현한 글자이다.

상대자 區 구분할 구 分 나눌 분 配 나눌 배 別 나눌 별

용례 合格 합격, 合席 합석, 合勢 합세, 合意 합의, 合議 합의, 團合 단합, 配合 배합, 聯合 연합, 適合 적합, 綜合 종합, 統合 통합, 和合 화합, 烏合之卒 오합지졸

932 **4급 II**

港

항구 항:

氵
총12획

파자풀이 港자는 氵자와 巷(거리 항)자가 결합한 글자이다. 배가 드나들 수 있는 물이 있는 거리라는 의미이다.

용례 港口 항구, 開港 개항, 空港 공항, 歸港 귀항, 軍港 군항, 出港 출항

933 **4급 II**

航

배 항:

舟
총10획

파자풀이 航자는 의미요소인 舟(배 주)자와 발음요소인 亢(목 항)자의 결합자이다.

유의자 船 배 선 舶 배 박 舟 배 주

용례 航海 항해 難航 난항 運航 운항 就航 취항 航空機 항공기

934 **4급**

抗

겨룰 항:

扌
총7획

파자풀이 抗자는 扌자와 亢(목 항)자의 결합자이다. 손으로 상대방의 목을 잡고 서로 힘을 겨루는 모습이다.

유의자 拒 막을 거 競 다툴 경 爭 다툴 쟁 戰 싸움 전 鬪 싸움 투

용례 抗拒 항거, 抗辯 항변, 抗議 항의, 抗爭 항쟁, 對抗 대항, 反抗 반항, 抵抗 저항, 不可抗力 불가항력

935 **7급 II**

海

바다 해:

氵
총10획

파자풀이 海자는 의미요소인 氵자와 발음요소인 每(매양 매)자의 결합자이다.

유의자 洋 큰바다 양

상대자 陸 뭍 륙 地 땅 지 空 빌 공

용례 海流 해류, 海邊 해변, 海底 해저, 海賊 해적, 海水浴場 해수욕장, 人山人海 인산인해, 山海珍味 산해진미, 桑田碧海 상전벽해, 大海一滴 대해일적

936 **5급 II**

害

해할 해:

宀
총10획

파자풀이 害자는 宀자와 흉기를 묘사한 丯자, 口자가 결합한 글자이다. 흉한이 집에 들어와서 흉기로 식구들에게 위해를 가하는 모습이다.

유의자 妨 방해할 방 損 덜 손

상대자 利 이할 리

용례 害惡 해악, 害蟲 해충, 加害 가해, 病害 병해, 水害 수해, 損害 손해, 侵害 침해, 弊害 폐해, 被害 피해, 百害無益 백해무익, 利害打算 이해타산

937 **4급 II**

解

풀 해:

角
총13획

파자풀이 解자는 角자와 刀자, 牛자의 결합자이다. 칼로 소의 뿔을 떼어내는 모습에서 '분해하다'는 의미를 표현했다.

유의자 釋 풀 석, 放 놓을 방

상대자 結 맺을 결

약자 觧

용례 解決 해결, 解放 해방, 解說 해설, 見解 견해, 分解 분해, 誤解 오해, 理解 이해, 和解 화해, 結者解之 결자해지

938 **4급**

核

씨 핵

木
총10획

파자풀이 核자는 木자와 발음요소인 亥(돼지 해)자의 결합자이다.

유의자 種 씨 종

용례 核心 핵심, 結核 결핵, 核武器 핵무기, 核發電 핵발전, 核實驗 핵실험

939 **6급 II**

幸

다행 행:

干
총8획

파자풀이 갑골문에 나온 幸자를 보면 양손을 묶는 수갑과 벽에 고정하는 쇠사슬이 그려져 있었다. 죄인을 놓치지 않고 잡아서 다행이라는 의미이다.

유의자 福 행복 복

용례 幸福 행복 幸運 행운 不幸 불행 千萬多幸 천만다행

940 **6급**

行

다닐 행(:)

行
총6획

파자풀이 行자는 사통팔달의 교차로를 그린 상형자이다.

유의자 動 움직일 동, 爲 할 위

용례 行動 행동, 行爲 행위, 敢行 감행, 擧行 거행, 紀行 기행, 奇行 기행, 發行 발행, 施行 시행, 逆行 역행, 行先地 행선지, 錦衣夜行 금의야행

941 6급

向

향할 향: 口 총6획

파자풀이 向자는 집과 창문을 그린 글자이다. 집의 창이 향하는 방향을 의미하는 글자이다.

용례 向上 향상, 傾向 경향, 意向 의향, 趣向 취향, 指向 지향, 志向 지향, 轉向 전향, 向日花 향일화

942 4급 II

향기 향 香 총9획

파자풀이 香자는 禾자와 甘(달 감)자의 변형인 日자의 결합자이다. 곡식으로 빚은 술의 달콤한 향기를 표현한 글자이다.

용례 香氣 향기 香料 향료 香水 향수

943 4급 II

鄕

시골 향 阝(邑) 총13획

파자풀이 鄕자는 본래 '잔치 한다'라는 뜻으로 만들어졌지만, 후에 정감이 넘치는 마을이란 뜻이 파생되면서 '고향'을 뜻하게 되었다.

유의자 村 마을 촌

상대자 京 서울 경

약자 郷

용례 鄕愁 향수, 鄕約 향약, 京鄕 경향, 故鄕 고향, 歸鄕 귀향, 望鄕 망향, 他鄕 타향, 錦衣還鄕 금의환향

944 5급

허락할 허 言 총11획

파자풀이 許자는 의미요소인 言자와 발음요소인 午(낮 오)자의 결합자이다.

유의자 諾 허락할 낙

용례 許可 허가, 許多 허다, 許諾 허락, 許容 허용, 認許 인허, 特許 특허

945 4급 II

빌 허 虍 총12획

파자풀이 虛자는 虍(호랑이 호)자와 业(업 업)자의 결합자이다.

유의자 空 빌 공

상대자 滿 찰 만 實 열매 실

약자 虚

용례 虛空 허공, 虛構 허구, 虛無 허무, 虛費 허비, 虛勢 허세, 虛弱 허약, 虛點 허점, 謙虛 겸허, 虛虛實實 허허실실, 虛張聲勢 허장성세, 虛送歲月 허송세월

946 4급

憲

법 헌: 心 총16획

파자풀이 憲자는 害자와 罒(그물 망)자, 心자의 결합자이다. 백성에게 위해(危害)가 되는 사람을 잡는(罒) 마음(心)을 법으로 표현했다.

유의자 法 법 법 規 법 규 式 법 식 範 법 범

용례 憲法 헌법, 憲兵 헌병, 憲政 헌정, 改憲 개헌, 違憲 위헌, 立憲 입헌, 護憲 호헌, 憲法裁判所 헌법재판소

947 4급 II

驗

시험 험: 馬 총23획

파자풀이 驗자는 의미요소인 馬자와 발음요소인 僉(다 첨)자의 결합자이다.

유의자 試 시험 시

약자 験

용례 經驗 경험, 受驗 수험, 試驗 시험, 實驗 실험, 體驗 체험

948 4급

險

험할 험: 阝(阜) 총16획

파자풀이 險자는 의미요소인 阝자와 발음요소인 僉자의 결합자이다.

유의자 危 위태할 위

약자 険

용례 險難 험난, 險談 험담, 險惡 험악, 保險 보험, 危險 위험, 探險 탐험, 危險千萬 위험천만

949 4급

革

가죽/고칠 혁 革 총9획

파자풀이 같은 '동물의 가죽'을 의미하는 글자이지만, 革자가 皮자와 구별이 되는 것은 가공단계의 가죽을 그린 것이라는 점이다.

유의자 皮 가죽 피

용례 革帶 혁대, 革命 혁명, 革新 혁신, 革罷 혁파,改革 개혁, 變革 변혁, 易姓革命 역성혁명

950 4급 II

어질 현 貝 총15획

파자풀이 賢자는 臣자와 손을 묘사한 又자 그리고 貝자로 구성된 글자이다.

유의자 良 어질 량 仁 어질 인

상대자 愚 어리석을 우

약자 賢

용례 賢命 현명, 賢人 현인, 賢者 현자, 先賢 선현, 聖賢 성현

951 4급

顯

나타날 현:

頁 총23획

파자풀이 顯자는 발음요소인 㬎(드러날 현)자과 의미요소인 頁자가 결합한 글자이다.

유의자 現 나타날 현

상대자 隱 숨을 은, 密 빽빽할 밀, 消 사라질 소

약자 顕

용례 顯考 현고, 顯著 현저, 顯職 현직, 顯忠日 현충일, 顯微鏡 현미경, 破邪顯正 파사현정

952 6급 II

現

나타날 현:

王(玉) 총11획

파자풀이 現자는 옥(玉)을 갈고 닦으면, 제 빛깔이 드러난다(見)는 데서, '나타나다'를 의미한다.

유의자 顯 나타날 현

상대자 隱 숨을 은, 密 빽빽할 밀, 消 사라질 소

용례 現代 현대, 現狀 현상, 現象 현상, 現實 현실, 現存 현존, 現職 현직, 具現 구현, 再現 재현, 表現표현

953 4급 II

血

피 혈

血 총6획

파자풀이 血자는 皿(그릇 명)자 위로 핏방울을 묘사한 점(丶)이 하나 찍혀있는 모습이다.

용례 血管 혈관, 血液 혈액, 血緣 혈연, 血鬪 혈투, 止血 지혈, 獻血 헌혈, 輸血 수혈, 鳥足之血 조족지혈

954 4급 II

協

화할 협

十 총8획

파자풀이 協자는 한 목표를 위해 여러 힘을 한 곳에 모으는 것을 표현한 글자이다.

유의자 和 화할 화

상대자 競 다툴 경 爭 다툴 쟁 戰 싸울 전 鬪 싸울 투

용례 協同 협동 協力 협력 協商 협상 協約 협약 協議 협의 協助 협조 協調 협조 妥協 타협 不協和音 불협화음

955 8급

兄

맏 형

儿 총5획

파자풀이 兄자는 제사에서 집안을 대표해 축문을 낭독(口)하는 사람(儿)이 맏이란 의미이다.

유의자 孟 맏 맹 伯 맏 백

상대자 弟 아우 제

용례 兄夫 형부, 姉兄 자형, 妹兄 매형, 義兄弟 의형제, 難兄難弟 난형난제

956 6급 II

形

모양 형

彡 총7획

파자풀이 形자는 幵(평평할 견)자와 彡(터럭 삼)자가 결합한 글자이다.

유의자 樣 모양 양, 姿 모양 자, 態 모양 태, 象 모양 상, 狀 모양 상

용례 形狀 형상, 形成 형성, 形式 형식, 形容 형용, 形態 형태, 形便 형편, 變形 변형, 象形 상형, 原形 원형, 造形 조형, 形形色色 형형색색

957 4급

刑

형벌 형

刂 총6획

파자풀이 刑자는 형틀을 묘사한 幵(평평할 견)자와 형벌 도구를 의미하는 刂자가 결합한 글자이다.

유의자 罰 벌할 벌

용례 刑罰 형벌, 刑法 형법, 刑事 형사, 減刑 감형, 極刑 극형, 實刑 실형, 處刑 처형

958 4급 II

惠

은혜 혜:

心 총12획

파자풀이 惠자는 실을 푸는 모습을 그린 専자에 心자를 결합하여 선한 마음을 베푼다는 뜻을 표현했다.

유의자 恩 은혜 은

약자 恵

용례 惠諒 혜량, 惠存 혜존, 惠澤 혜택, 施惠 시혜, 恩惠 은혜, 天惠 천혜, 特惠 특혜

959 6급

號

이름 호(:)

虍 총13획

파자풀이 號자는 号(부를 호)자와 虎(범 호)자가 결합한 글자이다. 호랑이가 부르짖는 것처럼 이름을 크게 부르는 것을 표현한 글자이다.

유의자 名 이름 명

약자 号

용례 口號 구호, 記號 기호, 番號 번호, 信號 신호, 暗號 암호, 略號 약호

960 5급

湖

호수 호

氵 총12획

파자풀이 湖자는 氵자와 발음요소인 胡(턱밑살 호)자의 결합자이다.

용례 湖邊 호변, 湖南 호남, 湖西 호서, 湖水 호수, 江湖 강호, 江湖煙波 강호연파

961 **4급 II**

呼

부를 호

口

총8획

파자풀이 呼자는 의미요소인 口자와 발음요소인 乎(어조사 호)자의 결합자이다.

유의자 聘 부를 빙 召 부를 소 唱 부를 창 招 부를 초

상대자 應 응할 응 吸 마실 흡

용례 呼名 호명, 呼應 호응, 呼出 호출, 呼稱 호칭, 點呼 점호, 呼吸 호흡

962 **4급 II**

도울 호:

言

총21획

파자풀이 護자는 言자와 새를 붙잡는 모습을 표현한 蒦(자 확)자가 결합한 모습이다.

유의자 救 구원할 구 援 도울 원 助 도울 조 扶 도울 부

용례 護國 호국, 護衛 호위, 護憲 호헌, 保護 보호, 守護 수호, 辯護士 변호사, 護身術 호신술

963 **4급 II**

좋을 호:

女

총6획

파자풀이 好자는 어머니(女)가 아들(子)을 안고 좋아하는 모습을 표현한 글자이다.

유의자 良 좋을 량

상대자 惡 미워할 오

용례 好感 호감, 好轉 호전, 好調 호조, 好況 호황, 選好 선호, 良好 양호, 友好 우호, 絶好 절호, 好衣好食 호의호식, 勿失好機 물실호기

964 **4급 II**

집 호:

戶

총4획

파자풀이 戶자는 외짝 문을 묘사한 상형자이다. 외닫이 문을 가진 조그만 집을 의미하기도 한다.

유의자 家 집 가 屋 집 옥 堂 집 당 室 집 실 舍 집 사 宅 집 택

용례 戶口 호구, 戶主 호주, 戶籍 호적, 門戶 문호, 窓戶 창호, 家家戶戶 가가호호

965 **4급**

혹 혹

戈

총8획

파자풀이 或자는 본래 '나라'를 의미하는 글자였다. 후에 '혹시'라는 의미로 가차되면서, 口자를 더한 國자가 본래 의미를 대신하고 있다.

용례 或是 혹시, 或時 혹시, 或者 혹자, 間或 간혹, 設或 설혹, 或如 혹여

966 **4급**

混

섞을 혼:

氵

총11획

파자풀이 混자는 氵자와 발음요소인 昆(맏 곤)자의 결합자이다.

유의자 亂 어지러울 란 雜 섞일 잡

상대자 純 순수할 순

용례 混亂 혼란, 混線 혼선, 混雜 혼잡, 混戰 혼전, 混濁 혼탁, 混合 혼합

967 **4급**

혼인할 혼

女

총11획

파자풀이 婚자는 옛날에 혼례식을 저물녘(昏)에 신부(女)의 집에서 청사초롱을 밝히고 진행하던 풍습에서 유래한 글자이다.

유의자 姻 혼인 인

용례 婚期 혼기, 婚談 혼담, 結婚 결혼, 約婚 약혼, 請婚 청혼, 破婚 파혼, 離婚 이혼

968 **4급**

紅

붉을 홍

糸

총9획

파자풀이 紅자는 糸자와 발음요소인 工자의 결합자이다.

유의자 丹 붉을 단, 赤 붉을 적, 朱 붉을 주

상대자 青 푸를 청, 綠 푸를 록, 碧 푸를 벽

용례 紅玉 홍옥, 紅疫 홍역, 紅潮 홍조, 紅茶 홍차, 同價紅裳 동가홍상, 紅東白西 홍동백서

969 **8급**

火

불 화

火

총4획

파자풀이 火자는 불이 타고 있는 모양을 본떠 만든 상형자이다.

상대자 水 물 수

용례 火急 화급, 火傷 화상, 放火 방화, 防火 방화, 飛火 비화, 消火 소화, 失火 실화, 引火 인화, 點火 점화, 導火線 도화선, 活火山 활화산, 明若觀火 명약관화, 風前燈火 풍전등화, 燈火可親 등화가친

970 **7급 II**

말씀 화

言

총13획

파자풀이 話자는 혀(舌)를 사용해 상대방과 말(言)을 주고받는 대화(對話)를 의미하는 글자이다.

유의자 言 말씀 언 語 말씀 어 談 말씀 담 說 말씀 설

용례 話頭 화두, 話術 화술, 話者 화자, 對話 대화, 秘話 비화, 神話 신화, 會話 회화, 訓話 훈화, 電話機 전화기, 携帶電話 휴대전화

971 7급

花

꽃 화

艹
총8획

파자풀이 花자는 의미요소인 艹자와 발음요소인 化(될 화)자가 결합한 형성자이다.

유의자 華 꽃 화

용례 花園 화원, 花草 화초, 開花 개화, 落花 낙화, 生花 생화, 造花 조화, 無窮花 무궁화, 解語花 해어화, 花容月態 화용월태, 錦上添花 금상첨화

972 6급 II

화할 화

口
총8획

파자풀이 和자는 곡식(禾)이 입(口)으로 들어가니 집안이 저절로 화목하다는 의미이다.

유의자 睦 화목할 목 協 화할 협

상대자 競 다툴 경 爭 다툴 쟁 戰 싸움 전 鬪 싸움 투

용례 和色 화색, 和親 화친, 和平 화평, 和解 화해, 講和 강화, 不和 불화, 緩和 완화, 調和 조화, 總和 총화, 違和感 위화감, 附和雷同 부화뇌동

973 6급

畫

그림 화:
그을 획

田
총12획

파자풀이 畫자는 聿(붓 율)자와 田자 그리고 밭의 경계를 의미하는 一자로 구성된 글자이다.

유의자 圖 그림 도

약자 画

용례 畫家 화가, 畫法 화법, 漫畫 만화, 名畫 명화, 壁畫 벽화, 映畫 영화, 油畫 유화, 自畫自讚 자화자찬, 畫蛇添足 화사첨족

974 5급 II

化

될 화(:)

亻
총4획

파자풀이 化자는 산 사람(亻)과 죽은 사람(匕)을 묘사해서 '변화하다'는 의미를 표현한 것이다.

유의자 變 변할 변

용례 强化 강화, 開化 개화, 激化 격화, 劇化 극화, 歸化 귀화, 同化 동화, 文化 문화, 變化 변화, 消化 소화, 深化 심화

975 4급 II

貨

재물 화:

貝
총11획

파자풀이 貨자는 발음요소인 化자와 의미요소인 貝자의 결합자이다.

유의자 資 재물 자 財 재물 재

용례 貨幣 화폐, 外貨 외화, 雜貨 잡화, 通貨 통화, 百貨店 백화점, 手貨物 수화물

976 4급

華

빛날 화

艹
총11획

파자풀이 華자는 艹자와 垂(드리울 수)자가 결합한 모습으로, 꽃이 흐드러지게 피어서 화려하다는 의미이다.

유의자 曜 빛날 요, 輝 빛날 휘

용례 華麗 화려, 華甲 화갑, 華婚 화혼, 散華 산화, 精華 정화, 富貴榮華 부귀영화

977 4급 II

確

굳을 확

石
총15획

파자풀이 確자는 의미요소인 石자와 발음요소인 隺(두루미 학)자가 결합한 글자이다.

유의자 堅 굳을 견 固 굳을 고 硬 굳을 경

상대자 軟 연할 연

용례 確固 확고 確立 확립 確保 확보 確認 확인 確定 확정 明確 명확 精確 정확 確固不動 확고부동

978 5급

患

근심 환:

心
총11획

파자풀이 患자는 串(꿸 관)자와 心자의 결합자이다.

유의자 憂 근심 우 愁 근심 수 病 병 병 疾 병 질

용례 患亂 환란, 患部 환부, 患者 환자, 病患 병환, 宿患 숙환, 疾患 질환, 後患 후환, 內憂外患 내우외환, 識字憂患 식자우환, 有備無患 유비무환

979 4급

環

고리 환(:)

王(玉)
총17획

파자풀이 環자는 玉자와 둥근 옥을 의미하는 睘자가 결합한 글자이다.

약자 环

용례 環境 환경, 環狀 환상, 循環 순환, 一環 일환

980 4급

歡

기쁠 환

欠
총22획

파자풀이 歡자는 발음요소인 雚(황새 관)자와 입 벌린 모양인 欠(하품 흠)자의 결합자이다.

유의자 喜 기쁠 희 樂 즐거울 락

상대자 怒 성낼 로 悲 슬플 비 哀 슬플 애

약자 歓, 欢

용례 歡待 환대, 歡心 환심, 歡迎 환영, 歡喜 환희, 歡呼聲 환호성

981 7급 II

活

살 활

氵

총9획

파자풀이 活자는 氵자와 舌(혀 설)자의 결합자이다.

유의자 生 살 생

상대자 死 죽을 사 殺 죽일 살

용례 活動 활동, 活路 활로, 活用 활용, 活字 활자, 復活 부활, 生活 생활, 自活 자활, 快活 쾌활, 活力素 활력소

982 6급

黃

누를 황

黃

총12획

파자풀이 黃자는 누런색 패옥(佩玉)이라고 하는 둥근 장신구를 허리에 두른 모습을 그린 것이다.

용례 黃砂 황사, 黃泉 황천, 黃河 황하, 朱黃 주황, 黃人種 황인종, 黃金萬能 황금만능

983 4급

況

상황 황:

氵

총8획

파자풀이 況자는 의미요소인 氵자와 발음요소인 兄자의 결합자이다.

유의자 狀 형상 상

용례 近況 근황, 盛況 성황, 實況 실황, 情況 정황, 現況 현황, 好況 호황, 不況 불황, 狀況 상황

984 6급 II

모일 회:

日

총13획

파자풀이 會자는 갑골문에 찬합이 결합하는 모습으로 그려져 '모이다'나 '모으다'라는 뜻을 표현한 글자이다.

유의자 社 모일 사, 集 모을 집

상대자 離 떠날 리, 散 흩을 산

약자 会

용례 會見 회견, 會社 회사, 開會 개회, 閉會 폐회, 國會 국회, 機會 기회, 面會 면회, 停會 정회, 總會 총회, 野遊會 야유회, 會者定離 회자정리, 牽强附會 견강부회

985 4급 II

돌아올 회

口

총6획

파자풀이 回자는 소용돌이가 빙글빙글 돌고 있는 모습을 본뜬 상형자이다.

유의자 歸 돌아갈 귀 返 돌아올 반 轉 구를 전

용례 回甲 회갑, 回歸 회귀, 回答 회답, 回覽 회람, 回復 회복, 回信 회신, 回避 회피, 起死回生 기사회생

986 4급

灰

재 회

火

총6획

파자풀이 灰자는 손을 묘사한 又자와 火자의 결합자이다. 이것은 불이 타고 남은 재를 손으로 만지는 것을 표현한 글자이다.

용례 灰壁 회벽, 灰色 회색, 洋灰 양회, 石灰 석회

987 7급 II

孝

효도 효:

子

총7획

파자풀이 孝자는 자식(子)이 나이든(耂) 부모를 등에 업은 모양에서 효도를 의미한 글자이다.

용례 孝道 효도, 孝婦 효부, 孝誠 효성, 孝行 효행, 不孝 불효, 孝悌忠信 효제충신, 事親以孝 사친이효

988 5급 II

效

본받을 효:

攵

총10획

파자풀이 效자는 선한 사람과 사귀어(交) 그 행실을 본받도록 채찍질(攵)한다는 의미이다.

약자 効

용례 效果 효과, 效驗 효험, 發效 발효, 時效 시효, 實效 실효, 無效 무효, 效率的 효율적

989 7급 II

後

뒤 후:

彳

총9획

파자풀이 後자는 길(彳)을 가는데 어린아이(幺)가 걸음이 느려(夂) 뒤에 따라온다는 의미이다.

상대자 前 앞 전 先 먼저 선

용례 後續 후속, 後援 후원, 後進 후진, 落後 낙후, 背後 배후, 事後 사후, 直後 직후, 後繼者 후계자, 後遺症 후유증, 前無後無 전무후무, 死後藥方文 사후약방문

990 4급

候

기후 후:

亻

총10획

파자풀이 候자는 활을 쏠 때 과녁을 살피는 모습에서 '살피다'나 '징후(徵候)'등을 의미하는 글자이다.

용례 候補 후보, 氣候 기후, 徵候 징후, 惡天候 악천후, 全天候 전천후

991 4급

厚

두터울 후:

厂

총9획

파자풀이 厚자는 厂(기슭 엄)자와 日자, 子자가 결합한 글자이다.

상대자 薄 엷을 박

용례 厚待 후대, 厚德 후덕, 厚謝 후사, 厚生 후생, 溫厚 온후, 重厚 중후, 厚顔無恥 후안무치

992 6급

가르칠 훈:

言

총10획

파자풀이 訓자는 흐르는 물(川) 같은 언변(言)으로 학생들을 가르치는 것을 의미한다.

유의자 敎 가르칠 교

상대자 學 배울 학 習 익힐 습

용례 訓戒 훈계 訓讀 훈독 訓練 훈련 訓放 훈방 訓示 훈시 訓話 훈화 敎訓 교훈 訓民正音 훈민정음

993 4급

휘두를 휘

扌

총16획

파자풀이 揮자는 扌자와 軍자의 결합자이다. 손으로 신호를 보내며 군대를 지휘하는 것을 표현한 글자이다.

용례 發揮 발휘, 指揮 지휘, 揮發油 휘발유, 一筆揮之 일필휘지

994 7급

쉴 휴

亻

총6획

파자풀이 休자는 亻자와 木자가 결합한 회의자이다. 나무 그늘 아래서 쉬는 사람의 모습을 그린 글자이다.

유의자 息 쉴 식, 憩 쉴 게

용례 休暇 휴가, 休講 휴강, 休務 휴무, 休息 휴식, 休養 휴양, 休職 휴직, 休止 휴지, 休紙 휴지, 休學 휴학, 萬事休矣 만사휴의

995 5급 II

흉할 흉

凵

총4획

파자풀이 凶자는 짐승이 빠져나오지 못하도록 만든 함정을 그린 것이다.

유의자 暴 모질 포

상대자 吉 길할 길

용례 凶家 흉가, 凶計 흉계, 凶器 흉기, 凶作 흉작, 陰凶 음흉, 凶惡無道 흉악무도, 吉凶禍福 길흉화복

996 5급

黑

검을 흑

黑

총12획

파자풀이 黑자는 아궁이를 그린 글자이다. 아궁이에 검은 그을음으로 '검다'는 의미를 표현한 글자이다.

유의자 暗 어두울 암 漆 검을 칠 玄 검을 현

상대자 白 흰 백

약자 黒

용례 黑心 흑심, 黑板 흑판, 暗黑 암흑, 黑白論理 흑백논리

997 4급 II

吸

마실 흡

口

총7획

파자풀이 吸자는 의미요소인 口자와 발음요소인 及(미칠 급)자의 결합자이다.

유의자 飮 마실 음

상대자 呼 내쉴 호

용례 吸收 흡수, 吸水 흡수, 吸入 흡입, 吸着 흡착, 深呼吸 심호흡

998 4급 II

興

일 흥(:)

臼

총16획

파자풀이 興자는 舁(마주들 여)자와 同자가 결합한 글자이다.

유의자 盛 성할 성 隆 융성할 융 起 일어날 기

상대자 敗 패할 패 亡 망할 망

약자 兴

용례 興味 흥미, 興奮 흥분, 復興 부흥, 新興 신흥, 餘興 여흥, 遊興 유흥, 興亡盛衰 흥망성쇠, 興盡悲來 흥진비래

999 4급 II

希

바랄 희

巾

총7획

파자풀이 希자는 자수 모양을 그린 爻(효효)자와 巾(수건 건)자가 결합한 글자이다.

유의자 望 바랄 망, 願 원할 원

용례 希求 희구, 希望 희망, 希願 희원

1000 4급

기쁠 희

口

총12획

파자풀이 喜자는 북을 묘사한 壴(악기 이름 주)자와 口자의 결합자로, 북을 치고 노래를 부르며 즐거워한다는 의미이다.

유의자 歡 기쁠 환 樂 즐거울 락

상대자 怒 성낼 로 悲 슬플 비 哀 슬플 애

용례 喜劇 희극, 喜悲 희비, 喜捨 희사, 歡喜 환희, 喜消息 희소식, 喜色滿面 희색만면, 喜怒哀樂 희노애락, 一喜一悲 일희일비

2. 3급 배정(전용)한자(817자)

001

아름다울 가:

亻
총8획

파자풀이 佳자는 亻자와 圭(서옥 규)자의 결합자로, 사람의 외모가 옥처럼 아름다운 것을 의미한다.

유의자 美 아름다울 미 麗 고울 려

상대자 醜 추할 추

용례 佳客 가객, 佳約 가약, 佳節 가절, 佳趣 가취, 漸入佳境 점입가경, 佳人薄命 가인박명

002

시렁 가:

木
총9획

파자풀이 架자는 발음요소인 加자와 의미요소인 木자의 결합자이다.

용례 架空 가공, 架橋 가교, 架上 가상, 架設 가설, 書架 서가, 高架道路 고가도로, 屋上架屋 옥상가옥

003

물리칠 각

卩
총7획

파자풀이 却자는 去자와 사람이 무릎을 꿇은 모양인 卩자의 결합자이다.

유의자 退 물러날 퇴

용례 却說 각설, 却下 각하, 棄却 기각, 冷却 냉각, 燒却 소각, 忘却 망각, 賣却 매각, 消却 소각, 退却 퇴각, 却之不恭 각지불공

004

脚

다리 각

月(肉)
총11획

파자풀이 脚자는 의미요소인 月(肉)자와 발음요소인 却자가 결합한 형성자이다.

용례 脚光 각광, 脚本 각본, 脚色 각색, 失脚 실각, 立脚 입각, 行脚 행각, 脚下照顧 각하조고, 馬脚露出 마각노출

005

집 각

門
총14획

파자풀이 閣자는 사방으로 각각(各) 출입문(門)이 있는 樓閣을 의미하는 글자이다.

유의자 家 집 가, 屋 집 옥, 堂 집 당, 室 집 실, 宇 집 우, 宙 집 주

용례 閣僚 각료, 閣議 각의, 閣下 각하, 改閣 개각, 內閣 내각, 入閣 입각, 組閣 조각, 沙上樓閣 사상누각

006

刊

새길 간

刂
총5획

파자풀이 刊자는 전쟁터에서 방패(干)에 칼(刂)로 표식을 새기는 것을 표현한 글자이다.

유의자 刻 새길 각 銘 새길 명

용례 刊行 간행, 季刊 계간, 發刊 발간, 新刊 신간, 朝刊 조간, 週刊 주간, 創刊 창간, 出刊 출간, 休刊 휴간, 廢刊 폐간

007

肝

간 간(:)

月(肉)
총7획

파자풀이 肝자는 의미요소인 月(肉)자와 발음요소인 干자가 결합한 형성자이다.

용례 肝炎 간염, 肝要 간요, 肝臟 간장, 洗肝 세간, 肝硬化 간경화, 九曲肝腸 구곡간장, 肝膽相照 간담상조

008

간음할 간:

女
총9획

파자풀이 고대 중국의 여성에 대한 낮은 인식은 문자형성에도 영향을 미치게 되어, 女자가 들어간 글자들은 대부분이 부정적인 뜻이 있다. 姦자도 그런 일환(一環)의 글자이다.

유의자 奸 간사할 간

용례 姦淫 간음, 姦通 간통, 强姦 강간, 輪姦 윤간, 近親相姦 근친상간

009

줄기 간

干
총13획

파자풀이 幹자는 倝(햇살 빛날 간)자와 干자가 결합한 글자이다.

유의자 根 뿌리 근

상대자 枝 가지 지, 葉 잎 엽

용례 幹部 간부, 幹事 간사, 骨幹 골간, 根幹 근간, 語幹 어간, 才幹 재간, 主幹 주간, 幹線道路 간선도로

010

懇

간절할 간

心
총17획

파자풀이 懇자는 貇(간절할 간)자와 心자가 결합한 글자이다.

용례 懇曲 간곡, 懇求 간구, 懇切 간절, 懇請 간청, 懇談會 간담회

011

渴

목마를 갈

氵

총12획

파자풀이 渴자는 의미요소인 氵자와 발음요소인 曷(어찌 갈)자의 결합자이다.

용례 渴求 갈구, 渴急 갈급, 渴望 갈망, 渴症 갈증, 枯渴 고갈, 飢渴 기갈, 消渴 소갈, 燥渴 조갈, 解渴 해갈, 渴水期 갈수기

012

鑑

거울 감

金

총22획

파자풀이 鑑자는 의미요소인 金자와 발음요소인 監(볼 감)자의 결합자이다.

유의자 鏡 거울 경

약자 金 + 监

용례 鑑戒 감계, 鑑別 감별, 鑑賞 감상, 鑑識 감식, 鑑定 감정, 鑑票 감표, 龜鑑 귀감, 圖鑑 도감, 印鑑 인감, 明心寶鑑 명심보감

013

剛

굳셀 강

刂

총10획

파자풀이 剛자는 岡(산등성이 강)자와 刂자의 결합자이다.

유의자 强 강할 강, 健 굳셀 건

상대자 柔 부드러울 유, 弱 약할 약

용례 剛健 강건, 剛斷 강단, 剛度 강도, 剛毛 강모, 剛性 강성, 剛志 강지, 剛直 강직, 金剛山 금강산, 外柔內剛 외유내강

014

綱

벼리 강

糸

총14획

파자풀이 綱자는 의미요소인 糸자와 발음요소인 岡자의 결합자이다.

유의자 紀 벼리 기, 維 벼리 유

용례 綱領 강령, 綱目 강목, 綱常 강상, 大綱 대강, 要綱 요강, 政綱 정강, 紀綱 기강, 三綱五倫 삼강오륜

015

鋼

강철 강

金

총16획

파자풀이 鋼자는 의미요소인 金자와 발음요소인 岡자의 결합자이다.

유의자 鐵 쇠 철

용례 鋼線 강선, 鋼鐵 강철, 鍊鋼 연강, 製鋼 제강, 鐵鋼 철강

016

낄 개:

人

총4획

파자풀이 介자는 人자 아래 두 개의 세로획이 그어져 있다. 양쪽 사이에 사람이 끼어드는 모습을 표현한 글자이다.

용례 介潔 개결, 介意 개의, 介入 개입, 介在 개재, 媒介 매개, 紹介 소개, 仲介 중개

017

皆

다 개

白

총9획

파자풀이 皆자는 여러 사람(比)이 목소리(白)를 낸다는 의미에서 '모두'라는 뜻을 갖게 되었다.

유의자 咸 다 함, 總 다 총

상대자 個 낱 개, 枚 낱 매

용례 皆勤 개근, 皆兵 개병, 擧皆 거개, 皆骨山 개골산

018

蓋

덮을 개(:)

艹

총14획

파자풀이 蓋자는 艹(풀 초)자와 盍(덮을 합)자가 결합한 글자이다.

약자 盖

용례 蓋果 개과, 蓋石 개석, 蓋世 개세, 覆蓋 복개, 頭蓋骨 두개골, 無蓋車 무개차, 蓋然性 개연성, 口蓋音化 구개음화, 蓋世之才 개세지재

019

慨

슬퍼할 개:

忄

총14획

파자풀이 慨자는 의미요소인 忄자와 발음요소인 旣(이미 기)자의 결합자이다.

유의자 悼 슬퍼할 도, 悲 슬플 비, 哀 슬플 애, 憤 성낼 분

상대자 歡 기쁠 환, 喜 기쁠 희

약자 忄 + 既

용례 慨歎 개탄, 憤慨 분개, 感慨無量 감개무량

020

槪

대개 개:

木

총15획

파자풀이 槪자는 의미요소인 木자와 발음요소인 旣자의 결합자이다.

약자 概

용례 槪觀 개관, 槪念 개념, 槪略 개략, 槪論 개론, 槪算 개산, 槪說 개설, 槪要 개요, 槪況 개황, 景槪 경개, 氣槪 기개, 大槪 대개, 節槪 절개

021

距

상거할 거:

足
총12획

파자풀이 距자는 발걸음(足)을 크게(巨) 걸어서 멀리 떨어진다는 의미이다.
유의자 隔 사이뜰 격, 離 떠날 리
용례 距離 거리, 短距離 단거리, 長距離 장거리

022

乾

하늘/마를 건

乙
총11획

파자풀이 乾자는 倝(햇빛 빛날 간)자와 乙(새 을)자가 결합한 글자이다.
유의자 天 하늘 천, 燥 마를 조
상대자 坤 땅 곤, 地 땅 지, 濕 젖을 습
용례 乾坤 건곤, 乾德 건덕, 乾空 건공, 乾位 건위, 乾畓 건답, 乾杯 건배, 乾性 건성, 乾濕 건습, 乾材 건재, 乾菜 건채, 乾川 건천, 乾草 건초, 無味乾燥 무미건조, 白手乾達 백수건달

023

乞

빌 걸

乙
총3획

파자풀이 乞자는 人자와 乙자의 결합자이다. 사람이 새(乙)처럼 몸을 굽히고 구걸하는 것을 의미하는 글자이다.
유의자 丐 빌 개
용례 乞求 걸구, 乞盟 걸맹, 乞命 걸명, 乞人 걸인, 求乞 구걸, 乞不竝行 걸불병행, 哀乞伏乞 애걸복걸, 流離乞食 유리걸식

024

劍

칼 검:

刂
총15획

파자풀이 劍자는 僉(다 첨)자와 刂자의 결합자이다.
유의자 刀 칼 도
약자 剣
용례 劍客 검객, 劍道 검도, 劍舞 검무, 劍術 검술, 短劍 단검, 刀劍 도검, 名劍 명검, 銃劍術 총검술, 刻舟求劍 각주구검

025

隔

사이뜰 격

阝(阜)
총13획

파자풀이 隔자는 阝(언덕 부)자와 발이 셋 달린 솥을 그린 鬲(솥 력)자의 결합자이다.
유의자 間 사이 간
상대자 接 이을 접, 觸 닿을 촉
용례 隔年 격년, 隔月 격월, 隔日 격일, 隔離 격리, 隔意 격의, 隔差 격차, 間隔 간격, 遠隔 원격, 懸隔 현격, 隔墻有耳 격장유이, 隔世之感 격세지감

026

牽

이끌 견

牛
총11획

파자풀이 牽자는 줄을 표현한 玄(검을 현)자와 冖(덮을 멱)자, 牛(소 우)자가 결합한 모습이다.
유의자 引 끌 인, 挽 당길 만
상대자 推 밀 추
용례 牽引 견인, 牽制 견제, 牽强附會 견강부회, 牽連之親 견련지친, 牽牛織女 견우직녀

027

肩

어깨 견

月(肉)
총8획

파자풀이 肩자는 戶(지게 호)자와 肉자의 결합자이다. 지게를 지는 부위인 어깨를 의미하는 글자이다.
용례 肩骨 견골, 肩等 견등, 肩輿 견여, 肩章 견장, 肩次 견차, 路肩 노견, 比肩 비견, 雙肩 쌍견, 息肩식견

028

遣

보낼 견:

辶
총14획

파자풀이 遣자는 언덕(𠂤)에 올라 귀한(貴) 자녀를 멀리 보내는(辶) 모습을 표현한 글자이다.
유의자 送 보낼 송
상대자 迎 맞을 영
용례 遣歸 견귀, 派遣 파견

029

絹

비단 견

糸
총13획

파자풀이 絹자는 糸자와 여기에서는 누에 벌레를 의미하는 肙(장구벌레 연)자가 결합한 글자이다.
유의자 錦 비단 금
용례 絹本 견본, 絹絲 견사, 生絹 생견, 人造絹 인조견, 絹織物 견직물

030

訣

이별할 결

言
총11획

파자풀이 訣자는 言자와 발음요소인 夬(터놓을 쾌)자의 결합자이다.
유의자 離 떠날 리, 別 이별할 별
상대자 遇 만날 우, 逢 만날 봉
용례 訣別 결별, 辭訣 사결, 生訣 생결, 永訣 영결, 口訣 구결, 道訣 도결, 要訣 요결, 眞訣 진결

031

兼

겸할 겸

八
총10획

파자풀이 兼자는 손에 여러 개의 벼를 움켜쥔 모습을 그린 것으로 한 번에 여러 일을 하고 있는 것을 표현했다.

용례 兼備 겸비, 兼床 겸상, 兼業 겸업, 兼用 겸용, 兼任 겸임, 兼職 겸직, 兼人之勇 겸인지용, 文武兼全 문무겸전

032

謙

겸손할 겸

言
총17획

파자풀이 謙자는 言자와 발음요소인 兼(겸할 겸)자의 결합자이다.

유의자 讓 사양할 양

상대자 傲 거만할 오 慢 거만할 만

용례 謙德 겸덕, 謙稱 겸칭, 謙虛 겸허, 謙遜 겸손, 謙讓之德 겸양지덕

033

庚

별 경

广
총8획

파자풀이 庚자는 본래 곡식의 낱알을 털어내는 탈곡기를 그린 것이다. 탈곡기에서 떨어지는 곡식알처럼 수많은 별을 의미하는 글자이다.

유의자 星 별 성, 辰 별 진

용례 庚方 경방, 庚伏 경복, 庚熱 경열, 庚炎 경염, 庚辰 경진, 同庚 동경

034

徑

지름길 경

彳
총10획

파자풀이 徑자는 彳자와 베틀의 날실을 묘사한 巠(물줄기 경)자의 결합자이다.

유의자 道 길 도 路 길 로

약자 径

용례 口徑 구경, 半徑 반경, 直徑 직경

035

耕

밭갈 경

耒
총10획

파자풀이 耕자는 耒(쟁기 뢰)자와 밭을 묘사한 井자의 결합자이다.

용례 耕作 경작, 耕地 경지, 農耕 농경, 水耕 수경, 筆耕 필경, 晝耕夜讀 주경야독

036

竟

마침내 경

立
총11획

파자풀이 竟자는 오랜 노력 끝에 마침내 득음(得音)한 사람(儿)을 묘사해서 '마침내'라는 의미를 표현했다.

유의자 畢 마칠 필

용례 究竟 구경, 畢竟 필경, 有志竟成 유지경성

037

頃

이랑/잠깐 경

頁
총11획

파자풀이 頃자는 匕(수저 비)자와 頁(머리 혈)자의 결합자이다.

유의자 瞬 눈깜짝일 순

용례 頃刻 경각, 頃年 경년, 頃步 경보, 頃歲 경세, 頃日 경일, 萬頃蒼波 만경창파, 命在頃刻 명재경각

038

卿

벼슬 경

卩
총12획

파자풀이 卿자는 문을 열어놓은 모습인 卯자와 食자의 합체자로, 본래 왕의 지근에서 음식 시중드는 사람을 표현한 것이다.

유의자 官 벼슬 관 爵 벼슬 작 尉 벼슬 위

용례 卿輩 경배, 卿相 경상, 公卿大夫 공경대부, 卿士大夫 경사대부

039

硬

굳을 경

石
총12획

파자풀이 硬자는 의미요소인 石자와 발음요소인 更자가 결합한 형성자이다.

유의자 堅 굳을 견, 固 굳을 고, 確 굳을 확

상대자 柔 부드러울 유, 軟 연할 연

용례 硬度 경도, 硬性 경성, 硬水 경수, 硬直 경직, 硬質 경질, 硬化 경화, 硬貨 경화, 强硬 강경, 生硬 생경, 肝硬變 간경변, 動脈硬化 동맥경화

040

癸

북방/천간 계:

癶
총9획

파자풀이 癸자는 남쪽 하늘(天)을 등지고(癶) 바라보는 방향이 북방이란 의미이다.

용례 癸方 계방, 癸未 계미, 癸水 계수, 癸坐 계좌, 癸丑 계축

041

契

맺을 계:

大
총9획

파자풀이 契자는 丯刀(새길 계)자와 大자가 결합한 모습이다.

유의자 結 맺을 결

용례 契機 계기, 契約 계약, 契員 계원, 默契 묵계, 契丹 (거란의 음차어)

042

桂

계수나무 계:

木
총10획

파자풀이 桂자는 의미요소인 木자와 발음요소인 圭(서옥 규)자의 결합자이다.

용례 桂樹 계수, 桂皮 계피, 月桂冠 월계관, 月桂樹 월계수, 桂冠詩人 계관시인

043

啓

열 계:

口
총11획

파자풀이 啓자는 집(戶)마다 살고 있는 사람(口)들을 가르쳐서(攵) 무지몽매(無知蒙昧)함을 열어준다는 의미이다.

용례 啓導 계도, 啓蒙 계몽, 啓發 계발, 啓示 계시, 謹啓 근계, 狀啓 장계, 天啓 천계

044

械

기계 계:

木
총11획

파자풀이 械자는 본래 죄인을 일벌백계(一罰百戒)할 때 쓰는 나무로 만든 형벌 도구를 의미했었다.

유의자 機 틀 기

용례 機械 기계, 器械 기계, 農機械 농기계

045

시내 계

氵
총13획

파자풀이 溪자는 氵자와 발음요소인 奚(어찌 해)자의 결합자이다.

유의자 河 물 하, 川 내 천

용례 溪谷 계곡, 溪流 계류, 溪水 계수, 碧溪水 벽계수, 清溪川 청계천

046

繫

맬 계:

糸
총19획

파자풀이 繫자는 糸자와 가축을 묶어서 기른다는 의미의 毄(매어기를 계)자가 결합한 글자이다.

유의자 縛 묶을 박, 束 묶을 속

상대자 解 풀 해, 釋 풀 석

약자 繋

용례 繫留 계류, 繫馬 계마, 繫船 계선, 繫屬 계속, 繫獄 계옥, 連繫 연계, 捕繫 포계, 繫風捕影 계풍포영

047

姑

시어미 고

女
총8획

파자풀이 姑자는 의미요소인 女자와 발음요소인 古자의 결합자이다.

상대자 婦 며느리 부

용례 姑母 고모, 姑婦 고부, 姑息 고식, 姑從 고종, 因循姑息 인순고식, 姑息之計 고식지계

048

枯

마를 고

木
총9획

파자풀이 枯자는 나무(木)가 오래되니(古) 말라죽는다는 의미이다.

유의자 乾 마를 건, 燥 마를 조

상대자 濕 젖을 습, 榮 영화 영

용례 枯渴 고갈, 枯骨 고골, 枯木 고목, 枯死 고사, 枯葉劑 고엽제, 榮枯盛衰 영고성쇠

049

鼓

북 고

鼓
총13획

파자풀이 북을 그린 壴자에 북채를 손으로 잡은 모습을 묘사한 支자가 더해진 鼓자는 북을 두드리는 모습을 표현한 것이다.

용례 鼓角 고각, 鼓動 고동, 鼓舞 고무, 鼓手 고수, 鼓吹 고취, 法鼓 법고, 勝戰鼓 승전고, 申聞鼓 신문고

050

稿

원고/볏짚 고

禾
총15획

파자풀이 稿자는 볏단(禾)을 높이(高) 쌓아 올리는 모습에서 '볏짚'이란 의미와 많이 쌓인 '원고'란 의미도 파생됐다.

용례 稿料 고료, 寄稿 기고, 送稿 송고, 原稿 원고, 遺稿 유고, 草稿 초고, 脫稿 탈고, 投稿 투고

051

顧

돌아볼 고

頁

총21획

파자풀이 顧자는 집(戶)에 새(隹)를 두고 외출해서 신경이 쓰여 머리(頁)를 돌려 자꾸 돌아보는 것을 표현했다.

유의자 回 돌아올 회

용례 顧客 고객, 顧慮 고려, 顧問 고문, 一顧 일고, 回顧錄 회고록, 四顧無親 사고무친

052

골 곡

谷

총7획

파자풀이 谷자는 바위에 물살이 흩어지는 모습으로 계곡을 표현한 글자이다.

유의자 洞 골 동

용례 谷泉 곡천, 溪谷 계곡, 山谷風 산곡풍, 深山幽谷 심산유곡, 進退維谷 진퇴유곡

053

울 곡

口

총10획

파자풀이 哭자는 개(犬)가 컹컹(口口) 짖는 모습에서 목 놓아 크게 '울다'는 의미를 표현한 글자이다.

유의자 鳴 울 명, 泣 울 읍, 啼 울 제

상대자 笑 웃을 소

용례 哭泣 곡읍, 哭聲 곡성, 弔哭 조곡, 號哭 호곡, 大聲痛哭 대성통곡, 放聲大哭 방성대곡

054

땅 곤

土

총8획

파자풀이 坤자는 흙(土)이 넓게 펼쳐져(申) 있는 모습으로 '땅'을 표현한 글자이다.

유의자 地 땅 지

상대자 乾 하늘 건, 天 하늘 천

용례 坤殿 곤전, 坤方 곤방, 乾坤 건곤

055

供

이바지할 공:

亻

총8획

파자풀이 供자는 사람(人)이 두 손을 모아(共) 물건을 건네는 모습에서 '이바지하다'는 의미를 표현한 글자이다.

용례 供給 공급, 供物 공물, 供述 공술, 供與 공여, 供出 공출, 佛供 불공, 提供 제공, 供養米 공양미

056

공손할 공

⺗(心)

총10획

파자풀이 恭자는 상대방의 뜻에 내 마음(⺗)을 맞추는(共) 것을 공손으로 표현한 글자이다.

유의자 敬 공경 경

용례 恭敬 공경, 恭待 공대, 不恭 불공

057

바칠 공:

貝

총10획

파자풀이 貢자는 백성이 생산한(工) 재물(貝)을 나라에 바치는 것을 표현한 글자이다.

유의자 獻 바칠 헌

용례 貢女 공녀, 貢物 공물, 貢獻 공헌, 朝貢 조공

058

두려울 공(:)

心

총10획

파자풀이 恐자는 工자와 凡자 그리고 心자로 구성된 글자이다.

유의자 懼 두려워할 구, 怖 두려워할 포

용례 恐龍 공룡, 可恐 가공, 恐水病 공수병, 恐妻家 공처가, 恐怖心 공포심

059

자랑할 과:

言

총13획

파자풀이 誇자는 言자와 몸으로 자랑하는 모습인 夸(자랑할 과)자가 결합한 글자이다.

용례 誇大 과대, 誇示 과시, 誇飾 과식, 誇言 과언, 誇張 과장, 誇大妄想 과대망상

060

적을 과:

宀

총14획

파자풀이 寡자는 宀자와 頁자 그리고 分자로 구성된 글자이다.

유의자 少 적을 소

상대자 多 많을 다, 衆 무리 중

용례 寡默 과묵, 寡婦 과부, 寡少 과소, 寡慾 과욕, 寡人 과인, 多寡 다과, 獨寡占 독과점, 寡守宅 과수댁, 寡頭政治 과두정치, 衆寡不敵 중과부적

061

둘레/외성 곽

⻏(邑)
총11획

파자풀이 郭자는 성곽 안의 마을(⻏)은 안전을 누릴(享) 수 있다는 의미이다.

용례 城郭 성곽, 外郭 외곽, 輪郭 윤곽, 郭再祐 곽재우

062

갓 관

冖
총9획

파자풀이 冠자는 冖(덮을 멱)자와 元자, 寸자의 합체자로, 머리에 모자를 씌우는 모습을 표현한 글자이다.

유의자 帽 모자 모

용례 冠帶 관대, 冠禮 관례, 冠絶 관절, 鷄冠 계관, 金冠 금관, 王冠 왕관, 衣冠 의관, 冠形詞 관형사, 月桂冠 월계관, 冠婚喪祭 관혼상제

063

꿸 관(:)

貝
총11획

파자풀이 貫자는 보관이나 휴대의 용이(容易)함을 위해 고대 화폐인 마노조개껍질(貝)을 실로 뚫어 꿰는 모습을 표현한 글자이다.

유의자 徹 통할 철 通 통할 통

용례 貫祿 관록, 貫徹 관철, 貫通 관통, 本貫 본관, 初志一貫 초지일관, 始終一貫 시종일관

064

너그러울 관

宀
총15획

파자풀이 寬자는 집(宀)에서 키우는 화초(艹)를 보니(見), 마음이 저절로 너그러워진다는 의미이다.

약자 寛

용례 寬大 관대, 寬待 관대, 寬容 관용, 寬厚 관후

065

慣

익숙할 관

忄
총14획

파자풀이 慣자는 의미요소인 忄자와 발음요소인 貫자의 결합자이다.

유의자 習 익힐 습

용례 慣例 관례, 慣性 관성, 慣習 관습, 慣用 관용, 慣行 관행, 習慣 습관

066

집 관

食
총17획

파자풀이 館자는 본래 관원(官)들이 숙식(宿食)할 수 있도록 만든 객사(客舍)를 의미했었다.

유의자 家 집 가, 屋 집 옥, 堂 집 당, 室 집 실, 閣 집 각, 宅 집 택, 戶 집 호

약자 舘

용례 館驛 관역, 館長 관장, 開館 개관, 公館 공관, 舊館 구관, 別館 별관, 本館 본관, 新館 신관, 旅館 여관, 會館 회관, 廢館 폐관, 休館 휴관, 大使館 대사관, 博物館 박물관, 成均館 성균관

067

狂

미칠 광

犭
총7획

파자풀이 狂자는 犭(개 견)자와 往자의 간략자인 王자의 결합자이다.

용례 狂犬 광견, 狂氣 광기, 狂亂 광란, 狂奔 광분, 狂飮 광음, 狂人 광인, 狂症 광증, 狂暴 광포, 狂風 광풍, 發狂 발광, 熱狂 열광, 狂言妄說 광언망설

068

걸 괘

扌
총11획

파자풀이 掛자는 扌자와 발음요소인 卦(점괘 괘)자의 결합자이다.

용례 掛金 괘금, 掛念 괘념, 掛圖 괘도, 掛鍾時計 괘종시계

069

怪

괴이할 괴(:)

忄
총8획

파자풀이 怪자는 忄자와 又자, 土자로 구성된 글자이다.

유의자 奇 기이할 기

용례 怪談 괴담, 怪盜 괴도, 怪力 괴력, 怪聞 괴문, 怪物 괴물, 怪變 괴변, 怪獸 괴수, 怪異 괴이, 怪漢 괴한, 奇怪 기괴, 怪常罔測 괴상망측, 奇巖怪石 기암괴석

070

흙덩이 괴

土
총13획

파자풀이 塊자는 의미요소인 土자와 발음요소인 鬼(귀신 귀)자가 결합한 형성자이다.

용례 塊石 괴석, 金塊 금괴, 銀塊 은괴, 土塊 토괴

071

愧

부끄러울 괴:

忄

총13획

파자풀이 愧자는 의미요소인 忄자와 발음요소인 鬼자가 결합한 형성자이다.

유의자 慙 부끄러울 참

용례 愧色 괴색, 慙愧 참괴, 自愧感 자괴감

072

무너질 괴:

土

총19획

파자풀이 壞자는 의미요소인 土자와 발음요소인 褱(품을 회)자가 결합한 글자이다.

유의자 崩 무너질 붕, 滅 멸할 멸

약자 壊

용례 壞滅 괴멸, 崩壞 붕괴, 損壞 손괴, 破壞 파괴, 壞血病 괴혈병, 天崩地壞 천붕지괴

073

巧

공교할 교

工

총5획

파자풀이 巧자는 工자와 丂(공교할 교)자가 결합한 글자이다.

상대자 拙 졸할 졸

용례 巧拙 교졸, 巧妙 교묘, 計巧 계교, 技巧 기교, 精巧 정교

074

들 교

阝(邑)

총9획

파자풀이 郊자는 交자와 阝(邑)자의 결합자이다. 이웃 고을과 교류(交流)할 수 있는 장소인 교외(郊外)를 의미하는 글자이다.

유의자 野 들 야

용례 郊外 교외, 近郊 근교, 近郊園藝 근교원예, 近郊農業 근교농업

075

견줄 교

車

총13획

파자풀이 較자는 車자와 발음요소인 交자의 결합자로, 수레의 기능을 서로 비교해보는 것을 의미하는 글자이다.

유의자 比 견줄 비

용례 比較 비교, 日較差 일교차, 比較優位 비교우위

076

矯

바로잡을 교:

矢

총17획

파자풀이 矯자는 矢(화살 시)자와 발음요소인 喬(높을 교)자의 결합자로, 휘어진 화살을 바로잡는다는 의미이다.

용례 矯導 교도, 矯衛 교위, 矯正 교정, 矯角殺牛 교각살우

077

오랠 구:

丿

총3획

파자풀이 久자는 본래 옆으로 누워있는 사람의 등과 뜸을 그린 것이다.

용례 久遠 구원, 未久 미구, 悠久 유구, 長久 장구, 持久力 지구력, 耐久性 내구성, 永久不變 영구불변

078

丘

언덕 구

一

총5획

파자풀이 丘자는 작은 산을 그린 것으로, '언덕'이나 '구릉'과 같이 산보다는 낮고 완만한 곳을 뜻하는 글자이다.

유의자 阜 언덕 부, 岸 언덕 안, 陵 언덕 릉

용례 丘陵 구릉, 丘墓 구묘, 丘民 구민, 孔丘 공구, 首丘初心 수구초심, 靑丘永言 청구영언

079

진실로 / 구차할 구

++

총9획

파자풀이 苟자는 ++자와 발음요소인 句(글귀 구)자의 결합자이다.

용례 苟免 구면, 苟安 구안, 苟且 구차, 苟活 구활

080

잡을 구

扌

총8획

파자풀이 拘자는 扌자와 발음요소인 句자의 결합자이다. 범인을 손으로 잡는다는 의미이다.

유의자 捕 잡을 포, 獲 얻을 획, 執 잡을 집

상대자 釋 풀 석, 放 놓을 방

용례 拘禁 구금, 拘留 구류, 拘束 구속, 不拘 불구, 拘引狀 구인장, 拘置所 구치소

081

狗

개 구

犭
총8획

파자풀이 狗자는 의미요소인 犭자와 발음요소인 句자의 결합자이다.

유의자 犬 개 견, 戌 개 술

용례 水狗 수구, 走狗 주구, 黃狗 황구, 羊頭狗肉 양두구육, 堂狗風月 당구풍월, 鷄鳴狗盜 계명구도

082

俱

함께 구

亻
총10획

파자풀이 俱자는 亻자와 具(갖출 구)자의 결합자이다.

유의자 同 한가지 동, 皆 다 개, 總 다 총, 咸 다함

용례 俱存 구존, 俱現 구현, 俱樂部 구락부, 不俱戴天 불구대천

083

懼

두려워할 구

忄
총21획

파자풀이 懼자는 忄자와 瞿(놀랄 구)자가 결합한 글자이다.

유의자 恐 두려울 공, 怖 두려울 포

용례 恐懼 공구, 兢懼 긍구, 疑懼心 의구심

084

驅

몰 구

馬
총21획)

파자풀이 驅자는 의미요소인 馬자와 발음요소인 區자의 결합자이다.

용례 驅迫 구박, 驅步 구보, 驅使 구사, 驅逐 구축, 驅蟲 구충, 先驅者 선구자, 乘勝長驅 승승장구

085

龜

땅이름 구
거북 귀
터질 균

龜
총16획

파자풀이 龜자는 거북의 모양을 본떠 만든 상형자이다.

약자 亀

용례 龜鑑 귀감, 龜甲 귀갑, 龜頭 귀두, 龜卜 귀복, 龜船 귀선, 龜占 귀점, 龜裂 균열, 龜浦 구포, 龜毛免角 귀모토각

086

菊

국화 국

艹
총12획

파자풀이 菊자는 艹(풀 초)자와 匊(움켜 뜰 국)자가 결합한 글자이다. 匊자는 발음요소이지만, 국화의 모습을 묘사한 글자로도 볼 수 있다.

용례 菊月 국월, 菊版 국판, 菊花 국화, 水菊 수국, 黃菊 황국, 梅蘭菊竹 매란국죽, 十日之菊 십일지국

087

弓

활 궁

弓
총3획

파자풀이 弓자는 활의 모양을 본떠 만든 상형자이다.

용례 弓矢 궁시, 弓腰 궁요, 弓道 궁도, 弓術 궁술, 國弓 국궁, 名弓 명궁, 洋弓 양궁, 傷弓之鳥 상궁지조, 驚弓之鳥 경궁지조

088

주먹 권:

手
총10획

파자풀이 拳자는 세 개의 手자가 결합한 것으로, 난무하는 주먹을 표현한 글자이다.

용례 拳法 권법, 拳銃 권총, 拳鬪 권투, 鐵拳 철권, 跆拳道 태권도, 赤手空拳 적수공권

089

그 궐

厂
총12획

파자풀이 厥자는 유목민족이었던 '돌궐족'을 뜻하거나, '그'나 '그것'과 같이 오랑캐를 얕잡아 부르는 말이었다.

유의자 其 그 기

용례 厥角 궐각, 厥女 궐녀, 厥尾 궐미, 厥者 궐자, 厥後 궐후, 突厥族 돌궐족

090

軌

바퀴자국 궤:

車
총9획

파자풀이 軌자는 의미요소인 車자와 발음요소인 九자의 결합자이다.

용례 軌道 궤도, 軌範 궤범, 軌跡 궤적, 廣軌 광궤, 同軌 동궤, 常軌 상궤, 前軌 전궤, 本軌道 본궤도

091

鬼

귀신 귀:

鬼
총10획

파자풀이 鬼자는 뿔나고 방망이를 찬 도깨비를 묘사한 상형자이다.

유의자 神 귀신 신

용례 鬼面 귀면, 鬼神 귀신, 鬼才 귀재, 鬼火 귀화, 客鬼 객귀, 餓鬼 아귀, 惡鬼 악귀, 雜鬼 잡귀, 吸血鬼 흡혈귀

092

부르짖을 규

口
총5획

파자풀이 叫자는 의미요소인 口자와 발음요소인 丩(얽힐 구)자가 결합한 글자이다.

용례 叫聲 규성, 絶叫 절규

093

糾

얽힐 규

糸
총8획

파자풀이 糾자는 의미요소인 糸자와 발음요소인 丩(얽힐 구)자가 결합한 글자이다.

용례 糾明 규명, 糾正 규정, 糾錯 규착, 糾察 규찰, 糾彈 규탄, 糾合 규합, 紛糾 분규

094

버섯 균

艹
총12획

파자풀이 菌자는 艹자와 발음요소인 囷(곳집 균)자의 결합자로, 햇볕이 잘 안 드는 곡식 창고(囷)에서 자라는 식물(艹)이 버섯이라는 의미이다.

용례 菌根 균근, 菌類 균류, 細菌 세균, 滅菌 멸균, 病菌 병균, 殺菌 살균, 雜菌 잡균, 大腸菌 대장균, 病原菌 병원균, 保菌者 보균자

095

이길 극

儿
총7획

파자풀이 克자는 十자와 兄자의 결합자이다. 克자는 본래 갑옷 입은 사람의 모습을 묘사해, '갑옷의 무게를 견디다'는 의미를 표현했다.

용례 克己 극기, 克明 극명, 克復 극복, 克服 극복, 克己復禮 극기복례

096

도끼/근 근

斤
총4획

파자풀이 斤자는 나무를 깎거나 다듬는데 사용하던 '자귀'를 그린 상형자이다.

용례 斤兩 근량, 斤量 근량, 千斤萬斤 천근만근

097

겨우 근:

亻
총13획

파자풀이 僅자는 亻자와 발음요소인 堇(진흙 근)자가 결합한 글자이다.

용례 僅僅 근근, 僅少 근소, 僅僅得生 근근득생

098

삼갈 근:

言
총18획

파자풀이 謹자는 言자와 발음요소인 堇(진흙 근)자의 결합자이다.

유의자 愼 삼갈 신

용례 謹啓 근계, 謹告 근고, 謹身 근신, 謹愼 근신, 謹嚴 근엄, 謹弔 근조, 謹賀新年 근하신년

099

새 금

禸
총13획

파자풀이 禽자는 발음요소인 今자와 짐승을 잡는 덫을 묘사한 凶(흉할 흉)자, 禸(발자국 유)자가 결합한 모습이다.

유의자 鳥 새 조

용례 禽獸 금수, 禽獲 금획, 家禽 가금, 猛禽 맹금, 鳴禽 명금, 良禽擇木 양금택목

100

거문고 금

王(玉)
총12획

파자풀이 琴자는 두 개의 玉자와 발음요소인 今자의 결합자이다. 옥구슬을 부딪치는 것처럼 아름다운 소리를 내는 악기인 거문고를 뜻하는 글자이다.

용례 琴道 금도, 琴書 금서, 琴心 금심, 風琴 풍금, 琴瑟 금슬

101

錦

비단 금:

金
총16획

파자풀이 錦자는 金자와 帛(비단 백)자의 결합자이다.

유의자 絹 비단 견, 帛 비단 백

용례 錦地 금지, 錦上添花 금상첨화, 錦衣夜行 금의야행, 錦衣還鄕 금의환향

102

미칠 급

又
총4획

파자풀이 及자는 앞서가는 사람(人)을 좇아가서 손(又)으로 잡는 모습에서 '미치다'는 의미가 나왔다.

상대자 落 떨어질 락

용례 及落 급락, 及第 급제, 未及 미급, 普及 보급, 言及 언급, 及其也 급기야, 可及的 가급적, 後悔莫及 후회막급, 過猶不及 과유불급

103

즐길 긍:

月(肉)
총8획

파자풀이 肯자는 止(그칠 지)자와 月(肉)자의 결합자이다.

상대자 否 아닐 부

용례 肯定 긍정, 首肯 수긍

104

꾀할 기

人
총6획

파자풀이 企자는 人자와 止자의 결합자이다.

유의자 圖 꾀할 도

용례 企待 기대, 企圖 기도, 企望 기망, 企業 기업, 企劃 기획, 公企業 공기업, 中小企業 중소기업

105

꺼릴 기

心
총7획

파자풀이 忌자는 발음요소인 己(몸 기)자와 의미요소인 心자의 결합자이다.

유의자 避 피할 피

용례 忌故 기고, 忌日 기일, 忌祭 기제, 忌中 기중, 忌避 기피, 禁忌 금기

106

其

그 기

八
총8획

파자풀이 其자는 본래 곡식을 까불리는 키의 모양을 본떠 만든 글자로서 '키'를 의미했다. 후에 '그'라는 의미로 가차되면서, 竹자를 더한 箕자가 의미를 대신하고 있다.

유의자 厥 그 궐

상대자 是 이 시, 此 이 차

용례 其間 기간, 其實 기실, 其人 기인, 其他 기타, 各其 각기, 不知其數 부지기수

107

祈

빌 기

示
총9획

파자풀이 祈자는 신을 의미하는 示자와 斤(도끼 근)자의 결합자이다.

유의자 祝 빌 축, 禱 빌 도

용례 祈求 기구, 祈禱 기도, 祈願 기원, 祈雨祭 기우제

108

豈

어찌 기

豆
총10획

파자풀이 豈자는 山자와 제기(祭器)를 묘사한 豆자의 결합자이다.

유의자 那 어찌 나, 奈 어찌 내, 何 어찌 하

용례 豈敢 기감, 豈不 기불

109

飢

주릴 기

食
총11획

파자풀이 飢자는 食자와 발음요소인 几(안석 궤)자의 결합자이다. 소전까지만 하더라도 饑자가 '굶주리다'라는 뜻으로 쓰였었다.

유의자 饑 주릴 기, 饉 주릴 근, 餓 주릴 아

상대자 飽 배부를 포

용례 飢渴 기갈, 飢餓 기아, 飢寒 기한, 虛飢 허기, 療飢 요기

110

이미 기

旡
총11획

파자풀이 旣자는 旡(목멜 기)자와 식기(食器)를 묘사한 皀자가 결합한 글자로, 이미 식사를 끝났다는 의미에서 '이미'라는 뜻을 갖게 되었다.

유의자 已 이미 이

약자 既

용례 旣決 기결, 旣望 기망, 旣存 기존, 旣婚 기혼, 旣得權 기득권, 旣成服 기성복, 旣決囚 기결수, 旣定事實 기정사실, 旣往之事 기왕지사

111

棄

버릴 기

木
총12획

파자풀이 棄자는 木자와 弃(버릴 기)자가 결합한 글자이다.

약자 弃

용례 棄却 기각, 棄權 기권, 棄世 기세, 棄兒 기아, 遺棄 유기, 破棄 파기, 廢棄 폐기, 抛棄 포기, 自暴自棄 자포자기

112

幾

몇 기

幺
총12획

파자풀이 幾자는 두 개의 幺(작을 요)자와 창을 들고 지키는 모습인 戍(지킬 수)자의 결합자이다.

용례 幾微 기미, 幾百 기백, 幾日 기일, 幾何級數 기하급수

113

欺

속일 기

欠
총12획

파자풀이 欺자는 발음요소인 其자와 欠자의 결합자이다. 거짓 하품을 하며 잠이 오는 것처럼 속이는 모습이다.

유의자 詐 속일 사

용례 欺弄 기롱, 詐欺 사기

114

畿

경기 기

田
총15획

파자풀이 畿자는 발음요소인 幾자와 田자의 결합자이다. 서울 주변에 농사를 짓고 살만한 땅을 경기라고 표현했다.

유의자 甸 경기 전

용례 畿內 기내, 京畿 경기, 京畿道 경기도

115

騎

말탈 기

馬
총18획

파자풀이 騎자는 의미요소인 馬자와 발음요소인 奇자의 결합자이다.

용례 騎馬 기마, 騎兵 기병, 騎士 기사, 騎手 기수, 騎馬戰 기마전, 騎兵隊 기병대, 匹馬單騎 필마단기, 騎虎之勢 기호지세

116

緊

긴할 긴

糸
총14획

파자풀이 緊자는 활시위(糸)가 팽팽해진(臤) 모습을 통해 매우 긴장된 상황을 표현한 것이다.

유의자 要 요긴할 요

약자 紧

용례 緊急 긴급, 緊密 긴밀, 緊迫 긴박, 緊要 긴요, 緊張 긴장, 要緊 요긴, 緊縮財政 긴축재정, 緊急事態 긴급사태

117

那

어찌 나:

阝(邑)
총7획

파자풀이 那자는 본래 서역(西域) 남자를 특징지어 그런 冄자에 邑자를 결합해 성 밖에 살던 서역인을 지칭하는 글자였다.

유의자 豈 어찌 기, 奈 어찌 내, 何 어찌 하

용례 那落 나락, 那何 나하, 那邊 나변, 印度支那 인도지나

118

諾

허락할 낙

言
총16획

파자풀이 諾자는 의미요소인 言자와 발음요소인 若(만약 약)자의 결합자이다.

유의자 許 허락할 허

상대자 拒 거절할 거

용례 內諾 내락, 受諾 수락, 承諾 승낙, 應諾 응낙, 快諾 쾌락, 許諾 허락

119

娘

계집 낭

女
총10획

파자풀이 娘자는 女자와 발음요소인 良자의 결합자이다.

유의자 女 계집 녀

상대자 郞 사내 랑, 男 사내 남

용례 娘子 낭자, 令娘 영랑

120

乃

이에 내:

丿
총2획)

파자풀이 乃자는 일찍부터 '이에'나 '곧'이라는 뜻으로 쓰이고 있지만, 유래에 대해서는 아직까지 명확히 알려진 바가 없다.

용례 乃子 내자, 乃至 내지, 人乃天 인내천

121

奈

어찌 내

大
총8획

파자풀이 奈자는 신성한 제단(示) 위에 사람(大)이 막무가내로 드러누워 있으니, 어찌할 바를 모르는 모습에서 '어찌'란 의미이다.

유의자 豈 어찌 기, 那 어찌 나, 何 어찌 하

용례 奈落 나락, 奈何 내하, 莫無可奈 막무가내

122

耐

견딜 내:

而
총9획

파자풀이 耐자는 턱수염을 묘사한 而자와 寸자의 결합자이다. 손(寸)으로 턱수염(而)을 뽑는 형벌을 견뎌내는 모습을 표현한 글자이다.

유의자 忍 참을 인

용례 耐熱 내열, 耐震 내진, 耐寒 내한, 忍耐 인내, 耐久性 내구성, 耐火性 내화성, 耐震設計 내진설계

123

편안 녕

宀
총14획

파자풀이 寧자는 宀자와 心자, 皿자, 그리고 여기에서는 탁자의 모양자인 丁자의 합체자이다.

유의자 康 편안 강, 安 편안 안, 便 편할 편

약자 寍, 寕

용례 康寧 강녕, 安寧 안녕, 丁寧 정녕, 壽福康寧 수복강녕

124

종 노

女
총5획

파자풀이 奴자는 女자와 손을 묘사한 又자의 결합자로, 손(又)을 바쁘게 움직여 일하는 여자 종을 의미하는 글자이다.

유의자 僕 종 복, 隷 종 례, 婢 계집종 비

용례 奴婢 노비, 奴隷 노예, 賣國奴 매국노, 守錢奴 수전노

125

번뇌할 뇌

忄
총12획

파자풀이 惱자는 忄자와 腦(골 뇌)자의 간략자가 결합한 모습이다.

유의자 煩 번뇌할 번

약자 悩

용례 苦惱 고뇌, 惱殺的 뇌쇄적, 百八煩惱 백팔번뇌

126

腦

골/머리 뇌

月(肉)
총13획

파자풀이 腦자의 정수리를 그린 부분과 月(肉)자를 결합해 사람의 '뇌'를 표현한 것이다.

약자 脳

용례 腦裏 뇌리, 腦死 뇌사, 腦炎 뇌염, 頭腦 두뇌, 洗腦 세뇌, 腦神經 뇌신경, 腦卒中 뇌졸중, 腦出血 뇌출혈, 首腦部 수뇌부, 肝腦塗地 간뇌도지

127

泥

진흙 니

氵
총8획

파자풀이 泥자는 의미요소인 氵자와 발음요소인 尼(여승 니)자의 결합자이다.

용례 泥土 이토, 泥田鬪狗 이전투구, 雲泥之差 운니지차

128

차 다
차 차

艹
총10획

파자풀이 茶자는 사람(人)이 차나무(木)에서 찻잎(艹)을 따는 모습을 표현한 글자이다.

용례 茶器 다기, 茶道 다도, 茶禮 다례, 茶房 다방, 綠茶 녹차, 紅茶 홍차, 雨前茶 우전차, 雀舌茶 작설차, 茶飯事 다반사, 恒茶飯事 항다반사

129

붉을 단

丶
총4획

파자풀이 丹자는 광산의 갱도 안에서 보이는 주사(硃砂)라는 붉은 광물을 표현한 글자이다.

유의자 赤 붉을 적, 朱 붉을 적, 紅 붉을 홍

상대자 靑 푸를 청, 碧 푸를 벽, 綠 푸를 록

용례 丹誠 단성, 丹藥 단약, 丹粧 단장, 丹靑 단청, 丹楓 단풍, 牧丹 목단, 仙丹 선단, 一片丹心 일편단심

130

아침 단

日
총5획

파자풀이 旦자는 지평선(一) 위로 태양(日)이 떠오르는 모습에서 '아침'을 의미하는 글자이다.

유의자 朝 아침 조

상대자 暮 저물 모, 昏 저물 혼, 夕 저녁 석

용례 旦暮 단모, 元旦 원단, 一旦 일단

131

但

다만 단:

亻
총7획

파자풀이 但자는 亻자와 발음요소인 旦자의 결합자이다.

유의자 只 다만 지, 唯 오직 유

용례 但只 단지, 但書 단서

132

淡

맑을 담

氵
총11획

파자풀이 淡자는 氵자와 발음요소인 炎자의 결합자이다.

유의자 淑 맑을 숙, 淸 맑을 청

상대자 濃 짙을 농, 濁 흐릴 탁

용례 淡泊 담박, 淡淡 담담, 淡水 담수, 冷淡 냉담, 濃淡 농담, 雅淡 아담

133

畓

논 답

田
총9획

파자풀이 畓자는 水자와 田자의 결합자이다. 물이 필요한 밭이라는 말로 '논'을 표현한 글자이다.

상대자 田 밭 전

용례 畓穀 답곡, 乾畓 건답, 田畓 전답, 天水畓 천수답

134

踏

밟을 답

足
총15획

파자풀이 踏자는 足자와 발음요소인 沓(유창할 답)자의 결합자이다.

유의자 踐 밟을 천

용례 踏査 답사, 踏襲 답습, 高踏的 고답적, 踏步狀態 답보상태

135

唐

당나라 당
당황할 당(:)

口
총10획

파자풀이 唐자는 발음요소인 康자의 간략자와 口자로 구성된 글자이다.

용례 唐突 당돌, 唐惶 당황, 荒唐 황당, 唐太宗 당태종, 盛唐詩 성당시

136

糖

엿 당
사탕 탕

米
총16획

파자풀이 糖자는 의미요소인 米자와 발음요소인 唐자의 결합자이다.

용례 糖分 당분, 糖質 당질, 製糖 제당, 血糖 혈당, 雪糖 설탕, 砂糖 사탕, 糖尿病 당뇨병

137

貸

빌릴 대:

貝
총12획

파자풀이 貸자는 代자와 貝자의 결합자로, 값나가는 물건을 대신 맡기고 돈을 빌리는 것을 의미하는 글자이다.

상대자 借 빌 차

용례 貸物 대물, 貸付 대부, 貸損 대손, 貸與 대여, 貸用 대용, 貸切 대절, 貸借 대차, 貸出 대출, 轉貸 전대, 高利貸金 고리대금

138

臺

대 대

至
총14획

파자풀이 臺자는 높은 건물을 그린 高자와 至자가 결합한 글자이다.

약자 台, 坮

용례 臺木 대목, 臺詞 대사, 臺本 대본, 臺帳 대장, 臺紙 대지, 燈臺 등대, 舞臺 무대, 寢臺 침대, 鏡臺 경대, 燭臺 촉대, 土臺 토대, 觀象臺 관상대, 氣象臺 기상대, 斷頭臺 단두대, 展望臺 전망대, 天文臺 천문대, 卓球臺 탁구대, 平均臺 평균대, 高臺廣室 고대광실

139

刀

칼 도

刀
총2획

파자풀이 刀자는 한 쪽에만 날이 선 칼을 묘사한 상형자이다.

유의자 劍 칼 검

용례 刀劍 도검, 亂刀 난도, 短刀 단도, 面刀 면도, 竹刀 죽도, 執刀 집도, 銀粧刀 은장도, 單刀直入 단도직입, 一刀兩斷 일도양단

140

挑

돋울 도

扌
총9획

파자풀이 挑자는 의미요소인 扌자와 발음요소인 兆(조짐 조)자의 결합자이다.

용례 挑發 도발, 挑戰 도전

141

倒

넘어질 도:

亻
총10획

파자풀이 倒자는 亻자와 발음요소인 到자의 결합자이다.

용례 倒壞 도괴, 倒置 도치, 倒産 도산, 倒立 도립, 卒倒 졸도, 打倒 타도, 壓倒 압도, 抱腹絶倒 포복절도

142

途

길 도:

辶
총11획

파자풀이 途자는 갈(辶) 길이 아직 남은(余) 도중(途中)을 의미하는 글자이다.

유의자 道 길 도 路 길 로

용례 途上 도상, 方途 방도, 別途 별도, 用途 용도, 壯途 장도, 長途 장도, 途中下車 도중하차, 前途洋洋 전도양양, 前途有望 전도유망

143

桃

복숭아 도

木
총10획

파자풀이 桃자는 의미요소인 木자와 발음요소인 兆자의 결합자이다.

용례 桃李 도리, 桃仁 도인, 桃花 도화, 天桃 천도, 白桃 백도, 黃桃 황도, 桃色雜誌 도색잡지, 桃園結義 도원결의, 武陵桃源 무릉도원

144

陶

질그릇 도

阝(阜)
총11획

파자풀이 陶자는 阝(언덕 부)자와 勹(쌀 포)자, 그리고 缶(장군 부)자의 결합자이다.

용례 陶工 도공, 陶器 도기, 陶然 도연, 陶人 도인, 陶醉 도취, 陶藝家 도예가

145

渡

건널 도

氵
총12획

파자풀이 渡자는 의미요소인 氵자와 발음요소인 度자의 결합자이다.

유의자 濟 건널 제

용례 渡江 도강, 渡來 도래, 渡美 도미, 渡河 도하, 渡航 도항, 賣渡 매도, 明渡 명도, 不渡 부도, 讓渡 양도, 言渡 언도, 過渡期 과도기, 前渡金 전도금, 讓渡所得 양도소득

146

跳

뛸 도

足
총13획

파자풀이 跳자는 의미요소인 足자와 발음요소인 兆자의 결합자이다.

유의자 躍 뛸 약

용례 跳躍 도약, 高跳 고도

147

稻

벼 도

禾
총15획

파자풀이 稻자는 禾자와 손을 묘사한 爫자, 그리고 臼(절구 구)자의 결합자이다.

유의자 禾 벼 화

용례 稻作 도작, 陸稻 육도, 早稻 조도, 稻熱病 도열병, 立稻先賣 입도선매

148

塗

칠할 도

土
총13획

파자풀이 塗자는 氵자와 余(남을 여)자 그리고 土자의 합체자이다.

유의자 泥 진흙 니

용례 塗工 도공, 塗泥 도니, 塗路 도로, 塗料 도료, 塗壁 도벽, 塗裝 도장, 塗炭之苦 도탄지고, 道聽塗說 도청도설

149

篤

도타울 독

竹
총16획

파자풀이 篤자는 竹자와 馬자의 결합자이다.

유의자 敦 도타울 돈 厚 두터울 후

용례 篤農 독농, 篤信 독신, 篤實 독실, 篤厚 독후, 敦篤 돈독, 危篤 위독

150

豚

돼지 돈

豕
총11획

파자풀이 豚자는 月(肉)자와 豕(돼지 시)자의 결합자이다.

유의자 豕 돼지 시, 猪 돼지 저

용례 豚舍 돈사, 豚兒 돈아, 豚肉 돈육, 家豚 가돈, 養豚 양돈, 種豚 종돈

151

敦

도타울 돈

攵
총12획

파자풀이 敦자는 享(누릴 향)자와 攵자의 결합자이다.

유의자 篤 도타울 독, 厚 두터울 후

용례 敦篤 돈독, 敦睦 돈목, 敦厚 돈후

152

突

갑자기 돌

穴
총9획

파자풀이 突자는 穴자와 犬자의 결합자로, 구멍에서 개가 갑자기 튀어오는 모습을 그린 글자이다.

유의자 衝 찌를 충, 猝 갑자기 졸

용례 突擊 돌격, 突起 돌기, 突發 돌발, 突變 돌변, 突入 돌입, 突進 돌진, 突出 돌출, 突風 돌풍, 激突 격돌, 唐突 당돌, 煙突 연돌, 溫突 온돌, 追突 추돌, 衝突 충돌, 突破口 돌파구, 突然變異 돌연변이, 左衝右突 좌충우돌

153

凍

얼 동:

冫
총10획

파자풀이 凍자는 의미요소인 冫(얼음 빙)자와 발음요소인 東자의 결합자이다.

유의자 寒 찰 한 冷 찰 냉 氷 얼음 빙

용례 凍結 동결, 凍死 동사, 凍傷 동상, 凍土 동토, 凍破 동파, 冷凍 냉동, 解凍 해동, 不凍液 부동액, 凍氷寒雪 동빙한설

154

鈍

둔할 둔:

金
총12획

파자풀이 鈍자는 의미요소인 金자와 발음요소인 屯자의 결합자이다.

상대자 銳 날카로울 예, 敏 민첩할 민

용례 鈍角 둔각, 鈍感 둔감, 鈍器 둔기, 鈍才 둔재, 鈍濁 둔탁, 愚鈍 우둔

155

屯

진칠 둔

屮
총4획

파자풀이 屯자는 본래 초목이 올라오는 모습으로 그려져 '봄'을 뜻했었다. 후에 '진을 치다'라는 의미로 가차된 경우이다.

유의자 陣 진칠 진

용례 屯防 둔방, 屯兵 둔병, 屯守 둔수, 屯營 둔영, 屯陣 둔진, 屯田制 둔전제

156

騰

오를 등

馬
총20획

파자풀이 騰자는 朕(조짐 짐)자와 馬자의 결합자이다.

유의자 登 오를 등

상대자 落 떨어질 락

용례 騰貴 등귀, 騰極 등극, 騰落 등락, 反騰 반등, 飛騰 비등, 續騰 속등, 漸騰 점등, 暴騰 폭등

157

絡

이을/얽을 락

糸
총12획

파자풀이 絡자는 의미요소인 糸자와 발음요소인 各자의 결합자이다.

유의자 連 이을 련, 聯 잇달 연

상대자 斷 끊을 단, 絶 끊을 절

용례 絡車 낙거, 經絡 경락, 連絡 연락, 脈絡 맥락

158

난초 란

++
총21획

파자풀이 蘭자는 의미요소인 ++자와 발음요소인 闌(난간 란)자의 결합자이다.

용례 春蘭 춘란, 和蘭 화란, 佛蘭西 불란서, 金蘭之交 금란지교, 梅蘭菊竹 매란국죽

159

난간 란

木
총21획

파자풀이 欄자는 누각 같은 높은 건물에 추락 방지를 위해 나무(木)를 가로질러놓은(闌) 것을 의미한다.

용례 欄干 난간, 空欄 공란

160

濫

넘칠 람:

氵
총17획

파자풀이 濫자는 의미요소인 氵자와 발음요소인 監(볼 감)자의 결합자이다.

유의자 氾 넘칠 범

약자 滥

용례 濫發 남발, 濫伐 남벌, 濫罰 남벌, 濫用 남용,濫獲 남획, 氾濫 범람

161

浪

물결 랑(:)

氵
총10획

파자풀이 浪자는 의미요소인 氵자와 발음요소인 良(좋을 량)자의 결합자이다.

유의자 波 물결 파

용례 浪漫 낭만, 浪說 낭설, 浪費 낭비, 浪人 낭인, 激浪 격랑, 放浪 방랑, 流浪 유랑, 風浪 풍랑, 浮浪者 부랑자, 流浪民 유랑민, 虛無孟浪 허무맹랑

162

郞

사내 랑

阝(邑)
총10획

파자풀이 郞자는 良자와 邑자의 결합자로, 고을(邑)의 한량(閑良)인 남자를 표현한 글자이다.

유의자 男 사내 남

상대자 娘 계집 낭, 女 계집 녀

용례 郞官 낭관, 郞君 낭군, 郞子 낭자, 侍郞 시랑, 新郞 신랑, 花郞 화랑

163

사랑채/행랑 랑

广
총13획

파자풀이 廊자는 广자와 郞자의 결합자로, 사내(郞)들이 기거하는 건물(广)을 의미한다.

용례 廊下 낭하, 舍廊 사랑, 行廊 행랑, 畫廊 화랑, 回廊 회랑

164

掠

노략질할 략

扌
총11획

파자풀이 掠자는 의미요소인 扌자와 발음요소인 京자의 결합자이다.

유의자 奪 빼앗을 탈

용례 掠奪 약탈, 攻掠 공략, 侵掠 침략

165

涼

서늘할 량

氵
총11획

파자풀이 涼자는 氵자와 발음요소인 京자의 결합자이다.

유의자 寒 찰 한, 冷 찰 랭

상대자 溫 따뜻할 온, 暖 따뜻할 난, 暑 더울 서, 炎 불꽃 염

용례 涼風 양풍, 納涼 납량, 荒涼 황량, 炎涼世態 염량세태

166

梁

들보/돌다리 량

木
총11획

파자풀이 梁자는 氵자와 刃(칼날 인)자 그리고 木자로 구성된 글자이다.

유의자 橋 다리 교

용례 橋梁 교량, 上梁 상량, 魚梁 어량, 梁上君子 양상군자

167

諒

믿을/살펴알 량

言
총15획

파자풀이 諒자는 言자와 발음요소인 京자의 결합자이다.

유의자 察 살필 찰

용례 諒知 양지, 諒察 양찰, 諒解 양해, 海諒 해량

168

勵

힘쓸 려:

力
총17획

파자풀이 勵자는 厂자와 萬자 그리고 力자의 결합자이다.

유의자 努 힘쓸 노, 勉 힘쓸 면

약자 励

용례 激勵 격려, 勸勵 권려, 督勵 독려, 勉勵 면려, 獎勵 장려, 獎勵賞 장려상, 刻苦勉勵 각고면려

169

曆

책력 력

日
총16획

파자풀이 曆자는 의미요소인 日자와 발음요소인 厤(다스릴 력)자가 결합한 글자이다.

용례 曆法 역법, 西曆 서력, 月曆 월력, 陽曆 양력, 陰曆 음력, 冊曆 책력, 太陽曆 태양력, 太陰曆 태음력

170

蓮

연꽃 련

++
총15획

파자풀이 蓮자는 ++자와 連(이을 련)자의 결합자로, 군락을 지어 자생하며 커다란 꽃이 연달아 피는 연꽃의 특성을 표현한 글자이다.

용례 蓮根 연근, 蓮葉 연엽, 蓮花 연화, 木蓮 목련

171

憐

불쌍히 여길 련

忄
총15획

파자풀이 憐자는 의미요소인 忄자와 발음요소인 粦(도깨비불 린)가 결합한 형성자이다.

유의자 憫 불쌍히여길 민

용례 憐憫 연민, 可憐 가련, 哀憐 애련, 愛憐 애련, 同病相憐 동병상련, 清純可憐 청순가련

172

聯

연이을 련

耳
총17획

파자풀이 聯자는 耳자와 糸자의 결합자로, 바늘 귀에 실을 꿰어 터진 옷을 꿰매서 잇는다는 의미이다.

유의자 繼 이을 계 續 이을 속 連 이을 련 絡 이을 락

상대자 斷 끊을 단 切 끊을 절

약자 联

용례 聯邦 연방, 聯句 연구, 聯絡 연락, 聯盟 연맹, 聯想 연상, 聯合 연합, 關聯 관련, 對聯 대련, 蘇聯 소련, 聯立內閣 연립내각

173

鍊

쇠불릴/단련할 련:

金
총17획

파자풀이 鍊자는 金자와 柬(가릴 간)자의 결합자이다.

약자 錬

용례 鍊磨 연마, 修鍊 수련, 試鍊 시련, 再鍊 재련, 製鍊 제련, 教鍊 교련, 老鍊 노련, 洗鍊 세련, 鍊金術 연금술

174

戀

그리워할 련:

心
총23획

파자풀이 戀자는 心자와 어지러운 실타래를 묘사한 䜌(어지러울 련)자가 결합한 글자이다.

유의자 慕 그리워할 모

약자 恋

용례 戀歌 연가, 戀慕 연모, 戀書 연서, 戀愛 연애, 戀戀 연연, 戀人 연인, 悲戀 비련, 思戀 사련, 失戀 실연, 戀愛小說 연애소설

175

劣

못할 렬

力
총6획

파자풀이 劣자는 少자와 力자의 결합자로, 힘이 남보다 적은 것을 표현한 글자이다.

유의자 拙 졸할 졸

상대자 優 넉넉할 우

용례 劣等 열등, 劣性 열성, 劣勢 열세, 劣惡 열악, 卑劣 비열, 庸劣 용렬, 優劣 우열, 拙劣 졸렬

176

裂

찢어질 렬

衣
총12획

파자풀이 裂자는 列자와 衣자의 결합자로, 옷이 찢어져 여기 저기 널려있는 모습을 표현한 글자이다.

유의자 破 깨뜨릴 파

용례 裂傷 열상, 決裂 결렬, 龜裂 균열, 分裂 분열, 破裂 파열, 四分五裂 사분오열, 支離滅裂 지리멸렬

177

廉

청렴할 렴

广
총13획

파자풀이 廉자는 广자와 발음요소인 兼(겸할 겸)자의 합체자이다.

유의자 儉 검소할 검

용례 廉價 염가, 廉恥 염치, 廉探 염탐, 低廉 저렴, 破廉恥 파렴치, 沒廉恥 몰염치, 清廉潔白 청렴결백

178

獵

사냥 렵

犭
총18획

파자풀이 獵자는 사냥개(犭)를 데리고 시내(巛)를 건너 다람쥐(鼠)를 쫓는 모습을 표현한 글자이다.

유의자 狩 사냥할 수

약자 猟

용례 獵犬 엽견, 獵官 엽관, 獵奇 엽기, 獵師 엽사, 獵銃 엽총, 禁獵 금렵, 密獵 밀렵, 涉獵 섭렵

179

零

떨어질/영(숫자) 령

雨
총13획

파자풀이 零자는 의미요소인 雨자와 발음요소인 令자의 결합자이다.

유의자 落 떨어질 락

용례 零落 영락, 零封 영봉, 零上 영상, 零下 영하, 零點 영점, 零細民 영세민, 零細業者 영세업자

180

嶺

고개 령

山
총17획

파자풀이 嶺자는 의미요소인 山자와 발음요소인 領(거느릴 령)자의 결합자이다.

용례 嶺東 영동, 嶺西 영서, 嶺南 영남, 大關嶺 대관령, 分水嶺 분수령, 泰山峻嶺 태산준령

181

靈

신령 령

雨
총24획

파자풀이 靈자는 雨자와 제물(祭物)의 모양자인 세 개의 口자, 그리고 巫(무당 무)자로 구성된 글자이다.

유의자 魂 넋 혼

약자 霊, 灵

용례 靈感 영감, 靈物 영물, 靈山 영산, 靈藥 영약, 靈前 영전, 靈驗 영험, 靈魂 영혼, 亡靈 망령, 妄靈 망령, 神靈 신령, 心靈 심령, 幽靈 유령, 魂靈 혼령, 靈長類 영장류, 靈安室 영안실, 慰靈祭 위령제, 護國英靈 호국영령

182

隷

종 례:

隶
총16획

파자풀이 隷자는 柰(능금나무 내)자와 隶(미칠 이)자가 결합한 글자이다.

유의자 奴 종 노 婢 계집종 비 僕 종 복

용례 隷書 예서, 隷屬 예속, 隷臣 예신, 隷人 예인, 宮隷 궁례, 奴隷 노예, 同隷 동례, 輿隷 여례, 直隷 직례

183

露

이슬 로(:)

雨
총21획

파자풀이 露자는 雨자와 路자의 결합자로, 길(路)에 부슬비(雨)처럼 내려앉은 이슬을 표현한 글자이다.

용례 露骨 노골, 露宿 노숙, 露積 노적, 露店 노점, 露天 노천, 露出 노출, 暴露 폭로, 吐露 토로

184

爐

화로 로

火
총20획

파자풀이 爐자는 불(火)을 담는 쇠로 만든 그릇(盧)을 의미하는 글자이다.

약자 炉

용례 香爐 향로, 火爐 화로, 原子爐 원자로, 爐邊情談 노변정담, 紅爐點雪 홍로점설

185

鹿

사슴 록

鹿
총11획

파자풀이 鹿자는 뿔이 긴 수사슴의 모습을 본떠 만든 상형자이다.

용례 鹿角 녹각, 鹿皮 녹피, 鹿血 녹혈, 逐鹿 축록, 白鹿潭 백록담, 指鹿爲馬 지록위마

186

祿

녹 록

示
총13획

파자풀이 祿자는 신을 의미하는 示자와 발음요소인 彔(새길 록)자의 결합자이다.

유의자 俸 녹 봉

용례 貫祿 관록, 官祿 관록, 國祿 국록, 福祿 복록, 爵祿 작록

187

弄

희롱할 롱:

廾
총7획

파자풀이 弄자는 玉자와 두 손을 묘사한 廾자의 결합자이다.

유의자 戱 희롱할 희

용례 弄談 농담, 弄調 농조, 愚弄 우롱, 才弄 재롱, 戱弄 희롱, 吟風弄月 음풍농월, 弄瓦之慶 농와지경

188

雷

우레 뢰

雨
총13획

파자풀이 雷자는 雨자와 申자의 변형인 田자의 결합자이다.

유의자 震 우레 진

용례 雷管 뇌관, 雷同 뇌동, 雷聲 뇌성, 落雷 낙뢰, 魚雷 어뢰, 地雷 지뢰, 避雷 피뢰, 附和雷同 부화뇌동

189

賴

의뢰할 뢰:

貝
총16획

파자풀이 賴자는 束자와 刀자 그리고 貝자로 구성된 글자이다.

유의자 依 의지할 의

용례 信賴 신뢰, 依賴 의뢰, 無賴漢 무뢰한

190

了

마칠 료:

亅
총2획

파자풀이 了자는 막 태어난 신생아를 그린 글자이다.

유의자 終 마칠 종

용례 了解 요해, 滿了 만료, 修了 수료, 完了 완료, 終了 종료

191

僚

동료 료

亻
총14획

파자풀이 僚자는 亻자와 발음요소인 尞(횃불 료)자가 결합한 글자이다.

용례 僚友 요우, 閣僚 각료, 官僚 관료, 同僚 동료, 幕僚 막료

192

累

여러/자주 루:

糸
총11획

파자풀이 累자는 실에 매달린 추를 묘사한 田자와 糸자의 결합자이다.

유의자 屢 여러 루

용례 累計 누계, 累代 누대, 累犯 누범, 累積 누적, 累進 누진, 累差 누차, 累責 누책, 連累 연루, 累卵之危 누란지위, 累卵之勢 누란지세

193

淚

눈물 루:

氵
총11획

파자풀이 淚자는 氵자와 戾(어그러질 려)자의 결합자이다.

약자 涙

용례 落淚 낙루, 血淚 혈루, 催淚彈 최루탄

194

屢

여러 루:

尸
총14획

파자풀이 屢자는 사람이 나란히 겹쳐있는 모습을 그린 婁자에 尸자를 결합한 것으로 무언가가 반복된다는 뜻을 표현하고 있다.

유의자 累 자주 루

용례 屢年 누년, 屢屢 누누, 屢代 누대, 屢世 누세, 屢次 누차

195

漏

샐 루:

氵
총14획

파자풀이 漏자는 氵자와 집에 비가 새는 모습인 屚(샐 루)자의 결합자이다.

용례 漏氣 누기, 漏落 누락, 漏水 누수, 漏電 누전, 漏出 누출, 脫漏 탈루, 自擊漏 자격루

196

樓

다락 루

木
총15획

파자풀이 樓자는 木자와 겹쳐져 있는 모습을 표현한 婁자의 결합자로, 나무를 쌓아 만든 높은 건물을 의미한다.

약자 楼

용례 樓閣 누각, 望樓 망루, 沙上樓閣 사상누각

197

倫

인륜 륜

亻
총10획

파자풀이 倫자는 '둥글다'라는 뜻을 가진 侖자를 응용해, 여럿이 같이 사는 사회에서의 도리와 윤리를 뜻하고 있다.

용례 倫理 윤리, 人倫 인륜, 天倫 천륜, 明倫堂 명륜당, 三綱五倫 삼강오륜

198

栗

밤 률

木
총10획

파자풀이 栗자는 여기에서는 밤송이의 모양자인 覀자와 木자의 결합자이다.

용례 栗谷 율곡, 生栗 생률, 棗栗梨柿 조율이시

199

率

비율 률
거느릴 솔

玄
총11획

파자풀이 率자는 우두머리가 부하를 거느리는 모습을 표현한 글자이다.

유의자 統 거느릴 통 領 거느릴 령

용례 能率 능률, 倍率 배율, 比率 비율, 勝率 승률, 稅率 세율, 打率 타율, 確率 확률, 換率 환율, 效率 효율, 率直 솔직, 輕率 경솔, 食率 식솔, 引率 인솔, 眞率 진솔, 統率 통솔, 投票率 투표율, 率先垂範 솔선수범

200

隆

높을 륭

阝(阜)
총12획

파자풀이 隆자는 阝(언덕 부)자와 발음요소인 夅(천제 지낼 륭)자가 결합한 글자이다.

유의자 高 높을 고, 崇 높을 숭, 盛 성할 성, 興 일 흥

용례 隆起 융기, 隆盛 융성, 隆崇 융숭, 隆恩 융은, 隆興 융흥

201

陵

언덕 릉

阝(阜)
총11획

파자풀이 陵자는 阝(언덕 부)자와 발음요소인 夌(언덕 릉)자의 결합자이다. 무덤을 의미하기도 한다.

유의자 丘 언덕 구 岸 언덕 안 原 언덕 원

용례 陵谷 능곡, 陵碑 능비, 陵寢 능침, 王陵 왕릉, 丘陵 구릉, 武陵桃源 무릉도원, 陵遲處斬 능지처참

202

裏

속 리:

衣
총13획

파자풀이 裏자는 衣자와 발음요소인 里자의 합체자이다. 옷 속을 의미하는 글자이다.

상대자 表 겉 표

용례 裏面 이면, 裏書 이서, 腦裏 뇌리, 表裏不同 표리부동

203

배 리

木
총11획

파자풀이 梨자는 발음요소인 利자와 의미요소인 木자의 결합자이다.

용례 梨花 이화, 烏飛梨落 오비이락, 棗栗梨柿 조율이시

204

밟을 리:

尸
총15획

파자풀이 履자는 尸자와 復자의 합체자이다.

유의자 踏 밟을 답, 踐 밟을 천

용례 履修 이수, 履行 이행, 木履 목리, 廢履 폐리, 履歷書 이력서, 如履薄氷 여리박빙

205

벼슬아치 리:

口
총6획

파자풀이 吏자는 史자와 一자가 결합한 모습으로, 손에 붓을 들고 뭔가를 적는 관리의 모습을 표현한 글자이다.

유의자 官 벼슬 관

용례 吏讀 이두, 吏頭 이두, 官吏 관리, 稅吏 세리, 淸白吏 청백리, 貪官汚吏 탐관오리

206

隣

이웃 린

阝(阜)
총15획

파자풀이 隣자는 阝자와 발이 엇갈려 있는 모습의 粦자의 결합자로, 서로 왕래가 잦은 이웃을 표현한 글자이다.

용례 隣近 인근, 隣接 인접, 隣村 인촌, 善隣 선린, 德不孤必有隣 덕불고필유린

207

臨

임할 림

臣
총17획

파자풀이 臨자는 눈을 묘사한 臣자와 品자의 결합자로, 몸을 굽혀 물품을 자세히 살피는 모습을 표현한 글자이다.

약자 临

용례 臨檢 임검, 臨床 임상, 臨時 임시, 臨迫 임박, 臨終 임종, 臨海 임해, 降臨 강림, 君臨 군림, 來臨 내림, 臨戰無退 임전무퇴

208

麻

삼 마(:)

麻
총11획

파자풀이 麻자는 그늘진 곳에서 곧게 쭉쭉 자라는 삼을 표현한 글자이다.

용례 麻衣 마의, 麻布 마포, 菜麻 채마, 大麻草 대마초, 快刀亂麻 쾌도난마

209

磨

갈 마

石
총16획

파자풀이 磨자는 발음요소인 麻자와 숫돌을 의미하는 石자의 합체자이다.

유의자 硏 갈 연

용례 磨滅 마멸, 達磨 달마, 硏磨 연마, 磨製石器 마제석기

210

없을 막

++
총11획

파자풀이 莫자는 풀숲(++)이 우거져 해(日)를 가리는 모습을 표현한 글자이다.

유의자 無 없을 무

용례 莫强 막강, 莫大 막대, 莫論 막론, 莫甚 막심, 莫逆 막역, 莫重 막중, 莫無可奈 막무가내, 莫上莫下 막상막하, 無知莫知 무지막지, 莫逆之友 막역지우

211

幕

장막 막

巾
총14획

파자풀이 幕자는 莫자와 巾자의 결합자로, 안이 안(莫) 보이도록 천(巾)으로 두른 장막을 표현한 글자이다.

유의자 帳 장막 장

용례 幕間 막간, 幕府 막부, 幕舍 막사, 幕下 막하, 幕後 막후, 內幕 내막, 序幕 서막, 煙幕 연막, 銀幕 은막, 字幕 자막, 帳幕 장막, 終幕 종막, 天幕 천막, 開幕 개막, 閉幕 폐막, 黑幕 흑막, 單幕劇 단막극, 除幕式 제막식, 園頭幕 원두막

212

漠

넓을/사막 막

氵
총14획

파자풀이 漠자는 氵자와 莫자의 결합자로, 물(氵)이 없는(莫) 사막에서 '넓다'는 의미도 파생되었다.

유의자 廣 넓을 광

상대자 狹 좁을 협

용례 茫漠 망막, 漠漠 막막, 漠然 막연, 沙漠 사막

213

晩

늦을 만:

日
총11획

파자풀이 晩자는 日자와 발음요소인 免자의 결합자로, 해가 져서 시간이 늦었다는 의미이다.

유의자 遲 늦을지

상대자 早 이를 조

용례 晩年 만년, 晩成 만성, 晩鍾 만종, 晩秋 만추, 晩婚 만혼, 早晩間 조만간, 晩學徒 만학도, 大器晩成 대기만성, 晩時之歎 만시지탄

214

慢

거만할 만:

忄
총14획

파자풀이 慢자는 의미요소인 忄자와 발음요소인 曼(끌 만)자가 결합한 글자이다.

유의자 傲 거만할 오, 倨 거만할 거

용례 慢性 만성, 傲慢 오만, 緩慢 완만, 自慢 자만, 怠慢 태만

215

漫

흩어질 만:

氵
총14획

파자풀이 漫자는 의미요소인 氵자와 발음요소인 曼(끌 만)자의 결합자이다.

유의자 散 흩을 산

상대자 集 모을 집

용례 漫談 만담, 漫然 만연, 漫評 만평, 漫筆 만필, 漫畫 만화, 浪漫 낭만, 放漫 방만, 散漫 산만

216

妄

망령될 망:

女
총6획

파자풀이 妄자는 발음요소인 亡자와 女자의 결합자로, 女자가 들어가서 맥락 없이 부정적 의미를 갖는 글자의 예이다.

용례 妄覺 망각, 妄靈 망령, 妄發 망발, 妄言 망언, 輕妄 경망, 老妄 노망, 虛妄 허망, 輕擧妄動 경거망동

217

忙

바쁠 망

忄
총6획

파자풀이 忙자는 忄자와 亡자의 결합자로, 정신(忄)이 없을(亡) 정도로 바쁘다는 의미이다.

상대자 閑 한가할 한

용례 奔忙 분망, 忙中閑 망중한, 公私多忙 공사다망

218

忘

잊을 망

心
총7획

파자풀이 忘자는 亡자와 心자의 결합자로, 마음(心)에서 없어지다(亡)는 의미이다.

용례 忘却 망각, 忘失 망실, 忘年會 망년회, 備忘錄 비망록, 健忘症 건망증, 刻骨難忘 각골난망, 白骨難忘 백골난망, 背恩忘德 배은망덕

219

罔

없을 망

网
총8획

파자풀이 罔자는 网(그물 망)자와 亡자의 결합자로, 사냥감을 잡기 위해 쳐놓은 그물(网)에 아무 것도 없는(亡) 모습이다.

용례 罔極 망극, 罔民 망민, 罔測 망측, 欺罔 기망, 怪常罔測 괴상망측

220

茫

아득할 망

艹
총10획

파자풀이 茫자는 艹자와 氵자 그리고 발음요소인 亡자의 결합자로, 초원(艹)과 바다(氵)가 너무 넓어 아득하다는 의미이다.

용례 茫漠 망막, 茫茫大海 망망대해, 茫然自失 망연자실

221

埋

묻을 매

土
총10획

파자풀이 埋자는 고인을 마을(里) 부근에 흙(土)을 파고 묻는다는 의미이다.

용례 埋葬 매장, 埋藏 매장, 埋魂 매혼, 埋沒 매몰, 埋伏 매복, 生埋葬 생매장, 暗埋葬 암매장

222

梅

매화 매

木
총11획

파자풀이 梅자는 의미요소인 木자와 발음요소인 每자의 결합자이다.

용례 梅毒 매독, 梅實 매실, 梅雨 매우, 梅花 매화, 梅實茶 매실차, 梅蘭菊竹 매란국죽

223

媒

중매 매

女
총12획

파자풀이 媒자는 女자와 某(아무 모)자의 결합자로, 아무개(某) 남녀를 결혼하도록 연결해주는 여자를 의미하는 글자이다.

용례 媒體 매체, 觸媒 촉매, 中媒人 중매인, 媒介物 매개물

224

麥

보리 맥

麥
총11획

파자풀이 본래 '보리'를 의미하는 글자로는 來자가 먼저 쓰였었으나, 후에 '오다'라는 뜻으로 가차되면서, 夊자를 더한 麥자가 '보리'라는 뜻을 대신하게 되었다.

약자 麦

용례 麥飯 맥반, 麥芽 맥아, 麥酒 맥주, 麥秋 맥추, 小麥 소맥, 精麥 정맥, 麥秀之歎 맥수지탄

225

盲

소경/눈멀 맹

目
총8획

파자풀이 盲자는 亡자와 目자의 결합자로, 눈(目)이 없다(亡)는 것은 시력을 망실한 것을 표현한 것이다.

용례 盲信 맹신, 盲兒 맹아, 盲人 맹인, 盲腸 맹장, 盲點 맹점, 盲從 맹종, 文盲 문맹, 色盲 색맹, 盲目的 맹목적, 夜盲症 야맹증

226

孟

맏 맹(:)

子
총8획

파자풀이 孟자는 子자와 皿(그릇 명)자의 결합자이다.

유의자 兄 맏 형, 伯 맏 백, 胤 맏아들 윤

상대자 季 막내 계

용례 孟春 맹춘, 孟夏 맹하, 孟秋 맹추, 孟冬 맹동, 孟子 맹자, 虛無孟浪 허무맹랑, 孟母三遷 맹모삼천

227

猛

사나울 맹:

犭
총11획

파자풀이 猛자는 犭자와 발음요소인 孟자의 결합자이다.

유의자 勇 날랠 용, 烈 맹렬할 렬

용례 猛犬 맹견, 猛禽 맹금, 猛毒 맹독, 猛烈 맹렬, 猛暑 맹서, 猛獸 맹수, 猛威 맹위, 猛將 맹장, 猛打 맹타, 猛爆 맹폭, 猛虎 맹호, 寬猛 관맹, 勇猛 용맹

228

盟

맹세 맹

皿
총13획

파자풀이 盟자는 발음요소인 明자와 의미요소인 皿자의 결합자이다.

유의자 誓 맹세할 서

용례 盟邦 맹방, 盟誓 맹서, 盟約 맹약, 加盟 가맹, 同盟 동맹, 聯盟 연맹, 血盟 혈맹

229

免

면할 면:

儿
총7획

파자풀이 免자는 兔(토끼 토)자에서 꼬리를 의미하는 丶자가 빠진 모습으로, 토끼가 덫에 걸렸다가 꼬리만 잘리고 죽음은 면한 모습을 표현했다.

용례 免訴 면소, 免役 면역, 免疫 면역, 免除 면제, 免職 면직, 免許 면허, 減免 감면, 謀免 모면, 放免 방면, 辭免 사면, 罷免 파면, 免罪符 면죄부, 免稅點 면세점, 免責特權 면책특권

230

眠

잘 면

目
총10획

파자풀이 眠자는 目자와 발음요소인 民자의 결합자이다.

유의자 睡 잘 수, 宿 잘 숙

용례 冬眠 동면, 睡眠 수면, 熟眠 숙면, 安眠 안면, 永眠 영면, 休眠 휴면, 不眠症 불면증, 高枕安眠 고침안면

231

綿

솜 면

糸
총14획

파자풀이 綿자는 糸자와 帛(비단 백)자의 결합자이다.

용례 綿綿 면면, 綿密 면밀, 綿絲 면사, 綿羊 면양, 石綿 석면, 純綿 순면, 連綿 연면, 原綿 원면, 綿製品 면제품, 綿織物 면직물, 周到綿密 주도면밀

232

滅

멸할 멸

氵
총13획

파자풀이 滅자는 氵자와 火자 그리고 도끼창을 그린 戌자의 결합자로, 수공(水攻), 화공(火攻), 무기(戌)로 적을 섬멸하는 것을 표현한 글자이다.

유의자 亡 망할 망

용례 滅共 멸공, 滅亡 멸망, 滅門 멸문, 滅族 멸족, 滅種 멸종, 壞滅 괴멸, 明滅 명멸, 不滅 불멸, 死滅 사멸, 消滅 소멸, 掃滅 소멸, 燒滅 소멸, 入滅 입멸, 自滅 자멸, 寂滅 적멸, 全滅 전멸, 點滅 점멸, 破滅 파멸, 滅菌 멸균, 支離滅裂 지리멸렬, 滅私奉公 멸사봉공

233

冥

어두울 명

冖
총10획

파자풀이 冥자는 冖자와 日자, 여기에서는 16일을 의미하는 六자가 결합한 글자이다.

유의자 暗 어두울 암 昏 어두울 혼

상대자 明 밝을 명 朗 밝을 랑 昭 밝을 소 哲 밝을 철

용례 冥界 명계, 冥冥 명명, 冥福 명복, 冥府 명부, 冥想 명상, 冥王星 명왕성

234

銘

새길 명

金
총14획

파자풀이 銘자는 金자와 名자의 결합자이다.

유의자 刻 새길 각, 刊 새길 간

용례 銘記 명기, 銘心 명심, 感銘 감명, 墓碑銘 묘비명, 座右銘 좌우명

235

某

아무 모:

木
총9획

파자풀이 某자는 甘(달 감)자와 木자의 결합자이다. 이름 모를 나무에서 달콤한 열매가 열린 모습이다.

용례 某某 모모, 某氏 모씨, 某種 모종, 某處 모처

236

募

모을/뽑을 모

力
총13획

파자풀이 募자는 발음요소인 莫자와 力자의 결합자이다.

유의자 拔 뽑을 발, 集 모을 집

용례 募金 모금, 募集 모집, 公募 공모, 急募 급모, 應募 응모

237

慕

그리워할 모:

㣺
총15획

파자풀이 慕자는 발음요소인 莫자와 의미요소인 㣺(心)자의 결합자이다.

유의자 戀 그리워할 련

용례 慕情 모정, 敬慕 경모, 思慕 사모, 崇慕 숭모, 愛慕 애모, 戀慕 연모, 追慕 추모

238

暮

저물 모:

日
총15획

파자풀이 暮자는 莫자와 日자의 결합자로, 해(日)가 서산(西山) 밑으로 사라졌으니(莫) 저물었다는 의미이다.

유의자 昏 저물 혼

상대자 早 새벽 조, 朝 아침 조

용례 暮景 모경, 暮境 모경, 暮秋 모추, 歲暮 세모, 朝令暮改 조령모개, 朝三暮四 조삼모사, 日暮途遠 일모도원

239

貌

모양/얼굴 모

豸
총14획

파자풀이 皃자에 이미 '용모'라는 뜻이 있지만, 여기에 豸자를 결합한 貌자는 본래의 의미를 더욱 강조하기 위해 만들어진 글자이다.

유의자 面 얼굴 면, 顔 얼굴 안, 容 얼굴 용

약자 皃

용례 模樣 모양, 面貌 면모, 美貌 미모, 變貌 변모, 外貌 외모, 容貌 용모, 體貌 체모, 風貌 풍모

240

謀

꾀 모

言
총16획

파자풀이 謀자는 言자와 발음요소인 某(아무 모)자의 결합자이다.

유의자 策 꾀 책, 略 책략 략

용례 謀叛 모반, 謀反 모반, 謀事 모사, 謀議 모의, 謀陷 모함, 共謀 공모, 圖謀 도모, 無謀 무모, 逆謀 역모, 陰謀 음모, 智謀 지모, 參謀 참모, 謀免 모면, 主謀者 주모자, 謀利輩 모리배, 權謀術數 권모술수, 中傷謀略 중상모략

241

侮

업신여길 모(:)

亻

총9획

파자풀이 侮자는 亻자와 毎자의 결합자이다.

유의자 凌 업신여길 릉, 蔑 업신여길 멸

용례 侮慢 모만, 侮笑 모소, 侮言 모언, 侮辱 모욕, 受侮 수모

242

무릅쓸 모

冂

총9획

파자풀이 冒자는 冃(쓰게 모)자와 目자가 결합한 모습으로, 본래 '모자'를 의미했었다.

용례 冒耕 모경, 冒頭 모두, 冒濫 모람, 冒廉 모렴, 冒犯 모범, 冒雨 모우, 冒認 모인, 冒進 모진, 冒稱 모칭, 冒寒 모한, 冒險 모험

243

睦

화목할 목

目

총13획

파자풀이 睦자는 目자와 발음요소인 坴(언덕 륙)자가 결합한 글자로, 본래 '눈빛이 온화하다'는 의미의 글자였다.

유의자 和 화할 화

용례 親睦 친목, 和睦 화목, 親睦契 친목계

244

빠질 몰

氵

총7획

파자풀이 沒자는 氵자와 殳자가 결합한 글자로, 몽둥이(殳)에 맞고 정신을 잃어 물(氵)에 빠지는 모습이다.

유의자 浸 잠길 침, 沈 잠길 침, 陷 빠질 함, 溺 빠질 닉

용례 沒却 몰각, 沒頭 몰두, 沒落 몰락, 沒死 몰사, 沒殺 몰살, 沒收 몰수, 沒我 몰아, 沒入 몰입, 水沒 수몰, 日沒 일몰, 出沒 출몰, 沈沒 침몰, 陷沒 함몰, 沒廉恥 몰염치, 沒常識 몰상식, 沒人情 몰인정, 沒知覺 몰지각, 神出鬼沒 신출귀몰

245

꿈 몽

夕

총14획

파자풀이 夢자는 눈꺼풀을 묘사한 ++자와 目자, 이불을 묘사한 冖자, 夕자가 결합한 글자이다.

약자 梦

용례 夢想 몽상, 夢精 몽정, 吉夢 길몽, 凶夢 흉몽, 惡夢 악몽, 解夢 해몽, 現夢 현몽, 迷夢 미몽, 白日夢 백일몽, 夢遊病 몽유병, 非夢似夢 비몽사몽, 一場春夢 일장춘몽, 同床異夢 동상이몽, 醉生夢死 취생몽사

246

蒙

어두울 몽

++

총14획

파자풀이 蒙자는 ++자와 冡(덮어쓸 몽)자가 결합한 글자로, 풀이 덮어 앞이 어두워졌다는 것을 표현한 글자이다.

용례 蒙古 몽고, 啓蒙 계몽, 朱蒙 주몽, 無知蒙昧 무지몽매

247

卯

토끼 묘:

卩

총5획

파자풀이 卯자는 대문을 활짝 연 모습을 그린 글자이다. 네 번째 지지(地支)를 의미하기도 한 글자이다.

유의자 兔 토끼 토

용례 卯方 묘방, 卯時 묘시, 卯日 묘일, 己卯士禍 기묘사화

248

苗

모 묘:

++

총9획

파자풀이 苗자는 ++자와 田자가 결합한 회의자로, 밭에서 올라오는 어린 싹을 의미하는 글자이다.

용례 苗木 묘목, 苗族 묘족, 苗板 묘판, 育苗 육묘, 種苗 종묘, 拔苗助長 발묘조장, 助長拔苗 조장발묘

249

廟

사당 묘:

广

총15획

파자풀이 廟자는 广자와 朝자의 합체자로, 아침(朝)마다 간단한 제사를 지내는 건물(广)인 사당을 의미한다.

유의자 祠 사당 사

약자 庙, 庿

용례 廟堂 묘당, 廟議 묘의, 東廟 동묘, 文廟 문묘, 宗廟 종묘, 左廟右社 좌묘우사

250

茂

무성할 무:

++

총9획

파자풀이 茂자는 의미요소인 ++자와 발음요소인 戊(천간 무)자의 결합자이다.

유의자 盛 성할 성

용례 茂林 무림, 茂盛 무성, 茂才 무재, 茂學 무학

251

貿

무역할 무:

貝

총12획

파자풀이 貿자는 대문을 활짝 열고(卯) 재물(貝)이 드나드는 모습에서 '무역하다'라는 의미를 표현한 글자이다.

유의자 易 바꿀 역

용례 貿穀 무곡, 貿易 무역, 貿易風 무역풍, 密貿易 밀무역

252

안개 무

雨

총19획

파자풀이 霧자는 의미요소인 雨자와 발음요소인 務(힘쓸 무)자의 결합자이다.

용례 霧散 무산, 雲霧 운무, 五里霧中 오리무중

253

천간 무:

戈

총5획

파자풀이 戊자는 창의 일종을 그린 것이다. 이 창은 반달 모양의 도끼가 달린 것으로 주로 적을 베는 용도로 사용됐었다.

용례 戊夜 무야, 戊午士禍 무오사화

254

잠잠할 묵

黑

총16획

파자풀이 默자는 黑자와 犬자의 결합자이다.

약자 黙

용례 默契 묵계, 默過 묵과, 默念 묵념, 默禮 묵례, 默殺 묵살, 默想 묵상, 默認 묵인, 寡默 과묵, 沈默 침묵, 默珠 묵주, 默秘權 묵비권, 默示錄 묵시록, 默默不答 묵묵부답

255

먹 묵

土

총15획

파자풀이 墨자는 黑자와 土자의 결합자로, 검은(黑) 흙(土)을 굳혀 놓은 것처럼 생긴 먹을 의미한다.

용례 墨紙 묵지, 墨香 묵향, 墨畫 묵화, 白墨 백묵, 墨刑 묵형, 水墨畫 수묵화, 騷人墨客 소인묵객, 近墨者黑 근묵자흑

256

紋

무늬 문

糸

총10획

파자풀이 紋자는 糸자와 文자의 결합자이다.

유의자 彩 무늬 채, 絢 무늬 현

용례 紋銀 문은, 羅紋 나문, 手紋 수문, 繡紋 수문, 指紋 지문, 波紋 파문

257

勿

말 물

勹

총4획

파자풀이 勿자는 칼을 내리치는 모습에서 '~하지 말아라'와 같은 금지를 뜻을 나타내고 있다.

유의자 毋 말 무

용례 勿驚 물경, 勿禁 물금, 勿論 물론, 勿忘草 물망초

258

尾

꼬리 미:

尸

총7획

파자풀이 尾자는 尸자와 毛(터럭 모)자의 결합자이다.

유의자 末 끝 말

상대자 頭 머리 두, 首 머리 수

용례 尾行 미행, 交尾 교미, 末尾 말미, 語尾 어미, 後尾 후미, 燕尾服 연미복, 首尾相關 수미상관, 魚頭肉尾 어두육미, 龍頭蛇尾 용두사미, 徹頭徹尾 철두철미, 去頭截尾 거두절미, 尾生之信 미생지신

259

눈썹 미

目

총9획

파자풀이 眉자는 눈썹을 표현한 巴자와 目자의 결합자이다. 눈 위의 눈썹을 묘사한 글자이다.

용례 眉間 미간, 眉目 미목, 白眉 백미, 愁眉 수미, 焦眉之急 초미지급

260

미혹할 미(:)

辶

총10획

파자풀이 迷자는 辶자와 팔방(八方)을 묘사한 米자의 결합자로, 길이 사방팔방으로 나서 헤매는 모습을 표현한 글자이다.

유의자 惑 미혹할 혹

용례 迷宮 미궁, 迷路 미로, 迷夢 미몽, 迷信 미신, 迷兒 미아, 迷惑 미혹, 昏迷 혼미

261

微

작을 미

彳
총13획

파자풀이 微자는 본래 '가늘다'라는 뜻을 가진 溦자에 彳자가 결합해 '좁은 길'이나 '오솔길'을 뜻했었다.

유의자 小 작을 소

상대자 巨 클 거, 大 큰 대, 太 클 태

용례 微動 미동, 微量 미량, 微力 미력, 微明 미명, 微妙 미묘, 微微 미미, 微分 미분, 微細 미세, 微笑 미소, 微弱 미약, 微熱 미열, 微震 미진, 微賤 미천, 微風 미풍, 輕微 경미, 機微 기미, 稀微 희미, 顯微鏡 현미경, 微生物 미생물, 微溫的 미온적, 微官末職 미관말직, 微視經濟 미시경제

262

민첩할 민

攵
총11획

파자풀이 敏자는 每자와 攵자의 결합자로, 채찍(攵)을 들고 매사(每事)에 민첩하게 행동하도록 훈련시킨다는 의미이다.

상대자 鈍 둔할 둔

용례 敏感 민감, 敏活 민활, 過敏 과민, 機敏 기민, 不敏 불민, 銳敏 예민, 訥言敏行 눌언민행

263

憫

민망할 민

忄
총15획

파자풀이 憫자는 의미요소인 忄자와 발음요소인 閔(민망할 민)자의 결합자이다.

유의자 憐 불쌍히여길 련

용례 憐憫 연민, 不憫 불민

264

꿀 밀

虫
총14획

파자풀이 蜜자는 발음요소인 宓(잠잠할 밀)자와 의미요소인 虫자를 결합한 글자이다.

용례 蜜語 밀어, 蜜蜂 밀봉, 蜂蜜 봉밀, 蜜月旅行 밀월여행

265

泊

머무를/배댈 박

氵
총8획

파자풀이 泊자는 氵자와 발음요소인 白자의 결합자이다.

용례 淡泊 담박, 民泊 민박, 宿泊 숙박, 外泊 외박

266

迫

핍박할 박

辶
총9획

파자풀이 迫자는 辶자와 발음요소인 白자의 결합자이다.

유의자 脅 위협할 협

약자 廹

용례 迫近 박근, 迫頭 박두, 迫力 박력, 迫切 박절, 迫眞 박진, 迫害 박해, 驅迫 구박, 窮迫 궁박, 急迫 급박, 壓迫 압박, 臨迫 임박, 切迫 절박, 促迫 촉박, 脅迫 협박, 迫進感 박진감, 緊迫感 긴박감, 迫擊砲 박격포, 强迫觀念 강박관념

267

薄

엷을 박

++
총17획

파자풀이 薄자는 ++자와 溥(넓을 부)자가 결합한 글자이다.

상대자 厚 두터울 후

용례 薄待 박대, 薄福 박복, 薄色 박색, 薄情 박정, 刻薄 각박, 輕薄 경박, 野薄 야박, 淺薄 천박, 稀薄 희박, 肉薄戰 육박전, 才勝薄德 재승박덕, 如履薄氷 여리박빙, 薄利多賣 박리다매, 精神薄弱 정신박약, 美人薄命 미인박명

268

返

돌이킬 반:

辶
총8획

파자풀이 返자는 辶자와 反자의 합체자이다. 가던 길을 되돌아온다는 의미이다.

유의자 歸 돌아갈 귀, 還 돌아올 환

용례 返納 반납, 返送 반송, 返品 반품, 返還 반환, 去者必返 거자필반

269

叛

배반할 반:

又
총9획

파자풀이 叛자는 언제든 되돌릴(反) 수 있게 몸을 반(半)만 걸친 모습에서 '배반하다'는 의미이다.

용례 叛軍 반군, 叛旗 반기, 叛徒 반도, 叛亂 반란, 叛逆 반역, 謀叛 모반, 背叛 배반

270

般

일반 반

舟
총10획

파자풀이 般자는 본래 '옮기다'는 의미였으나, '일반'이란 의미로 가차되면서, 여기에 扌자를 더한 搬자가 본래 의미를 대신하고 있다.

용례 般樂 반락, 今般 금반, 一般 일반, 全般 전반, 諸般 제반, 般若心經 반야심경

271

飯

밥 반

食
총13획

파자풀이 飯자는 食자와 反자의 결합자로, 매일 반복해서(反) 먹는다(食)는 의미이다.

유의자 食 밥 식

용례 飯店 반점, 飯酒 반주, 白飯 백반, 朝飯 조반, 茶飯事 다반사

272

盤

소반 반

皿
총15획

파자풀이 盤자는 다른 그릇(皿)을 옮기는(般) 역할을 하는 쟁반을 의미한다.

용례 盤曲 반곡, 盤石 반석, 骨盤 골반, 旋盤 선반, 小盤 소반, 巖盤 암반, 原盤 원반, 音盤 음반, 終盤 종반, 中盤 중반, 地盤 지반, 初盤 초반, 羅針盤 나침반

273

伴

짝 반:

亻
총7획

파자풀이 伴자는 亻자와 半자의 결합자로, 인생의 반쪽인 사람을 의미한 글자이다.

유의자 配 짝 배, 匹 짝 필, 侶 짝 려, 偶 짝 우

용례 伴奏 반주, 伴行 반행, 同伴 동반, 隨伴 수반

274

拔

뽑을 발

扌
총8획

파자풀이 拔자는 본래 '뽑다'의 의미가 있는 犮자에 扌자를 더해 '손으로 뽑는다'는 의미를 강조한 경우이다.

유의자 選 가릴 선, 擇 가릴 택, 揀 가릴 간

용례 拔取 발취, 奇拔 기발, 拔群 발군, 選拔 선발, 卓拔 탁발, 海拔 해발, 拔本塞源 발본색원

275

芳

꽃다울 방

艹
총8획

파자풀이 芳자는 艹자와 方자의 결합자로, 꽃(艹) 향기가 사방(方)으로 퍼지는 것을 표현한 글자이다.

용례 芳年 방년, 芳香劑 방향제, 芳名錄 방명록, 綠陰芳草 녹음방초, 流芳百世 유방백세

276

邦

나라 방

阝(邑)
총7획

파자풀이 邦자는 발음요소인 丰(풀이 무성할 봉)자와 邑자의 결합자이다.

유의자 國 나라 국

용례 邦國 방국, 邦畫 방화, 萬邦 만방, 聯邦 연방, 友邦 우방, 合邦 합방, 異邦人 이방인

277

倣

본뜰 방

亻
총10획

파자풀이 倣자는 亻자와 발음요소인 放자의 결합자이다.

유의자 模 본뜰 모

용례 倣似 방사, 模倣 모방

278

傍

곁 방:

亻
총12획

파자풀이 傍자는 본래 '곁'이란 의미를 가진 旁자에 '사람의 곁'이란 의미를 강조하기 위해 亻자가 더해진 경우이다.

용례 傍觀 방관, 傍白 방백, 傍證 방증, 傍聽客 방청객, 傍若無人 방약무인, 袖手傍觀 수수방관

279

杯

잔 배

木
총8획

파자풀이 杯자는 의미요소인 木자와 발음요소인 不자의 결합자이다.

유의자 盃 잔 배

용례 杯盤 배반, 乾杯 건배, 苦杯 고배, 毒杯 독배, 聖杯 성배, 祝杯 축배, 戒盈杯 계영배

280

培

북돋울 배:

土
총11획

파자풀이 培자는 土자와 발음요소인 咅(침 부)자의 결합자로, 많은 수확을 위해 땅(土)을 북돋는다는 의미이다.

용례 培養 배양, 栽培 재배, 培材學堂 배재학당

281

排

밀칠 배

扌
총11획

파자풀이 排자는 扌자와 발음요소인 非자의 결합자이다.

유의자 斥 물리칠 척

용례 排擊 배격, 排球 배구, 排氣 배기, 排卵 배란, 排便 배변, 排除 배제, 排斥 배척, 排出 배출, 排布 배포, 排他的 배타적, 排水施設 배수시설

282

輩

무리 배:

車
총15획

파자풀이 輩자는 발음요소인 非자와 車자의 결합자이다.

유의자 群 무리 군, 黨 무리 당, 徒 무리 도, 衆 무리 중

상대자 獨 홀로 독

약자 輩

용례 輩出 배출, 輩行 배행, 先輩 선배, 後輩 후배, 同年輩 동년배, 謀利輩 모리배, 浮浪輩 부랑배, 不良輩 불량배, 暴力輩 폭력배

283

伯

맏 백

亻
총7획

파자풀이 伯자는 亻자와 白자의 결합자로, 여러 형제 중에 머리가 희끗해진 맏형을 의미하는 글자이다.

유의자 兄 맏 형, 孟 맏 맹

상대자 季 막내 계

용례 伯爵 백작, 伯母 백모, 伯父 백부, 伯兄 백형, 方伯 방백, 畫伯 화백, 伯仲之勢 백중지세

284

煩

번거로울 번

火
총13획

파자풀이 煩자는 번잡스러워 머리(頁)에 화(火)기가 오르는 모습을 표현한 글자이다.

유의자 惱 번뇌할 뇌

용례 煩惱 번뇌, 煩雜 번잡, 頻煩 빈번, 百八煩惱 백팔번뇌, 食少事煩 식소사번

285

繁

번성할 번

糸
총17획

파자풀이 繁자는 예민(敏)한 실(糸)로 옷감을 직조하는 일은 번거롭다는 의미이다.

유의자 昌 창성할 창 盛 성할 성

용례 繁多 번다, 繁盛 번성, 繁榮 번영, 繁昌 번창, 繁雜 번잡, 頻繁 빈번, 繁華街 번화가, 農繁期 농번기

286

飜

번역할/뒤집을 번

飛
총21획)

파자풀이 飜자는 발음요소인 番(차례 번)자와 飛(날 비)자의 결합자로, 본래 새가 몸을 뒤집는 것을 뜻하기 위해 만든 글자였다.

유의자 譯 번역할 역

용례 飜案 번안, 飜譯 번역, 飜覆 번복, 飜意 번의

287

凡

무릇 범(:)

几
총3획

파자풀이 凡자는 본래 바람을 안은 돛을 묘사한 글자로, 모든 곳에 두루 부는 바람을 의미했다.

용례 凡例 범례, 凡夫 범부, 凡常 범상, 凡失 범실, 凡人 범인, 大凡 대범, 非凡 비범, 平凡 평범, 白凡백범, 凡百事 범백사, 禮儀凡節 예의범절

288

푸를 벽

石
총14획

파자풀이 碧자는 珀(호박 박)자와 石자가 결합한 글자이다.

유의자 青 푸를 청

상대자 紅 붉을 홍

용례 碧空 벽공, 碧眼 벽안, 碧天 벽천, 碧溪水 벽계수, 桑田碧海 상전벽해

289

분별할 변:

辛
총16획

파자풀이 辨자는 죄수를 의미하는 辛자와 刂자의 결합자로, 두 명의 죄수 말을 들어보고 죄의 유무를 판단한다는 의미이다.

용례 辨明 변명, 辨別 변별, 辨償 변상, 辨濟 변제, 辨理士 변리사, 辨證法 변증법

290

남녘 병:

一
총5획

파자풀이 丙자는 아궁이에 불을 지피는 모습을 본떠 만든 상형자이다.

용례 丙子胡亂 병자호란, 丙寅洋擾 병인양요

291

屛

병풍 병(:)

尸
총11획

파자풀이 屛자는 尸자와 발음요소인 幷(아우를 병)자가 결합한 글자이다.

약자 屏

용례 屛去 병거, 屛居 병거, 屛風 병풍, 畫屛 화병

292

竝

나란히 병:

立
총10획

파자풀이 竝자는 두 사람이 나란히 선 모양을 묘사한 글자이다.

약자 並

용례 竝立 병립, 竝列 병렬, 竝用 병용, 竝進 병진, 竝行 병행

293

補

기울 보:

衤
총12획

파자풀이 補자는 의미요소인 衤자와 발음요소인 甫(클 보)자의 결합자이다.

유의자 扶 도울 부 助 도울 조 護 도울 호 繕 기울 선

용례 補講 보강, 補強 보강, 補缺 보결, 補給 보급, 補導 보도, 補色 보색, 補選 보선, 補修 보수, 補身 보신, 補藥 보약, 補完 보완, 補任 보임, 補正 보정, 補助 보조, 補職 보직, 補充 보충, 補血 보혈, 轉補 전보, 增補 증보, 候補 후보, 補償 보상, 次官補 차관보, 補聽器 보청기

294

족보 보:

言
총19획

파자풀이 譜자는 言자와 발음요소인 普(널리 보)자의 결합자이다.

용례 譜學 보학, 譜表 보표, 系譜 계보, 族譜 족보, 樂譜 악보, 年譜 연보

295

卜

점 복

卜
총2획

파자풀이 卜자는 거북의 배딱지(腹甲)에 나온 점괘의 모양을 본떠 만든 상형자이다.

유의자 占 점칠 점

용례 卜居 복거, 卜地 복지, 卜師 복사, 卜債 복채, 卜馬 복마

296

腹

배 복

月(肉)
총13획

파자풀이 腹자는 月(肉)자와 발음요소인 复(돌아올 복)자가 결합한 글자이다.

상대자 背 등 배

용례 腹部 복부, 腹水 복수, 腹案 복안, 腹痛 복통, 空腹 공복, 同腹 동복, 私腹 사복, 心腹 심복, 異腹 이복, 割腹 할복, 開腹手術 개복수술, 面從腹背 면종복배, 抱腹絶倒 포복절도

297

覆

덮을 부
다시 복

襾
총18획

파자풀이 覆자는 襾(덮을 아)자와 발음요소인 復(돌아올 복)자의 결합자이다.

유의자 蓋 덮을 개

용례 飜覆 번복, 覆蓋 복개, 覆面 복면, 覆水不收 복수불수

298

封

봉할 봉

寸
총9획

파자풀이 封자는 圭(홀 규)자와 寸자의 결합자이다.

용례 封墳 봉분, 封書 봉서, 封印 봉인, 封紙 봉지, 封窓 봉창, 封合 봉합, 開封 개봉, 同封 동봉, 密封 밀봉, 封鎖 봉쇄, 金一封 금일봉, 封庫罷職 봉고파직

299

峯

봉우리 봉

山
총10획

파자풀이 峯자는 山자와 날카롭고 뾰족한 모습을 표현한 夆(끌 봉)자의 결합자로, 날카롭고 뾰족하게 솟은 산봉우리를 표현한 글자이다.

용례 主峰 주봉, 最高峰 최고봉, 天王峯 천왕봉

300

逢

만날 봉

辶
총11획

파자풀이 逢자는 辶자와 夆자의 결합자이다. 연락의 방법이 열악했던 옛날에 길에서 누군가를 만난다는 것은 각각의 시간과 공간이 한 점에서 마주치는 아주 우연한 경우인 것이다.

유의자 遇 만날 우

용례 逢辱 봉욕, 逢着 봉착, 相逢 상봉

301

蜂

벌 봉

虫
총13획

파자풀이 蜂자는 虫자와 뾰족한 모양을 표현한 夆자의 결합자로, 뾰족한 침을 가진 곤충인 벌을 의미하는 글자이다.

용례 蜂起 봉기, 蜂蜜 봉밀, 蜜蜂 밀봉, 養蜂 양봉, 韓蜂 한봉, 洋蜂 양봉

302

鳳

봉새 봉:

鳥
총14획

파자풀이 鳳자는 凡자와 鳥자의 합체자이다.

유의자 凰 봉황 황

용례 鳳凰 봉황, 鳳城 봉성, 鳳聲 봉성, 鳳仙花 봉선화, 龍味鳳湯 용미봉탕

303

付

부칠 부:

亻
총5획

파자풀이 付자는 亻자와 寸자의 결합자이다.

유의자 寄 부칠 기

용례 付託 부탁, 貸付 대부, 交付 교부, 給付 급부, 發付 발부, 配付 배부, 送付 송부, 分付 분부, 結付 결부, 還付金 환부금, 反對給付 반대급부, 申申當付 신신당부

304

扶

도울 부

扌
총7획

파자풀이 扶자는 扌자와 발음요소인 夫자의 결합자이다.

유의자 援도울 원 助 도울 조 護 도울 호

용례 扶助 부조, 扶持 부지, 扶支 부지, 扶養家族 부양가족, 相扶相助 상부상조

305

附

붙을 부(:)

阝(阜)
총8획

파자풀이 附자는 阝자와 付(부칠 부)자의 결합자이다.

유의자 着 붙을 착, 寄 부칠 기

용례 附課 부과, 附近 부근, 附記 부기, 附錄 부록, 附設 부설, 附屬 부속, 附言 부언, 附與 부여, 附逆 부역, 附着 부착, 附則 부칙, 附合 부합, 寄附 기부, 阿附 아부, 回附 회부, 添附 첨부, 期限附 기한부, 附加價値 부가가치, 附帶施設 부대시설, 附和雷同 부화뇌동

306

赴

다다를/갈 부:

走
총9획

파자풀이 赴자는 走자와 卜자의 결합자로, 점(卜)을 치기 위해 달려가는(走) 모습을 표현한 글자이다.

용례 赴告 부고, 赴役 부역, 赴任 부임

307

뜰 부

氵
총10획

파자풀이 浮자는 氵자와 아이의 머리를 손으로 잡는 모습인 孚(미쁠 부)자의 결합자이다.

상대자 沈 잠길 침

용례 浮刻 부각, 浮氣 부기, 浮力 부력, 浮流 부류, 浮上 부상, 浮生 부생, 浮說 부설, 浮揚 부양, 浮沈 부침, 浮漂 부표, 浮黃 부황, 浮動層 부동층, 浮浪兒 부랑아

308

부호 부(:)

竹
총11획

파자풀이 符자는 竹자와 付자의 결합자로, 대나무(竹)로 만든 부신(符信)을 의미한다.

용례 符書 부서, 符信 부신, 符籍 부적, 符節 부절, 符合 부합, 符號 부호, 終止符 종지부, 名實相符 명실상부

309

썩을 부:

肉
총14획

파자풀이 腐자는 발음요소인 府(곳집 부)자와 肉자가 결합한 글자이다.

용례 腐植 부식, 腐敗 부패, 豆腐 두부, 陳腐 진부, 腐葉土 부엽토, 切齒腐心 절치부심

310

부세 부:

貝
총15획

파자풀이 賦자는 貝자와 武(호반 무)자의 결합자로, 군사(武) 비용을 조달하기 위해 재물(貝)을 거둔다는 의미이다.

유의자 租 조세 조, 稅 조세 세

용례 賦課 부과, 賦與 부여, 賦役 부역, 詞賦 사부, 月賦 월부, 赤壁賦 적벽부, 天賦的 천부적, 割賦金 할부금, 賦存資源 부존자원

311

簿

문서 부:

竹
총19획

파자풀이 簿자는 竹자와 溥(넓을 부)자의 결합자로, 죽간(竹)에 방대하게(溥) 적어놓은 문서를 의미하는 글자이다.

유의자 券 문서 권

용례 簿記 부기, 名簿 명부, 帳簿 장부, 出席簿 출석부, 學籍簿 학적부, 家計簿 가계부

312

奔

달릴 분

大
총9획

파자풀이 奔자는 大(큰 대)자와 卉(풀 훼)자가 결합한 글자이다.

유의자 走 달릴 주

용례 奔忙 분망, 奔放 분방, 奔走 분주, 東奔西走 동분서주

313

紛

어지러울 분

糸
총10획

파자풀이 紛자는 糸자와 分자의 결합자로, 실이 여러 갈래로 나눠져 있어서 어지럽다는 의미이다.

유의자 亂 어지러울 란

용례 紛亂 분란, 紛紛 분분, 紛失 분실, 紛爭 분쟁, 內紛 내분

314

墳

무덤 분

土
총15획

파자풀이 墳자는 土자와 賁(클 분)자의 결합자로, 흙(土)을 크게(賁) 돋아놓은 무덤을 의미하는 글자이다.

유의자 墓 무덤 묘

용례 墳墓 분묘, 古墳 고분, 雙墳 쌍분

315

奮

떨칠 분:

大
총16획

파자풀이 奮자는 꿩 같은 큰(大) 새(隹)가 갑자기 밭(田)에서 날아오르는 모습에서 '떨치다'를 표현한 글자이다.

유의자 振 떨칠 진

용례 奮起 분기, 奮發 분발, 奮然 분연, 奮戰 분전, 激奮 격분, 發奮 발분, 興奮 흥분, 孤軍奮鬪 고군분투

316

拂

떨칠 불

扌
총8획

파자풀이 拂자는 扌자와 발음요소인 弗자의 결합자이다.

약자 払

용례 拂逆 불역, 拂入 불입, 拂下 불하, 假拂 가불, 過拂 과불, 年拂 연불, 未拂 미불, 先拂 선불, 後拂 후불, 延拂 연불, 完拂 완불, 支拂 지불, 換拂 환불, 還拂 환불, 一時拂 일시불

317

朋

벗 붕

月
총8획

파자풀이 朋자는 두 개의 月(달 월)자를 나란히 그린 것이지만 사실 '달'과는 아무 관계가 없다.

유의자 友 벗 우

용례 朋黨 붕당, 朋友有信 붕우유신

318

崩

무너질 붕

山
총11획

파자풀이 崩자는 의미요소인 山자와 발음요소인 朋자의 결합자이다.

유의자 壞 무너질 괴

상대자 建 세울 건 立 설 립

용례 崩壞 붕괴, 崩御 붕어, 土崩瓦解 토붕와해, 天崩之痛 천붕지통

319

妃

왕비 비

女
총6획

파자풀이 妃자는 의미요소인 女자와 발음요소인 己자의 결합자이다.

상대자 王 임금 왕

용례 王妃 왕비, 大王大妃 대왕대비

320

肥

살찔 비:

月(肉)
총8획)

파자풀이 肥자는 肉자와 손을 앞으로 내미는 모습을 그린 巴자의 결합자이다.

용례 肥大 비대, 肥料 비료, 肥滿 비만, 金肥 금비, 綠肥 녹비, 施肥 시비, 肥肉牛 비육우, 天高馬肥 천고마비

321

卑

낮을 비:

十
총8획

파자풀이 卑자는 부채를 들고 있는 시종을 묘사한 글자로, 시종의 신분에 빗대어 '낮다'라는 뜻을 갖게 되었다.
유의자 賤 천할 천
상대자 尊 높을 존, 崇 높을 숭, 高 높을 고, 貴 귀할 귀
용례 卑屈 비굴, 卑俗 비속, 卑屬 비속, 卑劣 비열, 卑賤 비천, 卑下 비하, 野卑 야비, 眼高手卑 안고수비, 直系卑屬 직계비속, 登高自卑 등고자비

322

계집종 비:

女
총11획

파자풀이 婢자는 女자와 卑자의 결합자로, 신분이 낮은 여자를 의미하는 글자이다.
유의자 奴 종 노
용례 婢妾 비첩, 婢子 비자, 奴婢 노비

323

손 빈

貝
총14획

파자풀이 賓자는 宀자와 少자 그리고 貝자의 결합자이다.
유의자 客 손 객
상대자 主 주인 주
용례 賓客 빈객, 賓服 빈복, 國賓 국빈, 貴賓 귀빈, 內賓 내빈, 外賓 외빈, 迎賓館 영빈관, 接賓客 접빈객

324

자주 빈

頁
총16획

파자풀이 頻자는 步자와 頁자의 결합자이다.
유의자 繁 빈번할 번, 屢 여러 루
용례 頻度 빈도, 頻發 빈발, 頻繁 빈번

325

부를 빙

耳
총13획

파자풀이 聘자는 耳자와 발음요소인 甹(말이 잴 병)자가 결합한 글자이다.
유의자 招 부를 초, 召 부를 소
용례 聘母 빙모, 聘父 빙부, 聘召 빙소, 聘丈 빙장, 招聘 초빙

326

捨

버릴 사:

扌
총11획

파자풀이 捨자는 扌자와 발음요소인 舍자의 결합자이다.
유의자 棄 버릴 기
상대자 取 가질 취
용례 捨命 사명, 喜捨 희사, 捨生取義 사생취의, 取捨選擇 취사선택, 捨身供養 사신공양

327

뱀 사

虫
총11획

파자풀이 蛇자는 본래 뱀을 의미하는 它(뱀 사)자에 虫자를 더해 의미를 강조한 경우이다.
유의자 巳 뱀 사
용례 蛇足 사족, 毒蛇 독사, 殺母蛇 살모사, 長蛇陣 장사진, 畫蛇添足 화사첨족

328

巳

뱀 사:

己
총3획

파자풀이 巳자는 똬리를 틀고 있는 뱀의 모양을 본떠 만든 상형자이다.
유의자 蛇 뱀 사
용례 巳時 사시, 乙巳條約 을사조약, 巳進申退 사진신퇴

329

맡을 사

口
총5획

파자풀이 司자의 갑골문의 형태로 보면 높은 직책을 가진 사람이 명령을 내리는 모습에서 '주관하다'라는 뜻을 가지게 된 것으로 보인다.
유의자 任 맡을 임
용례 司法 사법, 司書 사서, 司會 사회, 公司 공사, 上司 상사, 司憲府 사헌부, 司令官 사령관, 司直當局 사직당국

330

似

닮을 사:

亻
총7획

파자풀이 似자는 亻자와 以자가 결합한 글자이다. 以자에 대한 명확한 해석은 없다. 그러다 보니 似자의 해석도 그리 명확하지는 않다.
유의자 肖 닮을 초, 如 같을 여
상대자 異 다를 이
용례 近似 근사, 相似 상사, 類似 유사, 似而非 사이비, 近似値 근사치, 非夢似夢 비몽사몽

331

沙

모래 사

氵 총7획

파자풀이 沙자는 氵자와 少자의 결합자로, 물(氵)살에 깎여 매우 작아진(少) 돌들이 모래가 된다는 의미이다.

용례 沙工 사공, 沙果 사과, 沙器 사기, 沙漠 사막, 沙糖 사탕, 黃沙 황사, 白沙場 백사장

332

邪

간사할 사

阝(邑) 총7획

파자풀이 邪자는 牙(어금니 아)자와 阝(邑)자의 결합자이다.

유의자 奸 간사할 간, 姦 간음할 간

용례 邪敎 사교, 邪戀 사련, 邪心 사심, 邪惡 사악, 邪慾 사욕, 酒邪 주사, 思無邪 사무사

333

祀

제사 사

示 총8획

파자풀이 祀자는 제단을 그린 示자와 발음요소인 巳자의 결합자로, 제단(示)에 절을 하며(巳) 제사를 지내는 모습이다.

유의자 祭 제사 제

용례 祀天 사천, 告祀 고사, 祭祀 제사

334

비낄 사

斗 총11획

파자풀이 斜자는 말(斗) 안에 남아 있는(余) 곡식알을 쏟아버리려고 말(斗)을 기울이는 모습이다.

유의자 傾 기울 경

용례 斜面 사면, 斜線 사선, 斜視 사시, 傾斜 경사, 斜陽産業 사양산업

335

詐

속일 사

言 총12획

파자풀이 詐자는 의미요소인 言자와 발음요소인 乍(잠깐 사)자의 결합자이다.

유의자 欺 속일 기

용례 詐欺 사기, 詐稱 사칭

336

말씀/글 사

言 총12획

파자풀이 詞자는 본래 '높은 사람(司)의 말씀(言)'이란 의미였다. 그러나 지금의 詞자는 '시문'이나 '문체'와 같이 단순히 '글'과 관련된 뜻으로만 쓰이고 있다.

유의자 言 말씀 언 語 말씀 어 談 말씀 담 話 말씀 화

용례 歌詞 가사, 冠詞 관사, 臺詞 대사, 動詞 동사, 名詞 명사, 副詞 부사, 作詞 작사, 助詞 조사, 品詞 품사, 感歎詞 감탄사, 冠形詞 관형사, 代名詞 대명사, 形容詞 형용사

337

斯

이 사

斤 총12획

파자풀이 斯자는 본래 도끼로 대나무를 쪼개는 모습을 표현한 글자였다. 그러다 후에 '이것'이라는 의미로 가차되면서 본래 의미는 사라졌다.

유의자 是 이 시, 此 이 차

용례 斯文 사문, 斯學 사학, 斯文亂賊 사문난적

338

줄 사:

貝 총15획

파자풀이 賜자는 상대방의 마음을 바꾸기(易) 위해 뇌물(貝)을 준다는 의미이다.

유의자 授 줄 수

상대자 受 받을 수

용례 賜藥 사약, 下賜 하사, 厚賜 후사

339

削

깎을 삭

刂 총9획

파자풀이 削자는 肖(닮을 초)자와 刂자의 결합자이다.

유의자 減 덜 감, 除 덜 제

상대자 添 처할 첨, 加 더할 가

용례 削減 삭감, 削髮 삭발, 削除 삭제, 添削 첨삭, 削奪官職 삭탈관직

340

朔

초하루 삭

月 총10획

파자풀이 朔자는 屰(거스를 역)자와 月(달 월)자가 결합한 글자로, 초하루가 되면 달(月)이 거꾸로(屰) 차기 시작한다는 의미이다.

상대자 望 보름 망

용례 朔望 삭망, 朔方 삭방, 朔風 삭풍, 滿朔 만삭

341

수풀 삼
木
총12획

파자풀이 森자는 木자 세 개로 구성된 회의자로, 나무가 빽빽이 늘어선 울창한 삼림을 표현한 글자이다.
유의자 林 수풀 림
용례 森林 삼림, 森嚴 삼엄, 森羅萬象 삼라만상

342

오히려 상(:)
小
총8획

파자풀이 尙자는 건물의 창문에서 연기가 하늘로 올라가는 모양을 표현한 글자이다.
유의자 猶 오히려 유, 崇 숭상할 숭
용례 尙宮 상궁, 尙今 상금, 尙武 상무, 尙存 상존, 高尙 고상, 崇尙 숭상, 和尙 화상, 時機尙早 시기상조

343

뽕나무 상
木
총10획

파자풀이 桑자는 나무에 주렁주렁 열린 뽕나무 열매를 묘사한 글자이다.
약자 桒
용례 桑葉 상엽, 桑田碧海 상전벽해

344

상서 상
示
총11획

파자풀이 祥자는 示자와 羊자의 결합자이다. 제단에 올린 양의 모습에서 '상서롭다'는 의미를 표현했다.
유의자 瑞 상서 서
용례 祥雲 상운, 吉祥 길상, 大祥 대상, 小祥 소상, 發祥地 발상지, 不祥事 불상사

345

잃을 상(:)
口
총12획

파자풀이 喪자는 十자와 口자 그리고 衣자로 구성된 글자이다.
유의자 失 잃을 실
용례 喪家 상가, 喪禮 상례, 喪服 상복, 喪失 상실, 喪心 상심, 喪輿 상여, 喪葬 상장, 喪主 상주, 喪中 상중, 喪妻 상처, 國喪 국상, 問喪 문상, 初喪 초상, 好喪 호상, 冠婚喪祭 관혼상제

346

자세할 상
言
총13획

파자풀이 詳자는 言자와 羊자의 결합자로, 잃어버린 양(羊)에 대해 자세하게 말(言)하는 모습이다.
용례 詳細 상세, 詳述 상술, 未詳 미상, 昭詳 소상

347

치마 상
尙
총14획

파자풀이 裳자는 발음요소인 尙자와 衣자의 결합자이다. 衣자가 상의(上衣)를 의미한다면, 裳자는 하의(下衣)를 의미한다.
용례 衣裳 의상, 同價紅裳 동가홍상

348

맛볼 상
口
총14획

파자풀이 嘗자는 발음요소인 尙자와 의미요소인 旨(맛있을 지)자의 결합자이다.
약자 甞
용례 嘗味 상미, 嘗試 상시, 未嘗不 미상불, 未嘗非 미상비

349

모양 상
亻
총14획

파자풀이 像자는 亻자와 象자의 결합자이다. 맹인이 코끼리를 더듬어 보고 모양을 말한다는 의미이다.
유의자 形 모양 형, 態 모양 태, 狀 모양 상
용례 假像 가상, 群像 군상, 銅像 동상, 佛像 불상, 想像 상상, 石像 석상, 映像 영상, 偶像 우상, 肖像 초상, 虛像 허상, 受像機 수상기

350

서리 상
雨
총17획

파자풀이 霜자는 의미요소인 雨자와 발음요소인 相자의 결합자이다.
용례 霜菊 상국, 霜葉 상엽, 霜害 상해, 秋霜 추상, 風霜 풍상, 星霜 성상, 雪上加霜 설상가상

351

償

갚을 상

亻
총17획

파자풀이 償자는 亻자와 賞(상줄 상)자의 결합자이다. 공을 세운 사람에게 상을 주어 갚는다는 의미이다.

유의자 報 갚을 보

용례 償還 상환, 報償 보상, 補償 보상, 辨償 변상, 求償權 구상권, 有償增資 유상증자

352

막힐 색
변방 새

土
총13획

파자풀이 塞자는 추위(寒)를 이겨내려고 바람이 들어오는 구멍을 흙(土)으로 막는 모습이다.

용례 窮塞 궁색, 閉塞 폐색, 要塞 요새, 拔本塞源 발본색원, 塞翁之馬 새옹지마

353

찾을 색
동아줄 삭

糸
총10획

파자풀이 索자는 여러 가닥의 실을 손으로 비벼 굵은 줄을 만드는 모습이다.

용례 索引 색인, 索出 색출, 檢索 검색, 思索 사색, 搜索 수색, 索道 삭도, 索居 삭거, 索莫 삭막, 鐵索 철삭

354

천천할 서(:)

彳
총10획

파자풀이 徐자는 彳자와 余(남을 여)자의 결합자로, 시간의 여유(餘裕)가 있어서 천천히 걸어간다(彳)는 의미이다.

상대자 急 급할 급 速 빠를 속

용례 徐行 서행, 徐徐 서서, 徐熙 서희, 徐羅伐 서라벌

355

여러 서:

广
총11획

파자풀이 庶자는 본래 집(广)에서 뭔가를 삶는 모습을 표현한 글자이다.

용례 庶幾 서기, 庶母 서모, 庶務 서무, 庶民 서민, 庶子 서자, 庶出 서출, 庶生 서생

356

敍

펼 서:

攴
총11획

파자풀이 敍자는 매질(攴)을 하여 남은(余) 죄를 서술(敍述)하게 만든다는 의미이다.

약자 叙

용례 敍事 서사, 敍述 서술, 敍用 서용, 敍任 서임, 追敍 추서, 敍情詩 서정시, 自敍傳 자서전

357

暑

더울 서:

日
총13획

파자풀이 暑자는 사람(者) 머리 위에 작열하는 태양(日)이 있으니, 더운 것을 표현한 글자이다.

유의자 熱 더울 열

상대자 寒 찰 한, 冷 찰 랭, 涼 서늘할 량

용례 暑氣 서기, 小暑 소서, 大暑 대서, 處暑 처서, 暴暑 폭서, 避暑 피서, 酷暑 혹서, 寒暑 한서

358

署

관청 서:

罒
총14획

파자풀이 署자는 罒(그물 망)자와 者자의 결합자로, 죄지은 사람(者)을 잡는(罒) 일을 하는 관청을 의미한다.

유의자 府 관청 부, 廳 관청 청

용례 署理 서리, 署名 서명, 署員 서원, 署長 서장, 本署 본서, 部署 부서, 警察署 경찰서, 消防署 소방서

359

緖

실마리 서:

糸
총15획

파자풀이 緖자는 糸자와 者자의 결합자로, 바느질 하려는 사람(者)이 실을 바늘귀에 꿰기 위해 실마리를 찾는 모습을 표현한 글자이다.

약자 緒

용례 緖論 서론, 端緖 단서, 頭緖 두서, 遺緖 유서, 情緖 정서

360

恕

용서할 서:

心
총10획

파자풀이 恕자는 如자와 心자의 결합자로, 상대방과 같은(如) 마음(心)이 되어 용서한다는 의미이다.

유의자 容 용서할 용

용례 容恕 용서, 寬恕 관서, 忠恕 충서

361

誓

맹세할 서:
言
총14획

파자풀이 誓자는 折(꺾을 절)자와 言자의 결합자로, 화살을 꺾으면서 맹세하는 모습이다.

유의자 盟 맹세할 맹

용례 誓盟 서맹, 誓文 서문, 誓約 서약, 誓言 서언, 誓願 서원, 盟誓 맹서, 宣誓 선서

362

逝

갈 서:
辶
총11획

파자풀이 逝자는 辶자와 折자의 결합자로, 목숨이 꺾여서(折) 저 세상으로 간다(辶)는 의미이다.

유의자 往 갈 왕, 邁 갈 매

상대자 來 올 래

용례 逝去 서거, 逝世 서세, 仙逝 선서, 永逝 영서, 遠逝 원서, 長逝 장서

363

昔

예 석
日
총8획

파자풀이 昔자는 廿(스물 입)자와 一자 그리고 日자로 구성된 글자이다. 여러 날을 거슬러 옛날을 의미한다.

유의자 古 예 고, 故 옛 고, 舊 예 구

상대자 今 이제 금

용례 宿昔 숙석, 今昔之感 금석지감

364

析

쪼갤 석
木
총8획

파자풀이 析자는 木자와 斤자로 구성된 글자이다. 도끼로 나무를 쪼개는 모습이다.

유의자 分 나눌 분

용례 分析 분석, 解析 해석

365

釋

풀 석
釆
총20획

파자풀이 釋자는 동물 발자국 모습인 釆(분별할 변)자와 죄인을 감시하는 모습인 睪(엿볼 역)자가 결합한 모습이다.

유의자 解 풀 해, 放 놓을 방

약자 釈

용례 釋放 석방, 釋然 석연, 釋尊 석존, 釋門 석문, 保釋 보석, 解釋 해석, 稀釋 희석

366

惜

아낄 석
忄
총11획

파자풀이 惜자는 忄자와 昔자의 결합자로, 마음(忄)속으로 오래도록(昔) 아낀다는 의미이다.

용례 惜別 석별, 惜敗 석패, 愛惜 애석, 哀惜 애석

367

선 선
示
총17획

파자풀이 禪자는 示자와 單자로 구성된 글자로, 불단(佛壇) 앞에 홀로(單) 앉아 참선한다는 의미이다.

약자 禅

용례 禪房 선방, 禪師 선사, 禪宗 선종, 坐禪 좌선, 參禪 참선, 禪讓 선양, 禪位 선위, 禪門 선문, 禪問答 선문답, 口頭禪 구두선

368

旋

돌 선
方
총11획)

파자풀이 旋자는 㫃(나부낄 언)자와 疋(발 소)자의 결합자로, 승리의 깃발을 들고 집으로 돌아오는 것을 의미한다.

유의자 回 돌 회

용례 旋律 선율, 旋盤 선반, 旋風 선풍, 旋回 선회, 周旋 주선, 凱旋 개선

369

涉

건널 섭
氵
총10획

파자풀이 涉자는 氵자와 步자의 결합자로, 강물(氵)을 걷는(步) 모습을 표현한 글자이다.

유의자 渡 건널 도, 濟 건널 제

용례 涉獵 섭렵, 涉外 섭외, 干涉 간섭, 交涉 교섭, 交涉團體 교섭단체, 幕後交涉 막후교섭

370

攝

다스릴/잡을 섭
扌
총21획

파자풀이 攝자는 扌자와 聶(소곤거릴 섭)자가 결합한 글자이다.

약자 摂

용례 攝理 섭리, 攝生 섭생, 攝政 섭정, 攝取 섭취, 包攝 포섭

371

昭

밝을 소

日
총9획

파자풀이 昭자는 의미요소인 日자와 발음요소인 召 자의 결합자이다.

유의자 明 밝을 명, 朗 밝을 랑

상대자 暗 어두울 암, 冥 어두울 명

용례 昭明 소명, 昭詳 소상

372

疏

소통할 소

疋
총12획

파자풀이 疏자는 疋(발 소)자와 流자의 간략자가 결합한 글자로, 세상을 두 발(疋)로 유랑(流浪)하며 사람들과 소통한다는 의미이다.

유의자 遠 멀 원

상대자 親 친할 친

용례 疏槪 소개, 疏漏 소루, 疏遠 소원, 疏脫 소탈, 疏通 소통, 生疏 생소, 親疏 친소

373

召

부를 소

口
총5획

파자풀이 召자는 여기에서는 수저를 의미하는 刀자와 口(입 구)자가 결합한 글자이다.

유의자 招 부를 초, 呼 부를 호

용례 召命 소명, 應召 응소, 召集令狀 소집영장

374

訴

호소할 소

言
총12획

파자풀이 訴자는 言자와 斥(물리칠 척)자의 결합자로, 억울한 일을 물리쳐(斥) 달라고 관청에 하소연하는 모습이다.

유의자 訟 송사할 송

용례 訴訟 소송, 訴願 소원, 告訴 고소, 起訴 기소, 公訴 공소, 上訴 상소, 勝訴 승소, 敗訴 패소, 被訴 피소, 抗訴 항소, 呼訴 호소, 免訴 면소

375

蔬

나물 소

++
총16획

파자풀이 蔬자는 ++자와 疏(성글 소)자의 결합자이다. 고기반찬에 비해 부실한 푸성귀반찬을 의미한다.

유의자 菜 나물 채

용례 蔬飯 소반, 菜蔬 채소

376

燒

사를 소(:)

火
총16획

파자풀이 燒자는 火자와 발음요소인 堯(요임금 요)자의 결합자이다.

유의자 燃 탈 연

약자 焼

용례 燒却 소각, 燒酒 소주, 燃燒 연소, 全燒 전소, 燒滅 소멸, 燒失 소실, 燒印 소인

377

되살아날 소

++
총20획

파자풀이 蘇자는 겨울에 얼어붙었던 풀(++)과 물고기(魚)들이 벼(禾) 심는 계절에 다시 깨어난다는 의미이다.

용례 蘇聯 소련, 蘇復 소복, 蘇生 소생

378

騷

떠들 소

馬
총20획

파자풀이 騷자는 馬(말 마)자와 蚤(벼룩 조)자가 결합한 글자로, 벼룩이 붙은 말이 가려워서 시끄럽게 소리를 내는 모습이다.

용례 騷客 소객, 騷動 소동, 騷亂 소란, 騷音 소음, 騷擾 소요, 騷人墨客 소인묵객

379

조 속

米
총12획

파자풀이 粟자는 조의 알갱이를 표현한 覀자와 米자가 결합한 글자이다.

용례 粟米 속미, 滄海一粟 창해일속

380

송사할 송:

言
총11획

파자풀이 訟자는 言자와 公자의 결합자로, 시비(是非)를 공정한 말로 판단해주는 일이라는 의미이다.

유의자 訴 호소할 소

용례 訟事 송사, 訴訟 소송

381

誦

윌 송:

言
총14획

파자풀이 誦자는 言자와 발음요소인 甬(솟아오를 용)자의 결합자이다.

유의자 講 욀 강

용례 誦讀 송독, 朗誦 낭송, 暗誦 암송, 愛誦 애송

382

인쇄할 쇄:

刂
총8획

파자풀이 刷자는 尸자와 巾자 그리고 刂자의 결합자로, 몸이나 천에 바늘로 문자나 무늬를 새겨 넣는다는 의미이다.

용례 刷新 쇄신, 印刷 인쇄, 縮刷版 축쇄판

383

쇠사슬 쇄:

金
총18획

파자풀이 鎖자는 金자와 小자 그리고 貝자의 결합자로, 쇠를 작은 조개 모양으로 둥글게 만들어 이은 쇠사슬을 의미한다.

용례 鎖國 쇄국, 封鎖 봉쇄, 連鎖 연쇄, 閉鎖 폐쇄

384

쇠할 쇠

衣
총10획

파자풀이 衰자는 본래 우의(雨衣)의 일종인 '도롱이'를 의미하는 글자였으나, '쇠하다'는 의미로 가차되었다. 그래서 ++자를 더한 蓑자가 본래 의미를 대신하고 있다.

유의자 亡 망할 망

상대자 盛 성할 성, 興 일 흥

용례 衰落 쇠락, 衰亡 쇠망, 衰弱 쇠약, 衰殘 쇠잔, 衰退 쇠퇴, 老衰 노쇠, 興亡盛衰 흥망성쇠

385

장수 수

巾
총9획

파자풀이 帥자는 𠂤자와 대장기를 의미하는 巾자의 결합자로, 언덕 위의 대장기 아래서 장수가 병사들을 지휘하는 모습이다.

유의자 將 장수 장

상대자 軍 군사 군, 兵 군사 병, 卒 군사 졸

약자 帅

용례 元帥 원수, 將帥 장수, 總帥 총수, 統帥權 통수권

386

가둘 수

口
총5획

파자풀이 囚자는 감옥을 묘사한 口자와 人자가 합체한 회의자로, 감옥에 사람을 가둔 모습이다.

상대자 釋 풀 석 放 놓을 방 解 풀 해

용례 囚役 수역, 囚衣 수의, 罪囚 죄수, 旣決囚 기결수, 未決囚 미결수, 死刑囚 사형수, 良心囚 양심수, 脫獄囚 탈옥수

387

殊

다를 수

歹
총10획

파자풀이 殊자는 歹(부서진 뼈 알)자와 발음요소인 朱(붉을 주)자의 결합자이다.

유의자 別 다를 별, 異 다를 이, 差 다를 차

상대자 如 같을 여, 似 같을 사, 同 한가지 동

용례 殊常 수상, 特殊 특수

388

모름지기 수

頁
총12획

파자풀이 須자는 彡(터럭 삼)자와 頁자의 결합자이다. 모름지기 머리에는 머리털이 있어야 한다는 의미이다.

유의자 必 반드시 필

용례 必須 필수, 不須多言 불수다언, 男兒須讀五車書 남아수독오거서

389

드디어 수

辶
총13획

파자풀이 遂자는 辶자와 八자 그리고 豕자의 합체자로, 도망간 돼지를 팔방으로 찾으러 다닌 끝에 드디어 잡았다는 의미이다.

용례 遂行 수행, 未遂 미수, 完遂 완수

390

근심 수

心
총13획

파자풀이 愁자는 秋자와 心자의 결합자이다. 스산한 가을이 되면 유독 느껴지는 수심(愁心)을 표현한 글자이다.

유의자 憂 근심 우, 患 근심 환

상대자 歡 기쁠 환, 喜 기쁠 희

용례 愁心 수심, 哀愁 애수, 旅愁 여수, 憂愁 우수, 鄕愁 향수

391

睡

졸음 수

目

총13획

파자풀이 睡자는 目자와 垂자의 결합자로, 눈꺼풀이 무거워져 아래로 내려가는 모습을 표현한 글자이다.

유의자 眠 잠잘 면, 寢 잠잘 침

용례 睡眠 수면, 午睡 오수, 昏睡狀態 혼수상태

392

需

쓰일 수

雨

총14획

파자풀이 需자는 雨자와 턱수염을 묘사한 而자의 결합자이다.

유의자 要 필요할 요

상대자 給 줄 급

용례 需給 수급, 需要 수요, 需用 수용, 內需 내수, 民需 민수, 祭需 제수, 婚需 혼수, 盛需期 성수기, 必需品 필수품, 軍需物資 군수물자

393

壽

목숨 수

士

총14획

파자풀이 壽자는 본래 나이가 많은 노인을 뜻하기 위해 만든 글자로 '노령'이나 '노인'을 의미했었다.

유의자 命 목숨 명

약자 寿

용례 壽命 수명, 壽衣 수의, 米壽 미수, 白壽 백수, 長壽 장수, 天壽 천수, 無病長壽 무병장수, 十年減壽 십년감수

394

隨

따를 수

阝(阜)

총16획

파자풀이 隨자는 辶자와 발음요소인 隋(수나라 수)자가 결합한 글자이다.

유의자 從 좇을 종

약자 随

용례 隨時 수시, 隨意 수의, 隨筆 수필, 隨行 수행, 附隨的 부수적, 半身不隨 반신불수, 夫唱婦隨 부창부수

395

誰

누구 수

言

총15획

파자풀이 誰자는 言자와 隹자의 결합자로, 새(隹)가 지저귀는 말(言)을 누가 알아듣겠냐는 의미이다.

유의자 孰 누구 숙

용례 誰何 수하, 誰怨誰咎 수원수구

396

雖

비록 수

隹

총17획

파자풀이 雖자는 口자와 虫자 그리고 隹자로 구성된 글자이다.

용례 雖然 수연

397

輸

보낼 수

車

총16획

파자풀이 輸자는 의미요소인 車자와 발음요소인 兪(대답할 유)자의 결합자이다.

유의자 送 보낼 송

상대자 受 받을 수

용례 輸送 수송, 輸入 수입, 輸出 수출, 輸血 수혈, 空輸 공수, 密輸 밀수, 運輸 운수, 禁輸品 금수품

398

獸

짐승 수

犬

총19획

파자풀이 獸자는 사냥 도구를 의미하는 單자와 犬자의 결합자로, 사냥개와 사냥도구를 이용해 들짐승을 사냥하는 모습이다.

유의자 禽 새 금

약자 獣

용례 怪獸 괴수, 禽獸 금수, 猛獸 맹수, 野獸 야수, 鳥獸 조수, 獸醫師 수의사, 人面獸心 인면수심

399

垂

드리울 수

土

총8획

파자풀이 垂자는 식물의 잎이 늘어진 모습에서 '드리우다'나 '늘어뜨리다'라는 뜻을 표현한 글자이다.

용례 垂楊 수양, 垂柳 수류, 垂直 수직, 懸垂幕 현수막, 率先垂範 솔선수범, 腦下垂體 뇌하수체, 垂簾聽政 수렴청정

400

搜

찾을 수

扌

총12획

파자풀이 叟자가 본래 '찾다'는 의미로 쓰였으나, '늙은이'라는 뜻으로 가차(假借)되면서, 여기에 手자를 더한 搜자가 '찾다'라는 뜻을 대신하게 되었다.

유의자 訪 찾을 방 索 찾을 색

약자 捜

용례 搜檢 수검, 搜訪 수방, 搜査 수사, 搜索 수색, 搜所聞 수소문

401

맑을 숙

氵

총11획

파자풀이 淑자는 의미요소인 氵자와 발음요소인 叔자의 결합자이다.

유의자 淸 맑을 청 淨 깨끗할 정

상대자 濁 흐릴 탁

용례 淑女 숙녀, 淑德 숙덕, 淑淸 숙청, 私淑 사숙, 靜淑 정숙

402

누구 숙

子

총11획

파자풀이 孰자는 享자와 丸자의 결합자로, 누구든지 이 환약(丸藥)을 먹으면 천수를 누린다(享)는 의미이다.

유의자 誰 누구 수

용례 孰誰 숙수, 孰若 숙약

403

익을 숙

灬

총15획

파자풀이 熟자는 발음요소인 孰자와 灬(불화)자의 결합자이다.

유의자 練 익힐 련

용례 熟考 숙고, 熟果 숙과, 熟達 숙달, 熟讀 숙독, 熟卵 숙란, 熟練 숙련, 熟眠 숙면, 熟面 숙면, 熟成 숙성, 熟語 숙어, 熟議 숙의, 熟知 숙지, 能熟 능숙, 半熟 반숙, 完熟 완숙, 圓熟 원숙, 早熟 조숙, 熟地黃 숙지황, 未熟兒 미숙아, 深思熟考 심사숙고

404

열흘 순

日

총6획

파자풀이 旬자는 勹(쌀 포)자와 日자의 합체자이다. 날을 열흘 단위로 묶는다는 표현이다.

용례 旬年 순년, 旬報 순보, 旬宣 순선, 旬日 순일, 上旬 상순, 中旬 중순, 下旬 하순, 七旬 칠순, 旬望間 순망간, 四旬節 사순절, 漢城旬報 한성순보

405

巡

돌/순행할 순

巛

총7획)

파자풀이 巡자는 辶자와 巛자의 결합자로, 물이 순행하듯 길을 따라 돌아다닌다는 의미이다.

유의자 廻 돌 회, 循 돌 순

용례 巡警 순경, 巡禮 순례, 巡訪 순방, 巡視 순시, 巡察 순찰, 巡行 순행

406

따라죽을 순

歹

총10획

파자풀이 殉자는 歹자와 旬자의 결합자로, 사람이 죽은 뒤 열흘 안에 따라 죽는다는 의미이다.

용례 殉敎 순교, 殉國 순국, 殉死 순사, 殉葬 순장, 殉職 순직

407

입술 순

月(肉)

총11획

파자풀이 脣자는 조개처럼 생긴 낫을 묘사한 辰자와 月(肉)자가 결합한 모습이다.

용례 脣音 순음, 脣亡齒寒 순망치한

408

돌 순

彳

총12획

파자풀이 循자는 彳자와 발음요소인 盾(방패 순)자의 결합자로, 방패를 들고 성곽 둘레를 순찰 다닌다는 의미이다.

유의자 巡 돌 순 廻 돌 회 旋 돌 선

용례 循行 순행, 循環 순환, 因循姑息 인순고식

409

눈깜짝일 순

目

총17획

파자풀이 瞬자는 의미요소인 目자와 발음요소인 舜(순임금 순)자의 결합자이다.

용례 瞬間 순간, 一瞬 일순, 瞬息間 순식간

410

개 술

戈

총6획

파자풀이 戌자는 고대 전쟁에서 사용하던 창의 일종을 그린 것이다. 창을 들고 나라를 지키듯 집을 지키는 개를 의미한 글자이다.

유의자 犬 개 견, 狗 개 구

용례 戌時 술시, 庚戌國恥 경술국치

411

述

펼 술

⻌
총9획

파자풀이 述자는 ⻌자와 발음요소인 朮(차조 출)자의 결합자이다.

유의자 敍 펼 서, 著 지을 저

용례 述語 술어, 述懷 술회, 供述 공술, 口述 구술, 記述 기술, 論述 논술, 詳述 상술, 略述 약술, 著述 저술, 陳述 진술

412

拾

주울 습
열 십

扌
총9획

파자풀이 拾자는 扌자와 合자의 결합자로, 길에 떨어진 물건에 손이 합해지는 모습에서 '줍다'는 의미를 표현했다.

유의자 十 열 십

용례 拾得 습득, 收拾 수습, 數拾億圓 수십억원

413

濕

젖을 습

氵
총17획

파자풀이 濕자는 氵자와 日자 그리고 絲자로 구성된 글자이다.

유의자 潤 젖을 윤

상대자 乾 마를 건, 燥 마를 조

약자 湿

용례 濕氣 습기, 濕度 습도, 濕潤 습윤, 濕地 습지, 乾濕 건습, 高溫多濕 고온다습

414

襲

엄습할 습

衣
총22획

파자풀이 고대에는 용이 그려진 옷을 죽은 사람에게 입혔다. 그래서 襲자에 '염하다'나 '(죽음이) 엄습하다'라는 의미가 있는 것이다.

용례 襲擊 습격, 攻襲 공습, 空襲 공습, 急襲 급습, 奇襲 기습, 踏襲 답습, 世襲 세습, 逆襲 역습, 因襲 인습, 被襲 피습, 一襲 일습

415

昇

오를 승

日
총8획

파자풀이 昇자는 의미요소인 日자와 발음요소인 升(새 승)자의 결합자이다.

유의자 登 오를 등, 上 윗 상

상대자 降 내릴 강, 下 아래 하

용례 昇格 승격, 昇級 승급, 昇段 승단, 昇進 승진, 昇天 승천, 昇華 승화, 昇降機 승강기, 急上昇 급상승

416

乘

탈 승

丿
총10획

파자풀이 乘자는 禾자와 北자의 결합자이다.

약자 乗

용례 乘客 승객, 乘機 승기, 乘馬 승마, 乘船 승선, 乘車 승차, 同乘 동승, 便乘 편승, 合乘 합승, 乘務員 승무원, 乘用車 승용차, 萬乘天子 만승천자, 乘勝長驅 승승장구, 가감승제

417

僧

중 승

亻
총14획

파자풀이 僧자는 亻자와 발음요소인 曾자의 결합자이다.

유의자 尼 여승 니

용례 僧家 승가, 僧舞 승무, 僧服 승복, 高僧 고승, 帶妻僧 대처승, 破戒僧 파계승

418

화살 시:

矢
총5획

파자풀이 矢자는 화살의 모양을 본떠 만든 상형자이다.

용례 矢石 시석, 矢心 시심, 矢言 시언, 弓矢 궁시, 嚆矢 효시

419

侍

모실 시:

亻
총8획

파자풀이 侍자는 亻자와 寺(관청 시)자의 결합자로, 관청에서 상관을 모시는 모습을 표현한 글자이다.

용례 侍女 시녀, 侍衛 시위, 侍醫 시의, 侍從 시종, 近侍 근시, 內侍 내시, 嚴妻侍下 엄처시하, 層層侍下 층층시하

420

飾

꾸밀 식

食
총14획

파자풀이 飾자는 食자와 人자 그리고 巾자로 구성된 글자이다.

유의자 裝 꾸밀 장

용례 假飾 가식, 服飾 복식, 修飾 수식, 裝飾 장식, 虛禮虛飾 허례허식

421

매울 신

辛
총7획

파자풀이 辛자는 고대에 죄수에게 표식의 목적으로 문신을 하는 도구였다. 의미가 확장해서 '죄인' 자체를 뜻하기도 하는 글자이다.

유의자 烈 매울 렬

용례 辛苦 신고, 辛勝 신승, 香辛料 향신료, 千辛萬苦 천신만고

422

펼 신

亻
총7획

파자풀이 본래 申자가 '펴다'라는 의미로 쓰였으나, 후에 '납(원숭이)'를 의미하는 글자로 가차되면서, 亻을 더한 伸자가 본래 의미를 대신하게 되었다.

유의자 敍 펼 서, 述 펼 술, 展 펼 전, 布 펼 포, 張 베풀 장

상대자 縮 줄일 축, 屈 굽힐 굴

용례 伸張 신장, 伸縮 신축, 屈伸 굴신, 追伸 추신

423

새벽 신

日
총11획

파자풀이 晨자는 日자와 辰(별 진)자의 결합자이다.

유의자 曉 새벽 효

상대자 暮 저물 모, 昏 저물 혼

용례 晨鍾 신종, 昏定晨省 혼정신성

424

삼갈 신:

忄
총13획

파자풀이 愼자는 의미요소인 忄자와 발음요소인 眞자의 결합자이다.

유의자 謹 삼갈 근

용례 謹愼 근신, 愼重 신중, 必愼其獨 필신기독

425

심할 심:

甘
총9획

파자풀이 甚자는 甘자와 匹자의 합체자로 보아야 한다. 배필(匹)의 달콤(甘)한 사랑이 심히 좋다는 의미로 해석하면 그나마 쉽다.

용례 甚難 심난, 激甚 격심, 極甚 극심, 甚深 심심, 甚至於 심지어

426

찾을 심

寸
총12획

파자풀이 尋자는 손을 묘사한 又자와 工자, 만드는 물건의 모양자인 口자, 법도를 의미하는 寸자가 결합한 글자이다.

유의자 探 찾을 탐, 訪 찾을 방, 索 찾을 색

용례 尋訪 심방, 尋常 심상, 推尋 추심

427

살필 심(:)

宀
총15획

파자풀이 審자는 宀자와 짐승 발자국 모양인 釆자 그리고 田자의 결합자이다.

유의자 察 살필 찰

용례 審理 심리, 審問 심문, 審查 심사, 審議 심의, 審判 심판, 結審 결심, 豫審 예심, 誤審 오심, 原審 원심, 再審 재심, 主審 주심, 審美眼 심미안, 抗告審 항고심, 不審檢問 불심검문

428

두/쌍 쌍

隹
총18획

파자풀이 雙자는 隹자 두 개와 손을 묘사한 又자의 결합자이다.

유의자 兩 두 량, 再 두 재, 二 두 이

약자 双

용례 雙墳 쌍분, 雙方 쌍방, 雙曲線 쌍곡선, 雙眼鏡 쌍안경, 雙和湯 쌍화탕, 變化無雙 변화무쌍, 쌍무협정

429

牙

어금니 아

牙
총4획

파자풀이 牙자는 짐승의 이빨을 그린 상형자이다.

유의자 齒 이 치

용례 牙器 아기, 牙城 아성, 象牙 상아, 齒牙 치아, 象牙塔 상아탑

430

싹 아

艹
총8획

파자풀이 芽자는 艹자와 발음요소인 牙자의 결합자이다.

유의자 萌 싹 맹

용례 萌芽 맹아, 發芽 발아

431

我

나 아:

戈
총7획

파자풀이 我자는 手자와 戈자의 합체자이다.

유의자 余 나 여, 予 나 여, 吾 나 오, 朕 나 짐

상대자 彼 저 피

용례 我國 아국, 我軍 아군, 我執 아집, 沒我 몰아, 小我 소아, 自我 자아, 無我之境 무아지경, 我田引水 아전인수, 物我一體 물아일체, 唯我獨尊 유아독존

432

亞

버금 아(:)

二
총8획

파자풀이 亞자는 고대의 주택 구조를 그린 것이다. 주택의 규모가 크기는 했지만, 궁궐에 비할 바는 아니어서 '버금가다'는 의미가 나왔다.

유의자 副 버금 부, 仲 버금 중, 次 버금 차

약자 亜

용례 亞流 아류, 亞聖 아성, 亞鉛 아연, 亞獻 아헌, 亞洲 아주, 亞熱帶 아열대, 亞細亞 아세아, 東南亞 동남아

433

阿

언덕/아첨할 아

阝(阜)
총8획

파자풀이 阿자는 阝자와 발음요소인 可자의 결합자이다.

유의자 丘 언덕 구, 岸 언덕 안, 厓 언덕 애, 諂 아첨할 첨

용례 阿附 아부, 阿諂 아첨, 阿片 아편, 阿丘 아구

434

雅

맑을 아(:)

隹
총12획

파자풀이 雅자는 발음요소인 牙자와 隹자의 결합자이다. 지저귀는 새 소리가 매우 청아(淸雅)하다는 의미이다.

유의자 淡 맑을 담, 淑 맑을 숙, 淸 맑을 청

상대자 濁 흐릴 탁

용례 雅淡 아담, 雅量 아량, 雅樂 아악, 雅號 아호, 端雅 단아, 淸雅 청아

435

餓

주릴 아:

食
총16획

파자풀이 餓자는 의미요소인 食자와 발음요소인 我자의 결합자이다.

유의자 飢 주릴 기 饑 주릴 기

상대자 飽 배부를 포

용례 餓鬼 아귀, 餓死 아사, 飢餓 기아

436

岳

큰산 악

山
총8획

파자풀이 岳자는 丘자와 山자의 결합자로, 언덕보다 매우 높고 큰 산을 의미하는 글자이다.

유의자 嶽 큰산 악

용례 岳母 악모, 岳山 악산, 岳丈 악장, 山岳 산악, 山岳會 산악회

437

雁

기러기 안:

隹
총12획

파자풀이 雁자는 厂자와 亻자 그리고 隹자의 합체자이다.

유의자 鴻 기러기 홍

용례 雁奴 안노, 雁書 안서, 雁信 안신, 雁行 안항, 木雁 목안

438

岸

언덕 안:

山
총8획

파자풀이 岸자는 山자와 厂자 그리고 발음요소인 干자의 합체자이다.

유의자 丘 언덕 구, 阿 언덕 아, 厓 언덕 애, 坡 언덕 파

용례 對岸 대안, 沿岸 연안, 彼岸 피안, 海岸 해안

439

顔

얼굴 안:

頁
총18획

파자풀이 顔자는 발음요소인 彦(선비 언)자와 頁자의 결합자이다.

유의자 面 낯 면, 容 얼굴 용

용례 顔面 안면, 顔色 안색, 顔料 안료, 童顔 동안, 老顔 노안, 無顔 무안, 容顔 용안, 龍顔 용안, 紅顔 홍안, 破顔大笑 파안대소, 厚顔無恥 후안무치

440

謁

뵐 알

言
총16획

파자풀이 謁자는 言자와 발음요소인 曷(어찌 갈)자의 결합자이다.

유의자 見 뵈올 현

용례 謁廟 알묘, 謁見 알현, 拜謁 배알, 謁聖科 알성과

441

巖

바위 암

山

총23획

파자풀이 巖자는 山자와 발음요소인 嚴(엄할 엄)자의 결합자이다.

약자 岩

용례 巖壁 암벽, 巖石 암석, 巖盤 암반, 花崗巖 화강암, 玄武巖 현무암, 奇巖怪石 기암괴석

442

押

누를 압

扌

총8획

파자풀이 押자는 扌자와 발음요소인 甲자의 결합자이다. 손으로 누르는 것을 의미하는 글자이다.

유의자 捺 누를 날, 抑 누를 억, 壓 누를 압

용례 押留 압류, 押送 압송, 押收 압수, 押韻 압운, 差押 차압

443

央

가운데 앙

大

총5획

파자풀이 央자는 大자와 여기에서는 죄인의 목에 채우던 나무칼의 모양자인 冂자의 합체자이다.

유의자 中 가운데 중

상대자 邊 가 변, 際 가 제

용례 中央 중앙, 中央政府 중앙정부

444

仰

우러를 앙:

亻

총6획

파자풀이 仰자는 亻자와 누군가를 경배하는 모습을 그린 卬(나 앙)자가 결합한 글자이다.

유의자 崇 높을 숭, 信 믿을 신

용례 仰望 앙망, 仰天 앙천, 仰請 앙청, 仰祝 앙축, 信仰 신앙, 推仰 추앙, 仰天大笑 앙천대소

445

재앙 앙

歹

총9획

파자풀이 殃자는 의미요소인 歹자와 발음요소인 央자의 결합자이다.

유의자 厄 재앙 액, 災 재앙 재, 禍 재화 화

상대자 福 복 복

용례 殃禍 앙화, 災殃 재앙

446

슬플 애

口

총9획

파자풀이 哀자는 口자와 衣자의 합체자이다. 옷으로 입을 가리며 소리 내어 슬프게 우는 모습을 표현한 글자이다.

유의자 悲 슬플 비

상대자 歡 기쁠 환, 喜 기쁠 희, 樂 즐거울 락

용례 哀憐 애련, 哀歌 애가, 哀惜 애석, 哀愁 애수, 哀願 애원, 哀怨 애원, 哀切 애절, 哀調 애조, 哀痛 애통, 哀歡 애환, 悲哀 비애, 喜怒哀樂 희노애락

447

涯

물가 애

氵

총11획

파자풀이 涯자는 氵자와 厓(언덕 애)자의 결합자이다. 물과 언덕이 만나는 곳이 '물가'라는 의미이다.

용례 水涯 수애, 生涯 생애, 天涯孤兒 천애고아

448

厄

액 액

厂

총4획

파자풀이 厄자는 厂자와 몸을 웅크린 모습을 묘사한 㔾자의 결합자이다.

유의자 災 재앙 재 殃 재앙 앙 禍 재화 화

상대자 福 복 복

용례 厄年 액년, 厄運 액운, 橫厄 횡액, 橫來之厄 횡래지액

449

어조사 야:

乙

총3획)

파자풀이 也자는 乙자가 부수로 지정되어 있지만 '새'와는 의미상 아무 관련이 없다. 유래가 분명치 않은 글자이다. 종결 어미 어조사로 쓰인다.

용례 也無妨 야무방, 及其也 급기야

450

어조사 야

耳

총9획

파자풀이 耶자는 의문형 어조사이다. 耶자는 '예수'의 음역으로 쓰이기도 해서 야소교(耶蘇敎)라 하면 '예수교'를 뜻하기도 했었다.

용례 有耶無耶 유야무야

451

若

같을 약
반야 야

艹
총9획

파자풀이 若자는 본래 '허락하다'라는 의미였다가, 후에 '만약'이라는 의미로 가차된 경우이다. 지금은 言자를 더한 諾자가 본래 의미를 대신하고 있다.

유의자 如 같을 여, 似 같을 사

상대자 異 다를 이, 殊 다를 수

용례 若干 약간, 萬若 만약, 傍若無人 방약무인, 明若觀火 명약관화, 般若心經 반야심경

452

躍

뛸 약

足
총21획

파자풀이 躍자는 足자와 翟(꿩 적)자의 결합자이다. 꿩이 날기 위해 두 발로 펄쩍펄쩍 뛰면서 달리는 모습을 표현한 글자이다.

유의자 跳 뛸 도

용례 躍動 약동, 躍進 약진, 跳躍 도약, 飛躍 비약, 暗躍 암약, 一躍 일약, 活躍 활약

453

揚

날릴 양

扌
총12획

파자풀이 揚자는 扌자와 발음요소인 昜(볕 양)자의 결합자이다. 손으로 들어 해가 떠 있는 하늘로 날리는 모습이다.

상대자 抑 누를 억

용례 揚陸 양륙, 高揚 고양, 浮揚 부양, 抑揚 억양, 引揚 인양, 止揚 지양, 讚揚 찬양, 揚水機 양수기, 立身揚名 입신양명, 意氣揚揚 의기양양

454

楊

버들 양

木
총13획

파자풀이 楊자는 木자와 발음요소인 昜자의 결합자이다. 늘어진 줄기에 달린 잎이 햇빛을 받아 반짝이는 모습의 버드나무를 의미하는 글자이다.

유의자 柳 버들 류

용례 楊柳 양류, 垂楊 수양

455

壤

흙덩이 양:

土
총20획

파자풀이 壤자는 土자와 발음요소인 襄(도울 양)자의 결합자이다. 흙으로 이루어진 땅을 의미하기도 한다.

유의자 土 흙 토, 塊 흙덩이 괴

상대자 天 하늘 천

약자 壌

용례 土壤 토양, 平壤 평양, 天壤之差 천양지차, 鼓腹擊壤 고복격양

456

讓

사양할 양:

言
총24획

파자풀이 讓자는 言자와 발음요소인 襄(도울 양)자의 결합자이다.

유의자 謙 겸손할 겸

약자 譲

용례 讓渡 양도, 讓步 양보, 讓與 양여, 讓位 양위, 謙讓 겸양, 分讓 분양, 移讓 이양, 辭讓 사양

457

於

어조사 어
탄식할 오

方
총8획

파자풀이 於자는 본래 감탄사로 쓰였다가 후에 어조사 기능이 추가된 경우이다.

용례 於焉間 어언간, 於中間 어중간, 於此彼 어차피, 甚至於 심지어

458

御

거느릴 어:

彳
총11획

파자풀이 御자는 彳자와 卸(부릴 사)자가 결합한 글자이다.

유의자 統 거느릴 통, 率 거느릴 솔, 領 거느릴 령

용례 御命 어명, 御使 어사, 御用 어용, 御酒 어주, 制御 제어, 御前會議 어전회의

459

抑

누를 억

扌
총7획

파자풀이 抑자는 扌자와 卬(오를 앙)자의 결합자로, 위로 올라오는 것을 손으로 누르는 모습을 표현한 글자이다.

유의자 壓 누를 압, 押 누를 압

상대자 揚 날릴 양

용례 抑留 억류, 抑壓 억압, 抑揚 억양, 抑制 억제, 抑止 억지

460

憶

생각할 억

忄
총16획

파자풀이 憶자는 忄자와 意자의 결합자이다. 마음(忄)으로 뜻(意)을 새겨 기억(記憶)한다는 의미이다.

유의자 考 생각할 고, 慮 생각할 려, 想 생각 상, 念 생각 념, 思 생각 사

용례 憶昔 억석, 記憶 기억, 追憶 추억

461

焉

어찌 언

灬

총11획

파자풀이 焉자는 본래 새의 일종을 뜻하기 위해 만든 글자였다. 그러나 지금은 가차되어 '어찌'라는 의미로만 쓰이고 있다.

유의자 那 어찌 나, 何 어찌 하

용례 終焉 종언, 於焉間 어언간, 焉敢生心 언감생심

462

나 여

亅

총4획

파자풀이 予자는 사람이 팔을 벌려 자신을 가리키는 모습을 본떠 만든 글자이다.

유의자 我 나 아, 余 나 여, 吾 나 오

상대자 汝 너 여

용례 予奪 여탈

463

너 여:

氵

총6획

파자풀이 汝자는 본래 중국의 허난성(河南省) 서쪽에 있는 강의 이름이었으나, 후에 '너'라는 의미로 가차되었다.

상대자 我 나 아, 吾 나 오

용례 汝等 여등, 汝輩 여배, 汝矣島 여의도

464

나/남을 여

人

총7획

파자풀이 余자는 본래 나무 위의 '오두막'이라는 뜻으로 쓰였었다. 하지만 후에 '나'나 '나머지'라는 뜻으로 가차되면서 본래의 의미는 더는 쓰이지 않고 있다.

유의자 我 나 아, 予 나 여

상대자 汝 너 여

용례 余等 여등, 余月 여월, 殘余 잔여

465

수레 여:

車

총17획

파자풀이 輿자는 본래 수레바퀴를 묘사한 글자였는데, 후에 '대중'이나 '여론'이라는 뜻을 가지게 되었다.

유의자 車 수레 거

용례 輿論 여론, 輿望 여망, 喪輿 상여, 大東輿地圖 대동여지도

466

亦

또 역

亠

총6획

파자풀이 亦자는 본래 사람의 겨드랑이를 의미하기 위해 만든 지사문자(指事文字)이다.

유의자 又 또 우, 且 또 차

용례 亦是 역시, 亦然 역연

467

부릴 역

彳

총7획

파자풀이 役자는 彳자와 殳(몽둥이 수)자의 결합자로, 이리 저리 걸어 다니며 노예들을 몽둥이로 때리면서 부리는 모습이다.

유의자 使 부릴 사

용례 役軍 역군, 役事 역사, 役割 역할, 苦役 고역, 勞役 노역, 端役 단역, 代役 대역, 配役 배역, 兵役 병역, 服役 복역, 使役 사역, 兒役 아역, 惡役 악역, 用役 용역, 雜役 잡역, 轉役 전역, 助役 조역, 主役 주역, 重役 중역, 退役 퇴역, 現役 현역, 免役 면역, 賦役 부역, 荷役 하역, 豫備役 예비역

468

疫

전염병 역

疒

총9획

파자풀이 疫자는 疒자와 殳자의 결합자이다. 창에 찔린 것처럼 아프고 열이 나는 돌림병을 의미하는 글자이다.

유의자 疾 병 질, 病 병 병

용례 疫疾 역질, 檢疫 검역, 免疫 면역, 防疫 방역, 紅疫 홍역

469

번역할 역

言

총20획

파자풀이 譯자는 의미요소인 言자와 발음요소인 睪(엿볼 역)자의 결합자이다.

유의자 飜 번역할 번

약자 訳

용례 譯書 역서, 譯者 역자, 飜譯 번역, 抄譯 초역, 國譯 국역, 誤譯 오역, 完譯 완역, 意譯 의역, 重譯 중역, 直譯 직역, 通譯 통역, 內譯書 내역서

470

驛

역 역

馬

총23획

파자풀이 驛자는 의미요소인 馬자와 발음요소인 睪자의 결합자로, 먼 길을 달려온 말이 쉬어가는 곳을 의미하는 글자이다.

약자 駅

용례 驛馬 역마, 驛長 역장, 驛前 역전, 簡易驛 간이역, 終着驛 종착역

471

沿

물따라갈 / 따를 연(:)

氵
총8획

파자풀이 沿자는 물이 멈추어있는 곳을 그린 㕣(늪 연)자에 水자를 결합한 것으로 물이 흘러 어느 한 지점에 이른다는 뜻을 표현했다.

용례 沿岸 연안, 沿邊 연변, 沿海 연해, 沿革 연혁

472

잔치 연:

宀
총10획

파자풀이 宴자는 安자와 曰(말씀 왈)자의 합체자이다. 편안히 앉아서 음식을 먹고 담소를 나누며 즐기는 잔치를 표현한 글자이다.

용례 宴會 연회, 壽宴 수연, 祝賀宴 축하연, 回甲宴 회갑연

473

軟

연할 연:

車
총11획

파자풀이 軟자의 본자(本字)인 輭자는 車자와 耎(가냘플 연)자로 구성된 글자이다. 耎자는 수염이 길게 난 사람을 묘사한 글자로 유연한 수염의 특성을 표현했다.

유의자 柔 부드러울 유

상대자 堅 굳을 견, 固 굳을 고, 硬 굳을 경, 確 굳을 확

용례 軟骨 연골, 軟禁 연금, 軟性 연성, 軟水 연수, 軟柿 연시, 軟式 연식, 軟食 연식, 軟弱 연약, 軟質 연질, 軟化 연화, 柔軟 유연, 軟文學 연문학, 軟體動物 연체동물

474

燕

제비 연(:)

灬
총16획

파자풀이 燕자는 제비를 본떠 만든 상형자이다.

유의자 鷰 제비 연

용례 燕京 연경, 燕息 연식, 燕尾服 연미복, 燕山君 연산군, 燕鴻之歎 연홍지탄

475

閱

볼 열

門
총15획

파자풀이 閱자는 門자와 발음요소인 兌(기쁠 열)자의 결합자이다.

유의자 監 볼 감, 覽 볼 람, 見 볼 견

용례 閱讀 열독, 閱覽 열람, 閱兵 열병, 檢閱 검열, 校閱 교열, 査閱 사열

476

悅

기쁠 열

忄
총10획

파자풀이 활짝 웃는 모습을 그린 兌자가 본래 '기쁘다'는 의미였으나, 후에 '바꾸다'는 의미로 가차되면서 忄자를 더한 悅자가 본래 의미를 대신하고 있다.

유의자 歡 기쁠 환, 喜 기쁠 희

상대자 悲 슬플 비, 哀 슬플 애

용례 悅樂 열락, 法悅 법열, 喜悅 희열

477

炎

불꽃 염

火
총8획

파자풀이 炎자는 火자를 중첩해서 의미를 강조한 경우이다.

유의자 燮 불꽃 섭, 暑 더울 서

상대자 涼 서늘할 량

용례 炎症 염증, 炎蒸 염증, 炎天 염천, 老炎 노염, 腦炎 뇌염, 盛炎 성염, 肝炎 간염, 肺炎 폐렴, 胃腸炎 위장염, 中耳炎 중이염, 炎涼世態 염량세태

478

染

물들 염:

木
총9획

파자풀이 染자는 氵자와 九자 그리고 木자로 구성된 글자이다. 나무에서 추출한 염료에 흰 천을 여러 번 담가 물을 들이는 모습이다.

용례 染料 염료, 染色 염색, 染織 염직, 感染 감염, 汚染 오염, 傳染 전염, 染色體 염색체

479

鹽

소금 염

鹵
총24획

파자풀이 鹽자는 鹵(소금밭 로)자와 監자의 합체자로, 소금밭을 잘 살펴 소금을 생산한다는 의미이다.

약자 塩

용례 鹽分 염분, 鹽素 염소, 鹽田 염전, 鹽化 염화, 食鹽 식염, 巖鹽 암염, 竹鹽 죽염, 鹽基性 염기성, 天日鹽 천일염

480

泳

헤엄칠 영:

氵
총8획

파자풀이 泳자는 氵자와 발음요소인 永자의 결합자이다. 물에서 헤엄치는 것을 의미하는 글자이다.

용례 泳法 영법, 背泳 배영, 水泳 수영, 遊泳 유영, 蝶泳 접영, 混泳 혼영, 自由泳 자유영

481

詠

읊을 영:

言
총12획

파자풀이 詠자는 言자와 永자의 결합자이다. 말을 길게 늘여 읊는 것을 의미한다.

유의자 吟 읊을 음

용례 詠歌 영가, 詠歎 영탄

482

影

그림자 영:

彡
총15획

파자풀이 影자는 景자와 彡자의 결합자이다. 붓(彡)으로 경치(景致)를 그림자처럼 똑같이 그린 것을 의미한다.

용례 影像 영상, 影印 영인, 影響 영향, 近影 근영, 暗影 암영, 投影 투영

483

銳

날카로울 예:

金
총15획

파자풀이 銳자는 金자와 兌(바꿀 태)자의 결합자이다. 장인이 쇳덩이를 날카로운 무기로 탈바꿈시킨다는 의미이다.

유의자 利 날카로울 리

상대자 鈍 둔할 둔

용례 銳角 예각, 銳騎 예기, 銳利 예리, 銳敏 예민, 銳智 예지, 新銳 신예, 精銳 정예, 尖銳 첨예, 銳意注視 예의주시

484

譽

기릴/명예 예:

言
총21획

파자풀이 譽자는 與자와 言자의 결합자이다. 여러 사람이 칭찬하는 말(言)을 주는(與) 모습에서 '기리다'는 의미를 표현했다.

유의자 頌 기릴 송

약자 誉

용례 名譽 명예, 榮譽 영예

485

汚

더러울 오:

氵
총6획

파자풀이 汚자는 사물이 구부러짐을 뜻하는 亏자에 氵자를 결합한 것으로 물길이 구부러져 막혔다는 의미이다. 물이 흐르지 못하면 오염되고 더러워진다.

유의자 辱 욕될 욕, 染 물들일 염

상대자 潔 깨끗할 결, 淨 깨끗할 정

용례 汚名 오명, 汚物 오물, 汚損 오손, 汚水 오수, 汚染 오염, 汚辱 오욕, 貪官汚吏 탐관오리, 環境汚染 환경오염

486

吾

나 오

口
총7획

파자풀이 五자는 발음요소인 五자와 口자의 결합자이다. 다섯(五) 식구(食口)를 건사하는 가장인 나를 의미한다.

유의자 我 나 아, 予 나 여, 余 나 여

상대자 汝 너 여

용례 吾等 오등, 吾兄 오형, 吾鼻三尺 오비삼척

487

烏

까마귀 오

灬
총10획

파자풀이 烏자는 鳥자에서 눈을 의미하는 부분 한 획이 빠진 모습이다. 까마귀는 몸이 온통 검기 때문에 눈을 구별하기 어려운 점을 착안해서 만든 글자이다.

용례 烏金 오금, 烏石 오석, 烏竹 오죽, 烏骨鷄 오골계, 烏合之卒 오합지졸, 烏飛梨落 오비이락

488

悟

깨달을 오:

忄
총10획

파자풀이 悟자는 忄자와 발음요소인 吾자의 결합자이다. 나의 정체성을 마음으로 깨닫는다는 의미이다.

유의자 覺 깨달을 각

용례 悟性 오성, 覺悟 각오, 悔悟 회오

489

娛

즐길 오:

女
총10획

파자풀이 娛자는 女자와 발음요소인 吳(오나라 오)자의 결합자이다.

유의자 樂 즐길 락

용례 娛樂 오락, 娛遊 오유, 娛樂室 오락실

490

嗚

슬플 오

口
총13획

파자풀이 嗚자는 口자와 烏자의 결합자이다. 까마귀가 입으로 슬프게 우는 소리를 표현한 글자이다.

유의자 悲 슬플 비, 哀 슬플 애

용례 嗚呼 오호, 嗚呼痛哉 오호통재

491

傲

거만할 오:

亻
총13획

파자풀이 傲자는 亻자와 敖(놀 오)자가 결합한 모습이다. 흥에 취해 거나하게 노는 사람이 거만하게까지 보인다는 표현이다.

유의자 慢 거만할 만

상대자 謙 겸손할 겸

용례 傲氣 오기, 傲視 오시, 傲慢 오만, 傲慢放恣 오만방자, 傲霜孤節 오상고절

492

獄

옥 옥

犭
총14획

파자풀이 獄자는 두 개의 犬자와 言자의 합체자이다. 獄자의 본래 의미는 '시비(是非)를 따지다'였다.

용례 獄苦 옥고, 獄舍 옥사, 獄死 옥사, 獄事 옥사, 獄中 옥중, 監獄 감옥, 疑獄 의옥, 地獄 지옥, 出獄 출옥, 脫獄 탈옥, 投獄 투옥, 下獄 하옥

493

翁

늙은이 옹

羽
총10획

파자풀이 翁자는 公자와 여기에서는 턱수염을 의미하는 羽자의 결합자이다. 턱수염을 길게 늘어뜨린 어른을 의미한다.

유의자 老 늙을 로

용례 翁主 옹주, 老翁 노옹, 塞翁之馬 새옹지마

494

擁

낄 옹:

扌
총16획

파자풀이 擁자는 扌자와 雍(화할 옹)자의 결합자이다. 온화한 감정을 가지고 껴안는 모습을 표현한 글자이다.

유의자 抱 안을 포

용례 擁立 옹립, 擁衛 옹위, 擁護 옹호, 抱擁 포옹

495

瓦

기와 와:

瓦
총5획

파자풀이 瓦자는 암키와와 수키와가 서로 물려있는 모습을 묘사한 상형자이다.

용례 瓦器 와기, 瓦當 와당, 瓦全 와전, 瓦解 와해, 弄瓦 농와, 弄瓦之慶 농와지경

496

臥

누울 와:

臣
총8획

파자풀이 臥자는 눈을 묘사한 臣자와 人자의 결합자이다. 사람이 눈을 감고 누워있는 모습을 표현했다.

상대자 起 일어날 기, 立 설 립

용례 臥龍 와룡, 臥病 와병

497

緩

느릴 완:

糸
총15획

파자풀이 緩자는 糸자와 발음요소인 爰(이에 원)자의 결합자이다.

유의자 徐 천천할 서

상대자 急 급할 급, 速 빠를 속

용례 緩慢 완만, 緩刑 완형, 緩和 완화, 緩急 완급, 緩行 완행, 緩衝地帶 완충지대

498

가로 왈

曰
총4획

파자풀이 曰자는 입과 혀를 묘사한 지사자이다. 혀를 놀려 말을 한다는 의미이다.

용례 或曰 혹왈, 曰可曰否 왈가왈부

499

두려워할 외:

田
총9획

파자풀이 畏자는 가면을 쓰고 주술 도구를 든 제사장의 모습을 그린 것이다. 당시 사람들에게 제사장은 사람들에게 경외의 대상이었다.

유의자 懼 두려워할 구, 恐 두려워할 공, 怖 두려워할 포

용례 敬畏 경외, 後生可畏 후생가외

500

搖

흔들 요

扌
총13획

파자풀이 搖자는 扌자와 고기를 보관하는 항아리를 뜻하는 䍃(질그릇 요)자가 결합한 글자이다.

유의자 動 움직일 동

약자 揺

용례 搖動 요동, 搖亂 요란, 動搖 동요, 搖之不動 요지부동

501

멀 요

⻌

총14획

파자풀이 遙자는 ⻌자와 䍃자가 결합한 글자이다. 고기를 말려 항아리에 넣어 등에 지고서 먼 길을 떠나는 모습이다.

유의자 遠 멀 원

상대자 近 가까울 근

약자 遥

용례 遙望 요망, 遙遠 요원

502

허리 요

月(肉)

총13획

파자풀이 腰자는 月(肉)자와 要자의 결합자이다. 중요한(要) 신체(肉) 부위인 허리를 의미하는 글자이다.

용례 腰帶 요대, 腰痛 요통, 腰折腹痛 요절복통

503

욕될 욕

辰

총10획

파자풀이 辱자는 辰(별 진)자와 寸자의 결합자이다.

유의자 恥 부끄러울 치

상대자 榮 영화 영

용례 辱臨 욕림, 辱說 욕설, 辱知 욕지, 苦辱 고욕, 困辱 곤욕, 屈辱 굴욕, 雪辱 설욕, 汚辱 오욕, 榮辱 영욕, 恥辱 치욕

504

하고자할 욕

欠

총11획

파자풀이 欲자는 뱃속이 골짜기(谷)처럼 비어 입을 벌리고(欠) 음식을 먹고 싶어 하는 모습을 표현했다.

용례 欲情 욕정, 欲求不滿 욕구불만, 欲速不達 욕속부달

505

慾

욕심 욕

心

총15획

파자풀이 慾자는 '하고자 하는(欲) 마음(心)'이란 말로, 무언가를 탐내는 '욕심'을 의미한다.

상대자 貪 탐할 탐

용례 慾求 욕구, 慾望 욕망, 慾心 욕심, 禁慾 금욕, 物慾 물욕, 愛慾 애욕, 野慾 야욕, 意慾 의욕, 貪慾 탐욕, 虛慾 허욕, 權力慾 권력욕, 私利私慾 사리사욕

506

떳떳할 용

广

총11획

파자풀이 庸자는 집(广)에서도 정숙(肅)한 마음을 유지하는 모습에서 '떳떳하다'는 뜻이다.

유의자 拙 졸할 졸, 劣 못할 렬

용례 庸劣 용렬, 庸人 용인, 庸才 용재, 庸拙 용졸, 登庸 등용, 中庸 중용

507

또 우:

又

총2획

파자풀이 又자는 오른손의 모양을 본떠 만든 글자이다. 고대 중국에서 오른손을 주로 사용하는 습관을 중시했으므로 '또'나 '자주'라는 의미가 파생했다.

유의자 亦 또 역, 且 또 차

용례 又況 하물며, 又重之 우중지, 日新又日新 일신우일신

508

어조사 우

二

총3획

파자풀이 于자는 二자가 부수로 지정되어는 있지만, 숫자와는 아무 관계가 없다.

용례 于先 우선, 于歸 우귀, 于禮 우례, 至于今 지우금

509

더욱/허물 우

尢

총4획

파자풀이 尤자는 손에 회초리를 들고 있는 모습을 표현한 글자이다. 허물을 나무라며 더욱 잘하라고 북돋는다는 의미이다.

용례 尤物 우물, 尤妙 우묘, 尤甚 우심, 不尤人 불우인

510

宇

집 우:

宀

총6획

파자풀이 宇자는 의미요소인 宀자와 발음요소인 于자가 결합한 형성자이다.

용례 家 집 가, 屋 집 옥, 堂 집 당, 室 집 실, 館 집 관, 宙 집 주, 宅 집 택

용례 宇宙 우주, 氣宇 기우, 屋宇 옥우, 宇宙船 우주선

511

羽

깃 우ː

羽
총6획

파자풀이 羽자는 새의 깃털 모양을 본떠 만든 상형자이다.

유의자 翼 날개 익

용례 羽毛 우모, 羽翼 우익, 羽聲 우성

512

偶

짝 우ː

亻
총11획

파자풀이 偶자는 亻자와 禺(원숭이 우)자의 결합자이다. 사람과 유사한 원숭이의 특성을 응용해 '짝'이란 의미를 표현한 글자이다.

유의자 配 짝 배, 匹 짝 필, 伴 짝 반

용례 偶發 우발, 偶像 우상, 偶數 우수, 偶然 우연, 偶人 우인, 配偶者 배우자, 偶像崇拜 우상숭배

513

愚

어리석을 우

心
총13획

파자풀이 愚자는 원숭이의 지적 능력이 사람에 비해 떨어지는 특성을 응용해 원숭이(禺)의 마음(心)이라는 표현으로 '어리석다'를 의미했다.

상대자 良 어질 량, 仁 어질 인, 賢 어질 현

용례 愚鈍 우둔, 愚劣 우열, 愚見 우견, 愚弄 우롱, 愚惡 우악, 愚弟 우제, 愚直 우직, 愚問賢答 우문현답, 愚民政治 우민정치, 愚公移山 우공이산

514

憂

근심 우

心
총15획

파자풀이 憂자는 頁자와 冖자, 心자, 夊(올 치)자가 결합한 모습이다.

유의자 愁 근심 수, 患 근심 환

용례 憂慮 우려, 憂愁 우수, 憂患 우환, 丁憂 정우, 憂鬱症 우울증, 內憂外患 내우외환, 識字憂患 식자우환

515

云

이를 운

二
총4획

파자풀이 云자는 구름의 모습을 본떠 만든 글자로 본래 '구름'을 의미했다. 그러나 후에 '말하다'라는 의미로 가차되면서, 雨자가 더해진 雲자가 본래 의미를 대신하고 있다.

유의자 謂 이를 위

용례 云云 운운, 云爲 운위

516

韻

운 운ː

音
총19획

파자풀이 韻자는 옛날 중국의 관원(官員)들이 관청의 문서를 소리(音)내어 읽을 때 운에 맞게 읽는 모습을 표현해 만든 글자이다.

용례 韻文 운문, 韻士 운사, 韻律 운율, 韻致 운치, 押韻 압운, 餘韻 여운, 音韻 음운

517

越

넘을 월

走
총12획

파자풀이 越자는 의미요소인 走자와 발음요소인 戉(도끼 월)자의 결합자이다.

유의자 超 넘을 초

용례 越境 월경, 越權 월권, 越南 월남, 越北 월북, 越冬 월동, 越等 월등, 越班 월반, 越尺 월척, 越便 월편, 貸越 대월, 優越 우월, 移越 이월, 超越 초월, 追越 추월, 卓越 탁월

518

胃

밥통 위

月(肉)
총9획

파자풀이 胃자는 위의 모양자인 田자와 신체를 의미하는 月(肉)자의 결합자이다.

용례 胃壁 위벽, 胃散 위산, 胃酸 위산, 胃炎 위염, 胃腸 위장, 胃臟 위장, 胃痛 위통, 健胃 건위

519

違

어긋날 위

辶
총13획

파자풀이 違자는 城 주위를 돌며 발이 엇갈리는 모습을 묘사한 韋자를 응용해 '(길이) 엇갈리다'라는 뜻을 표현했다.

유의자 錯 어긋날 착

용례 違反 위반, 違背 위배, 違法 위법, 違約 위약, 違憲 위헌, 非違 비위, 違和感 위화감

520

僞

거짓 위

亻
총14획

파자풀이 僞자는 亻자와 발음요소인 爲자의 결합자이다.

유의자 假 거짓 가

상대자 眞 참 진

약자 偽

용례 僞善 위선, 僞裝 위장, 僞造 위조, 僞證 위증, 眞僞 진위, 虛僞 허위

521

緯

씨 위

糸
총15획

파자풀이 緯자는 糸자와 발이 엇갈리는 모습인 韋자의 결합자로, 날줄과 엇갈리는 씨줄을 의미하는 글자이다.

상대자 經 지날 경

용례 緯度 위도, 經緯 경위, 北緯 북위

522

謂

이를 위

言
총16획

파자풀이 謂자는 의미요소인 言자와 발음요소인 胃(밥통 위)자의 결합자이다.

유의자 云 이를 운

용례 可謂 가위, 所謂 소위

523

幼

어릴 유

幺
총5획

파자풀이 幼자는 幺(작을 요)자와 力자의 결합자이다. 힘이 작은 어린 아이를 의미한다.

유의자 稚 어릴 치, 兒 아이 아

상대자 老 늙을 로, 長 어른 장

용례 幼年 유년, 幼兒 유아, 老幼 노유, 幼稚園 유치원, 長幼有序 장유유서

524

酉

닭 유

酉
총7획

파자풀이 酉자는 술 항아리를 본떠 만든 상형자이다. 그래서 酉자가 부수로 쓰인 글자들은 술과 관련된 의미를 가진다.

유의자 鷄 닭 계

용례 酉方 유방, 酉時 유시, 辛酉迫害 신유박해, 癸酉靖亂 계유정란

525

柔

부드러울 유

木
총9획

파자풀이 柔자는 矛자와 木자의 결합자이다. 창(矛)의 자루로 쓰는 나무(木)는 탄력이 있고 부드럽다는 뜻이다.

유의자 軟 연할 연

상대자 堅 굳을 견, 固 굳을 고, 硬 굳을 경, 確 굳을 확

용례 柔道 유도, 柔弱 유약, 柔軟 유연, 溫柔 온유, 懷柔 회유, 外柔內剛 외유내강, 優柔不斷 우유부단

526

幽

그윽할 유

幺
총9획

파자풀이 幽자는 山자와 두 개의 幺(작을 요)자의 합체자로, 산 속에 형체가 불분명한 뭔 가 있는 모습을 표현한 글자이다.

유의자 暗 어두울 암

용례 幽靈 유령, 幽明 유명, 幽宅 유택, 幽閉 유폐, 幽玄 유현, 深山幽谷 심산유곡

527

悠

멀 유

心
총11획

파자풀이 悠자는 사람을 막대기로 때리는 모습인 攸자와 心자의 결합자이다. 사람을 때리니까 마음에서 멀어진다는 의미이다.

유의자 遙 멀 요, 遠 멀 원

상대자 近 가까울 근

용례 悠久 유구, 悠然 유연, 悠悠自適 유유자적

528

唯

오직 유

口
총11획

파자풀이 唯자는 본래 새(隹)가 지저귀는(口) 모습을 응용해 '응답하다'는 의미였으나, 후에 '오직'이란 의미로 가차된 경우이다.

유의자 但 다만 단, 只 다만 지

용례 唯一 유일, 唯物論 유물론, 唯心論 유심론, 唯我獨尊 유아독존, 唯唯諾諾 유유낙낙, 一切唯心造 일체유심조

529

惟

생각할 유

忄
총11획

파자풀이 惟자는 새(隹)의 마음(忄)이란 말로 자유롭게 날아다니는 새의 특성을 응용해 자유로운 思惟를 표현한 글자이다.

유의자 考 생각할 고 慮 생각할 려 思 생각 사 想 생각 상

용례 惟獨 유독, 惟憂 유우, 思惟 사유, 伏惟 복유, 竊惟 절유

530

猶

오히려/같을 유

犭
총12획

파자풀이 猶자는 犭자와 八자 그리고 酉자로 구성된 글자로, 개고기(犭)와 술(酉)을 나눠(八) 먹고도 양이 풍족해서 오히려 남는다는 의미이다.

유의자 尙 오히려 상

용례 猶豫 유예, 猶不足 유부족, 猶父猶子 유부유자. 起訴猶豫 기소유예, 宣告猶豫 선고유예, 執行猶豫 집행유예

531

裕

넉넉할 유:

衤
총13획

파자풀이 裕자는 衤자와 谷자의 결합자이다. 옷의 품이 골짜기처럼 넉넉하다는 의미이다.

유의자 富 가멸 부, 餘 남을 여, 足 족할 족

상대자 貧 가난할 빈, 窮 궁할 궁, 乏 가난할 핍

용례 裕寬 유관, 裕足 유족, 富裕 부유, 餘裕 여유, 餘裕滿滿 여유만만

532

나을/점점 유

心
총13획

파자풀이 愈자는 발음요소인 兪(대답할 유)자와 의미요소인 心자의 결합자이다.

용례 治愈 치유, 快愈 쾌유, 愈甚 유심, 憂心愈愈 우심유유

533

維

벼리 유

糸
총14획

파자풀이 維자는 새(隹)의 발을 묶어 조종하는 줄(糸)처럼, 그물의 코를 꿰어 조종하는 벼리를 의미한다.

유의자 紀 벼리 기, 綱 벼리 강

용례 維新 유신, 維持 유지, 四維 사유, 維歲次 유세차, 進退維谷 진퇴유곡

534

誘

꾈 유

言
총14획

파자풀이 誘자는 言자와 秀자의 결합자이다. 수려한 말솜씨로 상대방을 꾀어낸다는 의미이다.

유의자 惑 미혹할 혹

용례 誘導 유도, 誘發 유발, 誘引 유인, 誘因 유인, 誘致 유치, 誘惑 유혹, 勸誘 권유, 誘導彈 유도탄

535

閏

윤달 윤:

門
총12획

파자풀이 고대 중국에서는 윤달이 있던 해마다 왕이 사당을 찾아 제를 지냈다고 한다. 그러니 閏자는 사당의 문을 출입하는 왕의 모습을 표현한 것이라 볼 수 있다.

용례 閏年 윤년, 閏月 윤월, 三歲置閏 삼세치윤

536

潤

불을 윤:

氵
총15획

파자풀이 潤자는 의미요소인 氵자와 발음요소인 閏자의 결합자이다.

용례 潤氣 윤기, 潤文 윤문, 潤色 윤색, 潤澤 윤택, 潤筆 윤필, 利潤 이윤, 浸潤 침윤, 潤滑油 윤활유

537

乙

새 을

乙
총1획

파자풀이 乙자는 새의 모양을 본떠 만든 상형자이다.

유의자 鳥 새 조, 隹 새 추

용례 甲男乙女 갑남을녀, 甲論乙駁 갑론을박, 怒甲移乙 노갑이을, 乙卯士禍 을묘사화, 乙未事變 을미사변, 乙巳條約 을사조약

538

읊을 음

口
총7획

파자풀이 吟자는 口자와 今자의 결합자이다. 바로 지금의 감정을 입으로 읊는 것을 의미한다.

유의자 詠 읊을 영

용례 吟曲 음곡, 吟味 음미, 吟情 음정, 吟唱 음창, 吟遊詩人 음유시인, 吟風弄月 음풍농월

539

淫

음란할 음

氵
총11획

파자풀이 淫자는 氵자와 𡈼(가까이할 음)자가 결합한 글자이다.

유의자 亂 음란할 란

용례 淫亂 음란, 淫行 음행, 姦淫 간음, 賣淫 매음, 手淫 수음, 荒淫 황음, 觀淫症 관음증, 樂而不淫 낙이불음

540

泣

울 읍

氵
총8획

파자풀이 泣자는 氵자와 立자의 결합자이다. 눈물이 얼굴을 타고 세로로 흘러내리는 모습을 표현한 글자이다.

유의자 哭 울 곡, 啼 울 제

상대자 笑 울 소

용례 泣訴 읍소, 泣血 읍혈, 感泣 감읍, 泣斬馬謖 읍참마속

541

凝

얼길 응:

冫

총16획

파자풀이 凝자는 冫자와 疑자의 결합자이다. 강물이 제대로 얼었는지(冫) 의심(疑)이 간다는 의미이다.

유의자 結 맺을 결

용례 凝結 응결, 凝固 응고, 凝視 응시, 凝集 응집, 凝滯 응체, 凝縮 응축, 凝血 응혈

542

어조사 의

矢

총7획

파자풀이 矣자의 부수는 矢자이지만, 지금은 가차되어 화살과는 의미상 관련 없이 종결어미 어조사로 쓰이고 있다.

용례 汝矣島 여의도, 萬事休矣 만사휴의

543

마땅 의

宀

총8획

파자풀이 宜자는 宀자와 조상의 위패를 묘사한 且자의 결합자이다.

유의자 當 마땅 당

약자 宜

용례 宜當 의당, 便宜 편의, 便宜店 편의점, 時宜適切 시의적절

544

이미 이:

己

총3획

파자풀이 已자는 본래 다 자란 태아를 그린 글자이다. 已자에 '이미'라는 뜻이 있는 것도 배 속의 아이가 다 자라 이미 출산이 임박했다는 뜻이다.

유의자 旣 이미 기

용례 已甚 이심, 已往 이왕, 不得已 부득이, 已往之事 이왕지사

545

말이을 이

而

총6획

파자풀이 而자는 본래 사람의 구레나룻을 묘사한 글자였다. 지금은 가차되어 접속사로 쓰이고 있다.

용례 而立 이립, 似而非 사이비, 形而上學 형이상학, 渴而穿井 갈이천정

546

夷

오랑캐 이

大

총6획

파자풀이 夷자는 사람을 그린 大자와 활을 그린 弓자의 합체자이다. 큰 활을 등에 매고 있는 사람을 묘사한 글자이다.

유의자 蠻 오랑캐 만, 戎 오랑캐 융, 狄 오랑캐 적

용례 夷滅 이멸, 島夷 도이, 東夷 동이, 明夷 명이, 邊夷 변이, 洋夷 양이, 以夷制夷 이이제이

547

翼

날개 익

羽

총17획

파자풀이 翼자는 의미요소인 羽자와 발음요소인 異자의 결합자이다.

유의자 羽 깃 우

용례 右翼 우익, 左翼 좌익, 羽翼 우익, 翼輔 익보, 連理比翼 연리비익

548

참을 인

心

총7획

파자풀이 忍자는 발음요소인 刃(칼날 인)자와 의미요소인 心자의 결합자이다.

용례 耐 견딜 내

용례 忍苦 인고, 忍耐 인내, 忍辱 인욕, 忍從 인종, 不忍 불인, 殘忍 잔인, 目不忍見 목불인견, 隱忍自重 은인자중, 堅忍不拔 견인불발

549

혼인 인

女

총9획

파자풀이 姻자는 女자와 침상에 사람이 누워있는 모습인 因자의 결합자이다.

유의자 婚 혼인할 혼

용례 姻戚 인척, 婚姻 혼인

550

범/동방 인

宀

총11획

파자풀이 寅자는 본래 활의 모습을 본뜬 글자였으나, 후에 셋째 지지(地支)를 뜻하게 되면서, '범'이나 '동방(東方)'의 관련 의미를 갖게 됐다.

유의자 虎 범 호, 東 동녘 동

용례 寅方 인방, 寅時 인시, 丙寅洋擾 병인양요

551

편안할 일

⻍
총12획

파자풀이 逸자는 ⻍자와 兔(토끼 토)자의 결합자이다. 토끼가 사냥꾼을 피해 달아나 숨으니 편안하다는 의미이다.

유의자 安 편안할 안

용례 逸居 일거, 逸德 일덕, 逸民 일민, 逸士 일사, 逸品 일품, 逸話 일화, 安逸 안일, 隱逸 은일

552

북방 임:

土
총4획

파자풀이 壬자는 유래에 대한 해석이 분분한 글자이다. 그러나 지금의 壬자는 유래와는 상관없이 '아홉째 천간(天干)'의 의미로만 쓰이고 있다.

유의자 北 북녘 북

용례 壬方 임방, 壬辰倭亂 임진왜란

553

품삯 임:

貝
총13획

파자풀이 賃자는 任(맡길 임)자와 貝자의 결합자이다. 맡은(任) 일을 마치고 받는 돈(貝)을 의미한다.

용례 賃金 임금, 賃貸 임대, 賃借 임차, 無賃 무임, 運賃 운임, 賃借人 임차인, 賃貸借 임대차, 無賃乘車 무임승차

554

찌를 자:
찌를 척

刂
총8획

파자풀이 刺자는 朿(가시 자)자와 刂자의 결합자이다. 가시처럼 칼로 찌른다는 의미이다.

용례 刺客 자객, 亂刺 난자, 刺字 자자, 刺殺 척살, 刺戟 자극, 諷刺 풍자, 懸頭刺股 현두자고

555

茲

이 자

玄
총10획

파자풀이 玆자는 본래 玄(검을 현)자가 중첩되어 '검다'는 의미였으나, 후에 '이', '이곳', '이때' 등의 의미로 가차되었다.

유의자 斯 이 사, 是 이 시, 此 이 차

상대자 彼 저 피

용례 今玆 금자, 來玆 내자, 玆山魚譜 자산어보

556

방자할/
마음대로 자:

心
총10획

파자풀이 恣자는 입에서 침이 튀는 모습인 次자와 心자의 결합자로, 마구 지껄이는 모습이 방자하다는 의미이다.

용례 恣行 자행, 放恣 방자, 恣意的 자의적

557

자줏빛 자

糸
총12획

파자풀이 紫자는 발음요소인 此자와 의미요소인 糸자의 결합자이다. 옷감의 자줏빛을 표현한 글자이다.

용례 紫色 자색, 紫煙 자연, 紫外線 자외선, 紫雨林 자우림, 山紫水明 산자수명, 萬紫千紅 만자천홍

558

사랑할 자

心
총14획

파자풀이 慈자는 발음요소인 玆자와 心자의 결합자이다. 초목이 무성(玆)하듯 한없는 어머니의 자식 사랑을 표현한 글자이다.

유의자 仁 어질 인, 愛 사랑 애

용례 慈悲 자비, 慈善 자선, 慈愛 자애, 慈惠 자혜, 仁慈 인자, 慈堂 자당, 無慈悲 무자비, 大慈大悲 대자대비

559

술부을 작

酉
총10획

파자풀이 酌자는 酉자와 勺(구기 작)자의 결합자이다. 술통에서 국자로 술을 퍼서 따른다는 의미이다.

용례 酌定 작정, 參酌 참작, 淸酌 청작, 無酌定 무작정, 情狀參酌 정상참작

560

벼슬/잔 작

爫
총18획

파자풀이 爵자는 왕이나 고관(高官)들만이 쓸 수 있었던 참새 모양의 고급 술잔을 묘사한 상형자이다.

유의자 官 벼슬 관, 吏 벼슬아치 리, 尉 벼슬 위

용례 爵位 작위, 爵號 작호, 公爵 공작, 侯爵 후작, 伯爵 백작, 子爵 자작, 男爵 남작, 天爵 천작, 獻爵 헌작, 進爵 진작, 吾等爵 오등작, 高官大爵 고관대작

561

暫

잠깐 잠(:)
日
총15획

파자풀이 暫자는 斬자와 日자의 결합자이다. 하룻날(日)을 여러 시간으로 쪼갠(斬) 짧을 시간을 의미한다.

유의자 頃 잠깐 경

용례 暫間 잠간, 暫時 잠시, 暫定的 잠정적

562

潛

잠길 잠
氵
총15획

파자풀이 潛자는 의미요소인 氵자와 발음요소인 朁(일찍이 참)자의 결합자이다.

유의자 沈 잠길 침, 沒 빠질 몰

약자 潜

용례 潛伏 잠복, 潛入 잠입, 潛潛 잠잠, 潛在 잠재, 潛跡 잠적, 潛行 잠행, 潛在力 잠재력

563

어른 장:
一
총3획

파자풀이 丈자는 지팡이를 표현한 十자와 손을 표현한 又자가 결합한 회의자이다. 손에 지팡이를 든 모습으로 어른을 의미한다.

유의자 長 어른 장

상대자 少 젊을 소

용례 丈母 장모, 丈人 장인, 丈夫 장부, 丈尺 장척, 聘丈 빙장, 査丈 사장, 老人丈 노인장, 大丈夫 대장부, 主人丈 주인장, 春府丈 춘부장, 氣高萬丈 기고만장

564

莊

씩씩할 장
艹
총11획

파자풀이 莊자의 본래 의미는 '풀이 무성하다' 이지만, 실제로는 '장중하다'나 '별장'과 같은 뜻으로 쓰이고 있다.

약자 荘, 庄

용례 莊嚴 장엄, 莊子 장자, 莊重 장중, 別莊 별장, 山莊 산장, 老莊思想 노장사상

565

손바닥 장:
手
총12획

파자풀이 掌자는 연기 같은 것이 위로 올라가는 모습인 尙자를 응용해, 손바닥이 위로 향한 모습을 표현했다.

용례 管掌 관장, 分掌 분장, 主掌 주장, 合掌 합장, 掌握 장악, 仙人掌 선인장, 如反掌 여반장, 掌篇小說 장편소설, 拍掌大笑 박장대소, 孤掌難鳴 고장난명

566

葬

장사지낼 장:
艹
총13획

파자풀이 葬자는 죽은 사람을 산으로 모셔가 풀로 덮어두던 고대의 장례 풍습에서 유래한 글자이다.

유의자 喪 잃을 상

용례 葬禮 장례, 葬儀 장의, 葬地 장지, 國葬 국장, 水葬 수장, 殉葬 순장, 安葬 안장, 移葬 이장, 合葬 합장, 火葬 화장, 假埋葬 가매장, 生埋葬 생매장, 暗埋葬 암매장, 葬送曲 장송곡, 高麗葬 고려장, 副葬品 부장품

567

粧

단장할 장
米
총12획

파자풀이 粧자는 분가루를 의미하는 米자와 화장대를 의미하는 庄자의 결합자이다.

용례 粧鏡 장경, 粧飾 장식, 內粧 내장, 丹粧 단장, 治粧 치장, 化粧 화장, 美粧院 미장원, 銀粧刀 은장도, 化粧紙 화장지, 內粧材 내장재

568

藏

감출 장:
艹
총18획

파자풀이 藏자는 의미요소인 艹자와 발음요소인 臧(착할 장)자의 결합자이다.

약자 蔵

용례 藏書 장서, 死藏 사장, 私藏 사장, 所藏 소장, 收藏 수장, 貯藏 저장, 藏中 장중, 包藏 포장, 愛藏品 애장품, 內藏山 내장산, 笑裏藏刀 소리장도

569

臟

오장 장:
月(肉)
총22획

파자풀이 臟자는 月(肉)자와 藏자의 결합자이다. 몸(肉) 안에 감춰진(藏) 肝臟(간장), 肺臟(폐장), 心臟(심장), 脾臟(비장), 腎臟(신장)인 다섯 가지 내장(內臟)을 의미하는 글자이다.

약자 臓

용례 臟器 장기, 肝臟 간장, 內臟 내장, 心臟 심장

570

墻

담 장
土
총16획

파자풀이 墻자는 土자와 嗇(아낄 색)자의 결합자로, 수확한 곡식을 지키기 위해 흙으로 쌓은 담을 의미한다.

유의자 牆 담 장

용례 墻內 장내, 面墻 면장, 墻有耳 장유이, 路柳墻花 노류장화

571

哉

어조사 재
口
총9획

파자풀이 哉자는 우리말에서의 쓰임은 거의 없고, 간혹 쓰이더라도 감탄사와 같은 '외침' 정도로만 쓰인다.

약자 哉

용례 快哉 쾌재, 哉生明 재생명, 哉生魄 재생백, 嗚呼痛哉 오호통재

572

栽

심을 재:
木
총10획

파자풀이 栽자는 삽으로 나무를 심는 모습을 표현한 글자이다.

유의자 植 심을 식

용례 栽培 재배, 植栽 식재, 盆栽 분재, 移栽 이재

573

裁

옷마를 재
衣
총12획

파자풀이 裁자는 가위로 옷을 재단하는 모습을 표현한 글자이다.

용례 裁可 재가, 裁斷 재단, 裁量 재량, 裁定 재정, 決裁 결재, 獨裁 독재, 洋裁 양재, 裁判 재판, 總裁 총재, 仲裁 중재, 憲法裁判所 헌법재판소

574

載

실을 재:
車
총13획

파자풀이 載자는 출정(出征)하면서 창을 수레에 싣는 모습을 표현한 글자이다.

용례 記載 기재, 登載 등재, 滿載 만재, 連載 연재, 摘載 적재, 積載 적재, 全載 전재, 轉載 전재, 揭載 게재, 千載一遇 천재일우

575

宰

재상 재:
宀
총10획

파자풀이 宰자는 宀자와 노예를 의미하는 辛자의 결합자이다. 집에 노예를 많이 거느릴 수 있는 높은 직책을 의미한다.

용례 宰相 재상, 宰臣 재신, 主宰 주재

576

抵

막을 저:
扌
총8획

파자풀이 抵자는 扌자와 발음요소인 氐(근본 저)자의 결합자이다. 손을 들어 막는 모습이다.

유의자 抗 겨룰 항

용례 抵當 저당, 抵觸 저촉, 抵抗 저항, 大抵 대저, 根抵當 근저당, 抵死爲限 저사위한

577

著

나타날 저:
++
총13획

파자풀이 著자는 ++자와 者자의 결합자이다. 풀(++)숲에서 웬 사람(者)이 갑자기 나타나는 모습이다.

유의자 造 지을 조, 作 지을 작

용례 著名 저명, 著明 저명, 著述 저술, 著者 저자, 著作 저작, 共著 공조, 論著 논저, 顯著 현저, 編著 편저, 著作權 저작권

578

寂

고요할 적
宀
총11획

파자풀이 寂자는 宀자와 叔자의 결합자이다.

유의자 靜 고요할 정, 閑 한가할 한

상대자 騷 시끄러울 소, 忙 바쁠 망

용례 寂滅 적멸, 寂寂 적적, 孤寂 고적, 入寂 입적, 靜寂 정적, 閑寂 한적

579

피리 적
竹
총11획

파자풀이 笛자는 竹자와 由자의 결합자이다. 피리를 대나무로 만들었다는 의미이다.

용례 警笛 경적, 汽笛 기적, 鼓笛隊 고적대

580

자취 적
足
총13획

파자풀이 跡자는 足자와 亦자의 결합자이다. 발자국이 중복되어 흔적이 남은 모습을 표현했다.

유의자 蹟 자취 적, 迹 자취 적

용례 人跡 인적, 潛跡 잠적, 足跡 족적, 追跡 추적, 筆跡 필적, 遺跡地 유적지

581

滴

물방울 적

氵
총14획

파자풀이 滴자는 의미요소인 氵자와 발음요소인 啇(밑동 적)자의 결합자이다.

용례 滴水 적수, 餘滴 여적, 大海一滴 대해일적

582

딸 적

扌
총14획

파자풀이 摘자는 의미요소인 扌자와 발음요소인 啇자의 결합자이다.

용례 摘要 적요, 摘發 적발, 摘示 적시, 摘出 적출, 指摘 지적, 摘芽 적아

583

자취 적

足
총18획

파자풀이 蹟자는 足자와 발음요소인 責자의 결합자이다. 跡자와 마찬가지로 발자취를 의미하는 글자이다.

유의자 跡 발자취 적, 迹 자취 적

용례 古蹟 고적, 奇蹟 기적, 史蹟 사적, 事蹟 사적, 遺蹟 유적

584

전각 전:

殳
총13획

파자풀이 殿자는 본래 '엉덩이'를 의미하는 글자였으나, 후에 '궁궐'의 의미로 가차되었다. 지금은 月(肉)자를 더한 臀(볼기 둔)자가 본래 의미를 대신하고 있다.

용례 殿閣 전각, 殿階 전계, 殿堂 전당, 殿廊 전랑, 殿試 전시, 殿宇 전우, 殿下 전하, 宮殿 궁전, 內殿 내전, 大殿 대전, 別殿 별전, 寶殿 보전, 佛殿 불전, 聖殿 성전, 神殿 신전, 御殿 어전, 大雄殿 대웅전

585

훔칠 절

穴
총22획

파자풀이 竊자는 穴자와 여기에서는 쌀을 의미하는 釆자, 그리고 쌀벌레를 묘사한 卨자의 결합자이다. 쌀벌레가 쌀가마에 구멍을 내고 쌀을 훔친다는 의미이다.

유의자 盜 도둑 도

약자 窃

용례 竊念 절념, 竊盜 절도, 竊聽 절청, 竊取 절취, 剽竊 표절

586

漸

점점 점:

氵
총14획

파자풀이 漸자는 본래 중국 저장성(浙江省)에 있는 첸탕강(錢塘江)의 옛 이름에서 유래한 글자이다. 강의 유속이 느렸었는지 후에 '점점'이라는 뜻이 파생되었다.

용례 漸減 점감, 漸染 점염, 漸增 점증, 漸進 점진, 漸次 점차, 漸入佳境 점입가경, 西勢東漸 서세동점

587

蝶

나비 접

虫
총15획

파자풀이 蝶자는 虫자와 枼(나뭇잎 엽)자의 결합자이다. 나뭇잎 같은 날개를 가진 곤충이란 의미이다.

용례 蝶泳 접영, 胡蝶之夢 호접지몽

588

井

우물 정(:)

二
총4획

파자풀이 井자는 우물 둘레에 두른 난간의 모양을 본떠 만든 상형자이다.

용례 井間 정간, 井然 정연, 井華水 정화수, 坐井觀天 좌정관천, 市井雜輩 시정잡배

589

廷

조정 정

廴
총7획

파자풀이 廷자는 본래 사람이 계단을 오르는 모습을 묘사한 것으로, 계단이 있는 관아를 의미하였다.

용례 廷論 정론, 廷吏 정리, 開廷 개정, 法廷 법정, 朝廷 조정, 出廷 출정, 閉廷 폐정, 休廷 휴정

590

征

칠 정

彳
총8획

파자풀이 征자는 彳자와 正자의 결합자이다. 잘못된 것을 바로잡기 위해 행동한다는 의미이다.

유의자 攻 칠 공, 擊 칠 격, 討 칠 토, 伐 칠 벌, 打 칠 타

용례 征途 정도, 征伐 정벌, 征服 정복, 征夫 정부, 長征 장정, 遠征隊 원정대, 遠征競技 원정경기

591

亭

정자 정

亠
총9획

파자풀이 亭자는 高자와 발음요소인 丁자의 결합자이다. 주변 경치를 보기 위해 높게 지은 건물을 의미한다.

용례 亭子 정자, 料亭 요정, 驛亭 역정, 老人亭 노인정

592

곧을 정

貝
총9획

파자풀이 貞자는 본래 '점을 치다'라는 뜻으로 만들어졌었지만, 후에 곧은 마음으로 점을 쳐야한다는 의미에서 '곧다'라는 뜻이 파생되었다.

유의자 直 곧을 직

상대자 屈 굽을 굴, 曲 굽을 곡

용례 貞潔 정결, 貞淑 정숙, 貞節 정절, 貞操 정조, 童貞 동정, 不貞 부정

593

訂

바로잡을 정

言
총9획

파자풀이 訂자는 言자와 발음요소인 丁자의 결합자이다.

유의자 矯 바로잡을 교

용례 訂正 정정, 訂定 정정, 改訂 개정, 校訂 교정, 修訂 수정

594

頂

정수리 정

頁
총11획

파자풀이 頂자는 발음요소인 丁자와 의미요소인 頁자의 결합자이다.

용례 頂上 정상, 頂點 정점, 登頂 등정, 山頂 산정, 絶頂 절정, 頂上會談 정상회담, 頂門一鍼 정문일침

595

깨끗할 정

氵
총11획

파자풀이 淨자는 의미요소인 氵자와 발음요소인 爭자의 결합자이다.

유의자 潔 깨끗할 결, 淸 맑을 청

상대자 汚 더러울 오, 濁 흐릴 탁

약자 浄

용례 淨潔 정결, 淨水 정수, 淨化 정화, 不淨 부정, 淸淨 청정, 淨水器 정수기, 自淨作用 자정작용

596

堤

둑 제

土
총12획

파자풀이 堤자는 土자와 발음요소인 是자의 결합자이다. 흙으로 만든 둑을 의미하는 글자이다.

용례 堤防 제방, 防潮堤 방조제, 防波堤 방파제

597

가지런할 제

齊
총14획

파자풀이 齊자는 곡식의 이삭이 가지런하게 자란 모양을 본떠 만든 상형자이다.

유의자 整 가지런할 정

약자 斉

용례 齊家 제가, 齊唱 제창, 整齊 정제, 一齊 일제, 修身齊家 수신제가, 擧案齊眉 거안제미

598

諸

모두 제

言
총16획

파자풀이 諸자는 글자의 조합과는 관계없이 '이'나 '저'와 같은 대명사나 '~에'나 '~에서'와 같은 어조사로 쓰이고 있다.

유의자 皆 다 개, 咸 다 함, 摠 모두 총

용례 諸國 제국, 諸君 제군, 諸氏 제씨, 諸元 제원, 諸員 제원, 諸位 제위, 諸賢 제현, 諸侯 제후, 諸子百家 제자백가, 諸般節次 제반절차

599

弔

조상할 조:

弓
총4획

파자풀이 弔자는 弓(활 궁)자와 丨(뚫을 곤)자가 결합한 글자이다. 화살에 맞아 전사한 전우를 조문하는 모습이다.

유의자 喪 잃을 상

상대자 慶 경사 경

용례 弔客 조객, 弔哭 조곡, 弔橋 조교, 弔旗 조기, 弔文 조문, 弔問 조문, 弔辭 조사, 弔詞 조사, 弔意 조의, 弔電 조전, 謹弔 근조, 弔慰金 조위금, 弔意金 조의금, 慶弔事 경조사

600

兆

억조/조짐 조

儿
총6획

파자풀이 兆자는 점을 칠 때 거북의 배딱지(腹甲)를 태워서 나타나는 무늬를 본떠 만든 상형자이다.

용례 兆民 조민, 兆域 조역, 兆占 조점, 吉兆 길조, 凶兆 흉조, 前兆 전조, 徵兆 징조, 億兆蒼生 억조창생, 不祥之兆 불상지조

601

租

조세 조

禾

총10획

파자풀이 租자는 의미요소인 禾자와 발음요소인 且자의 결합자이다.

유의자 稅 세금 세

용례 租賦 조부, 租稅 조세, 租借地 조차지, 十日租 십일조

602

照

비칠 조:

灬

총13획

파자풀이 照자는 발음요소인 昭(밝을 소)자와 의미요소인 灬자의 결합자이다.

유의자 映 비칠 영

용례 照度 조도, 照明 조명, 照準 조준, 照會 조회, 觀照 관조, 落照 낙조, 對照 대조, 參照 참조, 探照 탐조, 肝膽相照 간담상조

603

燥

마를 조

火

총17획

파자풀이 燥자는 火자와 발음요소인 喿(울 소)자의 결합자이다. 화기(火氣)에 의해 마르는 것을 의미한다.

유의자 乾 마를 건

상대자 濕 젖을 습

용례 乾燥 건조, 燥渴症 조갈증, 無味乾燥 무미건조

604

拙

졸할 졸

扌

총8획

파자풀이 拙자는 의미요소인 扌자와 발음요소인 出자의 결합자이다.

유의자 劣 못할 렬

상대자 優 넉넉할 우, 秀 빼어날 수

용례 拙稿 졸고, 拙劣 졸렬, 拙速 졸속, 拙作 졸작, 拙著 졸저, 拙筆 졸필, 稚拙 치졸, 拙丈夫 졸장부, 大巧若拙 대교약졸

605

縱

세로 종

糸

총17획

파자풀이 縱자는 糸자와 從자의 결합자이다. 실이 아래로 길게 늘어진 모습에서 '세로'를 의미한다.

상대자 橫 가로 횡

약자 縦

용례 縱斷 종단, 縱隊 종대, 縱的 종적, 縱走 종주, 放縱 방종, 操縱 조종, 縱橫無盡 종횡무진

606

坐

앉을 좌:

土

총7획

파자풀이 坐자는 두 개의 人자와 土자의 결합자이다. 이것은 흙 위에 두 사람이 나란히 앉은 모습을 그린 것이다.

상대자 起 일어날 기, 立 설 립

용례 坐臥 좌와, 坐像 좌상, 坐視 좌시, 坐藥 좌약, 坐罪 좌죄, 坐板 좌판, 對坐 대좌, 連坐 연좌, 正坐 정좌, 靜坐 정좌, 坐禪 좌선, 坐席 좌석, 坐井觀天 좌정관천

607

佐

도울 좌:

亻

총7획

파자풀이 佐자는 亻자와 발음요소인 左자의 결합자이다. 사람의 왼편에서 도움을 주는 모습이다.

유의자 補 도울 보, 助 도울 조, 扶 도울 부, 援 도울 원

용례 補佐 보좌, 保佐 보좌, 上佐 상좌, 補佐官 보좌관, 王佐之材 왕좌지재

608

舟

배 주

舟

총6획

파자풀이 舟자는 노를 저어 운행하는 작은 배를 묘사한 상형자이다.

유의자 船 배 선, 航 배 항

용례 舟車 주거, 舟師 주사, 舟航 주항, 刻舟求劍 각주구검, 一葉片舟 일엽편주, 吳越同舟 오월동주

609

집 주:

宀

총8획

파자풀이 宙자는 의미요소인 宀자와 발음요소인 由자의 결합자이다.

유의자 家 집 가, 屋 집 옥, 堂 집 당, 室 집 실, 宇 집 우, 宅 집 택, 戶 집 호

용례 宇宙 우주, 宇宙船 우주선

610

洲

물가 주

氵

총9획

파자풀이 洲자는 氵자와 발음요소인 州자의 결합자로서, 강으로 인해 만들어진 '三角洲(삼각주)'같은 땅을 의미하는 글자이다.

용례 滿洲 만주, 美洲 미주, 亞洲 아주, 三角洲 삼각주, 六大洲 육대주

611

柱

기둥 주

木
총9획

파자풀이 柱자는 의미요소인 木자와 발음요소인 主자의 결합자이다.

용례 柱石 주석, 四柱 사주, 支柱 지주, 電信柱 전신주

612

株

그루 주

木
총10획

파자풀이 株자는 木자와 발음요소인 朱자의 결합자로, 나무나 풀의 아랫동아리를 의미하는 글자이다.

용례 株價 주가, 株券 주권, 株式 주식, 株主 주주, 株總 주총, 新株 신주, 優良株 우량주, 優先株 우선주, 有望株 유망주, 株價指數 주가지수, 株式會社 주식회사, 守株待兎 수주대토

613

奏

아뢸 주(:)

大
총9획

파자풀이 奏자는 양손에 약초를 받쳐 든 모습을 그린 것으로, '바치다'라는 뜻을 가진 奉자와 기원이 같다.

용례 奏達 주달, 奏文 주문, 奏聞 주문, 奏疏 주소, 奏樂 주악, 奏請 주청, 奏效 주효, 獨奏 독주, 伏奏 복주, 面奏 면주, 變奏 변주, 上奏 상주, 演奏 연주, 前奏 전주, 間奏 간주, 伴奏 반주, 進奏 진주, 吹奏 취주, 彈奏 탄주, 合奏 합주, 二重奏 이중주

614

珠

구슬 주

王(玉)
총10획

파자풀이 珠자는 玉자와 발음요소인 朱자의 결합자이다. 붉은 색 옥으로 만든 구슬을 의미한다.

유의자 球 공 구

용례 珠玉 주옥, 珠汗 주한, 念珠 염주, 珍珠 진주, 眞珠 진주, 眞珠婚式 진주혼식, 明珠彈雀 명주탄작

615

쇠불릴 주

金
총22획

파자풀이 鑄자는 金자와 발음요소인 壽(목숨 수)자의 결합자이다. 쇠(金)를 다루기 쉽게 오랜(壽) 시간 동안 불에 달구는 과정을 묘사한 글자이다.

유의자 鍊 쇠불릴 련

약자 鋳

용례 鑄工 주공, 鑄錢 주전, 鑄造 주조, 鑄鐵 주철

616

俊

준걸 준:

亻
총9획

파자풀이 俊자는 의미요소인 亻자와 발음요소인 夋(천천히 걷는 모양 준)자가 결합한 글자이다.

유의자 傑 뛰어날 걸, 秀 빼어날 수

용례 俊傑 준걸, 峻德 준덕, 俊秀 준수, 俊嚴 준엄, 俊才 준재, 英俊 영준

617

遵

좇을 준:

辶
총16획

파자풀이 遵자는 발음요소인 尊자와 辶자의 결합자로, 높은 사람이 가는 길을 따라간다는 의미이다.

유의자 追 좇을 추, 從 좇을 종

용례 遵法 준법, 遵守 준수, 遵行 준행, 遵法精神 준법정신

618

仲

버금 중(:)

亻
총6획

파자풀이 仲자는 亻자와 中자의 결합자이다. 사람과 사람 사이에 껴서 중개(仲介)한다는 의미이다.

유의자 副 버금 부, 亞 버금 아, 次 버금 차

상대자 伯 맏 백

용례 仲介 중개, 仲媒 중매, 仲裁 중재, 仲兄 중형, 仲秋節 중추절, 伯仲之勢 백중지세

619

卽

곧 즉

卩
총9획

파자풀이 卽자의 皀자는 食자의 간략자로 보이고, 卩은 사람이 꿇어앉은 모습이다. 따라서 卽자는 사람이 음식을 막 먹으려하는 순간을 묘사한 것이다.

약자 即

용례 卽刻 즉각, 卽決 즉결, 卽死 즉사, 卽席 즉석, 卽時 즉시, 卽位 즉위, 卽興的 즉흥적, 一觸卽發 일촉즉발, 色卽是空 색즉시공, 空卽是色 공즉시색, 不卽不離 부즉불리

620

症

증세 증(:)

疒
총10획

파자풀이 症자는 疒자와 正자의 결합자이다. 무슨 병(疒)인가를 올바르게(正) 알 수 있는 병증(病症)을 의미한다.

용례 症狀 증상, 症勢 증세, 渴症 갈증, 炎症 염증, 痛症 통증, 症候群 증후군, 健忘症 건망증, 不感症 불감증, 不眠症 불면증, 食困症 식곤증, 疑妻症 의처증, 後遺症 후유증

621

일찍 증

曰
총12획

파자풀이 曾자는 시루에 떡이 층층이 쌓이듯, 시간이 켜켜이 쌓인 '일찍'을 의미한다.

약자 曽

용례 曾孫 증손, 曾往 증왕, 曾前 증전, 曾祖父 증조부, 未曾有 미증유

622

찔 증

艹
총14획

파자풀이 蒸자는 艹자와 烝(김 오를 증)자가 결합한 글자이다.

약자 苤

용례 蒸氣 증기, 蒸發 증발, 汗蒸幕 한증막, 水蒸氣 수증기

623

미울 증

忄
총15획

파자풀이 憎자는 의미요소인 忄자와 발음요소인 曾자의 결합자이다.

유의자 惡 미워할 오

상대자 愛 사랑 애

용례 憎惡 증오, 可憎 가증, 愛憎 애증

624

줄 증

貝
총19획

파자풀이 贈자는 貝자와 曾자의 결합자이다. 재물(貝)을 거듭(曾)해서 주는 모습이다.

유의자 授 줄 수, 呈 드릴 정, 獻 드릴 헌

용례 贈與 증여, 贈遺 증유, 寄贈 기증, 追贈 추증

625

갈 지

丿
총4획

파자풀이 之자는 땅을 딛고 있는 발의 모습을 묘사한 상형자이다.

유의자 往 갈 왕

상대자 來 올 래

용례 窮餘之策 궁여지책, 既往之事 기왕지사, 晩時之歎, 無人之境 무인지경, 塞翁之馬 새옹지마, 漁父之利 어부지리, 人之常情 인지상정, 自激之心 자격지심, 結者解之 결자해지, 易地思之 역지사지, 愛之重之 애지중지, 一筆揮之 일필휘지

626

다만 지

口
총5획

파자풀이 只자에 '외짝'이나 '오직', '그러나', '어조사'등과 같이 다양한 뜻이 있는 이유는 只자가 다른 여러 글자의 약자 역할을 하기 때문이다.

유의자 但 다만 단

용례 只今 지금, 但只 단지

627

가지 지

木
총8획

파자풀이 枝자는 木자와 발음요소인 支자의 결합자로, 나무줄기에 의지해 뻗어가는 가지를 표현한 글자이다.

유의자 條 가지 조

상대자 根 뿌리 근, 幹 줄기 간

용례 枝葉 지엽, 幹枝 간지, 枝葉的 지엽적, 金枝玉葉 금지옥엽

628

池

못 지

氵
총6획

파자풀이 池자는 의미요소인 氵자와 발음요소인 也자로 구성된 글자이다.

유의자 潭 못 담, 沼 못 소, 澤 못 택

용례 蓮池 연지, 天池 천지, 乾電池 건전지, 水源池 수원지, 遊水池 유수지, 貯水池 저수지, 蓄電池 축전지, 酒池肉林 주지육림, 金城湯池 금성탕지

629

遲

더딜 지

辶
총16획

파자풀이 遲자는 辶자와 犀(무소 서)자의 결합자이다. 코뿔소(犀)처럼 천천히 걸어가는 모습을 표현한 글자이다.

유의자 晩 늦을 만, 延 늘일 연

상대자 急 급할 급

약자 遅

용례 遲刻 지각, 遲明 지명, 遲延 지연, 遲參 지참, 遲進兒 지진아, 遲遲不進 지지부진

630

별 진
때 신

辰
총7획

파자풀이 辰자는 농기구를 묘사한 것으로 보는 견해가 있다. 그런 견해에 근거해서 농사일을 시작하는 새벽녘에 볼 수 있는 '별'을 의미한 것으로 볼 수 있다.

유의자 星 별 성, 宿 별자리 수

용례 辰方 진방, 辰宿 진수, 辰時 진시, 生辰 생신, 壬辰倭亂 임진왜란, 辰宿列張 진수열장

631

振

떨칠 진:

扌

총10획

파자풀이 振자는 의미요소인 扌자와 발음요소인 辰자의 결합자이다.

유의자 奮 떨칠 분, 拂 떨칠 불

용례 振動 진동, 振武 진무, 振作 진작, 振幅 진폭, 振興 진흥, 不振 부진, 士氣振作 사기진작

632

陳

베풀 진:
묵을 진

阝

총11획

파자풀이 陳자는 阝자와 東자의 결합자로, 언덕(阝)의 동쪽(東)에 뭔가를 늘어놓는 모습이다.

유의자 設 베풀 설, 施 베풀 시, 列 벌일 렬

용례 陳頭 진두, 陳腐 진부, 陳列 진열, 陳謝 진사, 陳設 진설, 陳述 진술, 陳情 진정, 開陳 개진, 新陳代謝 신진대사

633

鎭

진압할 진(:)

金

총18획

파자풀이 鎭자는 의미요소인 金자와 발음요소인 眞자의 결합자이다.

유의자 壓 누를 압

용례 鎭山 진산, 鎭壓 진압, 鎭定 진정, 鎭靜 진정, 鎭痛 진통, 鎭火 진화, 文鎭 문진, 書鎭 서진, 重鎭 중진

634

震

우레 진:

雨

총15획

파자풀이 震자는 의미요소인 雨자와 발음요소인 辰자의 결합자이다.

유의자 雷 우레 뢰

용례 震驚 진경, 震恐 진공, 震怒 진노, 震度 진도, 震動 진동, 震源 진원, 震災 진재, 强震 강진, 耐震 내진, 餘震 여진, 地震 지진, 震天動地 진천동지

635

姪

조카 질

女

총9획

파자풀이 姪자는 의미요소인 女자와 발음요소인 至자의 결합자이다.

상대자 叔 아재비 숙

용례 姪女 질녀, 姪婦 질부, 堂姪 당질, 叔姪 숙질, 族姪 족질, 從姪 종질

636

疾

병 질

疒

총10획

파자풀이 疾자는 疒자와 矢자의 합체자이다. 본래 전쟁터에서 화살에 맞아 생긴 병증을 의미했다.

유의자 病 병 병

용례 疾苦 질고, 疾故 질고, 疾病 질병, 疾視 질시, 疾走 질주, 疾患 질환, 惡疾 악질, 眼疾 안질, 疾風怒濤 질풍노도

637

秩

차례 질

禾

총10획

파자풀이 秩자는 의미요소인 禾자와 발음요소인 失자의 결합자이다.

유의자 序 차례 서, 第 차례 제

용례 秩序 질서, 秩滿 질만, 秩米 질미

638

執

잡을 집

土

총11획

파자풀이 執자는 幸(다행 행)과 丸(알 환)의 의미와 관계없이 죄인의 팔을 수갑으로 잡는 모습을 표현한 글자이다.

유의자 拘 잡을 구, 操 잡을 조, 捕 잡을 포, 握 쥘 악

용례 執權 집권, 執念 집념, 執刀 집도, 執務 집무, 執事 집사, 執着 집착, 執筆 집필, 執行 집행, 固執 고집, 我執 아집, 父執尊長 부집존장

639

徵

부를 징

彳

총15획

파자풀이 徵자는 전쟁에 필요한 인력을 왕명으로 동원하는 것을 뜻하기 위해 만든 글자이다.

유의자 召 부를 소, 招 부를 초

약자 徵

용례 徵發 징발, 徵兵 징병, 徵收 징수, 徵用 징용, 徵兆 징조, 徵集 징집, 徵表 징표, 徵標 징표, 徵驗 징험, 徵候 징후, 象徵 상징, 性徵 성징, 追徵 추징, 特徵 특징, 白骨徵布 백골징포

640

懲

징계할 징

心

총19획

파자풀이 懲자는 발음요소인 徵자와 心자의 결합자이다.

유의자 戒 경계할 계

유의자 懲戒 징계, 懲罰 징벌, 懲役 징역, 勸善懲惡 권선징악

641

且

또 차:

一

총5획

파자풀이 且자는 본래 묘비나 위패를 그린 것으로 '조상'을 의미했으나, 후에 '또'나 '도마' 의미로 가차되었다.

유의자 亦 또 역, 又 또 우

용례 且置 차치, 苟且 구차, 重且大 중차대, 且置勿論 차치물론

642

이 차

止

총6획

파자풀이 此자의 匕자는 사람의 모습이고, 止자는 사람의 발을 묘사했다. 따라서 '사람이 멈추어 선 곳' 즉 '이 곳'을 의미한 글자이다.

유의자 是 이 시

상대자 彼 저 피

용례 此際 차제, 此後 차후, 如此 여차, 彼此 피차, 於此彼 어차피, 彼此一般 피차일반, 此日彼日 차일피일

643

借

빌/빌릴 차:

亻

총10획

파자풀이 借자는 亻자와 昔자의 결합자로, 옛날(昔)에 나에게 돈을 빌려간 사람(亻)을 표현했다.

상대자 貸 빌릴 대

용례 借名 차명, 借問 차문, 借邊 차변, 借用 차용, 借入 차입, 假借 가차, 貸借 대차, 租借 조차, 賃貸借 임대차, 借刀殺人 차도살인

644

捉

잡을 착

扌

총10획

파자풀이 捉자는 扌자와 足자의 결합자이다. 범인이 도망을 못가도록 발을 손으로 꽉 잡은 모습이다.

유의자 拘 잡을 구, 執 잡을 집, 捕 잡을 포

용례 捉送 착송, 捕捉 포착

645

錯

어긋날 착

金

총16획

파자풀이 錯자는 金자와 昔자의 결합자이다. 오래된(昔) 쇠붙이(金)가 녹이 슬어 틀어진 것을 의미한다.

유의자 誤 그르칠 오, 謬 그르칠 류

용례 錯覺 착각, 錯亂 착란, 錯視 착시, 錯誤 착오, 錯雜 착잡, 倒錯 도착, 失錯 실착, 精神錯亂 정신착란, 試行錯誤 시행착오

646

贊

도울 찬:

貝

총19획

파자풀이 贊자는 두 개의 先자와 貝자의 결합자이다. 어려움에 처한 사람에게 앞을 다퉈 재물을 희사해서 돕는다는 의미이다.

유의자 扶 도울 부, 助 도울 조, 補 도울 보, 援 도울 원

상대자 反 돌아올 반

약자 賛

용례 贊同 찬동, 贊否 찬부, 贊成 찬성, 贊意 찬의, 贊議 찬의, 協贊 협찬, 贊助金 찬조금

647

慘

참혹할 참

忄

총14획

파자풀이 慘자는 忄자와 발음요소인 參자의 결합자이다. 심장(忄)이 세(參) 개로 나뉘지듯이 아프다는 의미이다.

유의자 憺 참담할 담

약자 惨

용례 慘劇 참극, 慘變 참변, 慘事 참사, 慘死 참사, 慘狀 참상, 慘敗 참패, 慘禍 참화, 無慘 무참, 悲慘 비참

648

부끄러울 참

心

총15획

파자풀이 慙자는 발음요소인 斬(벨 참)자와 心자의 결합자이다. 심장(心)이 베인(斬)듯이 양심의 가책을 느낀다는 의미이다.

유의자 愧 부끄러울 괴, 羞 부끄러울 수

용례 慙愧 참괴, 慙德 참덕, 慙伏 참복, 慙色 참색, 慙悔 참회

649

창성할 창(:)

日

총8획

파자풀이 昌자는 창성함의 상징인 태양을 의미하는 日자를 두 개 써서 더욱 창성함을 강조한 글자이다.

유의자 繁 번성할 번, 盛 성할 성, 興 일 흥

용례 昌盛 창성, 繁昌 번창, 隆昌 융창, 碧昌牛 벽창우

650

곳집 창(:)

人

총10획

파자풀이 倉자는 곡식을 저장하는 창고의 모습을 본떠 만든 상형자이다.

유의자 庫 곳집 고

용례 倉庫 창고, 倉皇 창황, 營倉 영창, 彈倉 탄창, 倉卒間 창졸간, 穀倉地帶 곡창지대

651

蒼

푸를 창

艹
총14획

파자풀이 蒼자는 艹자와 발음요소인 倉자의 결합자이다. 초목의 푸르름을 표현한 글자이다.

유의자 靑 푸를 청, 綠 푸를 록, 碧 푸를 벽

상대자 紅 붉을 홍, 丹 붉을 단, 赤 붉을 적

용례 蒼空 창공, 蒼白 창백, 蒼生 창생, 蒼遠 창원, 蒼天 창천, 古色蒼然 고색창연, 萬頃蒼波 만경창파, 億兆蒼生 억조창생

652

화창할 창:

日
총14획

파자풀이 暢자는 申(펼 신)자와 昜(볕 양)자의 결합자이다. 햇볕이 확 펼쳐진 화창한 날을 표현했다.

유의자 和 화할 화

용례 暢達 창달, 暢茂 창무, 暢懷 창회, 流暢 유창, 和暢 화창

653

나물 채:

艹
총12획

파자풀이 菜자는 艹자와 采(캘 채)자의 결합자이다. 먹기 위해 손으로 채집하는 풀을 의미한다.

유의자 蔬 나물 소

용례 菜毒 채독, 菜麻 채마, 菜蔬 채소, 菜食 채식, 乾菜 건채, 山菜 산채, 生菜 생채, 野菜 야채, 菜麻田 채마전

654

채색 채:

彡
총11획

파자풀이 彩자는 발음요소인 采자와 彡자의 결합자이다. 나무에서 염색 재료를 따서(采) 붓(彡)으로 색을 칠하는 모습이다.

유의자 彩色 채색, 光彩 광채, 多彩 다채, 文彩 문채, 色彩 색채, 異彩 이채, 水彩畫 수채화, 油彩畫 유채화

655

빚 채:

亻
총13획

파자풀이 債자는 亻자와 責자의 결합자이다. 남에게 갚을 책무(責務)가 있는 돈을 의미한다.

용례 債券 채권, 債權 채권, 債務 채무, 公債 공채, 國債 국채, 起債 기채, 負債 부채, 私債 사채, 外債 외채, 會社債 회사채

656

꾀 책

竹
총12획

파자풀이 策자는 본래 '대나무로 만든 채찍'을 의미했으나, 후에 '계책'이란 의미가 파생되었다.

유의자 計 셀 계, 略 책략 략, 謀 꾀 모

용례 策動 책동, 策略 책략, 策定 책정, 計策 계책, 對策 대책, 妙策 묘책, 方策 방책, 秘策 비책, 散策 산책, 上策 상책, 術策 술책, 施策 시책, 失策 실책, 政策 정책, 劃策 획책, 苦肉策 고육책, 窮餘之策 궁여지책

657

妻

아내 처

女
총8획

파자풀이 妻자는 十자와 손을 묘사한 又자, 그리고 女자의 결합자로, 손(又)을 바쁘게 움직여 여러(十) 일을 하는 여자의 모습을 표현한 글자이다.

상대자 夫 지아비 부

용례 妻家 처가, 妻男 처남, 妻子 처자, 妻弟 처제, 妻兄 처형, 妻族 처족, 本妻 본처, 後妻 후처, 夫妻 부처, 喪妻 상처, 惡妻 악처, 前妻 전처, 恐妻家 공처가, 愛妻家 애처가, 疑妻症 의처증, 嚴妻侍下 엄처시하, 一夫多妻 일부다처, 賢母良妻 현모양처

658

尺

자 척

尸
총4획

파자풀이 尺자는 작은 걸음 내딛은 정도의 길이를 의미하는 글자이다.

유의자 度 법도 도

용례 尺度 척도, 尺土 척토, 越尺 월척, 縮尺 축척, 尺貫法 척관법, 三尺童子 삼척동자, 九尺長身 구척장신

659

물리칠 척

斤
총5획

파자풀이 斥자는 斤자와 핏방울을 묘사한 丶자의 결합자이다. 도끼로 찍어 적을 물리친다는 의미이다.

유의자 排 밀칠 배

상대자 和 화할 화

용례 斥和 척화, 斥候 척후, 排斥 배척

660

拓

넓힐 척
박을 탁

扌
총8획

파자풀이 拓자는 扌자와 石자의 결합자이다. 손으로 돌밭을 개간해 농토를 넓힌다는 의미이다.

유의자 擴 넓힐 확

용례 干拓 간척, 開拓 개척, 拓本 탁본

661

친척 척

戈
총11획

파자풀이 戚자는 도끼를 묘사한 戊자와 未(아재비 숙)자의 합체자이다. 도끼를 들고 함께 싸우는 아저씨란 의미이다.

용례 戚臣 척신, 外戚 외척, 姻戚 인척, 親戚 친척, 婚戚 혼척, 休戚 휴척

662

얕을 천ː

氵
총11획

파자풀이 淺자는 의미요소인 氵자와 발음요소인 戔(남을 잔)자의 결합자이다.

유의자 薄 엷을 박

상대자 深 깊을 심

약자 浅

용례 淺綠 천록, 淺薄 천박, 淺學 천학, 深淺 심천, 日淺 일천, 淺見薄識 천견박식, 寡聞淺識 과문천식

663

밟을 천ː

足
총15획

파자풀이 踐자는 의미요소인 足자와 발음요소인 戔자의 결합자이다.

유의자 踏 밟을 답

약자 践

용례 踐踏 천답, 踐歷 천력, 踐約 천약, 實踐 실천

664

천할 천ː

貝
총15획

파자풀이 賤자는 의미요소인 貝자와 발음요소인 戔자의 결합자이다.

유의자 卑 낮을 비

상대자 貴 귀할 귀

약자 賎

용례 賤價 천가, 賤待 천대, 賤民 천민, 賤視 천시, 賤人 천인, 賤職 천직, 貴賤 귀천, 微賤 미천, 卑賤 비천, 貧賤 빈천, 至賤 지천, 貧賤之交 빈천지교

665

遷

옮길 천ː

辶
총15획

파자풀이 遷자는 터전을 옮기는 모습을 그린 䙴(옮길 천)자에 辶자를 더해 의미를 강조한 경우이다.

유의자 運 옮길 운, 移 옮길 이, 徙 옮길 사

약자 迁

용례 遷都 천도, 遷延 천연, 變遷 변천, 左遷 좌천, 播遷 파천, 改過遷善 개과천선, 孟母三遷 맹모삼천, 三遷之敎 삼천지교

666

薦

천거할 천ː

艹
총17획

파자풀이 薦자는 艹자와 廌(해태 치)자가 결합한 글자이다. 상서로운 동물인 해태가 먹는 풀로서, 나라에 추천할 만한 좋은 약초란 의미이다.

유의자 擧 들 거

용례 薦擧 천거, 薦新 천신, 公薦 공천, 落薦 낙천, 自薦 자천, 推薦 추천, 他薦 타천, 毛遂自薦 모수자천

667

哲

밝을 철

口
총10획

파자풀이 哲자는 折자와 口자의 결합자이다. 사리에 밝아, 어떤 시비에 대해 끊듯이 분명히 말한다는 의미이다.

유의자 明 밝을 명, 晳 밝을 석

용례 冥 어두울 명, 暗 어두울 암, 昏 어두울 혼

용례 哲理 철리, 哲人 철인, 哲學 철학, 明哲 명철, 賢哲 현철

668

통할 철

彳
총15획

파자풀이 徹자는 아이에게 회초리(攵)를 들고 훈육(育)하여 세상 이치에 통하게 행동(彳)하도록 만든다는 의미이다.

유의자 貫 꿸 관, 達 통달할 달, 通 통할 통, 透 통할 투

용례 徹夜 철야, 貫徹 관철, 冷徹 냉철, 透徹 투철, 徹天之恨 철천지한, 徹頭徹尾 철두철미

669

뾰족할 첨

小
총6획

파자풀이 尖자는 小자와 大자의 결합자이다. 큰 것을 작게 만든다는 의미이다.

유의자 端 끝 단, 銳 날카로울 예

용례 尖端 첨단, 尖兵 첨병, 尖脣 첨순, 尖銳 첨예

670

더할 첨

氵
총11획

파자풀이 添자는 의미요소인 氵자와 발음요소인 忝(더럽힐 첨)자가 결합한 글자이다.

유의자 加 더할 가

상대자 減 덜 감, 削 깎을 삭

용례 添加 첨가, 添附 첨부, 添削 첨삭, 別添 별첨, 錦上添花 금상첨화

671

첩 첩

女
총8획

파자풀이 妾자는 立자와 女자의 결합자로, 본래 곁에 서서 시중드는 몸종을 의미했으나, 후에 '첩'이란 의미로 쓰였다.

용례 妾室 첩실, 妻妾 처첩, 愛妾 애첩

672

갤 청

日
총12획

파자풀이 晴자는 日자와 靑자의 결합자이다. 해가 나고 푸른 하늘이 보이는 것을 표현한 글자이다.

상대자 雨 비 우, 曇 흐릴 담

용례 晴雨 청우, 晴天 청천, 快晴 쾌청

673

바꿀 체

日
총12획

파자풀이 替자는 夫자 두 개와 曰(가로 왈)자의 결합자이다. 두 사내가 서로 번갈아 가며 말하는 모습을 표현한 글자이다.

유의자 換 바꿀 환

용례 替番 체번, 交替 교체, 代替 대체, 移替 이체, 立替 입체, 替費地 체비지, 政權交替 정권교체

674

滯

막힐 체

氵
총14획

파자풀이 滯자는 띠(帶)를 두른 물(氵)이란 말로, 물의 흐름을 막는 것을 표현했다.

유의자 塞 막힐 색

용례 滯納 체납, 滯念 체념, 滯留 체류, 滯拂 체불, 滯賃 체임, 滯症 체증, 延滯 연체, 積滯 적체, 停滯 정체, 沈滯 침체, 滯在費 체재비

675

잡을 체

辶
총12획

파자풀이 逮자는 동물의 꼬리를 붙잡은 모습을 그린 隶자에 辶자를 결합해 누군가를 추격하여 붙잡는다는 뜻을 표현하고 있다.

유의자 拘 잡을 구, 捉 잡을 착, 捕 잡을 포

용례 逮夜 체야, 逮捕 체포, 及逮 급체, 未逮 미체, 連逮 연체

676

갈릴 체

辶
총14획

파자풀이 遞자는 辶자와 虒(뿔범 사)자가 결합한 글자로, 물과 육지를 번갈아가며 생활했다는 전설의 동물인 뿔범의 특성을 응용해서 만든 글자이다.

약자 逓

용례 遞加 체가, 遞減 체감, 遞代 체대, 遞送 체송, 遞信 체신, 遞傳 체전, 遞增 체증, 驛遞 역체, 郵遞局 우체국, 郵遞夫 우체부

677

닮을 초

月(肉)
총7획

파자풀이 肖자는 小자와 月(肉)자의 결합자이다. 작은 육신이란 말로서, '닮음'을 표현한 글자이다.

유의자 若 같을 약, 如 같을 여, 似 같을 사

상대자 異 다를 이

용례 不肖 불초, 肖像畫 초상화, 不肖子 불초자

678

뽑을 초

扌
총7획

파자풀이 抄자는 扌자와 少자의 결합자로, 전체 중에서 조금(少)만 손으로 뽑는다는 의미이다.

유의자 選 가릴 선, 拔 뽑을 발

용례 抄啓 초계, 抄錄 초록, 抄本 초본, 抄譯 초역, 抄略 초략, 抄掠 초략, 戶籍抄本 호적초본

679

超

뛰어넘을 초

走
총12획

파자풀이 超자는 走자와 召자의 결합자이다. 누군가의 부름을 받고 장애물을 뛰어넘어 달려가는 모습이다.

유의자 越 넘을 월, 過 지날 과

용례 超過 초과, 超然 초연, 超越 초월, 超人 초인, 超脫 초탈, 超能力 초능력, 超黨派 초당파, 超滿員 초만원, 超非常 초비상, 超音速 초음속, 超音波 초음파, 超自然 초자연, 超人的 초인적

680

礎

주춧돌 초

石
총18획

파자풀이 礎자는 의미요소인 石자와 발음요소인 楚(회초리 초)자의 결합자이다.

용례 礎石 초석, 基礎 기초, 定礎 정초, 柱礎 주초

681

秒

분초 초

禾
총9획

파자풀이 秒자는 본래 벼에 있는 작은 까끄라기를 뜻했다. 그러나 지금의 秒자는 시간의 세밀한 단위인 '분'과 '초'라는 뜻으로 쓰이고 있다.

용례 秒速 초속, 秒針 초침, 分秒 분초, 閏秒 윤초

682

促

재촉할 촉

亻
총9획

파자풀이 促자는 亻자와 발음요소인 足자의 결합자이다. 사람에게 발걸음을 빨리 하라고 재촉하는 의미이다.

유의자 急 급할 급, 迫 핍박할 박, 催 재촉할 최

용례 促求 촉구, 促急 촉급, 促迫 촉박, 促成 촉성, 促進 촉진, 督促 독촉, 販促 판촉

683

촛불 촉

火
총17획

파자풀이 燭자는 火자와 발음요소인 蜀자의 결합자이다. 나방이 몰려드는 촛불을 의미하는 글자이다.

용례 燭光 촉광, 燭臺 촉대, 燭漏 촉루, 燭數 촉수, 燭察 촉찰, 洞燭 통촉, 華燭 화촉

684

닿을 촉

角
총20획

파자풀이 觸자는 角자와 발음요소인 蜀자의 결합자이다. 나비(蜀)가 더듬이(角)로 무언가를 감지하는 모습이다.

유의자 接 이을 접

약자 触

용례 觸角 촉각, 觸覺 촉각, 觸感 촉감, 觸怒 촉노, 觸發 촉발, 觸媒 촉매, 觸手 촉수, 感觸 감촉, 抵觸 저촉, 接觸 접촉, 一觸卽發 일촉즉발

685

聰

귀밝을 총

耳
총17획

파자풀이 聰자는 耳자와 발음요소인 悤(빠를 총)자의 결합자이다. 귀로 상대방의 말을 재빠르게 이해한다는 의미이다.

약자 聡, 聦

용례 聰氣 총기, 聰明 총명, 聰敏 총민, 聰耳酒 총이주

686

催

재촉할 최

亻
총13획

파자풀이 催자는 亻자와 발음요소인 崔(높을 최)자의 결합자이다. 높은 곳에서 사람들이 어떤 일을 빨리 하도록 재촉하는 모습이다.

유의자 促 재촉할 촉

용례 催告 최고, 催眠 최면, 催促 최촉, 開催 개최, 主催 주최, 催淚彈 최루탄

687

抽

뽑을 추

扌
총8획

파자풀이 抽자는 등잔의 심지를 그린 由자에 手자를 결합해 등잔의 심지를 잡아당기는 모습으로 표현하였다.

유의자 拔 뽑을 발, 擢 뽑을 탁, 抄 뽑을 초

용례 抽拔 추발, 抽象 추상, 抽身 추신, 抽出 추출, 抽脫 추탈, 抽籤 추첨

688

追

쫓을/따를 추

辶
총10획

파자풀이 追자는 辶자와 𠂤자의 결합자이다. 언덕으로 달아난 산짐승을 쫓아가는 모습이다.

유의자 遵 좇을 준, 從 좇을 종

용례 追加 추가, 追擊 추격, 追更 추경, 追求 추구, 追究 추구, 追窮 추궁, 追記 추기, 追突 추돌, 追慕 추모, 追放 추방, 追想 추상, 追償 추상, 追伸 추신, 追憶 추억, 追越 추월, 追認 추인, 追跡 추적, 追從 추종, 追徵 추징, 追後 추후, 訴追 소추

689

醜

추할 추

酉
총17획

파자풀이 醜자는 酉자와 鬼자의 결합자이다. 술(酉)취한 도깨비(鬼)처럼 추하다는 의미이다.

상대자 美 아름다울 미, 佳 아름다울 가

용례 醜男 추남, 醜女 추녀, 醜貌 추모, 醜惡 추악, 醜雜 추잡, 醜態 추태, 醜行 추행

690

丑

소 축

一

총4획

파자풀이 丑자는 본래 새의 발톱을 그린 글자였다. 그러나 후에 둘째 지지(地支)인 '소'를 뜻하게 되었다.

유의자 牛 소 우

용례 丑方 축방, 丑時 축시, 鷄鳴丑時 계명축시

691

짐승 축

田

총10획

파자풀이 畜자는 본래 '쌓다'를 의미했으나, '가축'의 의미로 가차되었다. 그래서 ++자를 더한 蓄자가 본래 의미를 대신하고 있다.

유의자 獸 짐승 수

용례 畜舍 축사, 畜産 축산, 畜生 축생, 畜養 축양, 畜牛 축우, 家畜 가축, 牧畜 목축

692

逐

쫓을 축

辶

총11획

파자풀이 逐자는 豕자와 辶자의 결합자이다. 달아나는 돼지를 쫓아가는 모습이다.

유의자 追 쫓을 추, 驅 몰 구

용례 逐鹿 축록, 逐條 축조, 逐出 축출, 驅逐 구축, 角逐戰 각축전, 驅逐艦 구축함, 逐條審議 축조심의

693

衝

찌를 충

行

총15획

파자풀이 衝자는 의미요소인 行자와 발음요소인 重자의 합체자이다.

유의자 突 충돌할 돌

용례 衝擊 충격, 衝突 충돌, 衝動 충동, 衝天 충천, 相衝 상충, 折衝 절충, 要衝地 요충지, 士氣衝天 사기충천, 左衝右突 좌충우돌, 緩衝地帶 완충지대

694

불 취:

口

총7획

파자풀이 吹자는 口자와 欠자의 결합자이다. 입을 크게 벌려 공기를 마신 뒤에 모아서 부는 모습이다.

상대자 吸 마실 흡

용례 吹入 취입, 鼓吹 고취, 吹打隊 취타대, 吹奏樂 취주악

695

臭

냄새 취:

自

총10획

파자풀이 臭자는 코를 묘사한 自자와 犬자의 결합자이다. 냄새 잘 맡는 개의 코를 표현한 글자이다.

용례 臭覺 취각, 臭氣 취기, 惡臭 악취, 體臭 체취, 口尙乳臭 구상유취

696

醉

취할 취:

酉

총15획

파자풀이 醉자는 酉자와 卒자의 결합자이다. 술(酉)을 많이 마셔 정신을 잃은(卒) 것을 표현한 글자이다.

유의자 酩 술취할 명, 酊 술취할 정

상대자 醒 술깰 성

약자 酔

용례 醉客 취객, 醉氣 취기, 醉中 취중, 醉興 취흥, 滿醉 만취, 熟醉 숙취, 陶醉 도취, 心醉 심취, 醉生夢死 취생몽사

697

側

곁 측

亻

총11획

파자풀이 側자는 의미요소인 亻자와 발음요소인 則(법칙 칙)자의 결합자이다.

유의자 傍 곁 방

용례 側近 측근, 側面 측면, 側目 측목, 貴側 귀측, 兩側 양측, 外側 외측, 右側 우측, 左側 좌측, 反側 반측

698

値

값 치

亻

총10획

파자풀이 値자는 亻자와 발음요소인 直자의 결합자이다. 정직하게 사는 사람이 가치 있는 사람이란 의미이다.

유의자 價 값 가

용례 價値 가치, 相値 상치, 數値 수치, 價値觀 가치관, 近似値 근사치, 加重値 가중치, 絶對値 절대치, 平均値 평균치, 稀少價値 희소가치

699

恥

부끄러울 치

心

총10획

파자풀이 恥자는 耳자와 心자의 결합자이다. 양심의 가책을 듣고 부끄러움을 느낀다는 의미이다.

유의자 愧 부끄러울 괴, 慙 부끄러울 참, 辱 욕될 욕

용례 恥部 치부, 恥事 치사, 恥辱 치욕, 廉恥 염치, 雪恥 설치, 破廉恥 파렴치, 國恥日 국치일, 厚顔無恥 후안무치

700

稚

어릴 치

禾
총13획

파자풀이 稚자는 禾자와 隹자의 결합자이다. 어떤 새의 짧은 꼬리처럼 덜 자란 벼의 모습에서 '어리다'는 의미를 표현한 글자이다.

유의자 幼 어릴 유

상대자 老 늙을 로

용례 稚氣 치기, 稚魚 치어, 稚拙 치졸, 幼稚 유치, 幼稚園 유치원

701

漆

옻 칠

氵
총14획

파자풀이 漆자의 桼자는 본래 옻나무를 묘사한 글자로 '옻'을 의미했다. 후에 '옻나무의 진액'이란 의미를 강조하기 위해 氵자가 더해진 경우이다.

유의자 黑 검을 흑

용례 漆器 칠기, 漆夜 칠야, 漆板 칠판, 漆黑 칠흑, 金漆 금칠, 漆工藝 칠공예

702

沈

잠길 침(:)
성씨 심:

氵
총7획

파자풀이 沈자는 氵자와 목에 칼을 찬 죄수를 표현한 冘자가 결합한 글자로, 죄수를 물에 수장시키는 모습을 표현한 글자이다.

유의자 沒 빠질 몰, 潛 잠길 잠, 浸 잠길 침

상대자 浮 뜰 부

용례 沈降 침강, 沈眠 침면, 沈沒 침몰, 沈默 침묵, 沈思 침사, 沈水 침수, 沈潛 침잠, 沈重 침중, 沈着 침착, 沈滯 침체, 沈痛 침통, 擊沈 격침, 浮沈 부침, 陰沈 음침, 沈清傳 심청전, 沈魚落雁 침어낙안, 破釜沈船 파부침선

703

枕

베개 침:

木
총8획

파자풀이 枕자는 木자와 목에 칼을 찬 사람을 그린 冘자의 결합자이다. 나무로 만든 베개를 목에 베는 모습을 표현한 글자이다.

용례 枕頭 침두, 枕木 침목, 枕上 침상, 木枕 목침, 衾枕 금침, 高枕安眠 고침안면

704

浸

잠길 침:

氵
총10획

파자풀이 浸자는 氵자와 侵자의 간략자로 구성된 글자이다. 물이 침범하여 잠긴다는 의미이다.

유의자 沈 잠길 침, 潛 잠길 잠, 沒 빠질 몰

상대자 浮 뜰 부

용례 浸水 침수, 浸染 침염, 浸透 침투, 浸禮教 침례교

705

妥

온당할 타:

女
총8획

파자풀이 갑골문에서 妥자는 여자의 머리를 잡는 모습으로 여자를 복종시킨다는 의미로 해석할 수 있다. 여자를 복종시키는 것이 타당한 일로 여겨졌던 고대의 여성관이 녹아있는 글자이다.

유의자 當 마땅 당

용례 妥結 타결, 妥當 타당, 妥協 타협, 普遍妥當 보편타당

706

墮

떨어질 타:

土
총15획

파자풀이 隋자는 본래 제사에 바칠 고기를 떨어트렸음을 뜻하는 글자이다. 墮자는 여기에 土자를 더해 땅바닥에 떨어뜨렸음을 의미하는 글자이다.

유의자 落 떨어질 락

약자 堕

용례 墮落 타락, 墮獄 타옥, 墮罪 타죄, 墮淚 타루, 失墮 실타

707

托

맡길 탁

扌
총6획

파자풀이 托자는 扌자와 乇(부탁할 탁)자가 결합한 글자이다. 손으로 맡기고 부탁한다는 의미이다.

유의자 任 맡길 임, 託 부탁할 탁

용례 托子 탁자, 依托 의탁, 請托 청탁, 托兒所 탁아소

708

濁

흐릴 탁

氵
총16획

파자풀이 濁자는 氵자와 애벌레를 묘사한 蜀자의 결합자이다. 벌레가 살 정도의 흐린 물을 표현한 글자이다.

상대자 淸 맑을 청, 淨 깨끗할 정

용례 濁流 탁류, 濁世 탁세, 濁音 탁음, 濁酒 탁주, 清濁 청탁, 混濁 혼탁, 一魚濁水 일어탁수

709

濯

씻을 탁

氵
총17획

파자풀이 濯자는 氵자와 翟(꿩 적)자의 결합자이다. 꿩이 시냇가에서 깃을 씻는 모습을 묘사한 글자이다.

유의자 洗 씻을 세

용례 濯足 탁족, 洗濯 세탁, 洗濯機 세탁기

710

낳을/거짓 탄:

言
총14획

파자풀이 誕자는 言자와 延자의 결합자이다. 쓸데없이 길게 늘어지는 거짓말의 속성을 응용한 글자이다.

유의자 生 날 생, 産 낳을 산, 欺 속일 기, 僞 거짓 위

용례 誕降 탄강, 誕妄 탄망, 誕生 탄생, 誕辰 탄신, 佛誕日 불탄일, 聖誕節 성탄절

711

빼앗을 탈

大
총14획

파자풀이 奪자는 大자와 隹자 그리고 寸자의 결합자로, 다른 사람이 잡은 새를 자기 손에 넣는 모습이다.

유의자 掠 노략질할 략

용례 奪取 탈취, 奪還 탈환, 强奪 강탈, 收奪 수탈, 掠奪 약탈, 爭奪 쟁탈, 侵奪 침탈, 削奪官職 삭탈관직, 換骨奪胎 환골탈태

712

탐할 탐

貝
총11획

파자풀이 貪자는 今자와 貝자의 결합자이다. 지금 눈앞의 재물에 눈이 멀어 욕심내는 모습이다.

유의자 慾 욕심 욕

상대자 廉 청렴할 렴

용례 貪權 탐권, 貪廉 탐렴, 貪利 탐리, 貪慾 탐욕. 貪位 탐위, 貪官汚吏 탐관오리

713

탑 탑

土
총13획

파자풀이 塔자는 의미요소인 土자와 발음요소인 荅(대답할 답)자의 결합자이다.

용례 金塔 금탑, 佛塔 불탑, 石塔 석탑, 鐵塔 철탑, 管制塔 관제탑, 金字塔 금자탑, 司令塔 사령탑, 象牙塔 상아탑, 多寶塔 다보탑

714

湯

끓을 탕:

氵
총12획

파자풀이 湯자는 氵자와 昜(볕 양)자의 결합자이다. 작열하는 햇볕을 받아 물이 끓을 정도로 뜨거워진 것을 의미한다.

용례 湯藥 탕약, 冷湯 냉탕, 熱湯 열탕, 溫湯 온탕, 雜湯 잡탕, 再湯 재탕, 重湯 중탕, 雙和湯 쌍화탕, 藥湯器 약탕기, 金城湯池 금성탕지

715

게으를 태

心
총9획

파자풀이 怠자는 발음요소인 台(별 태)자와 의미요소인 心자의 결합자이다.

유의자 慢 게으를 만, 惰 게으를 타

상대자 勤 부지런할 근

용례 怠慢 태만, 怠業 태업, 過怠料 과태료

716

거의/위태할 태

歹
총9획

파자풀이 殆자는 歹자와 발음요소인 台자의 결합자이다. 거의 죽을 지경의 위태로운 상황을 표현한 글자이다.

유의자 危 위태할 위

용례 殆半 태반, 困殆 곤태, 危殆 위태, 殆無心 태무심

717

클 태

氺(水)
총10획

파자풀이 泰자는 본래 물(水)가에서 손(廾)을 씻는 사람(大)을 표현한 글자였으나, 후에 '크다'는 의미로 가차된 경우이다.

유의자 巨 클 거, 大 큰 대, 太 클 태

상대자 微 작을 미, 小 작을 소

용례 泰斗 태두, 泰然 태연, 泰平 태평, 泰山北斗 태산북두, 國泰民安 국태민안, 泰然自若 태연자약

718

못 택

氵
총16획

파자풀이 澤자는 氵자와 발음요소인 睪자의 결합자이다. 연못의 물이 농사에 쓰이기 때문에 '은혜'라는 의미가 파생됐다.

유의자 潭 못 담, 沼 못 소, 池 못 지

용례 澤雨 택우, 光澤 광택, 德澤 덕택, 潤澤 윤택, 惠澤 혜택

719

토할 토(:)

口
총6획

파자풀이 吐자는 口자와 발음요소인 土자의 결합자이다. 입을 땅으로 향해서 게워내는 모습이다.

유의자 吐氣 토기, 吐說 토설, 吐血 토혈, 實吐 실토, 甘呑苦吐 감탄고토

720

兎

토끼 토

儿
총8획

파자풀이 兎자는 토끼의 모습을 본떠 만든 상형자이다.

유의자 卯 토끼 묘

약자 兔

용례 兎脣 토순, 兎眼 토안, 兎影 토영, 家兎 가토, 野兎 야토, 赤兎馬 적토마, 犬兎之爭 견토지쟁, 守株待兎 수주대토, 兎死狗烹 토사구팽

721

透

사무칠 투

辶
총11획

파자풀이 透자는 辶자와 발음요소인 秀자의 결합자이다.

유의자 通 통할 통, 徹 통할 철

용례 透明 투명, 透視 투시, 透徹 투철, 浸透 침투, 透明人間 투명인간

722

頗

자못/치우칠 파

頁
총14획

파자풀이 頗자는 발음요소인 皮자와 頁자의 결합자이다. 머리를 삐딱하게 한 쪽으로 치우친 모습이다.

유의자 偏 치우칠 편

용례 頗多 파다, 偏頗 편파, 偏頗判定 편파판정

723

마칠 파:

罒
총14획

파자풀이 罷자는 罒자와 能자의 결합자이다. 곰이 그물에 걸려 사냥이 끝났다는 의미이다.

유의자 終 마칠 종, 了 마칠 료, 畢 마칠 필

상대자 始 처음 시, 初 처음 초

용례 罷免 파면, 罷業 파업, 罷場 파장, 罷職 파직

724

播

뿌릴 파(:)

扌
총15획

파자풀이 播자는 扌자와 番자의 결합자이다. 손으로 차례차례 씨를 뿌린다는 의미이다.

용례 播多 파다, 播種 파종, 播遷 파천, 代播 대파, 傳播 전파, 直播 직파, 乾畓直播 건답직파

725

把

잡을 파:

扌
총7획

파자풀이 把자는 의미요소인 扌자와 발음요소인 巴자의 결합자이다.

유의자 拘 잡을 구, 操 잡을 조, 執 잡을 집, 捉 잡을 착, 捕 잡을 포

용례 把守 파수, 把手 파수, 把持 파지, 把握 파악

726

版

판목 판

片
총8획

파자풀이 版자는 片자와 反자의 결합자이다. 손으로 뒤집을 수 있는 정도의 크지 않은 나무 조각을 의미한다.

용례 版權 판권, 版圖 판도, 版木 판목, 版畫 판화, 銅版 동판, 木版 목판, 新版 신판, 舊版 구판, 原版 원판, 壯版 장판, 再版 재판, 絶版 절판, 組版 조판, 重版 중판, 初版 초판, 出版 출판, 活版 활판, 複寫版 복사판, 縮小版 축소판, 決定版 결정판, 豪華版 호화판

727

販

팔 판

貝
총11획

파자풀이 販자는 貝자와 발음요소인 反자의 결합자이다. 돈(貝)을 받고 반대로(反) 물건을 준다는 의미이다.

유의자 賣 팔 매

상대자 購 살 구, 買 살 매

용례 販禁 판금, 販路 판로, 販賣 판매, 販促 판촉, 街販 가판, 市販 시판, 外販 외판, 直販 직판, 總販 총판, 自販機 자판기, 共販場 공판장

728

貝

조개 패:

貝
총7획

파자풀이 貝자는 고대 중국에서 화폐 대용으로 사용했던 마노 조개를 묘사한 상형자이다.

용례 貝物 패물, 貝殼 패각, 魚貝類 어패류

729

片

조각 편(:)

片
총4획

파자풀이 片자는 나무의 오른쪽 면을 묘사한 상형자이다.

용례 片道 편도, 片貌 편모, 片志 편지, 片紙 편지, 斷片 단편, 破片 파편, 片層雲 편층운, 一片丹心 일편단심, 一葉片舟 일엽편주

730

遍

두루 편

⻌
총13획

파자풀이 遍자는 의미요소인 ⻌자와 발음요소인 扁(넙적할 편)자의 결합자이다.

유의자 普 넓을 보

상대자 特 특별할 특

용례 遍踏 편답, 遍歷 편력, 普遍性 보편성, 普遍的 보편적

731

編

엮을 편

糸
총15획

파자풀이 編자는 糸자와 발음요소인 扁자의 결합자이다. 실로 빠지는 것 없이 두루 엮는 것을 의미한다.

유의자 構 얽을 구

용례 編曲 편곡, 編隊 편대, 編物 편물, 編成 편성, 編修 편수, 編入 편입, 編者 편자, 編著 편저, 編制 편제, 改編 개편, 續編 속편, 再編 재편, 編髮 변발, 編年體 편년체

732

偏

치우칠 편

亻
총11획

파자풀이 偏자는 亻자와 발음요소인 扁자의 결합자이다.

유의자 僻 치우칠 벽

용례 偏角 편각, 偏見 편견, 偏黨 편당, 偏母 편모, 偏食 편식, 偏愛 편애, 偏重 편중, 偏執 편집, 偏向 편향, 偏頭痛 편두통, 不偏不黨 불편부당

733

肺

허파 폐ː

月(肉)
총8획

파자풀이 肺자는 月(肉)자와 폐를 묘사한 市자의 결합자이다.

용례 肺病 폐병, 肺患 폐환, 肺炎 폐렴, 心肺 심폐, 肺結核 폐결핵, 肺氣量 폐기량, 肺活量 폐활량, 如見肺肝 여견폐간

734

폐할/버릴 폐ː

广
총15획

파자풀이 廢자는 广자와 發자의 합체자이다. 살던 사람들이 모두 떠나버려서 집이 황폐해졌다는 의미이다.

유의자 抛 버릴 포, 棄 버릴 기

약자 廃

용례 廢家 폐가, 廢刊 폐간, 廢鑛 폐광, 廢校 폐교, 廢棄 폐기, 廢農 폐농, 廢水 폐수, 廢業 폐업, 廢人 폐인, 廢止 폐지, 廢地 폐지, 廢車 폐차, 廢品 폐품, 廢合 폐합, 改廢 개폐, 存廢 존폐, 荒廢 황폐, 老廢物 노폐물, 食飮全廢 식음전폐

735

蔽

덮을 폐ː

艹
총16획

파자풀이 蔽자는 艹자와 발음요소인 敝(해질 폐)자가 결합한 글자이다. 뭔가를 감추기 위해 풀로 덮는 모습이다.

유의자 蓋 덮을 개, 隱 숨길 은

용례 隱蔽 은폐, 掩蔽 엄폐, 遮蔽 차폐, 蔽一言 폐일언, 建蔽率 건폐율

736

弊

폐단/해질 폐ː

廾
총15획

파자풀이 弊자의 敝자는 방망이로 천을 두드리는 모습으로 본래 '해지다'는 의미를 가졌다. 거기에 두 손을 묘사한 廾자를 더해 의미를 강조했다.

유의자 害 해칠 해

용례 弊家 폐가, 弊端 폐단, 弊邦 폐방, 弊社 폐사, 弊習 폐습, 弊風 폐풍, 弊害 폐해, 民弊 민폐, 惡弊 악폐, 作弊 작폐, 積弊 적폐, 通弊 통폐, 疲弊 피폐

737

幣

화폐/비단 폐ː

巾
총15획

파자풀이 幣자는 발음요소인 敝(해질 폐)자와 의미요소인 巾자의 결합자이다.

유의자 錢 돈 전

용례 幣物 폐물, 幣帛 폐백, 納幣 납폐, 禮幣 예폐, 紙幣 지폐, 僞幣 위폐, 造幣 조폐, 貨幣 화폐

738

抱

안을 포ː

扌
총8획

파자풀이 抱자는 扌자와 발음요소인 包자의 결합자이다. 손으로 상대방을 감싸듯이 안는 모습이다.

유의자 擁 안을 옹, 懷 품을 회

용례 抱負 포부, 抱擁 포옹, 懷抱 회포, 抱腹絶倒 포복절도

739

浦

개 포

氵
총10획

파자풀이 浦자는 氵자와 발음요소인 甫(클 보)자의 결합자이다. 배를 댈 수 있는 물가를 의미하는 글자이다.

유의자 津 나루 진

용례 浦口 포구, 浦村 포촌, 浦港 포항, 浦邊 포변, 浦田 포전

740

捕

잡을 포:

扌
총10획

파자풀이 捕자는 扌자와 발음요소인 甫자의 결합자이다. 죄를 짓고 도망가는 남자를 손으로 잡는 모습이다.

유의자 拘 잡을 구, 操 잡을 조, 逮 잡을 체, 獲 잡을 획

용례 捕球 포구, 捕手 포수, 捕卒 포졸, 捕獲 포획, 生捕 생포, 逮捕 체포

741

飽

배부를 포:

食
총14획

파자풀이 飽자는 의미요소인 食자와 발음요소인 包자의 결합자이다.

상대자 飢 주릴 기, 餓 주릴 아

용례 飽滿 포만, 飽食 포식, 飽聞 포문, 飽和 포화, 飽食暖衣 포식난의

742

幅

폭 폭

巾
총12획

파자풀이 幅자는 의미요소인 巾자와 발음요소인 畐(가득할 복)자의 결합자이다.

용례 幅廣 폭광, 江幅 강폭, 廣幅 광폭, 落幅 낙폭, 路幅 노폭, 大幅 대폭, 步幅 보폭, 增幅 증폭, 振幅 진폭, 畫幅 화폭, 全幅的 전폭적

743

漂

떠다닐 표

氵
총14획

파자풀이 漂자는 氵자와 발음요소인 票자의 결합자이다. 배에 실은 물건에서 떨어진 표(票)가 물위를 떠다니는 모습이다.

유의자 浮 뜰 부

상대자 停 머무를 정, 留 머무를 류, 着 붙을 착

용례 漂流 표류, 漂白 표백, 漂着 표착, 漂漂 표표, 浮漂 부표, 漂流記 표류기

744

楓

단풍 풍

木
총13획

파자풀이 楓자는 의미요소인 木자와 발음요소인 風자의 결합자이다.

용례 楓菊 풍국, 楓林 풍림, 楓葉 풍엽, 觀楓 관풍, 丹楓 단풍, 霜楓 상풍, 楓嶽山 풍악산

745

皮

가죽 피

皮
총5획

파자풀이 皮자는 손에 칼을 들고 짐승의 가죽을 벗겨내는 모습을 묘사한 글자이다.

유의자 韋 가죽 위, 革 가죽 혁

용례 皮下 피하, 皮革 피혁, 去皮 거피, 桂皮 계피, 毛皮 모피, 羊皮 양피, 外皮 외피, 牛皮 우피, 脫皮 탈피, 虎皮 호피, 鐵面皮 철면피, 皮骨相接 피골상접, 虎死留皮 호사유피, 羊質虎皮 양질호피

746

彼

저 피:

彳
총8획

파자풀이 彼자는 彳자와 발음요소인 皮자의 결합자이다. 길 건너 저편을 의미하는 글자이다.

상대자 是 이 시, 此 이 차, 我 나 아

용례 彼我 피아, 彼岸 피안, 彼此 피차, 於此彼 어차피, 此日彼日 차일피일, 彼此一般 피차일반

747

被

입을 피:

衤(衣)
총10획

파자풀이 被자는 衤자와 皮자의 결합자이다. 사람의 피부 위에 옷을 걸치는 모습이다.

유의자 服 입을 복

용례 被擊 피격, 被動 피동, 被服 피복, 被訴 피소, 被殺 피살, 被害 피해, 被寫體 피사체, 被害妄想 피해망상

748

匹

짝 필

匚
총4획

파자풀이 匹자는 고대에 옷감이 길이의 단위로 쓰였었다. 긴 천의 길이를 재기 위해서는 누군가의 도움이 필요했을 것이다. 그래서 '짝'이란 의미가 파생했다.

유의자 配 짝 배, 偶 짝 우

용례 匹馬 필마, 匹敵 필적, 配匹 배필, 匹夫匹婦 필부필부, 匹馬單騎 필마단기

749

畢

마칠 필

田
총11획

파자풀이 畢 수확이 끝난 밭에서 무언가를 잡는 모습을 표현했다. 한 해의 농사가 끝난 것에서 일을 '마치다'는 의미를 표현했다.

유의자 終 마칠 종, 了 마칠 료, 卒 마칠 졸

용례 畢竟 필경, 畢納 필납, 畢生 필생, 畢業 필업, 檢査畢 검사필

750

何

어찌 **하**

亻
총7획

파자풀이 何자는 본래 '메다'를 의미하는 글자였으나, 후에 '어찌'라는 의미로 가차되었다. 지금은 ++자를 더한 荷자가 본래 의미를 대신하고 있다.

유의자 豈 어찌 기, 那 어찌 나, 奈 어찌 내, 奚 어찌 해

용례 何等 하등, 何時 하시, 何如 하여, 何人 하인, 何處 하처, 何必 하필, 幾何 기하, 誰何 수하, 如何 여하, 何如間 하여간, 抑何心情 억하심정, 幾何級數 기하급수

751

荷

멜 **하(:)**

++
총11획

파자풀이 何자가 본래 '메다'는 의미로 쓰였으나, 후에 '어찌'라는 의미로 가차되면서, ++를 더한 荷자가 '메다'는 의미로 쓰이고 있다.

용례 荷物 하물, 荷船 하선, 荷役 하역, 荷主 하주, 荷重 하중, 荷花 하화, 薄荷 박하, 負荷 부하, 入荷 입하, 出荷 출하, 荷置場 하치장, 賊反荷杖 적반하장

752

賀

하례할 **하:**

貝
총12획

파자풀이 賀자는 加자와 貝자의 결합자로, 남의 경사에 돈이나 값나가는 물건을 주면서 축하한다는 의미이다.

유의자 慶 경사 경

용례 賀客 하객, 賀禮 하례, 賀正 하정, 慶賀 경하, 敬賀 경하, 祝賀 축하, 致賀 치하, 年賀狀 연하장, 謹賀新年 근하신년

753

鶴

학 **학**

鳥
총21획

파자풀이 鶴자는 발음요소인 隺(고상할 학)자와 鳥자의 결합자이다. 고고한 학의 자태를 표현한 글자이다.

용례 鶴髮 학발, 白鶴 백학, 丹頂鶴 단정학, 群鷄一鶴 군계일학, 鶴立鷄群 학립계군, 鶴首苦待 학수고대

754

汗

땀 **한(:)**

氵
총6획

파자풀이 汗자는 氵자와 발음요소인 干자의 결합자이다. 물처럼 줄줄 흘러내리는 땀을 의미하는 글자이다.

용례 汗蒸 한증, 盜汗 도한, 發汗 발한, 汗蒸幕 한증막, 不汗黨 불한당, 汗牛充棟 한우충동

755

旱

가물 **한:**

日
총7획

파자풀이 旱자는 日자와 干자의 결합자로, 작열하는 햇볕(日)에 모든 물이 말라(干)버린 모습이다.

용례 旱鬼 한귀, 旱暑 한서, 旱熱 한열, 旱炎 한염, 旱災 한재, 旱徵 한징, 旱害 한해, 枯旱 고한, 久旱 구한, 耐旱 내한, 大旱 대한

756

割

벨 **할**

刂
총12획

파자풀이 割자는 발음요소인 害자와 의미요소인 刂자의 결합자이다. 칼로 베어 상해를 입힌다는 의미이다.

유의자 分 나눌 분

용례 割當 할당, 割禮 할례, 割腹 할복, 割愛 할애, 割引 할인, 割印 할인, 割增 할증, 分割 분할, 役割 역할, 割賦 할부

757

含

머금을 **함**

口
총7획

파자풀이 含자는 今자와 口자의 결합자이다. 지금 입속에 무언가 있는 모습이다.

유의자 懷 품을 회, 抱 안을 포, 包 쌀 포

용례 含量 함량, 含有 함유, 含蓄 함축, 包含 포함, 含憤蓄怨 함분축원

758

다 **함**

口
총9획

파자풀이 咸자는 戌자와 口자의 결합자이다. 戌자는 전쟁에서 쓰는 무기를 그린 글자이다. 전쟁터에서 입을 모아 모두 함성을 지르는 모습이다.

유의자 皆 다 개

용례 咸悅 함열, 咸陽 함양, 咸鏡道 함경도, 咸興差使 함흥차사

759

陷

빠질 **함:**

阝
총11획

파자풀이 陷자는 阝자와 臽(함정 함)자의 결합자로, 언덕에 파놓은 함정에 빠진다는 의미이다.

유의자 沒 빠질 몰

용례 陷落 함락, 陷沒 함몰, 陷害 함해, 缺陷 결함, 謀陷 모함

760

巷

거리 항:

己
총9획

파자풀이 巷자는 共자와 邑자의 간략자인 巳자의 결합자이다. 사람이 함께 사는 마을이나 거리를 표현한 것이다.

용례 街 거리 가

용례 巷間 항간, 巷談 항담, 巷說 항설, 街談巷說 가담항설

761

恒

항상 항

忄
총9획

파자풀이 恒자는 忄자와 亘(걸칠 긍)자의 결합자이다.

유의자 常 항상 상

용례 恒常 항상, 恒星 항성, 恒性 항성, 恒心 항심, 恒溫 항온, 恒用 항용, 恒久的 항구적, 恒茶飯事 항다반사

762

項

항목/목 항:

頁
총12획

파자풀이 項자는 발음요소인 工자와 의미요소인 頁자의 결합자이다.

유의자 款 항목 관, 目 항목 목

용례 項目 항목, 項領 항령, 各項 각항, 事項 사항, 條項 조항, 項鎖 항쇄, 項羽 항우, 浦項 포항, 同類項 동류항, 猫項懸鈴 묘항현령

763

亥

돼지 해

亠
총6획

파자풀이 亥자는 돼지를 그린 상형자이다. 豕자가 살아있는 돼지를 그린 것이라면, 亥자는 머리와 다리를 잘라 도축한 돼지를 그린 것이다.

유의자 豚 돼지 돈, 豕 돼지 시

용례 亥方 해방, 亥時 해시, 己亥邪獄 기해사옥

764

어찌 해

大
총10획

파자풀이 奚자는 본래 머리를 땋는 여자 종을 의미하는 글자였으나, 후에 '어찌'라는 의미로 가차된 경우이다.

유의자 豈 어찌 기, 那 어찌 나, 奈 어찌 내, 何 어찌 하

용례 奚暇 해가, 奚故 해고, 奚琴 해금, 奚奴 해노, 奚童 해동, 奚兒 해아

765

該

갖출/마땅 해

言
총13획

파자풀이 該자는 의미요소인 言자와 발음요소인 亥자의 결합자이다.

유의자 當 마땅 당

용례 該當 해당, 該博 해박, 當該6 당해, 該當事項 해당사항

766

享

누릴 향:

亠
총8획

파자풀이 享자는 조상의 위패를 모셔놓는 사당을 그린 것이다. 조상을 잘 모셔 복을 누린다는 의미이다.

용례 享年 향년, 享樂 향락, 享祀 향사, 享受 향수, 享有 향유, 時享 시향, 祭享 제향, 秋享 추향

767

響

울릴 향:

音
총22획

파자풀이 響자는 발음요소인 鄕자와 音자의 결합자이다. 고요한 시골 마을에 소리가 울려 퍼지는 모습이다.

용례 響應 향응, 反響 반향, 影響 영향, 音響 음향, 交響樂 교향악, 影響力 영향력

768

집 헌

車
총10획

파자풀이 軒자는 車자와 干자의 결합자이다. 수레가 비나 눈을 맞지 않도록 막아주는 건물을 의미한다.

유의자 閣 집 각, 館 집 관, 堂 집 당, 舍 집 사

용례 東軒 동헌, 戎軒 융헌, 烏竹軒 오죽헌, 軒軒丈夫 헌헌장부

769

드릴 헌:

犬
총20획

파자풀이 獻자는 솥(鬳)에 개(犬)를 삶아 제물로 바친다는 의미이다.

유의자 貢 바칠 공, 呈 드릴 정

약자 献

용례 獻金 헌금, 獻納 헌납, 獻上 헌상, 獻身 헌신, 獻血 헌혈, 獻花 헌화, 貢獻 공헌, 文獻 문헌, 奉獻 봉헌, 進獻 진헌, 初獻官 초헌관, 亞獻官 아헌관, 終獻官 종헌관

770

玄

검을 현

玄
총5획

파자풀이 玄자는 검은 실을 묶은 모양을 묘사한 글자로서, '검다', '현묘하다'는 의미이다.

유의자 黑 검을 흑, 烏 검을 오

상대자 白 흰 백, 素 흴 소

용례 玄關 현관, 玄木 현목, 玄妙 현묘, 玄武 현무, 玄米 현미, 玄孫 현손, 玄祖 현조, 幽玄 유현, 天地玄黃 천지현황

771

絃

줄 현

糸
총11획

파자풀이 絃자는 糸자와 발음요소인 玄자의 결합자이다. 현묘한 소리를 내는 현악기의 줄을 의미하는 글자이다.

유의자 線 줄 선

용례 續絃 속현, 絃樂器 현악기, 管絃樂團 관현악단, 伯牙絶絃 백아절현

772

縣

고을 현:

糸
총16획

파자풀이 縣자는 죄인의 머리를 나무에 거꾸로 매달은 모습으로 본래 '매달다'는 의미로 쓰였으나, 후에 '고을'이란 의미로 가차되었다, 지금은 心자를 더한 懸자가 본래 의미를 대신하고 있다.

유의자 郡 고을 군, 邑 고을 읍

약자 県

용례 縣監 현감, 縣官 현관, 縣令 현령, 郡縣 군현

773

懸

매달 현:

心
총20획

파자풀이 본래 縣자가 '매달다'는 의미로 쓰였으나, 후에 '고을'이란 의미로 가차되어서, 지금은 懸자가 본래 의미를 대신하고 있다.

용례 懸板 현판, 懸案 현안, 懸垂幕 현수막, 懸賞金 현상금, 懸賞手配 현상수배, 猫項懸鈴 묘항현령

774

굴 혈

穴
총5획

파자풀이 穴자는 동굴의 입구 모양을 본떠 만든 상형자이다.

유의자 窟 굴 굴

용례 穴居 혈거, 穴見 혈견, 經穴 경혈, 洞穴 동혈, 墓穴 묘혈, 虎穴 호혈

775

嫌

싫어할 혐

女
총13획

파자풀이 嫌자는 女자와 발음요소인 兼자의 결합자이다.

유의자 忌 꺼릴 기, 厭 싫어할 염, 惡 미워할 오

상대자 好 좋을 호

용례 嫌家 혐가, 嫌忌 혐기, 嫌棄 혐기, 嫌惡 혐오, 嫌疑 혐의

776

脅

위협할 협

月(肉)
총10획

파자풀이 脅자는 力자 세 개와 月(肉)자의 결합자이다. 힘이 센 여러 명이 한 명의 육신을 괴롭히는 모습이다.

유의자 威 위협할 위

용례 脅迫 협박, 脅弱 협약, 威脅 위협, 誘脅 유협, 脅奪 협탈

777

형통할 형

亠
총7획

파자풀이 亨자는 조상의 위패를 모신 사당을 그린 글자로서, 조상신에게 제사를 지냄으로써 모든 일이 잘 풀리게 된다는 뜻이다.

용례 亨通 형통, 萬事亨通 만사형통, 元亨利貞 원형리정

778

반딧불 형

虫
총16획

파자풀이 螢자는 虫자와 熒(등불 형)자를 결합한 글자이다. 등불처럼 빛을 발산하는 벌레라는 의미이다.

약자 蛍

용례 螢光燈 형광등, 螢光物質 형광물질, 螢雪之功 형설지공, 螢窓雪案 형창설안

779

저울대 형

行
총16획

파자풀이 衡자는 쇠뿔이 사람을 치지 않도록 양쪽 뿔 위에 걸어 놓은 평평한 나무의 모습을 응용해 평형을 이뤄야하는 '저울대'를 의미하게 됐다.

유의자 銓 저울 전, 稱 저울 칭

용례 衡度 형도, 衡平 형평, 權衡 권형, 均衡 균형, 稱衡 칭형, 平衡 평형, 銓衡 전형, 度量衡 도량형, 合縱連衡 합종연횡

780

兮

어조사 혜

八
총4획

파자풀이 兮자는 어조사나 감탄사로 쓰이는 글자이다.

용례 樂兮 낙혜, 省大兮 성대혜, 秋子兮 추자혜, 父兮生我 부혜생아, 母兮鞠我 모혜국아

781

慧

슬기로울 혜:

心
총15획

파자풀이 慧자는 발음요소인 彗(비 혜)자와 의미요소인 心자의 결합자이다.

유의자 智 슬기 지

용례 慧敏 혜민, 慧眼 혜안, 智慧 지혜, 知慧 지혜

782

互

서로 호:

二
총4획

파자풀이 互자는 두 개의 고리가 서로 어긋나지 않게 맞춰진 모양을 본떠 만든 상형자이다.

유의자 相 서로 상

용례 互選 호선, 互讓 호양, 互惠 호혜, 互換 호환, 相互 상호, 互角之勢 호각지세, 互惠關稅 호혜관세, 相互扶助 상호부조

783

乎

어조사 호

丿
총5획

파자풀이 乎자는 의문문이나 감탄문에 들어가는 어조사이다.

용례 斷乎 단호, 確乎 확호, 嗟乎 차호, 不亦說乎 불역열호, 不亦樂乎 불역락호, 不亦君子乎 불역군자호, 焉哉乎也 언재호야

784

虎

범 호(:)

虍
총8획

파자풀이 虎자는 호랑이의 모습을 묘사한 상형자이다.

유의자 寅 범 인

용례 虎口 호구, 虎穴 호혈, 猛虎 맹호, 白虎 백호, 三人成虎 삼인성호, 虎死留皮 호사유피, 養虎遺患 양호유환

785

胡

되 호

月(肉)
총9획

파자풀이 胡자는 본래 사람의 턱 밑 살이나 구레나룻을 뜻하기 위해 만든 글자였으나, 후에 턱 밑에 수염을 길게 기른 이방인을 지칭하는 글자로 쓰이게 됐다.

유의자 夷 오랑캐 이, 戎 오랑캐 융

용례 胡亂 호란, 胡壽 호수, 胡人 호인, 胡笛 호적, 胡桃 호도, 胡燕 호연, 胡蝶之夢 호접지몽

786

浩

넓을 호:

氵
총10획

파자풀이 浩자는 의미요소인 氵자와 발음요소인 告자의 결합자이다.

유의자 廣 넓을 광, 博 넓을 박, 洪 넓을 홍

상대자 狹 좁을 협

용례 浩大 호대, 浩繁 호번, 浩博 호박, 浩歌 호가, 浩然之氣 호연지기

787

毫

터럭 호

毛
총11획

파자풀이 毫자는 발음요소인 高자와 의미요소인 毛자의 결합자로, 길게 자란 털을 의미한다.

유의자 毛 터럭 모, 髮 터럭 발

용례 毫端 호단, 毫末 호말, 毫髮 호발, 一毫 일호, 秋毫 추호, 揮毫 휘호

788

호걸 호

豕
총14획

파자풀이 豪자는 발음요소인 高자와 의미요소인 豕자의 결합자이다.

유의자 傑 뛰어날 걸

용례 豪傑 호걸, 豪放 호방, 豪雨 호우, 豪族 호족, 豪快 호쾌, 豪華 호화, 强豪 강호, 文豪 문호, 富豪 부호, 土豪 토호, 英雄豪傑 영웅호걸, 豪言壯談 호언장담

789

惑

미혹할 혹

心
총12획

파자풀이 惑자는 발음요소인 或자와 의미요소인 心자의 결합자이다.

유의자 迷 미혹할 미

용례 惑星 혹성, 惑世 혹세, 困惑 곤혹, 當惑 당혹, 迷惑 미혹, 不惑 불혹, 誘惑 유혹, 疑惑 의혹, 惑世誣民 혹세무민

790

昏

어두울 혼

日
총8획

파자풀이 昏자는 氏자와 日자의 결합자이다. 해(日)가 나무뿌리(氏) 밑으로 져서 날이 저물었다는 의미이다.

유의자 暗 어두울 암, 冥 어두울 명, 暮 저물 모

상대자 明 밝을 명, 朗 밝을 랑, 晨 새벽 신

용례 昏迷 혼미, 昏絶 혼절, 黃昏 황혼, 昏定晨省 혼정신성, 昏睡狀態 혼수상태

791

넋 혼

鬼
총14획

파자풀이 魂자는 云자와 鬼자의 결합자이다. 구름처럼 떠다니는 귀신을 의미한다.

유의자 靈 신령 령, 魄 넋 백

용례 魂靈 혼령, 商魂 상혼, 靈魂 영혼, 鎭魂 진혼, 招魂 초혼, 鬪魂 투혼, 魂魄 혼백

792

忽

갑자기 홀

心
총8획

파자풀이 忽자는 勿자와 心자의 결합자이다. 마음을 쓰지 말라는 말로, '소홀히 하다'라는 의미이다.

유의자 突 갑자기 돌, 猝 갑자기 졸

용례 忽待 홀대, 忽然 홀연, 疏忽 소홀

793

弘

클 홍

弓
총5획

파자풀이 弘자는 弓자와 厶자의 결합자이다. 활을 쏘기 위해 팔을 움츠렸다 펴는 모습이다.

유의자 巨 클 거, 大 큰 대, 太 클 태, 泰 클 태

상대자 微 작을 미, 小 작을 소

용례 弘報 홍보, 弘範 홍범, 弘誓 홍서, 弘敎 홍교, 弘通 홍통, 弘益人間 홍익인간

794

洪

넓을 홍

氵
총9획

파자풀이 洪자는 의미요소인 氵자와 발음요소인 共자의 결합자이다.

유의자 廣 넓을 광, 博 넓을 박, 浩 넓을 호

상대자 狹 좁을 협

용례 洪範 홍범, 洪福 홍복, 洪水 홍수, 洪震 홍진, 洪城 홍성

795

鴻

기러기 홍

鳥
총17획

파자풀이 鴻자는 江자와 鳥자의 결합자이다. 강에 내려앉은 큰 기러기를 표현한 글자이다.

유의자 雁 기러기 안

용례 鴻毛 홍모, 鴻恩 홍은, 鴻名 홍명, 鴻明 홍명, 鴻學 홍학, 鴻儒 홍유, 鴻雁 홍안, 鴻業 홍업, 燕鴻之歎 연홍지탄

796

禾

벼 화

禾
총5획

파자풀이 禾자는 이삭이 늘어진 벼의 모양을 본떠 만든 상형자이다.

유의자 稻 벼 도

용례 禾穀 화곡, 禾利 화리, 禾苗 화묘, 禾尺 화척, 禾主 화주, 禾積 화적, 晩禾 만화, 種禾稻 종화도

797

禍

재앙 화:

示
총14획

파자풀이 禍자의 咼자는 앙상한 뼈와 입을 함께 그린 것으로 본래 '재앙'을 의미했다. 여기에 示자를 더해 신이 내린 벌이란 의미이다.

유의자 災 재앙 재, 殃 재앙 앙, 厄 재앙 액, 凶 흉할 흉

상대자 福 복 복, 吉 길할 길

용례 禍根 화근, 禍福 화복, 禍因 화인, 士禍 사화, 輪禍 윤화, 災禍 재화, 戰禍 전화, 筆禍 필화, 舌禍 설화, 慘禍 참화, 吉凶禍福 길흉화복, 轉禍爲福 전화위복

798

擴

넓힐 확

扌
총18획

파자풀이 擴자는 扌자와 廣자의 결합자이다. 손을 써서 넓게 늘린다는 의미이다.

유의자 拓 넓힐 척

상대자 縮 줄일 축

약자 拡

용례 擴大 확대, 擴散 확산, 擴張 확장, 擴充 확충, 擴聲器 확성기

799

穫

거둘 확

禾
총19획

파자풀이 穫자는 禾자와 풀숲에 있는 새를 손으로 잡는 모습인 蒦자의 결합자이다. 새를 손에 넣은 것처럼 벼를 베어서 거둬들인다는 의미이다.

유의자 收 거둘 수

용례 收穫 수확, 耕穫 경확, 秋穫 추확, 一樹百穫 일수백확

800

丸

둥글 환

丶
총3획

파자풀이 丸자는 가루로 만든 약재(藥材)를 뭉쳐 여러(九)번 굴려서 조그맣고 동그란 덩어리(丶)로 만든 약을 의미하는 글자이다.

유의자 團 둥글 단, 圓 둥글 원

용례 丸藥 환약, 彈丸 탄환, 砲丸 포환, 淸心丸 청심환, 投砲丸 투포환, 彈丸之地 탄환지지

801

換

바꿀 환:

扌
총12획

파자풀이 換자는 의미요소인 扌자와 발음요소인 奐(빛날 환)자의 결합자이다.

유의자 替 바꿀 체

용례 換氣 환기, 換買 환매, 換物 환물, 換拂 환불, 換算 환산, 換言 환언, 換率 환율, 換錢 환전, 換票 환표, 交換 교환, 變換 변환, 外換 외환, 轉換 전환, 互換 호환, 換去來 환거래, 郵便換 우편환, 換節期 환절기, 換骨奪胎 환골탈태

802

還

돌아올 환

辶
총17획

파자풀이 還자는 둥근 옥을 그린 睘자에 辶자를 결합한 것으로 길을 한 바퀴 돌아서 온다는 뜻을 표현하고 있다.

유의자 回 돌아올 회, 歸 돌아갈 귀

용례 還甲 환갑, 還國 환국, 還給 환급, 還都 환도, 還流 환류, 還付 환부, 還拂 환불, 還生 환생, 還俗 환속, 還屬 환속, 還收 환수, 還元 환원, 歸還 귀환, 返還 반환, 償還 상환, 生還 생환, 召還 소환, 送還 송환, 奪還 탈환, 錦衣還鄕 금의환향

803

皇

임금 황

白
총9획

파자풀이 皇자는 머리에 흰(白) 면류관(冕旒冠)을 쓴 임금(王)으로 '황제'를 의미하는 글자이다.

유의자 君 임금 군, 王 임금 왕, 帝 임금 제

상대자 臣 신하 신, 民 백성 민

용례 皇考 황고, 皇國 황국, 皇宮 황궁, 皇女 황녀, 皇妃 황비, 皇室 황실, 皇恩 황은, 皇帝 황제, 皇族 황족, 皇后 황후, 敎皇 교황, 張皇 장황, 三皇五帝 삼황오제

804

荒

거칠 황

艹
총10획

파자풀이 荒자는 艹자와 亡자 그리고 川자로 구성된 글자로, 산천(山川)과 초목(草木)이 황폐해졌다(亡)는 것을 의미한다.

용례 荒年 황년, 荒唐 황당, 荒凉 황량, 荒城 황성, 荒野 황야, 荒廢 황폐, 虛荒 허황, 凶荒 흉황, 破天荒 파천황

805

悔

뉘우칠 회:

忄
총10획

파자풀이 悔자는 무슨 일이든 지나고 나면 매번(每番) 마음(忄)속에 느껴지는 후회의 감정을 의미하는 글자이다.

유의자 恨 한 한

용례 悔改 회개, 悔心 회심, 悔恨 회한, 後悔莫及 후회막급

806

懷

품을 회

忄
총19획

파자풀이 懷자는 褱자에 본래 '품다'는 의미가 있으나, 忄자를 더해 의미를 강조한 글자이다.

유의자 抱 안을 포

약자 懐

용례 懷古 회고, 懷柔 회유, 懷疑 회의, 懷抱 회포, 感懷 감회, 所懷 소회, 述懷 술회, 懷疑的 회의적, 望雲之懷 망운지회

807

그을 획

刂
총14획

파자풀이 劃자는 붓(聿)으로 밭(田)의 경계(一)를 그어 나눈다(刂)는 의미이다.

용례 劃數 획수, 劃定 획정, 劃策 획책, 計劃 계획, 區劃 구획, 企劃 기획, 劃期的 획기적, 劃一的 획일적

808

獲

얻을 획

犭
총17획

파자풀이 獲자는 사냥개(犭)를 이용해 풀(艹) 속에 떨어진 새(隹)를 찾아, 손(又)으로 잡는 모습을 표현한 글자이다.

유의자 得 얻을 득

상대자 失 잃을 실

용례 獲得 획득, 濫獲 남획, 漁獲 어획, 藏獲 장획, 捕獲 포획

809

橫

가로 횡

木
총16획

파자풀이 橫자는 木자와 발음요소인 黃자의 결합자로, 본래 대문을 걸어 잠그는 '빗장'을 뜻했었다.

상대자 縱 세로 종

용례 橫帶 횡대, 橫列 횡렬, 橫領 횡령, 橫流 횡류, 橫步 횡보, 橫書 횡서, 橫線 횡선, 橫數 횡수, 橫財 횡재, 橫災 횡재, 橫暴 횡포, 專橫 전횡, 縱橫 종횡, 縱橫無盡 종횡무진, 橫斷步道 횡단보도

810

曉

새벽 효:

日
총16획

파자풀이 曉자는 의미요소인 日자와 발음요소인 堯(요임금 요)자의 결합자이다.

유의자 晨 새벽 신

상대자 暮 저물 모, 昏 저물 혼

약자 暁

용례 曉星 효성, 曉達 효달, 曉得 효득, 拂曉 불효, 通曉 통효, 殘月曉星 잔월효성

811

侯

제후 후

亻
총9획

파자풀이 侯자에 대한 명확한 해석은 없다. 활을 쏘는 실력으로 제후의 지위가 정해졌다는 설이 있을 뿐이다.

용례 侯爵 후작, 諸侯 제후, 土侯國 토후국, 王侯將相 왕후장상

812

毁

헐 훼:

殳
총13획

파자풀이 毁자는 장인(工)이 자기가 만든 절구(臼)가 마음에 들지 않아 몽둥이(殳)로 깨부수는 모습을 표현한 것이다.

유의자 壞 무너질 괴

상대자 建 세울 건

용례 毁慕 훼모, 毁傷 훼상, 毁節 훼절, 名譽毁損 명예훼손

813

輝

빛날 휘

車
총15획

파자풀이 輝자는 光자와 軍자로 구성된 글자이다. 輝자의 특이한 점은 의미와 관련있는 光자를 부수로 삼지 않았다는 것이다.

유의자 華 빛날 화, 煥 빛날 환, 燦 빛날 찬

용례 輝炭 휘탄, 輝巖 휘암, 光輝 광휘, 德輝 덕휘, 明輝 명휘, 星輝 성휘, 顔輝 안휘

814

携

이끌 휴

扌
총13획

파자풀이 携자는 扌자와 雋(살찐 고기 전)자가 결합한 글자로, 사냥한 새를 손으로 잡아 허리춤에 걸고 다니는 모습을 표현한 것이다.

유의자 引 끌 인, 提 끌 제

용례 携帶 휴대, 提携 제휴, 技術提携 기술제휴

815

胸

가슴 흉

月(肉)
총10획

파자풀이 胸자는 의미요소인 月(肉)자와 발음요소인 匈(오랑캐 흉)자가 결합한 글자이다.

용례 胸背 흉배, 胸部 흉부, 胸像 흉상, 胸圍 흉위, 胸中 흉중, 胸襟 흉금

816

稀

드물 희

禾
총12획

파자풀이 稀자는 禾자와 希(바랄 희)자의 결합자로, 벼(禾)농사는 농부가 바라는(希) 만큼 풍작이 되는 일은 드물다는 의미이다.

유의자 薄 엷을 박

상대자 密 빽빽할 밀

용례 稀貴 희귀, 稀年 희년, 稀代 희대, 稀微 희미, 稀薄 희박, 稀釋 희석, 稀世 희세, 稀壽 희수, 稀有 희유, 古稀 고희, 稀少價値 희소가치

817

戲

놀이 희

총17획

파자풀이 䖒자는 제사에 사용하던 '호랑이 문양이 들어간 솥'을 그린 것이다. 여기에 戈자가 결합한 戲자는 출정(出征)을 앞두고 승리를 기원하는 축제를 벌이던 모습을 표현한 것이다.

유의자 遊 놀 유

약자 戯, 戱

용례 戲曲 희곡, 戲弄 희롱, 戲筆 희필, 戲畵 희화, 遊戲 유희

3. 2급 배정(전용)한자(538자)

001

伽

절 가

亻
총7획

파자풀이 伽자는 의미요소인 亻과 발음요소인 加의 결합자이다. 사람에게 깨달음을 더해주는 곳이란 의미이다.

유의자 寺 절 사, 刹 절 찰

용례 伽藍 가람, 伽倻 가야, 僧伽 승가, 伽倻琴 가야금, 伽倻山 가야산, 金官伽倻 금관가야

002

柯

가지/자루 가

木
총9획

파자풀이 柯자는 木자와 발음요소인 可자의 결합자이다. 나무의 가지를 의미하는 글자이다.

유의자 條 가지 조, 枝 가지 지

상대자 根 뿌리 근

용례 柯葉 가엽, 柯條 가조, 柯枝 가지, 斧柯 부가, 南柯一夢 남가일몽

003

성씨 가
장사 고

貝
총13획

파자풀이 賈자는 襾(덮을 아)자와 貝자의 결합자이다. 자신의 수입을 덮어 감추는 장사꾼의 행위를 표현한 글자이다.

유의자 商 장사 상

용례 賈船 고선, 賈人 고인, 賈市 고시, 賈胡 고호, 都賈 도고, 商賈 상고, 賈島 가도

004

수레/사람 이름 가

車
총12획

파자풀이 軻자는 車자와 발음요소인 可자의 결합자이다. 수레의 굴대를 의미하기도 하고, 유학자인 孟子의 이름자이기도 한 글자이다.

유의자 車 수레 거, 軸 굴대 축

용례 孟軻 맹가, 丘軻 구가, 走軻 주가

005

迦

부처이름 가

辶
총9획

파자풀이 迦자는 산스크리트어(梵語)의 ka(가)의 음역자로 석가모니(釋迦牟尼)에 쓰인 글자이다.

용례 迦葉 가섭, 釋迦牟尼 석가모니, 迦陵頻伽 가릉빈가

006

쌍옥 각

王(玉)
총9획

파자풀이 珏자는 두 개의 玉자로 구성된 글자이다. 한 쌍의 옥을 의미한다. 인명자로 쓰인다.

용례 崔珏圭 최각규

007

몽둥이 간

木
총7획

파자풀이 杆자는 木자와 발음요소인 干자의 결합자이다. 나무로 만든 몽둥이나 방패를 의미하는 글자이다.

유의자 干 방패 간, 盾 방패 순

용례 杆城 간성, 欄杆 난간, 襄杆之風 양간지풍, 杆城之材 간성지재

008

괘이름/그칠 간

艮
총6획

파자풀이 艮자는 허리를 굽힌 채 시선을 내리깔고 있는 사람을 그린 것이다. '그치다'라는 뜻은 시선을 멀리하지 못하고 바닥을 내려다볼 수밖에 없다는 의미이다.

용례 艮卦 간괘, 艮方 간방, 艮時 간시, 艮止 간지, 艮峴 간현

009

칡 갈

++
총13획

파자풀이 葛자는 ++자와 발음요소인 曷(어찌 갈)자의 결합자이다. '갈등(葛藤)'은 다른 초목을 감고 자라는 칡의 특성을 응용해서 만든 한자어이다.

용례 葛根 갈근, 葛藤 갈등, 葛粉 갈분, 葛衣 갈의, 葛布 갈포, 葛洪 갈홍, 葛花 갈화, 瓜葛 과갈, 葛巾野服 갈건야복

010

오랑캐이름 갈

革
총18획

파자풀이 鞨자는 革자와 발음요소인 曷자로 구성된 글자이다. 鞨자는 본래 가죽을 칡처럼 엮은 신발을 의미하는 글자였으나, 후에 말갈(靺鞨)족을 지칭하는 글자로 가차되었다.

용례 履鞨 이갈, 靺鞨 말갈

011

섭섭할 감:

忄
총16획

파자풀이 憾자는 忄자와 感자의 결합자이다. 마음에 느껴지는 섭섭한 감정을 의미하는 글자이다.

유의자 怨 원망할 원, 恨 한할 한

상대자 喜 기쁠 희, 歡 기쁠 환

용례 憾怨 감원, 憾悔 감회, 舊憾 구감, 私憾 사감, 宿憾 숙감, 遺憾 유감

012

곶(串) 갑

山
총8획

파자풀이 岬자는 山자와 발음요소인 甲자의 결합자이다. 장산곶이나 호미곶처럼 바다 쪽으로 돌출된 땅을 의미하는 글자이다.

유의자 串 땅이름 곶

용례 岬寺 갑사, 山岬 산갑

013

갑옷 갑

金
총13획

파자풀이 鉀자는 金자와 甲자의 결합자이다. 쇠를 이용해 만든 갑옷을 의미하는 글자이다.

유의자 甲 갑옷 갑

용례 貫鉀 관갑, 被鉀 피갑, 皮鉀 피갑

014

성씨 강

女
총9획

파자풀이 姜자는 羊자와 女자의 결합자이다. 양(羊) 토템을 가진 모계사회(女)의 한 부족에 뿌리를 둔 성씨란 의미이다.

용례 姜邯贊 강감찬, 姜太公 강태공

015

산등성이 강

山
총8획

파자풀이 岡자는 언덕 같은 나지막한 산을 의미하는 글자이다.

유의자 丘 언덕 구, 陵 언덕 릉, 阜 언덕 부, 岸 언덕 안, 原 언덕 원, 坡 언덕 파

용례 岡陵 강릉, 岡阜 강부, 福岡 복강

016

언덕 강

山
총11획

파자풀이 崗자는 山자와 岡자의 결합자이다. 나지막한 산을 의미한다. 岡의 俗字이다.

유의자 丘 언덕 구, 陵 언덕 릉, 阜 언덕 부, 岸 언덕 안, 原 언덕 원, 坡 언덕 파

용례 花崗巖 화강암

017

굳셀 강

弓
총16획

파자풀이 彊자는 활로 밭 사이에 경계선을 긋는 모습이다. 힘이 있어야만 가능한 행동으로 해석하고, '굳세다'는 의미가 생겨났다.

유의자 剛 굳셀 강, 强 강할 강, 健 굳셀 건

상대자 弱 약할 약

용례 彊求 강구, 彊弓 강궁, 雄彊 웅강, 自彊不息 자강불식

018

지경 강

田
총19획

파자풀이 疆자는 土자와 발음요소인 彊자의 결합자이다. 권력자가 그어놓은 땅의 경계를 의미하는 글자이다.

유의자 境 지경 경, 界 지경 계, 域 지경 역

용례 疆界 강계, 疆內 강내, 疆域 강역, 疆外 강외, 疆土 강토, 無疆 무강, 邊疆 변강, 侵疆 침강, 萬壽無疆 만수무강, 變法自疆 변법자강

019

价

큰 개:
亻
총6획

파자풀이 价자는 亻자와 발음요소인 介자의 결합자이다. 지명자(地名字)이다.

유의자 巨 클 거, 大 큰 대, 偉 클 위, 太 클 태, 泰 클 태

상대자 微 작을 미, 小 작을 소

용례 价人 개인, 使价 사개, 价川郡 개천군

020

塏

높은땅 개:
土
총13획

파자풀이 塏자는 의미요소인 土자와 발음요소인 豈자의 결합자이다. 높이 솟은 땅을 의미하는 글자이다. 인명자(人名字)이다.

용례 勝塏 승개, 幽塏 유개, 李塏 이개

021

坑

구덩이 갱
土
총7획

파자풀이 坑자는 의미요소인 土자와 발음요소인 亢(목 항)자의 결합자이다. 땅을 목구멍처럼 파놓은 곳이 구덩이란 의미이다.

용례 坑谷 갱곡, 坑口 갱구, 坑內 갱내, 坑道 갱도, 坑夫 갱부, 鑛坑 광갱, 金坑 금갱, 溫坑 온갱, 炭坑 탄갱, 焚書坑儒 분서갱유

022

鍵

자물쇠/
열쇠 건:
金
총17획

파자풀이 鍵자는 의미요소인 金자와 발음요소인 建자의 결합자이다. 쇠로 만든 자물쇠나 열쇠를 의미한다.

유의자 關 빗장 관

용례 鍵盤 건반, 鍵閉 건폐, 關鍵 관건

023

杰

뛰어날 걸
木
총8획

파자풀이 杰자는 木자와 灬자의 결합자이다. 산불 속에서도 타지 않고 버티는 나무의 모습에서 '뛰어나다'는 의미가 나왔다. 주로 인명자로 쓰인다. 傑자의 俗字이다.

유의자 傑 뛰어날 걸

용례 李連杰 이연걸, 李鍾杰 이종걸

024

桀

걸임금/
홰 걸
木
총10획

파자풀이 桀자는 두 발을 묘사한 舛자와 木자의 결합자이다. 닭이 두 발로 올라서 있는 횃대를 의미하는 글자이다. 중국 夏나라의 폭군인 걸(桀)임금을 의미하는 글자이기도 하다.

용례 暴桀 폭걸, 桀紂 걸주, 以桀攻桀 이걸공걸

025

憩

쉴 게:
心
총16획

파자풀이 憩자는 舌자와 息자로 구성된 글자이다. 혀를 쉬게 한다는 말로, 말을 안 하고 조용히 쉰다는 뜻이다.

유의자 休 쉴 휴, 息 쉴 식

용례 憩息 게식, 憩泊 게박, 小憩 소게, 休憩室 휴게실

026

揭

높이들/
걸 게:
扌
총12획

파자풀이 揭자는 扌자와 발음요소인 曷자의 결합자이다. 손으로 높이 들어 건다는 의미이다.

유의자 掛 걸 괘, 擧 들 거, 揚 날릴 양

용례 揭示 게시, 揭揚 게양, 揭載 게재, 高揭 고게, 上揭 상게, 揭示板 게시판, 揭斧入淵 게부입연

027

甄

질그릇 견
瓦
총14획

파자풀이 甄자는 垔(막을 인)자와 瓦자의 결합자이다. 가마 입구를 막고 흙으로 빚은 그릇을 굽는 모습이다.

유의자 陶 질그릇 도

용례 甄工 견공, 甄陶 견도

028

儆

경계할 경:
亻
총15획

파자풀이 儆자는 亻자와 발음요소인 敬자의 결합자이다. 사람을 경계한다는 의미이다. 警자와 통용자(通用字)이다.

유의자 警 경계할 경, 戒 경계할 계, 箴 경계할 잠

용례 儆戒 경계, 儆備 경비, 自儆 자경

029

빛날 경

火
총8획

파자풀이 炅자는 日자와 火자의 결합자이다. 해와 불을 합쳐서 빛남을 강조한 글자이다. 주로 인명자로 쓰인다

유의자 爛 빛날 란, 彬 빛날 빈, 燁 빛날 엽, 曜 빛날 요, 輝 빛날 휘, 熙 빛날 희

용례 寒炅 한경

030

옥빛 경ː

王(玉)
총16획

파자풀이 璟자는 의미요소인 玉자와 발음요소인 景자의 결합자이다. 옥이 빛나는 것을 의미하며, 주로 인명자로 쓰인다.

용례 璟玉 경옥, 宋璟 송경

031

구슬 경

王(玉)
총19획

파자풀이 瓊자는 의미요소인 玉자와 발음요소인 敻(멀 형)자의 결합자이다. 옥으로 만든 구슬을 의미한다.

유의자 璿 구슬 선, 玉 구슬 옥, 瑗 구슬 원, 珠 구슬 주

용례 瓊團 경단, 瓊玉 경옥, 瓊音 경음, 瓊姿 경자, 瓊樓玉宇 경루옥우, 瓊枝玉葉 경지옥엽

032

언덕 고

白
총11획

파자풀이 皐자는 언덕을 의미하는 글자 중 하나이며, 성씨(姓氏) 중 하나이기도 하다.

유의자 丘 언덕 구, 陵 언덕 릉, 阜 언덕 부, 阿 언덕 아, 岸 언덕 안

용례 皐陶 고요, 皐蘭寺 고란사, 皐蘭草 고란초

033

품팔 고

隹
총12획

파자풀이 雇자는 戶자와 隹자의 결합자이다. 남의 집(戶)에 철새(隹)처럼 한시적으로 머물며 품을 파는 사람을 의미하는 글자이다.

유의자 傭 품팔 용

용례 雇兵 고병, 雇役 고역, 雇用 고용, 雇傭 고용, 雇值 고치, 解雇 해고

034

창 과

戈
총4획

파자풀이 戈자는 끝에 낫처럼 생긴 무기가 달려 적군의 다리를 절단하는 용도로 사용했던 창을 묘사한 글자이다.

유의자 矛 창 모

상대자 干 방패 간, 盾 방패 순

용례 戈劍 과검, 干戈 간과, 兵戈 병과, 倒置干戈 도치간과

035

외 과

瓜
총5획

파자풀이 瓜자는 덩굴에 달린 오이 모양을 본떠 만든 상형자이다.

용례 瓜年 과년, 瓜菜 과채, 木瓜 모과, 破瓜之年 파과지년, 瓜田不納履 과전불납리

036

과자 과
과일 과ː

艹
총12획

파자풀이 菓자는 艹자와 발음요소인 果자의 결합자이다. 초목의 열매인 과일을 의미하는 글자이다.

유의자 果 실과 과

용례 菓子 과자, 菓品 과품, 茶菓 다과, 生菓 생과, 名菓 명과, 銘菓 명과, 氷菓 빙과, 乳菓 유과, 製菓 제과, 造菓 조과, 漢菓 한과, 乾燥菓 건조과

037

꿸 관
땅이름 곶

丨
총7획

파자풀이 串자는 조개껍질의 모양자인 두 개의 口자와 丨(뚫을 곤)자의 합체자이다. 조개껍질을 실로 꿴 모습이다. 바다로 돌출한 땅을 의미하기도 한다.

유의자 貫 꿸 관, 岬 곶 갑

용례 魚串 어관, 長山串 장산곶, 虎尾串 호미곶, 石串洞 석관동

038

款

항목/정성 관ː

欠
총12획

파자풀이 款자는 士자와 示자 그리고 欠자로 구성된 글자이다. 병사가 출정을 앞두고 제단 앞에서 정성스럽게 제문을 읽는 모습이다.

유의자 項 항목 항, 誠 정성 성

용례 款曲 관곡, 款談 관담, 款待 관대, 款誠 관성, 落款 낙관, 約款 약관, 定款 정관, 借款 차관

039

琯

옥피리 관

王(玉)
총12획

파자풀이 琯자는 玉자와 발음요소인 官자의 결합자이다. 옥으로 만든 관악기를 의미한다. 주로 인명자로 쓰인다.

용례 白琯 백관, 玉琯 옥관

040

傀

허수아비 괴

亻
총12획

파자풀이 傀자는 亻자와 발음요소인 鬼자의 결합자이다. 귀신에 홀려 넋이 나간 것처럼 자신의 의지를 잃은 사람을 표현했다.

용례 傀奇 괴기, 傀儡 괴뢰, 傀儡軍 괴뢰군, 傀儡政府 괴뢰정부

041

槐

회화나무/느티나무 괴

木
총14획

파자풀이 槐자는 의미요소인 木자와 발음요소인 鬼자의 결합자이다. 악귀(惡鬼)를 쫓는 나무(木)로 알려진 회화나무를 의미하는 글자이다.

용례 槐木 괴목, 槐門 괴문, 槐實 괴실, 槐花 괴화, 三槐 삼괴, 槐山郡 괴산군, 槐安國 괴안국

042

僑

더부살이 교

亻
총14획

파자풀이 僑자는 亻자와 발음요소인 喬(높을 교)자의 결합자이다. 남이 집에 얹혀사는 사람을 의미한다.

용례 僑居 교거, 僑廬 교려, 僑胞 교포, 華僑 화교

043

목맬 교

糸
총12획

파자풀이 絞자는 糸자와 발음요소인 交자의 결합자이다. 실을 엮은 끈으로 목을 묶어 맨다는 의미이다.

유의자 縊 목맬 액

용례 絞死 교사, 絞殺 교살, 絞首刑 교수형, 絞首臺 교수대

044

膠

아교 교

月(肉)
총15획

파자풀이 膠자는 肉자와 발음요소인 翏자의 결합자이다. 여기에서 翏자는 戮자의 간략자로서, 膠자는 죽은 동물의 사체로 만든 접착제를 의미한다.

용례 膠固 교고, 膠沙 교사, 膠着 교착, 膠漆 교칠, 阿膠 아교, 膠柱鼓瑟 교주고슬

045

歐

구라파/칠 구

欠
총15획

파자풀이 歐자는 區자와 欠자의 결합자이다. 금지 구역에 들어가서 구타를 당하여 구토한다는 의미이다.

유의자 吐 토할 토, 打 칠 타, 毆 때릴 구

약자 欧

용례 歐文 구문, 歐美 구미, 歐打 구타, 歐吐 구토, 東歐 동구, 北歐 북구, 西歐 서구, 歐羅巴 구라파, 歐陽脩 구양수

046

玖

옥돌 구

王(玉)
총7획

파자풀이 玖자는 의미요소인 玉자와 발음요소인 久자의 결합자이다. 주로 인명자로 쓰이는 글자이다.

유의자 珉 옥돌 민, 玟 옥돌 민

용례 玖璇 구선, 瓊玖 경구, 李玖 이구

047

購

살 구

貝
총17획

파자풀이 購자는 의미요소인 貝자와 발음요소인 冓(짤 구)자의 결합자이다. 돈 주고 물건을 구입한다는 의미이다.

유의자 買 살 매

상대자 販 팔 판, 賣 팔 매

용례 購讀 구독, 購買 구매, 購書 구서, 購入 구입, 購販場 구판장

048

邱

언덕 구

阝(邑)
총8획

파자풀이 邱자는 丘자와 邑자의 결합자이다. 본래 丘자가 '언덕'이란 의미로 쓰였으나, 孔子의 이름자인 관계로 피하여 청나라 때부터 邱를 대신 쓰게 되었다.

유의자 丘 언덕 구, 陵 언덕 릉, 皐 언덕 고, 阜 언덕 부, 阿 언덕 아, 岸 언덕 안

용례 大邱市 대구시

049

鷗

갈매기 구

鳥
총22획

파자풀이 鷗자는 발음요소인 區자와 의미요소인 鳥자의 결합자이다. 바닷가 주변에서만 서식하는 갈매기를 의미한다.

용례 白鷗 백구, 海鷗 해구, 鴨鷗亭 압구정

050

鞠

성씨/기를 국

革
총17획

파자풀이 鞠자는 革자와 발음요소인 匊(움켜뜰 국)자의 결합자이다. 鞫(국문할 국)자와 통용해서 쓰이기도 한다.

유의자 球 공 구, 鞫 국문할 국, 育 기를 육

용례 鞠育 국육, 鞠問 국문, 鞠戲 국희, 蹴鞠 축국, 潭陽鞠氏 담양국씨

051

掘

팔 굴

扌
총11획

파자풀이 掘자는 扌자와 발음요소인 屈자의 결합자이다. 몸을 구부려 손으로 땅을 파는 모습이다.

용례 濫掘 남굴, 盜掘 도굴, 發掘 발굴, 試掘 시굴, 採掘 채굴, 臨渴掘井 임갈굴정

052

窟

굴 굴

穴
총13획

파자풀이 窟자는 穴자와 발음요소인 屈자의 결합자이다. 몸을 굽히고 들어가야 하는 구멍을 의미한다.

유의자 洞 골 동, 穴 구멍 혈

용례 窟居 굴거, 窟穴 굴혈, 洞窟 동굴, 巢窟 소굴, 暗窟 암굴, 土窟 토굴, 貧民窟 빈민굴

053

圈

우리 권

囗
총11획

파자풀이 圈자는 우리를 묘사한 囗자와 발음요소인 卷자의 결합자이다. 사방에 담장을 쳐서 짐승을 가둔 모습이다.

용례 圈內 권내, 圈外 권외, 圈域 권역, 商圈 상권, 共産圈 공산권, 南極圈 남극권, 當選圈 당선권, 大氣圈 대기권, 文化圈 문화권, 生活圈 생활권, 勢力圈 세력권, 驛勢圈 역세권, 運動圈 운동권, 颱風圈 태풍권

054

闕

대궐/빠질 궐

門
총18획

파자풀이 闕자는 門자와 발음요소인 欮(상기 궐)자의 결합자이다. 누구나 문(門) 안에 들어서 고개를 숙여야하는(欮) 곳인 대궐을 의미하는 글자이다.

용례 闕內 궐내, 闕漏 궐루, 闕本 궐본, 闕食 궐식, 闕疑 궐의, 闕字 궐자, 宮闕 궁궐, 大闕 대궐, 入闕 입궐, 闕席裁判 궐석재판, 補闕選擧 보궐선거

055

圭

서옥(瑞玉)/쌍토 규

土
총6획

파자풀이 圭자는 土자가 두 개 중첩된 글자로 雙土란 의미를 갖는다. 천자가 제후를 봉할 때 내려주는 옥으로 만든 홀을 의미하기도 한다. 홀을 만드는 옥이란 의미에서 상서로운 옥이란 뜻도 있다.

유의자 笏 홀 홀, 珪 홀 규, 璋 홀 장

용례 圭角 규각, 圭復 규복, 圭璋 규장, 圭田 규전, 刀圭家 도규가, 刀圭術 도규술

056

奎

별 규

大
총9획

파자풀이 奎자는 大자와 발음요소인 圭자의 결합자이다. 서옥(圭)처럼 빛나는 큰 별을 의미한다.

유의자 庚 별 경, 辰 별 진, 星 별 성

용례 奎文 규문, 奎星 규성, 奎宿 규수, 奎運 규운, 奎章 규장, 奎章閣 규장각

057

揆

헤아릴 규

扌
총12획

파자풀이 揆자는 扌자와 발음요소인 癸(헤아릴 계)자의 결합자이다. 손으로 길이를 재며 헤아린다는 의미이다.

유의자 測 헤아릴 측, 癸 헤아릴 계, 度 헤아릴 탁

용례 揆策 규책, 一揆 일규, 測揆 측규, 度揆 탁규

058

珪

홀 규

王(玉)
총10획

파자풀이 珪자는 玉자와 圭자의 결합자이다. 옥으로 만든 홀을 의미한다. 圭의 古字이다.

유의자 笏 홀 홀, 圭 홀 규, 璋 홀 장

용례 珪石 규석, 珪璋 규장, 珪幣 규폐

059

閨

안방 규

門
총14획

파자풀이 閨자는 門자와 발음요소인 圭자의 결합자이다. 부녀자들이 기거하는 방을 의미하는 글자이다.

용례 閨房 규방, 閨秀 규수, 閨中 규중, 閨怨 규원, 空閨 공규

060

槿

무궁화 근:

木
총15획

파자풀이 槿자는 木자와 발음요소인 堇자의 결합자이다. 우리나라의 국화(國花)인 무궁화를 의미하는 글자이다.

용례 槿域 근역, 槿花 근화, 槿花鄕 근화향, 槿花一日 근화일일

061

瑾

아름다운옥 근:

王(玉)
총15획

파자풀이 瑾자는 의미요소인 玉자와 발음요소인 堇자의 결합자이다. 진흙(堇)속에 있어도 아름다운 빛을 잃지 않는 옥(玉)을 의미하는 글자이다. 주로 인명자로 쓰인다.

유의자 瓊 구슬 경, 玉 구슬 옥

용례 細瑾 세근, 懷瑾 회근

062

兢

떨릴/삼갈 긍:

儿
총14획

파자풀이 兢자는 두 개의 克자로 이뤄진 글자이다. 떨리는 마음을 이겨내고자 계속 다짐하는 모습이다.

유의자 恪 삼갈 각, 謹 삼갈 근, 愼 삼갈 신

용례 兢戒 긍계, 兢懼 긍구, 戰戰兢兢 전전긍긍, 兢兢業業 긍긍업업

063

冀

바랄 기

八
총16획

파자풀이 冀자는 北자와 異자의 결합자이다. 북방이 이민족이 중원을 얻기를 바란다는 의미이다.

유의자 企 바랄 기, 望 바랄 망, 願 바랄 원

용례 冀圖 기도, 冀望 기망, 冀願 기원

064

岐

갈림길 기

山
총7획

파자풀이 岐자는 山자와 발음요소인 支자의 결합자이다. 산에 의해서 갈라진 길을 의미한다.

용례 岐路 기로, 多岐 다기, 分岐點 분기점, 多岐亡羊 다기망양

065

棋

바둑 기

木
총12획

파자풀이 棋자는 木자와 발음요소인 其자의 결합자이다. 나무로 만든 판 위에서 흑돌과 백돌로 승부를 겨루는 바둑을 의미한다. 碁자와 同字이다.

유의자 碁 바둑 기, 棊 바둑 기

용례 棋局 기국, 棋譜 기보, 棋聖 기성, 棋院 기원, 棋戰 기전, 復棋 복기, 速棋 속기, 將棋 장기

066

沂

물이름 기

氵
총7획

파자풀이 沂자는 중국 하남성(河南省)에서 발원한 강의 이름이다.

용례 沂水 기수, 沂河 기하

067

물이름 기

氵
총11획

파자풀이 淇자는 중국 하남성(河南省) 임현(林縣)에서 발원하는 황하(黃河)의 지류(支流) 이름이다.

용례 淇水 기수, 淇河 기하, 淇園長 기원장

068

琦

옥이름 기

王(玉)
총12획

파자풀이 琦자는 玉자와 발음요소인 奇자의 결합자이다. 다른 옥에 비해 특출 나게 아름다운 옥을 의미한다. 주로 인명자로 쓰인다.

용례 琦辭 기사, 琦珍 기진, 琦行 기행, 田琦 전기, 宋相琦 송상기

069

琪

아름다운옥 기

王(玉)
총12획

파자풀이 琪자는 玉자와 발음요소인 其자의 결합자이다. 옥의 한 종류로 대단히 아름다운 옥을 의미한다.

용례 琪樹 기수, 琪花瑤草 기화요초

070

璣

별이름/구슬 기

王(玉)
총16획

파자풀이 璣자는 玉자와 발음요소인 幾자의 결합자이다. 북두칠성의 셋째 별을 의미하는 글자이다.

용례 珠璣 주기, 璇璣玉衡 선기옥형

071

箕

키 기

竹
총14획

파자풀이 箕자는 竹자와 其자의 결합자이다. 본래 其자가 키의 모습을 본떠 만든 글자로 '키'를 의미했으나, 후에 '그'라는 의미로 가차되었다. 그래서 키의 재료인 竹자를 더한 箕자가 본래 의미를 대신하고 있다.

용례 箕星 기성, 箕子 기자, 箕張 기장, 箕察 기찰, 箕山之志 기산지지, 箕子朝鮮 기자조선

072

耆

늙을 기

老
총10획

파자풀이 耆자는 老자와 日자의 결합자이다. 날로 노쇠해지는 연령대를 의미한다.

유의자 老 늙을 로

용례 耆年 기년, 耆蒙 기몽, 耆儒 기유, 耆老所 기로소

073

騏

준마 기

馬
총18획

파자풀이 騏자는 의미요소인 馬자와 발음요소인 其 자의 결합자이다. 빼어난 말을 의미하는 글자이다.

유의자 驥 천리마 기

용례 騏驥 기기, 騏驎 기린

074

驥

천리마 기

馬
총26획

파자풀이 驥자는 馬자와 발음요소인 冀자의 결합자이다. 모든 장수가 한 번 타보길 바라는 말인 천리마를 의미하는 글자이다.

유의자 騏 준마 기

용례 驥足 기족, 老驥 노기, 人中騏驥 인중기기, 驥服鹽車 기복염거

075

麒

기린 기

鹿
총19획

파자풀이 麒자는 의미요소인 鹿자와 발음요소인 其자의 결합자이다. 성인이 이 세상에 나올 징조로 나타난다고 하는 상상 속의 짐승인 기린(麒麟)을 의미하는 글자이다.

유의자 麟 기린 린

용례 麒麟 기린, 麒麟兒 기린아

076

濃

짙을 농:

氵
총16획

파자풀이 濃자는 氵자와 발음요소인 農자의 결합자이다. 농부가 힘겹게 농사를 지을 때 흘리는 짙은 땀방울을 표현한 글자이다.

상대자 淡 맑을 담

용례 濃淡 농담, 濃度 농도, 濃霧 농무, 濃縮 농축, 濃厚 농후

077

尿

오줌 뇨

尸
총7획

파자풀이 尿자는 사람의 모습인 尸자와 水자의 합체자이다. 몸에서 나오는 물로, 오줌을 표현한 글자이다.

용례 尿道 요도, 尿精 요정, 尿閉 요폐, 尿血 요혈, 檢尿 검뇨, 糖尿 당뇨, 放尿 방뇨, 排尿 배뇨, 血尿 혈뇨, 夜尿症 야뇨증, 利尿劑 이뇨제, 尿毒症 요독증, 泌尿器科 비뇨기과

078

尼

여승 니

尸
총5획

파자풀이 尼자는 尸자와 匕자의 합체자이다. 몸에 숟가락만 지니고 탁발하러 다니는 여승을 표현했다.

용례 尼寺 이사, 尼僧 이승, 僧尼 승니, 印尼 인니, 仲尼 중니, 尼丘山 이구산, 摩尼山 마니산, 釋迦牟尼 석가모니

079

溺

빠질 닉

氵

총13획

파자풀이 溺자는 氵자와 弱자의 결합자이다. 물에 약해서 헤어 나오지 못하고 빠져든다는 의미이다.

유의자 陷 빠질 함, 沒 빠질 몰

용례 溺沒 익몰, 溺死 익사, 溺愛 익애, 沒溺 몰닉, 耽溺 탐닉

080

湍

여울 단

氵

총12획

파자풀이 湍자는 氵자와 발음요소인 耑(시초 단)자의 결합자이다. 강이나 바다의 시초인 여울을 의미하는 글자이다.

유의자 灘 여울 탄

용례 湍流 단류, 湍水 단수, 湍深 단심, 湍中 단중, 激湍 격단, 急湍 급단, 懸湍 현단, 長湍郡 장단군

081

鍛

쇠불릴 단

金

총17획

파자풀이 鍛자는 의미요소인 金자와 발음요소인 段 자의 결합자이다. 쇠를 불에 공정 단계별로 불린다는 의미이다.

유의자 鍊 쇠불릴 련, 冶 쇠불릴 야, 煉 불릴 련

용례 鍛工 단공, 鍛金 단금, 鍛鍊 단련, 鍛鐵 단철

082

潭

못 담

氵

총15획

파자풀이 潭자는 의미요소인 氵자와 발음요소인 覃(퍼질 담)자의 결합자이다. 땅이 우묵한 곳에 물이 퍼져서 채운 곳이 연못이란 의미이다.

유의자 淵 못 연, 沼 못 소, 池 못 지, 塘 못 당, 澤 못 택

용례 潭水 담수, 潭思 담사

083

膽

쓸개 담ː

月(肉)

총17획

파자풀이 膽자는 肉자와 발음요소인 詹(넉넉할 담)자의 결합자이다. 음식물을 넉넉하게 소화할 수 있도록 담즙을 배출하는 쓸개를 의미하는 글자이다.

약자 胆

용례 膽大 담대, 膽略 담략, 膽力 담력, 膽石 담석, 肝膽 간담, 落膽 낙담, 大膽 대담, 熊膽 웅담, 膽大心小 담대심소, 肝膽相照 간담상조

084

塘

못 당

土

총13획

파자풀이 塘자는 의미요소인 土자와 발음요소인 唐자의 결합자이다. 흙으로 둑을 쌓아 물을 가둔 곳을 의미하는 글자이다.

유의자 淵 못 연, 沼 못 소, 池 못 지, 潭 못 담, 澤 못 택

용례 芳塘 방당, 蓮塘 연당, 堤塘 제당, 池塘 지당, 春塘 춘당

085

垈

집터 대

土

총8획

파자풀이 垈자는 발음요소인 代자와 의미요소인 土자의 결합자이다. 조상 대대로 살아온 집터를 의미하는 글자이다.

용례 垈地 대지, 家垈 가대, 裸垈地 나대지, 落星垈 낙성대

086

戴

일 대ː

戈

총17획

파자풀이 戴자는 발음요소인 𢦏자와 異자의 결합자이다. 異자는 얼굴에 도깨비 탈을 쓴 모습을 묘사한 글자이다. 머리에 뿔이 난 도깨비의 모습을 응용해 머리에 무언가를 '이다'라는 의미가 나왔다.

유의자 奉 받들 봉

용례 戴白 대백, 戴星 대성, 奉戴 봉대, 推戴 추대, 戴冠式 대관식, 男負女戴 남부여대

087

큰 덕

心

총12획

파자풀이 悳자는 直자와 心자의 결합자이다. 곧은 마음이 곧 덕이란 의미이다. 德자의 古字이다. 주로 인명자로 쓰인다.

유의자 德 큰 덕

용례 悳荇 덕행

088

悼

슬퍼할 도

忄

총11획

파자풀이 悼자는 의미요소인 忄자와 발음요소인 卓자의 결합자이다. 서글픈 감정이 고조된 상태를 의미한다.

유의자 悲 슬플 비, 哀 슬플 애

상대자 歡 기쁠 환, 喜 기쁠 희

용례 悲悼 비도, 哀悼 애도, 追悼 추도, 思悼世子 사도세자

089

燾

비칠 도

灬
총18획

파자풀이 燾자는 발음요소인 壽자와 의미요소인 灬자의 결합자이다. 불(火)이 오랫동안(壽) 타면서 밝게 비춘다는 의미이다. 주로 인명자로 쓰인다.

유의자 映 비칠 영

약자 焘

용례 燾育 도육, 李丙燾 이병도

090

惇

도타울 돈

忄
총11획

파자풀이 惇자는 忄자와 享자의 결합자이다. 享자는 조상의 위패를 모셔놓는 사당을 그린 것이다. 따라서 惇자는 조상을 모시는 도타운 마음을 의미하는 글자로 볼 수 있다.

유의자 敦 도타울 돈, 篤 도타울 독

용례 惇謹 돈근, 惇德 돈덕, 惇信 돈신, 惇惠 돈혜

091

燉

불빛 돈

火
총16획

파자풀이 燉자는 의미요소인 火자와 발음요소인 敦자의 결합자이다. 두텁게 타오르는 불빛을 의미하는 글자이다. 주로 인명자로 쓰인다.

용례 安東燉鷄 안동돈계

092

頓

조아릴 돈:

頁
총13획

파자풀이 頓자는 발음요소인 屯(진칠 둔) 의미요소인 頁자의 결합자이다. 머리를 땅에 대는 모습에서 '조아리다'를 의미한다.

용례 頓謝 돈사, 頓死 돈사, 頓然 돈연, 査頓 사돈, 停頓 정돈, 整頓 정돈, 異次頓 이차돈, 頓首百拜 돈수백배, 頓悟漸修 돈오점수

093

乭

이름 돌

乙
총6획

파자풀이 乭자는 石자와 乙자의 결합자이다. 우리나라에서 만든 글자이다.

용례 甲乭 갑돌, 申乭石 신돌석, 孫乭風 손돌풍

094

桐

오동나무 동

木
총10획

파자풀이 桐자는 의미요소인 木자와 발음요소인 同자의 결합자이다. 오동나무는 목질이 단단해서 가구(家具)나 거문고 같은 악기를 만드는데 사용된다.

유의자 梧 오동나무 오

용례 梧桐 오동, 梧桐島 오동도

095

棟

마룻대 동

木
총12획

파자풀이 棟자는 의미요소인 木자와 발음요소인 東자의 결합자이다. 마룻대는 건물의 중심이며 가장 중요한 부분이라서 재목도 가장 좋은 것을 사용한다.

용례 病棟 병동, 別棟 별동, 棟梁之材 동량지재, 汗牛充棟 한우충동

096

董

바를 동:

艹
총13획

파자풀이 董자는 艹자와 重자의 결합자이다. 가축의 먹이인 풀을 바르게 배분하기 위해 감독한다는 의미이다.

유의자 正 바를 정

용례 董督 동독, 董役 동역, 董正 동정, 董仲舒 동중서, 骨董品 골동품

097

杜

막을 두

木
총7획

파자풀이 杜자는 木자와 土자의 결합자이다. 나무와 흙으로 집을 지어서 추위와 비바람을 막는다는 의미이다.

유의자 拒 막을 거, 防 막을 방, 抵 막을 저

용례 杜隔 두격, 杜甫 두보, 杜門不出 두문불출, 通信杜絶 통신두절

098

藤

등나무 등

艹
총19획

파자풀이 藤자는 의미요소인 艹자와 발음요소인 滕(물솟을 등)자의 결합자이다. 물이 위로 솟듯이 다른 나무를 감고 위로 올라가는 등나무를 표현했다.

용례 藤架 등가, 葛藤 갈등, 藤家具 등가구

099

謄

베낄 등

言
총17획

파자풀이 謄자는 朕(나 짐)자와 言자의 결합자이다. 천자의 말을 토씨 하나 놓치지 않고 그대로 베껴 기록하는 모습이다.

유의자 寫 베낄 사

용례 謄記 등기, 謄錄 등록, 謄本 등본, 謄寫 등사, 謄抄 등초, 戶籍謄本 호적등본, 登記簿謄本 등기부등본, 住民登錄謄本 주민등록등본

100

나라이름 등:

阝(邑)
총15획

파자풀이 鄧자는 중국 상고시대 鄧나라를 지칭하기 위해 만든 글자였으나, 지금은 주로 성씨로 쓰인다.

용례 鄧林 등림, 鄧小平 등소평, 鄧麗君 등려군

101

裸

벗을 라:

衤
총13획

파자풀이 裸자는 衣자와 果자의 결합자이다. 껍질이 없는 열매처럼 옷을 벗는다는 의미이다.

유의자 脫 벗을 탈

용례 裸麥 나맥, 裸婦 나부, 裸體 나체, 半裸 반라, 赤裸裸 적나라, 裸垈地 나대지

102

洛

물이름 락

氵
총9획

파자풀이 洛자는 의미요소인 氵자와 발음요소인 各자의 결합자이다. 각각의 작은 물들이 모여서 큰 물이 된다는 의미이다. 洛은 중국 섬서성과 하남성을 걸쳐 흘러 황하로 들어가는 강의 이름이다.

용례 洛水 낙수, 洛陽 낙양, 洛東江 낙동강

103

爛

빛날 란:

火
총21획

파자풀이 爛자는 의미요소인 火자와 발음요소인 闌(난간 란)자의 결합자이다. 불이 환하게 빛나는 모습이다.

유의자 曜 빛날 요, 燦 빛날 찬, 赫 빛날 혁

용례 爛發 난발, 爛熟 난숙, 腐爛 부란, 燦爛 찬란, 天眞爛漫 천진난만, 爛商討論 난상토론

104

藍

쪽 람

艹
총18획

파자풀이 藍자는 의미요소인 艹자와 발음요소인 監자의 결합자이다. 잎을 푸른색 염료로 사용하는 식물을 의미한다.

약자 蓝

용례 藍色 남색, 藍實 남실, 伽藍가람, 嘉藍 가람, 出藍 출람, 藍靑色 남청색, 靑出於藍 청출어람

105

拉

끌 랍

扌
총8획

파자풀이 拉자는 의미요소인 扌자와 발음요소인 立자의 결합자이다. 자리를 잡고 서서 손으로 뭔가를 끌어당기는 모습이다.

유의자 引 끌 인, 提 끌 제, 携 끌 휴

상대자 推 밀 추

용례 拉北 납북, 拉出 납출, 拉致 납치, 被拉 피랍

106

萊

명아주 래

艹
총12획

파자풀이 萊자는 의미요소인 艹자와 발음요소인 來자의 결합자이다. 잎사귀는 나물로 먹을 수 있고, 줄기는 지팡이를 만들 수도 있는 명아주를 의미하는 글자이다.

용례 東萊 동래, 蓬萊山 봉래산, 老萊子 노래자, 老萊之戲 노래지희

107

亮

밝을 량

亠
총9획

파자풀이 亮자는 高자와 儿자의 합체자이다. 높은 곳에서 사방을 살피는 사람의 모습으로 '(형편이나 사정을) 밝게 안다'라는 의미를 표현한 글자이다. 諒자와 통용된다.

유의자 明 밝을 명, 朗 밝을 랑, 晳 밝을 석, 昞 밝을 병, 晟 밝을 성

상대자 冥 어두울 명, 暗 어두울 암

용례 亮達 양달, 亮直 양직, 亮察 양찰, 亮許 양허, 照亮 조량, 淸亮 청량, 諸葛亮 제갈량

108

樑

들보 량

木
총15획

파자풀이 樑자는 木자와 梁자의 결합자이다. 본래 梁자가 '들보'란 의미로 쓰였으나, 후에 나라 이름으로 쓰였기 때문에 木자를 더한 樑자가 본래 의미를 대신하고 있다.

유의자 梁 들보 양

용례 柱樑 주량, 上樑式 상량식, 棟樑之材 동량지재, 棟樑之器 동량지기, 樑上君子 양상군자

109

輛

수레 량

車
총15획

파자풀이 輛자는 의미요소인 車자와 발음요서인 兩자의 결합자이다. 바퀴가 두 개 있는 수레를 의미한다.

유의자 車 수레 거, 軻 수레 가

약자 車+両

용례 車輛 차량, 車輛稅 차량세

110

呂

성씨/법칙 려ː

口
총7획

파자풀이 呂자는 본래 낱낱의 척추(口)가 이어져(丿) 있는 모습으로 등뼈를 의미한다. 등뼈는 몸의 기둥이 되기 때문에 '법칙'이란 의미가 파생된 것으로 보인다. 地名에도 자주 들어가는 글자이다.

용례 呂尙 여상, 六呂 육려, 律呂 율려, 呂運亨 여운형, 呂氏春秋 여씨춘추, 律呂調陽 율려조양

111

廬

농막집 려

广
총19획

파자풀이 廬자는 의미요소인 广자와 발음요소인 盧(밥그릇 로)자의 합체자이다. 농사를 짓기 편하도록 경작지 부근에 간단하게 지은 집을 의미하는 글자이다.

약자 庐

용례 廬幕 여막, 廬山 여산, 草廬 초려, 出廬 출려, 三顧草廬 삼고초려

112

礪

숫돌 려ː

石
총17획

파자풀이 礪자는 의미요소인 石자와 발음요소인 厲(갈 려)자의 결합자이다. 쇠붙이를 날카롭게 갈아 날을 세우는 돌을 의미하는 글자이다. 地名에 간혹 쓰인 글자이다.

용례 礪山 여산, 礪石 여석, 磨礪 마려, 泰山如礪 태산여려, 河山帶礪 하산대려

113

驪

검은말 려/리

馬
총29획

파자풀이 驪자는 의미요소인 馬자와 발음요소인 麗자의 결합자이다. 검은색 털이 윤기가 흐르는 말을 의미한다.

용례 驪州市 여주시, 驪龍之珠 여룡지주

114

漣

잔물결 련

氵
총14획

파자풀이 漣자는 의미요소인 氵자와 발음요소인 連자의 결합자이다. 잔잔한 물결이 끊어지지 않고 이어지는 모습을 표현한 글자이다.

용례 漣波 연파, 細漣 세련, 漣川郡 연천군

115

煉

달굴 련

火
총13획

파자풀이 煉자는 의미요소인 火자와 발음요소인 柬자의 결합자이다. 쇠를 불에 달구어 불순물을 가려낸다는 의미이다.

유의자 鍛 쇠불릴 단, 鍊 쇠불릴 련

용례 煉丹 연단, 煉獄 연옥, 煉瓦 연와, 煉乳 연유, 煉肉 연육, 煉炭 연탄

116

물이름 렴

氵
총16획

파자풀이 濂자는 의미요소인 氵자와 발음요소인 廉자의 결합자이다. 濂은 중국 강서성(江西省)에 있는 강의 이름이다.

용례 周濂溪 주렴계, 濂溪學派 염계학파

117

옥소리 령

王(玉)
총9획

파자풀이 玲자는 의미요소인 玉자와 발음요소인 令자의 결합자이다. 아름다운 옥소리를 의미하는 글자이다.

유의자 瓏 옥소리 롱

용례 玲瓏 영롱

118

醴

단술 례ː

酉
총20획

파자풀이 醴자는 酉자와 豊자의 결합자이다. 豊자는 祭器에 祭物을 담은 모습이다. 여기에 술을 의미하는 酉자를 더해 祭酒로 쓰이는 '단술'을 뜻한다.

용례 醴酒 예주, 甘醴 감례, 醴泉郡 예천군, 醴酒不設 예주불설

119

盧

성씨 로

皿
총16획

파자풀이 盧자는 발음요소인 盧자와 의미요소인 皿자로 구성된 글자이다. 盧자는 나무로 만든 밥그릇을 의미하는 글자이지만, 주로 姓으로 쓰인다.

용례 斯盧 사로, 新盧 신로, 盧武鉉 노무현, 毘盧峯 비로봉, 盧生之夢 노생지몽

120

갈대 로

++
총20획

파자풀이 蘆자는 의미요소인 ++자와 발음요소인 盧자의 결합자이다. 盧자는 창을 의미하기도 한 글자이기 때문에 창처럼 긴 풀이란 의미로 쓰였다.

약자 芦

용례 蘆管 노관, 蘆笛 노적, 蘆汀 노정, 蘆花 노화, 蘆原區 노원구, 政如蒲蘆 정여포로

121

노나라/노둔할 로

魚
총15획

파자풀이 魯자는 공자의 출신지이기도 한 춘추시대 國名이다. 姓으로 쓰이기도 하지만, '노둔하다'는 의미로 주로 쓰인다.

유의자 鈍 둔할 둔, 愚 어리석을 우

용례 魯鈍 노둔, 愚魯 우로, 魯山君 노산군, 魚魯不辨 어로불변, 鄒魯之鄕 추로지향

122

백로/해오라기 로

鳥
총24획

파자풀이 鷺자는 발음요소인 路자와 의미요소인 鳥자의 결합자이다. 여름철이면 길에 흔히 보이는 철새인 백로를 의미하는 글자이다.

용례 鷺鷗 노구, 鷺序 노서, 鷺羽 노우, 白鷺 백로, 蒼鷺 창로, 鷺梁津 노량진, 霜雪之鷺 상설지로

123

대바구니 롱(:)

竹
총22획

파자풀이 籠자는 의미요소인 竹자와 발음요소인 龍자의 결합자이다. 흙을 퍼 나르는 용도인 대나무로 만든 삼태기를 의미하는 글자이다.

약자 篭

용례 籠球 농구, 籠絡 농락, 籠城 농성, 藥籠 약롱, 香籠 향롱, 籠中鳥 농중조, 籠鳥戀雲 농조연운

124

병고칠 료

疒
총17획

파자풀이 療자는 의미요소인 疒자와 발음요소인 尞(횃불 료)자의 결합자이다. 밤에도 불을 밝혀 놓고 병을 고치는 모습이다.

용례 療飢 요기, 療方 요방, 療法 요법, 療病 요병, 療養 요양, 加療 가료, 醫療 의료, 診療 진료, 治療 치료

125

멀 료

辶
총16획

파자풀이 遼자는 의미요소인 辶자와 발음요소인 尞(횃불 료)자의 결합자이다. 횃불을 들고 멀리 가는 모습이다.

유의자 遠 멀 원, 遙 멀 요

상대자 近 가까울 근

용례 遼隔 요격, 遼遠 요원, 遼河 요하, 遼寧省 요녕성, 遼東半島 요동반도

126

죽일/묘금도 류

刂
총15획

파자풀이 劉자는 卯자와 金자 그리고 刂자로 구성된 글자이다. 각 부분의 음을 차용해서 '묘금도(卯金刀)'라는 훈을 만든 특이한 경우이다.

용례 劉邦 유방, 劉備 유비, 劉在錫 유재석

127

유황 류

石
총12획

파자풀이 硫자는 의미요소인 石자와 발음요소인 流의 간략자가 결합한 모습이다. 용암에 녹아 흘러내리는 돌로 표현한 글자이다. 유황(硫黃)은 약재로 쓰이기도 한다.

용례 硫酸 유산, 硫黃 유황, 脫硫 탈류

128

그르칠 류

言
총18획

파자풀이 謬자는 言자와 발음요소인 翏(높이날 교)자의 결합자이다. 翏자는 높이 나는 새의 날개와 꼬리 깃을 묘사한 글자로서, 날개가 엇갈리는 모습에서 '잘못되다'라는 의미가 나왔다.

유의자 誤 그르칠 오, 訛 그릇될 와

용례 謬見 유견, 謬算 유산, 謬想 유상, 謬習 유습, 謬傳 유전, 誤謬 오류

129

崙

산이름 륜

山
총11획

파자풀이 崙자는 의미요소인 山자와 발음요소인 侖(둥글 륜)자의 결합자이다. 중국 신강성(新疆省)에 있는 곤륜산(崑崙山)을 의미하는 글자이다.

용례 崑崙 곤륜, 崑崙派 곤륜파

130

楞

네모질 릉

木
총13획

파자풀이 楞자는 木자와 四자 그리고 方자로 구성된 글자이다. 사방 네모진 나무를 묘사해서 '네모지다'라는 뜻을 표현했다.

유의자 稜 모 릉, 棱 모 릉

용례 楞角 능각, 楞嚴經 능엄경, 楞伽經 능가경

131

麟

기린 린

鹿
총23획

파자풀이 麟자는 의미요소인 鹿자와 발음요소인 粦(도깨비불 린)자의 결합자이다. 아프리카 사바나 지역에 사는 목이 긴 기린을 말하는 것이 아니라, 聖人이 이 세상에 나올 징조로 나타난다고 하는 상상 속의 짐승을 의미하는 글자이다.

유의자 麒 기린 기

용례 麟角 인각, 麟鳳 인봉, 麟筆 인필, 麒麟 기린, 麟鳳龜龍 인봉귀룡

132

摩

문지를 마

手
총15획

파자풀이 麻자는 발음요소인 麻자와 의미요소인 手자의 결합자이다. 실을 뽑기 위해 삼대 껍질을 허벅지에 올려놓고 손으로 문지르는 모습에서 의미가 나왔다.

유의자 擦 문지를 찰, 撫 어루만질 무, 按 어루만질 안

용례 摩擦 마찰, 撫摩 무마, 按摩 안마, 摩天樓 마천루, 摩尼山 마니산, 天摩山 천마산

133

痲

저릴 마

疒
총13획

파자풀이 痲자는 疒자와 麻자의 간략자가 결합한 모습이다. 예로부터 麻는 마취제의 일종으로 쓰이기도 했으므로, '저리다'는 의미가 자연스럽다.

유의자 痺 저릴 비

용례 痲痺 마비, 痲藥 마약, 痲醉 마취

134

魔

마귀 마

鬼
총21획

파자풀이 魔자는 발음요소인 麻자와 의미요소인 鬼자의 결합자이다. 삼대 껍질 널어놓은 모습처럼 머리를 풀어헤친 귀신을 표현했다.

용례 魔界 마계, 魔窟 마굴, 魔鬼 마귀, 魔力 마력, 魔法 마법, 魔手 마수, 魔王 마왕, 病魔 병마, 色魔 색마, 惡魔 악마, 伏魔殿 복마전, 魔術師 마술사

135

膜

막/꺼풀 막

月(肉)
총15획

파자풀이 膜자는 의미요소인 肉자와 발음요소인 莫자의 결합자이다. 신체의 여러 기관들을 둘러싸고(莫) 있는 꺼풀을 의미하는 글자이다.

용례 角膜 각막, 鼓膜 고막, 骨膜 골막, 網膜 망막, 結膜炎 결막염, 腹膜炎 복막염, 橫隔膜 횡격막

136

娩

낳을 만:

女
총10획

파자풀이 娩자는 女자와 발음요소인 免자의 결합자이다. 여자의 解産을 의미하는 글자이다.

유의자 生 날 생, 産 낳을 산, 誕 낳을 탄

용례 娩痛 만통, 分娩 분만, 解娩 해만, 無痛分娩 무통분만

137

灣

물굽이 만

氵
총25획

파자풀이 灣자는 氵자와 彎(굽을 만)자의 결합자이다. 바다가 육지를 향해 굽어 들어온 곳을 의미한다.

약자 湾

용례 灣商 만상, 臺灣 대만, 港灣 항만, 順天灣 순천만, 光陽灣 광양만, 牙山灣 아산만, 迎日灣 영일만

138

蠻

오랑캐 만

虫
총25획

파자풀이 蠻자는 䜌(어지러울 련)자와 虫자의 결합자이다. 中原을 침략해 어지럽히는 남쪽 오랑캐를 의미하는 글자이다.

유의자 夷 오랑캐 이, 戎 오랑캐 융, 狄 오랑캐 적, 胡 오랑캐 호

약자 蛮

용례 蠻勇 만용, 蠻行 만행, 野蠻 야만

139

靺

말갈 말

革
총14획

파자풀이 靺자는 革자와 발음요소인 末자의 결합자이다. 6~7세기경 한반도 북부와 만주 동북부 지역에 거주했던 종족을 의미하는 글자이다.

유의자 鞨 말갈 갈

용례 靺鞨 말갈

140

網

그물 망

糸
총14획

파자풀이 網자는 의미요소인 糸자와 발음요소인 罔자의 결합자이다. 본래 罔자가 '그물'을 의미하는 글자였으나, 후에 糸자를 더해 의미를 강조한 경우이다.

용례 網球 망구, 網羅 망라, 網膜 망막, 法網 법망, 漁網 어망, 投網 투망, 底引網 저인망, 電算網 전산망, 情報網 정보망, 鐵條網 철조망, 包圍網 포위망, 一網打盡 일망타진

141

枚

낱 매

木
총8획

파자풀이 枚자는 木자와 攵자의 결합자이다. 枚자는 본래 회초리의 재료인 '나무줄기'를 의미했으나, 후에 회초리를 낱낱이 세는 단위로 의미가 파생됐다.

유의자 個 낱 개, 箇 낱 개

용례 枚擧 매거, 枚數 매수, 枚陳 매진, 條枚 조매

142

魅

매혹할 매

鬼
총15획

파자풀이 魅자는 의미요소인 鬼자와 발음요소인 未자의 결합자이다. 귀신에 홀리듯 매력적이란 의미이다.

유의자 惑 매혹할 혹

용례 魅力 매력, 魅了 매료, 魅惑 매혹

143

맥국 맥

豸
총13획

파자풀이 貊자는 지금의 강원도 춘천지역에 근거했던 고대의 小國을 의미하는 글자이다.

용례 貊國 맥국, 貊族 맥족, 九貊 구맥, 蠻貊 만맥, 濊貊 예맥, 胡貊 호맥, 小水貊 소수맥

144

찾을 멱

見
총11획

파자풀이 覓자는 爫자와 見자의 결합자이다. 손(爫)으로 풀을 헤쳐 살펴보며(見) 무언가를 찾는 모습을 표현한 글자이다.

유의자 索 찾을 색, 探 찾을 탐, 尋 찾을 심

용례 覓句 멱구, 覓得 멱득, 覓來 멱래, 覓索 멱색, 木覓山 목멱산

145

면류관 면:

冂
총11획

파자풀이 冕자는 의미요소인 冃(쓰개 모)자와 발음요소인 免자의 결합자이다. 帝王의 正服에 갖추어 쓰던 관을 의미하는 글자이다.

용례 冕服 면복, 冕旒冠 면류관

146

물이름/빠질 면:

氵
총7획

파자풀이 沔자는 의미요소인 氵자와 발음요소인 丏(가릴 면)자의 결합자이다. 중국 섬서성(陝西省) 약양현(略陽縣)에서 발원한 한수(漢水)의 支流名이다.

유의자 沒 빠질 몰, 溺 빠질 닉

용례 沔沔 면면, 沔水 면수, 沔川 면천

147

힘쓸/구푸릴 면:

亻
총9획

파자풀이 俛자는 亻자와 발음요소인 免자의 결합자이다. 免자는 전장에서 투구를 쓴 모습을 묘사했다. 따라서 俛자는 병졸이 장수 앞에서 투구를 벗고 몸을 굽혀 인사하는 모습에서 '구푸리다'라는 의미가 나온 것으로 보인다.

유의자 俯 구푸릴 부, 屈 굽힐 굴, 勉 힘쓸 면

상대자 仰 우러를 앙

용례 俛首 면수, 俛視 면시, 俛仰 면앙, 眉俛 미면

148

업신여길 멸

++
총15획

파자풀이 蔑자는 ++자와 目자 그리고 戍자의 결합자이다. 陣을 지키는(戍) 병사가 풀숲(++)에 숨은 적을 보지(目) 못하는 모습에서 남을 '안 보이듯 여기다'는 의미가 생겨났다.

유의자 凌 업신여길 릉, 侮 업신여길 모

상대자 恭 공손할 공, 敬 공경 경

용례 蔑視 멸시, 輕蔑 경멸, 凌蔑 능멸, 侮蔑 모멸

149

帽

모자 모

巾
총12획

파자풀이 帽자는 巾자와 冒자의 결합자이다. 본래 冒자가 '모자'를 뜻하는 글자였으나, '무릅쓰다'라는 의미로 자주 쓰이면서 지금은 巾자를 더한 帽자가 본래 의미를 대신하고 있다.

용례 帽子 모자, 軍帽 군모, 着帽 착모, 脫帽 탈모, 防寒帽 방한모, 安全帽 안전모, 中折帽 중절모

150

성씨/보리 모

牛
총6획

파자풀이 牟자는 소의 울음소리를 묘사한 글자이다. 그러나 본래 의미와 관련 없이 '탐내다', '보리'등의 의미로 쓰인다. 姓으로 쓰이기도 한다.

유의자 麥 보리 맥, 貪 탐할 탐

용례 牟利 모리, 牟麥 모맥, 牟食 모식, 牟取 모취, 牟利輩 모리배, 釋迦牟尼 석가모니

151

矛

창 모

矛
총5획

파자풀이 矛자는 창의 모양을 본떠 만든 상형자이다. 군사들이 휴대하는 창이 아니라, 수레에 장착해 적을 위협하던 창이다.

유의자 戈 창 과

상대자 盾 방패 순, 干 방패 간

용례 矛盾 모순, 矛戈 모과, 銳矛 예모

152

茅

띠 모

++
총9획

파자풀이 茅자는 의미요소인 ++자와 발음요소인 矛자의 결합자이다. 잎이 창처럼 가늘고 길며 끝이 뾰족한 풀을 의미한다.

용례 茅門 모문, 茅塞 모색, 茅屋 모옥, 茅簷 모첨, 茅草 모초, 數間茅屋 수간모옥

153

꾀 모

言
총18획

파자풀이 謨자는 言자와 발음요소인 莫자의 결합자이다. 실속 없는 말이 아닌 유용한 '꾀'를 의미한다.

유의자 謀 꾀 모

용례 謨訓 모훈, 高謨 고모, 奇謨 기모, 聖謨 성모, 雄謨 웅모, 遠謨 원모

154

沐

머리감을 목

氵
총7획

파자풀이 沐자는 氵자와 木자의 결합자이다. 나무 그늘이 있는 냇가에 앉아 머리를 감는다는 의미이다.

유의자 浴 목욕할 욕

용례 沐浴 목욕, 沐雨 목우, 櫛風沐雨 즐풍목우

155

화목할 목

禾
총16획

파자풀이 穆자는 의미요소인 禾자와 발음요소인 㣎(잔무늬 목)자의 결합자이다. 곡식이 풍성해서 집안이 평안하고 화목하다는 의미이다. 睦자와 通字이다.

유의자 和 화할 화, 睦 화목할 목

용례 穆祖 목조, 敦穆 돈목, 安穆 안목, 悅穆 열목, 和穆 화목, 穆如淸風 목여청풍, 落落穆穆 낙낙목목

156

별이름 묘:

日
총9획

파자풀이 昴자는 日자와 발음요소인 卯자의 결합자이다. 이십팔수(二十八宿)의 열여덟째 별을 의미하는 글자이다.

유의자 宿 별자리 수, 星 별 성

용례 昴星 묘성, 昴宿 묘수

157

汶

물이름 문

氵
총7획

파자풀이 汶자는 의미요소인 氵자와 발음요소인 文자의 결합자이다. 중국 산동성(山東省)에 있는 江의 이름자이다.

용례 汶水 문수, 汶山邑 문산읍

158

어지러울 문

糸
총10획

파자풀이 紊자는 발음요소인 文자와 의미요소인 糸자의 결합자이다. 옷감에 무늬를 놓기 위해 실이 교차하는 모습에서 '어지럽다'는 의미가 나왔다.

유의자 亂 어지러울 란

용례 紊亂 문란, 紊緖 문서, 墜紊 추문, 風紀紊亂 풍기문란

159

彌

미륵/오랠 **미**

弓
총17획

파자풀이 彌자는 弓자와 爾자의 결합자이다. 본래 활시위를 느슨하게 한다는 의미를 가진 글자이다. 불교 전파 후에 미륵(彌勒)을 의미하는 글자로 쓰이고, 꿰맨다는 의미로도 쓰이고 있다.

약자 弥

용례 彌勒 미륵, 彌滿 미만, 彌望 미망, 彌縫策 미봉책, 彌阿里 미아리, 須彌山 수미산

160

旻

하늘 **민**

日
총8획

파자풀이 旻자는 의미요소인 日자와 발음요소인 文자의 결합자이다. 주로 이름자로 쓰이는 글자이다.

유의자 天 하늘 천, 乾 하늘 건

용례 旻天 민천, 蒼旻 창민, 淸旻 청민, 秋旻 추민

161

화할 **민**

日
총8획

파자풀이 旼자는 日자와 발음요소인 文자의 결합자이다. 주로 이름자로 쓰이는 글자이다.

유의자 和 화할 화, 睦 화목할 목, 穆 화목할 목

용례 韓志旼 한지민, 旼旼穆穆 민민목목

162

옥돌 **민**

王(玉)
총8획

파자풀이 玟자는 의미요소인 玉자와 발음요소인 文자의 결합자이다. 주로 이름자로 쓰이는 글자이다.

유의자 玖 옥돌 구, 珉 옥돌 민

용례 玟坏釉 민배유

163

옥돌 **민**

王(玉)
총9획

파자풀이 珉자는 의미요소인 玉자와 발음요소인 民자의 결합자이다. 주로 이름자로 쓰이는 글자이다.

유의자 玖 옥돌 구, 玟 옥돌 민

용례 徐珉濠 서민호

164

閔

성씨 **민**

門
총12획

파자풀이 閔자는 門자와 발음요소인 文자의 합체자이다. 주로 성씨로 쓰이는 글자이다. 憫자와 通用字이다.

용례 閔然 민연, 憐閔 연민, 憂閔 우민, 閔泳煥 민영환

165

舶

배 **박**

舟
총11획

파자풀이 舶자는 의미요소인 舟자와 발음요소인 白자의 결합자이다. 먼 거리를 항해하기 위해 배에서 숙박할 수 있는 시설이 마련된 큰 배를 의미한다.

유의자 船 배 선, 舟 배 주, 航 배 항, 艇 큰배 정, 艦 큰배 함

용례 舶賈 박고, 商舶 상박, 船舶 선박, 海舶 해박, 舶來品 박래품

166

搬

옮길 **반**

扌
총14획

파자풀이 搬자는 의미요소인 扌자와 발음요소인 般자의 결합자이다. 손(扌)으로 물건을 옮기는(般) 것을 의미한다.

유의자 運 옮길 운, 移 옮길 이

용례 搬移 반이, 搬入 반입, 搬出 반출, 運搬 운반

167

潘

성씨 **반**

氵
총15획

파자풀이 潘자는 氵자와 발음요소인 番자의 결합자이다. 쌀뜨물이나 소용돌이를 의미하지만, 주로 성씨로 쓰인다.

용례 潘岳 반악, 潘沐 반목, 米潘 미반, 潘基文 반기문, 潘楊之好 반양지호

168

磻

반계 **반/번**

石
총17획

파자풀이 磻자는 의미요소인 石자와 발음요소인 番자의 결합자이다. 중국 섬서성에 있는 반계(磻溪)라는 물을 의미하는 글자이다.

용례 磻溪 반계, 磻石 반석, 磻溪隨錄 반계수록

169

渤

바다이름 발

氵

총12획

파자풀이 渤자는 의미요소인 氵자와 발음요소인 勃(우쩍일어날 발)자의 결합자이다. 고구려의 장수였던 대조영이 건국한 나라의 이름에 들어가는 글자이다.

용례 渤海 발해, 渤然 발연, 渤海灣 발해만

170

鉢

바리때 발

金

총13획

파자풀이 鉢자는 金자와 발음요소인 本자의 결합자이다. 절에서 사용하는 승려의 공양 그릇을 의미하는 글자이다.

용례 鉢囊 발낭, 沙鉢 사발, 衣鉢 의발, 周鉢 주발, 托鉢僧 탁발승, 鉢盂供養 발우공양, 沙鉢通文 사발통문

171

旁

곁 방:

方

총10획

파자풀이 旁자의 본래 모습은 지금과 달리 凡자와 方자로 구성되었다. 모든 방향에 있다는 말로, '곁'이나 '두루'를 의미한다. 傍자와 通字이다.

유의자 傍 곁 방, 側 곁 측

용례 旁系 방계, 旁觀 방관, 旁國 방국, 路旁 노방, 四旁 사방, 袖手旁觀 수수방관

172

紡

길쌈 방

糸

총10획

파자풀이 紡자는 의미요소인 糸자와 발음요소인 方자의 결합자이다. 실을 내어 옷감을 짜는 모든 일을 의미하는 글자이다.

유의자 績 길쌈 적

용례 紡機 방기, 紡毛 방모, 紡績 방적, 紡織 방직, 紡車 방차, 混紡 혼방, 紡文績學 방문적학

173

龐

높은집 방

龍

총19획

파자풀이 龐자는 广자와 龍자의 결합자이다. 멀리서도 용마루가 보일 정도의 높은 집을 의미한다. 姓으로도 쓰이는 글자이다.

용례 龐統 방통, 龐眉皓髮 방미호발

174

俳

배우 배

亻

총10획

파자풀이 俳자는 亻자와 발음요소인 非자의 결합자이다. 자신이 아닌 다른 사람을 연기하는 사람이란 의미이다.

유의자 優 배우 우

용례 俳優 배우, 映畫俳優 영화배우, 演劇俳優 연극배우

175

裵

성씨 배

衣

총14획

파자풀이 裵자는 衣자와 발음요소인 非자의 결합자이다. 본래 옷이 치렁치렁한 모습을 의미하는 글자였으나, 지금은 주로 姓으로 쓰인다.

용례 裵克廉 배극렴, 裵秀智 배수지

176

賠

물어줄 배:

貝

총15획

파자풀이 賠자는 의미요소인 貝자와 발음요소인 咅자의 결합자이다. 남에게 손해를 끼치면 곱절의 재물을 물어준다는 의미이다.

유의자 償 갚을 상

용례 賠償 배상, 賠償金 배상금, 損害賠償 손해배상

177

柏

측백 백

木

총9획

파자풀이 柏자는 의미요소인 木자와 발음요소인 白자의 결합자이다. 나뭇결이 희고 고운 측백나무를 의미하는 글자이다.

용례 姜柏 강백, 柏谷 백곡, 春柏 춘백, 側柏 측백, 松茂柏悅 송무백열, 歲寒松柏 세한송백

178

筏

뗏목 벌

竹

총12획

파자풀이 筏자는 의미요소인 竹자와 발음요소인 伐자의 결합자이다. 伐木한 나무를 싣기 위해 대나무를 엮어 만든 뗏목을 의미한다.

용례 筏橋 벌교, 筏夫 벌부, 津筏 진벌

179

閥

문벌 **벌**

門
총14획

파자풀이 閥자는 의미요소인 門자와 발음요소인 伐자의 결합자이다. 대대로 내려오는 그 가문의 사회적 신분이나 지위를 의미하는 글자이다.

용례 閥閱 벌열, 閥族 벌족, 軍閥 군벌, 門閥 문벌, 財閥 재벌, 族閥 족벌, 派閥 파벌, 學閥 학벌

180

汎

넓을 **범:**

氵
총6획

파자풀이 汎자는 의미요소인 氵자와 발음요소인 凡자의 결합자이다. 바다나 강처럼 크고 넓은 물을 의미한다.

유의자 廣 넓을 광, 漠 넓을 막, 博 넓을 박, 普 넓을 보

상대자 狹 좁을 협

용례 汎濫 범람, 汎論 범론, 汎愛 범애, 汎稱 범칭, 汎國民的 범국민적, 汎太平洋 범태평양

181

范

성씨 **범:**

艹
총9획

파자풀이 范자는 艹자와 발음요소인 氾자의 결합자이다. 본래 특정 풀을 의미하는 글자였으나, 姓으로 주로 쓰인다.

용례 范增 범증, 范承祖 범승조

182

궁벽할 **벽**

亻
총15획

파자풀이 僻자는 亻자와 발음요소인 辟(임금 벽)자의 결합자이다. 辟자는 '피하다'는 의미도 있기 때문에 사람을 피해 궁벽한 산골로 들어가는 모습이다.

유의자 偏 치우칠 편

용례 僻見 벽견, 僻路 벽로, 僻論 벽론, 僻書 벽서, 僻字 벽자, 僻村 벽촌, 嗜僻 기벽, 偏僻 편벽

183

卞

성씨 **변:**

卜
총4획

파자풀이 卞자는 '법도'를 의미하기도 하고, '조급하다'는 의미도 있으며, 音借해서 辨자의 간략자로 쓰이기도 한다. 姓으로 자주 쓰인다.

용례 卞急 변급, 卞隨 변수, 卞正 변정, 卞季良 변계량, 卞庭實 변정실

184

弁

고깔 **변:**

廾
총5획

파자풀이 弁자는 뾰족한 모자를 두 손으로 쓰는 모습을 표현한 글자이다. 音借해서 辯자의 간략자로 쓰이기도 한다. 地名으로도 쓰인다.

용례 弁冕 변면, 弁言 변언, 弁韓 변한, 將弁 장변

185

倂

아우를 **병:**

亻
총10획

파자풀이 倂자는 亻자와 발음요소인 幷자의 결합자이다. 본래 幷자에 '아우르다'는 의미가 있으나, 亻자를 더해 '(사람을) 아우르다'는 의미로 쓰고 있다.

유의자 竝 아우를 병

약자 併

용례 倂肩 병견, 倂記 병기, 倂起 병기, 倂略 병략, 倂用 병용, 倂合 병합, 合倂 합병, 合倂症 합병증

186

昞

밝을 **병:**

日
총9획

파자풀이 昞자는 의미요소인 日자와 발음요소인 丙자의 결합자이다. 주로 이름자로 사용된다.

유의자 朗 밝을 랑, 明 밝을 명, 炳 밝을 병, 昭 밝을 소, 晃 밝을 황, 煥 빛날 환

상대자 冥 어두울 명, 暗 어두울 암

용례 李昞圭 이병규

187

昺

밝을 **병:**

日
총9획

파자풀이 昺자는 의미요소인 日자와 발음요소인 丙자의 결합자이다. 주로 이름자로 사용된다. 昞자와 同字이다.

유의자 朗 밝을 랑, 明 밝을 명, 炳 밝을 병, 昭 밝을 소, 晃 밝을 황, 燦 빛날 찬, 煥 빛날 환, 輝 빛날 휘, 熙 빛날 희

상대자 冥 어두울 명, 暗 어두울 암

용례 刑昺 형병

188

柄

자루 **병:**

木
총9획

파자풀이 柄자는 의미요소인 木자와 발음요소인 丙자의 결합자이다. 도구의 용이한 파지(把持)를 위해 나무로 만든 손잡이를 의미하는 글자이다.

용례 權柄 권병, 斗柄 두병, 身柄 신병, 政柄 정병, 殺生之柄 살생지병

189

불꽃 병:

火
총9획

파자풀이 炳자는 의미요소인 火자와 발음요소인 丙자의 결합자이다. 주로 이름자로 쓰인다.

유의자 燮 불꽃 섭, 炎 불꽃 염, 朗 밝을 랑, 明 밝을 명, 炳 밝을 병, 昭 밝을 소, 晃 밝을 황, 燦 빛날 찬, 煥 빛날 환, 輝 빛날 휘, 熙 빛날 희

상대자 冥 어두울 명, 暗 어두울 암

용례 炳然 병연, 炳燭 병촉, 金炳淵 김병연, 金炳賢 김병현, 炳如日星 병여일성

190

잡을 병:

禾
총8획

파자풀이 秉자는 禾자와 又자의 합체자이다. 손(又)으로 벼(禾)를 움켜잡은 모습을 묘사한 글자이다.

유의자 操 잡을 조, 執 잡을 집, 捉 잡을 착, 逮 잡을 체, 把 잡을 파, 捕 잡을 포

상대자 放 놓을 방

용례 秉權 병권, 秉燭 병촉, 秉軸 병축, 李秉喆 이병철

191

물이름 보:

氵
총15획

파자풀이 潽자는 의미요소인 氵자와 발음요소인 普자의 결합자이다. 주로 이름자로 쓰이는 글자이다.

용례 尹潽善 윤보선

192

클 보:

用
총7획

파자풀이 甫자는 본래 '채마밭'을 의미하는 글자였으나, '크다'는 의미로 자주 쓰이면서, 口자를 더한 圃자가 본래 의미를 대신하고 있다.

유의자 巨 클 거, 大 큰 대, 太 클 태, 泰 클 태

상대자 微 작을 미, 小 작을 소

용례 甫田 보전, 甫兒 보아, 杜甫 두보, 濁甫 탁보, 皇甫仁 황보인

193

輔

도울 보:

車
총14획

파자풀이 輔자는 車자와 발음요소인 甫자의 결합자이다. 수레는 사람에게 큰 도움이 되는 도구란 의미이다.

유의자 佑 도울 우, 翊 도울 익, 助 도울 조, 佐 도울 좌, 弼 도울 필

용례 輔相 보상, 輔翊 보익, 輔仁 보인, 輔佐 보좌, 輔弼 보필, 輔國安民 보국안민

194

향기 복

香
총18획

파자풀이 馥자는 의미요소인 香자와 발음요소인 复(돌아올 복)자의 결합자이다. 꽃향기처럼 좋은 향기를 의미한다.

유의자 香 향기 향, 馨 향기 형

용례 馥氣 복기, 芳馥 방복, 香馥 향복, 馥郁 복욱

195

녹 봉:

亻
총10획

파자풀이 俸자는 亻자와 발음요소인 奉자의 결합자이다. 관리가 나랏일에 봉사하고 받는 대가(代價)를 의미하는 글자이다.

유의자 祿 녹 록

용례 俸給 봉급, 俸祿 봉록, 俸米 봉미, 減俸 감봉, 祿俸 녹봉, 薄俸 박봉, 本俸 본봉, 年俸 연봉, 月俸 월봉, 初俸 초봉, 號俸 호봉

196

꿰맬 봉

糸
총17획

파자풀이 縫자는 의미요소인 糸자와 발음요소인 逢자의 결합자이다. 터진 옷을 실로 꿰매서 만나게 한다는 의미이다.

유의자 補 기울 보

용례 縫合 봉합, 彌縫策 미봉책, 裁縫師 재봉사, 縫製工場 봉제공장, 天衣無縫 천의무봉

197

蓬

쑥 봉

++
총15획

파자풀이 蓬자는 의미요소인 ++자와 발음요소인 逢자의 결합자이다. 본래 무성하게 자란 풀을 묘사한 글자인데, 철이 되면 지천에 무성한 쑥을 특정하게 된 경우이다.

유의자 艾 쑥 애

용례 蓬矢 봉시, 蓬萊山 봉래산, 蓬頭亂髮 봉두난발

198

스승/도울 부:

亻
총12획

파자풀이 傅자는 亻자와 발음요소인 尃(펼 부)자의 결합자이다. 내 학식을 넓게 펼쳐 주는 사람을 의미한다.

유의자 師 스승 사, 扶 도울 부, 助 도울 조, 佐 도울 좌

상대자 弟 제자 제

용례 傅佐 부좌, 師傅 사부, 良傅 양부, 太傅 태부, 木石不傅 목석불부

199

敷

펼 부(:)

攵
총15획

파자풀이 敷자는 甫자와 方자 그리고 攵자의 결합자이다. 뭔가를 두드려서(攵) 사방(方)으로 넓게(甫) 편다는 의미이다.

유의자 演 펼 연

약자 旉

용례 敷告 부고, 敷設 부설, 敷衍 부연, 敷演 부연, 高水敷地 고수부지, 敷衍說明 부연설명

200

膚

살갗 부

月(肉)
총15획

파자풀이 膚자는 발음요소인 盧자와 의미요소인 肉자의 합체자이다. 육신을 덮고 있는 피부를 의미하는 글자이다.

유의자 皮 가죽 피

용례 膚淺 부천, 皮膚 피부, 身體髮膚 신체발부, 雪膚花容 설부화용

201

釜

가마 부

金
총10획

파자풀이 釜자는 발음요소인 父자와 의미요소인 金자의 합체자이다. 손잡이용 귀가 양쪽에 달린 쇠로 만든 그릇을 의미한다.

유의자 鼎 솥 정

용례 釜谷 부곡, 釜山 부산, 釜鼎 부정, 釜中生魚 부중생어, 破釜沈船 파부침선, 游於釜中 유어부중, 仰釜日晷 앙부일구

202

阜

언덕 부:

阜
총8획

파자풀이 阜자는 층이 진 낮은 산의 모양을 본떠 만든 상형자이다. 글자의 좌변(左邊)에서 部首로 쓰일 때는 阝자로 좀 더 간략하게 쓴다.

유의자 丘 언덕 구, 陵 언덕 릉, 阿 언덕 아, 岸언덕 안, 坡 언덕 파

용례 阜陵 부릉, 高阜 고부, 曲阜 곡부, 丘阜 구부, 山阜 산부

203

芬

향기 분

++
총8획

파자풀이 芬자는 의미요소인 ++자와 발음요소인 分자의 결합자이다. 사방으로 흩어지는 화초의 향기를 표현했다.

유의자 芳 꽃향기 방, 馥 향기 복, 香 향기 향, 馨 향기 형

용례 芬蘭 분란, 芬芳 분방, 芬芬 분분, 芬香 분향, 芬馨 분형, 蘭芬 난분, 芬皇寺 분황사

204

弗

아닐/말 불

弓
총5획

파자풀이 弗자는 부수인 弓자와는 의미상 아무런 관련이 없다. 弗자는 본래 나무를 끈으로 묶은 모습이다. 그러나 후에 音借하여 不과 같은 의미로 사용되고 있다.

유의자 不 아닐 불, 勿 말 물

용례 弗素 불소, 弗豫 불예, 弗治 불치, 百弗 백불, 造次弗離 조차불리

205

鵬

새 붕

鳥
총19획

파자풀이 鵬자는 발음요소인 朋자와 의미요소인 鳥자의 결합자이다. 하루에 九萬里를 날아간다는 상상속의 새를 의미한다. 人名字로 쓰인다.

유의자 鳥 새 조

용례 鵬圖 붕도, 鵬飛 붕비, 鵬翼 붕익, 大鵬 대붕, 周世鵬 주세붕, 李起鵬 이기붕, 鵬程萬里 붕정만리

206

丕

클 비

一
총5획

파자풀이 丕자는 어떤 물체가 하늘과 땅에 닿아 있는 모습을 묘사해서 '크다'라는 의미를 표현했다.

유의자 巨 클 거, 太 클 태, 泰 클 태

용례 丕基 비기, 丕圖 비도, 丕命 비명, 丕業 비업, 丕績 비적, 丕訓 비훈, 丕闡堂 비천당

207

匪

비적 비:

匚
총10획

파자풀이 匪자는 匚자와 발음요소인 非자의 합체자이다. 무장을 하고 떼를 지어 다니면서 사람들을 해치는 도둑을 의미한다.

유의자 賊 도둑 적

용례 匪徒 비도, 匪擾 비요, 匪賊 비적, 共匪 공비, 討匪 토비

208

毖

삼갈 비

比
총9획

파자풀이 毖자는 比자와 발음요소인 必자의 결합자이다. 과거의 잘못된 행동에 견주어 반성하고 삼가한다는 의미이다.

유의자 謹 삼갈 근, 愼 삼갈 신

용례 懲毖錄 징비록

209

毘

도울 비

比
총9획

파자풀이 毘자는 田자와 比자의 결합자이다. 여러 밭의 수확량을 견주어 제일 적은 사람을 십시일반으로 도와준다는 의미이다. 毗와는 同字이다.

유의자 輔 도울 보, 佐 도울 좌, 扶 도울 부, 助 도울 조, 翊 도울 익, 贊 도울 찬, 弼 도울 필

용례 毘補 비보, 毘益 비익, 毘翼 비익, 毘佐 비좌, 毘贊 비찬, 毘盧峯 비로봉, 茶毘式 다비식

210

泌

분비할 비:
스며흐를 필

氵
총8획

파자풀이 泌자는 의미요소인 氵자와 발음요소인 必자의 결합자이다. 신체의 항상성을 유지하는데 필수적(必)인 액즙(氵) 배출 작용을 의미한다.

용례 分泌物 분비물, 泌尿器科 비뇨기과

211

彬

빛날 빈

彡
총11획

파자풀이 彬자는 林자와 彡자의 결합자이다. 주로 이름자로 쓰이는 글자이다.

유의자 燁 빛날 엽, 燦 빛날 찬, 煥 빛날 환, 輝 빛날 휘, 熙 빛날 희

용례 彬彬 빈빈, 彬蔚 빈울, 文質彬彬 문질빈빈

212

馮

탈 빙
성씨 풍

馬
총12획

파자풀이 馮자는 발음요소인 冫자와 의미요소인 馬자의 결합자이다. '말을 탄다'는 의미이다. 姓으로도 쓰인다.

용례 馮夷 풍이, 暴虎馮河 포호빙하

213

부추길 사

口
총10획

파자풀이 唆자는 口자와 천천히 걷은 모습인 夋자의 결합자이다. 천천히 걷고 있는 사람을 빨리 걷도록 말로 부추긴다는 의미이다.

용례 敎唆 교사, 示唆 시사, 殺人敎唆 살인교사

214

泗

물이름 사:

氵
총8획

파자풀이 泗자는 氵자와 四자의 결합자로서, 발원지가 네 곳이나 되는 중국 산동성을 흐르는 강의 이름자이다.

용례 泗水 사수, 泗江 사강, 泗上弟子 사상제자

215

赦

용서할 사:

赤
총11획

파자풀이 赦자는 赤자와 攵자의 결합자이다. 잘못한 사람의 종아리가 회초리(攵)에 맞아 붉게(赤) 변한 것을 보고 용서한다는 의미이다.

유의자 恕 용서할 서

용례 赦令 사령, 赦免 사면, 赦罪 사죄, 寬赦 관사, 大赦 대사, 放赦 방사, 恩赦 은사, 特赦 특사

216

기를 사

食
총14획

파자풀이 飼자는 의미요소인 食자와 발음요소인 司자의 결합자이다. 가축의 먹이(食)를 맡아서(司) 주며 기른다는 의미이다.

유의자 育 기를 육, 養 기를 양

용례 飼料 사료, 飼養 사양, 飼育 사육, 乾飼 건사, 放飼 방사

217

우산 산

人
총12획

파자풀이 傘자는 우산의 모양을 그대로 본떠 만든 상형자이다.

용례 傘下 산하, 陽傘 양산, 雨傘 우산, 日傘 일산, 傘下機關 산하기관, 傘下團體 산하단체

218

실 산

酉
총14획

파자풀이 酸자는 酉자와 夋(천천히걷는모양 준)자의 결합자이다. 술도가에서 술을 사서 너무 천천히 걸어오다 보니 술이 다 시어져버린 상황이다.

용례 酸味 산미, 酸性 산성, 酸素 산소, 酸化 산화, 鹽酸 염산, 胃酸 위산, 炭酸 탄산, 黃酸 황산, 乳酸菌 유산균, 靑酸加里 청산가리, 狗猛酒酸 구맹주산

219

삼 삼

艹

총15획

파자풀이 蔘자는 의미요소인 艹자와 발음요소인 參자의 결합자이다. 參자는 발음역할을 하지만, 蔘의 잎과 잔뿌리를 묘사한 모양자로 볼 수도 있다.

용례 乾蔘 건삼, 苦蔘 고삼, 曲蔘 곡삼, 白蔘 백삼, 山蔘 산삼, 水蔘 수삼, 人蔘 인삼, 直蔘 직삼, 海蔘 해삼, 紅蔘 홍삼, 蔘商 삼상

220

꽂을 삽

扌

총12획

파자풀이 揷자는 扌자와 臿(가래 삽)자의 결합자이다. 臿자는 절구(臼)에 절구공이(千)가 꽂혀 있는 모습으로 본래 '꽂다'는 의미가 있다. 그런데 扌자를 더해 손으로 꽂는다는 의미를 더한 것이다.

약자 挿

용례 揷入 삽입, 揷紙 삽지, 揷枝 삽지, 揷畫 삽화, 揷花 삽화, 揷話 삽화

221

학교 상

广

총9획

파자풀이 庠자는 广자와 발음요소인 羊자의 결합자이다. 경전을 상세하게 강의하는 집이란 의미이다.

유의자 校 학교 교

용례 庠校 상교, 庠序 상서, 國庠 국상, 上庠 상상, 下庠 하상

222

상자 상

竹

총15획

파자풀이 箱자는 의미요소인 竹자와 발음요소인 相자의 결합자이다. 대나무를 엮어 만든 바구니를 의미한다.

용례 箱籠 상롱, 箱子 상자, 木箱 목상, 書箱 서상

223

상서 서:

王(玉)

총13획

파자풀이 瑞자는 玉자와 耑(시초 단)자의 결합자이다. 옥광산(玉鑛山)에서 옥맥(玉脈)의 단초(端初)를 찾으니 좋은 징조란 의미이다.

유의자 祥 상서 상, 禎 상서로울 정

용례 瑞光 서광, 瑞氣 서기, 瑞年 서년, 瑞夢 서몽, 瑞祥 서상, 瑞相 서상, 瑞雪 서설, 瑞玉 서옥, 瑞雨 서우, 瑞雲 서운, 瑞鳥 서조, 瑞兆 서조, 慶瑞 경서, 吉瑞 길서, 祥瑞 상서

224

펼 서:

舌

총12획

파자풀이 舒자는 舍자와 予자의 결합자이다. 내(予) 집(舍)에서 다리를 쭉 펴고 편안하게 쉬는 모습에서 '펴다'를 의미한다.

유의자 敍 펼 서, 伸 펼 신, 展 펼 전, 布 펼 포

상대자 縮 줄일 축

용례 舒卷 서권, 舒眉 서미, 舒情 서정, 舒縮 서축, 安舒 안서, 舒川郡 서천군, 平心舒氣 평심서기

225

클 석

大

총15획

파자풀이 奭자는 사람 모습인 大자와 두 개의 百자로 구성된 글자이다. 많은 식객을 거느린 사람의 모습을 표현한 글자이다. 주로 이름자로 쓰인다.

유의자 巨 클 거, 大 큰 대, 丕 클 비, 碩 클 석, 泰 클 태

상대자 微 작을 미, 小 작을 소

용례 李範奭 이범석, 洪奭周 홍석주

226

밝을 석

日

총12획

파자풀이 晳자는 발음요소인 析자와 의미요소인 日자의 결합자이다. 미세한 것도 잘 분석할 수 있을 정도로 햇빛이 매우 밝은 모습이다. 주로 인명자로 쓰인다.

유의자 明 밝을 명, 朗 밝을 랑, 昭 밝을 소, 哲 밝을 철

상대자 冥 어두울 명, 暗 어두울 암

용례 明晳 명석, 白晳 백석

227

클 석

石

총14획

파자풀이 碩자는 石자와 頁자의 결합자이다. 머리(頁)가 바위(石)처럼 크다는데서 '크다'를 의미한다.

유의자 巨 클 거, 大 큰 대, 丕 클 비, 奭 클 석, 泰 클 태

상대자 微 작을 미, 小 작을 소

용례 碩德 석덕, 碩望 석망, 碩士 석사, 碩師 석사, 碩儒 석유, 碩學 석학, 碩果不食 석과불식, 碩座敎授 석좌교수

228

錫

주석 석

金

총16획

파자풀이 錫자는 金자와 易자의 결합자이다. 다른 금속에 비해 연성(軟性)이 커서 모양이 쉽게 변하는 주석을 의미하는 글자이다. 주로 인명자로 쓰인다.

용례 錫鑛 석광, 錫錢 석전, 羅錫疇 나석주, 劉在錫 유재석

229

瑄

도리옥 선

王(玉)
총13획

파자풀이 瑄자는 의미요소인 玉자와 발음요소인 宣자의 결합자이다. 벼슬아치의 관모(官帽)에 붙이던 옥관자(玉貫子)를 의미하는 글자이다. 주로 인명자로 쓰인다.

용례 瑄玉 선옥, 李瑄根 이선근

230

璇

옥 선

王(玉)
총15획

파자풀이 璇자는 의미요소인 玉자와 발음요소인 旋자의 결합자이다. 이리저리 돌려봐도 흠이 없는 아름다운 옥구슬을 의미한다.

유의자 玉 옥 옥, 璿 구슬 선, 珠 구슬 주

용례 璇宮 선궁, 璇極 선극, 璇宇 선우, 璇珠 선주, 璇璣玉衡 선기옥형

231

璿

구슬 선

王(玉)
총18획

파자풀이 璿자는 玉자와 睿(슬기 예)자의 결합자이다. 깊고 밝은 빛을 지닌 옥으로 만든 구슬을 의미한다.

유의자 珠 구슬 주

용례 璿宮 선궁, 璿珠 선주, 璿源 선원, 璿源殿 선원전

232

繕

기울 선:

糸
총18획

파자풀이 繕자는 의미요소인 糸자와 발음요소인 善자의 결합자이다. 터진 옷을 실(糸)로 기워서 보기 좋게(善) 만든다는 의미이다.

유의자 補 기울 보

용례 繕補 선보, 修繕 수선, 營繕 영선

233

卨

사람이름 설

卜
총11획

파자풀이 卨자는 은(殷)나라의 시조로 전해지는 전설상의 인물을 의미하는 글자이다. 주로 이름자로 쓰인다.

용례 李相卨 이상설

234

薛

성씨 설

艹
총17획

파자풀이 薛자는 본래 쑥을 의미하는 글자였으나, 성씨로 주로 쓰인다.

용례 薛聰 설총, 薛勳 설훈, 薛琦鉉 설기현

235

暹

햇살치밀/
나라이름 섬

日
총16획

파자풀이 暹자는 日자와 進자의 결합자이다. 東山에서 해(日)가 나오는(進) 모습으로 '해돋다'는 의미로 쓰인다. 나라이름으로 쓰이기도 한다.

용례 暹羅 섬라, 東暹 동섬

236

纖

가늘 섬

糸
총23획

파자풀이 纖자는 의미요소인 糸자와 발음요소인 韱(부추 섬)자의 결합자이다. 실과 부추의 가느다란 특성을 응용해서 의미를 만들어낸 글자이다.

유의자 細 가늘 세

약자 繊

용례 纖巧 섬교, 纖刀 섬도, 纖羅 섬라, 纖麗 섬려, 纖眉 섬미, 纖微 섬미, 纖細 섬세, 纖月 섬월, 纖維 섬유, 纖纖玉手 섬섬옥수

237

蟾

두꺼비 섬

虫
총19획

파자풀이 蟾자는 의미요소인 虫자와 발음요소인 詹(이를 첨)자의 결합자이다. 虫이 부수로 쓰일 때는 벌레 뿐 아니라, 뱀이나 개구리, 두꺼비처럼 파충류, 양서류를 의미하기도 한다.

용례 蟾桂 섬계, 蟾光 섬광, 蟾宮 섬궁, 蟾蛇 섬사, 蟾兔 섬토, 玉蟾 옥섬, 蟾津江 섬진강

238

陜

땅이름 섬

阝(阜)
총10획

파자풀이 陜자는 고대 괵(虢) 나라의 地名으로 쓰인 글자이다. 陝(좁을 협/땅이름 합)자와 유사해서 사용에 유의해야하는 글자이다.

용례 陜縣 섬현, 陜西省 섬서성

239

爕

불꽃 섭

火
총17획

파자풀이 爕자는 두 개의 火자와 言자 그리고 又자로 구성된 글자이다. 言자는 여기에서 말과 관련 없고, 횃불의 모양자로 쓰였다. 손으로 횃불을 밝혀 주변이 환한 모습이다. 주로 이름자로 쓰인다.

유의자 炎 불꽃 염

약자 変

용례 爕理 섭리, 爕伐 섭벌, 爕和 섭화, 調爕 조섭, 李仲爕 이중섭, 洪瓚爕 홍찬섭

240

晟

밝을 성

日
총11획

파자풀이 晟자는 의미요소인 日자와 발음요소인 成자의 결합자이다. 해(日)가 구름에 가리지 않고 제 모습을 이뤄서(成) 밝다는 의미이다. 주로 이름자로 쓰인다.

유의자 明 밝을 명, 朗 밝을 랑, 昭 밝을 소, 晳 밝을 석, 哲 밝을 철, 昞 밝을 병

상대자 暗 어두울 암, 冥 어두울 명

용례 李晟 이성, 晟化 성화, 大晟樂 대성악

241

貰

세놓을 세:

貝
총12획

파자풀이 貰자는 발음요소인 世자와 의미요소인 貝자의 결합자이다. 방이나 집 등을 돈을 받고 빌려주는 것을 의미한다.

용례 貰家 세가, 貰房 셋방, 貰錢 세전, 房貰 방세, 月貰 월세, 專貰 전세

242

巢

새집 소

巛
총11획

파자풀이 巢자는 나무 위의 새집 모양을 본떠 만든 상형자이다.

용례 巢窟 소굴, 卵巢 난소, 精巢 정소, 病巢 병소, 離巢 이소, 歸巢本能 귀소본능, 巢林一枝 소림일지, 烏鵲通巢 오작통소

243

沼

못 소

氵
총8획

파자풀이 沼자는 의미요소인 氵자와 발음요소인 召자의 결합자이다. 地名字로 쓰이는 글자이다.

유의자 潭 못 담, 塘 못 당, 淵 못 연, 池 못 지, 澤 못 택

용례 沼上 소상, 沼池 소지, 沼澤 소택, 淵沼 연소, 龍沼 용소, 德沼里 덕소리

244

紹

이을 소

糸
총11획

파자풀이 紹자는 의미요소인 糸자와 발음요소인 召자의 결합자이다. 실로 잇듯이 사람 사이에서 이어주는 것을 의미한다.

유의자 系 이을 계, 繼 이을 계, 連 이을 련

용례 紹介 소개, 紹繼 소계, 紹賓 소빈, 紹述 소술, 紹興 소흥

245

邵

땅이름/성씨 소

阝(邑)
총8획

파자풀이 邵자는 발음요소인 召자와 의미요소인 邑자의 결합자이다. 본래 중국 춘추시대 晉나라의 고을 이름이다. 지금은 주로 姓으로 사용된다.

용례 邵雍 소옹, 邵台輔 소태보

246

宋

성씨/송나라 송:

宀
총7획

파자풀이 宋자는 宀자와 木자의 결합자로서, 본래 큰 나무가 있는 집을 의미하는 글자였으나, 지금은 나라이름과 성씨로 주로 사용된다.

용례 宋學 송학, 南宋 남송, 北宋 북송, 宋時烈 송시열, 宋襄之仁 송양지인, 唐宋八大家 당송팔대가

247

洙

물가 수

氵
총9획

파자풀이 洙자는 의미요소인 氵자와 발음요소인 朱자의 결합자이다. 본래 중국 산동성에 있는 泗水의 支流名이다. 주로 인명자로 사용되는 글자이다.

용례 洙水 수수, 洙泗學 수사학, 金性洙 김성수

248

銖

저울눈 수

金
총14획

파자풀이 銖자는 의미요소인 金자와 발음요소인 朱자의 결합자이다. 쇠로 저울추를 만들어 붉은 조의 낟알 무게를 재는 모습이다. 주로 '극소량'이라는 의미로 쓰인다.

용례 銖兩 수량, 銖分 수분, 銖寸 수촌, 五銖錢 오수전, 銖積寸累 수적촌루

249

수나라 수

阝(阜)
총12획

파자풀이 隋자는 중국의 양견(楊堅)이 건국한 나라 이름이다.

용례 隋唐 수당, 隋書 수서, 隋文帝 수문제, 隋煬帝 수양제

250

참으로 순

氵
총9획

파자풀이 洵자는 의미요소인 氵자와 발음요소인 旬자의 결합자이다. 이름자로 쓰인다.

유의자 眞 참 진

용례 洵美 순미, 蘇洵 소순

251

순박할 순

氵
총11획

파자풀이 淳자는 氵자와 享자의 결합자이다. 계곡의 깨끗한 물처럼 사람의 성품이 순수하고 소박하다는 의미이다.

유의자 朴 순박할 박, 純 순수할 순, 粹 순수할 수

용례 淳良 순량, 淳朴 순박, 淳厚 순후, 淳昌 순창

252

옥이름 순

王(玉)
총10획

파자풀이 珣자는 의미요소인 玉자와 발음요소인 旬자의 결합자이다. 주로 이름자로 쓰이는 글자이다.

용례 李珣 이순

253

盾

방패 순

目
총9획

파자풀이 盾자는 투구의 차양(遮陽)이 눈을 가리는 모습을 본떠 만든 글자이다. 투구의 차양이 눈을 보호하듯이 방패가 적의 창으로부터 몸을 보호해준다는 의미이다.

유의자 干 방패 간

상대자 戈 창 과, 矛 창 모

용례 矛盾 모순, 自己矛盾 자기모순

254

순임금/무궁화 순

舛
총12획

파자풀이 舜자는 중국 상고(上古)시대의 성군(聖君)인 순임금을 의미하는 글자이다. 무궁화를 의미하기도 하며, 이름자로도 종종 쓰인다.

유의자 槿 무궁화 근

용례 舜英 순영, 堯舜 요순, 李舜臣 이순신, 堯舜禹湯 요순우탕

255

풀이름 순

艹
총10획

파자풀이 荀자는 의미요소인 艹자와 발음요소인 旬자의 결합자이다. 열흘(旬)을 복용하면 병을 낫게 해주는 약초(艹)를 의미한다.

용례 荀子 순자, 荀草 순초, 荀彧 순욱, 荀攸 순유

256

거문고 슬

王(玉)
총13획

파자풀이 瑟자는 거문고 줄을 묘사한 王자와 발음요소인 必자의 조합이다. 옥구슬처럼 청아하고 아름다운 소리를 내는 거문고를 의미하는 글자이다.

유의자 琴 거문고 금

용례 琴瑟 금슬, 膠柱鼓瑟 교주고슬, 琴瑟之樂 금슬지락

257

되 승

十
총4획

파자풀이 升자는 됫박에 곡식을 일정하게 담아서 퍼 올리는 모습이다. 昇자와 通用字이다.

용례 升鑑 승감, 升平 승평, 斗升 두승, 斗升之利 두승지리, 升堂入室 승당입실

258

노끈 승

糸
총19획

파자풀이 繩자는 糸자와 黽(힘쓸 민)자의 결합자이다. 끈에 몸이 묶인 죄인이 풀기 위해 힘을 쓰는 모습이다.

유의자 索 동아줄 삭

약자 縄

용례 繩墨 승묵, 繩索 승삭, 繩尺 승척, 捕繩 포승, 火繩銃 화승총, 自繩自縛 자승자박, 結繩文字 결승문자, 結繩之政 결승지정

259

屍

주검 시:

尸
총9획

파자풀이 屍자는 尸자와 死자의 합체자이다. 죽은(死) 몸(尸)을 의미하는 글자이다.

용례 屍身 시신, 屍體 시체, 檢屍 검시, 屍山血海 시산혈해

260

柴

섶 시:

木
총10획

파자풀이 柴자는 발음요소인 此자와 의미요소인 木자의 결합자이다. 땔감으로 쓰는 나무를 의미하는 글자이다.

유의자 薪 섶 신

용례 柴糧 시량, 柴薪 시신, 柴木 시목, 柴地 시지, 柴草 시초, 柴炭 시탄, 田柴科 전시과

261

殖

불릴 식

歹
총12획

파자풀이 殖자는 의미요소인 歹자와 발음요소인 直자의 결합자이다. 죽은 것은 땅에 묻혀 자양분이 되어 새 생명을 번식시킨다는 의미이다.

유의자 增 더할 증, 繁 번성할 번

용례 殖利 식리, 殖産 식산, 殖財 식재, 繁殖 번식, 養殖 양식, 增殖 증식, 生殖器 생식기

262

湜

물맑을 식

氵
총12획

파자풀이 湜자는 의미요소인 氵자와 발음요소인 是자의 결합자이다. 주로 이름자로 쓰이는 글자이다.

유의자 淡 맑을 담, 淑 맑을 숙, 淸 맑을 청, 瀅 물맑을 형

용례 湜湜 식식, 淸湜 청식, 金湜 김식

263

軾

수레가로 나무 식

車
총13획

파자풀이 軾자는 의미요소인 車자와 발음요소인 式자의 결합자이다. 주로 이름자로 쓰인다.

용례 據軾 거식, 依軾 의식, 蘇軾 소식, 金富軾 김부식

264

紳

띠 신:

糸
총11획

파자풀이 紳자는 의미요소인 糸자와 발음요소인 申자의 결합자이다. 실용적인 허리띠가 아니라, 예복이나 관복에 걸치는 장식용 큰 띠를 의미한다.

유의자 帶 띠 대

용례 紳士 신사, 高紳 고신, 貴紳 귀신, 紳商 신상, 香紳 향신, 紳士協定 신사협정, 紳士淑女 신사숙녀

265

腎

콩팥 신:

月(肉)
총12획

파자풀이 腎자는 臤(굳을 간)자와 肉자의 결합자이다. 다른 장기에 비해 단단한 장기인 신장(腎臟)의 특성을 응용해 만든 글자이다.

약자 肾

용례 腎管 신관, 腎氣 신기, 腎臟 신장, 副腎 부신, 海狗腎 해구신, 腎不全症 신부전증, 腎虛腰痛 신허요통

266

즙낼/물이름 심:

氵
총18획

파자풀이 瀋자는 의미요소인 氵자와 발음요소인 審자의 결합자이다. 중국 요녕성(遼寧省) 瀋陽(심양)에 있는 강의 이름자이다.

용례 瀋水 심수, 瀋陽 심양

267

握

쥘 악

扌
총12획

파자풀이 握자는 의미요소인 扌자와 발음요소인 屋자의 결합자이다. 집안에 사람이 있듯이 손 안에 뭔가를 꼭 쥐는 모습이다.

유의자 把 잡을 파

용례 握力 악력, 握髮 악발, 握手 악수, 掌握 장악, 把握 파악

268

閼

막을 알

門
총16획

파자풀이 閼자는 의미요소인 門자와 발음요소인 於자의 합체자이다. 문으로 사람의 출입을 막듯이 무언가를 가로막는다는 의미이다.

유의자 拒 막을 거, 防 막을 방, 塞 막힐 색, 障 가로막을 장

용례 閼伽 알가, 閼塞 알색, 金閼智 김알지

269

癌

암 암:

疒
총17획

파자풀이 癌자는 의미요소인 疒자와 발음요소인 嵒(바위 암)자의 결합자이다. 바위처럼 단단한 죽은 세포 덩어리가 생기는 병이란 의미이다.

용례 肝癌 간암, 胃癌 위암, 肺癌 폐암, 末期癌 말기암, 乳房癌 유방암, 子宮癌 자궁암, 喉頭癌 후두암, 癌病棟 암병동, 癌細胞 암세포, 癌的存在 암적존재

270

鴨

오리 압

鳥
총16획

파자풀이 鴨자는 발음요소인 甲자와 의미요소인 鳥자의 결합자이다. 甲은 발음요소인 동시에 오리의 울음소리인 呷呷(합합 → 꽥꽥)을 표현한 것으로 보인다.

용례 鴨爐 압로, 家鴨 가압, 水鴨 수압, 野鴨 야압, 土鴨 토압, 鴨綠江 압록강, 鴨鷗亭 압구정

271

埃

티끌 애

土
총10획

파자풀이 埃자는 의미요소인 土자와 발음요소인 矣자의 결합자이다. 끝을 의미하는 矣를 응용해서 흙의 마지막 모습으로 티끌을 설명하고 있다.

용례 埃及 애급, 埃滅 애멸, 煙埃 연애, 塵埃 진애, 土埃 토애, 黃埃 황애

272

艾

쑥 애

++
총6획

파자풀이 艾자는 의미요소인 ++자와 발음요소인 乂(벨 예)자의 결합자이다. 철이 되면 너무 많이 돋아나서 잡초처럼 베어버리는 풀이란 의미이다.

유의자 蓬 쑥 봉

용례 艾年 애년, 艾老 애로, 艾葉 애엽, 耆艾 기애, 蘭艾 난애, 蓬艾 봉애

273

礙

거리낄 애:

石
총19획

파자풀이 礙자는 의미요소인 石자와 발음요소인 疑자의 결합자이다. 길을 돌로 막아놓으면 사람들이 의심하고 주저하며 통행하길 꺼려한다는 의미이다.

유의자 拘 잡을 구, 障 막을 장

약자 碍

용례 礙子 애자, 拘礙 구애, 無礙 무애, 妨礙 방애, 障礙 장애, 障礙人 장애인

274

倻

가야 야

亻
총11획

파자풀이 倻자는 亻자와 발음요소인 耶자의 결합자이다. 고대 한반도에 있었던 가야국(伽倻國)을 의미하는 글자이다.

용례 伽倻 가야, 伽倻琴 가야금, 金官伽倻 금관가야

275

惹

이끌 야:

心
총13획

파자풀이 惹자는 발음요소인 若자와 의미요소인 心자의 결합자이다. 물리적으로 끌어당기는 것이 아니라, 心的으로 끌어당긴다는 의미이다.

유의자 起 일어날 기

용례 惹起 야기, 惹端 야단, 惹起鬧端 야기요단

276

孃

아가씨 양

女
총20획

파자풀이 孃자는 의미요소인 女자와 발음요소인 襄(도울 양)자의 결합자이다. 어머니를 도와 집안일을 하는 젊은 처자를 의미한다.

유의자 娘 아가씨 낭

약자 嬢

용례 貴孃 귀양, 老孃 노양, 某孃 모양, 令孃 영양, 金孃 김양, 李孃 이양, 村孃 촌양

277

襄

도울 양(:)

衣
총17획

파자풀이 襄자는 본래 옷을 벗고 밭을 가는 모습을 표현한 글자이다. 다른 사람을 도와 밭을 가는 모습에서 '돕다'라는 의미가 파생됐다. 人名이나 地名에도 쓰이는 글자이다.

유의자 扶 도울 부, 助 도울 조, 輔 도울 보, 佐 도울 좌

용례 襄禮 양례, 襄陽郡 양양군, 襄杆之風 양간지풍, 宋襄之仁 송양지인

278

彦

선비 언:

彡
총9획

파자풀이 彦자의 본래 모습은 文자와 厂자 그리고 弓자의 합체자였다. 그러니까 文才와 武才를 남보다 월등히 갖춘 사람을 선비로 표현한 글자인 것이다.

유의자 士 선비 사, 儒 선비 유

용례 彦士 언사, 彦會 언회, 諸彦 제언, 後彦 후언, 彦陽邑 언양읍

279

姸

고울 연:

女
총9획

파자풀이 姸자는 의미요소인 女자와 발음요소인 幵(평평할 견)자의 결합자이다. 매무새를 곱게 다듬은(幵) 여자(女)를 표현했다.

유의자 麗 고울 려, 佳 아름다울 가, 美 아름다울 미, 姚 예쁠 요

상대자 醜 추할 추

약자 妍

용례 姸麗 연려, 姸芳 연방, 姸粧 연장, 姸醜 연추, 華姸 화연

280

淵

못 연

氵
총12획

파자풀이 淵자의 본래 모습은 양 기슭 사이에 깊은 못이 있는 모습을 묘사한 㴊자만 있었으나, 여기에 氵자를 더해 의미를 강조한 경우이다.

유의자 潭 못 담, 塘 못 당, 池 못 지, 澤 못 택

약자 渊

용례 淵源 연원, 深淵 심연, 顔淵 안연, 陶淵明 도연명, 張志淵 장지연, 淵蓋蘇文 연개소문, 揭斧入淵 게부입연, 積水成淵 적수성연

281

硯

벼루 연:

石
총12획

파자풀이 硯자는 의미요소인 石자와 발음요소인 見자의 결합자이다. 돌로 만들어 먹을 갈아서 쓰는 벼루를 의미하는 글자이다.

용례 硯滴 연적, 硯池 연지, 同硯 동연, 筆硯 필연, 洗硯禮 세연례, 紙筆硯墨 지필연묵, 筆耕硯田 필경연전

282

衍

넓을 연:

行
총9획

파자풀이 衍자는 行자와 氵자의 합체자이다. 물이 넘쳐 통행로까지 들어 온 모습에서 '(물이) 넓다', '(물이) 넘치다'등의 의미를 표현했다.

유의자 廣 넓을 광, 博 넓을 박, 浩 넓을 호, 洪 넓을 홍

상대자 狹 좁을 협

용례 衍文 연문, 衍義 연의, 衍字 연자, 敷衍 부연

283

厭

싫어할 염:

厂
총14획

파자풀이 厭자는 산기슭을 묘사한 厂자와 猒(물릴 염)자의 결합자이다. 猒자는 개가 고기를 먹지 않고 입에 물고만 있는 모습으로 '물리다'는 의미이다. '싫어하다'는 의미도 이 부분에서 나온 것이다.

유의자 嫌 싫어할 혐, 忌 꺼릴 기

용례 厭忌 염기, 厭棄 염기, 厭症 염증, 厭世主義 염세주의

284

閻

마을 염

門
총16획

파자풀이 閻자는 門자와 발음요소인 臽(구덩이 함)자의 합체자이다. 구덩이를 파고 문을 세워 마을의 입구임을 표시하는 이문(里門)을 세우는 모습이다.

유의자 閭 마을 려

용례 閻王 염왕, 閭閻 여염, 閻羅國 염라국, 閻羅大王 염라대왕

285

燁

빛날 엽

火
총16획

파자풀이 燁자는 火자와 華자의 결합자이다. 불이 화려하게 빛난다는 의미이다. 曄자와 同字이다. 주로 이름자로 쓰인다.

유의자 曄 빛날 엽, 曜 빛날 요, 燦 빛날 찬, 赫 빛날 혁, 熙 빛날 희

용례 燁然 엽연, 燁燁 엽엽, 白善燁 백선엽

286

暎

비칠 영:

日
총13획

파자풀이 暎자는 의미요소인 日자와 발음요소인 英자의 결합자이다. 映의 俗字이다. 주로 이름자로 쓰인다.

유의자 映 비칠 영, 照 비칠 조, 燾 비칠 도

용례 金洙暎 김수영, 張志暎 장지영

287

瑛

옥빛 영

王(玉)
총13획

파자풀이 瑛자는 의미요소인 玉자와 발음요소인 英자의 결합자이다. 주로 이름자로 사용되는 글자이다.

유의자 璟 옥빛 경, 璨 옥빛 찬

용례 文瑛 문영

288

盈

찰 영

皿
총9획

파자풀이 盈자는 夃(이익얻을 고)자와 皿자의 결합자이다. 夃자의 '이익을 가득 얻는다'는 의미에 皿자를 더해 그릇에 무언가 가득 찬 모습을 표현한 것이다.

유의자 滿 찰 만

상대자 空 빌 공, 虛 빌 허

용례 盈滿 영만, 盈月 영월, 盈虛 영허, 盈德郡 영덕군, 日月盈昃 일월영측, 消息盈虛 소식영허

289

濊

종족이름 예:

氵
총16획

파자풀이 濊자는 의미요소인 氵자와 발음요소인 歲자의 결합자이다. 濊자는 본래 물이 오랜 세월을 고여 있어서 '더럽다'는 의미였으나, 후에 예맥족(濊貊族)을 뜻하는 글자로 쓰이고 있다.

유의자 汚 더러울 오, 穢 더러울 예

용례 濊貊 예맥, 東濊 동예, 汚濊 오예, 汪濊 왕예

290

슬기 예:

目
총14획

파자풀이 睿자의 윗부분은 골짜기를 치우는 모습이다. 여기에 目자를 더해 세상 이치에 깊고 밝게 통한다는 의미를 만들었다. 叡와 同字이다.

유의자 智 슬기 지

용례 睿達 예달, 睿德 예덕, 睿智 예지, 睿宗 예종, 聰睿 총예

291

성씨 예:

艹
총8획

파자풀이 芮자는 의미요소인 艹자와 발음요소인 內자의 결합자이다. 본래 '풀의 싹이 뾰족뾰족 나다'라는 의미였으나, 지금은 주로 姓으로 쓰인다.

용례 芮芮 예예, 芮宗錫 예종석

292

맡길/미리 예:

頁
총13획

파자풀이 預자는 발음요소인 予자와 의미요소인 頁자의 결합자이다. 머릿속으로 앞으로 닥쳐올 일에 대해 미리 생각하고 대비한다는 의미이다. 豫자와 通用字이다.

유의자 豫 미리 예, 任 맡길 임, 託 맡길 탁

용례 預金 예금, 預慮 예려, 預買 예매, 預備 예비, 預想 예상, 預託 예탁, 預度 예탁, 參預 참예

293

성씨/나라이름 오

口
총7획

파자풀이 吳자는 큰 소리로 떠드는 사람을 묘사한 글자인데, 주로 國名과 姓氏로 쓰이고 있다. 춘추전국시대 吳나라 백성들의 특성을 묘사했던 것으로 보인다.

용례 吳吟 오음, 陳勝吳廣 진승오광, 吳越同舟 오월동주

294

墺

물가 오:

土
총16획

파자풀이 墺자는 의미요소인 土자와 발음요소인 奧자의 결합자이다. 墺자는 본래 육지로 오목하게 파고 든 물가를 의미했는데, 주로 地名으로 쓰인다.

유의자 洙 물가 수, 涯 물가 애, 汀 물가 정

용례 墺地利 오지리, 墺太利 오태리

295

梧

오동나무 오(:)

木
총11획

파자풀이 梧자는 의미요소인 木자와 발음요소인 吾자의 결합자이다. 나뭇결이 단단해 가구나 악기의 재료가 되는 오동나무를 의미하는 글자이다.

유의자 桐 오동나무 동

용례 梧桐 오동, 碧梧桐 벽오동

296

기름질 옥

氵
총7획

파자풀이 沃자는 氵자와 夭자의 결합자이다. 초목을 왕성하게 자라게 할 만큼 수분이 충분한 모습에서 '(토양이) 기름지다'라는 의미를 표현했다.

유의자 肥 살찔 비

용례 沃沮 옥저, 沃田 옥전, 沃土 옥토, 肥沃 비옥, 沃野千里 옥야천리, 門前沃畓 문전옥답

297

보배 옥

金
총13획

파자풀이 鈺자는 金자와 玉자의 결합자이다. 사람들이 귀하게 여기는 金과 玉을 합쳐서 '보배'를 의미한 글자이다. 주로 이름자로 쓰인다.

유의자 寶 보배 보, 珍 보배 진

용례 李鈺 이옥, 南宮鈺 남궁옥

298

편안할 온

禾
총19획

파자풀이 穩자는 의미요소인 禾자와 발음요소인 㥯(삼갈 은)자의 결합자이다. 곡식을 창고에 쌓아 두고 있으면 마음이 든든하고 편안하다는 의미이다.

유의자 安 편안할 안, 逸 편안할 일, 寧 편안할 녕

약자 穏, 稳

용례 穩健 온건, 穩當 온당, 穩全 온전, 不穩 불온, 深穩 심온, 安穩 안온, 平穩 평온

299

甕

독 옹:

瓦
총18획

파자풀이 甕자는 발음요소인 雍자와 의미요소인 瓦자의 결합자이다. 여러 요소가 조화(雍)를 이뤄야만 커다란 질그릇(瓦)을 빚을 수 있다는 의미이다. 瓮과 同字이다.

용례 甕器 옹기, 甕津郡 옹진군, 鐵甕城 철옹성

300

邕

막힐/화할 옹

邑
총10획

파자풀이 邕자는 巛자와 邑자의 결합자이다. 내(巛)가 마을(邑)을 둘러싸서 외부와의 교통이 막힌다는 의미이다.

유의자 塞 막힐 색, 雍 화할 옹, 和 화할 화, 睦 화목할 목

용례 邕水 옹수, 邕睦 옹목, 蔡邕 채옹, 邕聖祐 옹성우

301

雍

화할 옹

隹
총13획

파자풀이 雍자의 본래 모습은 雝으로 내로 둘러싸인 작은 마을에 사는 온화한 새를 묘사했다. 邕자와 通用字이다.

유의자 邕 화할 옹, 和 화할 화, 睦 화목할 목, 穆 화목할 목

용례 雍睦 옹목, 雍穆 옹목, 雍防 옹방, 雍蔽 옹폐, 雍和 옹화

302

莞

빙그레할 완
왕골 관

++
총11획

파자풀이 莞자는 의미요소인 ++자와 발음요소인 完자의 결합자이다. 돗자리의 재료인 왕골(++)로 돗자리를 완성(完)해서 빙그레 웃는 모습이다.

용례 莞島 완도, 莞爾 완이

303

旺

왕성할 왕:

日
총8획

파자풀이 旺자는 日자와 王자의 결합자이다. 여름처럼 해의 기운이 커지면 만물의 생육이 왕성해진다는 의미이다.

유의자 隆 융성할 륭, 盛 성할 성, 繁 번성할 번, 興 일 흥

상대자 衰 쇠할 쇠

용례 旺盛 왕성, 旺運 왕운, 興旺 흥왕, 儀旺市 의왕시

304

汪

넓을 왕(:)

氵
총7획

파자풀이 汪자는 의미요소인 氵자와 발음요소인 王자의 결합자이다. 姓氏로도 쓰이는 글자이다.

유의자 浩 넓을 호, 洪 넓을 홍

상대자 狹 좁을 협

용례 汪茫 왕망, 汪洋 왕양, 汪兆銘 왕조명, 汪道涵 왕도함

305

倭

왜나라 왜

亻
총10획

파자풀이 倭자는 의미요소인 亻자와 발음요소인 委자의 결합자이다. 倭國은 日本을 낮잡아 이르는 말로, 矮小한 사람들이 사는 나라라는 의미였다.

용례 倭館 왜관, 倭國 왜국, 倭奴 왜노, 倭刀 왜도, 倭亂 왜란, 倭式 왜식, 倭將 왜장, 倭賊 왜적, 倭敵 왜적, 倭政 왜정, 倭風 왜풍, 倭色 왜색

306

歪

기울 왜/외

止
총9획

파자풀이 歪자는 不자와 正자가 결합한 회의자이다. 바르지 않다는데서 '비뚤다', '기울다'는 의미를 표현한 글자이다.

유의자 曲 굽을 곡

상대자 直 곧을 직, 正 바를 정

용례 歪曲 왜곡, 歪曲報道 왜곡보도, 歷史歪曲 역사왜곡

307

堯

요임금/
높을 요

土
총12획

파자풀이 堯자는 중국 上古時代 聖君인 요임금을 의미하는 글자이다. 흙을 쌓고 쌓아 높인 모습을 표현했다.

유의자 高 높을 고

약자 尭

용례 堯舜 요순, 堯堯 요요

308

요사할 요

女
총7획

파자풀이 妖자는 女자와 발음요소인 夭자의 결합자이다. 젊고 아리따운 여자가 요염(妖艶)하고 요사(妖邪)스럽다는 의미이다.

유의자 邪 간사할 사

용례 妖怪 요괴, 妖鬼 요귀, 妖氣 요기, 妖女 요녀, 妖妄 요망, 妖物 요물, 妖婦 요부, 妖邪 요사, 妖書 요서, 妖術 요술, 妖言 요언, 妖精 요정, 妖態 요태

309

姚

예쁠 요

女
총9획

파자풀이 姚자는 의미요소인 女자와 발음요소인 兆자의 결합자이다. 여자의 용모가 아름답다는 의미이다. 姓氏로 쓰인다.

유의자 佳 아름다울 가, 美 아름다울 미

용례 姚江學 요강학

310

耀

빛날 요

羽
총20획

파자풀이 耀자는 光자와 翟(꿩 적)자의 결합자이다. 꿩의 깃털이 햇빛을 받아서 빛나는 모습을 표현했다.

유의자 曜 빛날 요, 燿 빛날 요, 煜 빛날 욱, 燦 빛날 찬, 煥 빛날 환, 輝 빛날 휘

상대자 暗 어두울 암, 冥 어두울 명, 昏 어두울 혼

용례 耀德 요덕, 耀耀 요요, 輝耀 휘요

311

傭

품팔 용

亻
총13획

파자풀이 傭자는 亻자와 庸(쓸 용)자의 결합자이다. 돈을 주고 사람을 쓴다는 의미이다.

유의자 雇 품팔 고

용례 傭兵 용병, 傭船 용선, 傭役 용역, 傭人 용인, 傭賃 용임, 雇傭 고용

312

溶

녹을 용

氵
총13획

파자풀이 溶자는 의미요소인 氵자와 발음요소인 容자의 결합자이다. 물이 모든 용질(溶質)을 수용(受容)해서 녹인다는 의미이다.

유의자 熔 녹을 용

용례 溶媒 용매, 溶液 용액, 溶質 용질, 溶解 용해, 水溶性 수용성, 脂溶性 지용성, 不溶性 불용성

313

녹을 용

火
총14획

파자풀이 熔자는 의미요소인 火자와 발음요소인 容자의 결합자이다. 불이 모든 물질을 수용(受容)해서 녹인다는 의미이다.

유의자 鎔 쇠녹일 용, 融 녹을 융

용례 熔巖 용암, 熔融 용융, 熔解 용해, 熔鑛爐 용광로

314

瑢

패옥소리 용

王(玉)
총14획

파자풀이 瑢자는 의미요소인 玉자와 발음요소인 容자의 결합자이다. 패옥(佩玉)은 왕의 법복(法服)이나, 문무백관의 조복(朝服)의 좌우에 늘여 차는 옥을 말한다.

용례 璇瑢 선용, 李瑢 이용

315

鎔

쇠녹일 용

金
총18획

파자풀이 鎔자는 의미요소인 金자와 발음요소인 容자의 결합자이다. 熔자와 同字이다.

유의자 熔 녹을 용, 融 녹을 융

용례 鎔范 용범, 鎔融 용융, 鎔接 용접, 鎔解 용해, 鎔鑛爐 용광로

316

鏞

쇠북 용

金
총19획

파자풀이 鏞자는 의미요소인 金자와 발음요소인 庸자의 결합자이다. 쇠로 만든 큰 북을 의미한다. 이름자로 쓰인다.

유의자 鍾 쇠북 종

용례 鏞鼓 용고, 丁若鏞 정약용

317

佑

도울 우:

亻
총7획

파자풀이 佑자는 亻자와 右자의 결합자이다. 본래 右자가 '돕는다'는 뜻으로 쓰였으나, 후에 '오른쪽'이란 의미로 주로 쓰이면서, 여기에 돕는 주체인 亻자를 더해 본래 의미를 대신하고 있다.

유의자 扶 도울 부, 助 도울 조, 輔 도울 보, 佐 도울 좌

용례 佑命 우명, 佑助 우조, 保佑 보우, 天佑神助 천우신조

318

祐

복/도울 우:

示
총10획

파자풀이 祐자는 示자와 右자의 결합자이다. 신을 잘 모시면 신이 복을 내려 도와준다는 의미이다. 이름자로 쓰인다.

유의자 福 복 복, 祚 복 조, 祉 복 지, 祜 복 호, 佑 도울 우

상대자 災 재앙 재, 殃 재앙 앙, 厄 재앙 액, 禍 재화 화

용례 祐助 우조, 降祐 강우, 保祐 보우, 福祐 복우, 神祐 신우, 天祐 천우

319

禹

하우씨/성씨 우(:)

禸
총9획

파자풀이 禹자는 중국 上古時代 夏나라의 鼻祖인 우임금을 의미하는 글자이다. 姓氏로도 쓰인다.

용례 禹貢 우공, 禹域 우역, 禹王 우왕, 禹倬 우탁, 夏禹氏 하우씨, 田禹治 전우치

320

旭

아침해 욱

日
총6획

파자풀이 旭자는 발음요소인 九자와 의미요소인 日자의 결합자이다. 주로 이름자로 쓰인다.

유의자 暹 해돋을 섬

용례 旭光 욱광, 紅旭 홍욱, 旭日昇天 욱일승천

321

昱

햇빛밝을 욱

日
총9획

파자풀이 昱자는 日자와 立자의 결합자이다. 해(日)가 東山 위로 우뚝 솟아(立) 매우 밝을 모습이다. 주로 이름자로 쓰인다.

유의자 明 밝을 명, 朗 밝을 랑, 昭 밝을 소, 昞 밝을 병, 昺 밝을 병, 晢 밝을 철

용례 昱昱 욱욱, 昱耀 욱요, 程昱 정욱

322

煜

빛날 욱

火
총13획

파자풀이 煜자는 火자와 昱자의 결합자이다. 昱자도 '빛나다'는 의미가 있는데, 여기에 火자를 더해 의미를 강조한 경우이다. 주로 이름자로 쓰인다.

유의자 曜 빛날 요, 耀 빛날 요, 昱 빛날 욱, 燦 빛날 찬, 赫 빛날 혁, 煥 빛날 환, 輝 빛날 휘, 熙 빛날 희

상대자 冥 어두울 명, 暗 어두울 암

용례 煜煜 욱욱, 李煜 이욱

323

郁

성할 욱

阝(邑)
총9획

파자풀이 郁자는 발음요소인 有자와 의미요소인 邑자의 결합자이다. 본래 地名인데, 손(又)에 고기(肉)를 들고 다닐 정도로 物産이 풍부한 마을(邑)에서 '번성하다'는 의미가 나온 것으로 보인다.

유의자 繁 번성할 번, 盛 성할 성, 旺 성할 왕

상대자 衰 쇠할 쇠

용례 郁烈 욱렬, 郁文 욱문, 郁馥 욱복, 郁李子 욱리자, 郁郁靑靑 욱욱청청

324

頊

삼갈 욱

頁
총13획

파자풀이 頊자는 王자와 頁자의 결합자로 보인다. 임금 앞에서 머리를 조아리고 몸가짐을 삼가는 모습이다. 주로 이름자로 쓰인다.

유의자 謹 삼갈 근, 愼 삼갈 신, 毖 삼갈 비

용례 顓頊高陽氏 전욱고양씨

325

芸

향풀 운

++
총8획

파자풀이 芸자는 의미요소인 ++자와 발음요소인 云자의 결합자이다. 구름(云)처럼 향기가 널리 퍼지는 풀을 의미한다. 藝자의 略字로 많이 쓰인다.

용례 芸閣 운각, 芸芸 운운, 芸窓 운창, 芸香 운향, 芸術 예술

326

蔚

고을이름 울

++
총15획

파자풀이 蔚자는 의미요소인 ++자와 발음요소인 尉자의 결합자이다. 본래 제비쑥이란 풀을 의미하고, 또 초목이 울창한 모습을 표현하기도 한 글자이다.

용례 蔚然 울연, 彬蔚 빈울, 蔚山市 울산시, 蔚州郡 울주군

327

답답할 울

鬯
총29획

파자풀이 鬱자는 林자와 缶(항아리 부)자, 冖(덮을 멱)자, 鬯(울창주 창), 彡자로 구성된 글자이다. 제사때 쓰려고 祭酒(鬯)를 항아리(缶)에 담아 풀숲(林)에 땅을 파고 묻은 후 풀(彡)로 덮어놓고(冖), 후에 장소를 잊어버려 답답해하는 모습이다.

약자 欝, 盇

용례 鬱結 울결, 鬱氣 울기, 鬱林 울림, 鬱茂 울무, 鬱憤 울분, 鬱森 울삼, 鬱塞 울색, 鬱然 울연, 鬱郁 울욱, 鬱鬱 울울, 鬱寂 울적, 鬱積 울적, 鬱蒼 울창, 鬱火 울화, 抑鬱 억울, 憂鬱 우울, 陰鬱 음울, 沈鬱 침울, 鬱鬯酒 울창주, 躁鬱症 조울증

328

熊

곰 웅

灬
총14획

파자풀이 熊자는 能자와 灬자의 결합자이다. 본래 能자가 곰을 묘사해서 '곰'을 의미하는 글자였으나, 후에 '능력'이란 의미로 가차되었다. 그래서 곰의 네 발의 모양자인 灬자를 더해 熊자가 본래 의미를 대신하고 있다.

용례 熊女 웅녀, 熊膽 웅담, 熊津 웅진, 白熊 백웅, 伏熊 복웅, 熊虎之將 웅호지장

329

媛

계집 원

女
총12획

파자풀이 媛자는 의미요소인 女자와 발음요소인 爰(이에 원)자의 결합자이다. 爰자는 손으로 막대나 줄을 당기는 모습이다. 따라서 媛은 마음이 끌리는 예쁜 여자를 의미한다.

유의자 女 계집 녀, 娘 계집 낭, 姬 계집 희

상대자 男 사내 남, 郞 사내 랑

용례 媛妃 원비, 歌媛 가원, 宮媛 궁원, 班媛 반원, 邦媛 방원, 昭媛 소원, 淑媛 숙원, 良媛 양원, 令媛 영원, 才媛 재원

330

瑗

구슬 원

王(玉)
총13획

파자풀이 瑗자는 의미요소인 玉자와 발음요소인 爰자의 결합자이다. 내 쪽으로 끌어당기고(爰) 싶은 아름다운 옥(玉)구슬을 의미한다. 이름자로 쓰인다.

유의자 珠 구슬 주, 玉 구슬 옥, 璧 구슬 벽

용례 趙瑗 조원

331

苑

나라동산 원:

++
총9획

파자풀이 苑자는 ++자와 夗(누워뒹굴 원)자의 결합자이다. 동물이 누워 뒹굴(夗) 수 있는 초원(++)이 넓게 펼쳐져 있는 동산을 의미한다.

유의자 園 동산 원

용례 苑沼 원소, 苑樹 원수, 苑池 원지, 苑花 원화, 故苑 고원, 宮苑 궁원, 文苑 문원, 秘苑 비원, 藥苑 약원, 御苑 어원, 藝苑 예원, 學苑 학원, 花苑 화원

332

袁

성씨 원

衣
총10획

파자풀이 袁자는 본래 옷자락이 긴 모습을 묘사해서 '멀다'라는 뜻으로 쓰였으나, 후에 성씨로 주로 쓰이면서, 辶자를 더한 遠자가 본래 의미를 대신하고 있다.

용례 袁紹 원소

333

尉

벼슬 위

寸
총11획

파자풀이 尉자는 尸자와 示자 그리고 寸자의 결합자이다. 신주(尸)를 손(寸)으로 들어 제단(示)에 올리는 역할을 하는 '벼슬아치'를 의미하며, 신을 '위로한다'는 의미도 있다.

유의자 官 벼슬 관, 爵 벼슬 작

용례 尉官 위관, 尉斗 위두, 校尉 교위, 准尉 준위, 少尉 소위, 中尉 중위, 大尉 대위

334

渭

물이름 위

氵
총12획

파자풀이 渭자는 의미요소인 氵자와 발음요소인 胃자의 결합자이다. 중국 감숙성(甘肅省)에 있는 위수(渭水)를 의미하는 글자이다.

용례 渭水 위수, 渭陽 위양, 渭南市 위남시, 渭南文集 위남문집, 太公釣渭 태공조위

335

韋

가죽 위

韋
총9획

파자풀이 韋자는 성 주위를 도는 발의 모습으로 해석하기도 하지만, 가죽을 발로 다지는 모습으로 보기도 한다. 皮가 짐승에게서 막 벗겨낸 가죽이라면, 韋는 무두질이라는 가공을 거친 가죽을 의미한다.

유의자 皮 가죽 피, 革 가죽 혁

용례 韋帶 위대, 韋衣 위의, 韋布 위포, 韋革 위혁, 韋編三絶 위편삼절

336

魏

성씨/ 나라이름 위

鬼
총18획

파자풀이 魏자는 본래 귀신(鬼)에게 맡겨서(委) 한 것처럼 '빼어나다'는 의미였으나, 나라이름이나 姓氏로 주로 쓰이면서, 山자를 더한 巍자가 본래 의미를 대신하고 있다.

용례 魏書 위서, 魏徵 위징, 魏武帝 위무제, 魏晉南北朝 위진남북조

337

兪

대답할/ 점점 유

入
총9획

파자풀이 兪자는 본래 조그만 통나무배를 의미하는 글자였으나, 나중에 주로 姓氏로 쓰이게 된 경우이다. 劉(묘금도 류)자처럼 글자의 각 부분의 음을 차용해서 인월도(人月刂)라고 훈을 쓰기도 한다.

유의자 答 대답할 답, 漸 점점 점

용례 兪音 유음, 允兪 윤유, 兪應孚 유응부, 兪扁之術 유편지술

338

庾

곳집/ 노적가리 유

广
총11획

파자풀이 庾자는 의미요소인 广자와 발음요소인 臾(잠깐 유)자의 결합자이다. 곡식을 잠깐(臾) 저장하는 건물(广)이란 의미이다.

유의자 倉 곳집 창, 庫 곳집 고

용례 庾積 유적, 金庾信 김유신

339

楡

느릅나무 유

木
총13획

파자풀이 楡자는 의미요소인 木자와 발음요소인 兪자의 결합자이다. 통나무배(兪)를 가공하기에 적당한 나무(木)란 의미이다.

용례 楡皮 유피, 家楡 가유, 春楡 춘유

340

넘을 유

足
총16획

파자풀이 踰자는 의미요소인 足자와 발음요소인 兪자의 결합자이다. 발로 통나무배를 뛰어넘는 모습이다.

유의자 越 넘을 월, 超 넘을 초

용례 踰年 유년, 踰歷 유력, 踰嶺 유령, 踰獄 유옥, 踰月 유월, 踰限 유한, 水踰里 수유리

341

맏/진실로 윤:

儿
총4획

파자풀이 允자는 머리가 빼어난 사람을 본뜬 글자이다. 그래서 본래 남보다 뛰어난 사람을 의미했으나, 후에 집안의 맏이를 의미하는 글자로 쓰이고 있다. 胤자와 通用字이다.

유의자 孟 맏 맹, 伯 맏 백, 兄 맏 형

용례 允可 윤가, 允恭 윤공, 允君 윤군, 允納 윤납, 允當 윤당, 允玉 윤옥, 允友 윤우, 允兪 윤유, 允許 윤허, 允文允武 윤문윤무, 允執厥中 윤집궐중

342

성씨/다스릴 윤:

尸
총4획

파자풀이 尹자는 손으로 지팡이를 잡고 있는 모습으로 '다스리다'는 의미가 있다. 옛날에는 나이 많은 어른이 집단의 우두머리로서 다스리는 역할을 했다. 지금은 姓氏로 쓰인다.

유의자 治 다스릴 치

용례 尹司 윤사, 卿尹 경윤, 官尹 관윤, 關尹 관윤, 師尹 사윤, 庶尹 서윤, 令尹 영윤, 尹瓘 윤관, 尹東柱 윤동주, 漢城判尹 한성판윤, 坡平尹氏 파평윤씨

343

자손/이을 윤

月(肉)
총9획

파자풀이 胤자는 八자와 幺자 그리고 肉자의 합체자이다. 혈통(肉)이 나눠(八)지면서도 이어(糸)지는 것을 표현한 글자이다. 允자와 通用字이다.

유의자 裔 후손 예, 孫 자손 손

용례 胤君 윤군, 胤玉 윤옥, 胤友 윤우, 胤子 윤자, 嗣胤 사윤, 令胤 영윤

344

鈗

창 윤

金
총12획

파자풀이 鈗자는 의미요소인 金자와 발음요소인 允자의 결합자이다. 임금의 근신(近臣)들이 윤허(允許)를 받고 특별히 휴대하는 창을 의미한다.

유의자 戈 창 과, 矛 창 모

상대자 干 방패 간, 盾 방패 순

용례 鈗人 윤인, 執鈗 집윤

345

녹을 융

虫
총16획

파자풀이 融자는 鬲(솥 력)자와 虫자의 결합자이다. 끓는 솥(鬲) 안으로 들어간 벌레(虫)가 녹아 없어지는 모습이다.

유의자 溶 녹을 용, 熔 녹을 용

용례 融液 융액, 融資 융자, 融暢 융창, 融通 융통, 融合 융합, 融解 융해, 融化 융화, 融和 융화, 金融 금융, 熔融 용융, 鎔融 용융, 融通性 융통성

346

지경 은

土
총9획

파자풀이 垠자는 土자와 艮자의 결합자이다. 땅(土)의 한계(艮)인 경계를 의미하는 글자이다.

유의자 境 지경 경, 界 지경 계, 域 지경 역

용례 垠界 은계, 垠際 은제, 李垠 이은, 地垠 지은

347

은나라/성할 은

殳
총10획

파자풀이 殷자는 중국 고대 왕조를 의미하는 글자이다. 商이라 불린 이 나라는 湯王이 夏나라 폭군이 桀王을 무너뜨리고 건국한 나라라고 전해진다.

유의자 盛 성할 성, 旺 성할 왕

용례 殷起 은기, 殷繁 은번, 殷富 은부, 殷相 은상, 殷盛 은성, 殷憂 은우, 殷殷 은은, 殷昌 은창, 金殷載 김은재, 殷鑑不遠 은감불원

348

誾

향기/온화할 은

言
총15획

파자풀이 誾자는 門자와 言자의 합체자이다. 소리가 문을 넘지 않도록 온화하게 말하는 모습이다. 집안에서 은은하게 퍼지는 향기를 의미하기도 한다.

유의자 香 향기 향, 芬 향기 분, 馥 향기 복, 馨 향기 형

용례 誾誾 은은, 南誾 남은

349

鷹

매 응(:)

鳥
총24획

파자풀이 鷹자는 발음요소인 應자의 간략자와 의미요소인 鳥자의 합체자이다. 사람이 훈련을 시키면 호응을 하는 새라는 의미이다.

용례 鷹犬 응견, 鷹視 응시, 籠鷹 농응, 秋鷹 추응, 鷹岩洞 응암동

350

伊

저 이

亻
총6획

파자풀이 伊자는 亻자와 尹(다스릴 윤)자의 결합자이다. 다스리는 사람이 손가락으로 여기 저기 가리키며 지시하는 모습에서 '저'라는 의미가 나왔다.

용례 伊昔 이석, 伊時 이시, 伊人 이인, 亡伊 망이, 亡所伊 망소이, 伊太利 이태리, 黃眞伊 황진이

351

怡

기쁠 이

忄
총8획

파자풀이 怡자는 忄자와 台자의 결합자이다. 台자는 입을 벌리고 웃는 모습으로 '기뻐하다'는 의미가 있다. 여기에 忄자를 더해 마음으로 기뻐하다는 의미를 표현했다.

유의자 歡 기쁠 환, 喜 기쁠 희, 悅 기쁠 열

상대자 哀 슬플 애, 悲 슬플 비

용례 怡穆 이목, 怡色 이색, 怡安 이안, 怡悅 이열, 怡然 이연, 怡怡 이이, 怡和 이화, 歡怡 환이, 南怡 남이, 和顔怡聲 화안이성, 心廣神怡 심광신이

352

珥

귀고리 이:

王(玉)
총10획

파자풀이 珥자는 玉자와 耳자의 결합자이다. 옥으로 만든 귀고리를 의미한다. 인명자로 쓰인다.

용례 玉珥 옥이, 李珥 이이

353

두 이:

貝
총12획

파자풀이 貳자는 弋자와 二자 그리고 貝자의 합체자이다. 회수(回收)할 수 있는 주살(弋)을 두(二) 번 쏘면 재화(貝)가 두(二) 배로 늘어나는 셈이라는 의미이다. 二자의 갖은자로 쓰인다.

유의자 二 두 이

약자 弍, 弐

용례 貳心 이심, 貳車 이거, 貳相 이상, 貳臣 이신, 壹貳參肆 일이삼사

354

翊

도울 익

羽
총11획

파자풀이 翊자는 立자와 羽자의 결합자이다. 새가 깃(羽)을 세우는(立) 것이 자신을 보호하는데 도움이 된다는 의미이다. 翌과 通字이다.

유의자 輔 도울 보, 佐 도울 좌

용례 翊戴 익대, 翊成 익성, 輔翊 보익, 李翊 이익

355

刃

칼날 인:

刀
총3획

파자풀이 刃자는 刀자의 칼날 부분에 丶를 찍어 칼날을 강조한 지사자(指事字)이다.

용례 刃傷 인상, 刀刃 도인, 白刃 백인, 兵刃 병인, 霜刃 상인, 銳刃 예인, 利刃 이인, 三寸雪刃 삼촌설인

356

줄춤 일

亻
총8획

파자풀이 佾자는 亻자와 八자 그리고 肉자의 결합자이다. 여덟 사람이 줄을 맞춰 몸으로 춤을 추는 모습이다.

유의자 舞 춤출 무

용례 八佾舞 팔일무

357

한 일

士
총12획

파자풀이 壹자는 壺자와 吉자의 합체자로서, 술병에 좋은 술을 담아 마개를 꼭 닫은 모습이다. 후에 一과 음이 같아서 一의 갖은자로 쓰게 되었다.

유의자 一 한 일

약자 壱

용례 壹意 일의, 壹是 일시, 壹貳參肆 일이삼사

358

무게이름 일

金
총18획

파자풀이 鎰자는 의미요소인 金자와 발음요소인 益자의 결합자이다. 24兩의 무게를 의미한다. 이름자로도 쓰이는 글자이다.

용례 萬鎰 만일, 張鎰 장일, 李鎰 이일

359

妊

아이밸 임:

女
총7획

파자풀이 妊자는 女자와 壬자의 결합자이다. 壬자는 실 감는 도구를 묘사한 글자이다. 실이 감겨 불룩한 모습처럼 아이를 가져 배가 불룩한 여성의 몸을 표현한 글자이다.

유의자 姙 아이밸 임, 娠 아이밸 신, 孕 아이밸 잉, 胎 아이밸 태, 胚 아이밸 배

용례 不妊 불임, 胎妊 태임, 避妊 피임, 懷妊 회임, 妊産婦 임산부

360

滋

불을 자

氵
총12획

파자풀이 滋자는 의미요소인 氵자와 발음요소인 兹자의 결합자이다. 兹는 초목이 무성한 모습이다. 따라서 滋자는 수분을 충분히 공급해 초목이 무성해진다는 의미이다.

유의자 潤 불을 윤

용례 滋蔓 자만, 滋茂 자무, 滋殖 자식 滋甚 자심, 滋雨 자우, 滋養分 자양분

361

磁

자석 자

石
총14획

파자풀이 磁자는 의미요소인 石자와 발음요소인 兹자의 결합자이다. 자성(磁性)을 띤 검은(兹) 돌(石)을 표현했다.

용례 磁極 자극, 磁器 자기, 磁氣 자기, 磁力 자력 磁石 자석, 磁性 자성, 磁針 자침, 白磁 백자, 電磁 전자, 靑磁 청자, 磁氣場 자기장, 陶磁器 도자기

362

諮

물을 자:

言
총16획

파자풀이 諮자는 言자와 咨자의 결합자이다. 본래 咨자가 '묻다'라는 뜻으로 쓰였으나, 후에 言자를 더해 의미를 강조한 경우이다.

유의자 咨 물을 자, 問 물을 문, 詢 물을 순

용례 諮決 자결, 諮謀 자모, 諮問 자문, 諮議 자의

363

雌

암컷 자

隹
총14획

파자풀이 雌자는 발음요소인 此자와 의미요소인 隹자의 결합자이다. 본래 암컷 새를 의미하는 글자이다.

상대자 雄 수컷 웅

용례 雌伏 자복, 雌雄 자웅, 雌雄同體 자웅동체

364

蠶

누에 잠

虫
총24획

파자풀이 蠶자는 발음요소인 朁(일찍이 참)자와 의미요소인 두 개의 虫자로 구성된 글자이다. 朁자는 입을 크게 벌리고 하품하는 모습이다. 따라서 蠶자는 여러 마리 누에들이 실을 토해내는 모습을 묘사한 것으로 볼 수 있다.

약자 蚕

용례 蠶食 잠식, 蠶室 잠실, 養蠶 양잠, 蠶室洞 잠실동

365

庄

전장 장

广
총6획

파자풀이 庄자는 广자와 土자의 합체자이다. 농토(土) 근처에 만든 집(广)으로, 농막(農幕)을 의미한다. 莊의 簡體字로도 쓰인다.

용례 庄家 장가, 庄園 장원, 農庄 농장

366

獐

노루 장

犭
총14획

파자풀이 獐자는 의미요소인 犭자와 발음요소인 章자의 결합자이다. 麞자를 간략하게 쓴 글자인데, 자주 사용하다 보니 대표자가 된 경우이다. 地名字로도 쓰인다.

용례 獐角 장각, 獐肝 장간, 獐島 장도, 獐毛 장모, 獐足 장족, 獐皮 장피, 獐血 장혈, 牙獐 아장, 香獐 향장

367

璋

홀 장

王(玉)
총15획

파자풀이 璋자는 의미요소인 玉자와 발음요소인 章자의 결합자이다. 朝禮때 임금의 말을 글(章)로 적는 옥(玉)이란 의미이다.

유의자 圭 홀 규, 笏 홀 홀

용례 圭璋 규장, 弄璋 농장, 弄璋之慶 농장지경, 弄璋之喜 농장지희

368

蔣

성씨 장

艹
총15획

파자풀이 蔣자는 의미요소인 艹자와 발음요소인 將자의 결합자이다. 본래 연못가에서 자라는 '줄'이라는 풀을 의미했으나, 주로 姓氏로 쓰인다.

약자 蒋

용례 蔣茅 장모, 蔣介石 장개석, 蔣英實 장영실

369

沮

막을 저:

氵 총8획

파자풀이 沮자는 의미요소인 氵자와 발음요소인 且자의 결합자이다. 둑이나 제방을 쌓아서(且) 물길(氵)을 막는다는 의미이다.

유의자 拒 막을 거,防 막을 방, 閼 막을 알, 遮 막을 차

용례 沮氣 저기, 沮散 저산, 沮喪 저상, 沮抑 저억, 沮議 저의, 沮止 저지, 沮澤 저택, 沮害 저해

370

경기 전

田 총7획

파자풀이 甸자는 勹(쌀 포)자와 田자의 합체자이다. 王城을 둘러싼(勹) 일정 거리의 땅(田)을 의미하는 글자이다.

유의자 畿 경기 기

용례 甸役 전역, 甸人 전인, 甸地 전지, 畿甸 기전, 甸服 전복

371

偵

염탐할 정

亻 총11획

파자풀이 偵자는 亻자와 貞(곧을 정)자의 결합자이다. 어떤 사람(亻)의 행실이 곧은지(貞) 여부를 살펴본다는 의미이다.

유의자 諜 염탐할 첩

용례 偵客 정객, 偵察 정찰, 偵探 정탐, 密偵 밀정, 探偵 탐정, 偵察機 정찰기

372

呈

드릴 정

口 총7획

파자풀이 呈자는 口자와 壬자의 결합자이다. 허리를 굽히고 공손하게 말을 건네는 모습으로, 말 뿐 아니라 무언가를 공손히 바친다는 의미까지 확장했다.

유의자 貢 바칠 공, 獻 바칠 헌, 贈 줄 증

상대자 受 받을 수

용례 呈納 정납, 呈上 정상, 呈訴 정소, 呈送 정송, 呈示 정시, 敬呈 경정, 謹呈 근정, 露呈 노정, 拜呈 배정, 奉呈 봉정, 贈呈 증정, 進呈 진정, 獻呈 헌정

373

旌

기 정

方 총11획

파자풀이 旌자는 㫃(나부낄 언)자와 生자의 결합자이다. 旌자는 깃대(㫃)와 깃대의 장식(生)을 본떠 만든 글자이다. 王命을 받은 신하에게 표식으로 주던 기이다.

유의자 旗 기 기

용례 旌鼓 정고, 旌旗 정기, 旌閭 정려, 旌勞 정로, 旌門 정문, 旌賞 정상, 旌善 정선, 旌揚 정양, 旌節 정절, 旌善郡 정선군

374

晶

맑을/수정 정

日 총12획

파자풀이 晶자는 세 개의 日자의 결합자로, 본래 '밝다'라는 의미로 쓰였으나, 후에 해가 많이 보일 정도로 '맑다'라는 의미가 생겨났고, 또 '맑다'는 데서 '수정(水晶)'이란 의미까지 파생되었다.

유의자 淸 맑을 청, 淑 맑을 숙, 明 밝을 명

상대자 濁 흐릴 탁, 暗 어두울 암

용례 晶光 정광, 晶曜 정요, 結晶體 결정체, 紫水晶 자수정

375

楨

광나무 정

木 총13획

파자풀이 楨자는 木자와 貞자의 결합자이다. 담을 쌓을 때 기준으로 쓰는 곧은(貞) 나무(木)를 의미한다. 이렇게 나무의 곧은 성질을 응용해서 '기본', '근본'등의 의미로 주로 쓰인다.

용례 楨幹 정간, 家楨 가정, 國楨 국정, 基楨 기정

376

汀

물가 정

氵 총5획

파자풀이 汀자는 의미요소인 氵자와 발음요소인 丁자의 결합자이다. 물이 있는 곳의 가장자리를 의미한다. 모래톱을 의미하가도 한다.

유의자 洙 물가 수, 涯 물가 애, 墺 물가 오, 洲 물가 주, 渚 물가 저

용례 汀蘭 정란, 汀沙 정사, 汀岸 정안, 汀渚 정저, 汀洲 정주, 蘆汀 노정

377

珽

옥이름 정

王(玉) 총11획

파자풀이 珽자는 玉자와 廷자의 결합자이다. 朝廷에서 쓰는 玉笏을 의미한다. 주로 이름자로 쓰인다.

용례 安珽 안정, 任珽 임정

378

禎

상서로울 정

示 총14획

파자풀이 禎자는 의미요소인 示자와 발음요소인 貞자의 결합자이다. 貞자는 본래 복채(貝)를 내고 점(卜)을 치는 모습으로, 禎자는 점을 쳐서(貞) 신(示)의 뜻을 알기 때문에 앞날이 상서롭다는 의미이다.

유의자 祥 상서로울 상, 瑞 상서로울 서

상대자 凶 흉할 흉

용례 禎祥 정상, 禎瑞 정서, 祥禎 상정, 孫基禎 손기정

379

배 정

舟
총13획

파자풀이 艇자는 舟자와 廷자의 결합자이다. 朝廷에 필요한 물자를 신속하게 조달하던 거룻배를 의미한다.

유의자 舟 배 주, 船 배 선, 舶 배 박, 艦 배 함, 航 배 항

용례 競艇 경정, 小艇 소정, 艦艇 함정, 救命艇 구명정, 飛行艇 비행정, 快速艇 쾌속정

380

나라/성씨 정:

⻏(邑)
총15획

파자풀이 鄭자는 발음요소인 奠(제사드릴 전)자와 의미요소인 邑자의 결합자이다. 본래 춘추시대 國名이었기 때문에 邑자가 있다. 지금은 주로 姓氏로 쓰인다.

용례 鄭聲 정성, 鄭重 정중, 鄭玄 정현, 鄭夢周 정몽주, 鄭周永 정주영

381

솥 정

鼎
총13획

파자풀이 鼎자는 세 발과 두 귀가 달려있는 솥을 묘사한 상형자이다. 이 솥은 일상의 조리도구가 아닌 제수를 담는데 사용했기 때문에 의미가 확장해서 '점괘'의 뜻도 갖게 됐다.

용례 鼎談 정담, 鼎立 정립, 鼎銘 정명, 鼎分 정분, 鼎業 정업, 鼎席 정석, 鼎足 정족, 鼎族 정족, 九鼎 구정

382

약제 제

刂
총16획

파자풀이 劑자는 齊자와 刂자의 결합자이다. 藥材를 칼(刂)로 가지런히(齊) 썰어서 조제한 약을 의미한다.

약자 剤

용례 洗劑 세제, 藥劑 약제, 製劑 제제, 調劑 조제, 湯劑 탕제, 丸劑 환제, 芳香劑 방향제, 防腐劑 방부제, 殺蟲劑 살충제, 睡眠劑 수면제, 營養劑 영양제, 利尿劑 이뇨제, 止血劑 지혈제, 鎭靜劑 진정제, 鎭痛劑 진통제, 抗生劑 항생제, 解熱劑 해열제, 幻覺劑 환각제, 滋養强壯劑 자양강장제

383

彫

새길 조

彡
총11획

파자풀이 彫자는 발음요소인 周자와 의미요소인 彡자의 결합자이다. 무늬(彡)를 두루(周) 새긴다는 의미이다.

유의자 刻 새길 각, 刊 새길 간, 銘 새길 명

용례 彫刻 조각, 彫像 조상, 彫飾 조식, 彫玉 조옥, 彫琢 조탁, 毛彫 모조, 木彫 목조, 浮彫 부조

384

둘 조

扌
총11획

파자풀이 措자는 의미요소인 扌자와 발음요소인 昔 자의 결합자이다. 손(扌)으로 잡기 이전(昔) 상태로 놓아둔다는 의미이다.

유의자 置 둘 치

용례 措辭 조사, 措處 조처, 措置 조치, 擧措 거조, 措手不及 조수불급, 罔知所措 망지소조

385

성씨 조

日
총10획

파자풀이 曺자는 曹(마을 조)자의 俗字로 우리나라에서는 구별하여 姓氏로 쓴다. 중국에서는 曹를 姓氏로도 쓴다.

용례 曺奉巖 조봉암, 曺敏修 조민수, 曺薰鉉 조훈현

386

복 조

示
총10획

파자풀이 祚자는 의미요소인 示자와 발음요소인 乍(잠깐 사)자의 결합자이다. 신(示)이 만들어서(乍) 인간에게 내려주는 복을 의미한다. 이름자로 쓰인다.

유의자 祺 복 기, 福 복 복, 祉 복 지, 祜 복 호, 禧 복 희

상대자 災 재앙 재, 禍 재화 화

용례 祚慶 조경, 祚命 조명, 景祚 경조, 吉祚 길조, 福祚 복조, 溫祚王 온조왕

387

나라/성씨 조:

走
총14획

파자풀이 趙자는 走자와 발음요소인 肖자의 결합자이다. 戰國시대 趙나라를 의미하며, 姓氏로도 사용되는 글자이다.

용례 趙雲 조운, 趙淳 조순, 趙光祖 조광조, 豊壤趙氏 풍양조씨

388

釣

낚을/낚시 조:

金
총11획

파자풀이 釣자는 의미요소인 金자와 발음요소인 勺(구기 작)자의 결합자이다. 쇠붙이를 국자 모양으로 구부려 낚시 바늘을 만들어 고기를 낚는다는 의미이다.

용례 釣竿 조간, 釣臺 조대, 釣名 조명, 釣絲 조사, 釣師 조사, 釣船 조선, 釣魚 조어, 釣遊 조유, 釣而不網 조이불망

389

琮

옥홀 종

王(玉)
총12획

파자풀이 琮자는 의미요소인 玉자와 발음요소인 宗자의 결합자이다. 옥으로 만든 笏을 의미하는 글자이다. 주로 인명자로 쓰인다.

유의자 圭 홀 규, 璋 옥홀 장, 笏 홀 홀

용례 琮花 종화, 許琮 허종

390

綜

모을 종

糸
총14획

파자풀이 綜자는 糸자와 宗자의 결합자이다. 綜자는 본래 베틀의 날실을 한 칸씩 걸러서 끌어올리도록 맨 굵은 실인 '잉아(綜絲)'를 뜻한다. 따라서 실(糸)을 다스리는 우두머리(宗)라는 의미이다.

유의자 集 모을 집, 合 합할 합

상대자 散 흩을 산

용례 綜管 종관, 綜達 종달, 綜覽 종람, 綜理 종리, 綜析 종석, 綜合 종합, 綜核 종핵

391

疇

밭이랑 주

田
총19획

파자풀이 疇자는 의미요소인 田자와 발음요소인 壽자의 결합자이다. 논이나 밭을 갈아 골을 타서 두두룩하게 흙을 쌓아 만든 곳을 의미한다. 또 밭의 경계가 되기 때문에 범주의 의미로도 쓰인다.

유의자 頃 이랑 경, 壟 밭이랑 롱

용례 範疇 범주, 田疇 전주, 洪範九疇 홍범구주

392

駐

머무를 주:

馬
총15획

파자풀이 駐자는 의미요소인 馬자와 발음요소인 主자의 결합자이다. 말을 대고 머무른다는 의미이다.

유의자 停 머무를 정, 留 머무를 류

용례 駐軍 주군, 駐屯 주둔, 駐留 주류, 駐泊 주박, 駐兵 주병, 駐步 주보, 駐在 주재, 駐車 주차, 常駐 상주, 停駐 정주, 進駐 진주, 駐在員 주재원, 駐韓美軍 주한미군

393

准

비준/준할 준:

冫
총10획

파자풀이 准자는 冫자와 隹자의 결합자이다. '비준(批准)하다'는 의미 외에, 準의 간체자로 '준하다'는 의미로 쓰임이 많은 글자이다.

용례 准例 준례, 准尉 준위, 准將 준장, 批准 비준, 認准 인준

394

埈

높을 준:

土
총10획

파자풀이 埈자는 의미요소인 土자와 발음요소인 夋(천천히걷은모양 준)자의 결합자이다. 산이 높고 가팔라서 천천히 걸어 올라야 한다는 의미이다.

유의자 峻 높을 준, 高 높을 고

상대자 低 낮을 저, 卑 낮을 비

용례 李埈 이준, 崔埈 최준

395

峻

높을/준엄할 준:

山
총10획

파자풀이 峻자는 의미요소인 山자와 발음요소인 夋자의 결합자이다. 산이 높아서 천천히 걸어 올라야 한다는 의미이다.

유의자 埈 높을 준, 嚴 엄할 엄

용례 峻閣 준각, 峻極 준극, 峻德 준덕, 峻嶺 준령, 峻路 준로, 峻論 준론, 峻法 준법, 峻峰 준봉, 峻秀 준수, 峻烈 준열, 峻遠 준원, 峻節 준절, 峻責 준책, 嚴峻 엄준, 險峻 험준

396

晙

밝을 준:

日
총11획

파자풀이 晙자는 의미요소인 日자와 발음요소인 夋자의 결합자이다. 주로 이름자로 쓰이는 글자이다.

유의자 明 밝을 명, 朗 밝을 랑, 昭 밝을 소, 晧 밝을 호

상대자 冥 어두울 명, 暗 어두울 암, 昏 어두울 혼

용례 權晙 권준

397

浚

깊게할 준:

氵
총10획

파자풀이 浚자는 의미요소인 氵자와 발음요소인 夋자의 결합자이다. 강바닥에 쌓인 모래나 자갈을 퍼내 물을 깊게 한다는 의미이다.

유의자 濬 깊게할 준

용례 浚渠 준거, 浚渫 준설, 浚井 준정, 浚照 준조, 許浚 허준, 趙浚 조준, 浚渫船 준설선

398

濬

깊을 준:

氵
총17획

파자풀이 濬자는 氵자와 睿(깊고 밝을 예)자의 결합자이다. 바닥에 쌓인 흙이나 모래를 퍼내 물이 깊고 맑아진다는 의미이다.

유의자 浚 깊게할 준

용례 濬潭 준담, 濬源 준원, 濬池 준지, 濬川 준천, 濬哲 준철, 子濬 자준, 濬源殿 준원전

399

駿

준마 준:

馬
총17획

파자풀이 駿자는 馬자와 夋자의 결합자이다. 다른 말 보다 俊秀한 말을 의미한다. 이름자로도 쓰인다.

유의자 驥 천리마 기, 騏 준마 기

용례 駿犬 준견, 駿骨 준골, 駿驥 준기, 駿良 준량, 駿馬 준마, 駿敏 준민, 駿足 준족, 宋駿 송준, 千金駿馬 천금준마

400

址

터 지

土
총7획

파자풀이 址자는 土자와 止자의 결합자이다. 발을 멈추고(止) 근거로 삼는 땅(土)을 의미한다.

유의자 基 터 기, 垈 터 대

용례 故址 고지, 舊址 구지, 寺址 사지, 城址 성지, 遺址 유지

401

뜻 지

日
총6획

파자풀이 旨자는 본래 숟가락을 의미하는 匕자와 口자로 구성되어 '맛', '맛있다'등을 의미했다. 그러다 후에 口자가 日자로 모양이 바뀐 경우이다.

유의자 意 뜻 의, 志 뜻 지, 趣 뜻 취

용례 旨甘 지감, 旨義 지의, 旨意 지의, 論旨 논지, 密旨 밀지, 本旨 본지, 聖旨 성지, 要旨 요지, 主旨 주지, 趣旨 취지

402

脂

기름 지

月(肉)
총10획

파자풀이 脂자는 의미요소인 肉자와 발음요소인 旨자의 결합자이다. 기름기가 있는 맛있는(旨) 고기(肉)를 의미한다.

유의자 肪 기름 방, 油 기름 유

용례 脂粉 지분, 脂肉 지육, 脂澤 지택, 丹脂 단지, 樹脂 수지, 乳脂 유지, 油脂 유지, 凝脂 응지, 竊脂 절지, 脫脂粉乳 탈지분유

403

지초 지

艹
총8획

파자풀이 芝자는 의미요소인 艹자와 발음요소인 之자의 결합자이다. 불로초과의 버섯으로 영지(靈芝)를 의미하는 글자이다. 인명자로도 쓰인다.

용례 芝眉 지미, 芝草 지초, 瑞芝 서지, 靈芝 영지, 芝蘭之交 지란지교, 芝蘭之室 지란지실, 芝峯類說 지봉유설

404

稙

올벼 직

禾
총13획

파자풀이 稙자는 의미요소인 禾자와 발음요소인 直자의 결합자이다. 다른 벼보다 일찍 여무는 벼를 의미하는 글자이다. 주로 이름자로 쓰인다.

용례 稙禾 직화, 盧稙 노직, 李命稙 이명직, 李人稙 이인직

405

稷

피 직

禾
총15획

파자풀이 稷자는 禾자와 밭을 가는 모습을 표현한 畟(밭갈 측)자의 결합자이다.

용례 稷山 직산, 后稷 후직, 宗廟社稷 종묘사직

406

塵

티끌 진

土
총14획

파자풀이 塵자는 鹿자와 土자가 결합한 회의자이다. 사슴이 달릴 때 흙먼지가 일어나는 것을 표현했다.

유의자 埃 티끌 애

용례 塵境 진경, 塵界 진계, 塵世 진세, 塵俗 진속, 塵埃 진애, 塵煙 진연, 塵外 진외, 塵土 진토, 落塵 낙진, 蒙塵 몽진, 防塵 방진, 粉塵 분진, 風塵 풍진, 塵肺症 진폐증, 積塵成山 적진성산

407

晋

진나라 진:

日
총10획

파자풀이 晋자는 본래 晉의 俗字이다. 지명자로 자주 쓰인다.

용례 晋接 진접, 晋州 진주, 晋秩 진질, 東晋 동진, 西晋 서진, 三晋 삼진, 晋文公 진문공

408

津

나루 진(:)

氵
총9획

파자풀이 津자는 氵자와 聿(붓 율)자의 결합자이다.

용례 津軍 진군, 津渡 진도, 津梁 진량, 津筏 진벌, 津夫 진부, 津岸 진안, 津液 진액, 津驛 진역, 松津 송진, 鷺梁津 노량진, 興味津津 흥미진진

409

秦

성씨 진

禾
총10획

파자풀이 秦자는 발음요소인 春의 생략형과 의미요소인 禾자의 결합자이다.

용례 秦律 진율, 先秦 선진, 前秦 전진, 秦始皇 진시황, 秦穆公 진목공

410

진찰할 진

言
총12획

파자풀이 診자는 의미요소인 言자와 발음요소인 㐱(숱 많고 검을 진)자의 결합자이다.

유의자 療 병고칠 료

용례 診斷 진단, 診療 진료, 診脈 진맥, 診夢 진몽, 診察 진찰, 檢診 검진, 來診 내진, 問診 문진, 誤診 오진, 往診 왕진, 聽診 청진, 打診 타진, 宅診 택진, 特診 특진, 回診 회진, 休診 휴진

411

막힐 질

穴
총11획

파자풀이 窒자는 의미요소인 穴자와 발음요소인 至자의 결합자이다.

유의자 塞 막힐 색, 邕 막힐 옹, 礙 막힐 애, 滯 막힐 체

용례 窒氣 질기, 窒酸 질산, 窒塞 질색, 窒素 질소, 窒息 질식, 窒礙 질애

412

輯

모을 집

車
총16획

파자풀이 輯자는 의미요소인 車자와 발음요소인 咠(참소할 집)자의 결합자이다.

유의자 蒐 모을 수, 集 모을 집

용례 輯錄 집록, 輯成 집성, 補輯 보집, 蒐輯 수집, 完輯 완집, 特輯 특집, 編輯 편집

413

遮

가릴 차(:)

辶
총15획

파자풀이 遮자는 의미요소인 辶자와 발음요소인 庶자의 결합자이다.

유의자 遏 막을 알, 止 그칠 지, 蔽 덮을 폐

용례 遮擊 차격, 遮光 차광, 遮斷 차단, 遮路 차로, 遮陽 차양, 遮額 차액, 遮絶 차절, 遮止 차지, 遮蔽 차폐

414

燦

빛날 찬:

火
총17획

파자풀이 燦자는 의미요소인 火자와 발음요소인 粲(정미 찬)자의 결합자이다. 이름자로 쓰인다.

유의자 炳 밝을 병, 昞 밝을 병, 耀 빛날 요, 曜 빛날 요, 昱 빛날 욱, 煜 빛날 욱, 赫 밝을 혁, 煥 빛날 환, 晃 밝을 황, 輝 빛날 휘, 熙 빛날 희

용례 燦爛 찬란, 燦然 찬연, 燦煥 찬환, 朴燦鍾 박찬종

415

옥빛 찬:

王(玉)
총17획

파자풀이 璨자는 의미요소인 玉자와 발음요소인 粲자의 결합자이다. 주로 이름자로 쓰인다.

유의자 璟 옥빛 경, 瑛 옥빛 영

용례 璨幽 찬유, 南宮璨 남궁찬

416

옥잔 찬

王(玉)
총23획

파자풀이 瓚자는 의미요소인 玉자와 발음요소인 贊자의 결합자이다. 이름자로 쓰인다.

약자 瓒

용례 圭瓚 규찬, 璋瓚 장찬, 公孫瓚 공손찬

417

뚫을 찬

金
총27획

파자풀이 鑽자는 의미요소인 金자와 발음요소인 贊자의 결합자이다. 이름자로도 쓰인다.

유의자 鑿 뚫을 착

약자 鑚

용례 鑽孔 찬공, 鑽具 찬구, 鑽勵 찬려, 鑽木 찬목, 鑽仰 찬앙, 硏鑽 연찬

418

밥 찬

食
총16획

파자풀이 餐자는 歺(부서진 뼈 알)자와 손을 본뜬 又자 그리고 食자로 구성된 글자이다. 손으로 뼈를 들고 발라먹는 상황을 표현한 것이다.

유의자 飯 밥 반, 食 밥 식

용례 加餐 가찬, 晩餐 만찬, 常餐 상찬, 聖餐 성찬, 素餐 소찬, 午餐 오찬, 朝餐 조찬, 風餐露宿 풍찬노숙

419

刹

절 찰

刂
총8획

파자풀이 刹자는 발음요소인 杀(죽일 살)자와 刂자의 결합자이다. 속세의 인연을 칼같이 끊어내고 출가한 승려가 기거하는 사찰을 의미한다.

유의자 寺 절 사

용례 刹那 찰나, 巨刹 거찰, 古刹 고찰, 名刹 명찰, 寺刹 사찰

420

札

편지 찰

木
총5획

파자풀이 札자는 의미요소인 木자와 발음요소인 乙의 결합자이다.

유의자 簡 편지 간, 翰 편지 한

용례 札翰 찰한, 簡札 간찰, 鑑札 감찰, 改札 개찰, 開札 개찰, 落札 낙찰, 名札 명찰, 書札 서찰, 應札 응찰, 入札 입찰, 標札 표찰, 現札 현찰

421

斬

벨 참(:)

斤
총11획

파자풀이 斬자는 형틀을 묘사한 車자와 목을 치는 도구인 斤자의 결합자이다.

유의자 刈 벨 예

용례 斬級 참급, 斬頭 참두, 斬首 참수, 斬伐 참벌, 斬殺 참살, 斬新 참신, 斬刑 참형, 陵遲處斬 능지처참

422

彰

드러날 창

彡
총14획

파자풀이 彰자는 발음요소인 章자와 의미요소인 彡자의 결합자이다.

유의자 顯 드러낼 현, 明 밝을 명

용례 彰德 창덕, 彰示 창시, 表彰 표창, 彰往察來 창왕찰래, 彰善懲惡 창선징악

423

敞

시원할 창

攵
총12획

파자풀이 敞자는 尙자와 攵자의 결합자이다. 人名, 地名에 쓰인다.

유의자 爽 시원할 상

용례 敞麗 창려, 寬敞 관창, 通敞 통창, 高敞郡 고창군

424

昶

해길 창:

日
총9획

파자풀이 昶자는 永자와 日자의 결합자이다. 화창한 여름날처럼 해가 긴 것을 의미한다. 이름자로 주로 쓰인다.

유의자 暢 화창할 창

용례 和昶 화창, 金基昶 김기창

425

滄

큰바다 창

氵
총13획

파자풀이 滄자는 의미요소인 氵자와 발음요소인 倉자의 결합자이다.

유의자 洋 큰바다 양, 海 바다 해

용례 滄浪 창랑, 滄熱 창열, 滄海 창해, 萬頃滄波 만경창파, 滄桑之變 창상지변, 滄海一粟 창해일속

426

埰

사패지 채:

土
총11획

파자풀이 埰자는 의미요소인 土자와 발음요소인 采자의 결합자이다. 功臣에게 임금이 하사하는 땅을 의미한다.

용례 埰地 채지, 埰邑 채읍

427

성씨 채:

艹
총15획

파자풀이 蔡자는 艹자와 祭자의 결합자이다. 본래 제사를 지낸 뒤 풀로 점을 치는 것에서 유래한 글자이다.

용례 蔡倫 채륜, 靈蔡 영채, 神蔡 신채, 蔡濟恭 채제공

428

풍채/캘 채:

釆
총8획

파자풀이 采자는 손을 묘사한 爫자와 木자의 결합자이다. 손으로 나무 열매를 따는 모습을 표현한 글자이다.

용례 風采 풍채, 納采 납채, 喝采 갈채

429

悽

슬퍼할 처:

忄
총11획

파자풀이 悽자는 忄자와 妻자의 결합자이다. 喪夫한 아내의 마음을 표현한 글자이다.
유의자 慨 슬퍼할 개, 哀 슬플 애, 悼 슬퍼할 도
용례 悽然 처연, 悽絶 처절, 悽慘 처참

430

陟

오를 척

阝(阜)
총10획

파자풀이 陟자는 阝(阜)자와 步자가 결합한 회의자이다. 언덕을 걸어 오르는 모습을 표현했다.
유의자 登 오를 등, 騰 오를 등, 昇 오를 승
상대자 降 내릴 강, 下 아래 하
용례 陟降 척강, 陟罰 척벌, 進陟 진척, 三陟市 삼척시, 黜陟幽明 출척유명

431

隻

외짝 척

隹
총10획

파자풀이 隻자는 隹자와 손을 묘사한 又자의 결합자이다.
상대자 雙 쌍 쌍
용례 隻句 척구, 隻騎 척기, 隻手 척수, 隻身 척신, 隻眼 척안, 隻愛 척애, 隻言 척언

432

釧

팔찌 천

金
총11획

파자풀이 釧자는 의미요소인 金자와 발음요소인 川자의 결합자이다.
용례 玉釧 옥천, 釧路 천로

433

喆

밝을 철

口
총12획

파자풀이 喆자는 哲자와 同字인데, 구분하기 위해 두 개의 吉자로 구성된 특성에 의해 '쌍길 철'이라고도 부른다. 주로 이름자로 쓰인다.
유의자 哲 밝을 철
용례 金基喆 김기철, 羅喆 나철

434

撤

거둘 철

扌
총15획

파자풀이 撤자는 의미요소인 扌자와 발음요소인 (育+攵)자의 결합자이다.
유의자 收 거둘 수, 穫 거둘 확
용례 撤去 철거, 撤軍 철군, 撤兵 철병, 撤收 철수, 撤市 철시, 撤廢 철폐, 撤回 철회, 不撤晝夜 불철주야

435

澈

맑을 철

氵
총15획

파자풀이 澈자는 의미요소인 氵자와 발음요소인 (育+攵)자의 결합자이다. 인명자로도 쓰인다.
유의자 淡 맑을 정, 淑 맑을 숙, 澄 맑을 징, 淸 맑을 청
상대자 濁 흐릴 탁, 混 흐릴 혼
용례 鏡澈 경철, 淸澈 청철, 鄭澈 정철

436

瞻

볼 첨

目
총18획

파자풀이 瞻자는 의미요소인 目자와 발음요소인 詹(이를 첨)자의 결합자이다.
유의자 看 볼 간, 監 볼 감, 見 볼 견, 觀 볼 관, 覽 볼 람, 視 볼 시, 閱 볼 열, 眺 바라볼 조
용례 瞻顧 첨고, 瞻望 첨망, 瞻拜 첨배, 瞻奉 첨봉, 瞻想 첨상, 瞻仰 첨앙, 瞻星臺 첨성대

437

諜

염탐할 첩

言
총16획

파자풀이 諜자는 의미요소인 言자와 발음요소인 枼(나뭇잎 엽)자의 결합자이다.
유의자 偵 염탐할 정, 探 염탐할 탐
용례 諜報 첩보, 諜者 첩자, 諜知 첩지, 諜候 첩후, 間諜 간첩, 防諜部隊 방첩부대

438

締

맺을 체

糸
총15획

파자풀이 締자는 의미요소인 糸자와 발음요소인 帝자의 결합자이다.
유의자 結 맺을 결, 約 맺을 약
상대자 解 풀 해
용례 締結 체결, 締交 체교, 締構 체구, 締盟 체맹, 締約 체약

439

哨

망볼 **초**

口
총10획

파자풀이 哨자는 의미요소인 口자와 발음요소인 肖(닮을 초)자로 구성된 글자이다.

용례 哨兵 초병, 哨所 초소, 步哨 보초, 巡哨 순초, 前哨 전초, 哨戒艦 초계함

440

楚

초나라/회초리 **초**

木
총13획

파자풀이 楚자는 林자와 疋(발 소)자의 결합자이다. 본래 숲을 거닐 때 발에 걸리는 가시나무를 표현했으나, 후에 '회초리', '매질하다'등 여러 의미가 파생했다.

용례 楚腰 초요, 楚楚 초초, 苦楚 고초, 淸楚 청초, 楚漢志 초한지, 四面楚歌 사면초가

441

焦

탈 **초**

灬
총12획

파자풀이 焦자는 새(隹)를 불(灬)에 굽는 모습에서 '타다'는 의미를 표현했다.

유의자 燃 탈 연, 燒 불사를 소, 燥 탈 조

용례 焦脣 초순, 焦燥 초조, 焦點 초점, 焦土化 초토화, 焦眉之急 초미지급, 勞心焦思 노심초사, 脣焦口燥 순초구조

442

蜀

나라이름/애벌레 **촉**

虫
총13획

파자풀이 蜀자는 본래 나비 애벌레의 눈을 묘사한 罒자와 구부러진 몸을 묘사한 勹자가 결합한 모습이었다가, 후에 虫자가 더해진 경우이다.

용례 蜀道 촉도, 蜀相 촉상, 蜀鳥 촉조, 蜀漢 촉한, 蜀魂 촉혼, 魏蜀吳 위촉오

443

崔

성씨/높을 **최**

山
총11획

파자풀이 崔자는 의미요소인 山자와 발음요소인 隹가 결합한 글자이다. 새만이 오를 수 있는 산으로 '높다'는 의미를 표현했다.

유의자 高 높을 고

용례 崔致遠 최치원, 崔沖 최충, 崔瑩 최영, 崔嵬 최외

444

楸

가래나무 **추**

木
총13획

파자풀이 楸자는 의미요소인 木자와 발음요소인 秋자의 결합자이다.

용례 楸木 추목, 省楸 성추, 楸哥嶺 추가령

445

趨

달아날 **추**

走
총17획

파자풀이 趨자는 의미요소인 走자와 발음요소인 芻(꼴 추)자의 합체자이다.

유의자 北 달아날 배

용례 趨拜 추배, 趨步 추보, 趨勢 추세, 趨迎 추영, 歸趨 귀추

446

鄒

추나라 **추**

阝(邑)
총13획

파자풀이 鄒자는 발음요소인 芻자와 의미요소인 阝(邑)자의 결합자이다. 鄒나라는 孟子의 나라이다.

용례 鄒衍 추연, 鄒魯學 추로학, 鄒魯之鄕 추로지향

447

蹴

찰 **축**

足
총19획

파자풀이 蹴자는 의미요소인 足자와 발음요소인 就자의 결합자이다. 발을 앞으로 뻗어 차는 모습을 표현했다.

용례 蹴球 축구, 蹴鞠 축국, 一蹴 일축

448

軸

굴대 **축**

車
총12획

파자풀이 軸자는 의미요소인 車자와 발음요소인 由자의 결합자이다. 수레바퀴를 끼우는 축을 의미한다.

용례 軸索 축삭, 卷軸 권축, 基軸 기축, 機軸 기축, 主軸 주축, 地軸 지축, 支軸 지축, 車軸 차축

449

椿

참죽나무 춘

木
총13획

파자풀이 椿자는 의미요소인 木자와 발음요소인 春자의 결합자이다.

용례 椿堂 춘당, 椿壽 춘수, 椿丈 춘장, 椿府丈 춘부장

450

화할 충

氵
총7획

파자풀이 沖자는 의미요소인 氵자와 발음요소인 中자의 결합자로 '(물이) 깊다', '온화하다'는 의미이다. 이름자로 사용된다.

약자 冲

용례 沖氣 충기, 沖年 충년, 崔沖 최충

451

속마음 충

衣
총10획

파자풀이 衷자는 발음요소인 中자와 의미요소인 衣자의 결합자이다. 옷 안에 있어 보이지 않는 속마음을 표현한 글자이다.

용례 衷誠 충성, 衷心 충심, 衷情 충정, 苦衷 고충, 折衷 절충

452

불땔 취ː

火
총8획

파자풀이 炊자는 火자와 입을 벌리고 바람을 불어넣는 모습인 欠자의 결합자이다.

용례 炊飯 취반, 炊事 취사, 炊湯 취탕, 自炊 자취, 炊事兵 취사병

453

모을 취ː

耳
총14획

파자풀이 聚자는 取자와 衆의 간략자가 결합한 모습이다. 본래 많은 사람(众)이 모여 사는 마을을 의미했다.

유의자 集 모을 집, 會 모일 회, 輯 모을 집

상대자 散 흩을 산

용례 聚軍 취군, 聚落 취락, 聚散 취산, 聚土 취토, 聚合 취합, 凝聚 응취, 團聚力 단취력, 聚斂之臣 취렴지신

454

峙

언덕 치

山
총9획

파자풀이 峙자는 山자와 발음요소인 寺(관청 시)자의 결합자이다. 평지보다 높은 언덕에 짓는 관청의 위치적 특성을 응용해 만든 글자이다. 주로 지명에 쓰인다.

유의자 崗 언덕 강, 皐 언덕 고, 丘 언덕 구, 阜 언덕 부

용례 對峙 대치, 大峙洞 대치동, 如山積峙 여산적치

455

雉

꿩 치

隹
총13획

파자풀이 雉자는 발음요소인 矢자와 의미요소인 隹자의 결합자이다. 화살처럼 곧게 나는 특성을 응용해서 만들었다.

용례 雉城 치성, 雉兎 치토, 雉岳山 치악산, 春雉自鳴 춘치자명

456

琢

다듬을 탁

王(玉)
총12획

파자풀이 琢자는 의미요소인 玉자와 옥을 다듬을 때 나는 소리를 표현한 豖(발 얽은 돼지 걸음 촉)자의 결합자이다.

용례 琢器 탁기, 琢磨 탁마, 彫琢 조탁, 上色琢器 상색탁기, 切磋琢磨 절차탁마

457

託

부탁할 탁

言
총10획

파자풀이 託자는 의미요소인 言자와 발음요소인 乇(부탁할 탁)자의 결합자이다.

유의자 囑 부탁할 촉

용례 託孤 탁고, 託故 탁고, 託辭 탁사, 託送 탁송, 託身 탁신, 託言 탁언, 假託 가탁, 結託 결탁, 供託 공탁, 寄託 기탁, 反託 반탁, 付託 부탁, 受託 수탁, 信託 신탁, 預託 예탁, 委託 위탁, 依託 의탁, 請託 청탁, 稱託 칭탁, 託兒所 탁아소

458

灘

여울 탄

氵
총22획

파자풀이 灘자는 의미요소인 氵자와 발음요소인 難자의 결합자이다. 물살이 거세 건너기가 어려운 여울을 표현한 글자이다.

유의자 湍 여울 단

용례 灘聲 탄성, 灘響 탄향, 新灘津 신탄진, 玄海灘 현해탄

459

耽

즐길 탐

耳
총10획

파자풀이 耽자는 의미요소인 耳자와 冘(망설일 유)자의 결합자이다.

유의자 嗜 즐길 기, 樂 즐길 락

용례 耽古 탐고, 耽溺 탐닉, 耽讀 탐독, 耽羅 탐라, 耽樂 탐락, 耽味 탐미, 耽美主義 탐미주의

460

바꿀/기쁠 태

儿
총7획

파자풀이 兌자는 웃는 입과 팔자 주름을 표현한 口자와 八자, 그리고 사람을 의미하는 儿자의 결합자이다.

유의자 換 바꿀 태, 易 바꿀 역, 喜 기쁠 희

약자 兊

용례 兌方 태방, 兌換 태환, 兌換紙幣 태환지폐

461

별 태

口
총5획

파자풀이 台자는 입을 벌리고 웃는 모습을 묘사한 글자로 본래 '기뻐하다'는 의미였으나, 후에 '별'의 의미를 갖게 되었고, 소리가 비슷한 이유로 臺자의 俗字로 쓰이고 있다.

용례 台監 태감, 右台 우태, 三台 삼태

462

아이밸 태

月(肉)
총9획

파자풀이 胎자는 의미요소인 月(肉)자와 발음요소인 台자의 결합자이다.

유의자 姙 아이밸 임, 娠 아이밸 신, 胚 아이밸 배, 孕 아이밸 잉

용례 胎教 태교, 胎氣 태기, 胎內 태내, 胎膜 태막, 胎母 태모, 胎夢 태몽, 胎盤 태반, 胎生 태생, 胎兒 태아, 胎葉 태엽, 落胎 낙태, 母胎 모태, 雙胎 쌍태, 受胎 수태, 脫胎 탈태, 胞胎 포태, 懷胎 회태, 胎息法 태식법, 換骨奪胎 환골탈태

463

태풍 태

風
총14획

파자풀이 颱자는 의미요소인 風자와 발음요소인 台자의 결합자이다.

용례 颱風 태풍

464

坡

언덕 파

土
총8획

파자풀이 坡자는 의미요소인 土자와 발음요소인 皮자의 결합자이다.

유의자 陵 언덕 릉, 岸 언덕 안, 阜 언덕 부, 阪 언덕 판

용례 坡州市 파주시, 松坡區 송파구, 青坡洞 청파동

465

阪

언덕 판

阝(阜)
총7획

파자풀이 阪자는 의미요소인 阝(阜)자와 발음요소인 反자의 결합자이다.

유의자 陵 언덕 릉, 岸 언덕 안, 阜 언덕 부, 坡 언덕 파

용례 阪路 판로, 阪田 판전, 險阪 험판, 峻阪 준판, 大阪 대판, 阪上走丸 판상주환

466

으뜸 패:

雨
총21획

파자풀이 霸자는 의미요소인 雨자와 발음요소인 覇(으뜸 패)자의 결합자이다.

유의자 元 으뜸 원

약자 覇

용례 霸權 패권, 霸氣 패기, 霸道 패도, 霸業 패업, 霸王 패왕, 霸者 패자, 爭霸 쟁권, 制霸 제패, 春秋五霸 춘추오패, 霸王之資 패왕지자

467

성씨 팽

彡
총12획

파자풀이 彭자는 壴(악기이름 주)자와 彡(터럭 삼)자의 결합자이다. 이름자, 지명자로도 쓰인다.

용례 彭排 팽배, 彭城邑 팽성읍, 朴彭年 박팽년

468

작을 편

戶
총9획

파자풀이 扁자는 戶자와 冊자의 결합자이다.

유의자 微 작을 미, 小 작을 소

상대자 巨 클 거, 大 큰 대, 甫 클 보, 偉 클 위, 太 클 태, 泰 클 태

용례 扁額 편액, 扁題 편제, 扁平 편평, 扁桃腺 편도선

469

坪

들 평

土
총8획

파자풀이 坪자는 의미요소인 土자와 발음요소인 平자의 결합자이다.

유의자 郊 들 교, 野 들 야

용례 坪數 평수, 建坪 건평, 延建坪 연건평, 楊坪 洞 양평동, 坪當價格 평당가격

470

怖

두려워할 포

忄
총8획

파자풀이 怖자는 의미요소인 忄자와 발음요소인 布자의 결합자이다.

유의자 怯 두려워할 겁, 恐 두려워할 공, 懼 두려워할 구, 畏 두려워할 외, 慄 두려워할 율

용례 怖懼 포구, 怖畏 포외, 恐怖 공포

471

抛

던질 포:

扌
총7획

파자풀이 抛자의 拋자의 俗字이다. 손(扌)에 더욱(尤) 힘(力)을 모아 던지는 것을 표현한 글자이다. '버리다'는 의미도 있다.

유의자 棄 버릴 기, 投 던질 투, 擲 던질 척

용례 抛車 포거, 抛棄 포기, 抛擲 포척, 抛置 포치, 抛物線 포물선

472

葡

포도 포

++
총13획

파자풀이 葡자는 의미요소인 ++자와 포도송이를 표현한 勹자, 그리고 발음요소인 甫자의 합체자이다.

유의자 萄 포도 도

용례 葡萄 포도, 乾葡萄 건포도, 靑葡萄 청포도, 葡萄牙 포도아 ('포르투갈'의 음역어)

473

鋪

펼/가게 포

金
총15획

파자풀이 鋪자는 의미요소인 金자와 발음요소인 甫자의 결합자이다. 쇠붙이를 넓게 편다는 의미였다.

유의자 敷 펼 부, 伸 펼 신, 展 펼 전, 肆 가게 사, 廛 가게 전, 店 가게 점

용례 鋪裝 포장, 店鋪 점포, 典當鋪 전당포, 紙物鋪 지물포, 道路鋪裝 도로포장

474

鮑

절인물고기 포:

魚
총16획

파자풀이 鮑자는 의미요소인 魚자와 발음요소인 包자의 결합자이다. 소금에 싸서 절인 물고기를 의미하였다.

용례 鮑尺 포척, 鮑叔牙 포숙아, 鮑石亭 포석정

475

杓

북두자루 표

木
총7획

파자풀이 杓자는 木자와 勺(구기 작)자의 결합자이다. 나무로 만든 국자의 자루를 의미하는 글자이다.

유의자 柄 자루 병

용례 杓子 표자, 斗杓 두표, 玉杓 옥표, 酒杓 주표, 杓子定規 표자정규

476

弼

도울 필

弓
총12획

파자풀이 弼자는 틀어진 활을 도지개에 거는 모습을 표현해서, 도지개가 틀어진 활을 바로잡는데 도움을 준다는 의미를 표현했다.

유의자 輔 도울 보, 佐 도울 좌, 扶 도울 부, 毘 도울 비, 佑 도울 우, 援 도울 원, 翊 도울 익, 助 도울 조, 贊 도울 찬

용례 弼導 필도, 弼成 필성, 輔弼 보필, 金宏弼 김굉필, 鄭光弼 정광필, 趙容弼 조용필

477

虐

모질 학

虍
총9획

파자풀이 虐자는 虍자와 爪자의 합체자이다. 범이 발톱을 세운 모습을 묘사해서 '사납다'는 의미를 표현한 글자이다.

유의자 暴 모질 포, 苛 매울 가, 酷 심할 혹

용례 虐待 학대, 虐殺 학살, 虐政 학정, 加虐 가학, 苛虐 가학, 自虐 자학, 殘虐 잔학, 暴虐 포학, 酷虐 혹학, 凶虐 흉학

478

邯

조나라 서울 한/ 사람이름 감

阝(邑)/총8획

파자풀이 邯자는 발음요소인 甘자와 의미요소인 阝(邑)자의 결합자이다. 중국 전국시대 趙나라의 수도인 한단(邯鄲)을 의미한다.

용례 姜邯贊 강감찬, 邯鄲之夢 한단지몽

479

翰

편지 한:

羽
총16획

파자풀이 翰자는 발음요소인 倝(햇빛 간)자와 의미요소인 羽자의 결합자이다.

유의자 札 편지 찰

용례 翰毛 한모, 翰墨 한묵, 翰飛 한비, 翰札 한찰, 公翰 공한, 來翰 내한, 內翰 내한, 書翰 서한, 華翰 화한, 翰林院 한림원, 筆翰如流 필한여류

480

艦

큰배 함:

舟
총20획

파자풀이 艦자는 의미요소인 舟자와 발음요소인 監자의 결합자이다. 적을 감시하고 유사시엔 전투를 할 수 있는 전함을 의미하는 글자이다.

유의자 船 배 선, 舶 배 박, 舟 배 주, 航 배 항, 艇 거룻배 정

약자 舟+监

용례 艦隊 함대, 艦尾 함미, 艦船 함선, 艦長 함장, 艦艇 함정, 艦砲 함포, 軍艦 군함, 戰艦 전함, 巡洋艦 순양함, 潛水艦 잠수함, 驅逐艦 구축함, 航空母艦 항공모함

481

亢

높을/목 항

亠
총4획

파자풀이 亢자는 머리를 표현한 亠자와 목을 표현한 几자의 결합자이다. 머리와 목이 인체의 윗부분에 있는 특성을 응용해 '높다'는 의미도 파생했다.

유의자 高 높을 고, 崔 높을 최, 項 목 항

용례 亢進 항진, 絶亢 절항, 亢龍有悔 항룡유회

482

沆

넓을 항:

氵
총7획

파자풀이 沆자는 의미요소인 氵자와 발음요소인 亢자의 결합자이다. 주로 이름자로 쓰인다.

유의자 茫 아득할 망, 浩 넓을 호

용례 沆茫 항망, 李沆 이항, 崔沆 최항

483

杏

살구 행:

木
총7획

파자풀이 杏자는 木자와 口자의 결합자로, 여기에서 口자는 사람을 의미한다. 과육과 씨앗 모두 유용해서 사람 가까이 심는 나무란 의미를 표현했다.

용례 杏壇 행단, 杏林 행림, 杏仁 행인, 杏花 행화, 銀杏 은행, 杏堂洞 행당동

484

爀

불빛 혁

火
총18획

파자풀이 爀자는 의미요소인 火자와 발음요소인 赫자의 결합자이다. 주로 이름자로 쓰인다.

용례 金爀 김혁, 閔命爀 민명혁

485

赫

빛날/붉을 혁

赤
총14획

파자풀이 赫자는 赤자를 중첩해 '붉다'는 의미를 강조한 경우이다. 이름자로 쓰인다.

유의자 曜 빛날 요, 昱 빛날 욱, 燦 빛날 찬, 輝 빛날 휘, 煥 빛날 환, 熙 빛날 희, 赤 붉을 적, 紅 붉을 홍

용례 赫怒 혁노, 赫然 혁연, 赫赫 혁혁, 朴赫居世 박혁거세

486

峴

고개 현:

山
총10획

파자풀이 峴자는 의미요소인 山자와 발음요소인 見자의 결합자이다. 주로 지명자로 쓰인다.

유의자 嶺 고개 령

용례 峴山 현산, 炭峴 탄현, 論峴洞 논현동, 阿峴洞 아현동

487

弦

시위 현

弓
총8획

파자풀이 弦자는 의미요소인 弓자와 발음요소인 玄자의 결합자이다. 검은 빛의 활시위를 표현했다.

용례 弦影 현영, 上弦 상현, 下弦 하현, 正弦 정현

488

炫

밝을 현:

火
총9획

파자풀이 炫자는 의미요소인 火자와 발음요소인 玄자의 결합자이다. 주로 이름자로 사용된다.

유의자 明 밝을 명, 昭 밝을 소, 哲 밝을 철

상대자 冥 어두울 명, 暗 어두울 암, 昏 어두울 혼

용례 金光炫 김광현

489

鉉

솥귀 현

金
총13획

파자풀이 鉉자는 의미요소인 金자와 발음요소인 玄자의 결합자이다. 鼎자와 마찬가지로 발이 세 개 달린 솥의 손잡이를 의미한다. 이름자로 쓰인다.

용례 鉉席 현석, 鉉台 현태, 盧武鉉 노무현

490

陜

좁을 협/땅이름 합

阝(阜)
총10획

파자풀이 陜자는 의미요소인 阝(阜)와 발음요소인 夾(낄 협)자의 결합자이다.

유의자 隘 좁을 애, 狹 좁을 협

상대자 廣 넓을 광, 博 넓을 박

약자 陕

용례 陜川郡 합천군

491

峽

골짜기 협

山
총10획

파자풀이 峽자는 의미요소인 山자와 발음요소인 夾자의 결합자이다.

유의자 谷 골 곡, 洞 골 동

약자 峡

용례 峽谷 협곡, 峽路 협로, 山峽 산협, 大韓海峽 대한해협

492

型

모형 형

土
총9획

파자풀이 型자는 발음요소인 刑자와 의미요소인 土자의 결합자이다. 흙으로 만든 거푸집을 의미한다.

유의자 模 모형 모

용례 模型 모형, 母型 모형, 新型 신형, 舊型 구형, 原型 원형, 類型 유형, 典型 전형, 定型 정형, 鑄型 주형, 體型 체형, 判型 판형, 流線型 유선형, 血液型 혈액형

493

瀅

물맑을 형:

氵
총18획

파자풀이 瀅자는 의미요소인 氵자와 발음요소인 瑩(밝을 형)자의 결합자이다. 이름자로 사용된다.

유의자 湜 물맑을 식, 淸 맑을 청

상대자 濁 흐릴 탁

용례 瀅澈 형철, 江瀅 강형, 汀瀅 정형

494

炯

빛날 형

火
총9획

파자풀이 炯자는 의미요소인 火자와 冋(들 경)자의 결합자이다. 주로 이름자로 쓰인다.

유의자 曜 빛날 요, 昱 빛날 욱, 燦 빛날 찬, 赫 빛날 혁, 輝 빛날 휘, 煥 빛날 환, 熙 빛날 희

용례 朴炯 박형, 尹炯 윤형

495

瑩

밝을 형/옥돌 영

王(玉)
총15획

파자풀이 瑩자는 熒(등불 형)자와 玉자의 결합자이다. 등불처럼 빛나는 옥돌을 의미한다. 이름자로 쓰인다.

유의자 昭 밝을 소, 哲 밝을 철, 玖 옥돌 구, 珉 옥돌 민

용례 瑩鏡 형경, 崔瑩 최영

496

邢

성씨 형

阝(邑)
총7획

파자풀이 邢자는 발음요소인 幵자와 의미요소인 阝(邑)자의 결합자이다.

용례 邢臺 형대, 晉州邢氏 진주형씨

497

馨

꽃다울/향기 형

香
총20획

파자풀이 馨자는 殸(경쇠 경)자와 香자의 결합자이다. 경쇠 소리처럼 멀리 퍼지는 꽃다운 향기를 의미한다.

유의자 芳 꽃다울 방, 馥 향기 복, 芬 향기로울 분, 香 향기 향

용례 馨氣 형기, 馨香 형향, 潔馨 결형, 芬馨 분형, 餘馨 여형

498

해자 호

土
총17획

파자풀이 壕자는 의미요소인 土자와 발음요소인 豪자의 결합자이다. 적의 방어를 위해 城 주위에 둘러 판 못을 의미한다.

유의자 濠 해자 호

용례 對壕 대호, 城壕 성호, 塹壕 참호, 待避壕 대피호, 防空壕 방공호

499

扈

따를 호:

戶
총11획

파자풀이 扈자는 戶자와 邑자의 합체자이다. 戶는 邑에 속해 있듯이 아랫사람이 윗사람을 뒤따른다는 의미이다.

유의자 隨 따를 수, 從 좇을 종

용례 扈衛 호위, 扈從 호종, 跋扈 발호

500

昊

하늘 호:

日
총8획

파자풀이 昊자는 日자와 天자의 결합자이다. 해가 떠있는 하늘을 의미한다. 이름자로 사용된다.

유의자 乾 하늘 건, 旻 하늘 민, 天 하늘 천

상대자 坤 땅 곤, 地 땅 지

용례 蒼昊 창호, 晴昊 청호, 昊天罔極 호천망극

501

晧

밝을 호:

日
총11획

파자풀이 晧자는 의미요소인 日자와 발음요소인 告자의 결합자이다. 皓자와 異體字 관계이다. 주로 이름자로 쓰인다.

유의자 明 밝을 명, 朗 밝을 랑, 昭 밝을 소, 亮 밝을 량, 昞 밝을 병

상대자 冥 어두울 명, 暗 어두울 암, 昏 어두울 혼

용례 晧雪 호설, 晧月 호월, 晧晧 호호, 黃一晧 황일호

502

澔

넓을 호:

氵
총15획

파자풀이 澔자는 의미요소인 氵자와 발음요소인 皓(흴 호)자의 결합자이다. 강이나 바다처럼 물이 드넓게 펼쳐졌다는 의미이다. 주로 인명자로 쓰인다.

유의자 衍 넓을 연, 汪 넓을 왕, 浩 넓을 호, 洪 넓을 홍

상대자 狹 좁을 협

용례 鄭澔 정호

503

濠

호주/해자 호

氵
총17획

파자풀이 濠자는 의미요소인 氵자와 발음요소인 豪자의 결합자이다. 본래 敵軍을 막기 위해 성 주변에 도랑을 파서 물을 채워놓은 해자(垓子)를 의미한다.

유의자 壕 해자 호

용례 濠洲 호주, 內濠 내호, 外濠 외호, 城濠 성호

504

皓

흴 호

白
총12획

파자풀이 皓자는 의미요소인 白자와 발음요소인 告자의 결합자이다. '희다'나 '밝다'를 의미한다. 晧자와 通用한다.

유의자 白 흰 백, 素 흴 소

상대자 黑 검을 흑, 玄 검을 현

용례 皓髮 호발, 皓雪 호설, 皓首 호수, 皓月 호월, 皓皓白髮 호호백발, 丹脣皓齒 단순호치

505

祜

복 호

示
총10획

파자풀이 祜자는 의미요소인 示자와 발음요소인 古자의 결합자이다. 옛(古)부터 복은 신(示)이 내리는 것이란 의미이다.

유의자 祺 복 기, 福 복 복, 祚 복 조, 祉 복 지, 禧 복 희

상대자 災 재앙 재, 禍 재화 화, 凶 흉할 흉

용례 多祜 다호, 福祜 복호, 神祜 신호, 天祜 천호, 張祜 장호, 愼我祜 신재호

506

鎬

호경 호:

金
총18획

파자풀이 鎬자는 지금의 中國 陝西省 西安 지역으로, 周나라 武王의 초기 都邑地인 호경(鎬京)을 의미한다. 이름자로도 쓰인다.

용례 鎬京 호경, 成彛鎬 성이호, 李姬鎬 이희호

507

酷

심할 혹

酉
총14획

파자풀이 酷자는 의미요소인 酉자와 발음요소인 告자의 결합자이다. 술이 독하다는 의미이다.

유의자 甚 심할 심

용례 酷毒 혹독, 酷烈 혹렬, 酷吏 혹리, 酷法 혹법, 酷似 혹사, 酷暑 혹서, 酷炎 혹염, 酷評 혹평, 酷寒 혹한, 酷刑 혹형, 苛酷 가혹, 冷酷 냉혹, 嚴酷 엄혹, 殘酷 잔혹, 慘酷 참혹

508

泓

물깊을 홍

氵
총8획

파자풀이 泓자는 의미요소인 氵자와 발음요소인 弘자의 결합자이다. 물이 넓고 깊다는 의미이다. 중국 하남성(河南省)에 있는 물의 이름이기도 하다. 주로 이름자로 쓰인다.

유의자 深 깊을 심

용례 泓水 홍수, 泓泓 홍홍

509

嬅

탐스러울 화

女

총14획

파자풀이 嬅자는 의미요소인 女자와 발음요소인 華자의 결합자이다. 여자의 용모가 꽃처럼 아름답다는 의미이다. 주로 여자의 이름사로 쓰인다.

용례 嬅容 화용, 李施嬅 이시화

510

자작나무/벚나무 화

木

총15획

파자풀이 樺자는 의미요소인 木자와 발음요소인 華자의 결합자이다. 아름다운 꽃을 피우는 벚나무를 의미한다.

용례 樺太 화태

511

靴

신 화

革

총13획

파자풀이 靴자는 의미요소인 革자와 발음요소인 化자의 결합자이다. 가죽이 변화해서 신발이 된다는 의미이다.

유의자 履 신 리

용례 靴工 화공, 軍靴 군화, 短靴 단화, 長靴 장화, 着靴 착화, 洋靴 양화, 手製靴 수제화, 室內靴 실내화, 安全靴 안전화, 運動靴 운동화, 蹴球靴 축구화

512

幻

헛보일 환:

幺

총4획

파자풀이 幻자는 본래 베를 짤 때 쓰는 배처럼 생긴 나무통인 북을 묘사한 予자를 뒤집은 모습이다. 그래서 '정신이 없다'나 '헛보인다' 등의 의미가 생겨났다.

용례 幻覺 환각, 幻滅 환멸, 幻夢 환몽, 幻法 환법, 幻想 환상, 幻像 환상, 幻相 환상, 幻術 환술, 幻影 환영, 幻聽 환청, 幻惑 환혹, 夢幻 몽환, 變幻 변환, 幻燈機 환등기

513

桓

굳셀 환

木

총10획

파자풀이 桓자는 木자와 亘(뻗칠 긍)자의 결합자이다. 뿌리가 넓고 깊게 뻗쳐서 나무가 굳세다는 의미이다.

유의자 剛 굳셀 강, 健 굳셀 건

용례 桓雄 환웅, 桓桓 환환, 盤桓 반환, 烏桓 오환

514

煥

빛날 환:

金

총17획

파자풀이 煥자는 의미요소인 火자와 발음요소인 奐(빛날 환)자의 결합자이다. 본래 奐자에 '빛나다'는 의미가 있는데, 火자를 더해 의미를 강조한 경우이다. 주로 이름자로 쓰인다.

유의자 爛 빛날 란, 曜 빛날 요, 耀 빛날 요, 昱 빛날 욱, 燦 빛날 찬, 輝 빛날 휘, 熙 빛날 희

용례 煥爛 환란, 煥麗 환려, 煥然 환연, 金壽煥 김수환, 金峯煥 김봉환

515

滑

미끄러울 활
익살스러울 골

氵

총13획

파자풀이 滑자는 의미요소인 氵자와 발음요소인 骨자의 결합자이다. 물기 있는 뼈가 미끄럽다는 의미이다. 언행이 미끄러지듯 익살맞다는 의미도 있다.

용례 滑降 활강, 滑氷 활빙, 滑走 활주, 圓滑 원활, 潤滑油 윤활유, 滑走路 활주로, 滑稽 골계

516

晃

밝을 황

日

총10획

파자풀이 晃자는 의미요소인 日자와 발음요소인 光자의 결합자이다. 해가 빛나므로 밝다는 의미이다. 주로 이름자로 쓰인다.

유의자 明 밝을 명, 朗 밝을 랑, 昞 밝을 병, 昭 밝을 소, 哲 발을 철, 赫 밝을 혁

상대자 冥 어두울 명, 暗 어두울 암, 昏 어두울 혼

용례 晃曜 황요, 晃昱 황욱, 晃晃 황황, 姜世晃 강세황

517

滉

깊을 황

氵

총13획

파자풀이 滉자는 의미요소인 氵자와 발음요소인 晃자의 결합자이다. 주로 이름자로 사용되는 글자이다.

유의자 泓 깊을 홍, 深 깊을 심

용례 李滉 이황

518

廻

돌 회

廴

총9획

파자풀이 廻자는 廴자와 回자의 결합자이다. 빙빙 돌면서 제자리걸음을 하는 모습이다. 回자와 通用한다.

유의자 回 돌 회, 迴 돌 회

용례 廻顧 회고, 廻廊 회랑, 廻禮 회례, 廻旋 회선, 廻轉 회전, 廻風 회풍, 廻避 회피, 廻向 회향, 上廻 상회, 巡廻 순회, 迂廻 우회, 輪廻 윤회, 下廻 하회

519

檜

전나무 회:

木

총17획

파자풀이 檜자는 의미요소인 木자와 발음요소인 會 자의 결합자이다. 전나무의 생김새가 잣나무와 소나무가 합쳐져서 만들어진 것 같다는 의미이다.

용례 檜皮 회피, 老檜 노회, 松檜 송회, 林檜 임회, 檜巖寺 회암사, 檜淵書院 회연서원

520

淮

물이름 회

氵

총11획

파자풀이 淮자는 중국 安徽城과 江蘇省 일대를 흐르는 江의 이름자이다. 주로 地名字로 쓰인다.

용례 淮水 회수, 淮河 회하, 淮安 회안, 淮陽 회양, 淮夷 회이, 臨淮 임회, 淮南子 회남자

521

后

임금/왕후 후:

口

총6획

파자풀이 后자는 君자와 비슷한 모습과 의미를 가진 글자이다. 명령을 내리는 입을 강조해서 다스리는 사람을 표현한 글자이다.

유의자 君 임금 군, 妃 왕비 비

용례 后宮 후궁, 后妃 후비, 后王 후왕, 后土 후토, 母后 모후, 太后 태후, 皇后 황후

522

喉

목구멍 후

口

총12획

파자풀이 喉자는 의미요소인 口자와 발음요소인 侯(과녁 후)자의 결합자이다. 입을 벌리면 동그란 과녁처럼 보이는 목구멍을 의미한다.

유의자 咽 목구멍 인

용례 喉頭 후두, 喉門 후문, 喉頭炎 후두염, 咽喉痛 인후통, 喉舌之臣 후설지신, 耳鼻咽喉科 이비인후과

523

勳

공 훈

力

총16획

파자풀이 勳자는 발음요소인 熏(연기 훈)자와 의미요소인 力자의 결합자이다. 연기가 위로 올라가듯 남보다 높은 업적을 의미한다. 이름자로 쓰인다.

유의자 功 공 공

약자 勲

용례 勳功 훈공, 勳貴 훈귀, 勳記 훈기, 勳德 훈덕, 勳等 훈등, 勳勞 훈로, 勳門 훈문, 勳閥 훈벌, 勳賞 훈상, 勳臣 훈신, 勳業 훈업, 勳爵 훈작, 勳章 훈장, 勳績 훈적, 功勳 공훈, 武勳 무훈, 偉勳 위훈, 勳舊派 훈구파

524

壎

질나팔 훈

土

총17획

파자풀이 壎자는 의미요소인 土자와 발음요소인 熏자의 결합자이다. 흙을 불에 구워 만든 나팔을 의미한다. 오카리나와 유사하다. 塤과 同字이다.

유의자 塤 질나팔 훈

용례 弄壎 농훈, 瓦壎 와훈, 壎篪相和 훈지상화

525

熏

불길 훈

灬(火)

총14획

파자풀이 熏자는 검은 연기가 위로 올라가는 모습이다. 燻과 同字이며, 薰과는 通用한다.

용례 熏心 훈심, 熏香 훈향, 熏夕 훈석, 熏燒 훈소, 衆口熏天 중구훈천

526

薰

향풀 훈

艹

총18획

파자풀이 薰자는 의미요소인 艹자와 발음요소인 熏자의 결합자이다. 연기가 위로 올라 퍼지듯이 향기가 피어올라 널리 퍼지는 풀이란 의미이다.

유의자 芸 향풀 운

용례 薰氣 훈기, 薰陶 훈도, 薰育 훈육, 薰風 훈풍, 薰化 훈화, 餘薰 여훈, 香薰 향훈

527

徽

아름다울 휘

彳

총17획

파자풀이 徽자는 微자와 糸자의 합체자이다. 가는 실 세 가닥을 꼬아서 만든 끈으로 옛날 중국에서는 이 끈은 신분을 나타내는 표식이었다고 한다. 이 끈의 아름다운 모습에서 의미가 나온 것이다.

유의자 佳 아름다울 가, 美 아름다울 미, 烋 아름다울 휴

상대자 醜 추할 추

용례 徽文 휘문, 徽索 휘삭, 徽言 휘언, 徽音 휘음, 徽章 휘장, 徽號 휘호, 徽陵 휘릉, 琴徽 금휘

528

烋

아름다울 휴

灬(火)

총10획

파자풀이 烋자는 발음요소인 休자와 의미요소인 灬자의 결합자이다. 추위를 피해 쉬는 사람에게 불을 지펴주는 행위가 아름답다는 의미이다. 주로 이름자로 쓰인다.

유의자 佳 아름다울 가, 美 아름다울 미, 徽 아름다울 휘

상대자 醜 추할 추

용례 金烋 김휴, 高在烋 고재휴

529

오랑캐 흉

勹
총6획

파자풀이 匈자는 勹자와 凶자의 합체자이다. 흉한 마음을 품고 있다는 의미이다. 중국 북방 이민족인 흉노(匈奴)를 지칭하는 글자이다.

유의자 蠻 오랑캐 만, 狄 오랑캐 적, 夷 오랑캐 이, 戎 오랑캐 융, 胡 오랑캐 호

용례 匈奴 흉노

530

공경할 흠

欠
총12획

파자풀이 欽자는 발음요소인 金자와 의미요소인 欠자의 결합자이다. 자신에게 부족한(欠) 부분을 갖춘 사람에 대해 공경한 마음을 갖는다는 의미이다. 이름자로도 쓰인다.

유의자 敬 공경할 경

용례 欽念 흠념, 欽命 흠명, 欽慕 흠모, 欽服 흠복, 欽仰 흠앙, 欽定 흠정, 申欽 신흠, 欽欽新書 흠흠신서

531

한숨쉴 희

口
총16획

파자풀이 噫자는 의미요소인 口자와 발음요소인 意자의 결합자이다. 깊은 마음 속 뜻(意)이 나도 모르게 입(口)으로 터져나오는 것이 한숨이라는 의미이다.

용례 噫嗚 희오, 噫噫 희희, 噫氣 희기

532

계집 희

女
총9획

파자풀이 姬자의 오른쪽 부분은 臣자가 아니라 빗을 묘사한 글자이다. 따라서 姬자는 머리를 빗고 있는 여자를 표현한 글자이다. 姓名字로 쓰인다.

유의자 女 계집 녀, 娘 계집 낭, 媛 계집 원

상대자 男 사내 남, 郞 사내 랑

용례 姬周 희주, 姬妾 희첩, 舞姬 무희, 美姬 미희, 王姬 왕희, 帝姬 제희

533

아름다울/즐길 희

女
총15획

파자풀이 嬉자는 女자와 喜자의 결합자이다. 즐겁게 노는 여자의 모습에서 '아름답다'는 의미도 나왔다.

유의자 佳 아름다울 가, 美 아름다울 미, 樂 즐길 락

용례 嬉樂 희락, 嬉遊 희유, 嬉戲 희희

534

기뻐할 희

心
총16획

파자풀이 憙자는 喜자와 心자의 결합자이다. 본래 喜자에 '기뻐하다'는 의미가 있으나, 心자를 더해 마음을 기뻐하다는 의미를 강조한 경우이다.

유의자 悅 기쁠 열, 歡 기쁠 환, 喜 기쁠 희, 欣 기뻐할 흔

상대자 怒 성낼 노, 悲 슬플 비, 哀 슬플 애

용례 悅憙 열희

535

빛날 희

灬(火)
총13획

파자풀이 熙자는 발음요소인 巸(즐거워할 희)자와 의미요소인 灬자의 결합자이다. 주로 이름자로 쓰인다. 凞자와 同字이다.

유의자 曜 빛날 요, 耀 빛날 요, 燦 빛날 찬, 輝 빛날 휘

용례 熙世 희세, 熙熙 희희, 徐熙 서희, 朴正熙 박정희, 熙熙壤壤 희희양양

536

빛날 희

灬(火)
총16획

파자풀이 熹자는 발음요소인 喜자와 의미요소인 灬자의 결합자이다. 주로 이름자로 쓰이는 글자이다.

유의자 曜 빛날 요, 耀 빛날 요, 燦 빛날 찬, 輝 빛날 휘, 熙 빛날 희

용례 朱熹 주희

537

복 희

示
총17획

파자풀이 禧자는 의미요소인 示자와 발음요소인 喜자의 결합자이다. 신이 내려준 기쁨이 복이란 의미이다.

유의자 祺 복 기, 福 복 복, 祚 복 조, 祉 복 지, 祜 복 호

상대자 禍 재화 화, 凶 흉할 흉

용례 禧年 희년, 福禧 복희, 新禧 신희

538

복희 희

羊
총16획

파자풀이 羲자는 羊자와 兮자 그리고 我자의 합체자이다. 창(我)에 꽂아 익힌 羊에서 김이 무럭무럭 오르는(兮) 모습으로 희생(犧牲)을 바치고 제사를 지내는 것을 의미했다. 후에 중국 고대 전설속의 제왕인 복희씨(伏羲氏)를 의미하는 글자로 쓰였다.

용례 伏羲氏 복희씨, 王羲之 왕희지

4. 1급 배정(전용)한자(1145자)

001

가사 가

衣
총11획

파자풀이 袈자는 발음요소인 加자와 의미요소인 衣자의 결합자이다. 長衫 위에 사선으로 걸쳐 입는 승려의 옷을 의미한다.

유의자 裟

용례 袈裟 가사, 錦袈 금가

002

가혹할 가:

艹
총9획

파자풀이 苛자는 의미요소인 艹자와 발음요소인 可자의 결합자이다. 본래 매운맛이 나는 풀을 의미했다. 매운맛을 응용해서 '가혹하다'는 의미를 만든 글자이다.

유의자 虐, 酷

용례 苛法 가법, 苛稅 가세, 苛殃 가앙, 苛政 가정, 苛疾 가질, 苛酷 가혹, 細苛 세가, 嚴苛 엄가, 苛政猛於虎 가정맹어호

003

꾸짖을 가:

口
총8획

파자풀이 呵자는 의미요소인 口자와 발음요소인 可자의 결합자이다. 呵는 본래 입김을 부는 모습이다. 이 모습을 응용해서 입으로 소리 내어 꾸짖는다는 의미를 만들었다.

유의자 喝, 譴, 罵, 叱, 責

상대자 讚

용례 呵呵 가가, 呵喝 가갈, 呵凍 가동, 呵叱 가질, 呵責 가책, 呵噓 가허

004

멍에 가(:)

馬
총15획

파자풀이 駕자는 加자와 馬자의 결합자이다. 말(馬)이 수레나 쟁기를 끌 때 목에 얹는(加) 구부러진 막대를 의미한다.

유의자 御

용례 駕御 가어, 車駕 거가, 從駕 종가, 御駕 어가

005

성씨/형 가

口
총10획

파자풀이 哥자는 본래 입을 벌리고 노래하는 모습을 묘사해서 '노래하다'는 의미로 쓰였으나, 후에 兄이나 姓으로 쓰이면서, 欠자를 더한 歌자가 본래 의미를 대신하고 있는 경우이다.

유의자 歌, 兄

용례 哥哥 가가, 金哥 김가, 朴哥 박가, 大哥 대가

006

시집갈 가

女
총13획

파자풀이 嫁자는 女자와 家자의 결합자이다. 여자가 친정을 떠나 남편의 집으로 간다는 의미이다.

상대자 娶

용례 嫁期 가기, 嫁資 가자, 嫁娶 가취, 改嫁 개가, 歸嫁 귀가, 娶嫁 취가

007

심을 가

禾
총15획

파자풀이 稼자는 禾자와 家자의 결합자이다. 집 근처에 곡식을 심는다는 의미이다.

유의자 植

용례 稼器 가기, 稼動 가동, 稼事 가사, 稼政 가정, 稼亭 가정, 農稼 농가, 五稼 오가, 秋稼 추가, 稼動率 가동률

008

아름다울 가

口
총14획

파자풀이 嘉자는 壴(악기이름 주)자와 加자의 결합자이다. 악기 연주 소리가 더해지니 아름답다는 의미이다.

유의자 佳, 美

용례 嘉客 가객, 嘉慶 가경, 嘉穀 가곡, 嘉納 가납, 嘉禮 가례, 嘉聞 가문, 嘉賓 가빈, 嘉事 가사, 嘉樂 가악, 嘉愛 가애, 嘉悅 가열, 嘉優 가우, 嘉績 가적, 嘉稱 가칭, 嘉歎 가탄, 嘉話 가화, 靜嘉 정가, 休嘉 휴가

009

殼

껍질 각

殳
총12획

파자풀이 殼자는 본래 壳자가 '껍질'이라는 의미로 쓰였으나, 여기에 殳(몽둥이 수)자를 더해 껍질을 내리치는 모습을 표현한 경우이다.

유의자 皮

약자 殻

용례 殼果 각과, 殼斗 각두, 殼物 각물, 殼實 각실, 殼族 각족, 介殼 개각, 堅殼 견각, 卵殼 난각, 地殼 지각, 被殼 피각, 皮殼 피각, 甲殼類 갑각류

010

恪

삼갈 각

忄
총9획

파자풀이 恪자는 의미요소인 忄자와 발음요소인 各자의 결합자이다. 각각의 사람에 대해 항상 삼가는 마음가짐으로 대한다는 의미이다.

유의자 謹, 愼

용례 恪虔 각건, 恪勤 각근, 恪謹 각근, 恪敏 각민, 恪肅 각숙, 恪愼 각신, 勤恪 근각, 謹恪 근각, 儼恪 엄각, 忠恪 충각

011

揀

가릴 간:

扌
총12획

파자풀이 揀자는 본래 柬자가 '가리다'는 의미가 있으나, 여기에 扌자를 더해 의미를 강조한 경우이다.

유의자 選, 擇

용례 揀選 간선, 揀擇 간택, 分揀 분간, 閱揀 열간, 汰揀 태간

012

奸

간사할 간

女
총6획

파자풀이 奸자는 의미요소인 女자와 발음요소인 干자의 결합자이다. 姦자와 通用字이다.

유의자 姦, 邪, 慝

용례 奸計 간계, 奸巧 간교, 奸黨 간당, 奸盜 간도, 奸徒 간도, 奸吏 간리, 奸婦 간부, 奸邪 간사, 奸詐 간사, 奸臣 간신, 奸惡 간악, 奸才 간재, 奸凶 간흉, 漢奸 한간

013

癎

간질 간(:)

疒
총17획

파자풀이 癎자는 의미요소인 疒자와 발음요소인 間자의 합체자이다. 간헐적(間歇的)인 발작과 경련을 일으키는 병(疒)이란 의미이다.

용례 癎病 간병, 癎疾 간질, 癲癎 전간

014

諫

간할 간:

言
총16획

파자풀이 諫자는 의미요소인 言자와 발음요소인 柬자의 결합자이다. 윗사람 언행의 옳고 그름을 가려(柬) 충직스러운 말(忠言)을 올리는 것을 의미한다.

유의자 諭, 諍

용례 諫鼓 간고, 諫勸 간권, 諫輔 간보, 諫疏 간소, 諫言 간언, 諫止 간지, 固諫 고간, 苦諫 고간, 泣諫 읍간, 切諫 절간, 正諫 정간, 直諫 직간, 忠諫 충간

015

墾

개간할 간

土
총16획

파자풀이 墾자는 발음요소인 豤(간절할 간)자와 의미요소인 土자의 결합자이다. 자기 농토를 갖겠다는 간절한 심정으로 거친 땅을 일군다는 의미이다.

유의자 耕

용례 墾耕 간경, 墾發 간발, 墾闢 간벽, 墾田 간전, 墾鑿 간착, 墾荒 간황, 開墾 개간, 新墾 신간

016

竿

낚시대/장대 간

竹
총9획

파자풀이 竿자는 의미요소인 竹자와 발음요소인 干자의 결합자이다. 대나무로 만든 낚시대를 의미한다.

용례 竿頭 간두, 竿尺 간척, 旗竿 기간, 稻竿 도간, 帆竿 범간, 修竿 수간, 緣竿 연간, 百尺竿頭 백척간두

017

澗

산골물 간:

氵
총15획

파자풀이 澗자는 의미요소인 氵자와 발음요소인 間자의 결합자이다. 산골짜기 사이(間)를 흐르는 물(氵)이란 의미이다.

용례 澗谷 간곡, 澗礫 간력, 澗水 간수, 澗泉 간천, 澗響 간향, 溪澗 계간, 溝澗 구간, 山澗 산간, 阻澗 조간

018

艱

어려울 간

艮
총17획

파자풀이 艱자는 堇(진흙 근)자와 艮(그칠 간)자의 결합자이다. 땅(堇)이 끝나서(艮) 앞으로 나아가기 어렵다는 의미이다.

유의자 難, 苦, 困, 辛

상대자 易

용례 艱苦 간고, 艱苟 간구, 艱棘 간극, 艱難 간난, 艱辛 간신, 艱虞 간우, 艱患 간환, 苦艱 고간, 曲艱 곡간, 難艱 난간, 辛艱 신간, 阻艱 조간

019

褐

갈색/ 굵은베 갈

衣
총15획

파자풀이 褐자는 의미요소인 衣자와 발음요소인 曷자의 결합자이다. 칡에서 뽑아낸 실로 짠 베옷인 '葛衣'를 의미하며, 그 옷감의 색깔인 갈색도 의미한다.

용례 褐夫 갈부, 褐色 갈색, 褐衣 갈의, 褐炭 갈탄, 褐袍 갈포, 短褐 단갈, 釋褐 석갈, 粗褐 조갈, 皮褐 피갈, 解褐 해갈, 茶褐色 다갈색, 暗褐色 암갈색, 被褐懷玉 피갈회옥

020

喝

꾸짖을 갈

口
총12획

파자풀이 喝자는 의미요소인 口자와 발음요소인 曷자의 결합자이다. 어찌(曷) 그럴 수 있냐며 소리 내어(口) 꾸짖는 모습이다.

유의자 呵, 罵, 叱, 責

상대자 讚

용례 喝道 갈도, 喝食 갈식, 喝采 갈채, 喝破 갈파, 恐喝 공갈, 大喝 대갈, 引喝 인갈, 一喝 일갈, 虛喝허갈, 拍手喝采 박수갈채, 恐喝脅迫 공갈협박

021

竭

다할 갈

立
총14획

파자풀이 竭자는 의미요소인 立자와 발음요소인 曷자의 결합자이다. 모든 힘을 다 쏟아 붓고 우두커니 선 모습이다.

유의자 窮, 極, 盡

용례 竭力 갈력, 竭論 갈론, 竭誠 갈성, 竭盡 갈진, 竭忠 갈충, 困竭 곤갈, 窮竭 궁갈, 貧竭 빈갈, 衰竭 쇠갈, 虛竭 허갈, 竭忠報國 갈충보국, 盡忠竭力 진충갈력

022

紺

감색 감

糸
총11획

파자풀이 紺자는 의미요소인 糸자와 발음요소인 甘자의 결합자이다. 옷감을 짜는 실의 색이 푸른색과 붉은색이 섞인 연보라색이란 의미이다.

용례 紺瞳 감동, 紺碧 감벽, 紺宇 감우, 紺園 감원, 紺青 감청

023

疳

감질 감

疒
총10획

파자풀이 疳자는 의미요소인 疒자와 발음요소인 甘자의 합체자이다. 바라는 정도에 아주 못 미쳐 병이 생길 정도의 애타는 마음을 의미한다.

용례 疳病 감병, 疳疾 감질, 疳積 감적, 疳瘡 감창

024

堪

견딜 감

土
총12획

파자풀이 堪자는 土자와 甚자의 결합자이다. 본래 흙(土)으로 만든 화덕(甚)을 의미했으나, 음이 같은 戡(이길 감)자와 의미가 통하여 '견디고 이겨내다'는 의미가 생겨난 경우이다.

유의자 忍, 耐

용례 堪耐 감내, 堪當 감당, 堪輿 감여, 克堪 극감, 難堪 난감, 不堪 불감

025

瞰

굽어볼 감

目
총17획

파자풀이 瞰자는 의미요소인 目자와 발음요소인 敢자의 결합자이다. 높은 곳에서 勇敢하게 몸을 굽히고 눈(目)을 밑으로 향해 본다는 의미이다.

용례 瞰臨 감림, 瞰射 감사, 瞰視 감시, 瞰下 감하, 窺瞰 규감, 俯瞰 부감, 鳥瞰 조감, 下瞰 하감, 俯瞰圖 부감도, 鳥瞰圖 조감도

026

柑

귤 감

木
총9획

파자풀이 柑자는 의미요소인 木자와 발음요소인 甘자의 결합자이다. 달콤한 귤이 열리는 나무란 의미이다.

유의자 橘

용례 柑橘 감귤, 金柑 금감, 蜜柑 밀감, 乳柑 유감, 黃柑 황감

027

勘

헤아릴 감

力
총11획

파자풀이 勘자는 甚자와 力자의 결합자이다. 힘의 정도가 지나친지 여부를 헤아린다는 의미이다.

유의자 檢, 校, 查, 審, 量, 測

용례 勘檢 감검, 勘校 감교, 勘查 감사, 勘審 감심, 勘誤 감오, 勘定 감정, 勘合 감합

028

匣

갑 갑

匚
총7획

파자풀이 匣자는 의미요소인 匚(상자 방)자와 발음요소인 甲자의 결합자이다. 물건을 담는 작은 상자를 의미하는 글자이다.

유의자 箱

용례 劍匣 검갑, 鏡匣 경갑, 固匣 고갑, 玉匣 옥갑, 漆匣 칠갑, 虛匣 허갑

029

閘

수문 갑

門
총13획

파자풀이 閘자는 의미요소인 門자와 발음요소인 甲자의 결합자이다. 물의 흐름을 막거나 유량을 조절하기 위하여 설치한 문을 의미한다.

용례 閘頭 갑두, 閘門 갑문, 閘夫 갑부, 水閘 수갑, 西海閘門 서해갑문

030

糠

겨 강

米
총17획

파자풀이 糠자는 의미요소인 米자와 발음요소인 康자의 결합자이다. 康자는 탈곡기를 묘사한 庚자와 米자의 결합으로 탈곡기에서 쌀알이 떨어지는 모습이다. 따라서 糠자는 매갈이 때 나오는 미곡의 껍질을 의미한다.

용례 糠蝦 강하, 糟糠 조강, 糟糠之妻 조강지처

031

薑

생강 강

++
총17획

파자풀이 薑자는 의미요소인 ++자와 발음요소인 畺(지경 강)자의 결합자이다. 향과 매운 맛이 강한(彊) 식물(++)이란 의미이다.

용례 薑桂 강계, 乾薑 건강, 生薑 생강, 片薑 편강, 不撤薑食 불철강식

032

腔

속빌 강

月(肉)
총12획

파자풀이 腔자는 의미요소인 肉자와 발음요소인 空자의 결합자이다. 창자처럼 본래 안이 비어(空) 있는 신체(肉)의 일부를 의미한다.

유의자 腸

용례 腔腸 강장, 空腔 공강, 滿腔 만강, 腹腔 복강, 體腔 체강

033

慷

슬플 강:

忄
총14획

파자풀이 慷자는 의미요소인 忄자와 발음요소인 康자의 결합자이다. 의롭지 못한 것을 보고 느끼는 원통하고 슬픈 감정을 의미한다.

유의자 慨

용례 慷慨 강개, 悲憤慷慨 비분강개

034

凱

개선할/
즐길 개:

几
총12획

파자풀이 凱자는 발음요소인 豈자와 의미요소인 几자의 결합자이다. 전쟁에 이기고 祝祭를 벌이며 즐기는 모습이다.

유의자 樂

용례 凱歌 개가, 凱歸 개귀, 凱旋 개선, 凱樂 개악, 凱悌 개제, 凱陣 개진, 凱風 개풍, 元凱 원개, 振凱 진개, 泰凱 태개

035

芥

겨자 개

++
총8획

파자풀이 芥자는 의미요소인 ++자와 발음요소인 介자의 결합자이다. 혀와 코에 자극을 주는 식물을 의미한다.

용례 芥屑 개설, 芥子 개자, 芥舟 개주, 塵芥 진개, 草芥 초개, 土芥 토개

036

箇

낱 개(:)

竹
총14획

파자풀이 箇자는 의미요소인 竹자와 발음요소인 固자의 결합자이다. 대나무 마디처럼 낱낱이 셀 수 있다는 의미이다. 물건을 셀 때의 助詞로 쓰인다. 個자와 同字이다.

유의자 個, 枚

약자 个

용례 箇箇 개개, 箇般 개반, 箇數 개수, 箇人 개인, 箇條 개조, 箇中 개중, 幾箇 기개, 眞箇 진개, 此箇 차개, 好箇 호개

037

漑

물댈 개:

氵
총14획

파자풀이 漑자는 의미요소인 氵자와 발음요소인 既자의 결합자이다. 農地에 물을 공급한다는 의미이다.

유의자 灌

약자 溉

용례 漑灌 개관, 漑汲 개급, 漑田 개전, 灌漑 관개, 滌漑 척개, 沆漑 항개

038

愾

성낼 개:

忄
총13획

파자풀이 愾자는 의미요소인 忄자와 발음요소인 氣자의 결합자이다. 성난 마음이 겉으로 들어나는 모습이다.

유의자 憤, 忿, 怒

용례 愾憤 개분, 憤慨 분개, 敵愾心 적개심

039

羹

국 갱:

羊
총20획

파자풀이 羹자는 羔(새끼양 고)자와 美자의 결합자이다. 새끼 양을 넣고 끓여 제사상에 올리는 국을 의미한다.

유의자 湯

용례 羹器 갱기, 羹湯 갱탕, 羹獻 갱헌, 大羹 대갱, 肉羹 육갱

040

醵

추렴할 거:
추렴할 갹

酉
총20획

파자풀이 醵자는 의미요소인 酉자와 발음요소인 豦(원숭이 거)자의 결합자이다. 여럿이 조금씩 돈을 걷어 술을 마신다는 의미이다.

용례 醵金 거금/갹금, 醵飮 거음/갹음, 醵出 거출/갹출

041

渠

개천/
우두머리 거

氵
총12획

파자풀이 渠자는 氵자와 榘(곱자 구)자의 결합자이다. 자(榘)를 이용해 인공적으로 만든 도랑이나 개천을 의미한다. 기준(榘)의 뜻을 응용해서 '우두머리'라는 의미도 파생했다.

유의자 溝, 率, 帥, 首

용례 渠帥 거수, 渠輩 거배, 溝渠 구거, 船渠 선거, 暗渠 암거, 漕渠 조거, 水到渠成 수도거성

042

倨

거만할 거:

亻
총10획

파자풀이 倨자는 의미요소인 亻자와 발음요소인 居자의 결합자이다. 사람이 철퍼덕 걸터앉은 모습이 거만해 보인다는 의미이다.

유의자 慢, 傲

용례 倨慢 거만, 倨傲 거오, 驕倨 교거, 傲倨 오거

043

虔

공경할/
정성 건:

虍
총10획

파자풀이 虔자는 虍자와 文자의 합체자이다. 귀한 범 가죽에 글을 새겨 넣으려고 조심스럽고 신중한 모습이다.

유의자 敬, 恭, 誠

용례 虔恪 건각, 虔虔 건건, 虔恭 건공, 虔奉 건봉, 虔誠 건성, 虔肅 건숙, 恪虔 각건, 敬虔 경건, 恭虔 공건, 嚴虔 엄건

044

巾

수건 건

巾
총3획

파자풀이 巾자는 허리에 두른 천을 묘사한 상형자이다.

용례 葛巾 갈건, 頭巾 두건, 絲巾 사건, 手巾 수건, 烏巾 오건, 儒巾 유건, 綸巾 윤건, 布巾 포건, 被巾 피건, 解巾 해건

045

腱

힘줄 건

月(肉)
총13획

파자풀이 腱자는 의미요소인 肉자와 발음요소인 建자의 결합자이다. 근육(肉)이 힘을 쓰는데 기초(建)가 되는 질긴 살의 줄을 의미한다.

용례 腱膜 건막, 腱索 건삭, 腱反射 건반사

046

怯

겁낼 겁

忄
총8획

파자풀이 怯자는 의미요소인 忄자와 발음요소인 去자의 결합자이다. 겁나서 도망가려는(去) 마음(忄)이란 의미이다.

유의자 恐, 懼, 怖

용례 怯懦 겁나, 怯劣 겁렬, 怯夫 겁부, 怯聲 겁성, 怯心 겁심, 怯惰 겁타, 怯怖 겁포, 卑怯 비겁, 生怯 생겁, 弱怯 약겁, 庸怯 용겁

047

劫

위협할 겁

力
총7획

파자풀이 劫자는 발음요소인 去자와 의미요소인 力자의 결합자이다. 도망가도록 힘을 과시하며 으르는 모습이다.

유의자 脅, 迫

용례 劫姦 겁간, 劫劫 겁겁, 劫年 겁년, 劫略 겁략, 劫盟 겁맹, 劫迫 겁박, 劫縛 겁박, 劫餘 겁여, 劫獄 겁옥, 劫初 겁초, 劫濁 겁탁, 劫海 겁해, 劫會 겁회, 億劫 억겁, 永劫 영겁

048

偈

쉴/불시
(佛詩) 게:

亻
총11획

파자풀이 偈자는 亻자와 曷자의 결합자이다. 본래 '쉬다'는 의미였으나, 후에 부처의 공덕이나 가르침을 기리는 '佛詩'를 의미하게 되었다.

유의자 休, 憩, 頌

용례 偈頌 게송, 歌偈 가게, 梵偈 범게, 法偈 법게, 佛偈 불게, 休偈 휴게

049

膈

가슴 격

月(肉)
총14획

파자풀이 膈자는 의미요소인 肉자와 발음요소인 鬲자의 결합자이다. 땅으로부터 떨어져(鬲) 있는 신체(肉)란 의미이다.

유의자 胸

용례 膈膜 격막, 胸膈 흉격, 橫膈膜 횡격막

050

檄

격문 격

木
총17획

파자풀이 檄자는 木자와 敫자의 결합자이다. 敫자는 몽둥이를 사방으로 휘두르는 모습이다. 따라서 檄자는 보는 사람으로 하여금 激動시키는 글을 나무판에 써 붙인 것이다.

용례 檄文 격문, 檄書 격서, 檄召 격소, 露檄 노격, 飛檄 비격, 羽檄 우격

051

覡

박수 격

見
총14획

파자풀이 覡자는 巫자와 見자의 결합자이다. 신의 뜻을 볼 수 있는 무당을 표현했다. 巫가 여자 무당을 의미하고 覡은 남자 무당을 의미한다.

상대자 巫

용례 男覡 남격, 巫覡 무격

052

繭

고치 견ː

糸
총19획

파자풀이 繭자는 실을 토해내는 누에와 그 실로 지는 집을 표현한 글자이다.

용례 繭絲 견사, 繭蠶 견잠, 繭紬 견주, 繭紙 견지, 絲繭 사견, 生繭 생견, 野繭 야견, 玉繭 옥견, 蠶繭 잠견, 乾繭器 건견기

053

譴

꾸짖을 견ː

言
총21획

파자풀이 譴자는 의미요소인 言자와 발음요소인 遣자의 결합자이다.

유의자 呵, 謫, 責

상대자 譽, 讚

용례 譴呵 견가, 譴告 견고, 譴怒 견노, 譴謫 견적, 譴責 견책, 譴黜 견출, 加譴 가견, 怒譴 노견, 嚴譴 엄견, 罪譴 죄견, 天譴 천견

054

鵑

두견새 견

鳥
총18획

파자풀이 鵑자는 발음요소인 肙(장구벌레 연)자와 의미요소인 鳥자의 결합자이다.

용례 杜鵑 두견, 鵑花 견화

055

痙

경련 경

疒
총12획

파자풀이 痙자는 의미요소인 疒자와 발음요소인 巠자의 결합자이다.

유의자 攣

용례 痙攣 경련, 鎭痙 진경, 胃痙攣 위경련, 筋肉痙攣 근육경련

056

磬

경쇠 경ː

石
총16획

파자풀이 磬자는 殸(소리 성)자와 石자의 결합자이다. 돌이나 옥으로 만들어 뿔 망치로 쳐서 소리를 내는 아악기(雅樂器)를 의미한다.

용례 磬折 경절, 梵磬 범경, 浮磬 부경, 石磬 석경, 玉磬 옥경, 特磬 특경, 編磬 편경

057

鯨

고래 경

魚
총19획

파자풀이 鯨자는 의미요소인 魚자와 발음요소인 京자의 결합자이다.

용례 鯨浪 경랑, 鯨油 경유, 鯨音 경음, 鯨呑 경탄, 鯨波 경파, 鯨濤 경도, 鯨戰蝦死 경전하사

058

勁

굳셀 경

力
총9획

파자풀이 勁자는 발음요소인 巠자와 의미요소인 力자의 결합자이다.

유의자 强, 彊, 剛, 健

상대자 弱

용례 勁弓 경궁, 勁騎 경기, 勁弩 경노, 勁草 경초, 勁風 경풍, 勁悍 경한, 剛勁 강경, 堅勁 견경, 果勁 과경, 肥勁 비경, 後勁 후경

059

憬

깨달을/동경할 경:

忄
총15획

파자풀이 憬자는 의미요소인 忄자와 발음요소인 景자의 결합자이다.

유의자 覺, 悟

용례 憬悟 경오, 憧憬 동경

060

목 경

頁
총16획

파자풀이 頸자는 발음요소인 巠자와 의미요소인 頁자의 결합자이다.

유의자 項, 亢

용례 頸骨 경골, 頸領 경령, 頸椎 경추, 頸血 경혈, 短頸 단경, 頭頸 두경, 延頸 연경, 長頸 장경

061

정강이 경

月(肉)
총11획

파자풀이 脛자는 의미요소인 肉자와 발음요소인 巠자의 결합자이다.

용례 脛巾 경건, 脛衣 경의, 脛節 경절, 虎脛骨 호경골

062

莖

줄기 경

艹
총11획

파자풀이 莖자는 의미요소인 艹자와 발음요소인 巠자의 결합자이다.

유의자 幹

약자 茎

용례 莖葉 경엽, 根莖 근경, 陰莖 음경, 莖菜類 경채류

063

梗

줄기/막힐 경

木
총11획

파자풀이 梗자는 의미요소인 木자와 발음요소인 更자의 결합자이다.

유의자 槪, 莖, 塞

용례 梗槪 경개, 梗塞 경색, 梗礙 경애, 生梗 생경

064

悸

두근거릴 계:

忄
총11획

파자풀이 悸자는 의미요소인 忄자와 발음요소인 季자의 결합자이다. 두려움에 가슴이 두근거림을 의미한다.

유의자 慄

용례 悸病 계병, 悸慄 계율, 驚悸 경계, 恐悸 공계, 動悸 동계, 心悸 심계, 戰悸 전계, 惶悸 황계

065

고질 고

疒
총13획

파자풀이 痼자는 의미요소인 疒자와 발음요소인 固자의 합체자이다. 좀처럼 낫지 않은 병을 의미한다.

용례 痼癖 고벽, 痼疾 고질, 痼弊 고폐, 根痼 근고, 沈痼 침고

066

기름 고

月(肉)
총14획

파자풀이 膏자는 발음요소인 高자와 의미요소인 肉자의 결합자이다.

유의자 脂, 肪, 油

용례 膏粱 고량, 膏藥 고약, 膏油 고유, 膏雉 고치, 膏澤 고택, 膏土 고토, 膏汗 고한, 膏血 고혈, 軟膏 연고, 脂膏 지고, 土膏 토고, 膏粱珍味 고량진미

067

股

넓적다리 고

月(肉)
총8획

파자풀이 股자는 肉자와 殳자의 결합자이다. 肉身에서 몽둥이(殳)처럼 쭉 뻗은 넓적다리를 표현했다.

용례 股間 고간, 股肱 고굉, 股慄 고율, 股戰 고전, 句股 구고, 股肱之臣 고굉지신

068

叩

두드릴 고

口
총5획

파자풀이 叩자는 口자와 卩자의 결합자이다. 꿇어앉아서 문을 두드리고 뭔가를 물어보는 것을 표현했다.

유의자 敲, 擊

용례 叩頭 고두, 叩首 고수, 叩勒 고륵, 叩門 고문

069

敲

두드릴 고

攴
총14획

파자풀이 敲자는 발음요소인 敲자와 의미요소인 攴자의 결합자이다. 높이 달려있는 북을 두드리는 것을 표현했다.

유의자 擊, 叩

용례 敲擊 고격, 敲拉 고랍, 推敲 퇴고

070

錮

막을 고

金
총16획

파자풀이 錮자는 의미요소인 金자와 발음요소인 固자의 결합자이다. 쇠를 녹여 단단히 땜질해서 막는다는 의미이다.

용례 錮疾 고질, 禁錮 금고, 黨錮 당고, 廢錮 폐고

071

袴

바지 고:

衤
총11획

파자풀이 袴자는 의미요소인 衤자와 발음요소인 夸(자랑할 과)자의 결합자이다. 가랑이를 벌리고(夸) 입는 옷(衣)을 표현했다.

용례 袴衣 고의, 單袴 단고, 短袴 단고

072

呱

울 고

口
총8획

파자풀이 呱자는 의미요소인 口자와 발음요소인 瓜자의 결합자이다.

유의자 哭, 泣

상대자 笑

용례 呱呱 고고

073

拷

칠 고

扌
총9획

파자풀이 拷자는 의미요소인 扌자와 발음요소인 考자의 결합자이다. 손에 몽둥이를 들고 치는 것을 표현했다.

유의자 攻, 擊, 打, 討, 伐

용례 拷掠 고략, 拷問 고문, 拷訊 고신, 拷打 고타

074

辜

허물 고

辛
총12획

파자풀이 辜자는 발음요소인 古와 의미요소인 辛의 결합자이다. 辛은 고대 형벌의 도구를 묘사한 글자로, 주로 罪人을 의미한다.

유의자 過, 罪

상대자 功

용례 無辜 무고, 不辜 불고, 罪辜 죄고, 恤辜 휼고

075

鵠

고니/과녁 곡

鳥
총18획

파자풀이 鵠자는 발음요소인 告자와 의미요소인 鳥자의 결합자이다.

유의자 的

용례 鵠髮 곡발, 鵠的 곡적, 鵠志 곡지, 正鵠 정곡, 刻鵠類鶩 각곡유목, 貴鵠賤鷄 귀곡천계, 鵠不浴而白 곡불욕이백

076

梏

수갑 곡

木
총11획

파자풀이 梏자는 의미요소인 木자와 발음요소인 告자의 결합자이다.

유의자 桎

용례 桎梏 질곡

077

衮

곤룡포 곤:

衣
총11획

파자풀이 衮자는 公자와 衣자의 결합자이다. 임금이 公式 席上에 입는 옷이란 의미이다. 袞과 同字이다.

용례 衮冕 곤면, 衮寶 곤보, 衮服 곤복, 衮裳 곤상, 衮衣 곤의, 衮職 곤직, 御衮 어곤, 玄衮 현곤, 衮龍袍 곤룡포

078

昆

맏 곤

日
총8획

파자풀이 昆자는 日자와 比자의 결합으로, 본래 발이 많은 벌레를 묘사해 '벌레'를 의미했다. 후에 '맏', '형'등의 의미가 파생한 경우이다.

유의자 孟, 伯, 允, 兄

상대자 季, 弟

용례 昆季 곤계, 昆孫 곤손, 昆蟲 곤충, 後昆 후곤

079

몽둥이 곤

木
총12획

파자풀이 棍자는 의미요소인 木자와 발음요소인 昆자의 결합자이다.

유의자 棒, 杖

용례 棍棒 곤봉, 棍杖 곤장

080

골몰할 골
물이름 멱

氵
총7획

파자풀이 汨자는 氵자와 日의 결합으로, 해가 물에 잠기듯, 한 가지 생각이나 일에 깊이 파묻히는 것을 의미한다.

유의자 沒

용례 汨沒 골몰, 奔汨 분골, 汨羅 멱라, 汨水 멱수

081

굳을 공

革
총15획

파자풀이 鞏자는 巩(굳을 공)자와 革자의 결합자이다. 巩자는 工具를 손으로 꼭 쥔 모습이다. 여기에 革자가 더해져 단단히 '묶다'는 의미도 파생했다.

유의자 固, 堅, 確, 束

용례 鞏固 공고, 鞏膜 공막, 鞏皮症 공피증

082

두손맞잡을/
팔짱낄 공:

扌
총9획

파자풀이 拱자는 의미요소인 扌자와 발음요소인 共자의 결합자이다. 손(手)을 함께(共) 하는 것을 표현했다.

용례 拱手 공수, 拱揖 공읍, 拱把 공파, 垂拱 수공

083

顆

낟알 과

頁
총17획

파자풀이 顆자는 聲部인 果자와 의미요소인 頁자의 결합자이다. 껍질을 벗기지 않은 곡식의 알을 의미한다.

유의자 粒

용례 顆粒 과립, 飯顆 반과

084

둘레 곽
클 확

广
총14획

파자풀이 廓자는 广자와 郭자의 합체자이다. 郭자가 본래 城의 둘레를 의미하는 글자였다. 그러나 후에 姓氏로 전용하게 되면서, 广을 추가해 본래 의미를 대신한 경우이다.

유의자 大, 郭

상대자 微, 小

용례 廓大 확대, 廓然 확연, 廓正 확정, 廓清 확청, 城廓 성곽, 外廓 외곽

085

외관 곽

木
총15획

파자풀이 槨자는 의미요소인 木과 발음요소인 郭의 결합자이다. 屍身을 넣은 棺의 겉을 한 번 더 감싼 바깥 棺을 의미한다.

용례 槨柩 곽구

086

콩잎/미역 곽

艹
총20획

파자풀이 藿자는 의미요소인 艹자와 발음요소인 霍(빠를 곽)자의 결합자이다.

용례 藿羹 곽갱, 藿亂 곽란, 藿田 곽전, 吐瀉藿亂 토사곽란

087

광대뼈 관

頁
총27획

파자풀이 顴자는 발음요소인 雚자와 의미요소인 頁자의 결합자이다.

용례 顴骨 관골, 高顴 고관, 煩顴 번관

088

널 관

木
총12획

파자풀이 棺자는 의미요소인 木자와 발음요소인 官자의 결합자이다.

유의자 柩

용례 棺槨 관곽, 棺柩 관구, 棺材 관재, 棺板 관판, 蓋棺 개관, 石棺 석관, 入棺 입관, 出棺 출관

089

灌

물댈 관

氵

총21획

파자풀이 灌자는 의미요소인 氵자와 발음요소인 雚자의 결합자이다.

유의자 漑, 沃

용례 灌漑 관개, 灌佛 관불, 灌域 관역, 灌沃 관옥, 灌腸 관장, 漑灌 개관, 浸灌 침관

090

刮

긁을 괄

刂

총8획

파자풀이 刮자는 발음요소인 舌자와 의미요소인 刂자의 결합자이다. 칼로 깎아낸다는 의미이다.

유의자 磨, 削

용례 刮目 괄목, 刮磨 괄마, 刮削 괄삭, 刮目相對 괄목상대

091

括

묶을 괄

扌

총9획

파자풀이 括자는 의미요소인 扌와 발음요소인 舌의 결합자이다.

유의자 結, 束

용례 括囊 괄낭, 括髮 괄발, 括約 괄약, 括弧 괄호, 槪括 개괄, 收括 수괄, 一括 일괄, 總括 총괄, 包括 포괄, 括約筋 괄약근

092

壙

뫼구덩이 광

土

총18획

파자풀이 壙자는 의미요소인 土와 발음요소인 廣의 결합자이다. 시체를 매장하기 위해 땅에 넓게 구덩이를 판다는 의미이다.

유의자 穴

용례 壙中 광중, 壙穴 광혈

093

匡

바를 광

匚

총6획

파자풀이 匡자는 匚(상자 방)과 王의 합체자이다. 속이 넓은(王) 상자(匚)의 구부러진 곳을 바르게 한다는 의미이다.

유의자 矯, 正

용례 匡諫 광간, 匡矯 광교, 匡救 광구, 匡輔 광보, 匡牀 광상, 匡正 광정, 匡定 광정, 匡濟 광제, 匡坐 광좌, 一匡 일광, 靖匡 정광, 正匡 정광, 弼匡 필광

094

曠

밝을/빌 광

日

총19획

파자풀이 曠자는 의미요소인 日과 발음요소인 廣의 결합자이다.

유의자 昭, 明, 空, 虛

상대자 冥, 暗, 實

용례 曠古 광고, 曠年 광년, 曠達 광달, 曠朗 광랑, 曠茫 광망, 曠世 광세, 曠野 광야, 曠日 광일, 曠職 광직, 曠土 광토, 曠懷 광회, 高曠 고광, 崇曠 숭광, 怨曠 원광, 平曠 평광

095

胱

오줌통 광

月(肉)

총10획

파자풀이 胱자는 의미요소인 肉과 발음요소인 光의 결합자이다.

유의자 膀

용례 膀胱 방광

096

卦

점괘 괘

卜

총8획

파자풀이 卦자는 발음요소인 圭(홀 규)와 의미요소인 卜의 결합자이다. 圭는 점치는 도구인 산가지가 다양하게 놓인 모습을 표현한 것으로 보인다.

유의자 兆

용례 卦辭 괘사, 卦象 괘상, 卦兆 괘조, 吉卦 길괘, 上卦 상괘, 下卦 하괘, 陽卦 양괘, 陰卦 음괘, 八卦 팔괘, 凶卦 흉괘

097

罫

줄 괘

罒(网)

총12획

파자풀이 罫자는 의미요소인 网과 발음요소인 卦의 결합자이다.

유의자 線

용례 罫線 괘선, 罫中 괘중, 罫紙 괘지, 罫版 괘판, 兩面罫紙 양면괘지

098

魁

괴수 괴

鬼

총14획

파자풀이 魁자는 鬼와 斗의 합체자로, 北斗의 특성을 응용해 한 무리의 우두머리를 의미한다.

유의자 帥, 首

용례 魁甲 괴갑, 魁傑 괴걸, 魁頭 괴두, 魁星 괴성, 魁首 괴수, 魁岸 괴안, 魁偉 괴위, 巨魁 거괴, 黨魁 당괴, 首魁 수괴, 賊魁 적괴

099

乖

어그러질 괴

丿
총8획

파자풀이 乖는 羊의 뿔이 서로 어긋나 있는 모습에서 '어그러지다'는 의미를 표현했다.

유의자 戾, 悖, 愎

용례 乖隔 괴격, 乖離 괴리, 乖背 괴배, 乖敗 괴패, 乖悖 괴패, 乖愎 괴퍅

100

拐

후릴/속일 괴

扌
총8획

파자풀이 拐자는 扌와 另(헤어질 령)의 결합자이다. 어린 아이를 손(扌)으로 끌어당겨 부모와 헤어지게(另)한다는 의미로 이해할 수 있다.

유의자 騙

용례 拐帶 괴대, 拐兒 괴아, 拐騙 괴편, 誘拐 유괴

101

울릴/수레 소리 굉

車
총21획

파자풀이 轟자는 많은 수레가 지나가며 나는 소리를 의미한다.

용례 轟轟 굉굉, 轟笑 굉소, 轟然 굉연, 轟音 굉음, 轟醉 굉취, 轟沈 굉침, 轟破 굉파

102

宏

클 굉

宀
총7획

파자풀이 宏자는 宀과 厷(클 굉)의 결합자이다. 집(宀)이 넓고 큰 것을 표현했다.

유의자 廓, 大

용례 宏傑 굉걸, 宏規 굉규, 宏達 굉달, 宏圖 굉도, 宏博 굉박, 宏富 굉부, 宏才 굉재, 宏材 굉재, 宏敞 굉창, 宏弘 굉홍, 宏闊 굉활

103

肱

팔뚝 굉

月(肉)
총8획

파자풀이 肱자는 의미요소인 肉자와 발음요소인 厷(클 굉)의 결합자이다.

용례 股肱 고굉, 曲肱 곡굉, 枕肱 침굉, 股肱之臣 고굉지신, 曲肱而枕之 곡굉이침지

104

轎

가마 교

車
총19획

파자풀이 轎자는 의미요소인 車와 발음요소인 喬의 결합자이다.

용례 轎夫 교부, 轎子 교자, 轎丁 교정, 兜轎 두교, 素轎 소교, 乘轎 승교, 轎輿之制 교여지제

105

蛟

교룡 교

虫
총12획

파자풀이 蛟자는 의미요소인 虫과 발음요소인 交의 결합자이다.

용례 蛟龍 교룡, 蛟蛇 교사, 潛蛟 잠교, 蛟龍旗 교룡기, 蛟龍得水 교룡득수, 騰蛟起鳳 등교기봉

106

驕

교만할 교

馬
총22획

파자풀이 驕자는 의미요소인 馬와 발음요소인 喬의 결합자이다. 키가 큰(喬) 말(馬)이 고집이 세 사람을 따르지 않는 모습에서 '교만하다'는 의미가 파생했다.

유의자 倨, 慢, 傲, 恣, 肆

상대자 謙, 遜, 讓

용례 驕倨 교거, 驕慢 교만, 驕兵 교병, 驕奢 교사, 驕肆 교사, 驕揚 교양, 驕暴 교포, 驕亢 교항, 淫驕 음교

107

狡

교활할 교

犭
총9획

파자풀이 狡자는 의미요소인 犭과 발음요소인 交의 결합자이다.

유의자 猾, 獪

용례 狡吏 교리, 狡詐 교사, 狡惡 교악, 狡智 교지, 狡捷 교첩, 狡猾 교활, 姦狡 간교

108

높을 교

口
총12획

파자풀이 喬자는 높은 樓閣 위에 깃발이 세워진 모습을 묘사해서 '높다'는 의미를 표현했다.

유의자 高, 卓

상대자 低

용례 喬幹 교간, 喬林 교림, 喬木 교목, 喬松 교송, 喬志 교지, 喬遷 교천, 喬詰 교힐, 遷喬 천교

109

皎

달밝을 교

白
총11획

파자풀이 皎자는 의미요소인 白과 발음요소인 交의 결합자이다.

용례 皎潔 교결, 皎鏡 교경, 皎月 교월

110

물/새소리 교

口
총9획

파자풀이 咬자는 의미요소인 口와 발음요소인 交의 결합자이다. 交는 齩와 같다. 따라서 입으로 깨문다는 의미이다.

용례 咬咬 교교, 咬菜 교채, 咬齒 교치, 咬牙切齒 교아절치

111

아리따울 교

女
총15획

파자풀이 嬌자는 의미요소인 女와 발음요소인 喬자의 결합자이다. 매우 아름다워 콧대가 높은 여자란 의미이다.

유의자 艶

용례 嬌歌 교가, 嬌客 교객, 嬌面 교면, 嬌聲 교성, 嬌兒 교아, 嬌態 교태, 愛嬌 애교

112

흔들 교

扌
총23획

파자풀이 攪자는 의미요소인 扌자와 발음요소인 覺(깰 교)자의 결합자이다. 손으로 흔들어 잠을 깨우는 모습이다.

유의자 亂, 撓

용례 攪亂 교란, 攪撓 교요, 亂攪 난교

113

갈고리 구

金
총13획

파자풀이 鉤자는 의미요소인 金과 발음요소인 句의 결합자이다. 쇠붙이로 만든 갈고리(句)를 의미한다.

약자 鈎

용례 鉤狀 구상, 鉤餌 구이, 鉤爪 구조, 金鉤 금구, 帶鉤 대구, 垂鉤 수구

114

嘔

게울 구(:)

口
총14획

파자풀이 嘔자는 의미요소인 口와 발음요소인 區의 결합자이다.

유의자 吐

용례 嘔心 구심, 嘔軋 구알, 嘔逆 구역, 嘔吐 구토, 乾嘔逆 건구역

115

枸

구기자 구

木
총9획

파자풀이 枸자는 의미요소인 木과 발음요소인 句의 결합자이다.

유의자 杞, 櫞

용례 枸骨 구골, 枸橘 구귤, 枸杞 구기, 枸木 구목

116

柩

널 구

木
총9획

파자풀이 柩는 의미요소인 木과 발음요소인 匛(널 구)의 결합자이다. 나무로 만든 널을 의미한다.

유의자 棺

용례 柩車 구차, 槨柩 곽구, 棺柩 관구, 運柩 운구

117

衢

네거리 구

行
총24획

파자풀이 衢자는 의미요소인 行과 발음요소인 瞿(볼 구)자의 결합자이다.

유의자 街, 巷

용례 衢街 구가, 衢國 구국, 衢路 구로, 街衢 가구, 通衢 통구, 康衢煙月 강구연월

118

謳

노래 구

言
총18획

파자풀이 謳자는 의미요소인 言과 발음요소인 區의 결합자이다. 말을 구획지어 가락을 붙인 '노래'란 의미이다.

유의자 歌, 謠, 詠, 吟, 唱

용례 謳歌 구가, 謳吟 구음

119

溝

도랑 구

氵

총13획

파자풀이 溝자는 의미요소인 氵와 발음요소인 冓(짤 구)의 결합자이다.

유의자 渠, 瀆, 壑, 洫, 澮

용례 溝渠 구거, 溝瀆 구독, 溝池 구지, 溝洫 구혁, 御溝 어구, 陰溝 음구, 漕溝 조구, 下水溝 하수구

120

도적 구

宀

총11획

파자풀이 寇자는 宀과 元, 그리고 攴으로 구성된 글자이다. 남의 집(宀)에 침입해서 주인(元)을 해치는(攴) 도적을 의미한다.

유의자 盜, 賊, 掠, 奪

용례 寇盜 구도, 寇賊 구적, 窮寇 궁구, 劇寇 극구, 伏寇 복구, 外寇 외구, 內寇 내구, 流寇 유구, 侵寇 침구

121

垢

때 구

土

총9획

파자풀이 垢자는 의미요소인 土와 발음요소인 后의 결합자이다. 后는 厚로 보아서, 두껍게 낀 흙먼지를 의미한다.

유의자 穢, 滓

용례 垢面 구면, 垢穢 구예, 垢滓 구재, 垢濁 구탁, 垢弊 구폐, 面垢 면구, 身垢 신구, 汚垢 오구, 塵垢 진구

122

毆

때릴 구

殳

총15획

파자풀이 毆자는 발음요소인 區와 의미요소인 殳의 결합자이다. 본래는 是非를 區分하여 매를 치는 것을 의미했다.

유의자 擊, 打

용례 毆擊 구격, 毆縛 구박, 毆殺 구살, 毆打 구타, 毆斃 구폐

123

뜸 구

火

총7획

파자풀이 灸자는 발음요소인 久와 의미요소인 火의 결합자이다.

용례 灸薑 구강, 灸師 구사, 鍼灸 침구

124

廏

마구 구

广

총14획)

파자풀이 廏자는 广과 皀(낟알 벽), 그리고 殳로 구성된 글자이다. 말의 우리인 마구간을 의미한다.

약자 厩

용례 廏舍 구사, 內廏 내구, 馬廏 마구, 典廏署 전구서, 失馬治廏 실마치구

125

駒

망아지 구

馬

총15획

파자풀이 駒자는 의미요소인 馬와 발음요소인 句의 결합자이다.

용례 駒隙 구극, 駒馬 구마, 隙駒 극구, 白駒 백구, 龍駒 용구, 千里駒 천리구, 白駒過隙 백구과극

126

矩

모날/법 구

矢

총10획

파자풀이 矩자는 의미요소인 矢와 발음요소인 巨의 결합자이다. 矩는 본래 목수가 쓰는 '곱자'를 의미했다.

유의자 度, 方

용례 矩度 구도, 矩墨 구묵, 矩步 구보, 矩繩 구승, 矩地 구지, 矩尺 구척, 度矩 도구, 前矩 전구, 上矩 상구, 下矩 하구

127

軀

몸 구

身

총18획

파자풀이 軀자는 의미요소인 身과 발음요소인 區의 결합자이다.

유의자 己, 身, 體

용례 軀幹 구간, 軀命 구명, 棄軀 기구, 衰軀 쇠구, 瘦軀 수구, 身軀 신구, 賤軀 천구, 體軀 체구, 形軀 형구

128

鳩

비둘기 구

鳥

총13획

파자풀이 鳩자는 발음요소인 九와 의미요소인 鳥의 결합자이다. 여기에서 九는 비둘기의 울음소리를 의미한 것이기도 하다.

용례 鳩尾 구미, 鳩杖 구장, 鳩聚 구취, 鳩合 구합, 鳴鳩 명구, 傳書鳩 전서구, 鳩居鵲巢 구거작소, 鳩首會議 구수회의

129

舅

시아비/외삼촌 구

臼
총13획

파자풀이 舅자는 臼와 男의 결합자로, 臼는 舊와 同字로 聲部인 동시에 의미요소이기도 하다.

상대자 姑, 甥

용례 舅母 구모, 舅父 구부, 舅甥 구생, 舅弟 구제, 姑舅 고구, 國舅 국구, 伯舅 백구, 叔舅 숙구, 外舅 외구

130

仇

원수/짝 구

亻
총4획

파자풀이 仇자는 의미요소인 亻과 발음요소인 九의 결합자이다.

유의자 讐, 敵, 匹

용례 仇家 구가, 仇隙 구극, 仇邦 구방, 仇怨 구원, 仇敵 구적, 仇恨 구한, 雪仇 설구

131

절구 구

臼
총6획

파자풀이 臼자는 곡식을 빻는 도구인 절구를 묘사한 글자이다. 臼자는 두 가지 방식으로 쓰이고 있다. 하나는 學처럼 '손'과 관련된 뜻을 전달하는 경우이고, 다른 하나는 舂(찧을 용)처럼 절구와 관련된 모양자 역할을 하는 경우이다.

용례 臼磨 구마, 臼狀 구상, 臼齒 구치, 臼砲 구포, 茶臼 다구, 井臼 정구, 脫臼 탈구

132

嶇

험할 구

山
총14획

파자풀이 嶇자는 의미요소인 山과 발음요소인 區의 결합자이다.

유의자 險, 崎

용례 嶇路 구로, 崎嶇 기구

133

窘

군색할 군:

穴
총12획

파자풀이 窘자는 의미요소인 穴과 발음요소인 君의 결합자이다. 필요한 것이 없거나 모자라서 딱하고 옹색하다는 의미이다.

유의자 困, 窮, 急, 迫, 塞

용례 窘境 군경, 窘困 군곤, 窘迫 군박, 窘辱 군욕, 窘乏 군핍, 艱窘 간군, 窮窘 궁군

134

躬

몸 궁

身
총10획

파자풀이 躬자는 의미요소인 身과 발음요소인 弓의 결합자이다. 躬의 本字는 躳이다.

유의자 軀

용례 躬稼 궁가, 躬耕 궁경, 躬桑 궁상, 躬行 궁행, 躬化 궁화, 聖躬 성궁

135

穹

하늘 궁

穴
총8획

파자풀이 穹자는 의미요소인 穴과 발음요소인 弓의 결합자이다.

유의자 乾, 昊

용례 穹壤 궁양, 穹昊 궁호, 高穹 고궁, 蒼穹 창궁, 青穹 청궁

136

捲

거둘/말 권

扌
총11획

파자풀이 捲자는 의미요소인 扌와 발음요소인 卷의 결합자이다. 본래 卷이 멍석을 둘둘 마는 모습을 표현해서 '말다'는 의미였다.

용례 捲勇 권용, 席捲 석권, 捲煙草 권련초, 捲土重來 권토중래

137

倦

게으를 권:

亻
총10획

파자풀이 倦자는 의미요소인 亻과 발음요소인 卷의 결합자이다. 몸을 말고 있는 모습에서 '게으르다'는 의미를 표현했다.

유의자 惰, 怠

상대자 勤

용례 倦憩 권게, 倦憊 권비, 倦游 권유, 倦怠 권태, 休倦 휴권

138

돌볼 권:

目
총11획

파자풀이 眷자는 발음요소인 卷과 의미요소인 目의 결합자이다. 아이들 돌보기 위해 눈을 이리저리 굴리는 모습이다.

유의자 顧

용례 眷庇 권비, 眷愛 권애, 眷佑 권우, 眷遇 권우, 親眷 친권, 廻眷 회권

139

蹶

일어설/넘어질 궐

足
총19획

파자풀이 蹶자는 의미요소인 足과 발음요소인 厥의 결합자이다.

유의자 起

용례 蹶起 궐기, 蹶然 궐연, 顚蹶 전궐, 蹶起大會 궐기대회

140

櫃

궤짝 궤:

木
총18획

파자풀이 櫃는 의미요소인 木과 발음요소인 匱의 결합자이다. 귀한(貴) 물건을 넣어 두는 나무(木)로 만든 상자(匚)을 의미한다.

용례 櫃封 궤봉, 金櫃 금궤, 飯櫃 반궤, 書櫃 서궤, 玉石同櫃 옥석동궤

141

潰

무너질 궤:

氵
총15획

파자풀이 潰자는 의미요소인 氵와 발음요소인 貴의 결합자이다.

유의자 崩, 壞

용례 潰決 궤결, 潰爛 궤란, 潰亂 궤란, 潰滅 궤멸, 潰裂 궤열, 潰瘍 궤양, 潰溢 궤일, 潰敗 궤패, 決潰 결궤, 粉潰 분궤

142

詭

속일 궤:

言
총12획

파자풀이 詭자는 言과 危의 결합자이다. 남을 속이는 거짓말의 위태로운 특성을 표현했다.

유의자 詐, 欺, 誕

용례 詭激 궤격, 詭計 궤계, 詭妄 궤망, 詭辭 궤사, 詭詐 궤사, 詭術 궤술, 詭言 궤언, 詭策 궤책, 詭誕 궤탄, 詭形 궤형, 奇詭 기궤

143

几

안석 궤:

几
총2획

파자풀이 几자는 벽에 세워 놓고 앉을 때 몸을 기대는 방석을 의미한다.

용례 几席 궤석, 几筵 궤연, 几杖 궤장, 書几 서궤, 玉几 옥궤, 竹几 죽궤

144

机

책상 궤:

木
총5획

파자풀이 机자는 의미요소인 木과 발음요소인 几의 결합자이다.

유의자 案

용례 机床 궤상, 机上 궤상, 机案 궤안

145

硅

규소 규

石
총11획

파자풀이 硅는 의미요소인 石과 발음요소인 圭의 결합자이다. 원자 번호 14번인 탄소족 원소를 의미한다.

용례 硅素 규소

146

逵

길거리 규

⻌
총12획

파자풀이 逵자는 의미요소인 ⻌과 발음요소인 坴(뭍 륙)의 결합자이다.

유의자 街, 衢, 道, 路

용례 逵路 규로, 九逵 구규, 通逵 통규

147

葵

아욱/해바라기 규

艹
총13획

파자풀이 葵자는 의미요소인 艹와 발음요소인 癸의 결합자이다.

용례 葵藿 규곽, 葵花 규화, 露葵 노규, 山葵 산규

148

窺

엿볼 규

穴
총16획

파자풀이 窺자는 의미요소인 穴과 발음요소인 規의 결합자이다.

유의자 伺

용례 窺間 규간, 窺知 규지, 管窺 관규, 潛窺 잠규

149

橘

귤 귤

木
총16획

파자풀이 橘자는 의미요소인 木과 발음요소인 矞(송곳질할 율)의 결합자이다.

용례 橘顆 귤과, 橘餠 귤병, 橘葉 귤엽, 橘井 귤정, 橘包 귤포, 橘核 귤핵, 柑橘 감귤, 金橘 금귤, 橘化爲枳 귤화위지, 南橘北枳 남귤북지

150

棘

가시 극

木
총12획

파자풀이 棘자는 가시가 돋친 나무인 朿를 중첩해서 '가시', '가시나무'를 의미한다.

유의자 朿

용례 棘籬 극리, 棘針 극침, 加棘 가극, 蒙棘 몽극, 荊棘 형극

151

剋

이길 극

刂
총9획

파자풀이 剋자는 발음요소인 克자와 의미요소인 刂의 결합자이다.

유의자 勝

상대자 負, 敗

용례 剋減 극감, 剋殲 극섬, 剋勝 극승, 忌剋 기극, 相剋 상극, 嚴剋 엄극, 下剋上 하극상, 水火相剋 수화상극

152

戟

창 극

戈
총12획

파자풀이 戟자는 幹과 戈의 결합자이다. 미늘이 달린 창을 의미한다.

유의자 戈, 矛

상대자 盾

용례 戟架 극가, 戟盾 극순, 劍戟 검극, 交戟 교극, 戈戟 과극, 刀戟 도극, 兵戟 병극, 電戟 전극, 持戟 지극, 刺戟的 자극적

153

隙

틈 극

阝(阜)
총13획

파자풀이 隙자는 의미요소인 阜와 발음요소인 𡭴의 결합자이다.

유의자 間

용례 隙駒 극구, 間隙 간극, 孔隙 공극, 空隙 공극, 過隙 과극, 農隙 농극, 門隙 문극, 邊隙 변극, 尤隙 우극, 寸隙 촌극, 穴隙 혈극, 白駒過隙 백구과극, 隙駒光陰 극구광음

154

覲

뵐 근

見
총18획

파자풀이 覲자는 발음요소인 堇과 의미요소인 見의 결합자이다.

유의자 謁, 見

용례 覲禮 근례, 覲接 근접, 覲親 근친, 覲見 근현, 入覲 입근, 朝覲 조근

155

饉

주릴 근:

食
총20획

파자풀이 饉자는 의미요소인 食과 발음요소인 堇의 결합자이다.

유의자 饑, 餓

상대자 飽

용례 饑饉 기근, 凶饉 흉근

156

擒

사로잡을 금

扌
총16획

파자풀이 擒자는 의미요소인 扌와 발음요소인 禽의 결합자이다. 손으로 새를 낚아채는 모습을 표현했다.

유의자 拘, 捉, 捕

상대자 縱

용례 擒縛 금박, 擒生 금생, 擒縱 금종, 擒捉 금착, 擒斬 금참, 生擒 생금, 七縱七擒 칠종칠금

157

襟

옷깃 금:

衤
총18획

파자풀이 襟자는 의미요소인 衣와 발음요소인 禁의 결합자이다.

용례 襟帶 금대, 襟度 금도, 襟懷 금회, 開襟 개금, 胸襟 흉금

158

이불 금:

衣
총10획

파자풀이 衾자는 발음요소인 今과 의미요소인 衣의 결합자이다.

용례 衾具 금구, 衾枕 금침, 孤衾 고금, 單衾 단금, 同衾 동금, 布衾 포금, 被衾 피금, 鴛鴦衾 원앙금

159

扱

거둘 급
꽂을 삽

扌
총7획

파자풀이 扱자는 의미요소인 扌와 발음요소인 及의 결합자이다. 揷과 通用된다.

유의자 收, 穫

용례 取扱 취급, 稻扱機 도급기

160

물길을 급

氵
총7획

파자풀이 汲자는 의미요소인 氵와 발음요소인 及의 결합자이다.

용례 汲汲 급급, 汲路 급로, 汲索 급삭, 樵童汲婦 초동급부

161

뻗칠 긍:
베풀 선

二
총6획

파자풀이 亘자는 본래 소용돌이 모습을 묘사한 것으로 '돌다'는 의미였으나, 후에 '뻗치다'나 '베풀다'는 의미가 파생했다.

용례 亘古 긍고, 亘長 긍장, 綿亘 면긍, 延亘 연긍

162

矜

자랑할 긍:

矛
총9획

파자풀이 矜자는 矛와 今의 결합자이다. 창을 자랑하는 모습이다.

유의자 誇, 衒

용례 矜憐 긍련, 矜悶 긍민, 矜哀 긍애, 矜育 긍육, 矜持 긍지, 矜惻 긍측, 可矜 가긍, 自矜 자긍, 自矜心 자긍심

163

杞

구기자 기

木
총7획

파자풀이 杞자는 木과 발음요소인 己의 결합자이다. 구기자 열매나 나무를 의미한다. 중국의 周나라의 제후국의 이름이기도 하다.

용례 枸杞 구기, 杞憂 기우, 枸杞子 구기자

164

羈

굴레/
나그네 기

罒
총24획

파자풀이 羈자는 罒과 革, 그리고 馬로 구성된 글자이다. 말 머리에 씌우는 가죽 그물로, '굴레'를 의미한다.

유의자 縻, 絆

용례 羈旅 기려, 羈束 기속, 羈屬 기속, 羈縻 기미, 羈絆 기반, 繫羈 계기, 豪宕不羈 호탕불기

165

妓

기생 기:

女
총7획

파자풀이 妓자는 의미요소인 女자와 발음요소인 支자의 결합자이다. 歌舞에 재주가 있는 여자란 의미이다.

용례 妓家 기가, 妓女 기녀, 妓樓 기루, 妓生 기생, 妓樂 기악, 妓筵 기연, 歌妓 가기, 官妓 관기, 名妓 명기, 舞妓 무기, 藝妓 예기, 義妓 의기, 娼妓 창기

166

돌 기

月
총12획

파자풀이 朞자는 발음요소인 其와 의미요소인 月의 결합자이다.

용례 朞年 기년, 朞月 기월, 大朞 대기, 小朞 소기

167

뙈기밭 기

田
총12획

파자풀이 畸자는 의미요소인 田과 발음요소인 奇의 결합이다. 정상적이지 않은 奇異한 모양의 밭을 의미한다.

용례 畸人 기인, 畸形 기형

168

綺

비단 기

糸
총14획

파자풀이 綺자는 의미요소인 糸와 발음요소인 奇의 결합자이다. 평범하지 않은 아름다운 옷감을 의미한다.

유의자 錦, 綾, 羅, 紈

용례 綺穀 기곡, 綺麗 기려, 綺語 기어, 綺紈 기환, 綺羅星 기라성, 綺紈子弟 기환자제

169

譏

비웃을/나무랄 기

言
총19획

파자풀이 譏자는 의미요소인 言과 발음요소인 幾의 결합자이다.

유의자 嘲, 弄, 呵, 責

용례 譏謗 기방, 譏刺 기자, 譏讒 기참, 譏評 기평

170

肌

살 기

月(肉)
총6획

파자풀이 肌자는 의미요소인 肉과 발음요소인 几의 결합자이다.

유의자 膚, 肉

상대자 骨

용례 肌骨 기골, 肌理 기리, 肌膚 기부, 氷肌 빙기, 雪肌 설기, 玉肌 옥기

171

伎

재주 기

亻
총6획

파자풀이 伎자는 의미요소인 亻과 발음요소인 支의 결합자이다. 技와 通用된다.

유의자 巧, 倆, 藝, 術

용례 伎工 기공, 伎巧 기교, 伎能 기능, 伎倆 기량, 伎術 기술, 伎藝 기예

172

嗜

즐길 기

口
총13획

파자풀이 嗜자는 의미요소인 口와 발음요소인 耆의 결합자이다. 본래 맛있는 음식을 즐긴다는 의미였다.

유의자 慾, 好

용례 嗜眠 기면, 嗜僻 기벽, 嗜愛 기애, 嗜慾 기욕, 嗜好 기호, 貪嗜 탐기, 嗜好品 기호품

173

崎

험할 기

山
총11획

파자풀이 崎자는 의미요소인 山과 발음요소인 奇의 결합자이다.

유의자 嶇, 險

용례 崎嶇 기구, 崎嶇罔測 기구망측

174

拮

일할 길

扌
총9획

파자풀이 拮자는 의미요소인 扌와 발음요소인 吉의 결합자이다.

유의자 据, 抗

용례 拮据 길거, 拮抗 길항, 拮抗作用 길항작용

175

喫

마실/먹을 끽

口
총12획

파자풀이 喫자는 의미요소인 口와 발음요소인 契의 결합자이다.

용례 喫怯 끽겁, 喫茶 끽다, 喫飯 끽반, 滿喫 만끽

176

나약할 나:

忄
총17획

파자풀이 懦자는 의미요소인 忄과 발음요소인 需의 결합자이다.

유의자 弱

용례 懦弱 나약, 怯懦 겁나, 庸懦 용나, 柔懦 유나

177

잡을 나:

手
총9획

파자풀이 拏자는 발음요소인 奴와 의미요소인 手의 결합자이다. 도망가는 노예를 잡는 모습이다.

유의자 拘, 捕, 捉, 拿

상대자 釋, 放

용례 拏捕 나포, 紛拏 분나, 漢拏山 한라산

178

잡을 나:

手
총10획

파자풀이 拿자는 合과 手의 결합으로, 여러 사람이 손(手)을 모아(合) 무언가를 잡는 모습이다. 拏와 同字이다.

유의자 拘, 捕

용례 拿勘 나감, 拿鞫 나국, 拿來 나래, 拿命 나명, 拿問 나문, 拿推 나추, 拿就 나취, 拿致 나치, 拿罷 나파, 拿捕 나포, 拿獲 나획, 拘拿 구나, 先拿 선나

179

儺

푸닥거리 나

亻
총21획

파자풀이 儺자는 의미요소인 亻과 발음요소인 難의 결합자이다. 사람에게 닥친 재난을 몰아내는 의식을 의미한다.

약자 傩

용례 儺禮 나례, 儺儀 나의, 驅儺 구나

180

煖

더울 난:

火
총13획

파자풀이 煖자는 의미요소인 火와 발음요소인 爰자의 결합자이다. 暖과 同字이다.

유의자 暖, 熱

상대자 寒, 冷

용례 煖爐 난로, 煖房 난방, 煖室 난실, 飽煖 포난, 寒煖 한난

181

捏

꾸밀 날

扌
총10획

파자풀이 捏자는 의미요소인 扌와 발음요소인 圼(막을 녈)자의 결합자이다.

유의자 飾, 裝, 造

용례 捏造 날조, 構虛捏無 구허날무

182

捺

누를 날

扌
총11획

파자풀이 捺자는 의미요소인 扌와 발음요소인 奈의 결합자이다. 본래 손으로 눌러 무늬나 흔적을 남기는 것을 의미했다.

유의자 壓

용례 捺染 날염, 捺印 날인, 捺章 날장

183

衲

기울 납

衤
총9획

파자풀이 衲자는 의미요소인 衣와 발음요소인 內의 결합자이다. 옷을 수선한다는 의미이다,

유의자 補

용례 衲僧 납승, 衲衣 납의, 衲子 납자, 老衲 노납, 梵衲 범납, 野衲 야납

184

囊

주머니 낭

口
총22획

파자풀이 囊자는 의미요소인 口와 발음요소인 襄의 결합자이다. 위쪽만 뚫려 물건을 채워 넣을 수 있는 자루를 의미한다.

약자 嚢

용례 囊刀 낭도, 傾囊 경낭, 金囊 금낭, 錦囊 금낭, 背囊 배낭, 胚囊 배낭, 浮囊 부낭, 氷囊 빙낭, 水囊 수낭, 繡囊 수낭, 詩囊 시낭, 心囊 심낭, 藥囊 약낭, 陰囊 음낭, 衣囊 의낭, 智囊 지낭, 寢囊 침낭, 土囊 토낭, 行囊 행낭, 香囊 향낭, 囊中之錐 낭중지추

185

撚

비빌 년

扌
총15획

파자풀이 撚자는 의미요소인 扌와 발음요소인 然의 결합자이다.

용례 撚絲 연사, 撚紙 연지, 檢撚器 검년기

186

涅

열반/개흙 녈

氵
총10획

파자풀이 涅자는 의미요소인 氵와 발음요소인 圼(막을 녈)자의 결합자이다. 梵語 '니르바나(涅槃)'의 음역어로 주로 쓰인다.

용례 涅槃 열반, 涅汚 열오

187

駑

둔마 노

馬
총15획

파자풀이 駑자는 발음요소인 奴와 의미요소인 馬의 결합자이다.

유의자 鈍, 駘

상대자 驥

용례 駑驥 노기, 駑鈍 노둔, 駑才 노재, 駑駘 노태, 罷駑 파노, 駑馬十駕 노마십가

188

弩

쇠뇌 노

弓
총8획

파자풀이 弩자는 발음요소인 奴와 의미요소인 弓의 결합자이다.

용례 弩師 노사, 弩手 노수, 弩砲 노포, 强弩 강노, 剛弩 강노, 弓弩 궁노, 伏弩 복노

189

膿

고름 농

月(肉)
총17획

파자풀이 膿자는 의미요소인 肉과 발음요소인 農의 결합자이다.

용례 膿漏 농루, 膿汁 농즙, 膿血 농혈, 化膿 화농

190

撓

휠 뇨:

扌
총15획

파자풀이 撓자는 의미요소인 扌와 발음요소인 堯자의 결합자이다.

유의자 屈, 枉

상대자 直

용례 撓改 요개, 撓屈 요굴, 撓亂 요란, 撓法 요법, 撓折 요절, 曲撓 곡뇨, 枉撓 왕뇨

191

말더듬거릴 눌

言
총11획

파자풀이 訥자는 의미요소인 言과 발음요소인 內의 결합자이다. 말이 입 속에서 잘 나오질 않는 모습에서 '말을 더듬거리다'는 의미이다.

유의자 澁

상대자 辯

용례 訥辯 눌변, 訥澁 눌삽, 訥言 눌언, 訥言敏行 눌언민행

192

맺을/끈 뉴

糸
총10획

파자풀이 紐자는 의미요소인 糸와 발음요소인 丑의 결합자이다.

유의자 結, 約, 契

상대자 解

용례 結紐 결뉴, 龜紐 귀뉴, 解紐 해뉴

193

숨길 닉

匸
총11획

파자풀이 匿자는 의미요소인 匸(감출 혜)와 발음요소인 若의 합체자이다.

유의자 隱

상대자 露, 顯

용례 匿名 익명, 亡匿 망닉, 隱匿 은닉, 藏匿 장닉, 避匿 피닉, 能士匿謀 능사익모

194

緞

비단 단

糸
총15획

파자풀이 緞자는 의미요소인 糸와 발음요소인 段의 결합자이다.

유의자 錦, 綾, 緋, 紈

용례 緞子 단자, 緋緞 비단, 絨緞 융단

195

새알 단:

虫
총11획

파자풀이 蛋자는 疋(발 소)자와 虫자의 결합자이다.

용례 蛋殼 단각, 蛋白 단백, 蛋黃 단황, 鷄蛋 계단, 蛋白質 단백질

196

소쿠리 단

竹
총18획

파자풀이 簞자는 의미요소인 竹과 발음요소인 單의 결합자이다.

용례 簞食 단사, 簞食瓢飮 단사표음, 簞瓢陋巷 단표누항, 簞食豆羹 단사두갱

197

때릴 달

扌
총16획

파자풀이 撻자는 의미요소인 扌와 발음요소인 達의 결합자이다. 여기에서 達은 매질할 때 나는 소리를 표현한 것이다.

유의자 笞

용례 撻罰 달벌, 撻辱 달욕, 撻笞 달태, 楚撻 초달, 鞭撻 편달, 指導鞭撻 지도편달

198

황달 달

疒
총10획

파자풀이 疸자는 의미요소인 疒과 발음요소인 旦의 합체자이다. 아침 해처럼 온 몸이 누렇게 되는 질환을 의미한다.

용례 疸病 달병, 疸症 달증, 穀疸 곡달, 酒疸 주달, 黃疸 황달, 黑疸 흑달

199

痰

가래 담:

疒
총13획

파자풀이 痰자는 의미요소인 疒과 발음요소인 炎의 합체자이다.

용례 痰唾 담타, 痰火 담화, 檢痰 검담, 喀痰 객담, 血痰 혈담, 濕痰 습담, 祛痰 거담

200

澹

맑을 담

氵
총16획

파자풀이 澹자는 의미요소인 氵와 발음요소인 詹의 결합자이다. 淡과 通用字이다.

유의자 淡, 淸

상대자 濁

용례 澹泊 담박, 澹艶 담염, 澹蕩 담탕, 暗澹 암담, 淸澹 청담, 平澹 평담, 澹泊明志 담박명지

201

憺

참담할 담

忄
총16획

파자풀이 憺자는 의미요소인 忄과 발음요소인 詹의 결합자이다.

유의자 慘

용례 憺畏 담외, 慘憺 참담

202

譚

말씀/클 담

言
총19획

파자풀이 譚자는 의미요소인 言과 발음요소인 覃(미칠 담)의 결합자이다. 談과 通用된다.

유의자 言, 語, 談, 話

용례 譚思 담사, 譚詩 담시, 怪譚 괴담, 奇譚 기담, 常譚 상담, 參譚 참담

203

曇

흐릴 담

日
총16획

파자풀이 曇자는 日자와 雲자가 결합한 회의자로, 해가 구름에 가려 흐리다는 의미이다.

상대자 晴

용례 曇天 담천, 晴曇 청담

204

遝

뒤섞일 답

辶
총14획

파자풀이 遝자는 辶과 眔(뒤따를 답)자의 결합자이다. 眔은 눈으로 뒤를 좇는 모습이다. 그래서 遝자엔 뒤를 따라붙다는 의미가 있다.

유의자 淆, 至

용례 遝至 답지, 雜遝 잡답, 合遝 합답

205

螳

사마귀 당

虫
총17획

파자풀이 螳자는 의미요소인 虫과 발음요소인 堂의 결합자이다.

유의자 螂

용례 螳斧 당부, 螳螂 당랑, 螳螂拳 당랑권, 螳螂拒轍 당랑거철

206

아가위 당

木
총12획

파자풀이 棠자는 발음요소인 尙과 의미요소인 木의 결합자이다.

용례 棠梨 당리, 甘棠 감당, 海棠 해당, 海棠花 해당화

207

칠 당

扌
총15획

파자풀이 撞자는 의미요소인 扌와 발음요소인 童의 결합자이다.

유의자 擊, 打

용례 撞球 당구, 撞木 당목, 撞着 당착, 自家撞着 자가당착

208

들 대

扌
총17획

파자풀이 擡자는 의미요소인 扌와 발음요소인 臺자의 결합자이다. 손으로 높이 들어올리는 모습이다.

유의자 擧

약자 抬

용례 擡頭 대두, 龍擡頭 용대두

209

袋

자루 대

衣
총11획

파자풀이 袋자는 발음요소인 代와 의미요소인 衣의 결합자이다.

유의자 囊

용례 袋鼠 대서, 麻袋 마대, 手袋 수대, 魚袋 어대, 布袋 포대, 包袋 포대, 皮袋 피대, 負袋 부대

210

賭

내기 도

貝
총16획

파자풀이 賭자는 의미요소인 貝와 발음요소인 者의 결합자이다. 재물을 걸고 하는 내기인 노름을 의미한다.

유의자 博

용례 賭技 도기, 賭博 도박, 賭場 도장, 賭錢 도전

211

堵

담 도

土
총12획

파자풀이 堵자는 의미요소인 土와 발음요소인 者의 결합자이다.

유의자 牆, 墻

용례 堵列 도열, 堵墻 도장, 粉堵 분도, 安堵 안도, 環堵 환도

212

鍍

도금할 도

金
총17획

파자풀이 鍍자는 의미요소인 金과 발음요소인 度의 결합자이다.

용례 鍍金 도금, 電鍍 전도, 電氣鍍金 전기도금

213

濤

물결 도

氵
총17획

파자풀이 濤자는 의미요소인 氵와 발음요소인 壽의 결합자이다.

유의자 波, 瀾

용례 濤雷 도뢰, 濤聲 도성, 濤波 도파, 驚濤 경도, 狂濤 광도, 怒濤 노도, 松濤 송도, 銀濤 은도, 波濤 파도, 風濤 풍도, 洪濤 홍도, 疾風怒濤 질풍노도

214

물넘칠 도

氵
총13획

파자풀이 滔자는 의미요소인 氵와 발음요소인 舀(퍼낼 요)자의 결합자이다.

용례 滔滔 도도, 滔天 도천, 滔蕩 도탕

215

蹈

밟을 도

足
총17획

파자풀이 蹈자는 의미요소인 足과 발음요소인 舀자의 결합자이다.

유의자 踐, 踏

용례 蹈舞 도무, 蹈襲 도습, 高蹈 고도, 舞蹈 무도, 足蹈 족도

216

睹

볼 도

目
총14획

파자풀이 睹자는 의미요소인 目과 발음요소인 者의 결합자이다.

유의자 觀, 覽, 看, 視

용례 睹聞 도문, 目睹 목도, 逆睹 역도

217

빌 도

示
총19획

파자풀이 禱자는 의미요소인 示자와 발음요소인 壽자의 결합자이다. 神에게 長壽를 비는 모습이다.

유의자 祈, 祝

용례 禱祈 도기, 禱祠 도사, 祈禱 기도, 默禱 묵도, 拜禱 배도, 祝禱 축도

218

淘

쌀일 도

氵
총11획

파자풀이 淘자는 의미요소인 氵와 발음요소인 匋(질그릇 도)의 결합자이다.

유의자 汰

용례 淘金 도금, 淘米 도미, 淘汰 도태

219

屠

죽일 도

尸
총12획

파자풀이 屠자는 의미요소인 尸와 발음요소인 者의 합체자이다.
유의자 殺, 戮
용례 屠潰 도궤, 屠戮 도륙, 屠腹 도복, 屠殺 도살, 屠割 도할

220

搗

찧을 도

扌
총13획

파자풀이 搗자는 의미요소인 扌와 발음요소인 島의 결합자이다. 擣와 通用한다.
용례 搗衣 도의, 搗精 도정, 搗練紙 도련지

221

萄

포도 도

艹
총12획

파자풀이 萄자는 의미요소인 艹와 발음요소인 匋의 결합자이다.
유의자 葡
용례 葡萄 포도, 乾葡萄 건포도, 青葡萄 청포도, 葡萄牙 포도아 (포르투갈의 음역어)

222

掉

흔들 도

扌
총11획

파자풀이 掉자는 의미요소인 扌와 발음요소인 卓의 결합자이다.
유의자 搖
용례 掉尾 도미, 掉舌 도설, 搖掉 요도, 震掉 진도

223

禿

대머리 독

禾
총7획

파자풀이 禿자는 禾자와 儿자의 결합자이다. 곡식알처럼 머리털이 없는 사람을 의미한다.
용례 禿巾 독건, 禿頭 독두, 禿山 독산, 禿樹 독수, 禿翁 독옹, 禿筆 독필

224

瀆

도랑/더럽힐 독

氵
총18획

파자풀이 瀆자는 의미요소인 氵와 발음요소인 賣의 결합자이다.
유의자 溝, 汚
용례 瀆汚 독오, 瀆職 독직, 溝瀆 구독, 汚瀆 오독, 瀆職暴行 독직폭행

225

沌

엉길 돈

氵
총7획

파자풀이 沌자는 의미요소인 氵와 발음요소인 屯의 결합자이다.
유의자 混, 渾
용례 混沌 혼돈, 渾沌 혼돈

226

瞳

눈동자 동:

目
총17획

파자풀이 瞳자는 의미요소인 目과 발음요소인 童의 결합자이다.
유의자 睛
용례 瞳孔 동공, 瞳人 동인, 瞳子 동자, 紺瞳 감동, 綠瞳 녹동, 青瞳 청동

227

憧

동경할 동:

忄
총15획

파자풀이 憧자는 의미요소인 忄과 발음요소인 童의 결합자이다.
유의자 憬
용례 憧憬 동경, 憧憧 동동, 愚憧 우동

228

疼

아플 동:

疒
총10획

파자풀이 疼자는 의미요소인 疒과 발음요소인 冬의 결합자이다.
유의자 痛
용례 疼痛 동통, 頭疼 두동, 腹疼 복동

229

胴

큰창자/ 몸통 동

月(肉)
총10획

파자풀이 胴자는 의미요소인 肉과 발음요소인 同의 결합자이다.

용례 胴體 동체

230

역질 두

疒
총12획

파자풀이 痘는 의미요소인 疒과 발음요소인 豆의 결합자로, 피부에 콩알처럼 생긴 수포가 올라오는 병인 天然痘를 의미하는 글자이다.

유의자 疫

용례 痘面 두면, 痘苗 두묘, 痘疫 두역, 痘漿 두장, 痘瘡 두창, 痘痕 두흔, 水痘 수두, 牛痘 우두, 種痘 종두, 天然痘 천연두

231

兜

투구 두 도솔천 도

儿
총11획

파자풀이 兜자는 전투할 때 사람(儿)의 머리(白)를 덮는(卯) 투구를 의미한다.

유의자 鍪

용례 兜轎 두교, 兜籠 두롱, 馬兜鈴 마두령, 兜率天 도솔천

232

臀

볼기 둔

月(肉)
총17획

파자풀이 臀자는 발음요소인 殿과 의미요소인 肉의 결합자이다.

용례 臀部 둔부, 臀位 둔위, 臀肉 둔육, 臀腫 둔종, 臀笞法 둔태법

233

遁

숨을 둔:

辶
총13획

파자풀이 遁자는 의미요소인 辶과 발음요소인 盾의 합체자이다. 달아나서 숨는다는 의미이다.

유의자 隱, 竄, 避

용례 遁甲 둔갑, 遁逃 둔도, 遁北 둔배, 遁思 둔사, 遁世 둔세, 遁迹 둔적, 遁走 둔주, 遁避 둔피, 逃遁 도둔, 鼠遁 서둔, 隱遁 은둔

234

橙

귤/걸상 등

木
총16획

파자풀이 橙자는 의미요소인 木과 발음요소인 登의 결합자이다.

유의자 橘

용례 橙子 등자, 橘橙 귤등

235

懶

게으를 라:

忄
총19획

파자풀이 懶자는 의미요소인 忄과 발음요소인 賴의 결합자이다.

유의자 慢, 惰, 怠

상대자 勤

용례 懶慢 나만, 懶眠 나면, 懶婦 나부, 懶性 나성, 懶惰 나타, 懶怠 나태

236

癩

문둥병 라:

疒
총21획

파자풀이 癩자는 의미요소인 疒자와 발음요소인 賴의 결합자이다.

용례 癩菌 나균, 癩病 나병, 癩腫 나종, 癩疹 나진, 癩漢 나한

237

螺

소라 라

虫
총17획

파자풀이 螺자는 의미요소인 虫과 발음요소인 累자의 결합자이다.

용례 螺階 나계, 螺杯 나배, 螺絲 나사, 螺旋 나선, 田螺 전라, 吹螺 취라, 螺旋形 나선형, 螺鈿漆器 나전칠기

238

邏

순라 라

辶
총23획

파자풀이 邏자는 의미요소인 辶과 발음요소인 羅의 합체자이다.

유의자 巡

용례 邏吏 나리, 邏卒 나졸, 警邏 경라, 巡邏 순라, 夜邏 야라, 偵邏 정라, 候邏 후라

239

駱

낙타 락

馬
총16획

파자풀이 駱자는 의미요소인 馬와 발음요소인 各의 결합자이다.

유의자 駝

용례 駱馬 낙마, 駱駝 낙타

240

酪

쇠젖 락

酉
총13획

파자풀이 酪자는 의미요소인 酉자와 발음요소인 各의 결합자이다. 유목 민족이 쇠젖이나 양젖으로 술을 만들어 마시는데서 유래했다.

용례 酪漿 낙장, 酪農業 낙농업

241

烙

지질 락

火
총10획

파자풀이 烙자는 의미요소인 火와 발음요소인 各의 결합자이다.

용례 烙記 낙기, 烙印 낙인, 烙畵 낙화, 壓烙 압락, 鍼烙 침락, 炮烙 포락, 炮烙之刑 포락지형

242

난새 란

鳥
총30획

파자풀이 鸞자는 발음요소인 䜌(어지러울 련)자와 의미요소인 鳥의 결합자이다. 鑾자와 通用된다.

약자 鸾

용례 鸞駕 난가, 鸞鳳 난봉, 鸞輿 난여, 鸞鳥 난조, 鸞坡 난파, 鸞鳳扇 난봉선

243

瀾

물결 란

氵
총20획

파자풀이 瀾자는 의미요소인 氵자와 발음요소인 闌자의 결합자이다.

유의자 波, 濤

용례 瀾濤 난도, 瀾波 난파, 驚瀾 경란, 狂瀾 광란, 漫瀾 만란, 碧瀾 벽란, 波瀾 파란, 碧瀾渡 벽란도

244

辣

매울 랄

辛
총14획

파자풀이 辣자는 의미요소인 辛과 발음요소인 剌의 간략자의 결합이다. 표정이 어그러질 정도로 매운 맛을 의미한다.

유의자 辛

용례 辣手 날수, 辣腕 날완, 辛辣 신랄, 惡辣 악랄, 酷辣 혹랄

245

剌

발랄할 랄
수라 라

刂
총9획

파자풀이 剌자는 束자와 刂의 결합자이다. 본래 다무 다발을 자른다는 의미였다. 임금의 진지를 의미하는 '수라'의 음역자로도 쓰인다.

용례 潑剌 발랄, 跋剌 발랄, 撥剌 발랄, 操剌 조랄

246

대바구니 람

竹
총20획

파자풀이 籃자는 의미요소인 竹과 발음요소인 監의 결합자이다.

유의자 籠

약자 篮

용례 籃輿 남여, 魚籃 어람, 搖籃 요람, 竹籃 죽람

247

蠟

밀 랍

虫
총21획

파자풀이 蠟자는 의미요소인 虫과 발음요소인 巤(목 갈기 렵)자의 결합자이다.

약자 蝋

용례 蠟淚 납루, 蠟燭 납촉, 蠟花 납화, 蠟丸 납환, 蜜蠟 밀랍, 白蠟 백랍, 封蠟 봉랍, 蜂蠟 봉랍

248

臘

섣달 랍

月(肉)
총19획

파자풀이 臘자는 의미요소인 肉과 발음요소인 巤의 결합자이다. '섣달'은 큰 동물을 사냥해 祭物로 바치고 조상에게 지내는 제사인, 臘享祭를 지내는 달이란 의미이다.

용례 臘祭 납제, 臘享 납향, 舊臘 구랍, 窮臘 궁랍, 法臘 법랍, 伏臘 복랍, 一臘 일랍, 眞臘 진랍, 下臘 하랍, 夏臘 하랍

249

이리 랑:

犭
총10획

파자풀이 狼자는 의미요소인 犭과 발음요소인 良의 결합자이다.

유의자 狽

용례 狼顧 낭고, 狼戾 낭려, 狼貪 낭탐, 狼狽 낭패, 狼抗 낭항, 狼虎 낭호, 豺狼 시랑, 餓狼 아랑, 貪狼 탐랑, 虎狼 호랑

250

기장 량

米
총13획

파자풀이 粱자는 발음요소인 梁의 생략자와 의미요소인 米가 결합한 글자이다.

용례 高粱 고량, 膏粱 고량, 高粱酒 고량주, 膏粱珍味 고량진미

251

재주 량

亻
총10획

파자풀이 倆자는 의미요소인 亻과 발음요소인 兩의 결합자이다.

유의자 技, 伎, 術, 藝

용례 技倆 기량, 伎倆 기량

252

濾

거를 려:

氵
총18획

파자풀이 濾자는 의미요소인 氵와 발음요소인 慮의 결합자이다.

용례 濾過 여과, 濾床 여상, 濾水路 여수로, 濾過器 여과기

253

검을 려

黍
총15획

파자풀이 黎자는 의미요소인 黍와 발음요소인 **𥝢**의 결합자이다.

유의자 玄, 黑

용례 黎明 여명, 黎民 여민, 黎庶 여서, 黎首 여수, 黔黎 검려, 群黎 군려

254

마을 려

門
총15획

파자풀이 閭자는 의미요소인 門과 발음요소인 呂의 합체자이다. 마을이 출입문인 里門을 의미한다.

유의자 里, 閻

용례 閭家 여가, 閭里 여리, 閭閻 여염, 閭巷 여항, 門閭 문려, 里閭 이려, 州閭 주려, 鄕閭 향려

255

戾

어그러질 려:

戶
총8획

파자풀이 戾자는 戶와 犬의 합체자이다. 戾자는 집을 지키는 개가 사납다는 의미였다. 후에 '어그러지다'는 의미가 파생한 경우이다.

유의자 乖

용례 乖戾 괴려, 返戾 반려, 背戾 배려, 悖戾 패려

256

侶

짝 려:

亻
총9획

파자풀이 侶자는 의미요소인 亻과 발음요소인 呂의 결합자이다.

유의자 配, 偶, 伴

용례 同侶 동려, 伴侶 반려, 法侶 법려, 僧侶 승려

257

瀝

스밀 력

氵
총19획

파자풀이 瀝자는 의미요소인 氵와 발음요소인 歷의 결합자이다.

유의자 滲

용례 瀝瀝 역력, 餘瀝 여력, 殘瀝 잔력, 滴瀝 적력, 瀝青炭 역청탄

258

조약돌 력

石
총20획

파자풀이 礫자는 의미요소인 石과 발음요소인 樂의 결합자이다.

용례 礫巖 역암, 礫土 역토, 砂礫 사력, 石礫 석력, 瓦礫 와력, 磧礫 적력, 火山礫 화산력

259

輦

가마 련

車
총15획

파자풀이 輦자는 두 개의 夫와 車의 결합자이다. 두 명의 가마꾼과 가마를 묘사한 글자이다.

유의자 轎

용례 輦路 연로, 輦車 연차, 輦下 연하, 京輦 경련, 大輦 대련, 同輦 동련, 鳳輦 봉련, 御輦 어련, 玉輦 옥련, 正輦 정련, 帝輦 제련

260

斂

거둘 렴:

攵
총17획

파자풀이 斂자는 발음요소인 僉과 의미요소인 攵의 결합자이다.

유의자 收, 穫, 聚

상대자 散

용례 斂穫 염확, 苛斂 가렴, 加斂 가렴, 賦斂 부렴, 稅斂 세렴, 收斂 수렴, 秋斂 추렴, 聚斂 취렴, 後斂 후렴, 苛斂誅求 가렴주구

261

발 렴

竹
총19획

파자풀이 簾자는 의미요소인 竹과 발음요소인 廉의 결합자이다. 대나무로 만든 발을 의미한다.

용례 垂簾 수렴, 珠簾 주렴, 竹簾 죽렴, 翠簾 취렴, 垂簾聽政 수렴청정

262

염할 렴:

歹
총17획

파자풀이 殮자는 의미요소인 歹과 발음요소인 僉의 결합자이다.

유의자 殯

용례 殮襲 염습, 殮布 염포, 殮昏 염혼, 襲殮 습렴

263

나이 령

齒
총20획

파자풀이 齡자는 의미요소인 齒와 발음요소인 令의 결합자이다.

약자 齢

용례 高齡 고령, 龜齡 귀령, 老齡 노령, 妙齡 묘령, 衰齡 쇠령, 樹齡 수령, 弱齡 약령, 餘齡 여령, 年齡 연령, 延齡 연령, 月齡 월령, 幼齡 유령, 長齡 장령, 學齡 학령, 適齡期 적령기

264

鈴

방울 령

金
총13획

파자풀이 鈴자는 의미요소인 金과 발음요소인 令의 결합자이다.

유의자 鐸

용례 鈴鐸 영탁, 猫頭懸鈴 묘두현령, 猫項懸鈴 묘항현령

265

옥 령

囗
총8획

파자풀이 囹자는 의미요소인 囗(에워쌀 위)와 발음요소인 令의 결합자이다.

유의자 圄

용례 囹圄 영어, 圄囹 어령, 幽囹 유령

266

逞

쾌할/굳셀 령

辶
총11획

파자풀이 逞자는 辶과 발음요소인 로의 합체자이다.

유의자 快, 剛, 勁

용례 逞兵 영병, 頸逞 경령, 大逞 대령, 不逞 불령, 橫逞 횡령

267

撈

건질 로

扌
총15획

파자풀이 撈자는 의미요소인 扌와 발음요소인 勞의 결합자이다.

유의자 濟

용례 撈救 노구, 漁撈 어로, 曳撈 예로, 板撈 판로

268

擄

노략질할 로

扌
총16획

파자풀이 擄자는 의미요소인 扌와 발음요소인 虜(사로잡을 로)의 결합자이다.

유의자 掠

용례 擄掠 노략, 侵擄 침노

269

虜

사로잡을 로

虍

총12획

파자풀이 虜자는 虍와 男의 합체자로, 사냥꾼이 호랑이를 산채로 잡은 모습을 표현했다. 擄와 同字이다.

유의자 獲

용례 虜略 노략, 虜囚 노수, 虜獲 노획, 捕虜 포로, 被虜 피로, 守錢虜 수전로

270

산기슭 록

鹿

총19획

파자풀이 麓자는 林자와 鹿자의 결합자이다. 사슴이 뛰어노는 숲이란 말로, '산기슭'을 의미한다.

용례 林麓 임록, 山麓 산록, 短麓 단록

271

푸른돌 록

石

총13획

파자풀이 碌자는 의미요소인 石과 발음요소인 彔(나무 깎을 록)의 결합자이다.

용례 碌碌 녹록, 碌磻洞 녹번동

272

귀먹을 롱

耳

총22획

파자풀이 聾자는 발음요소인 龍과 의미요소인 耳의 결합자이다.

유의자 聵

용례 聾昧 농매, 聾盲 농맹, 聾俗 농속, 聾啞 농아, 聾昏 농혼, 耳聾 이롱

273

밭두둑 롱:

土

총19획

파자풀이 壟자는 발음요소인 龍자와 의미요소인 土의 결합자이다.

유의자 畔

용례 壟斷 농단, 壟畔 농반, 丘壟 구롱

274

瓏

옥소리 롱

王(玉)

총20획

파자풀이 瓏자는 의미요소인 玉과 발음요소인 龍의 결합자이다.

유의자 玲

용례 玲瓏 영롱, 五色玲瓏 오색영롱

275

儡

꼭두각시 뢰:

亻

총17획

파자풀이 儡자는 의미요소인 亻과 발음요소인 畾(밭 갈피 뢰)의 결합자이다.

유의자 傀

용례 傀儡 괴뢰, 傀儡軍 괴뢰군

276

賂

뇌물 뢰

貝

총13획

파자풀이 賂자는 의미요소인 貝와 발음요소인 各의 결합자이다.

유의자 賄

용례 賂物 뇌물, 納賂 납뢰, 賄賂 회뢰

277

磊

돌무더기 뢰

石

총15획

파자풀이 磊자는 돌(石)이 많이 쌓인 돌무더기를 의미한다.

유의자 砢

용례 磊塊 뇌괴, 磊落 뇌락, 磊磊 뇌뢰

278

우리 뢰

牛

총7획

파자풀이 牢자는 宀과 牛가 결합한 회의자로, 소의 집이란 의미이다.

유의자 圈, 獄

용례 牢却 뇌각, 牢拒 뇌거, 牢記 뇌기, 牢落 뇌락, 牢籠 뇌롱, 牢牲 뇌생, 堅牢 견뢰, 圈牢 권뢰, 牲牢 생뢰, 獄牢 옥뢰, 完牢 완뢰, 亡羊補牢 망양보뢰

279

동관 료

宀
총15획

파자풀이 寮자는 宀자와 발음요소인 尞(횃불 료)의 결합자이다. 지위가 같은 벼슬아치인 同官을 의미한다. 僚와 同字이다.

용례 寮舍 요사, 寮屬 요속, 寮佐 요좌, 閣寮 각료, 同寮 동료, 僧寮 승료, 臣寮 신료, 下寮 하료, 學寮 학료

280

밝을 료

目
총17획

파자풀이 瞭자는 의미요소인 目과 발음요소인 尞의 결합자이다. 눈이 횃불처럼 밝다는 의미이다.

용례 明瞭 명료, 簡單明瞭 간단명료, 一目瞭然 일목요연

281

애오라지 료

耳
총11획

파자풀이 聊자는 의미요소인 耳와 발음요소인 卯의 결합자이다. 애오라지는 '겨우', '오로지'를 강조한 말이다. 耳鳴의 의미도 있다.

용례 聊賴 요뢰, 無聊 무료

282

횃불 료

火
총16획

파자풀이 燎자는 火와 尞의 결합자이다. 본래 尞가 '횃불'이란 의미로 쓰였는데, 火를 더해서 의미를 강조한 경우이다.

유의자 炬

용례 燎原 요원, 燎火 요화, 庭燎 정료, 精燎 정료, 百花燎亂 백화요란, 星火燎原 성화요원

283

쓸쓸할 료

宀
총14획

파자풀이 寥자는 의미요소인 宀과 발음요소인 翏(높이 날 료)의 결합자이다. 廖와 同字이다.

유의자 寂, 寞

용례 寥闊 요활, 寂寥 적료

284

더러울 루:

阝(阜)
총9획

파자풀이 陋자는 阜와 㔷(좁을 루)의 결합자이다. 㔷가 陋의 古字이다.

유의자 鄙, 隘, 狹

용례 陋見 누견, 陋劣 누열, 陋鄙 누비, 陋屋 누옥, 陋賤 누천, 陋醜 누추, 陋巷 누항, 固陋 고루, 孤陋 고루, 鄙陋 비루, 貧陋 빈루, 愚陋 우루, 頑陋 완루, 賤陋 천루

285

보루 루

土
총18획

파자풀이 壘자는 발음요소인 畾와 의미요소인 土의 결합자이다. 흙을 포개서 쌓은 陣을 의미한다.

유의자 堡

약자 塁

용례 壘上 누상, 堅壘 견루, 盜壘 도루, 堡壘 보루, 城壘 성루, 一壘手 일루수, 本壘打 본루타

286

유리 류

王(玉)
총11획

파자풀이 琉는 의미요소인 玉과 발음요소인 㐬의 결합자이다. 瑠와 同字이다.

유의자 璃

용례 琉球 유구, 琉璃 유리

287

처마물 류

氵
총13획

파자풀이 溜자는 의미요소인 氵와 발음요소인 留의 결합자이다. 머물렀다(留) 떨어지는 처마 끝 빗물(氵)을 의미한다.

용례 乾溜 건류, 蒸溜 증류, 山溜穿石 산류천석

288

瘤

혹 류:

疒
총15획

파자풀이 瘤자는 의미요소인 疒과 발음요소인 留의 합체자이다.

유의자 贅

용례 瘤贅 유췌, 贅瘤 췌류

289

戮

죽일 륙

戈
총15획

파자풀이 戮자는 발음요소인 翏(높이 날 료)와 의미요소인 戈의 결합자이다.

유의자 屠, 誅, 殺

용례 屠戮 도륙, 殺戮 살육, 誅戮 주륙

290

綸

벼리 륜

糸
총14획

파자풀이 綸자는 의미요소인 糸와 발음요소인 侖의 결합자이다.

유의자 紀, 綱, 維

용례 經綸 경륜, 彌綸 미륜, 絲綸 사륜, 垂綸 수륜

291

淪

빠질 륜

氵
총11획

파자풀이 淪자는 의미요소인 氵와 발음요소인 侖의 결합자이다.

유의자 沒, 溺

용례 淪落 윤락, 淪沒 윤몰, 沈淪 침륜, 渾淪 혼륜, 淪落街 윤락가, 淪落女 윤락녀

292

慄

떨릴 률

忄
총13획

파자풀이 慄자는 의미요소인 忄과 발음요소인 栗의 결합자이다. 밤송이를 보고 찔릴까 염려스러운 것처럼 떨리고 두렵다는 의미이다.

유의자 悸, 恐, 懼, 悚

용례 悸慄 계율, 恐慄 공율, 凜慄 늠률, 悼慄 도율, 悚慄 송률, 戰慄 전율

293

肋

갈빗대 륵

月(肉)
총6획

파자풀이 肋자는 의미요소인 肉과 발음요소인 力의 결합자이다.

용례 肋骨 늑골, 肋膜 늑막, 鷄肋 계륵, 沙肋 사륵, 羊肋 양륵, 肋膜炎 늑막염

294

勒

굴레 륵

力
총11획

파자풀이 勒자는 의미요소인 革과 발음요소인 力의 결합자이다.

유의자 羈

용례 勒掘 늑굴, 勒買 늑매, 勒賣 늑매, 勒銘 늑명, 勒兵 늑병, 勒約 늑약, 勒葬 늑장, 勒停 늑정, 勒定 늑정, 勒住 늑주, 勒徵 늑징, 勒奪 늑탈, 勒婚 늑혼, 勒痕 늑흔, 彌勒 미륵

295

凜

찰 름

冫
총15획

파자풀이 凜자는 의미요소인 冫과 발음요소인 稟의 결합자이다.

유의자 冷, 寒

상대자 溫, 暖, 熱

용례 凜烈 늠렬, 凜慄 늠률, 凜凜 늠름, 凜然 늠연, 凜綴 늠철, 凜乎 늠호, 寒凜 한름

296

菱

마름 릉

艹
총12획

파자풀이 菱자는 의미요소인 艹와 발음요소인 夌의 결합자이다. 마름과의 한해살이 풀을 의미한다.

용례 菱池 능지, 菱荷 능하, 菱形 능형, 菱花 능화, 採菱 채릉, 鐵菱 철릉

297

稜

모날 릉

禾
총13획

파자풀이 稜자는 의미요소인 禾와 발음요소인 夌의 결합자이다.

유의자 角

용례 稜角 능각, 稜線 능선, 稜威 능위, 稜疊 능첩, 三稜 삼릉, 威稜 위릉

298

綾

비단 릉

糸
총14획

파자풀이 綾자는 의미요소인 糸와 발음요소인 夌의 결합자이다.

유의자 綺, 緋, 緞, 紈

용례 綾衾 능금, 綾綺 능기, 綾羅 능라, 綾文 능문, 綾扇 능선, 綾屬 능속

299

凌

업신여길 **릉**

冫

총10획

파자풀이 凌자는 의미요소인 冫과 발음요소인 夌의 결합자이다.

유의자 侮, 蔑

용례 凌駕 능가, 凌亂 능란, 凌摩 능마, 凌蔑 능멸, 凌侮 능모, 凌辱 능욕, 凌遲處斬 능지처참

300

罹

걸릴/근심 **리**

罒

총16획

파자풀이 罹자는 网과 心 , 그리고 隹로 구성된 글자이다. 그물(网)에 걸린 새(隹)를 보고 드는 마음(心)을 표현했다.

용례 罹難 이난, 罹病 이병, 罹厄 이액, 罹災 이재, 罹災民 이재민

301

다스릴 **리**

里

총18획

파자풀이 釐자는 里가 의미요소이자 발음요소이다. 條理를 바로 세워 '다스리다'는 의미이다. 1의 100분의 1인 '아주 작은 수'를 의미하기도 한다.

약자 厘

용례 釐分 이분, 釐毫 이호, 毫釐 호리, 毫釐之差 호리지차

302

裡

속 **리:**

衤

총12획

파자풀이 裡자는 裏자와 同字이다.

유의자 內

상대자 表

용례 裡面 이면, 心裡 심리, 表裡不同 표리부동, 笑裡藏刀 소리장도

303

俚

속될 **리:**

亻

총9획

파자풀이 俚자는 의미요소인 亻과 발음요소인 里의 결합자이다.

유의자 鄙, 俗

용례 俚鄙 이비, 俚辭 이사, 俚語 이어, 俚諺 이언, 俚儒 이유, 鄙俚 비리

304

悧

영리할 **리**

忄

총10획

파자풀이 悧자는 의미요소인 忄과 발음요소인 利의 결합자이다.

유의자 怜

용례 怜悧 영리

305

籬

울타리 **리**

竹

총25획

파자풀이 籬자는 의미요소인 竹과 발음요소인 離의 결합자이다. 안과 밖을 分離하기 위해 대나무로 만든 울타리를 의미한다.

유의자 藩

용례 籬窺 이규, 籬柵 이책, 缺籬 결리, 棘籬 극리, 疏籬 소리, 牆籬 장리, 竹籬 죽리, 藩籬 번리, 圍籬安置 위리안치

306

痢

이질 **리:**

疒

총12획

파자풀이 痢자는 의미요소인 疒과 발음요소인 利의 결합자이다.

용례 痢症 이증, 痢疾 이질, 泄痢 설리, 疫痢 역리

307

燐

도깨비불 **린**

火

총16획

파자풀이 燐자는 의미요소인 火와 발음요소인 粦의 결합자이다. 본래 粦이 '도깨비불'을 의미했다. 火를 추가해 의미를 강조한 경우이다.

용례 燐光 인광, 燐球 인구, 燐火 인화, 鬼燐 귀린, 白燐 백린, 赤燐 적린, 黃燐 황린

308

鱗

비늘 **린**

魚

총23획

파자풀이 鱗자는 의미요소인 魚와 발음요소인 粦의 결합자이다.

용례 鱗甲 인갑, 鱗介 인개, 鱗接 인접, 細鱗 세린, 魚鱗 어린, 逆鱗 역린, 龍鱗 용린, 羽鱗 우린, 銀鱗 은린, 片鱗 편린, 活鱗 활린

309

吝

파자풀이 吝자는 발음요소인 文자와 의미요소인 口자의 결합자이다.

유의자 嗇, 惜

용례 吝嗇 인색, 儉吝 검린, 貪吝 탐린

아낄 린
口
총7획

310

躪

파자풀이 躪자는 의미요소인 足과 발음요소인 藺(골풀 린)의 결합자이다. 躙, 蹸과 同字이다.

유의자 蹂

용례 蹂躪 유린, 人權蹂躪 인권유린

짓밟을 린
足
총27획

311

淋

파자풀이 淋자는 의미요소인 氵와 발음요소인 林의 결합자이다.

유의자 漓, 灑, 瀝, 滲

용례 淋瀝 임력, 淋滲 임삼, 淋灑 임쇄, 淋疾 임질, 淋巴 임파, 淋汗 임한, 淋巴腺 임파선

임질 림
氵
총11획

312

粒

파자풀이 粒자는 의미요소인 米와 발음요소인 立의 결합자이다.

유의자 顆

용례 粒米 입미, 粒子 입자, 顆粒 과립, 微粒 미립, 米粒 미립, 飯粒 반립, 素粒子 소립자

낟알 립
米
총11획

313

笠

파자풀이 笠자는 의미요소인 竹과 발음요소인 立의 결합자이다.

용례 笠帽 입모, 笠房 입방, 笠子 입자, 蓋笠 개립, 代笠 대립, 蓬笠 봉립, 簑笠 사립, 氈笠 전립, 戰笠 전립

삿갓 립
竹
총11획

314

寞

파자풀이 寞자는 의미요소인 宀과 발음요소인 莫의 결합자이다. 집에 아무도 없어 고요한 모습이다.

유의자 寂, 靜

상대자 騷

용례 寞寞 막막, 落寞 낙막, 索寞 삭막, 寂寞 적막

고요할 막
宀
총14획

315

彎

파자풀이 彎자는 발음요소인 䜌과 의미요소인 弓의 결합자이다.

유의자 屈, 曲

상대자 直

약자 弯

용례 彎曲 만곡, 彎屈 만굴, 彎弓 만궁, 彎月 만월, 彎環 만환

굽을 만
弓
총22획

316

輓

파자풀이 輓자는 의미요소인 車와 발음요소인 免의 결합자이다.

유의자 牽, 引

상대자 推

용례 輓歌 만가, 輓近 만근, 輓詞 만사, 輓章 만장, 輓推 만추

끌/애도할 만:
車
총14획

317

挽

파자풀이 挽자는 의미요소인 扌와 발음요소인 免의 결합자이다.

유의자 牽, 引

용례 挽弓 만궁, 挽留 만류, 挽引 만인, 挽回 만회

당길 만:
扌
총10획

318

蔓

파자풀이 蔓자는 의미요소인 艹와 발음요소인 曼(끌 만)의 결합자이다.

유의자 延

용례 蔓生 만생, 蔓延 만연, 蔓衍 만연, 蔓草 만초

덩굴 만
艹
총15획

319

卍

만자 만:

十
총6획

파자풀이 卍자는 본래 부처의 가슴에 있는 旋毛를 묘사한 것으로, 吉祥의 의미이다. 보통 불교나 절의 기호로 쓴다.

용례 卍字 만자, 卍海 만해 〔한용운(韓龍雲)의 법호(法號)〕

320

만두 만

食
총20획

파자풀이 饅자는 의미요소인 食과 발음요소인 曼의 결합자이다.

용례 饅頭 만두

321

뱀장어 만

魚
총22획

파자풀이 鰻자는 의미요소인 魚와 발음요소인 曼의 결합자이다.

용례 養鰻 양만, 風鰻 풍만, 海鰻 해만

322

속일 만

目
총16획

파자풀이 瞞자는 의미요소인 目과 발음요소인 㒼(평평할 만)의 결합자이다. 눈속임을 의미하는 글자이다.

유의자 詐, 欺

용례 瞞報 만보, 瞞着 만착, 欺瞞 기만

323

물거품 말

氵
총8획

파자풀이 沫자는 의미요소인 氵와 발음요소인 末의 결합자이다.

유의자 泡

용례 浮沫 부말, 飛沫 비말, 水沫 수말, 泡沫 포말

324

襪

버선 말

衤
총20획

파자풀이 襪자는 의미요소인 衤와 발음요소인 蔑의 결합자이다.

용례 羅襪 나말, 洋襪 양말

325

抹

지울 말

扌
총8획

파자풀이 抹자는 의미요소인 扌와 발음요소인 末의 결합자이다.

유의자 撥

용례 抹去 말거, 抹殺 말살, 抹消 말소, 抹茶 말차, 抹擦 말찰, 抹香 말향, 一抹 일말

326

芒

까끄라기 망

艹
총7획

파자풀이 芒자는 의미요소인 艹와 발음요소인 亡의 결합자이다.

용례 芒角 망각, 芒履 망리, 芒刺 망자, 芒種 망종, 芒硝 망초, 竹杖芒鞋 죽장망혜, 芒刺在背 망자재배

327

멍할 망

忄
총11획

파자풀이 惘자는 의미요소인 忄과 발음요소인 罔의 결합자이다. 마음(忄)이 그물(罔)에 잡힌 듯 멍하다는 의미이다.

용례 惘然 망연, 憫惘 민망, 悵惘 창망

328

邁

갈 매

辶
총17획

파자풀이 邁자는 의미요소인 辶과 발음요소인 萬의 결합자이다.

유의자 往, 進

상대자 來

용례 邁德 매덕, 邁進 매진, 高邁 고매, 超邁 초매

329

煤

파자풀이 煤자는 의미요소인 火와 발음요소인 某의 결합자이다.
용례 煤煙 매연, 煤炭 매탄, 墨煤 묵매

그을음 매
火
총13획

330

罵

파자풀이 罵자는 의미요소인 网과 발음요소인 馬의 결합자이다.
유의자 呵, 譏, 詈, 責
상대자 譽, 讚
용례 罵倒 매도, 罵詈 매리, 罵辱 매욕, 侮罵 모매, 面罵 면매, 嘲罵 조매, 痛罵 통매

꾸짖을 매:
罒
총15획

331

昧

파자풀이 昧자는 의미요소인 日과 발음요소인 未의 결합자이다.
유의자 冥, 暗
상대자 明, 朗, 昭
용례 昧谷 매곡, 昧旦 매단, 蒙昧 몽매, 三昧 삼매, 愚昧 우매, 造昧 조매, 草昧 초매, 昏昧 혼매, 無知蒙昧 무지몽매, 讀書三昧 독서삼매

어두울 매
日
총9획

332

呆

파자풀이 呆자는 襁褓에 쌓인 아기의 모습을 묘사한 글자이다. 아직 미숙한 아이의 특성에서 '어리석다'는 의미가 파생했다.
유의자 癡
용례 癡呆 치매

어리석을 매
口
총7획

333

寐

파자풀이 寐자는 宀과 침상을 의미하는 爿, 그리고 발음요소인 未의 결합자이다.
유의자 眠
상대자 寤
용례 寤寐 오매, 假寐 가매, 夢寐 몽매, 夙夜夢寐 숙야몽매, 寤寐不忘 오매불망

잠잘 매:
宀
총12획

334

萌

파자풀이 萌자는 의미요소인 艹와 발음요소인 明의 결합자이다.
유의자 芽, 苗
용례 萌動 맹동, 萌芽 맹아, 未萌 미맹, 亂萌 난맹, 杜漸防萌 두점방맹

싹 맹
艹
총12획

335

眄

파자풀이 眄자는 의미요소인 目과 발음요소인 丏(가릴 면)의 결합자이다.
용례 眄視 면시, 顧眄 고면, 仰眄 앙면, 流眄 유면, 左顧右眄 좌고우면

곁눈질할 면:
目
총9획

336

麪

파자풀이 麪자는 의미요소인 麥과 발음요소인 丏의 결합자이다. 麵과 同字이다.
용례 麪類 면류, 麪腹 면복, 冷麪 냉면, 溫麪 온면, 拉麪 랍면, 炸醬麪 자장면

국수 면
麥
총15획

337

緬

파자풀이 緬자는 의미요소인 糸와 발음요소인 面의 결합자이다.
유의자 遠
용례 緬禮 면례, 緬服 면복, 緬奉 면봉, 緬憶 면억

멀 면(:)
糸
총15획

338

棉

파자풀이 棉자는 木자와 帛이 결합한 회의자이다.
용례 棉亘 면긍, 棉花 면화, 木棉 목면, 印棉 인면, 草棉 초면

목화 면
木
총12획

339

皿

그릇 명:

皿
총5획

파자풀이 皿자는 음식을 담는 그릇을 본뜬 상형자이다.

유의자 器

용례 金皿 금명, 器皿 기명, 膝皿 슬명, 器皿折枝 기명절지

340

멸구 명

虫
총16획

파자풀이 螟자는 의미요소인 虫과 발음요소인 冥의 결합자이다.

용례 螟蟲 명충, 飛螟 비명, 焦螟 초명

341

바다 명

氵
총13획

파자풀이 溟자는 의미요소인 氵와 발음요소인 冥의 결합자이다. 冥과 通用된다.

유의자 海, 洋, 滄

용례 溟沐 명목, 溟洲 명주, 杳溟 묘명, 北溟 북명, 四溟 사명, 滄溟 창명, 鴻溟 홍명

342

술취할 명:

酉
총13획

파자풀이 酩자는 의미요소인 酉와 발음요소인 名의 결합자이다.

유의자 酊

용례 酩酊 명정, 飮酩 음명

343

저물 명

日
총14획

파자풀이 暝자는 의미요소인 日과 발음요소인 冥의 결합자이다. 해가 저물어서 어둡다는 의미이다. 冥과 通用된다.

유의자 暮, 昏

용례 暝帆 명범, 闇暝 암명, 晦暝 회명

344

袂

소매 메

衤
총9획

파자풀이 袂자는 衣와 夬(터놓을 쾌)의 결합자이다. 옷에서 손을 뺄 수 있도록 터놓은 소매를 의미한다.

유의자 袖

용례 袂口 메구, 袂別 메별, 分袂 분메, 連袂 연메, 衣袂 의메

345

摸

더듬을 모

扌
총14획

파자풀이 摸자는 의미요소인 扌와 발음요소인 莫의 결합자이다. 模자와 通用된다.

유의자 擬

용례 摸倣 모방, 摸本 모본, 摸寫 모사, 摸索 모색, 摸擬 모의, 摸造 모조, 掏摸 도모

346

糢

모호할 모

米
총17획

파자풀이 糢자는 의미요소인 米와 발음요소인 莫의 결합자이다. 模의 俗字이다.

유의자 糊

용례 糢糊 모호, 曖昧糢糊 애매모호

347

耗

소모할 모

耒
총10획

파자풀이 耗자는 의미요소인 耒와 발음요소인 毛의 결합자이다.

유의자 消

용례 耗減 모감, 耗損 모손, 耗盡 모진, 減耗 감모, 消耗 소모, 損耗 손모, 息耗 식모, 音耗 음모

348

수컷 모

牛
총7획

파자풀이 牡자는 牛와 土의 결합자이다. 본래 '수소'를 의미했으나, 지금은 '수컷'을 뜻한다.

상대자 牝

용례 牡桂 모계, 牡瓦 모와, 牡牛 모우, 牡痔 모치

349

歿

죽을 몰

歹

총8획

파자풀이 歿자는 의미요소인 歹과 발음요소인 (沒: 氵)가 결합한 형성자이다.

유의자 死, 殞

상대자 生, 活

용례 殞歿 운몰, 戰歿 전몰, 戰歿將兵 전몰장병

350

猫

고양이 묘:

犭

총12획

파자풀이 猫자는 의미요소인 犭과 발음요소인 苗의 결합자이다.

용례 猫兒 묘아, 家猫 가묘, 猫頭懸鈴 묘두현령, 猫項懸鈴 묘항현령, 窮鼠囓猫 궁서설묘

351

描

그릴 묘:

扌

총12획

파자풀이 描자는 의미요소인 扌와 발음요소인 苗의 결합자이다.

유의자 模, 寫

용례 描模 묘모, 描寫 묘사, 描畵 묘화, 白描 백묘, 線描 선묘, 素描 소묘, 點描 점묘

352

杳

아득할 묘

木

총8획

파자풀이 杳자는 木과 日의 결합자이다. 해가 나무 아래로 져서 '어둡다', '아득하다'는 의미이다.

유의자 茫, 冥, 昧

용례 杳昧 묘매, 杳冥 묘명, 杳然 묘연, 杳杳 묘묘

353

渺

아득할 묘:

氵

총12획

파자풀이 渺자는 의미요소인 氵와 발음요소인 眇(애꾸눈 묘)의 결합자이다. 杳와 通用한다.

유의자 茫, 杳

용례 渺茫 묘망, 渺然 묘연, 浩渺 호묘

354

蕪

거칠 무

++

총16획

파자풀이 蕪자는 의미요소인 ++와 발음요소인 無의 결합자이다. 풀이 없을 정도로 땅이 거칠다는 의미이다.

유의자 荒

용례 蕪沒 무몰, 蕪繁 무번, 蕪辭 무사, 蕪淺 무천, 綠蕪 녹무, 荒蕪地 황무지

355

毋

말 무

毋

총4획

파자풀이 毋자는 본래 母와 같은 모양으로 '어머니'를 뜻했으나, 후에 '말다', '없다'는 否定의 뜻으로 쓰이게 되었다.

유의자 勿

용례 毋望 무망, 毋害 무해

356

巫

무당 무:

工

총7획

파자풀이 巫자는 여자 무당을 의미한다. 참고로 남자 무당은 覡이라고 한다.

상대자 覡

용례 巫覡 무격, 巫卜 무복, 巫服 무복, 巫俗 무속, 巫呪 무주, 巫祝 무축

357

誣

속일 무:

言

총14획

파자풀이 誣자는 의미요소인 言과 발음요소인 巫의 결합자이다.

유의자 詐, 欺, 瞞

용례 誣告 무고, 誣欺 무기, 誣罔 무망, 誣報 무보, 誣訴 무소, 誣言 무언, 誣引 무인, 誣陷 무함, 矯誣 교무, 欺誣 기무, 讒誣 참무, 誣告罪 무고죄

358

撫

어루만질 무(:)

扌

총15획

파자풀이 撫자는 의미요소인 扌와 발음요소인 無의 결합자이다.

유의자 摩

용례 撫摩 무마, 撫養 무양, 撫御 무어, 撫慰 무위, 撫育 무육, 撫字 무자, 撫鎭 무진, 撫恤 무휼, 摩撫 마무, 宣撫 선무, 巡撫 순무, 按撫 안무, 愛撫 애무, 鎭撫 진무

359

어루만질 무:

忄
총15획

파자풀이 憮자는 의미요소인 忄과 발음요소인 無의 결합자이다. 마음으로 '어루만지다'는 의미이다. 撫와 通用된다.

용례 憮然 무연, 歡憮 환무

360

엄지손가락 무:

扌
총8획

파자풀이 拇자는 의미요소인 扌와 발음요소인 母의 결합자이다.

용례 拇印 무인, 拇指 무지

361

이랑 무:
이랑 묘:

田
총10획

파자풀이 畝자는 每의 변형자와 田으로 구성된 글자이다. 畮이 本字이다. 每는 聲部이다.

유의자 頃

용례 頃畝 경무, 田畝 전묘, 畝溝 묘구

362

모기 문

虫
총10획

파자풀이 蚊자는 의미요소인 虫과 발음요소인 文의 결합자이다.

용례 蚊群 문군, 蚊煙 문연, 蚊帳 문장, 見蚊拔劍 견문발검

363

靡

쓰러질 미

非
총19획

파자풀이 靡자는 발음요소인 麻와 의미요소인 非의 합체자이다.

용례 靡寧 미령, 靡費 미비, 奢靡 사미, 淫靡 음미, 草靡 초미, 風靡 풍미, 從風而靡 종풍이미, 一世風靡 일세풍미

364

媚

아첨할/
예쁠 미

女
총12획

파자풀이 媚자는 의미요소인 女와 발음요소인 眉의 결합자이다.

유의자 嫵

용례 媚附 미부, 媚笑 미소, 媚藥 미약, 媚態 미태, 明媚 명미, 鮮媚 선미, 阿媚 아미, 婉媚 완미, 狐媚 호미

365

장미/고비 미

++
총17획

파자풀이 薇자는 의미요소인 ++와 발음요소인 微의 결합자이다.

유의자 薔

용례 薇蕪 미무, 薇院 미원, 芳薇 방미, 薔薇 장미, 采薇之歌 채미지가

366

답답할 민

心
총12획

파자풀이 悶자는 발음요소인 門과 의미요소인 心의 합체자이다. 문밖으로 나가지를 못해 답답한 마음이다.

유의자 懣

용례 悶死 민사, 悶絶 민절, 苦悶 고민, 排悶 배민, 愁悶 수민, 憂悶 우민, 解悶 해민

367

고요할 밀

言
총17획

파자풀이 謐자는 의미요소인 言과 발음요소인 监의 결합자이다.

유의자 靜, 寂, 寞

상대자 騷

용례 靜謐 정밀, 安謐 안밀, 四海靜謐 사해정밀

368

駁

논박할 박

馬
총14획

파자풀이 駁자는 의미요소인 馬와 발음요소인 爻의 결합자이다. 爻는 빛깔이 섞인 것을 표현한 것으로 '얼룩말'의 의미도 있다.

용례 駁擊 박격, 駁論 박론, 駁雜 박잡, 難駁 난박, 論駁 논박, 反駁 반박, 斑駁 반박, 辨駁 변박, 雜駁 잡박, 評駁 평박, 甲論乙駁 갑론을박

369

搏

두드릴 박

扌
총13획

파자풀이 搏자는 의미요소인 扌와 발음요소인 尃(펼 부)의 결합자이다.

유의자 擊, 拍

용례 搏擊 박격, 搏殺 박살, 搏戰 박전, 搏鬪 박투, 脈搏 맥박, 手搏 수박, 龍虎相搏 용호상박

370

箔

발 박

竹
총14획

파자풀이 箔자는 의미요소인 竹과 발음요소인 泊의 결합자이다.

유의자 簾

용례 金箔 금박, 銀箔 은박, 珠箔 주박

371

剝

벗길 박

刂
총10획

파자풀이 剝자는 발음요소인 彔과 의미요소인 刂의 결합자이다.

유의자 削, 剽, 割

용례 剝落 박락, 剝蝕 박식, 剝製 박제, 剝奪 박탈, 剝剽 박표, 剝割 박할, 刻剝 각박, 刊剝 간박, 削剝 삭박

372

樸

순박할 박

木
총16획

파자풀이 樸자는 의미요소인 木과 발음요소인 菐(번거로울 복)의 결합자이다. 朴과 同字이다.

유의자 素, 質

용례 樸淳 박순, 樸直 박직, 樸厚 박후, 簡樸 간박, 素樸 소박, 淳樸 순박, 醇樸 순박, 拙樸 졸박, 質樸 질박

373

縛

얽을 박

糸
총16획

파자풀이 縛자는 의미요소인 糸와 발음요소인 尃의 결합자이다.

용례 縛格 박격, 縛擒 박금, 縛繩 박승, 劫縛 겁박, 結縛 결박, 面縛 면박, 反縛 반박, 生縛 생박, 束縛 속박

374

粕

지게미 박

米
총11획

파자풀이 粕자는 의미요소인 米와 발음요소인 白의 결합자이다.

유의자 糟

용례 糟粕 조박, 酒粕 수박

375

撲

칠 박

扌
총15획

파자풀이 撲자는 의미요소인 扌와 발음요소인 菐(번거로울 복)의 결합자이다.

유의자 攻, 擊, 拍, 打

용례 撲擊 박격, 撲滅 박멸, 撲殺 박살, 撲筆 박필, 殲撲 섬박, 打撲傷 타박상

376

膊

팔뚝 박

月(肉)
총14획

파자풀이 膊자는 의미요소인 肉과 발음요소인 尃의 결합자이다.

유의자 腕

용례 肩膊 견박, 臂膊 비박, 上膊 상박, 前膊 전박, 下膊 하박, 二頭膊筋 이두박근

377

珀

호박 박

王(玉)
총9획

파자풀이 珀자는 의미요소인 玉과 발음요소인 白의 결합자이다.

유의자 琥

용례 明珀 명박, 琥珀 호박

378

頒

나눌 반

頁
총13획

파자풀이 頒자는 分과 頁의 결합자로, 남에게 무언가를 나눠주는 데서, '널리 퍼뜨리다'는 의미까지 파생했다.

유의자 分, 布

용례 頒給 반급, 頒祿 반록, 頒賜 반사, 頒布 반포, 頒行 반행

379

더위잡을 반

手
총19획

파자풀이 攀자는 발음요소인 樊(울타리 번)과 의미요소인 手의 결합자이다.

용례 攀登 반등, 攀戀 반련, 攀緣 반연, 登攀 등반

380

밭두둑 반

田
총10획

파자풀이 畔자는 의미요소인 田과 발음요소인 半의 결합자이다.

유의자 畝, 疇

용례 畔疇 반주, 江畔 강반, 水畔 수반, 池畔 지반, 澤畔 택반, 河畔 하반, 海畔 해반, 湖畔 호반

381

백반 반

石
총20획

파자풀이 礬자는 발음요소인 樊자와 의미요소인 石의 결합자이다.

용례 礬石 반석, 明礬 명반, 白礬 백반

382

버릴 반

扌
총8획

파자풀이 拌자는 의미요소인 扌와 발음요소인 半의 결합자이다. 손에 들고 있던 짐의 折半을 버린다는 의미이다.

유의자 棄, 捨, 抛

용례 攪拌 교반

383

서릴 반

虫
총18획

파자풀이 蟠자는 의미요소인 虫과 발음요소인 番의 결합자이다.

용례 蟠踞 반거, 蟠桃 반도, 龍蟠虎踞 용반호거

384

아롱질/얼룩 반

文
총12획

파자풀이 斑자는 두 개의 玉과 文의 합체자이다. 옥에 난 文樣을 의미한다.

용례 斑馬 반마, 斑猫 반묘, 斑駁 반박, 斑點 반점, 雀斑 작반, 豹斑 표반, 虎斑 호반

385

얽어맬 반

糸
총11획

파자풀이 絆자는 의미요소인 糸와 발음요소인 半의 결합자이다.

유의자 羈, 縛

용례 脚絆 각반, 羈絆 기반, 勒絆 늑반

386

쟁반 반

木
총14획

파자풀이 槃자는 발음요소인 般과 의미요소인 木의 결합자이다. 盤과 同字이다.

용례 涅槃 열반, 玉槃 옥반, 無餘涅槃 무여열반

387

가물 발

鬼
총15획

파자풀이 魃자는 의미요소인 鬼와 발음요소인 犮(달릴 발)의 합체자이다.

유의자 旱

용례 魃虐 발학, 健魃 건발, 旱魃 한발

388

노할 발

力
총9획

파자풀이 勃자는 발음요소인 孛(살별 패)와 의미요소인 力의 결합자이다.

용례 勃啓 발계, 勃姑 발고, 勃起 발기, 勃怒 발노, 勃發 발발, 勃屑 발설, 勃鬱 발울, 勃興 발홍

389

撥

다스릴 **발**

扌

총15획

파자풀이 撥자는 의미요소인 扌와 발음요소인 發의 결합자이다.

유의자 理, 治

용례 撥軍 발군, 撥亂 발란, 反撥 반발, 分撥 분발, 支撥 지발, 擺撥馬 파발마, 撥亂反正 발란반정

390

물뿌릴 **발**

氵

총15획

파자풀이 潑자는 의미요소인 氵와 발음요소인 發의 결합자이다.

용례 潑剌 발랄, 潑皮 발피, 活潑 활발

391

跋

밟을 **발**

足

총12획

파자풀이 跋자는 의미요소인 足과 발음요소인 犮의 결합자이다.

유의자 履, 踐, 踏

용례 跋履 발리, 跋文 발문, 跋辭 발사, 跋涉 발섭, 跋扈 발호, 序跋 서발, 題跋 제발, 草跋 초발

392

술괼 **발**

酉

총19획

파자풀이 醱자는 의미요소인 酉와 발음요소인 發의 결합자이다.

유의자 酵

용례 醱酵 발효, 醱酵酒 발효주

393

肪

기름 **방**

月(肉)

총8획

파자풀이 肪자는 의미요소인 肉과 발음요소인 方의 결합자이다.

유의자 膏, 脂

용례 膏肪 고방, 松肪 송방, 脂肪 지방

394

枋

다목 **방**

木

총8획

파자풀이 枋자는 의미요소인 木과 발음요소인 方의 결합자이다. 콩과의 작은 상록 교목인 '丹木(다목)'을 의미한다.

유의자 槲

용례 引枋 인방, 帶枋 대방, 門地枋 문지방

395

幇

도울 **방**

巾

총12획

파자풀이 幇자는 발음요소인 封과 발음요소인 巾의 결합자이다.

유의자 助

용례 幇助 방조, 助幇 조방, 幇助罪 방조죄

396

坊

동네 **방**

土

총7획

파자풀이 坊자는 의미요소인 土와 발음요소인 方의 결합자이다.

유의자 閭, 里, 洞

용례 坊間 방간, 坊內 방내, 坊閭 방려, 坊本 방본, 坊舍 방사, 坊任 방임, 坊長 방장, 京坊 경방, 教坊 교방, 僧坊 승방, 坊坊曲曲 방방곡곡

397

昉

밝을 **방**

日

총8획

파자풀이 昉은 의미요소인 日과 발음요소인 方의 결합자이다.

유의자 明, 昭

상대자 冥, 暗

용례 神昉 신방, 申昉 신방

398

榜

방붙일 **방**:

木

총14획

파자풀이 榜자는 의미요소인 木과 발음요소인 旁(두루 방)의 결합자이다. 여러 사람이 두루 볼 수 있도록 글을 써 붙이는 것을 의미한다.

용례 榜令 방령, 榜目 방목, 落榜 낙방, 同榜 동방, 放榜 방방, 紙榜 지방, 標榜 표방, 懸榜 현방

399

尨

삽살개 방

尢
총7획

파자풀이 尨은 尤와 彡의 합체자로, 털이 많은 삽살개를 묘사한 글자이다.

용례 尨犬 방견, 尨狗 방구, 尨大 방대, 尨服 방복, 尨然 방연

400

膀

오줌통 방

月(肉)
총14획

파자풀이 膀자는 의미요소인 肉과 발음요소인 旁의 결합자이다.

유의자 胱

용례 膀胱 방광

401

謗

헐뜯을 방:

言
총17획

파자풀이 謗자는 의미요소인 言과 발음요소인 旁의 결합자이다.

유의자 誹, 讒

상대자 讚

용례 謗言 방언, 謗怨 방원, 謗讒 방참, 謗毁 방훼, 譏謗 기방, 誣謗 무방, 誹謗 비방, 毁謗 훼방

402

彷

헤맬 방(:)

彳
총7획

파자풀이 彷자는 의미요소인 彳과 발음요소인 方의 결합자이다.

유의자 彿, 徨

용례 彷彿 방불, 彷徨 방황

403

陪

모실 배:

阝(阜)
총11획

파자풀이 陪자는 의미요소인 阜와 발음요소인 咅의 결합자이다.

유의자 侍

용례 陪客 배객, 陪耕 배경, 陪觀 배관, 陪隷 배례, 陪僕 배복, 陪席 배석, 陪乘 배승, 陪遊 배유, 陪行 배행

404

湃

물결칠 배

氵
총12획

파자풀이 湃자는 의미요소인 氵와 발음요소인 拜의 결합자이다.

유의자 澎

용례 澎湃 팽배

405

胚

아기밸 배

月(肉)
총9획

파자풀이 胚자는 의미요소인 肉과 발음요소인 丕의 결합자이다.

유의자 孕, 胎, 娠, 娠

용례 胚芽 배아, 胚乳 배유, 胚孕 배잉, 胚子 배자, 胚胎 배태

406

徘

어정거릴 배

彳
총11획

파자풀이 徘자는 의미요소인 彳과 발음요소인 非의 결합자이다.

유의자 徊

용례 徘徊 배회

407

魄

넋 백

鬼
총15획

파자풀이 魄자는 발음요소인 白과 의미요소인 鬼의 결합자이다.

유의자 魂

용례 魄散 백산, 氣魄 기백, 落魄 낙백, 杜魄 두백, 死魄 사백, 生魄 생백, 靈魄 영백, 魂魄 혼백, 魂飛魄散 혼비백산

408

帛

비단 백

巾
총8획

파자풀이 帛자는 발음요소인 白과 의미요소인 巾의 결합자이다.

유의자 錦, 緋, 緞, 綾, 羅, 綺, 紈

용례 帛書 백서, 金帛 금백, 玉帛 옥백, 幣帛 폐백

409

蕃

불을 번

艹

총16획

파자풀이 蕃자는 의미요소인 艹와 발음요소인 番의 결합자이다. 繁과 通用되는 부분이 있다.

유의자 茂, 盛, 滋, 殖

용례 蕃盛 번성, 蕃殖 번식, 蕃育 번육, 蕃昌 번창, 熟蕃 숙번, 土蕃 토번

410

울타리 번

艹

총19획

파자풀이 藩자는 의미요소인 艹와 발음요소인 潘(뜨물 반)의 결합자이다.

유의자 籬, 樊

용례 藩國 번국, 藩籬 번리, 藩邦 번방, 藩屛 번병, 藩臣 번신, 藩職 번직, 籬藩 이번

411

氾

넘칠 범:

氵

총5획

파자풀이 氾자는 의미요소인 氵와 발음요소인 㔾의 결합자이다.

유의자 濫, 溢

용례 氾濫 범람, 氾溢 범일

412

돛 범:

巾

총6획

파자풀이 帆자는 의미요소인 巾과 발음요소인 凡의 결합자이다. 본래 凡이 돛의 象形으로 '돛'을 의미했으나, '모든'의 의미로 쓰이게 되자, 巾을 더해서 본래 의미를 대신한 경우이다.

용례 帆竿 범간, 帆船 범선, 帆影 범영, 帆檣 범장, 帆布 범포, 歸帆 귀범, 錦帆 금범, 滿帆 만범, 白帆 백범, 揚帆 양범, 征帆 정범, 出帆 출범, 布帆 포범

413

泛

뜰 범:

氵

총8획

파자풀이 泛자는 의미요소인 氵와 발음요소인 乏의 결합자이다. 汎과 통용된다.

유의자 浮, 汎

용례 泛看 범간, 泛論 범론, 泛舟 범주, 泛浸 범침, 泛宅 범택

414

梵

불경/범어 범:

木

총11획

파자풀이 梵자는 본래 숲에 부는 바람을 의미했으나, 산스크리트어인 梵語(Brahman)의 音譯字로 쓰이고 있다.

용례 梵閣 범각, 梵偈 범게, 梵衲 범납, 梵文 범문, 梵書 범서, 梵樂 범악, 梵字 범자, 梵刹 범찰, 梵唄 범패, 梵學 범학, 梵行 범행, 釋梵 석범, 曉梵 효범

415

璧

구슬 벽

玉

총18획

파자풀이 璧자는 발음요소인 辟(임금 벽)과 의미요소인 玉의 결합자이다.

유의자 珠

용례 聯璧 연벽, 返璧 반벽, 雙璧 쌍벽, 完璧 완벽, 和氏之璧 화씨지벽, 完璧歸趙 완벽귀조

416

癖

버릇 벽

疒

총18획

파자풀이 癖자는 의미요소인 疒과 발음요소인 辟의 합체자이다.

용례 痼癖 간벽, 潔癖 결벽, 痼癖 고벽, 口癖 구벽, 奇癖 기벽, 氣癖 기벽, 盜癖 도벽, 病癖 병벽, 書癖 서벽, 性癖 성벽, 睡癖 수벽, 詩癖 시벽, 惡癖 악벽, 錢癖 전벽, 酒癖 주벽

417

擘

엄지손가락 벽

手

총17획

파자풀이 擘자는 발음요소인 辟과 의미요소인 手의 결합자이다.

유의자 拇

용례 擘指 벽지, 巨擘 거벽

418

闢

열 벽

門

총21획

파자풀이 闢자는 의미요소인 門과 발음요소인 辟의 합체자이다.

유의자 開

상대자 閉

용례 闢墾 벽간, 開闢 개벽, 廣闢 광벽

419

劈

쪼갤 벽

刀
총15획

파자풀이 劈자는 발음요소인 辟과 의미요소인 刀의 결합자이다.

유의자 析, 剖

용례 劈開 벽개, 劈頭 벽두, 劈碎 벽쇄, 劈破 벽파, 斧劈 부벽

420

瞥

눈깜짝할 별

目
총17획

파자풀이 瞥자는 발음요소인 敝(해질 폐)와 의미요소인 目의 결합자이다.

유의자 瞬

용례 瞥見 별견, 瞥觀 별관, 一瞥 일별, 瞥眼間 별안간

421

鼈

자라 별

黽
총25획

파자풀이 鼈자는 발음요소인 敝자와 의미요소인 黽의 결합자이다. 鱉과 同字이다.

용례 鼈甲 별갑, 龜鼈 귀별, 木鼈 목별, 魚鼈 어별, 鼈主簿傳 별주부전

422

餠

떡 병:

食
총17획

파자풀이 餠자는 의미요소인 食과 발음요소인 幷의 결합자이다.

용례 餠湯 병탕, 月餠 월병, 煎餠 전병, 血餠 혈병, 畫中之餠 화중지병, 兩手執餠 양수집병

423

甁

병 병

瓦
총11획

파자풀이 甁자는 발음요소인 幷과 의미요소인 瓦의 결합자이다.

유의자 壺

용례 空甁 공병, 金甁 금병, 銀甁 은병, 酒甁 주병, 土甁 토병, 花甁 화병, 守口如甁 수구여병

424

洑

보 보
스며흐를 복

氵
총9획

파자풀이 洑자는 의미요소인 氵와 발음요소인 伏의 결합자이다.

용례 洑稅 보세, 洑主 보주, 洑流 복류, 湍洑 단보

425

菩

보살 보

艹
총12획

파자풀이 菩자는 梵語 'Bo'의 音譯字로 菩提薩埵(보리살타)의 준말인 '菩薩'을 의미한다.

용례 菩提 보리, 菩薩 보살, 菩提樹 보리수

426

堡

작은성 보:

土
총12획

파자풀이 堡자는 발음요소인 堡와 의미요소인 土의 결합자이다. 적으로부터 백성을 지키는 흙으로 쌓은 성을 의미한다.

유의자 壘, 砦

용례 堡壘 보루, 堡砦 보채, 烽堡 봉보, 城堡 성보, 哨堡 초보

427

길 복

勹
총11획

파자풀이 匐자는 의미요소인 勹자와 발음요소인 畐(가득할 복)의 합체자이다.

유의자 匍

용례 匐枝 복지, 匍匐 포복

428

輻

바퀴살 복
바퀴살 폭

車
총16획

파자풀이 輻자는 의미요소인 車와 발음요소인 畐의 결합자이다.

용례 輻射 복사, 輻輳 폭주, 輪輻 윤복, 車輻 거폭

429

鰒

전복 복

魚
총20획

파자풀이 鰒자는 의미요소인 魚와 발음요소인 复(회복할 복)의 결합자이다.

용례 鰒卵 복란, 鰒魚 복어, 甘鰒 감복, 乾鰒 건복, 龜鰒 구복, 生鰒 생복, 熟鰒 숙복, 全鰒 전복, 採鰒 채복

430

僕

종 복

亻
총14획

파자풀이 僕자는 의미요소인 亻과 발음요소인 菐(번거로울 복)의 결합자이다. 번거로운 일을 하는 사람이란 의미이다.

유의자 奴, 隷, 從

용례 僕奴 복노, 僕隷 복례, 僕虜 복로, 僕婢 복비, 僕從 복종, 僕妾 복첩, 家僕 가복, 公僕 공복, 奴僕 노복, 婢僕 비복, 臣僕 신복, 隷僕 예복, 從僕 종복, 忠僕 충복, 太僕 태복

431

棒

막대 봉

木
총12획

파자풀이 棒자는 의미요소인 木과 발음요소인 奉의 결합자이다.

유의자 棍, 杖

용례 棒球 봉구, 鼓棒 고봉, 棍棒 곤봉, 鐵棒 철봉, 痛棒 통봉

432

받들 봉

扌
총11획

파자풀이 捧자는 의미요소인 扌와 발음요소인 奉의 결합자이다. 奉과 同字이다.

용례 捧納 봉납, 捧讀 봉독, 捧持 봉지, 代捧 대봉, 收捧 수봉, 承捧 승봉

433

烽

봉화 봉

火
총11획

파자풀이 烽자는 의미요소인 火와 발음요소인 夆(끌 봉)의 결합자이다.

유의자 燧

용례 烽警 봉경, 烽臺 봉대, 烽堡 봉보, 烽燧 봉수, 烽戍 봉수, 烽煙 봉연, 烽火 봉화, 僞烽 위봉, 烽燧臺 봉수대

434

鋒

칼날 봉

金
총15획

파자풀이 鋒자는 의미요소인 金과 발음요소인 夆의 결합자이다.

유의자 刃

용례 劍鋒 검봉, 戈鋒 과봉, 交鋒 교봉, 論鋒 논봉, 先鋒 선봉, 銳鋒 예봉, 利鋒 이봉, 藏鋒 장봉, 爭鋒 쟁봉, 前鋒 전봉, 筆鋒 필봉

435

俯

구부릴 부:

亻
총10획

파자풀이 俯자는 의미요소인 亻과 발음요소인 府의 결합자이다.

상대자 仰, 伸

용례 俯瞰 부감, 俯觀 부관, 俯伏 부복, 俯項 부항, 仰俯 앙부

436

도끼 부

斤
총8획

파자풀이 斧자는 발음요소인 父자와 의미요소인 斤의 결합자이다.

유의자 斤, 鉞, 斫

용례 斧柯 부가, 斧斤 부근, 鬼斧 귀부, 雷斧 뇌부, 磨斧作針 마부작침, 揭斧入淵 게부입연

437

訃

부고 부:

言
총9획

파자풀이 訃자는 의미요소인 言과 발음요소인 卜의 결합자이다.

용례 訃告 부고, 訃聞 부문, 訃報 부보, 訃音 부음, 告訃 고부, 承訃 승부

438

부두 부:

土
총11획

파자풀이 埠자는 의미요소인 土와 발음요소인 阜의 결합자이다. 배를 接岸할 수 있도록 층을 지은 땅을 의미한다.

용례 埠頭 부두, 船埠 선부

439

駙

부마 부:

馬
총15획

파자풀이 駙자는 의미요소인 馬와 발음요소인 付의 결합자이다. 임금의 사위를 의미한다.

용례 駙馬 부마, 駙馬都尉 부마도위

440

賻

부의 부:

貝
총17획

파자풀이 賻자는 의미요소인 貝와 발음요소인 專자의 결합자이다. 弔事에 喪主를 돕기 위해 扶助하는 財貨를 의미한다.

용례 賻儀 부의, 賻助 부조, 弔賻 조부

441

咐

분부할/불 부

口
총8획

파자풀이 咐자는 의미요소인 口와 발음요소인 付의 결합자이다.

유의자 吩

용례 咐囑 부촉, 吩咐 분부

442

孵

알깔 부

子
총14획

파자풀이 孵자는 의미요소인 卵과 발음요소인 孚(미쁠 부)의 결합자이다.

용례 孵卵 부란, 孵化 부화, 孵化器 부화기

443

芙

연꽃 부

++
총8획

파자풀이 芙자는 의미요소인 ++와 발음요소인 夫의 결합자이다.

유의자 蓉, 蓮

용례 芙蓉 부용

444

腑

육부/장부 부

月(肉)
총12획

파자풀이 腑자는 의미요소인 肉과 발음요소인 府의 결합자이다.

유의자 臟

용례 腑臟 부장, 襟腑 금부, 肺腑 폐부, 五臟六腑 오장육부

445

剖

쪼갤 부:

刂
총10획

파자풀이 剖자는 발음요소인 咅자와 의미요소인 刂 의 결합자이다.

유의자 析, 劈

용례 剖決 부결, 剖析 부석, 剖裂 부열, 剖折 부절, 剖破 부파, 剖割 부할, 解剖 해부

446

扮

꾸밀 분

扌
총7획

파자풀이 扮자는 의미요소인 扌와 발음요소인 分의 결합자이다. 粉과 通用된다.

유의자 裝, 飾

용례 扮飾 분식, 扮裝 분장, 扮飾會計 분식회계

447

雰

눈날릴/안개 분

雨
총12획

파자풀이 雰자는 의미요소인 雨와 발음요소인 分의 결합자이다.

유의자 霧

용례 雰虹 분홍, 濃雰 농분, 霧雰 무분, 雰圍氣 분위기

448

동이 분

皿
총9획

파자풀이 盆자는 발음요소인 分과 의미요소인 皿의 결합자이다.

용례 盆景 분경, 盆栽 분재, 盆地 분지, 缺盆 결분, 金盆 금분, 浴盆 욕분, 花盆 화분, 覆盆子 복분자

449

糞

똥 분

米
총17획

파자풀이 糞자는 米와 異의 결합자로, 먹은 쌀(米)과는 다르게(異) 생긴 배설이란 의미이다.

상대자 尿

용례 糞尿 분뇨, 糞門 분문, 糞壤 분양, 糞土 분토, 鷄糞 계분, 馬糞 마분, 牛糞 우분

450

吩

분부할 분:

口
총7획

파자풀이 吩자는 의미요소인 口와 발음요소인 分의 결합자이다.

유의자 咐

용례 吩咐 분부

451

焚

불사를 분

火
총12획

파자풀이 焚자는 林과 火가 결합한 회의자로, 숲을 불사른다는 의미이다.

유의자 燃, 燒, 灼

용례 焚掠 분략, 焚燒 분소, 焚身 분신, 焚蕩 분탕, 焚香 분향, 燒焚 소분, 焚書坑儒 분서갱유, 玉石俱焚 옥석구분

452

噴

뿜을 분

口
총15획

파자풀이 噴자는 의미요소인 口와 발음요소인 賁의 결합자이다.

용례 噴騰 분등, 噴飯 분반, 噴水 분수, 噴火 분화, 噴水臺 분수대, 噴火口 분화구

453

忿

성낼 분:

心
총8획

파자풀이 忿자는 발음요소인 分과 의미요소인 心의 결합자이다. 憤과 同字이다.

유의자 怒

용례 忿怒 분노, 忿心 분심, 忿爭 분쟁, 激忿 격분, 積忿 적분, 躁忿 조분

454

彿

비슷할 불

彳
총8획

파자풀이 彿자는 의미요소인 彳과 발음요소인 弗의 결합자이다. 髴과 同字이다.

용례 彷彿 방불

455

繃

묶을 붕

糸
총17획

파자풀이 繃자는 의미요소인 糸자와 발음요소인 崩자의 결합자이다.

유의자 束

용례 繃帶 붕대, 繃結 붕결

456

硼

붕사 붕

石
총13획

파자풀이 硼자는 의미요소인 石과 발음요소인 朋의 결합자이다. 유리, 유약의 원료로 쓰이는 광물인 '붕사'를 의미한다.

용례 硼砂 붕사, 硼酸 붕산, 硼素 붕소

457

棚

사다리 붕

木
총12획

파자풀이 棚자는 의미요소인 木과 발음요소인 朋의 결합자이다.

유의자 棧

용례 棚棧 붕잔, 山棚 산붕, 大陸棚 대륙붕

458

憊

고단할 비:

心
총16획

파자풀이 憊자는 발음요소인 備와 의미요소인 心의 결합자이다.

유의자 困, 疲

용례 憊臥 비와, 倦憊 권비, 頓憊 돈비, 衰憊 쇠비, 疲憊 피비

459

沸

끓을 비ː 용솟음할 불

氵
총8획

파자풀이 沸자는 의미요소인 氵와 발음요소인 弗의 결합자이다.

유의자 湯, 涌

용례 沸騰비등, 沸湯 비탕, 沸沫 불말, 沸水 불수, 沸泉 불천, 洶沸 흉불

460

鄙

더러울 비ː

阝(邑)
총14획

파자풀이 鄙자는 啚(더러울 비)와 邑의 결합자로, 본래 신분이 卑賤한 사람이나 오랑캐가 사는 곳이란 의미였다.

유의자 陋, 穢

용례 鄙見 비견, 鄙劣 비열, 鄙陋 비루, 鄙言 비언, 鄙諺 비언, 鄙淺 비천, 鄙賤 비천

461

庇

덮을 비ː

广
총7획

파자풀이 庇자는 의미요소인 广과 발음요소인 比의 합체자이다.

유의자 蔭, 覆

상대자 露, 顯

용례 庇蔭 비음, 庇護 비호, 補庇 보비, 陰庇 음비

462

裨

도울 비

衤
총13획

파자풀이 裨자는 의미요소인 衤와 발음요소인 卑의 결합자이다.

유의자 補, 助, 輔, 佐

용례 裨補 비보, 裨將 비장, 裨助 비조

463

翡

물총새 비ː

羽
총14획

파자풀이 翡자는 발음요소인 非와 의미요소인 羽의 결합자이다. 수컷 물총새는 翡라 하고, 암컷 물총새는 翠라고 한다. 보석 장신구로 쓰는 짙은 푸른색의 윤이 나는 구슬을 의미하기도 한다.

유의자 翠

용례 翡翠 비취, 翡翠玉 비취옥

464

蜚

바퀴/날 비

虫
총14획

파자풀이 蜚자는 발음요소인 非와 의미요소인 虫의 결합자이다. 날아다닐 수 있는 바퀴의 특성을 표현한 글자이다.

용례 流言蜚語 유언비어

465

緋

비단 비ː

糸
총14획

파자풀이 緋자는 의미요소인 糸와 발음요소인 非의 결합자이다.

유의자 緞

용례 緋甲 비갑, 緋衲 비납, 緋緞 비단

466

砒

비상 비ː

石
총9획

파자풀이 砒자는 의미요소인 石과 발음요소인 比의 결합자이다. 砒는 비금속성 유독물질인 '砒石'을 의미하며, 砒石에 열을 가해 승화시켜 얻은 유독물질인 '砒霜'을 의미하기도 한다.

용례 砒酸 비산, 砒霜 비상, 砒石 비석, 砒素 비소

467

비수 비ː

匕
총2획

파자풀이 匕자는 본래 숟가락을 본뜬 상형자로 '숟가락'을 뜻했다. 후에 그 모습이 짧은 칼인 비수와 비슷하기 때문에 '비수'란 의미까지 파생했다.

상대자 箸

용례 匕首 비수, 匕箸 비저

468

譬

비유할 비ː

言
총19획

파자풀이 譬자는 발음요소인 辟과 의미요소인 言의 결합자이다.

유의자 喩, 諭

용례 譬喩 비유

469

琵

비파 비

玉
총12획

파자풀이 琵자는 의미요소인 玨(거문고 금)의 간략자와 발음요소인 比의 결합자이다.

유의자 琶, 瑟

용례 琵琶 비파

470

사립문 비

戶
총12획

파자풀이 扉자는 의미요소인 戶와 발음요소인 非의 합체자이다.

용례 柴扉 시비, 竹扉 죽비, 鐵扉 철비

471

저릴 비

疒
총13획

파자풀이 痺자는 의미요소인 疒과 발음요소인 卑의 합체자이다. 痹와 同字이다.

유의자 痲

용례 冷痺 냉비, 痲痺 마비, 風痺 풍비

472

妣

죽은어미 비

女
총7획

파자풀이 妣자는 의미요소인 女와 발음요소인 比의 결합자이다.

상대자 考

용례 考妣 고비, 先妣 선비, 祖妣 조비, 皇妣 황비, 顯妣 현비

473

지라 비(:)

月(肉)
총12획

파자풀이 脾자는 의미요소인 肉과 발음요소인 卑의 결합자이다.

용례 脾胃 비위, 脾臟 비장

474

秕

쭉정이 비:

禾
총9획

파자풀이 秕자는 의미요소인 禾와 발음요소인 比의 결합자이다.

용례 秕政 비정, 揚秕 양비

475

팔 비:

月(肉)
총17획

파자풀이 臂자는 발음요소인 辟과 의미요소인 肉의 결합자이다.

유의자 膊, 腕

용례 臂力 비력, 臂膊 비박, 臂環 비환, 憩臂 게비, 半臂 반비, 攘臂 양비

476

헐뜯을 비

言
총15획

파자풀이 誹자는 의미요소인 言과 발음요소인 非의 결합자이다. 남의 非行에 대해 이러쿵저러쿵 말하는 것을 의미한다.

유의자 謗, 讒

상대자 譽, 讚

용례 誹謗 비방, 誹毁 비훼, 腹誹 복비, 怨誹 원비

477

궁녀벼슬 이름 빈

女
총17획

파자풀이 嬪자는 의미요소인 女와 발음요소인 賓의 결합자이다.

용례 嬪宮 빈궁, 嬪妾 빈첩, 貴嬪 귀빈, 妃嬪 비빈, 張禧嬪 장희빈

478

물가 빈

氵
총17획

파자풀이 濱자는 의미요소인 氵와 발음요소인 賓의 결합자이다.

유의자 洙, 涯, 洲, 汀

약자 浜

용례 水濱 수빈, 海濱 해빈, 哈爾濱 합이빈

479

물가/가까울 빈

氵
총19획

파자풀이 瀕자는 의미요소인 氵와 발음요소인 頻의 결합자이다. 濱과 同字이다.

용례 瀕死 빈사, 瀕水 빈수, 瀕海 빈해

480

빈소/염할 빈

歹
총18획

파자풀이 殯자는 의미요소인 歹과 발음요소인 賓의 결합자이다.

유의자 殮

용례 殯宮 빈궁, 殯所 빈소, 殯殿 빈전

481

찡그릴 빈

口
총19획

파자풀이 嚬자는 의미요소인 口와 발음요소인 頻의 결합자이다. 矉, 顰과 同字이다.

유의자 蹙

용례 嚬眉 빈미, 嚬笑 빈소, 嚬呻 빈신, 嚬蹙 빈축

482

기댈 빙

心
총16획

파자풀이 憑자는 발음요소인 馮(탈 빙)과 의미요소인 心이 결합한 형성자이다.

유의자 依, 據, 藉, 證

용례 憑據 빙거, 憑依 빙의, 憑藉 빙자, 憑虛 빙허, 信憑 신빙, 神憑 신빙, 依憑 의빙, 證憑 증빙

483

도롱이 사

++
총14획

파자풀이 蓑자는 의미요소인 ++와 발음요소인 衰의 결합자이다. 짚이나 띠 따위로 엮어 판초처럼 걸쳐 두르는 雨衣를 의미한다. 簑와 同字이다.

용례 蓑笠 사립, 蓑翁 사옹, 蓑衣 사의, 雨蓑 우사, 釣蓑 조사

484

비단 사

糸
총10획

파자풀이 紗자는 의미요소인 糸와 발음요소인 少의 결합자이다.

유의자 緋, 緞

용례 紗羅 사라, 紗窓 사창, 紗帽冠帶 사모관대

485

사당 사

示
총10획

파자풀이 祠자는 의미요소인 示와 발음요소인 司의 결합자이다.

유의자 廟

용례 祠堂 사당, 祠廟 사묘, 祠院 사원, 靈祠 영사, 祖祠 조사, 神祠 신사

486

사자 사(:)

犭
총13획

파자풀이 獅자는 의미요소인 犭과 발음요소인 師의 결합자이다.

용례 獅子 사자, 獅子吼 사자후

487

사치할 사

大
총12획

파자풀이 奢는 의미요소인 大와 발음요소인 者의 결합자이다. 분에 넘치게 크게 떠벌리는 모습이다.

유의자 侈

용례 奢麗 사려, 奢靡 사미, 奢傲 사오, 奢佚 사일, 奢僭 사참, 奢侈 사치, 奢華 사화, 驕奢 교사

488

사향노루 사:

鹿
총21획

파자풀이 麝자는 의미요소인 鹿과 발음요소인 射의 합체자이다.

용례 麝香 사향, 麝鼠 사서

489

瀉

쏟을 사(:)

氵

총18획

파자풀이 瀉자는 의미요소인 氵와 발음요소인 寫의 결합자이다.

유의자 泄, 痢

용례 瀉出 사출, 瀉土 사토, 傾瀉 경사, 及瀉 급사, 泄瀉 설사, 吐瀉 토사

490

徙

옮길 사:

彳

총11획

파자풀이 徙자는 彳, 止 그리고 疋(발 소)의 결합자이다. 본래 발걸음을 옮긴다는 의미였다.

유의자 移

용례 徙居 사거, 徙業 사업, 移徙 이사, 轉徙 전사, 遷徙 천사

491

嗣

이을 사:

口

총13획

파자풀이 嗣자는 口와 冊 그리고 司로 구성된 글자이다. 諸侯가 나라를 계승할 때 천자의 冊命을 祠堂에서 읽게 한데서 유래한 글자이다.

유의자 繼, 承, 續

상대자 絶

용례 嗣君 사군, 嗣續 사속, 繼嗣 계사, 國嗣 국사, 法嗣 법사, 令嗣 영사, 遺嗣 유사, 嫡嗣 적사, 天嗣 천사, 血嗣 혈사, 後嗣 후사, 胤嗣 윤사

492

些

적을 사

二

총8획

파자풀이 些자는 발음요소인 此와 의미요소인 二의 결합자이다. 둘(二) 뿐이라는 뜻에서, '조금', '적다'등의 의미를 표현했다.

유의자 微, 少

용례 些末 사말, 些細 사세, 些少 사소

493

춤출/사바세상 사

女

총10획

파자풀이 娑자는 발음요소인 沙와 의미요소인 女의 결합자이다. 주로 現世를 의미하는 梵語인 娑婆의 音譯字 자로 쓰인다.

유의자 婆

용례 娑婆 사바, 娑婆世上 사바세상

494

刪

깎을 산

刂

총7획

파자풀이 刪자는 冊과 刂의 결합자이다. 竹簡으로 엮은 책에서 誤字나 불필요한 부분을 칼로 깎아내는데서 유래했다.

유의자 削

용례 刪改 산개, 刪略 산략, 刪蔓 산만, 刪補 산보, 刪削 산삭, 刪省 산생, 刪定 산정

495

疝

산증 산

疒

총8획

파자풀이 疝자는 의미요소인 疒과 발음요소인 山의 합체자이다. 한의학에서 생식기와 고환이 붓고 아픈 병증을 의미한다.

용례 疝氣 산기, 疝症 산증

496

산호 산

王(玉)

총9획

파자풀이 珊자는 의미요소인 玉과 발음요소인 刪의 생략형이 결합한 글자이다.

유의자 瑚

용례 珊瑚 산호, 珊瑚婚式 산호혼식

497

薩

보살 살

艹

총18획

파자풀이 薩자는 梵語의 音譯字로, '보살'을 의미한다.

용례 菩薩 보살, 彌勒菩薩 미륵보살

498

뿌릴 살

扌

총15획

파자풀이 撒자는 의미요소인 扌와 발음요소인 散의 결합자이다. 손으로 흩뿌린다는 의미이다.

용례 撒水 살수, 撒布 살포, 撒水車 살수차, 金品撒布 금품살포, 農藥撒布 농약살포

499

煞

죽일 살

火

총13획

파자풀이 煞자는 刍(꼴 추), 攵 그리고 灬로 구성된 글자이다. 殺과 同字이다.

용례 急煞 급살, 厄煞 액살, 制煞 제살, 解煞 해살, 凶煞 흉살, 空房煞 공방살

500

스밀 삼

氵

총14획

파자풀이 滲자는 의미요소인 氵와 발음요소인 參의 결합자이다.

유의자 淋

약자 渗

용례 滲漏 삼루, 滲泄 삼설, 滲入 삼입, 滲出 삼출, 滲透 삼투, 滲透壓 삼투압

501

떫을 삽

氵

총15획

파자풀이 澁자는 의미요소인 氵와 발음요소인 歮(막힐 삽)의 결합자이다. 澀과 同字이다.

약자 渋

용례 澁柿 삽시, 澁語 삽어, 澁滯 삽체, 硬澁 경삽, 苦澁 고삽, 難澁 난삽, 訥澁 눌삽, 疏澁 소삽, 燥澁 조삽, 澁尿症 삽뇨증

502

날 상

羽

총12획

파자풀이 翔자는 발음요소인 羊과 의미요소인 羽의 결합자이다.

유의자 飛

용례 翔貴 상귀, 翔集 상집, 高翔 고상, 群翔 군상, 飛翔 비상, 鱗潛羽翔 인잠우상

503

시원할 상:

爻

총11획

파자풀이 爽자의 爻爻 는 격자무늬 창살을 표현한 것이다. 아침에 窓으로 많은 햇살이 들어오는 모습에서 '상쾌하다'는 의미가 파생했다.

유의자 快

용례 爽涼 상량, 爽明 상명, 爽實 상실, 爽快 상쾌, 高爽 고상, 昧爽 매상, 清爽 청상, 豪爽 호상

504

觴

잔 상

角

총18획

파자풀이 觴자는 짐승의 뿔로 만든 술잔을 의미한다.

유의자 杯

용례 觴詠 상영, 觴政 상정, 交觴 교상, 濫觴 남상

505

孀

홀어미 상

女

총20획

파자풀이 孀자는 의미요소인 女와 발음요소인 霜의 결합자이다.

상대자 鰥

용례 孀閨 상규, 孀婦 상부, 青孀 청상, 青孀寡婦 청상과부

506

옥새 새

玉

총19획

파자풀이 본래 물레를 묘사한 爾자는 여기에서는 御璽의 모양자이고, 玉은 御璽의 材料를 의미한다.

약자 玺

용례 璽符 새부, 璽書 새서, 御璽 어새, 玉璽 옥새

507

아낄 색

口

총13획

파자풀이 嗇자는 보리를 의미하는 來와 창고를 의미하는 㐭의 결합자이다. 곡식을 창고에 쌓아놓고 '아끼다'는 의미이다.

유의자 吝

용례 嗇夫 색부, 澁嗇 삽색, 吝嗇 인색, 節嗇 절색

508

생질 생

生

총12획

파자풀이 甥자는 生과 男의 결합자이다. 누이가 낳은 아들을 의미한다.

유의자 姪

상대자 舅

용례 甥姪 생질, 舅甥 구생, 外甥 외생

509

牲

희생 생

牛
총9획

파자풀이 牲자는 의미요소인 牛와 발음요소인 生의 결합자이다. 산채로 神에게 바치는 소로, '산 제물', '희생'을 의미한다.

유의자 犧, 牷

용례 特牲 특생, 犧牲 희생, 犧牲精神 희생정신

510

감자/참마 서:

艹
총11획

파자풀이 薯자는 의미요소인 艹와 발음요소인 署의 결합자이다. 藷와 同字이다.

용례 薯童 서동, 甘薯 감서, 薯童謠 서동요, 馬鈴薯 마령서

511

기장 서:

黍
총12획

파자풀이 黍자는 곡물로 술을 빚어내는 모습을 묘사한 것으로, '기장'의 특성을 표현했다.

용례 黍酒 서주, 黍稷 서직, 角黍 각서, 禾黍 화서

512

깃들일 서:

木
총12획

파자풀이 棲자의 本字는 栖로, 나무에 지은 새집을 묘사했다. 새집을 표현한 西를 妻로 바꿔 '깃들다'는 의미에 사람까지 포함했다.

용례 棲息 서식, 棲隱 서은, 棲遲 서지, 鷄棲 계서, 單棲 단서, 同棲 동서, 水棲 수서, 雙棲 쌍서, 幽棲 유서, 兩棲類 양서류

513

무소 서:

牛
총12획

파자풀이 犀자는 물에 사는 소처럼 큰 동물인 '코뿔소'를 의미한다.

용례 犀角 서각, 犀利 서리, 木犀 목서, 犀角帶 서각대

514

壻

사위 서:

士
총12획

파자풀이 壻자는 의미요소인 士와 발음요소인 胥(서로 서)의 결합자이다. 婿와 同字이다.

용례 壻郞 서랑, 壻屋 서옥, 佳壻 가서, 國壻 국서, 同壻 동서, 姪壻 질서, 賢壻 현서

515

曙

새벽 서:

日
총18획

파자풀이 曙자는 의미요소인 日과 발음요소인 署의 결합자이다.

유의자 晨, 曉

용례 曙景 서경, 曙光 서광, 曙星 서성, 曙日 서일, 曙天 서천

516

서로 서

月(肉)
총9획

파자풀이 胥자는 疋과 肉의 결합자이다. 본래 게장(蟹醬)을 의미했으나, 후에 하급관리인 '아전'이나 '서로'를 의미하게 됐다.

유의자 吏, 相

용례 胥匡 서광, 胥吏 서리, 相胥 상서, 象胥 상서

517

섬 서(:)

山
총17획

파자풀이 嶼자는 의미요소인 山과 발음요소인 與의 결합자이다.

유의자 島

용례 島嶼 도서, 洲嶼 주서

518

쥐 서:

鼠
총13획

파자풀이 鼠자는 쥐의 이빨과 긴 꼬리를 특징지어 묘사한 글자이다.

상대자 猫

용례 鼠姑 서고, 鼠狼 서랑, 鼠尾 서미, 鼠婦 서부, 鼠疫 서역, 鼠賊 서적, 鼠竊 서절, 鼠族 서족, 飛鼠비서, 天鼠 천서, 香鼠 향서, 鼠目太 서목태, 窮鼠莫追 궁서막추, 窮鼠囓猫 궁서설묘, 首鼠兩端 수서양단

519

풀 서:

扌
총7획

파자풀이 抒자는 의미요소인 扌와 발음요소인 予의 결합자이다.

유의자 舒, 敍

용례 抒情 서정, 抒情詩 서정시, 抒情的 서정적

520

개펄 석

氵
총15획

파자풀이 潟자는 의미요소인 氵와 발음요소인 舄(신발 석)이 결합한 형성자이다. 신이 푹푹 빠지는 갯벌을 의미한다.

용례 潟湖 석호, 鹵潟 노석, 干潟地 간석지

521

무쇠 선

金
총14획

파자풀이 銑자는 의미요소인 金과 발음요소인 先이 결합한 형성자이다.

용례 銑鐵 선철, 鎔銑 용선, 混銑爐 혼선로

522

부러워할 선:

羊
총13획

파자풀이 羨자는 羊과 침을 흘리는 모습인 次의 결합자이다. 남의 양고기를 보고 침을 흘리며 부러워하는 모습이다.

용례 羨望 선망, 羨慕 선모, 仰羨 앙선, 欽羨 흠선

523

扇

부채 선

戶
총10획

파자풀이 扇자는 戶와 羽의 합체자이다. 문짝처럼 열었다, 닫았다 할 수 있는 부채를 의미한다. 羽는 부채의 材料이다. 煽과 通用된다.

용례 扇動 선동, 扇揚 선양, 扇子 선자, 扇形 선형, 扇惑 선혹, 羅扇 나선, 舞扇 무선, 團扇 단선, 白扇 백선, 羽扇 우선

524

부채질할 선

火
총14획

파자풀이 煽자는 火와 扇의 결합자로, 불에 부채질을 하여 불길을 거세게 일으키는 모습이다.

용례 煽動 선동, 煽揚 선양, 煽熾 선치, 煽惑 선혹

525

샘 선

月(肉)
총13획

파자풀이 腺자는 의미요소인 肉과 발음요소인 泉의 결합자이다. 甲狀腺처럼 호르몬 등을 분비하는 肉身속의 샘을 의미한다.

용례 腺病 선병, 乳腺 유선, 汗腺 한선, 甲狀腺 갑상선, 扁桃腺 편도선

526

膳

선물/반찬 선:

月(肉)
총16획

파자풀이 膳자는 의미요소인 肉과 발음요소인 善의 결합자이다. 남의 경사에 선물로 주기 위해 좋은(善) 고기(肉)로 만든 반찬을 의미한다.

용례 膳物 선물, 膳夫 선부, 加膳 가선, 尙膳 상선, 魚膳 어선, 典膳 전선, 珍膳 진선, 饗膳 향선

527

가루 설

尸
총10획

파자풀이 屑자는 尸와 肖의 합체자이다. 몸(尸)이 작게(肖) 부서져 가루가 될 정도로 힘쓰는 모습이다.

유의자 粉, 塵

용례 屑塵 설진, 不屑 불설, 碎屑 쇄설, 玉屑 옥설, 閑談屑話 한담설화

528

샐 설
퍼질 예

氵
총9획

파자풀이 洩자는 의미요소인 氵와 발음요소인 曳의 결합자이다. 泄과 同字이다.

유의자 漏

용례 洩氣 설기, 洩漏 설루, 露洩 노설, 漏洩 누설

529

泄

파자풀이 泄자는 의미요소인 氵와 발음요소인 世의 결합자이다. 洩과 同字이다.

유의자 漏, 瀉

용례 泄露 설로, 泄瀉 설사, 久泄 구설, 漏泄 누설, 排泄 배설, 滲泄 삼설, 暑泄 서설

샐 설

氵
총8획

530

渫

파자풀이 渫자는 의미요소인 氵와 발음요소인 枼의 결합자이다.

용례 浚渫 준설, 浚渫船 준설선

파낼 설

氵
총12획

531

殲

파자풀이 殲자는 의미요소인 歹과 발음요소인 韱(가늘 섬)의 결합자이다.

유의자 滅

용례 殲滅 섬멸, 殲撲 섬박, 殄殲 진섬

다죽일 섬

歹
총21획

532

閃

파자풀이 閃자는 門과 人의 합체자로, 문 틈새로 사람이 빠르게 지나는 모습을 표현한 것이다.

용례 閃光 섬광, 閃影 섬영, 閃電 섬전, 閃忽 섬홀, 閃花 섬화, 閃火 섬화

번쩍일 섬

門
총10획

533

醒

파자풀이 醒자는 의미요소인 酉와 발음요소인 星의 결합자이다. 별이 또렷이 보일 정도로 술에서 깬 모습이다.

상대자 醉

용례 醒覺 성각, 覺醒 각성, 酒醒 주성, 大悟覺醒 대오각성, 半睡半醒 반수반성, 半醉半醒 반취반성

깰 성

酉
총16획

534

遡

파자풀이 遡자는 의미요소인 辶과 발음요소인 朔의 합체자이다. 溯와 同字이다.

용례 遡及 소급, 遡流 소류, 遡源 소원, 遡風 소풍, 遡及適用 소급적용

거스를 소

辶
총14획

535

搔

파자풀이 搔자는 의미요소인 扌와 발음요소인 蚤(벼룩 조)의 결합자이다. 벼룩에 물린 곳을 긁는 모습이다.

유의자 爬

용례 搔頭 소두, 搔爬 소파, 隔靴搔癢 격화소양

긁을 소

扌
총13획

536

파자풀이 甦자는 更과 生의 결합자이다. 다시(更) 살아난다(生)는 의미이다. 蘇와 通字이다.

용례 甦生 소생, 甦息 소식

깨어날 소

生
총12획

537

파자풀이 逍자는 의미요소인 辶과 발음요소인 肖의 합체자이다.

용례 逍遙 소요, 逍風 소풍, 逍遙山 소요산

노닐 소

辶
총11획

538

파자풀이 宵자는 의미요소인 宀과 발음요소인 肖의 결합자이다.

유의자 夜

상대자 晝

용례 宵半 소반, 宵宴 소연, 宵燭 소촉, 宵行 소행, 今宵 금소, 良宵 양소, 終宵 종소, 淸宵 청소, 春宵 춘소, 通宵 통소

밤 소

宀
총10획

539

疎

성길 소
疋
총12획

파자풀이 疎자는 疋과 발음요소인 束의 결합자이다. 疏와 同字이다.

유의자 隔

상대자 密

용례 疎隔 소격, 疎略 소략, 疎籬 소리, 疎密 소밀, 疎薄 소박, 疎遠 소원, 疎脫 소탈, 疎宕 소탕, 疎忽 소홀, 空疎 공소, 扶疎 부소, 疎疎 소소, 情疎 정소, 親疎 친소

540

蕭

쓸쓸할 소
++
총17획

파자풀이 蕭자는 의미요소인 ++와 발음요소인 肅의 결합자이다. 본래 쑥을 의미하는 글자였으나, 주로 '쓸쓸하다'는 의미로 쓰인다.

유의자 寥, 寂, 艾

용례 蕭森 소삼, 蕭瑟 소슬, 蕭寂 소적, 蕭條 소조, 蕭何 소하, 蕭牆之變 소장지변

541

梳

얼레빗 소
木
총11획

파자풀이 梳자는 의미요소인 木과 발음요소인 㐬의 결합자이다.

유의자 櫛

용례 梳沐 소목, 梳髮 소발, 梳洗 소세, 梳櫛 소즐

542

簫

퉁소 소
竹
총19획

파자풀이 簫자는 의미요소인 竹과 발음요소인 肅의 결합자이다.

유의자 管

용례 簫鼓 소고, 簫管 소관, 簫笛 소적, 玉簫 옥소, 風簫 풍소, 洞簫 퉁소

543

피부병 소
疒
총15획

파자풀이 瘙자는 의미요소인 疒과 발음요소인 蚤의 합체자이다. 벼룩에 물린 것처럼 가려운 피부병을 의미한다.

용례 瘙癢 소양, 皮膚瘙痒症 피부소양증

544

塑

흙빚을 소
土
총13획

파자풀이 塑자는 발음요소인 朔과 의미요소인 土의 결합자이다.

용례 塑像 소상, 彫塑 조소, 繪塑 회소

545

贖

속죄할 속
貝
총22획

파자풀이 贖자는 의미요소인 貝와 발음요소인 賣의 결합자이다. 죄를 면하기 위해 돈을 바치는 것을 의미한다.

용례 贖免 속면, 贖錢 속전, 贖罪 속죄, 贖刑 속형

546

遜

겸손할 손:
辶
총14획

파자풀이 遜자는 의미요소인 辶과 발음요소인 孫의 합체자이다.

유의자 謙, 讓

상대자 倨, 傲, 慢

용례 遜辭 손사, 遜色 손색, 遜讓 손양, 遜位 손위, 謙遜 겸손, 恭遜 공손, 不遜 불손, 揖遜 읍손

547

悚

두려울 송:
忄
총10획

파자풀이 悚자는 의미요소인 忄과 발음요소인 束의 결합자이다.

유의자 恐, 懼, 慄, 惶

용례 悚懼 송구, 悚慄 송률, 恐悚 공송, 戰悚 전송, 惶悚 황송

548

碎

부술 쇄:
石
총13획

파자풀이 碎자는 의미요소인 石과 발음요소인 卒의 결합자이다.

유의자 破

용례 碎鑛 쇄광, 碎劇 쇄극, 碎務 쇄무, 碎石 쇄석, 碎身 쇄신, 碎破 쇄파, 碎波 쇄파, 踏碎 답쇄, 粉碎 분쇄, 細碎 세쇄, 零碎 영쇄, 毁碎 훼쇄, 粉骨碎身 분골쇄신

549

灑

뿌릴 쇄:

氵

총22획

파자풀이 灑자는 의미요소인 氵와 발음요소인 麗의 결합자이다.

약자 洒

용례 灑掃 쇄소, 灑然 쇄연, 灑塵 쇄진, 灑濯 쇄탁, 脫灑 탈쇄, 揮灑 휘쇄, 灑掃應對 쇄소응대

550

酬

갚을 수

酉

총13획

파자풀이 酬자는 의미요소인 酉와 발음요소인 州의 결합자이다. 술잔을 받아 마시고 다시 돌려준다는 의미이다.

유의자 報

용례 酬答 수답, 酬報 수보, 酬應 수응, 酬酌 수작, 答酬 답수, 對酬 대수, 報酬 보수, 應酬 응수

551

蒐

모을 수

++

총14획

파자풀이 蒐자는 의미요소인 ++와 발음요소인 鬼의 결합자이다.

유의자 集, 輯

용례 蒐羅 수라, 蒐集 수집, 蒐輯 수집

552

羞

부끄러울/바칠 수

羊

총11획

파자풀이 羞자는 의미요소인 羊과 발음요소인 丑의 결합자이다.

유의자 愧, 恥, 慚

용례 羞愧 수괴, 羞面 수면, 羞辱 수욕, 羞恥 수치, 加羞 가수, 常羞 상수, 慙羞 참수, 珍羞盛饌 진수성찬

553

髓

뼛골 수

骨

총23획

파자풀이 髓자는 의미요소인 骨과 발음요소인 隨의 결합자이다.

약자 髄

용례 髓腦 수뇌, 骨髓 골수, 腦髓 뇌수, 精髓 정수, 眞髓 진수, 脊髓 척수, 怨入骨髓 원입골수

554

狩

사냥할 수

犭

총9획

파자풀이 狩자는 의미요소인 犭과 발음요소인 守의 결합자이다.

유의자 獵

용례 狩獵 수렵, 狩人 수인

555

竪

세울 수

立

총13획

파자풀이 竪자는 臤(굳을 간)과 立의 결합자이다. 단단히 세운다는 의미이다.

유의자 樹, 立

용례 竪童 수동, 竪立 수립, 竪子 수자, 竪穴 수혈, 賈竪 고수

556

袖

소매 수

衤

총10획

파자풀이 袖자는 의미요소인 衣와 발음요소인 由의 결합자이다.

유의자 袂

용례 袖口 수구, 袖納 수납, 袖裏 수리, 領袖 영수, 闊袖 활수, 袖手傍觀 수수방관

557

繡

수놓을 수:

糸

총19획

파자풀이 繡자는 의미요소인 糸와 발음요소인 肅의 결합자이다.

약자 綉

용례 繡囊 수낭, 繡紋 수문, 繡房 수방, 繡像 수상, 繡裳 수상, 繡帳 수장, 刺繡 자수, 十字繡 십자수, 夜行被繡 야행피수, 繡衣夜行 수의야행, 錦繡江山 금수강산

558

戍

지킬 수

戈

총6획

파자풀이 戍자는 人과 戈의 결합자이다. 사람이 창을 들고 지키는 모습이다.

유의자 保, 守, 衛

용례 戍甲 수갑, 戍樓 수루, 戍守 수수, 戍役 수역, 戍衛 수위, 戍人 수인, 戍卒 수졸, 衛戍 위수

559

粹

순수할 수
米
총14획

파자풀이 粹자는 의미요소인 米와 발음요소인 卒의 결합자이다.
유의자 純
약자 粋
용례 粹白 수백, 粹然 수연, 粹學 수학, 國粹 국수, 不粹 불수, 純粹 순수

560

瘦

여윌 수
疒
총14획

파자풀이 瘦자는 의미요소인 疒과 발음요소인 叟(늙은이 수)의 합체자이다.
유의자 瘠
상대자 肥
용례 瘦軀 수구, 瘦面 수면, 瘦削 수삭, 瘦容 수용, 瘦瘠 수척

561

讎

원수 수
言
총23획

파자풀이 讎자는 讐와 同字이다. 두 마리 새(隹)가 마주하고 지저귀는(言) 모습에서 '짝'과 '원수'란 서로 異質的인 두 의미가 파생했다.
유의자 仇
상대자 恩
용례 讎仇 수구, 復讎 복수, 怨讎 원수, 敵讎 적수

562

穗

이삭 수
禾
총17획

파자풀이 穗자는 의미요소인 禾와 발음요소인 惠의 결합자이다. 은혜로운 곡식의 이삭을 의미한다.
약자 穂
용례 稻穗 도수, 燈穗 등수, 麥穗 맥수, 禾穗 화수

563

嫂

형수 수
女
총12획

파자풀이 嫂자는 의미요소인 女와 발음요소인 叟의 결합자이다.
용례 嫂叔 수숙, 家嫂 가수, 季嫂 계수, 兄嫂 형수

564

塾

글방 숙
土
총14획

파자풀이 塾자는 발음요소인 孰과 의미요소인 土의 결합자이다. 근대에 와서 남학생이 공부하는 글방은 塾堂으로, 여학생이 공부하는 글방은 孃堂으로 칭했다.
용례 塾堂 숙당, 塾師 숙사, 塾舍 숙사, 塾生 숙생, 家塾 가숙, 門塾 문숙, 私塾 사숙, 義塾 의숙, 鄕塾 향숙

565

夙

이를 숙
夕
총6획

파자풀이 夙자는 凡과 夕의 합체자이다. 날이 새기 전에 마치 저녁처럼 아직 어둠이 가시지 않은 이른 시간을 의미한다.
유의자 早
용례 夙起 숙기, 夙敏 숙민, 夙昔 숙석, 夙成 숙성, 夙世 숙세, 夙夜 숙야, 夙悟 숙오, 夙就 숙취, 夙興 숙흥

566

菽

콩 숙
艹
총12획

파자풀이 菽자는 의미요소인 艹와 발음요소인 叔의 결합자이다. 본래 叔이 콩을 따는 모습을 표현해서 '콩'을 의미했으나, '아재비'라는 의미로 가차되면서 艹를 더해 본래 뜻을 대신하고 있다.
용례 菽麥 숙맥, 菽麥不辨 숙맥불변

567

馴

길들일 순
馬
총13획

파자풀이 馴자는 의미요소인 馬와 발음요소인 川의 결합자이다. 내(川)가 순리대로 흐르듯, 말(馬)이 사람의 말에 순응하도록 '길들이다'는 의미이다.
용례 馴良 순량, 馴鹿 순록, 馴服 순복, 馴性 순성, 馴養 순양, 馴致 순치, 馴行 순행, 雅馴 아순, 調馴 조순, 不馴 불순

568

醇

진한술 순
酉
총15획

파자풀이 醇자는 의미요소인 酉와 발음요소인 享의 결합자이다. 淳과 通用된다.
용례 醇謹 순근, 醇醴 순례, 醇味 순미, 醇美 순미, 醇朴 순박, 醇儒 순유, 醇酒 순주, 醇化 순화

569

筍

죽순 순

竹
총12획

파자풀이 筍자는 의미요소인 竹과 발음요소인 旬의 결합자이다.

용례 石筍 석순, 竹筍 죽순, 雨後竹筍 우후죽순

570

膝

무릎 슬

月(肉)
총15획

파자풀이 膝자는 의미요소인 肉과 발음요소인 桼(옻 칠)의 결합자이다.

용례 膝甲 슬갑, 膝皿 슬명, 膝下 슬하, 膝行 슬행, 接膝 접슬, 膝蓋骨 슬개골, 奴顔婢膝 노안비슬

571

도울/정승 승

一
총6획

파자풀이 丞자는 함정에 빠진 사람을 두 손으로 구하는 건져내는 모습이다. 임금을 보좌하는 '정승'의 의미도 파생했다.

유의자 輔, 佐, 扶, 助

용례 丞相 승상, 政丞 정승

572

감 시:

木
총9획

파자풀이 柿자는 의미요소인 木과 발음요소인 市의 결합자이다. 저자에 내다팔 수 있는 열매인 '감'을 의미한다.

용례 柿餠 시병, 柿雪 시설, 乾柿 건시, 澁柿 삽시, 霜柿 상시, 軟柿 연시, 紅柿 홍시

573

숟가락 시:

匕
총11획

파자풀이 匙자는 발음요소인 是와 의미요소인 匕의 결합자이다. 匕가 본래 '숟가락'을 의미했으나, 뒤에 '비수'라는 뜻으로 쓰이면서, 발음요소인 是를 더해 본래 의미를 대신한 경우이다.

용례 茶匙 다시, 飯匙 반시, 揷匙 삽시, 十匙一飯 십시일반

574

승냥이 시:

豸
총10획

파자풀이 豺자는 의미요소인 豸와 발음요소인 才의 결합자이다.

용례 豺狗 시구, 豺狼 시랑, 豺牙 시아, 豺狐 시호, 豺狼當路 시랑당로

575

猜

시기할 시

犭
총11획

파자풀이 猜자는 의미요소인 犭와 발음요소인 靑의 결합자이다.

유의자 忌, 嫉, 妬

용례 猜克 시극, 猜忌 시기, 猜惡 시오, 猜畏 시외, 猜憚 시탄, 猜妬 시투, 嫌猜 혐시

576

시집 시

女
총12획

파자풀이 媤자는 의미요소인 女와 발음요소인 思의 결합자이다. 시집가서 친정을 그리워하는 새색시의 모습을 표현했다. 우리나라에서 만든 漢字이다.

용례 媤家 시가, 媤宅 시댁, 媤叔 시숙

577

시호 시:

言
총16획

파자풀이 諡자는 의미요소인 言과 발음요소인 益의 결합자이다. 益은 益과 같다. 死後에 故人의 공덕을 헤아려 내리는 稱號를 의미한다.

용례 諡法 시법, 諡議 시의, 諡號 시호, 追諡 추시

578

윗사람죽일 시:

弋
총12획

파자풀이 弑자는 의미요소인 杀(죽일 살)과 발음요소인 式의 결합자이다.

용례 弑殺 시살, 弑逆 시역, 弑害 시해, 簒弑之變 찬시지변

579

熄

불꺼질 식

火
총14획

파자풀이 熄자는 의미요소인 火와 발음요소인 息의 결합자이다.

용례 熄滅 식멸, 終熄 종식, 未熄 미식, 熄火山 식화산

580

씻을 식

扌
총9획

파자풀이 拭자는 의미요소인 扌와 발음요소인 式의 결합자이다.

유의자 洗, 濯, 拂

용례 拭目 식목, 拭拂 식불, 拭淨 식정, 拭淸 식청, 拂拭 불식, 洗拭 세식

581

좀먹을 식

虫
총15획

파자풀이 蝕자는 발음요소인 食과 의미요소인 虫의 결합자이다. 본래 '좀'을 의미했으나, 후에 '좀먹다'는 의미로 轉用된 경우이다.

용례 薄蝕 박식, 雨蝕 우식, 侵蝕 침식, 皆旣日蝕 개기일식, 部分月蝕 부분월식

582

대궐 신

宀
총10획

파자풀이 宸자는 의미요소인 宀과 발음요소인 辰자의 결합자이다. '임금'을 의미하기도 한다.

유의자 闕

용례 宸鑑 신감, 宸闕 신궐, 宸襟 신금, 宸念 신념, 宸斷 신단, 宸儀 신의, 宸衷 신충, 宸筆 신필, 宸翰 신한, 槐宸 괴신, 帝宸 제신, 楓宸 풍신

583

물을 신:

言
총10획

파자풀이 訊자는 의미요소인 言과 발음요소인 卂(빨리 날 신)의 결합자이다. 말을 빨리 하며 죄인을 추궁하는 모습이다.

유의자 問

용례 訊檢 신검, 訊問 신문, 拷訊 고신, 問訊 문신

584

燼

불탄끝 신:

火
총18획

파자풀이 燼자는 의미요소인 火와 발음요소인 盡의 결합자이다. 불(火)이 다한(盡) 뒤를 의미한다.

용례 燼滅 신멸, 燼灰 신회, 煙燼 연신, 火燼 화신, 灰燼 회신, 除燼器 제신기

585

迅

빠를 신

辶
총7획

파자풀이 迅자는 의미요소인 辶과 발음요소인 卂의 합체자이다.

유의자 急, 速, 疾

상대자 徐, 緩

용례 迅急 신급, 迅雷 신뢰, 迅速 신속, 迅羽 신우, 迅辦 신판, 迅風 신풍

586

薪

섶 신

艹
총17획

파자풀이 薪자는 의미요소인 艹와 발음요소인 新의 결합자이다. 본래 新자가 '땔나무'를 뜻했으나, 후에 '새롭다'는 의미로 쓰이게 되면서, 艹를 더해 본래 의미를 대신한 경우이다.

유의자 柴, 樵

용례 薪木 신목, 薪樵 신초, 薪炭 신탄, 臥薪嘗膽 와신상담

587

아이밸 신

女
총10획

파자풀이 娠자는 의미요소인 女와 발음요소인 辰의 결합자이다. 辰은 振의 의미로, 배에 胎動이 있는 女子란 의미이다.

유의자 妊, 胚, 胎, 孕

용례 妊娠 임신

588

읊조릴 신

口
총8획

파자풀이 呻자는 의미요소인 口와 발음요소인 申의 결합자이다.

유의자 吟

용례 呻吟 신음

589

蜃

큰조개 신

虫
총13획

파자풀이 본래 辰이 조개의 상형자로, '조개'를 뜻했으나, '용'이나 '별'을 의미하게 되면서, 虫을 더해 본래 의미를 대신한 경우이다.

유의자 蛤

용례 蜃樓 신루, 蜃市 신시, 蜃蛤 신합, 蜃氣樓 신기루

590

悉

다 실

心
총11획

파자풀이 悉자는 釆(분별할 변)과 心의 결합자이다. 모든 것을 마음에서 분별한다는 의미이다.

유의자 皆, 總

상대자 個, 枚

용례 悉皆 실개, 備悉 비실, 詳悉 상실

591

什

열사람 십
세간 집

亻
총4획

파자풀이 什자는 '열 사람'이란 의미로, '여러 가지' 또는 '각양각색' 등의 의미가 있고, 집안 살림에 쓰는 온갖 물건의 의미도 있다. 각각의 의미에 따라 讀音이 달라진다.

용례 什長 십장, 什具 집구, 什器 집기, 什物 집물, 佳什 가집, 家什 가집

592

衙

마을/관청 아

行
총13획

파자풀이 衙자는 의미요소인 行과 발음요소인 吾의 합체자이다.

유의자 府, 署, 寺

용례 衙官 아관, 衙內 아내, 衙隷 아례, 衙門 아문, 衙前 아전, 衙參 아참, 官衙 관아, 殿衙 전아, 典衙 전아, 正衙 정아

593

啞

벙어리 아(:)

口
총11획

파자풀이 啞자는 의미요소인 口와 발음요소인 亞의 결합자이다. 막혀 있는 집을 표현한 亞의 특성을 응용해 '입이 막혔다'는 의미를 표현한 글자이다.

약자 唖

용례 啞然 아연, 聾啞 농아, 啞然失色 아연실색

594

俄

아까/갑자기 아

亻
총9획

파자풀이 俄자는 의미요소인 亻과 발음요소인 我의 결합자이다.

용례 俄頃 아경, 俄館 아관, 俄然 아연, 俄羅斯 아라사, 俄館播遷 아관파천

595

訝

의심할 아

言
총11획

파자풀이 訝자는 의미요소인 言과 발음요소인 牙의 결합자이다.

유의자 疑, 惑

상대자 信

용례 訝惑 아혹, 驚訝 경아, 怪訝 괴아, 疑訝 의아

596

愕

놀랄 악

忄
총12획

파자풀이 愕자는 의미요소인 忄과 발음요소인 咢의 결합자이다. 본래 咢이 놀라서 입을 벌린 모습으로, '놀라다'는 뜻이다. 心을 더해 놀란 마음을 표현한 것이다.

유의자 驚, 駭

용례 愕然 악연, 驚愕 경악, 駭愕 해악

597

顎

턱 악

頁
총18획

파자풀이 顎자는 발음요소인 咢과 의미요소인 頁의 결합자이다. 놀랐을 때 얼굴에서 제일 크게 움직이는 부분인 턱의 특성을 표현했다.

용례 顎骨 악골, 上顎 상악, 下顎骨 하악골

598

堊

백토 악

土
총11획

파자풀이 堊자는 발음요소인 亞와 의미요소인 土의 결합자이다. 고대에 墓室 벽에 바르던 '흰 흙'을 의미한다.

용례 白堊 백악, 白堊館 백악관

599

누를 안(:)

扌
총9획

파자풀이 按자는 의미요소인 扌와 발음요소인 安의 결합자이다. 손으로 경혈을 잘 눌러, 몸을 편안하게 만든다는 의미이다.

유의자 撫

용례 按劍 안검, 按檢 안검, 按摩 안마, 按撫 안무, 按舞 안무, 按問 안문, 按手 안수, 按察 안찰, 按擦 안찰

600

늦을 안:

日
총10획

파자풀이 晏자는 의미요소인 日과 발음요소인 安의 결합자이다. 安과 通字이다.

유의자 晩

상대자 早

용례 晏駕 안가, 晏起 안기, 晏寧 안녕, 晏眠 안면, 晏如 안여, 晏然 안연, 何晏 하안

601

안장 안:

革
총15획

파자풀이 鞍자는 의미요소인 革과 발음요소인 安의 결합자이다. 말을 편하게 탈 수 있도록 가죽製의 馬具인 '안장'을 의미한다.

용례 鞍橋 안교, 鞍馬 안마, 鞍鼻 안비, 鞍傷 안상, 鞍裝 안장, 鞍銜 안함, 金鞍 금안, 玉鞍 옥안, 解鞍해안, 鞍馬之勞 안마지로

602

돌 알

斗
총14획

파자풀이 斡자는 발음요소인 倝(햇빛 간)자와 의미요소인 斗의 결합자이다.

유의자 旋, 廻

용례 斡流 알류, 斡旋 알선, 廻斡 회알, 斡旋收賂 알선수뢰

603

軋

삐걱거릴 알

車
총8획

파자풀이 軋자는 의미요소인 車와 발음요소인 乙의 결합자이다. 구부러진 길을 가면서 수레에서 나는 삐걱거리는 소리를 표현했다.

유의자 轢

용례 軋轢 알력, 斥軋 척알

604

숨을/
어두울 암:

門
총17획

파자풀이 闇자는 의미요소인 門과 발음요소인 音의 합체자이다. 暗과 通用된다.

유의자 隱, 匿, 冥

용례 闇鈍 암둔, 闇愚 암우, 昏闇 혼암, 黑闇 흑암

605

암자 암

广
총11획

파자풀이 庵자는 의미요소인 广과 발음요소인 奄(가릴 엄)자의 합체자이다. 큰 절에 딸린 작은 절을 의미한다.

용례 庵子 암자, 庵主 암주, 禪庵 선암, 草庵 초암, 佛日庵 불일암

606

昂

높을/오를 앙

日
총8획

파자풀이 昂자는 의미요소인 日과 발음요소인 卬(오를 앙)의 결합자이다. 해가 높이 오르는 모습이다.

유의자 高, 騰

상대자 低, 落

용례 昂貴 앙귀, 昂騰 앙등, 激昂 격앙, 低昂 저앙, 軒昂 헌앙

607

모 앙

禾
총10획

파자풀이 秧자는 의미요소인 禾와 발음요소인 央의 결합자이다.

유의자 苗

용례 秧稻 앙도, 秧苗 앙묘, 秧針 앙침, 揷秧 삽앙, 移秧期 이앙기, 移秧機 이앙기, 移秧法 이앙법

608

원망할 앙

忄
총8획

파자풀이 怏자는 의미요소인 忄과 발음요소인 央의 결합자이다.

유의자 怨

용례 怏宿 앙숙, 怏心 앙심, 怏忿 앙분, 怏怏之心 앙앙지심

609

鴦

원앙 앙

鳥
총16획

파자풀이 鴦자는 발음요소인 央과 의미요소인 鳥의 결합자이다.

유의자 鴛

용례 鴦衾 앙금, 鴛鴦 원앙, 鴛鴦衾枕 원앙금침

610

靄

아지랑이 애:

雨
총24획

파자풀이 靄자는 의미요소인 雨와 발음요소인 謁의 결합자이다.

용례 靄靄 애애, 曉靄 효애, 和氣靄靄 화기애애

611

崖

언덕 애

山
총11획

파자풀이 崖자는 의미요소인 山과 발음요소인 厓의 결합자이다. 본래 厓가 '언덕'을 의미했다. 여기에 山을 더해 '산비탈' 또는 산에 난 '절벽'까지 의미하게 됐다.

용례 崖脚 애각, 崖檢 애검, 斷崖 단애, 懸崖 현애

612

隘

좁을 애

阝(阜)
총13획

파자풀이 隘자는 의미요소인 阜와 발음요소인 益의 결합자이다.

유의자 狹

상대자 廣

용례 隘路 애로, 隘巷 애항, 陋隘 누애, 險隘 험애, 狹隘 협애, 隘路事項 애로사항

613

曖

희미할 애

日
총17획

파자풀이 曖자는 의미요소인 日과 발음요소인 愛의 결합자이다.

유의자 昧

용례 曖昧 애매, 曖然 애연, 曖昧模糊 애매모호

614

腋

겨드랑이 액

月(肉)
총12획

파자풀이 腋자는 의미요소인 肉과 발음요소인 夜의 결합자이다.

용례 腋氣 액기, 腋毛 액모, 腋芽 액아, 腋臭 액취, 腋汗 액한, 扶腋 부액, 兩腋 양액

615

縊

목맬 액

糸
총16획

파자풀이 縊자는 의미요소인 糸와 발음요소인 益의 결합자이다. 끈으로 목을 맨다는 의미이다.

유의자 絞

용례 縊死 액사, 縊殺 액살, 縊刑 액형, 絞縊 교액, 自縊 자액, 縊法場 액법장

616

扼

잡을/누를 액

扌
총7획

파자풀이 扼자는 의미요소인 扌와 발음요소인 厄의 결합자이다.

유의자 拘, 捕, 捉, 執, 壓

용례 扼守 액수, 扼腕 액완, 扼喉 액후, 要扼 요액, 切齒扼腕 절치액완

617

꾀꼬리 앵

鳥
총21획

파자풀이 鶯자는 발음요소인 熒(등불 형)과 의미요소인 鳥의 합체자이다.

용례 鶯歌 앵가, 鶯聲 앵성, 鶯遷 앵천, 老鶯 노앵, 晩鶯 만앵, 殘鶯 잔앵, 春鶯 춘앵, 黃鶯 황앵

618

櫻

앵두 앵

木
총21획

파자풀이 櫻자는 의미요소인 木과 발음요소인 嬰(갓난아이 영)의 결합자이다.

용례 櫻桃 앵도, 櫻脣 앵순, 櫻月 앵월, 櫻花 앵화, 山櫻 산앵

619

爺

아비 야

父
총13획

파자풀이 爺자는 의미요소인 父에 발음요소인 耶를 더한 형성자이다.

유의자 父

용례 爺爺 야야, 爺孃 야양

620

揶

야유할 야:

扌
총12획

파자풀이 揶자는 의미요소인 扌에 발음요소인 耶를 더한 형성자이다.

유의자 揄

용례 揶揄 야유

621

冶

풀무 야:

冫
총7획

파자풀이 冶자는 본래 얼음(冫)이 녹는(台) 것을 뜻했으나, 후에 '쇠를 불리다'는 의미로 轉用된 경우이다.

유의자 鍛, 鍊, 鎔, 鑄

용례 冶工 야공, 冶金 야금, 冶郎 야랑, 冶鍊 야련, 冶爐 야로, 冶坊 야방, 冶容 야용, 冶匠 야장, 冶場 야장, 冶鑄 야주, 鍛冶 단야, 陶冶 도야

622

葯

꽃밥 약

++
총13획

파자풀이 葯자는 의미요소인 ++와 발음요소인 約이 결합한 형성자이다. 藥과 通用된다.

용례 葯胞 약포, 去葯 거약, 搗葯 도약

623

癢

가려울 양:

疒
총20획

파자풀이 癢자는 의미요소인 疒과 발음요소인 養이 합체한 형성자이다. 痒과 同字이다.

용례 癢痛 양통, 搔癢 소양, 隔靴搔癢 격화소양, 隔靴爬癢 격화파양

624

攘

물리칠 양:

扌
총20획

파자풀이 攘자는 의미요소인 扌에 발음요소인 襄이 결합한 형성자이다.

유의자 却, 排, 斥

용례 攘伐 양벌, 攘臂 양비, 攘夷 양이, 攘竊 양절, 攘斥 양척, 擊攘 격양, 擾攘 요양

625

恙

병/근심할 양:

心
총10획

파자풀이 恙자는 발음요소인 羊에 의미요소인 心이 결합한 형성자이다.

유의자 病, 患, 憂

용례 無恙 무양, 微恙 미양, 疹恙 진양, 疾恙 질양

626

釀

술빚을 양

酉
총24획

파자풀이 釀자는 의미요소인 酉에 발음요소인 襄이 결합한 형성자이다.

약자 醸

용례 釀母 양모, 釀成 양성, 釀造 양조, 釀酒 양주, 家釀 가양, 野釀 야양, 釀造場 양조장

627

헐/종기 양

疒
총14획

파자풀이 瘍자는 의미요소인 疒과 발음요소인 昜이 합체한 형성자이다.

유의자 毁, 腫, 瘡

용례 潰瘍 궤양, 膿瘍 농양, 腫瘍 종양, 瘡瘍 창양, 胃潰瘍 위궤양

628

禦

막을 어:

示
총16획

파자풀이 禦자는 발음요소인 御와 의미요소인 示의 결합자이다.

유의자 防, 抵, 抗

상대자 攻, 擊

용례 禦侮 어모, 禦戰 어전, 禦寒 어한, 强禦 강어, 防禦 방어, 抗禦 항어

629

瘀

파자풀이 瘀자는 의미요소인 疒과 발음요소인 於가 합체한 형성자이다.

용례 瘀熱 어열, 瘀血 어혈, 消瘀 소어

어혈질 어:

疒
총13획

630

파자풀이 圄자는 의미요소인 囗과 발음요소인 吾가 합체한 형성자이다.

유의자 囹, 獄

용례 圄囹 어령, 囹圄 영어, 獄圄 옥어, 幽圄 유어

옥 어

囗
총10획

631

파자풀이 臆자는 의미요소인 肉과 발음요소인 意가 결합한 형성자이다.

유의자 胸

용례 臆見 억견, 臆決 억결, 臆斷 억단, 臆算 억산, 臆說 억설, 臆測 억측, 臆度 억탁, 臆判 억판

가슴 억

月(肉)
총17획

632

파자풀이 堰자는 의미요소인 土와 발음요소인 匽(눕힐 언)이 결합한 형성자이다.

유의자 堤

용례 堰堤 언제, 海堰 해언

둑 언

土
총12획

633

파자풀이 諺자는 의미요소인 言과 발음요소인 彦이 결합한 형성자이다.

용례 諺文 언문, 諺語 언어, 諺譯 언역, 諺解 언해, 古諺 고언, 鄙諺 비언, 俗諺 속언, 野諺 야언

상말/속담 언:

言
총16획

634

掩

파자풀이 掩자는 의미요소인 扌에 발음요소인 奄이 결합한 형성자이다.

유의자 蔽

용례 掩蓋 엄개, 掩擊 엄격, 掩匿 엄닉, 掩網 엄망, 掩埋 엄매, 掩門 엄문, 掩殺 엄살, 掩色 엄색, 掩塞 엄색, 掩襲 엄습, 掩身 엄신, 掩映 엄영, 掩耀 엄요, 掩泣 엄읍, 掩耳 엄이, 掩迹 엄적, 掩體 엄체, 掩涕 엄체, 掩置 엄치, 掩土 엄토, 掩蔽 엄폐, 掩壕 엄호, 掩護 엄호, 掩諱 엄휘, 額掩 액엄, 遮掩 차엄

가릴 엄:

扌
총11획

635

파자풀이 奄자는 사람 형상인 大와 번개 형상인 申의 결합자이다. 사람이 번개에 문득 놀라는 모습이다.

유의자 忽

용례 奄留 엄류, 奄然 엄연, 奄忽 엄홀

문득 엄:

大
총8획

636

파자풀이 儼자는 의미요소인 亻과 발음요소인 嚴이 결합한 형성자이다.

용례 儼恪 엄각, 儼然 엄연, 儼存 엄존

엄연할 엄

亻
총22획

637

파자풀이 繹자는 의미요소인 糸와 발음요소인 睪(엿볼 역)이 결합한 형성자이다.

유의자 釋, 解

용례 繹騷 역소, 思繹 사역, 演繹 연역

풀 역

糸
총19획

638

筵

파자풀이 筵자는 의미요소인 竹과 발음요소인 延이 결합한 형성자이다.

유의자 席

용례 筵上 연상, 講筵 강연, 舞筵 무연, 法筵 법연, 賓筵 빈연, 書筵 서연, 壽筵 수연, 御筵 어연

대자리 연

竹
총13획

639

버릴 연:

扌
총10획

파자풀이 捐자는 의미요소인 扌와 발음요소인 肙(장구벌레 연)이 결합한 형성자이다.

유의자 棄, 捨, 抛

용례 捐館 연관, 捐軀 연구, 捐金 연금, 捐補 연보, 捐助 연조, 義捐 의연, 出捐 출연, 義捐金 의연금

640

서까래 연

木
총13획

파자풀이 椽자는 의미요소인 木과 발음요소인 彖(판단할 단)의 결합자이다.

용례 椽木 연목, 短椽 단연, 附椽 부연, 屋椽 옥연

641

솔개 연

鳥
총14획

파자풀이 鳶자는 발음요소인 弋과 의미요소인 鳥의 결합자이다.

용례 鳶色 연색, 紙鳶 지연, 風鳶 풍연, 防牌鳶 방패연, 鳶飛魚躍 연비어약

642

고울 염:

色
총19획

파자풀이 艶자는 豊자와 色의 결합자이다. 여기에서 色은 여성의 아름다운 용모를 의미한다.

유의자 美, 麗

용례 艶歌 염가, 艶麗 염려, 艶文 염문, 艶聞 염문, 艶美 염미, 艶色 염색, 艶羨 염선, 艶冶 염야, 艶陽 염양, 艶姿 염자, 艶質 염질, 光艶 광염, 嬌艶 교염, 濃艶 농염, 婉艶 완염, 妖艶 요염, 豊艶 풍염

643

불꽃 염

火
총12획

파자풀이 焰자는 의미요소인 火와 발음요소인 臽(함정 함)의 결합자이다. 炎과 通用된다.

용례 光焰 광염, 氣焰 기염, 紅焰 홍염, 火焰 화염

644

어린아이 영

女
총17획

파자풀이 嬰자는 자개를 엮어 만든 목걸이를 의미하는 賏과 의미요소인 女의 결합자이다.

유의자 孩

용례 嬰兒 영아, 嬰孩 영해, 嬰害 영해

645

끌 예:

曰
총6획

파자풀이 曳자는 얽힌 실의 한쪽을 두 손으로 끌어올리는 모습을 묘사한 글자이다.

유의자 牽, 引

용례 曳白 예백, 曳引 예인, 牽曳 견예, 曳引船 예인선, 曳尾塗中 예미도중

646

더러울 예:

禾
총18획

파자풀이 穢자는 의미요소인 禾와 발음요소인 歲의 결합자이다.

유의자 汚, 濁

상대자 潔

용례 穢氣 예기, 穢德 예덕, 穢物 예물, 穢心 예심, 穢汚 예오, 穢慾 예욕, 穢濁 예탁, 穢慝 예특, 汚穢 오예, 濁穢 탁예

647

이를 예:

言
총13획

파자풀이 詣자는 의미요소인 言과 발음요소인 旨의 결합자이다.

유의자 到, 至

용례 詣闕 예궐, 造詣 조예, 參詣 참예, 馳詣 치예

648

裔

후손 예:

衣
총13획

파자풀이 裔자는 의미요소인 衣와 발음요소인 冏자의 결합자이다.

유의자 孫, 胄

용례 裔孫 예손, 裔胄 예주, 苗裔 묘예, 餘裔 여예, 遠裔 원예, 遺裔 유예, 後裔 후예

649

奧

깊을 오(:)

大

총13획

파자풀이 奧자는 깊은 안쪽을 손으로 더듬어 분별하는 모습을 표현한 글자이다.

유의자 深

상대자 淺

용례 奧妙 오묘, 奧藏 오장, 奧地 오지, 深奧 심오, 玄奧 현오

650

伍

다섯사람 오:

亻

총6획

파자풀이 伍자는 다섯 사람이 한 組인 작은 규모의 군인 집단을 의미한다.

용례 伍列 오열, 伍長 오장, 軍伍 군오, 落伍 낙오, 部伍 부오, 士伍 사오, 編伍 편오, 行伍 항오

651

寤

잠깰 오

宀

총14획

파자풀이 寤자는 宀과 침상을 의미하는 爿, 그리고 발음요소인 吾의 결합자이다.

상대자 寐

용례 寤寐 오매, 覺寤 각오, 寤寐不忘 오매불망

652

한할 오:

忄

총16획

파자풀이 懊자는 의미요소인 忄과 발음요소인 奧가 결합한 형성자이다. 깊은 마음속 恨을 의미한다.

유의자 恨

용례 懊惱 오뇌, 懊悔 오회, 悔懊 회오

653

蘊

쌓을 온:

++

총20획

파자풀이 蘊자는 의미요소인 ++와 발음요소인 縕(헌솜 온)이 결합한 형성자이다.

유의자 積, 蓄

용례 蘊奧 온오, 蘊蓄 온축, 蘊抱 온포, 想蘊 상온, 五蘊盛苦 오온성고

654

壅

막을 옹

土

총16획

파자풀이 壅자는 발음요소인 雍에 의미요소인 土가 결합한 형성자이다.

유의자 塞, 滯

용례 壅劫 옹겁, 壅塞 옹색, 壅阻 옹조, 壅滯 옹체, 壅蔽 옹폐

655

訛

그릇될 와:

言

총11획

파자풀이 訛자는 의미요소인 言과 발음요소인 化가 결합한 형성자이다. 말이 전해지면서 本意와는 다르게 變化되는 것을 의미한다.

유의자 誤, 謬

용례 訛謬 와류, 訛說 와설, 訛語 와어, 訛言 와언, 訛僞 와위, 訛傳 와전, 轉訛 전와, 舛訛 천와

656

蝸

달팽이 와

虫

총15획

파자풀이 蝸자는 의미요소인 虫과 발음요소인 咼(입 비뚤어질 와)가 결합한 형성자이다. 소용돌이 모양의 껍질을 가진 벌레라는 의미이다.

용례 蝸角 와각, 蝸廬 와려, 蝸屋 와옥, 蝸牛 와우, 蝸角之爭 와각지쟁

657

渦

소용돌이 와

氵

총12획

파자풀이 渦자는 의미요소인 氵에 발음요소인 咼(입 비뚤어질 와)가 결합한 형성자이다.

용례 渦旋 와선, 渦線 와선, 渦中 와중, 盤渦 반와, 旋渦 선와, 渦電流 와전류

658

阮

성씨 완:

阝(阜)

총7획

파자풀이 阮자는 의미요소인 阜에 발음요소인 元이 결합한 형성자이다.

용례 阮元 완원, 阮堂 완당, 阮丈 완장, 阮籍 완적, 阮咸 완함

659

婉

순할/아름다울 완:

女
총11획

파자풀이 婉자는 의미요소인 女와 발음요소인 宛이 결합한 형성자이다.

유의자 順, 佳, 美, 麗

용례 婉曲 완곡, 婉麗 완려, 婉媚 완미, 婉美 완미, 婉順 완순, 婉弱 완약, 婉艶 완염, 纖婉 섬완, 淑婉 숙완, 貞婉 정완

660

頑

완고할 완

頁
총13획

파자풀이 頑자는 발음요소인 元과 의미요소인 頁이 결합한 형성자이다.

유의자 固, 鈍

용례 頑强 완강, 頑固 완고, 頑鈍 완둔, 頑魯 완로, 頑昧 완매, 頑守 완수, 頑敵 완적, 冥頑 명완, 命頑 명완

661

宛

완연할 완

宀
총8획

파자풀이 宛자는 의미요소인 宀과 발음요소인 夗(누워 뒹굴 원)의 결합자이다. '아주 뚜렷하다'는 의미이다.

용례 宛然 완연, 宛轉 완전

662

玩

즐길 완:

王(玉)
총8획

파자풀이 玩자는 의미요소인 玉에 발음요소인 元이 결합한 형성자이다. 옥구슬을 가지고 노는 모습이다.

유의자 弄

용례 玩見 완견, 玩景 완경, 玩具 완구, 玩讀 완독, 玩覽 완람, 玩物 완물, 玩味 완미, 玩賞 완상, 玩索 완색, 玩愛 완애, 玩月 완월, 玩好 완호, 器玩 기완, 嗜玩 기완, 弄玩 농완, 秘玩 비완, 賞玩 상완, 愛玩 애완, 雜玩 잡완, 珍玩 진완

663

腕

팔뚝 완(:)

月(肉)
총12획

파자풀이 腕자는 의미요소인 肉에 발음요소인 宛이 결합한 형성자이다. 자유롭게 구부릴(宛) 수 있는 팔의 특성을 표현한 글자이다.

용례 腕骨 완골, 腕力 완력, 腕釧 완천, 上腕 상완, 鐵腕 철완

664

枉

굽을 왕:

木
총8획

파자풀이 枉자는 의미요소인 木과 발음요소인 王이 결합한 형성자이다.

유의자 屈, 曲

상대자 直

용례 枉駕 왕가, 枉顧 왕고, 枉告 왕고, 枉曲 왕곡, 枉道 왕도, 枉臨 왕림, 枉法 왕법, 枉惑 왕혹, 誣枉 무왕

665

矮

난쟁이 왜

矢
총13획

파자풀이 矮자는 의미요소인 矢와 발음요소인 委의 결합자이다. 委는 萎의 의미이다. 躷와 同字이다.

용례 矮軀 왜구, 矮陋 왜루, 矮林 왜림, 矮小 왜소, 矮屋 왜옥

666

높고클 외

山
총21획

파자풀이 巍자는 의미요소인 山에 발음요소인 魏가 결합한 형성자이다. 산이 높고 큰 모습이다. 嵬와 同字이다.

용례 巍然 외연, 巍巍 외외, 崔巍 최외

667

외람될 외:

犭
총12획

파자풀이 猥자는 의미요소인 犭에 발음요소인 畏가 결합한 형성자이다.

유의자 濫

용례 猥濫 외람, 猥雜 외잡, 淫猥 음외

668

고요할 요:

穴
총10획

파자풀이 窈자는 의미요소인 穴과 발음요소인 幼가 결합한 형성자이다.

유의자 寂, 寞, 靜, 窕

상대자 騷

용례 窈冥 요명, 窈窕 요조, 窈窕淑女 요조숙녀

669

窯

기와가마 요

穴
총15획

파자풀이 窯자는 의미요소인 穴과 발음요소인 羔의 결합자이다.

용례 窯業 요업, 窯戶 요호, 陶窯 도요, 瓦窯 와요, 官窯 관요, 民窯 민요

670

饒

넉넉할 요

食
총21획

파자풀이 饒자는 의미요소인 食과 발음요소인 堯가 결합한 형성자이다.

유의자 豊, 足

용례 饒貸 요대, 饒富 요부, 饒益 요익, 饒足 요족, 富饒 부요, 餘饒 여요, 豊饒 풍요

671

邀

맞을 요

辶
총17획

파자풀이 邀자는 의미요소인 辶과 발음요소인 敫(노래할 교)가 결합한 형성자이다.

유의자 迎

용례 邀擊 요격, 邀招 요초, 奉邀 봉요, 招邀 초요, 邀擊機 요격기

672

擾

시끄러울 요

扌
총18획

파자풀이 擾자는 의미요소인 扌와 발음요소인 憂의 결합자이다.

유의자 騷

용례 擾亂 요란, 擾攘 요양, 紛擾 분요, 騷擾 소요, 憂擾 우요, 騷擾事態 소요사태

673

凹

오목할 요

凵
총5획

파자풀이 凹자는 가운데가 오목한 모양을 본떠 만든 상형자이다.

상대자 凸

용례 凹面 요면, 凹處 요처, 凹凸 요철

674

僥

요행 요

亻
총14획

파자풀이 僥자는 의미요소인 亻과 발음요소인 堯의 결합자이다.

유의자 倖

용례 僥倖 요행, 僥冒 요모, 僥倖數 요행수

675

拗

우길/꺾을 요

扌
총8획

파자풀이 拗자는 의미요소인 扌와 발음요소인 幼가 결합한 형성자이다.

용례 拗體 요체, 執拗 집요

676

夭

어릴 요:

大
총4획

파자풀이 夭자는 어린 巫女가 神을 부르는 춤을 추는 모습을 묘사한 글자이다. 殀와 同字로, '일찍 죽다'는 의미도 있다.

용례 夭桃 요도, 夭死 요사, 夭逝 요서, 夭折 요절, 夭札 요찰, 桃夭 도요, 橫夭 횡요

677

踊

뛸 용:

足
총14획

파자풀이 踊자는 의미요소인 足과 발음요소인 甬이 결합한 형성자이다.

유의자 躍

용례 踊躍 용약, 舞踊 무용

678

涌

물솟을 용:

氵
총10획

파자풀이 涌자는 의미요소인 氵와 발음요소인 甬이 결합한 형성자이다. 湧과 同字이다.

용례 涌起 용기, 涌沫 용말, 涌溢 용일, 涌泉 용천, 涌出 용출, 洶涌 흉용

679

聳

솟을 용:

耳

총17획

파자풀이 聳자는 발음요소인 從과 의미요소인 耳의 결합자이다. 두려운 마음이 들어 귀를 치켜세운 모습을 표현한 글자이다.

유의자 峙

용례 聳空 용공, 聳起 용기, 聳立 용립, 聳拔 용발, 聳然 용연, 高聳 고용

680

연꽃 용

艹

총14획

파자풀이 蓉자는 의미요소인 艹와 발음요소인 容이 결합한 형성자이다.

유의자 芙, 蓮

용례 芙蓉 부용

681

무성할 용:
버섯 이:

艹

총10획

파자풀이 茸자는 의미요소인 艹와 발음요소인 耳가 결합한 형성자이다. '버섯'의 뜻으로 쓰일 때, 栮와 通用된다.

유의자 茂

용례 鹿茸 녹용, 蒙茸 몽용, 叢茸 총용

682

모퉁이 우

阝(阜)

총12획

파자풀이 隅자는 의미요소인 阜와 발음요소인 禺가 결합한 형성자이다.

유의자 奧

용례 邊隅 변우, 四隅 사우, 廉隅 염우, 向隅之歎 향우지탄

683

부칠 우:

宀

총12획

파자풀이 寓자는 의미요소인 宀과 발음요소인 禺가 결합한 형성자이다.

유의자 寄, 附

용례 寓居 우거, 寓公 우공, 寓宿 우숙, 寓心 우심, 寓言 우언, 寓意 우의, 寓接 우접, 寓話 우화, 羈寓 기우, 流寓 유우, 漂寓 표우

684

嵎

산굽이 우

山

총12획

파자풀이 嵎자는 의미요소인 山과 발음요소인 禺가 결합한 형성자이다.

용례 嵎夷 우이, 嵎嵎 우우

685

迂

에돌/멀 우

辶

총7획

파자풀이 迂자는 의미요소인 辶에 발음요소인 于가 결합한 형성자이다.

유의자 遠, 廻

용례 迂曲 우곡, 迂疏 우소, 迂遇 우우, 迂遠 우원, 迂闊 우활, 迂廻 우회, 迂廻路 우회로, 迂餘曲折 우여곡절

686

염려할 우

虍

총13획

파자풀이 虞자는 의미요소인 虍와 발음요소인 吳가 결합한 형성자이다.

유의자 念, 慮

용례 虞犯 우범, 虞人 우인, 虞侯 우후, 唐虞 당우, 不虞 불우, 虞犯地帶 우범지대

687

김맬 운

耒

총10획

파자풀이 耘자는 의미요소인 耒와 발음요소인 云이 결합한 형성자이다.

용례 耘穫 운확, 耕耘 경운, 耕耘機 경운기

688

떨어질 운:

阝(阜)

총13획

파자풀이 隕자는 의미요소인 阜와 발음요소인 員이 결합한 형성자이다.

유의자 墮, 落

용례 隕石 운석, 隕星 운성

689

殞

죽을 운:

歹

총14획

파자풀이 殞자는 의미요소인 歹과 발음요소인 員이 결합한 형성자이다.

유의자 死, 亡, 斃

상대자 生, 活

용례 殞命 운명, 殞首 운수, 殞泣 운읍, 殞斃 운폐, 徑殞 경운, 廢殞 폐운

690

원숭이 원

犭

총13획

파자풀이 猿자는 의미요소인 犭과 발음요소인 袁이 결합한 형성자이다. 袁(긴 옷 원)은 팔이 긴 원숭이의 모습을 표현한 것으로 보인다.

유의자 狙

용례 猿騎 원기, 猿臂 원비, 犬猿 견원, 類人猿 유인원, 犬猿之間 견원지간

691

鴛

원앙 원

鳥

총16획

파자풀이 鴛자는 발음요소인 夗(누워 뒹굴 원)자와 의미요소인 鳥가 결합한 형성자이다.

유의자 鴦

용례 鴛侶 원려, 鴛鴦 원앙, 鴛鴦衾枕 원앙금침

692

冤

원통할 원(:)

冖

총10획

파자풀이 冤자는 冖과 兔의 결합자이다. 그물에 잡힌 토끼의 마음에서 '원통하다'는 의미이다.

유의자 痛

용례 冤繫 원계, 冤屈 원굴, 冤鬼 원귀, 冤死 원사, 冤傷 원상, 冤訴 원소, 冤抑 원억, 冤獄 원옥, 冤枉 원왕, 冤罪 원죄, 冤痛 원통, 冤恨 원한, 冤魂 원혼, 雪冤 설원, 伸冤 신원

693

萎

시들 위

++

총12획

파자풀이 萎자는 의미요소인 ++와 발음요소인 委가 결합한 형성자이다.

유의자 凋

용례 萎落 위락, 萎靡 위미, 萎縮 위축, 萎悴 위췌, 枯萎 고위, 衰萎 쇠위

694

喩

깨우칠 유

口

총12획

파자풀이 喩자는 의미요소인 口와 발음요소인 兪(점점 유)가 결합한 형성자이다. 諭와 同字이다.

용례 告喩 고유, 比喩 비유, 譬喩 비유, 宣喩 선유, 隱喩 은유, 引喩 인유, 直喩 직유, 諷喩 풍유, 解喩 해유, 訓喩 훈유

695

宥

너그러울 유

宀

총9획

파자풀이 宥자는 의미요소인 宀과 발음요소인 有가 결합한 형성자이다. 有는 囿(동산 유)의 의미로, 본래 집에 동산이 있을 정도로 집의 규모가 넉넉함을 의미했다. 후에 '너그럽다'는 의미까지 파생했다.

유의자 寬

용례 宥免 유면, 宥恕 유서, 三宥 삼유, 原宥 원유

696

놋쇠 유

金

총17획

파자풀이 鍮자는 의미요소인 金과 발음요소인 兪가 결합한 형성자이다.

용례 鍮器 유기, 眞鍮 진유, 鍮器廛 유기전

697

밟을 유

足

총16획

파자풀이 蹂자는 의미요소인 足과 발음요소인 柔가 결합한 형성자이다.

유의자 躪

용례 蹂躪 유린, 人權蹂躪 인권유린

698

병나을 유

疒

총18획

파자풀이 癒자는 의미요소인 疒과 발음요소인 愈의 결합자이다. 瘉와 同字이다. 愈와 通用된다.

유의자 痊

용례 全癒 전유, 痊癒 전유, 治癒 치유, 快癒 쾌유, 平癒 평유

699

諛

아첨할 유

言
총15획

파자풀이 諛자는 의미요소인 言과 발음요소인 臾(잠깐 유)가 결합한 형성자이다.

유의자 媚, 阿, 諂

용례 諛媚 유미, 諛辭 유사, 諛言 유언, 阿諛 아유, 諂諛 첨유

700

야유할 유

扌
총12획

파자풀이 揄자는 의미요소인 扌와 발음요소인 兪가 결합한 형성자이다.

유의자 揶

용례 揶揄 야유

701

유자 유

木
총9획

파자풀이 柚자는 의미요소인 木과 발음요소인 由가 결합한 형성자이다. 유자나무와 열매인 유자를 의미한다.

용례 柚子 유자, 柚酒 유주, 橘柚 귤유

702

즐거울 유

忄
총12획

파자풀이 愉자는 의미요소인 忄과 발음요소인 兪가 결합한 형성자이다.

유의자 悅, 樂, 怡

용례 愉樂 유락, 愉色 유색, 愉愉 유유, 愉逸 유일, 怡愉 이유

703

깨우칠/타이를 유

言
총16획

파자풀이 諭자는 의미요소인 言과 발음요소인 兪가 결합한 형성자이다. 喩와 同字이다.

용례 諭告 유고, 諭德 유덕, 諭示 유시, 諭旨 유지, 面諭 면유, 譬諭 비유, 上諭 상유, 隱諭 은유, 諷諭 풍유

704

游

헤엄칠 유

氵
총12획

파자풀이 游자는 의미요소인 氵와 발음요소인 斿(깃발 유)가 결합한 형성자이다. 遊가 길에서 노는 것이라면, 游는 물에서 노는 것인데, 구분 없이 通用하기도 한다.

유의자 泳

용례 游街 유가, 游冬 유동, 游樂 유락, 游牧 유목, 游蕩 유탕, 游昏 유혼, 汎游 범유, 外游 외유

705

絨

가는베 융

糸
총12획

파자풀이 絨자는 의미요소인 糸와 발음요소인 戎이 결합한 형성자이다. 牧羊을 業으로 하던 오랑캐가 양털로 織造한 옷감이란 의미이다.

용례 絨緞 융단, 石絨 석융, 製絨 제융, 絨緞爆擊 융단폭격

706

戎

병장기/오랑캐 융

戈
총6획

파자풀이 戎자는 갑옷을 의미하는 十자와 戈의 결합자이다.

유의자 兵, 夷, 蠻, 狄

용례 戎車 융거, 戎壇 융단, 戎毒 융독, 戎虜 융로, 戎馬 융마, 戎士 융사, 戎事 융사, 戎夷 융이, 戎場 융장, 戎裝 융장, 戎狄 융적, 戎軒 융헌, 戎華 융화

707

그늘/덮을 음

艹
총15획

파자풀이 蔭자는 초목(艹)이 우거져 주변을 덮어 만든 '그늘'이란 의미이다. 陰과 通用된다.

유의자 庇

용례 蔭官 음관, 蔭德 음덕, 蔭補 음보, 蔭仕 음사, 蔭敍 음서, 蔭生 음생, 恩蔭 은음

708

읍할 읍

扌
총12획

파자풀이 揖자는 의미요소인 扌와 발음요소인 咠(소곤거릴 집)이 결합한 형성자이다.

용례 揖遜 읍손, 揖讓 읍양, 拱揖 공읍, 拜揖 배읍, 長揖 장읍

709

膺

가슴 응ː

月(肉)
총17획

파자풀이 膺자는 발음요소인 雁(매 응)자와 의미요소인 肉이 결합한 형성자이다.

유의자 胸, 臆

용례 膺受 응수, 膺懲 응징, 懲膺 징응

710

毅

굳셀 의

殳
총15획

파자풀이 毅자는 발음요소인 豙(성난 털 일어날 의)와 의미요소인 殳로 구성된 글자이다. 창(殳)에 찔린 멧돼지가 털을 세우며 성내는 모습에서 '굳세다'는 의미가 생겨났다.

용례 毅然 의연, 剛毅 강의, 嚴毅 엄의, 忠毅 충의, 弘毅 홍의, 剛毅木訥 강의목눌

711

擬

비길 의ː

扌
총17획

파자풀이 擬자는 의미요소인 扌와 발음요소인 疑가 결합한 형성자이다.

유의자 模, 比

용례 擬古 의고, 擬律 의율, 擬人 의인, 擬作 의작, 擬製 의제, 擬態 의태, 模擬 모의, 比擬 비의

712

椅

의자 의

木
총12획

파자풀이 椅자는 의미요소인 木과 발음요소인 奇가 결합한 형성자이다.

용례 椅几 의궤, 椅子 의자, 高椅 고의

713

옳을/정(情) 의

言
총15획

파자풀이 誼자는 의미요소인 言과 발음요소인 宜가 결합한 형성자이다. 義와 同字이다.

용례 高誼 고의, 禮誼 예의, 情誼 정의, 行誼 행의

714

爾

너 이ː

爻
총14획

파자풀이 爾자는 본래 꽃을 묘사한 글자로, '아름답고 盛한 꽃'을 의미했었다. 후에 2인칭 대명사 '너'로 假借된 경우이다.

유의자 汝

상대자 我, 吾, 朕

용례 法爾 법이, 率爾 솔이, 偶爾 우이, 聊爾 요이, 蠢爾 준이, 卓爾 탁이, 愛爾蘭 애이란(아일랜드 音譯語), 出爾反爾 출이반이

715

弛

늦출 이ː

弓
총6획

파자풀이 弛자는 의미요소인 弓에 발음요소인 也가 결합한 형성자이다.

유의자 緩, 解

상대자 緊

용례 弛緩 이완, 弛惰 이타, 張弛 장이

716

미끼 이ː

食
총15획

파자풀이 餌자는 의미요소인 食과 발음요소인 耳가 결합한 형성자이다.

용례 鉤餌 구이, 食餌 식이, 藥餌 약이, 香餌 향이, 好餌 호이, 食餌療法 식이요법

717

痍

상처 이

疒
총11획

파자풀이 痍자는 의미요소인 疒과 발음요소인 夷가 합체한 형성자이다.

유의자 傷

용례 傷痍 상이, 滿身瘡痍 만신창이, 傷痍軍警 상이군경

718

姨

이모 이

女
총9획

파자풀이 姨자는 의미요소인 女와 발음요소인 夷가 결합한 형성자이다.

용례 姨母 이모, 姨子 이자, 姨從 이종, 姨母夫 이모부, 姨從四寸 이종사촌

719

翌

다음날 익

羽
총11획

파자풀이 翌자는 羽와 立의 결합자이다. 새가 하룻밤을 보내고 눌렀던 깃을 세우며 '다음 날'을 맞이하는 모습이다.

용례 翌年 익년, 翌夕 익석, 翌夜 익야, 翌月 익월, 翌日 익일, 翌朝 익조

720

咽

목구멍 인
목멜 열
삼킬 연

口
총9획

파자풀이 咽자는 의미요소인 口와 발음요소인 因이 결합한 형성자이다.

유의자 喉

용례 咽喉 인후, 感咽 감열, 嗚咽 오열, 含咽 함연, 咽喉痛 인후통, 耳鼻咽喉科 이비인후과

721

湮

잠길 인

氵
총12획

파자풀이 湮자는 의미요소인 氵와 발음요소인 垔(막을 인)이 결합한 형성자이다.

유의자 沒, 沈

용례 湮淪 인륜, 湮滅 인멸, 湮沒 인몰, 湮晦 인회

722

蚓

지렁이 인

虫
총10획

파자풀이 蚓자는 의미요소인 虫과 발음요소인 引이 결합한 형성자이다.

용례 海蚓 해인, 以蚓投魚 이인투어

723

질길 인

革
총12획

파자풀이 靭자는 의미요소인 革과 발음요소인 刃이 결합한 형성자이다.

용례 靭帶 인대, 靭皮 인피, 强靭 강인, 堅靭 견인

724

넘칠 일

氵
총13획

파자풀이 溢자는 氵와 益이 결합한 형성자이다. 益이 본래 그릇에 물이 넘치는 모습을 표현해서 '넘치다'는 의미였으나, '더하다'는 의미로 쓰이게 되면서, 氵를 더해 본래 의미를 대신하고 있다.

유의자 濫

용례 溢流 일류, 溢血 일혈, 滿溢 만일, 充溢 충일, 海溢 해일

725

佚

편안 일
질탕 질

亻
총7획

파자풀이 佚자는 의미요소인 亻과 발음요소인 失이 결합한 형성자이다. 逸과 同字이다.

유의자 安, 蕩

용례 佚民 일민, 佚罰 일벌, 佚遊 일유, 奢佚 사일, 安佚 안일, 佚蕩 질탕

726

남을 잉:

刂
총12획

파자풀이 剩자는 발음요소인 乘과 의미요소인 刂가 결합한 형성자이다.

유의자 過, 餘

용례 剩數 잉수, 剩額 잉액, 剩餘 잉여, 剩員 잉원, 過剩 과잉, 餘剩 여잉

727

아이밸 잉:

子
총5획

파자풀이 본래 乃자가 아이를 밴 불룩한 배를 묘사해서 '아이 배다'는 의미였으나, 후에 다른 의미로 轉用하게 되자, 子를 더해 본래 의미를 대신한 경우이다.

유의자 妊, 娠, 胎

용례 孕母 잉모, 孕婦 잉부, 孕重 잉중, 孕胎 잉태, 胎孕 태잉, 懷孕 회잉

728

구울 자
구울 적

火
총8획

파자풀이 炙자는 肉과 火의 결합자로, 불에 고기를 굽는 모습이다. '구운 고기'를 의미하기도 한다.

상대자 膾

용례 炙膾 적회, 散炙 산적, 魚炙 어적, 親炙 친자, 膾炙 회자, 人口膾炙 인구회자

729

藉

깔/핑계할 자:

艹
총18획

파자풀이 藉자는 의미요소인 艹와 발음요소인 耤(친경할 적)의 결합자이다.

용례 藉口 자구, 藉藉 자자, 韜藉 도자, 憑藉 빙자, 慰藉料 위자료

730

사기그릇 자

瓦
총11획

파자풀이 瓷자는 발음요소인 次와 의미요소인 瓦가 결합한 형성자이다.

용례 瓷器 자기, 白瓷 백자, 青瓷 청자, 花瓷 화자, 高麗青瓷 고려청자

731

사탕수수 자

艹
총15획

파자풀이 蔗자는 의미요소인 艹와 발음요소인 庶가 결합한 형성자이다.

용례 蔗境 자경, 蔗糖 자당, 甘蔗 감자

732

삶을 자(:)

灬
총13획

파자풀이 煮자는 발음요소인 者와 의미요소인 灬가 결합한 형성자이다.

용례 煮沸 자비, 煮鹽 자염, 煮煎 자전, 煮鐵 자철, 熏煮 훈자, 煮豆燃萁 자두연기

733

자세할 자

亻
총5획

파자풀이 仔자는 의미요소인 亻과 발음요소인 子가 결합한 형성자이다.

유의자 詳, 細

용례 仔詳 자상, 仔細 자세

734

疵

허물 자

疒
총11획

파자풀이 疵자는 의미요소인 疒과 발음요소인 此가 합체한 형성자이다.

유의자 瑕, 痕

용례 疵瑕 자하, 疵痕 자흔, 細疵 세자, 隱疵 은자, 瑕疵 하자

735

勺

구기 작

勹
총3획

파자풀이 勺자는 술 따위를 푸는 '구기'의 모양을 본뜬 글자이다.

유의자 杓

용례 勺藥 작약, 龍勺 용작, 勺水不入 작수불입

736

까치 작

鳥
총19획

파자풀이 鵲자는 발음요소인 昔과 발음요소인 鳥가 결합한 형성자이다.

용례 鵲報 작보, 鵲聲 작성, 鵲語 작어, 山鵲 산작, 扁鵲 편작, 烏鵲橋 오작교

737

너그러울 작

糸
총14획

파자풀이 綽자는 의미요소인 糸와 발음요소인 卓의 결합자이다.

유의자 寬

용례 綽名 작명, 綽約 작약, 綽態 작태, 綽號 작호, 寬綽 관작, 道綽 도작

738

불사를 작

火
총7획

파자풀이 灼자는 의미요소인 火와 발음요소인 勺이 결합한 형성자이다.

용례 灼爛 작란, 灼熱 작열, 灼鐵 작철, 鑽灼 찬작, 夭夭灼灼 요요작작

739

씹을 작

口
총21획

파자풀이 嚼자는 의미요소인 口와 발음요소인 爵이 결합한 형성자이다.

유의자 咀

용례 嚼蠟 작랍, 咀嚼 저작, 咀嚼筋 저작근

740

참새 작

隹
총11획

파자풀이 雀자는 小와 隹의 결합자로, 크기가 매우 작은 '참새'를 의미한다.

용례 雀羅 작라, 雀舌 작설, 雀躍 작약, 孔雀 공작, 麻雀 마작, 燕雀 연작, 雀舌茶 작설차, 門前雀羅 문전작라, 歡呼雀躍 환호작약

741

터질 작

火
총9획

파자풀이 炸자는 의미요소인 火와 발음요소인 乍이 결합한 형성자이다.

용례 炸裂 작렬, 炸發 작발, 炸藥 작약, 炸彈 작탄

742

함박꽃 작

艹
총7획

파자풀이 芍자는 의미요소인 艹와 발음요소인 勺이 결합한 형성자이다.

용례 芍藥 작약

743

사다리 잔

木
총12획

파자풀이 棧자는 의미요소인 木과 발음요소인 戔(나머지 잔)이 결합한 형성자이다.

유의자 梯, 橋

약자 栈

용례 棧閣 잔각, 棧橋 잔교, 棧道 잔도, 棧雲 잔운, 雲棧 운잔, 虹棧 홍잔

744

잔 잔

皿
총13획

파자풀이 盞자는 발음요소인 戔과 의미요소인 皿이 결합한 형성자이다.

유의자 盃

용례 盞臺 잔대, 金盞 금잔, 玉盞 옥잔, 酒盞 주잔

745

경계 잠

竹
총15획

파자풀이 箴자는 의미요소인 竹과 발음요소인 咸이 결합한 형성자이다.

유의자 警, 戒

용례 箴諫 잠간, 箴戒 잠계, 箴言 잠언, 四箴 사잠, 四勿箴 사물잠

746

비녀 잠

竹
총18획

파자풀이 簪자는 의미요소인 竹과 발음요소인 朁(일찍이 참)이 결합한 형성자이다.

용례 簪筆 잠필, 簪笏 잠홀, 金簪 금잠, 鳳簪 봉잠, 玉簪 옥잠, 珠簪 주잠

747

돛대 장

木
총17획

파자풀이 檣자는 의미요소인 木과 발음요소인 嗇의 결합자이다.

유의자 帆

용례 檣竿 장간, 帆檣 범장, 船檣 선장, 艦檣 함장

748

의장 장

亻
총5획

파자풀이 仗자는 의미요소인 亻과 발음요소인 丈이 결합한 형성자이다.

용례 仗器 장기, 器仗 기장, 兵仗 병장, 仙仗 선장, 儀仗 의장, 兵仗器 병장기, 儀仗隊 의장대

749

醬

장 장:

酉
총18획

파자풀이 醬자는 발음요소인 將과 의미요소인 酉가 결합한 형성자이다.

약자 醤

용례 豆醬 두장, 麥醬 맥장, 魚醬 어장, 肉醬 육장, 醯醬 혜장

750

薔

장미 장

++
총17획

파자풀이 薔자는 의미요소인 ++와 발음요소인 嗇의 결합자이다.

유의자 薇

용례 薔薇 장미, 白薔薇 백장미, 黑薔薇 흑장미

751

匠

장인 장

匚
총6획

파자풀이 匠자는 곱자를 표현한 匚과 자귀를 의미하는 斤의 합체자이다. 곱자와 자귀는 물건 만드는 匠人의 도구이다.

유의자 工

용례 匠意 장의, 巨匠 거장, 車匠 거장, 刀匠 도장, 明匠 명장, 木匠 목장, 宰匠 재장, 宗匠 종장, 鐵匠 철장

752

漿

즙 장

水
총15획

파자풀이 漿자는 발음요소인 將과 의미요소인 水가 결합한 형성자이다.

유의자 汁

용례 漿果 장과, 酪漿 낙장, 腦漿 뇌장, 鐵漿 철장, 血漿 혈장

753

杖

지팡이 장(:)

木
총7획

파자풀이 杖자는 의미요소인 木과 발음요소인 丈이 결합한 형성자이다.

유의자 棒

용례 杖家 장가, 杖毒 장독, 杖罰 장벌, 杖罪 장죄, 杖責 장책, 杖鄕 장향, 鳩杖 구장, 錫杖 석장, 朱杖 주장, 鐵杖 철장

754

齋

재계할/집 재

齊
총17획

파자풀이 齋자는 齊와 示의 합체자이다. 神에게 祭를 지내기 전에 몸과 마음을 가지런히 한다는 의미이다.

용례 齋潔 재결, 齋戒 재계, 齋宮 재궁, 齋禱 재도, 齋壇 재단, 齋郞 재랑, 齋舍 재사, 齋筵 재연, 齋日 재일, 齋場 재장, 齋長 재장, 齋七 재칠, 齋會 재회, 書齋 서재, 長齋 장재, 淸齋 청재, 致齋 치재

755

찌끼 재

氵
총13획

파자풀이 滓자는 의미요소인 氵와 발음요소인 宰가 결합한 형성자이다.

용례 殘滓 잔재, 塵滓 진재, 沈滓 침재

756

쇳소리 쟁

金
총16획

파자풀이 錚자는 의미요소인 金과 발음요소인 爭이 결합한 형성자이다.

용례 錚錚 쟁쟁

757

돼지 저

豕
총16획

파자풀이 豬자는 의미요소인 豕와 발음요소인 者가 결합한 형성자이다.

유의자 豚, 豕

약자 猪

용례 豬肝 저간, 豬膽 저담, 豬突 저돌, 豬毛 저모, 豬勇 저용, 豬肉 저육, 山豬 산저, 野豬 야저, 豪豬 호저

758

躇

머뭇거릴 저

足
총20획

파자풀이 躇자는 의미요소인 足과 발음요소인 著가 결합한 형성자이다.

유의자 躊

용례 躊躇 주저

759

觝

씨름/닿을 저:

角
총12획

파자풀이 觝자는 의미요소인 角과 발음요소인 氐(근본 저)가 결합한 형성자이다. 抵와 通用된다.

용례 觝排 저배, 觝觸 저촉, 角觝 각저, 蝸角觝 와각저

760

咀

씹을 저:

口
총8획

파자풀이 咀자는 의미요소인 口와 발음요소인 且의 결합자이다. 詛와 通用된다.

유의자 嚼

용례 咀嚼 저작, 咀呪 저주, 咀嚼筋 저작근

761

狙

원숭이/엿볼 저:

犭
총8획

파자풀이 狙자는 의미요소인 犭과 발음요소인 且가 결합한 형성자이다.

유의자 猿, 窺

용례 狙擊 저격, 狙公 저공, 狙擊手 저격수

762

詛

저주할 저:

言
총12획

파자풀이 詛자는 의미요소인 言과 발음요소인 且가 결합한 형성자이다.

유의자 呪

용례 詛呪 저주, 呪詛 주저

763

젓가락 저

竹
총15획

파자풀이 箸자는 의미요소인 竹과 발음요소인 者가 결합한 형성자이다.

용례 匕箸 비저, 象箸 상저, 匙箸 시저, 玉箸 옥저, 竹箸 죽저, 火箸 화저

764

邸

집 저:

阝(邑)
총8획

파자풀이 邸자는 발음요소인 氐(근본 저)와 의미요소인 邑이 결합한 형성자이다.

유의자 閣, 宮, 舍, 宅

용례 邸報 저보, 邸舍 저사, 邸第 저제, 邸宅 저택, 邸下 저하, 公邸 공저, 別邸 별저, 私邸 사저, 龍邸 용저, 潛邸 잠저

765

謫

귀양갈 적

言
총18획

파자풀이 謫자는 의미요소인 言과 발음요소인 啇(밑동 적)이 결합한 형성자이다.

용례 謫降 적강, 謫客 적객, 謫居 적거, 謫死 적사, 謫所 적소, 謫遷 적천, 遠謫 원적, 流謫 유적, 貶謫 폄적

766

狄

오랑캐 적

犭
총7획

파자풀이 狄자는 북쪽 오랑캐를 의미한다. 犭은 蔑視의 의미로 붙인 것으로 보인다.

유의자 戎, 夷, 蠻, 胡

용례 北狄 북적, 夷狄 이적, 胡狄 호적

767

迹

자취 적

辶
총10획

파자풀이 迹자는 발음요소인 亦과 의미요소인 辶이 결합한 형성자이다. 跡, 蹟과 同字이다.

유의자 踪, 蹤

용례 古迹 고적, 軌迹 궤적, 事迹 사적, 手迹 수적, 影迹 영적, 前迹 전적, 蹤迹 종적, 痕迹 흔적

768

嫡

정실 적

女
총14획

파자풀이 嫡자는 의미요소인 女와 발음요소인 啇이 결합한 형성자이다.

상대자 庶

용례 嫡男 적남, 嫡女 적녀, 嫡流 적류, 嫡母 적모, 嫡孫 적손, 嫡子 적자, 嫡長 적장, 嫡妻 적처, 嫡出 적출, 嫡統 적통, 嫡派 적파, 世嫡 세적

769

廛

가게 전:

广
총15획

파자풀이 廛자는 广과 里, 八, 그리고 土의 합체자이다. 마을(里)의 땅(土)을 나눠서(八) 지은 집(广)을 의미한다.

유의자 肆, 店, 鋪

약자 厘

용례 廛房 전방, 廛案 전안, 廛鋪 전포, 亂廛 난전, 肆廛 사전, 市廛 시전, 魚物廛 어물전, 鍮器廛 유기전, 緋緞廛 비단전, 禁亂廛權 금난전권

770

剪

가위/자를 전(:)

刀
총11획

파자풀이 본래 前이 '자르다', '가위'를 의미했다. 후에 前이 '앞'의 의미로 쓰이게 되자, 刀를 추가해 본래 의미를 대신하게 된 경우이다.

용례 剪斷 전단, 剪刀 전도, 剪伐 전벌, 剪定 전정

771

悛

고칠 전:

忄
총10획

파자풀이 悛자는 의미요소인 忄과 발음요소인 夋이 결합한 형성자이다.

유의자 改, 更, 革

용례 悛改 전개, 悛心 전심, 悛容 전용, 悛換 전환, 改悛 개전

772

箋

기록할 전

竹
총14획

파자풀이 箋자는 의미요소인 竹과 발음요소인 戔이 결합한 형성자이다.

유의자 記, 錄, 識

용례 短箋 단전, 藥箋 약전, 用箋 용전, 華箋 화전, 處方箋 처방전

773

달일 전(:)

灬(火)
총13획

파자풀이 煎자는 발음요소인 前과 의미요소인 灬가 결합한 형성자이다.

용례 煎茶 전다, 煎餠 전병, 煎藥 전약, 花煎 화전, 菊花煎 국화전

774

氈

모전 전:

毛
총17획

파자풀이 氈자는 발음요소인 亶(믿음 단)과 의미요소인 毛의 결합자이다. 솜털로 만든 모직물을 의미한다.

용례 氈笠 전립, 氈帽 전모, 鋪氈 포전, 厦氈 하전

775

輾

돌아누울 전:

車
총17획

파자풀이 輾자는 의미요소인 車와 발음요소인 展이 결합한 형성자이다.

용례 輾轉 전전, 輾轉反側 전전반측

776

떨 전:

頁
총22획

파자풀이 顫자는 발음요소인 亶과 의미요소인 頁이 결합한 형성자이다.

용례 顫動 전동, 手顫 수전, 振顫 진전, 手顫症 수전증

777

마개 전

木
총10획

파자풀이 栓자는 의미요소인 木과 발음요소인 全이 결합한 형성자이다.

용례 栓塞 전색, 密栓 밀전, 音栓 음전, 血栓 혈전, 給水栓 급수전

778

메울 전

土
총13획

파자풀이 塡자는 의미요소인 土와 발음요소인 眞이 결합한 형성자이다.

유의자 塞, 充

용례 塡補 전보, 塡詞 전사, 塡塞 전색, 塡然 전연, 塡足 전족, 塡充 전충, 補塡 보전, 裝塡 장전, 充塡 충전

779

癲

미칠 전:

疒
총24획

파자풀이 癲자는 의미요소인 疒과 발음요소인 顚이 합체한 형성자이다.

유의자 癎, 狂

용례 癲癎 전간, 癲狂 전광, 酒癲 주전

780

보낼 전:

食
총17획

파자풀이 餞자는 의미요소인 食과 발음요소인 戔이 결합한 형성자이다. 먼 길 떠나는 사람에게 음식을 해서 먹이고 路資도 주어 보내는 모습이다.

유의자 送

용례 餞杯 전배, 餞別 전별, 餞送 전송, 餞筵 전연, 餞宴 전연, 餞春 전춘, 餞別金 전별금

781

사람가릴 전(:)

金
총14획

파자풀이 銓자는 의미요소인 金과 발음요소인 全이 결합한 형성자이다.

유의자 衡

용례 銓考 전고, 銓官 전관, 銓部 전부, 銓敍 전서, 銓衡 전형, 入試銓衡 입시전형

782

箭

화살 전:

竹
총15획

파자풀이 箭자는 의미요소인 竹과 발음요소인 前이 결합한 형성자이다. 앞으로 나가는 화살의 특성을 표현한 글자이다.

유의자 矢

용례 箭幹 전간, 斷箭 단전, 鳴箭 명전, 木箭 목전, 飛箭 비전, 火箭 화전

783

澱

앙금 전:

氵
총16획

파자풀이 澱자는 의미요소인 氵와 발음요소인 殿이 결합한 형성자이다.

용례 澱粉 전분, 沈澱 침전

784

纏

얽을 전

糸
총21획

파자풀이 纏자는 의미요소인 糸와 발음요소인 廛이 결합한 형성자이다.

유의자 糾, 縛, 繞

용례 纏結 전결, 纏頭 전두, 纏綿 전면, 纏縛 전박, 纏足 전족, 纏着 전착, 糾纏 규전

785

顚

엎드러질/이마 전:

頁
총19획

파자풀이 顚자는 발음요소인 眞과 의미요소인 頁이 결합한 형성자이다.

유의자 倒, 仆

용례 顚倒 전도, 顚落 전락, 顚末 전말, 顚墜 전추, 顚沛 전패, 主客顚倒 주객전도, 本末顚倒 본말전도

786

전자 전:

竹
총15획

파자풀이 篆자는 의미요소인 竹과 발음요소인 彖의 결합자이다.

용례 篆刻 전각, 篆隸 전례, 篆文 전문, 篆書 전서, 篆字 전자, 大篆 대전, 小篆 소전

787

奠

제사/정할 전:

大
총12획

파자풀이 奠자는 酋(오래 묵은 술 추)와 大의 결합자이다. 祭床에 祭酒를 올리는 사람을 표현한 글자이다. 祭酒를 올릴 사람은 미리 정하기 때문에 '정하다'는 의미도 있다

용례 奠居 전거, 奠都 전도, 奠物 전물, 奠雁 전안, 奠儀 전의, 奠接 전접, 遣奠 견전, 夕奠 석전, 祭奠 제전, 遣奠祭 견전제

788

截

끊을 절

戈
총14획

파자풀이 截자는 발음요소인 雀과 의미요소인 戈의 결합자이다.

유의자 絶, 切, 斷

상대자 繼, 續, 連, 絡

용례 截斷 절단, 截長補短 절장보단, 去頭截尾 거두절미

789

붙을 점

米

총11획

파자풀이 粘자는 의미요소인 米와 발음요소인 占이 결합한 형성자이다. 찰기가 있는 米穀이 손에 붙는 것을 표현한 글자이다.

유의자 着

용례 粘塊 점괴, 粘膜 점막, 粘液 점액, 粘着 점착, 粘土 점토

790

젖을 점

雨

총16획

파자풀이 霑자는 의미요소인 雨와 발음요소인 沾(더할 첨)이 결합한 형성자이다.

유의자 潤, 洽

용례 霑潤 점윤, 霑汗 점한, 均霑 균점

791

그림족자 정
그림족자 탱

巾

총12획

파자풀이 幀자는 의미요소인 巾과 발음요소인 貞이 결합한 형성자이다.

용례 影幀 영정, 裝幀 장정, 幀畫 탱화

792

눈동자 정

目

총13획

파자풀이 睛자는 의미요소인 目과 발음요소인 靑이 결합한 형성자이다.

용례 點睛 점정, 畫龍點睛 화룡점정

793

碇

닻 정

石

총13획

파자풀이 碇자는 의미요소인 石과 발음요소인 定이 결합한 형성자이다.

용례 碇泊 정박, 擧碇 거정

794

덩이 정

金

총16획

파자풀이 錠자는 의미요소인 金과 발음요소인 定이 결합한 형성자이다.

유의자 塊

용례 糖衣錠 당의정

795

못 정

金

총10획

파자풀이 釘자는 쇠(金)로 만든 못(丁)을 의미한다.

용례 釘頭 정두, 押釘 압정, 地釘 지정, 眼中之釘 안중지정

796

밭두둑 정

田

총7획

파자풀이 町자는 의미요소인 田과 발음요소인 丁이 결합한 형성자이다.

유의자 畔, 疇, 畦

용례 町當 정당, 町步 정보

797

빼어날 정

扌

총10획

파자풀이 挺자는 의미요소인 扌와 발음요소인 廷이 결합한 형성자이다.

유의자 傑, 秀

용례 挺傑 정걸, 挺立 정립, 挺身 정신, 挺然 정연, 挺爭 정쟁, 挺節 정절, 挺出 정출, 挺身隊 정신대

798

술취할 정

酉

총9획

파자풀이 酊자는 의미요소인 酉와 발음요소인 丁이 결합한 형성자이다.

유의자 酩

용례 酩酊 명정, 酒酊 주정

799

靖

편안할 정(:)

青
총13획

파자풀이 靖자는 青이 의미요소이자 발음요소인 독특한 경우이다. 青의 靜의 의미로 해석된다. 고요히 시시 편안함을 느낀다는 의미이다.

유의자 安, 康

용례 靖難 정난, 靖邊 정변, 靖獻 정헌, 嘉靖 가정, 淸靖 청정

800

穽

함정 정

穴
총9획

파자풀이 穽자는 의미요소인 穴과 발음요소인 井의 결합자이다. 우물처럼 움푹 들어간 구덩이에서, '함정'을 의미한다.

유의자 陷

용례 深穽 심정, 墜穽 추정, 陷穽 함정, 虛穽 허정

801

悌

공손할 제:

忄
총10획

파자풀이 悌자는 의미요소인 忄과 발음요소인 弟가 결합한 형성자이다. 형을 향한 아우의 마음이란 의미이다.

용례 悌友 제우, 不悌 부제, 孝悌忠信 효제충신

802

굽 제

足
총16획

파자풀이 蹄자는 의미요소인 足과 발음요소인 帝가 결합한 형성자이다.

용례 蹄鐵 제철, 蹄形 제형, 馬蹄 마제, 牛蹄 우제, 鐵蹄 철제

803

梯

사다리 제

木
총11획

파자풀이 梯자는 의미요소인 木과 발음요소인 弟가 결합한 형성자이다.

유의자 棧, 棚

용례 梯索 제삭, 梯航 제항, 梯形 제형, 階梯 계제, 飛梯 비제, 雲梯 운제, 懸梯 현제

804

啼

울 제

口
총12획

파자풀이 啼자는 의미요소인 口와 발음요소인 帝가 결합한 형성자이다.

유의자 哭, 泣, 鳴

용례 啼哭 제곡, 啼泣 제읍, 悲啼 비제

805

粗

거칠 조

米
총11획

파자풀이 粗자는 의미요소인 米와 발음요소인 且의 결합자이다.

유의자 澁

상대자 精

용례 粗米 조미, 粗惡 조악, 粗雜 조잡, 粗暴 조포, 粗忽 조홀

806

繰

고치켤 조

糸
총19획

파자풀이 繰자는 의미요소인 糸와 발음요소인 喿가 결합한 형성자이다. 繅와 同字이다.

용례 繰綿 조면, 繰絲 조사, 繰言 조언, 繰出 조출, 再繰 재조, 鑄繰 주조

807

槽

구유 조

木
총15획

파자풀이 槽자는 의미요소인 木과 발음요소인 曹가 결합한 형성자이다. 말이나 소의 먹이를 담는 통을 의미한다.

유의자 櫪

용례 馬槽 마조, 石槽 석조, 木槽 목조, 浴槽 욕조, 酒槽 주조, 齒槽 치조

808

棗

대추 조

木
총12획

파자풀이 棗자는 朿가 두 개 결합된 글자이다. 우리 대추와는 다른 건조 지대의 대추야자나무를 묘사한 것으로 보인다.

용례 棗栗 조율, 乾棗 건조, 蜜棗 밀조, 酸棗 산조, 梨棗 이조, 棗栗梨柿 조율이시

809

藻

마름 조:

艹

총20획

파자풀이 藻자는 의미요소인 艹와 발음요소인 澡(씻을 조)가 결합한 형성자이다.

용례 藻鑑 조감, 藻鏡 조경, 藻類 조류, 藻翰 조한, 褐藻類 갈조류, 綠藻類 녹조류, 紅藻類 홍조류

810

阻

막힐 조

阝(阜)

총8획

파자풀이 阻자는 의미요소인 阜와 발음요소인 且가 결합한 형성자이다.

유의자 塞

용례 阻隔 조격, 阻絶 조절, 惡阻 악조, 天阻 천조, 險阻 험조

811

遭

만날 조

辶

총15획

파자풀이 遭자는 의미요소인 辶과 발음요소인 曹가 결합한 형성자이다.

유의자 逢, 遇

용례 遭難 조난, 遭逢 조봉, 遭遇 조우

812

무리/성씨 조

曰

총11획

파자풀이 曹자는 관청에서 여러 사람들이 동쪽을 줄을 서서(東東) 옥신각신(曰)하는 모습이다. 姓氏일때는 曺와 通用한다.

유의자 黨, 輩

용례 曹操 조조, 工曹 공조, 法曹 법조, 兒曹 아조, 吏曹 이조, 重曹 중조, 刑曹 형조, 戶曹 호조, 曹溪宗 조계종, 法曹界 법조계, 法曹人 법조인

813

배로 실어 나를 조

氵

총14획

파자풀이 漕자는 의미요소인 氵와 발음요소인 曹가 결합한 형성자이다.

용례 漕渠 조거, 漕溝 조구, 漕船 조선, 漕運 조운, 漕艇 조정, 競漕 경조, 運漕 운조, 轉漕 전조, 回漕 회조

814

眺

볼 조:

目

총11획

파자풀이 眺자는 의미요소인 目과 발음요소인 兆가 결합한 형성자이다.

유의자 看, 觀, 覽, 視

용례 眺覽 조람, 眺臨 조림, 眺望 조망, 眺望權 조망권

815

비롯할 조:

聿

총14획

파자풀이 肇자는 손으로 문을 여는 모습인 戶攵자와 建의 의미인 聿의 결합자로, '처음으로 나라를 열다'는 의미이다.

유의자 始

용례 肇國 조국, 肇基 조기, 肇冬 조동, 肇歲 조세, 肇業 조업, 肇域 조역, 肇造 조조, 肇秋 조추, 肇夏 조하

816

嘲

비웃을 조

口

총15획

파자풀이 嘲자는 의미요소인 口와 발음요소인 朝가 결합한 형성자이다.

유의자 弄, 嗤

용례 嘲弄 조롱, 嘲罵 조매, 嘲笑 조소, 嘲謔 조학, 自嘲 자조

817

빽빽할 조

禾

총13획

파자풀이 稠자는 의미요소인 禾와 발음요소인 周가 결합한 형성자이다.

유의자 密

상대자 疎

용례 稠密 조밀, 稠人 조인, 粘稠 점조

818

손톱 조

爪

총4획

파자풀이 爪자는 손을 엎어서 떨어진 물건을 집어 드는 모습을 묘사한 상형자이다.

용례 爪角 조각, 爪牙 조아, 爪痕 조흔, 牙爪 아조, 指爪 지조, 鴻爪 홍조, 爪牙之士 조아지사, 雪泥鴻爪 설니홍조

819

凋

시들 조

冫
총10획

파자풀이 凋자는 의미요소인 冫과 발음요소인 周가 결합한 형성자이다.

유의자 萎

용례 凋落 조락, 凋兵 조병, 凋殘 조잔, 凋歇 조헐, 枯凋 고조, 零凋 영조

820

躁

조급할 조

足
총20획

파자풀이 躁자는 의미요소인 足과 발음요소인 喿가 결합한 형성자이다.

유의자 急

용례 躁競 조경, 躁狂 조광, 躁急 조급, 躁妄 조망, 躁忿 조분, 浮躁 부조, 躁鬱症 조울증

821

詔

조서 조:

言
총12획

파자풀이 詔자는 의미요소인 言과 발음요소인 召가 결합한 형성자이다. 임금의 명령을 일반에게 알릴 목적으로 적은 문서를 의미한다.

유의자 勅

용례 詔令 조령, 詔書 조서, 詔諭 조유, 詔旨 조지, 詔勅 조칙

822

糟

지게미 조

米
총17획

파자풀이 糟자는 의미요소인 米와 발음요소인 曹가 결합한 형성자이다.

유의자 粕

용례 糟糠 조강, 糟粕 조박, 酒糟 주조, 糟糠之妻 조강지처

823

簇

가는대 족

竹
총17획

파자풀이 簇자는 의미요소인 竹과 발음요소인 族이 결합한 형성자이다.

용례 簇生 족생, 簇擁 족옹, 簇酒 족주, 簇出 족출

824

猝

갑자기 졸

犭
총11획

파자풀이 猝자는 의미요소인 犭과 발음요소인 卒이 결합한 형성자이다.

유의자 突

용례 猝富 졸부, 猝死 졸사, 猝然 졸연, 猝寒 졸한

825

慫

권할 종

心
총15획

파자풀이 慫자는 발음요소인 從과 의미요소인 心이 결합한 형성자이다.

유의자 慂

약자 怂

용례 慫慂 종용

826

발꿈치 종

足
총16획

파자풀이 踵자는 의미요소인 足과 발음요소인 重이 결합한 형성자이다.

용례 踵門 종문, 踵接 종접, 擧踵 거종, 接踵 접종, 追踵 추종

827

踪

자취 종

足
총15획

파자풀이 踪자는 의미요소인 足과 발음요소인 宗이 결합한 형성자이다. 蹤과 同字이다.

유의자 跡

용례 踪跡 종적, 昧踪 매종, 失踪 실종

828

腫

종기 종:

月(肉)
총13획

파자풀이 腫자는 의미요소인 肉과 발음요소인 重이 결합한 형성자이다.

유의자 瘍

용례 腫氣 종기, 腫毒 종독, 腫瘍 종양, 腫脹 종창, 腫處 종처, 浮腫 부종, 水腫 수종, 陰腫 음종, 瘡腫 창종

829

挫

꺾을 좌

扌
총10획

파자풀이 挫자는 의미요소인 扌와 발음요소인 坐가 결합한 형성자이다.

유의자 折

용례 挫頓 좌돈, 挫北 좌배, 挫傷 좌상, 挫辱 좌욕, 挫折 좌절, 頓挫 돈좌

830

註

글뜻 풀 주

言
총12획

파자풀이 註자는 의미요소인 言과 발음요소인 主가 결합한 형성자이다.

유의자 疏, 解

용례 註明 주명, 註釋 주석, 註疏 주소, 註解 주해, 脚註 각주, 頭註 두주, 旁註 방주, 側註 측주, 標註 표주

831

躊

머뭇거릴 주

足
총21획

파자풀이 躊자는 의미요소인 足과 발음요소인 壽가 결합한 형성자이다.

유의자 躇

용례 躊躇 주저

832

명주 주

糸
총11획

파자풀이 紬자는 의미요소인 糸와 발음요소인 由가 결합한 형성자이다.

용례 紬緞 주단, 紬繹 주역, 紬績 주적, 繭紬 견주

833

輳

몰려들 주

車
총16획

파자풀이 輳자는 의미요소인 車와 발음요소인 奏가 결합한 형성자이다. 수레바퀴의 살이 軸으로 모이는 것처럼 '모여들다'는 의미이다.

용례 輻輳 폭주

834

誅

벨 주

言
총13획

파자풀이 誅자는 의미요소인 言과 발음요소인 朱가 결합한 형성자이다.

유의자 戮, 斬

용례 誅求 주구, 誅戮 주륙, 誅滅 주멸, 誅伐 주벌, 誅罰 주벌, 誅殺 주살, 誅責 주책, 筆誅 필주, 詰誅 힐주, 苛斂誅求 가렴주구

835

부엌 주

广
총15획

파자풀이 廚자는 의미요소인 广과 발음요소인 尌(세울 주)가 결합한 형성자이다.

유의자 庖

용례 廚房 주방, 廚庖 주포, 御廚 어주, 庖廚 포주

836

嗾

부추길 주

口
총14획

파자풀이 嗾자는 의미요소인 口와 발음요소인 族이 결합한 형성자이다.

유의자 唆

용례 使嗾 사주, 受嗾 수주, 指嗾 지주, 嗾囑 주촉

837

빌 주

口
총8획

파자풀이 呪자는 口와 祝文을 낭독하는 사람을 표현한 兄의 결합자이다.

유의자 詛

용례 呪罵 주매, 呪文 주문, 呪術 주술, 呪願 주원, 巫呪 무주, 誦呪 송주, 詛呪 저주

838

자손/투구 주

月(肉)
총9획

파자풀이 冑자는 발음요소인 由와 의미요소인 肉의 결합자이다. 조상의 肉身에 由來해서 생겨나는 자손을 의미한다.

유의자 裔, 胤, 兜

용례 冑裔 주예, 冑胤 주윤, 國冑 국주, 圓冑 원주

839

紂

주임금 주

糸
총9획

파자풀이 紂자는 殷나라의 마지막 임금이자 暴君의 대명사인 紂王의 이름자이다.

용례 紂王 주왕, 桀紂 걸주, 殷紂 은주

840

做

지을 주

亻
총11획

파자풀이 做자는 의미요소인 亻과 발음요소인 故의 결합자이다.

유의자 作, 造, 製

용례 做工 주공, 做恭 주공, 做事 주사, 做況 주황, 看做 간주, 自做 자주

841

蠢

꾸물거릴 준:

虫
총21획

파자풀이 蠢자는 발음요소인 春과 의미요소인 虫이 결합한 형성자이다. 봄이 되어 많은 벌레가 꾸물거리며 움직이는 모습을 표현했다.

용례 蠢動 준동, 蠢然 준연, 蠢愚 준우, 蠢爾 준이, 蠢蠢 준준

842

竣

마칠 준:

立
총12획

파자풀이 竣자는 의미요소인 立과 발음요소인 夋(천천히 걷는 모양 준)이 결합한 형성자이다.

용례 竣工 준공, 竣役 준역, 竣工式 준공식

843

樽

술통 준

木
총16획

파자풀이 樽자는 의미요소인 木과 발음요소인 尊이 결합한 형성자이다.

유의자 卣

용례 樽所 준소, 樽勺 준작, 樽俎 준조, 芳樽 방준, 瓦樽 와준

844

櫛

빗 즐

木
총19획

파자풀이 櫛자는 의미요소인 木과 발음요소인 節이 결합한 형성자이다.

유의자 梳

용례 櫛沐 즐목, 櫛比 즐비, 巾櫛 건즐, 象櫛 상즐, 櫛風沐雨 즐풍목우

845

葺

기울 즙

艹
총13획

파자풀이 葺자는 의미요소인 艹와 발음요소인 咠이 결합한 형성자이다.

유의자 補, 繕

용례 補葺 보즙, 繕葺 선즙, 修葺 수즙, 完葺 완즙

846

汁

즙 즙

氵
총5획

파자풀이 汁자는 의미요소인 氵와 발음요소인 十이 결합한 형성자이다.

유의자 漿

용례 汁滓 즙재, 綠汁 녹즙, 墨汁 묵즙, 米汁 미즙, 乳汁 유즙, 肉汁 육즙, 殘汁 잔즙, 灰汁 회즙

847

祉

복 지

示
총9획

파자풀이 祉자는 의미요소인 示와 발음요소인 止가 결합한 형성자이다.

유의자 祿, 福, 祚, 禧

상대자 禍

용례 祉福 지복, 福祉 복지, 祥祉 상지, 社會福祉 사회복지, 保健福祉部 보건복지부

848

咫

여덟치 지

口
총9획

파자풀이 咫자는 의미요소인 尺과 발음요소인 只 의 합체자이다. 매우 짧은 거리를 의미한다.

용례 咫尺 지척, 咫尺之間 지척지간

849

摯

파자풀이 摯자는 執과 手의 결합자이다. 손을 잡는다는 의미이다.

유의자 拘, 捕, 捉

용례 懇摯 간지, 眞摯 진지

잡을 지

手
총15획

850

파자풀이 枳자는 의미요소인 木과 발음요소인 只가 결합한 형성자이다.

용례 枳殼 지각, 枳棘 지극, 枳城 지성, 枳塞 지색, 枳礙 지애, 橘化爲枳 귤화위지, 南橘北枳 남귤북지

탱자 지
탱자 기

木
총9획

851

肢

파자풀이 肢자는 의미요소인 肉과 발음요소인 支가 결합한 형성자이다.

용례 肢骨 지골, 肢體 지체, 四肢 사지, 節肢動物 절지동물

팔다리 지

月(肉)
총8획

852

파자풀이 疹자는 의미요소인 疒과 발음요소인 㐱(숱 많고 검을 진)이 합체한 형성자이다.

용례 疹恙 진양, 痲疹 마진, 發疹 발진, 濕疹 습진, 汗疹 한진

마마 진

疒
총10획

853

파자풀이 嗔자는 의미요소인 口와 발음요소인 眞이 결합한 형성자이다.

유의자 忿, 怒

용례 嗔喝 진갈, 嗔怒 진노, 嗔怨 진원, 嗔責 진책

성낼 진

口
총13획

854

迭

파자풀이 迭자는 발음요소인 失과 의미요소인 辶의 합체자이다. 서로 번갈아드는 것을 의미한다.

용례 迭犯 질범, 迭憊 질비, 更迭 경질, 交迭 교질

갈마들 질

辶
총9획

855

파자풀이 跌자는 의미요소인 足과 발음요소인 失의 결합자이다. 失足해서 넘어진다는 의미이다.

유의자 倒, 蹉

용례 跌倒 질도, 跌宕 질탕, 蹉跌 차질, 側跌 측질

거꾸러질 질

足
총12획

856

파자풀이 叱자는 口와 匕의 결합자로, 비수 같은 말로 꾸짖는다는 의미이다.

유의자 呵, 責, 罵

용례 叱辱 질욕, 叱正 질정, 叱嗟 질차, 虎叱 호질

꾸짖을 질

口
총5획

857

파자풀이 嫉자는 의미요소인 女와 발음요소인 疾이 결합한 형성자이다.

유의자 妬, 憎, 惡

용례 嫉視 질시, 嫉妬 질투, 憎嫉 증질

미워할 질

女
총13획

858

파자풀이 膣자는 의미요소인 肉과 발음요소인 窒이 결합한 형성자이다.

용례 膣腔 질강, 膣球 질구, 膣口 질구, 膣炎 질염

음도 질

月(肉)
총15획

859

차꼬 질

木
총10획

파자풀이 桎자는 의미요소인 木과 발음요소인 至가 결합한 형성자이다. 긴 나무토막으로 두 발목을 고정시켜 重罪人을 가둘 때 쓰는 刑具를 말한다.

용례 桎梏 질곡

860

책권차례 질

巾
총8획

파자풀이 帙자는 의미요소인 巾과 발음요소인 失이 결합한 형성자이다.

용례 卷帙 권질, 書帙 서질

861

나 짐:

月
총10획

파자풀이 朕자는 중국의 天子가 자신을 칭할 때 쓰던 말이다. 하늘의 뜻, 兆朕의 의미도 있다.

유의자 兆

용례 兆朕 조짐, 朕言不再 짐언부재

862

짐작할 짐

斗
총13획

파자풀이 斟자는 발음요소인 甚과 의미요소인 斗가 결합한 형성자이다.

유의자 酌

용례 斟酌 짐작, 斟量 짐량

863

澄

맑을 징

氵
총15획

파자풀이 澄자는 의미요소인 氵와 발음요소인 登이 결합한 형성자이다.

유의자 淸, 淨

상대자 濁

용례 澄潭 징담, 澄碧 징벽, 澄水 징수, 澄淨 징정, 澄泉 징천, 高澄 고징, 明澄 명징, 淸澄 청징

864

갈래 차

又
총3획

파자풀이 叉자는 손가락 사이에 물건을 끼운 모습을 묘사한 글자이다. 물건에 의해서 손가락이 갈라진 모습에서 '갈래'의 의미가 나왔다.

용례 叉路 차로, 叉手 차수, 交叉 교차, 交叉路 교차로

865

미끄러질 차

足
총17획

파자풀이 蹉자는 의미요소인 足과 발음요소인 差가 결합한 형성자이다.

유의자 跌

용례 蹉跌 차질

866

탄식할 차:

口
총13획

파자풀이 嗟자는 의미요소인 口와 발음요소인 差가 결합한 형성자이다.

유의자 歎

용례 嗟歎 차탄, 嗟乎 차호

867

뚫을 착

金
총28획

파자풀이 鑿자는 발음요소인 糳과 의미요소인 金이 결합한 형성자이다. 쇠로된 끌로 구멍을 뚫는다는 의미이다.

유의자 鑽, 穿

용례 鑿開 착개, 鑿空 착공, 鑿掘 착굴, 鑿井 착정, 鑽鑿 찬착, 穿鑿 천착

868

窄

좁을 착

穴
총10획

파자풀이 窄자는 의미요소인 穴과 발음요소인 乍이 결합한 형성자이다.

유의자 狹

상대자 廣, 博

용례 窄小 착소, 窄袖 착수, 狹窄 협착

869

짤 착

扌
총13획

파자풀이 搾자는 의미요소인 扌와 발음요소인 窄이 결합한 형성자이다.

용례 搾乳 착유, 搾油 착유, 搾取 착취, 壓搾 압착

870

모을 찬:

糸
총20획

파자풀이 纂자는 발음요소인 算과 의미요소인 糸가 결합한 형성자이다.

유의자 蒐, 輯, 集

용례 纂錄 찬록, 纂修 찬수, 論纂 논찬, 參纂 참찬, 編纂 편찬

871

반찬 찬:

食
총21획

파자풀이 饌자는 의미요소인 食과 발음요소인 巽이 결합한 형성자이다.

유의자 膳

용례 饌具 찬구, 饌母 찬모, 饌需 찬수, 饌用 찬용, 饌庖 찬포, 飯饌 반찬, 盛饌 성찬, 宴饌 연찬, 珍饌 진찬, 進饌 진찬, 華饌 화찬, 珍羞盛饌 진수성찬

872

빼앗을 찬:

竹
총16획

파자풀이 簒자는 算자와 厶의 결합자이다. 나에게 이익이 되는 것을 셈하여 남의 것을 빼앗는다는 의미이다. 簒의 俗字이다.

유의자 奪

용례 簒立 찬립, 簒弑 찬시, 簒逆 찬역, 簒位 찬위, 簒奪 찬탈, 簒虐 찬학

873

지을 찬:

扌
총15획

파자풀이 撰자는 의미요소인 扌와 발음요소인 巽의 결합자이다.

유의자 述, 著

용례 撰錄 찬록, 撰文 찬문, 撰述 찬술, 撰集 찬집, 撰次 찬차, 改撰 개찬, 杜撰 두찬, 私撰 사찬, 自撰 자찬, 制撰 제찬

874

문지를 찰

扌
총17획

파자풀이 擦자는 의미요소인 扌와 발음요소인 察이 결합한 형성자이다.

용례 擦傷 찰상, 塗擦 도찰, 摩擦 마찰, 擦過傷 찰과상

875

구덩이 참

土
총14획

파자풀이 塹자는 발음요소인 斬과 의미요소인 土가 결합한 형성자이다.

유의자 壕, 濠

용례 塹壕 참호, 複塹 복참, 天塹 천참

876

뉘우칠 참

忄
총20획

파자풀이 懺자는 의미요소인 忄과 발음요소인 韱이 결합한 형성자이다.

유의자 悔

용례 懺洗 참세, 懺悔 참회

877

역마을 참(:)

立
총10획

파자풀이 站자는 의미요소인 立과 발음요소인 占이 결합한 형성자이다.

용례 兵站 병참, 驛站 역참, 兵站基地 병참기지

878

예언 참

言
총24획

파자풀이 讖자는 의미요소인 言과 발음요소인 韱이 결합한 형성자이다.

용례 讖書 참서, 讖言 참언, 讖緯 참위, 圖讖 도참, 符讖 부참, 詩讖 시참

879

僭

주제넘을 참:

亻

총14획

파자풀이 僭자는 의미요소인 亻과 발음요소인 朁(일찍이 참)이 결합한 형성자이다.

유의자 濫

용례 僭亂 참란, 僭濫 참람, 僭妄 참망, 僭奢 참사, 僭衣 참의, 僭恣 참자, 僭稱 참칭

880

讒

참소할 참

言

총24획

파자풀이 讒자는 의미요소인 言과 발음요소인 毚(토끼 참)이 결합한 형성자이다.

유의자 謗

용례 讒構 참구, 讒口 참구, 讒誣 참무, 讒謗 참방, 讒說 참설, 讒舌 참설, 讒言 참언, 讒陷 참함

881

廠

공장 창

广

총15획

파자풀이 廠자는 의미요소인 广과 발음요소인 敞이 합체한 형성자이다.

용례 工廠 공창, 船廠 선창, 機器廠 기기창, 基地廠 기지창

882

倡

광대 창:

亻

총10획

파자풀이 倡자는 의미요소인 亻과 발음요소인 昌이 결합한 형성자이다. 唱과 通用된다.

유의자 俳, 優

용례 倡師 창사, 倡隨 창수, 俳倡 배창, 優倡 우창

883

漲

넘칠 창:

氵

총14획

파자풀이 漲자는 의미요소인 氵와 발음요소인 張이 결합한 형성자이다. 물(氵)이 불어나(張) 넘친다는 의미이다.

유의자 溢

용례 漲濤 창도, 漲滿 창만, 漲溢 창일

884

猖

미쳐날뛸 창

犭

총11획

파자풀이 猖자는 의미요소인 犭과 발음요소인 昌이 결합한 형성자이다.

유의자 獗

용례 猖狂 창광, 猖獗 창궐, 猖披 창피

885

艙

부두/선창 창

舟

총16획

파자풀이 艙자는 의미요소인 舟와 발음요소인 倉이 결합한 형성자이다. 배(舟) 안의 倉庫란 의미이다.

용례 船艙 선창

886

瘡

부스럼 창

疒

총15획

파자풀이 瘡자는 의미요소인 疒과 발음요소인 倉이 합체한 형성자이다.

유의자 瘍, 痍, 腫

용례 瘡口 창구, 瘡毒 창독, 瘡病 창병, 瘡藥 창약, 瘡瘍 창양, 瘡腫 창종, 凍瘡 동창, 痘瘡 두창, 面瘡 면창, 惡瘡 악창

887

脹

부을 창:

月(肉)

총12획

파자풀이 脹자는 의미요소인 肉과 발음요소인 長이 결합한 형성자이다.

유의자 膨

용례 脹滿 창만, 脹症 창증, 鼓脹 고창, 腫脹 종창, 膨脹 팽창

888

愴

슬플 창:

忄

총13획

파자풀이 愴자는 의미요소인 忄과 발음요소인 倉이 결합한 형성자이다.

유의자 悲, 哀, 悽, 惻

용례 愴然 창연, 悲愴 비창, 惻愴 측창

889

槍

창 창

木
총14획

파자풀이 槍자는 의미요소인 木과 발음요소인 倉이 결합한 형성자이다.

유의자 戈, 矛

상대자 盾

용례 槍杆 창간, 槍劍 창검, 槍術 창술, 槍法 창법, 旗槍 기창, 騎槍 기창, 短槍 단창, 刀槍 도창, 鐵槍 철창, 鏢槍 표창

890

娼

창녀 창(:)

女
총11획

파자풀이 娼자는 의미요소인 女와 발음요소인 昌이 결합한 형성자이다. 昌은 唱의 의미로, 술 따르고 노래 부르며 노는 여자를 의미한다.

용례 娼妓 창기, 娼女 창녀, 娼婦 창부, 街娼 가창, 公娼 공창, 私娼 사창

891

菖

창포 창

艹
총12획

파자풀이 菖자는 의미요소인 艹와 발음요소인 昌이 결합한 형성자이다.

유의자 蒲

용례 菖蒲 창포, 白菖 백창

892

寨

목책 채

宀
총14획

파자풀이 寨자는 塞자와 木의 결합자로, 나무(木)를 엮어서 거주지 경계를 막는(塞) 울타리를 의미한다.

용례 寨里 채리, 山寨 산채, 水寨 수채, 塲寨 장채

893

柵

울타리 책

木
총9획

파자풀이 柵자는 의미요소인 木과 발음요소인 冊이 결합한 형성자이다. 나무를 엮어 만든 '울타리'를 의미한다.

유의자 籬, 藩

용례 柵壘 책루, 豚柵 돈책, 木柵 목책, 城柵 성책, 竹柵 죽책, 鐵柵 철책

894

凄

쓸쓸할 처

冫
총10획

파자풀이 凄는 의미요소인 冫과 발음요소인 妻가 결합한 형성자이다.

유의자 凉

용례 凄凉 처량, 凄切 처절, 凄風 처풍

895

擲

던질 척

扌
총18획

파자풀이 擲자는 의미요소인 扌와 발음요소인 鄭이 결합한 형성자이다.

유의자 投

용례 擲去 척거, 擲殺 척살, 放擲 방척, 打擲 타척, 投擲 투척, 乾坤一擲 건곤일척

896

脊

등마루 척

月(肉)
총10획

파자풀이 脊자는 몸(肉)의 등에 겹쳐 쌓여 있는 '등뼈'를 표현한 글자이다.

유의자 膂

용례 脊骨 척골, 脊梁 척량, 脊椎 척추, 刀脊 도척, 山脊 산척, 屋脊 옥척

897

滌

씻을 척

氵
총14획

파자풀이 滌자는 의미요소인 氵와 발음요소인 條의 결합자이다.

유의자 洗, 濯

용례 滌去 척거, 滌暑 척서, 滌瑕 척하, 洗滌 세척, 澣滌 한척

898

瘠

여윌 척

疒
총15획

파자풀이 瘠자는 의미요소인 疒과 발음요소인 脊이 합체한 형성자이다. 병이 들어 등뼈가 들어날 정도로 瘦瘠해졌다는 의미이다.

유의자 瘦

용례 瘠薄 척박, 瘠土 척토, 肥瘠 비척, 瘦瘠 수척

899

穿

뚫을 천:

穴
총9획

파자풀이 穿자는 穴과 牙의 결합자로, 엄니(牙)로 구멍(穴)을 뚫는다는 의미이다.

유의자 鑿

용례 穿結 천결, 穿鑿 천착, 貫穿 관천, 渴而穿井 갈이천정

900

멋대로할 천:

扌
총16획

파자풀이 擅자는 의미요소인 扌와 발음요소인 亶의 결합자이다.

유의자 恣

용례 擅權 천권, 擅斷 천단, 擅名 천명, 擅擬 천의, 擅議 천의, 獨擅 독천, 專擅 전천

901

밝힐/열 천:

門
총20획

파자풀이 闡자는 의미요소인 門과 발음요소인 單의 합체자이다.

유의자 明, 昭, 開

용례 闡究 천구, 闡明 천명, 闡揚 천양, 闡提 천제, 조闡 비천

902

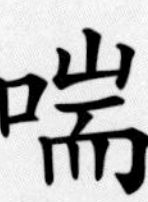

숨찰 천:

口
총12획

파자풀이 喘자는 의미요소인 口와 발음요소인 耑의 결합자이다.

용례 喘急 천급, 喘氣 천기, 喘息 천식, 喘促 천촉, 息喘 식천, 餘喘 여천, 殘喘 잔천, 咳喘 해천

903

바퀴자국 철

車
총19획

파자풀이 轍자는 의미요소인 車와 발음요소인 (育+攵)의 결합자이다.

용례 轍迹 철적, 同轍 동철, 車轍 거철

904

볼록할 철

凵
총5획

파자풀이 凸자는 가운데가 볼록 내민 모양을 묘사해서 '볼록하다'는 의미이다.

상대자 凹

용례 凸形 철형, 凹凸 요철

905

綴

엮을 철

糸
총14획

파자풀이 綴자는 의미요소인 糸와 발음요소인 叕(연할 철)이 결합한 형성자이다.

유의자 編

용례 綴音 철음, 綴字 철자, 綴輯 철집, 連綴 연철, 點綴 점철, 編綴 편철

906

다 첨

人
총13획

파자풀이 僉자는 亼(삼합 집)과 두 兄자의 결합으로, 입 달린 사람은 모두 모여 말하는 모습이다.

유의자 皆, 總, 咸

상대자 個, 枚

용례 僉員 첨원, 僉議 첨의, 僉意 첨의, 僉尊 첨존

907

아첨할 첨:

言
총15획

파자풀이 諂자는 의미요소인 言과 발음요소인 臽의 결합자이다.

유의자 諛, 阿

용례 諂事 첨사, 諂笑 첨소, 諂諛 첨유, 阿諂 아첨, 讒諂 참첨

908

제비 첨

竹
총23획

파자풀이 籤자는 의미요소인 竹과 발음요소인 韱이 결합한 형성자이다.

용례 籤子 첨자, 抽籤 추첨, 當籤 당첨

909

疊

거듭 첩

田
총22획

파자풀이 疊자는 祭器에 고기가 여러 층으로 포개져 얹혀 있는 모습을 표현한 글자이다.

유의자 重

용례 疊鼓 첩고, 疊嶺 첩령, 疊峰 첩봉, 疊詞 첩사, 疊書 첩서, 疊字 첩자, 疊疊 첩첩, 疊出 첩출, 積疊 적첩, 重疊 중첩

910

帖

문서 첩

巾
총8획

파자풀이 帖자는 의미요소인 巾과 발음요소인 占이 결합한 형성자이다.

용례 帖子 첩자, 圖帖 도첩, 名帖 명첩, 墨帖 묵첩, 書帖 서첩

911

貼

붙을 첩

貝
총12획

파자풀이 貼자는 의미요소인 貝와 발음요소인 占이 결합한 형성자이다.

유의자 附, 着

용례 貼付 첩부, 貼示 첩시, 貼用 첩용, 公貼 공첩, 謝貼 사첩

912

捷

빠를 첩

扌
총11획

파자풀이 捷자는 의미요소인 扌와 발음요소인 疌(베틀 디딜판 섭)이 결합한 형성자이다.

유의자 敏, 速

용례 捷徑 첩경, 捷勁 첩경, 捷路 첩로, 捷書 첩서, 捷速 첩속, 簡捷 간첩, 巧捷 교첩, 大捷 대첩, 敏捷 민첩

913

牒

편지 첩

片
총13획

파자풀이 牒자는 의미요소인 片과 발음요소인 枼이 결합한 형성자이다.

유의자 翰, 札

용례 牒報 첩보, 牒狀 첩장, 牒紙 첩지, 公牒 공첩, 錄牒 녹첩, 移牒 이첩, 請牒 청첩, 通牒 통첩

914

涕

눈물 체

氵
총10획

파자풀이 涕자는 의미요소인 氵와 발음요소인 弟가 결합한 형성자이다.

유의자 淚

용례 涕淚 체루, 涕泣 체읍, 鼻涕 비체, 泣涕 읍체

915

諦

살필 체

言
총16획

파자풀이 諦자는 의미요소인 言과 발음요소인 帝가 결합한 형성자이다.

유의자 省, 察

용례 諦念 체념, 諦聽 체청

916

梢

나무끝 초

木
총11획

파자풀이 梢자는 의미요소인 木과 발음요소인 肖가 결합한 형성자이다.

용례 末梢 말초, 枝梢 지초, 末梢神經 말초신경

917

樵

나무할 초

木
총16획

파자풀이 樵자는 의미요소인 木과 발음요소인 焦가 결합한 형성자이다.

유의자 薪

용례 樵歌 초가, 樵童 초동, 樵夫 초부, 樵採 초채, 薪樵 신초, 魚樵 어초, 樵童汲婦 초동급부

918

貂

담비 초

豸
총12획

파자풀이 貂자는 의미요소인 豸와 발음요소인 召가 결합한 형성자이다.

용례 續貂 속초, 貂毛筆 초모필, 狗尾續貂 구미속초

919

파자풀이 炒자는 의미요소인 火와 발음요소인 少가 결합한 형성자이다.

용례 鷄炒 계초, 鴨炒 압초, 酒炒 주초

볶을 초

火
총8획

920

파자풀이 礁자는 의미요소인 石과 발음요소인 焦가 결합한 형성자이다.

용례 礁石 초석, 暗礁 암초

암초 초

石
총17획

921

파자풀이 稍자는 의미요소인 禾와 발음요소인 肖가 결합한 형성자이다.

유의자 點

용례 稍食 초식, 稍解 초해

점점 초

禾
총12획

922

파자풀이 醋자는 의미요소인 酉와 발음요소인 昔의 결합자이다.

유의자 酸

용례 醋酸 초산, 醋醬 초장

초 초

酉
총15획

923

憔

파자풀이 憔자는 의미요소인 忄과 발음요소인 焦가 결합한 형성자이다.

유의자 悴

용례 憔悴 초췌

파리할 초

忄
총15획

924

蕉

파자풀이 蕉자는 의미요소인 ++와 발음요소인 焦가 결합한 형성자이다.

유의자 芭

용례 芭蕉 파초

파초 초

++
총16획

925

硝

파자풀이 硝자는 의미요소인 石과 발음요소인 肖가 결합한 형성자이다.

용례 硝酸 초산, 硝石 초석, 硝藥 초약, 硝子 초자

화약 초

石
총12획

926

파자풀이 囑자는 의미요소인 口와 발음요소인 屬이 결합한 형성자이다.

유의자 付, 託

약자 嘱

용례 囑望 촉망, 囑目 촉목, 囑言 촉언, 囑託 촉탁, 懇囑 간촉, 咐囑 부촉, 唆囑 사촉, 委囑 위촉, 依囑 의촉, 請囑 청촉

부탁할 촉

口
총24획

927

忖

파자풀이 忖자는 의미요소인 忄과 발음요소인 寸이 결합한 형성자이다.

유의자 揆, 度

용례 忖度 촌탁

헤아릴 촌:

忄
총6획

928

叢

파자풀이 叢자는 식물의 한 뿌리에서 여러 줄기가 나와 떼 지어 모여 볼록하게 된 무더기를 표현했다.

용례 叢林 총림, 叢祀 총사, 叢說 총설, 叢雲 총운, 叢挫 총좌, 叢誌 총지, 芳叢 방총, 淵叢 연총

떨기/모일 총

又
총18획

929

塚

무덤 총

土
총13획

파자풀이 塚자는 의미요소인 土와 발음요소인 冢이 결합한 형성자이다. 冢과 同字이다.

유의자 墳, 墓, 陵

용례 塚墓 총묘, 塚主 총주, 塚戶 총호, 經塚 경총, 古塚 고총, 掘塚 굴총, 守塚 수총, 義塚 의총, 疑塚 의총, 貝塚 패총

930

寵

사랑할 총:

宀
총19획

파자풀이 寵자는 의미요소인 宀과 발음요소인 龍의 결합자이다.

용례 寵臣 총신, 寵兒 총아, 寵愛 총애, 恩寵 은총, 寵者 총자, 寵妾 총첩, 寵厚 총후, 盛寵 성총, 聖寵 성총

931

撮

모을/
사진찍을 촬

扌
총15획

파자풀이 撮자는 의미요소인 扌와 발음요소인 最가 결합한 글자이다.

용례 撮影 촬영, 撮土 촬토

932

꼴 추

艸
총10획

파자풀이 芻자는 손으로 풀을 모아 잡아 뜯는 모습을 묘사한 글자이다.

용례 芻狗 추구, 芻言 추언, 反芻 반추

933

떨어질 추

土
총15획

파자풀이 墜자는 隊와 土의 결합자이다. 본래 隊가 '떨어지다'는 의미였으나, 후에 '무리'의 뜻으로 전용되자, 土를 더해 본래 의미를 대신한 경우이다.

유의자 墮, 落

용례 墜落 추락, 傾墜 경추, 失墜 실추

934

鰍

미꾸라지 추

魚
총20획

파자풀이 鰍자는 의미요소인 魚와 발음요소인 秋가 결합한 형성자이다.

용례 鰍魚 추어, 鰍魚湯 추어탕

935

錐

송곳 추

金
총16획

파자풀이 錐자는 의미요소인 金과 발음요소인 隹가 결합한 형성자이다.

용례 錐臺 추대, 蘆錐 노추, 立錐 입추, 囊中之錐 낭중지추

936

쇠망치 추

金
총18획

파자풀이 鎚자는 의미요소인 金과 발음요소인 追가 결합한 형성자이다. 鍾와 同字이다.

용례 鐵鎚 철추, 秤鎚 칭추

937

쇠몽치/
쇠골 추

木
총12획

파자풀이 椎자는 의미요소인 木과 발음요소인 隹가 결합한 형성자이다. 본래 나무를 깎고 다듬어 만든 '방망이'를 의미했다. 후에 파생하여 '쇠몽치'등의 의미를 갖게 된 경우이다.

용례 椎骨 추골, 頸椎 경추, 脊椎 척추, 頂門金椎 정문금추

938

우두머리 추

酉
총9획

파자풀이 酋자는 본래 술병에서 술 향기가 뿜어져 나오는 모습을 묘사한 글자로, '오래 묵은 술'을 의미했다. 후에 파생하여 '우두머리'를 뜻하게 됐다.

유의자 帥

용례 酋領 추령, 酋帥 추수, 酋長 추장

939

錘

저울추 추

金
총16획

파자풀이 錘자는 의미요소인 金과 발음요소인 垂가 결합한 형성자이다.

용례 紡錘 방추, 鉛錘 연추, 秤錘 칭추, 時計錘 시계추

940

樞

지도리 추

木
총15획

파자풀이 樞자는 의미요소인 木과 발음요소인 區의 결합자이다. 문짝을 문설주에 달아 여닫는 데 편리하도록 고안된 중요 부속품인 '지도리'를 의미한다.

용례 樞機 추기, 樞務 추무, 樞密 추밀, 樞柄 추병, 樞相 추상, 樞要 추요, 樞軸 추축, 機樞 기추, 道樞 도추, 要樞 요추, 中樞 중추, 天樞 천추, 樞機卿 추기경, 中樞機關 중추기관

941

黜

내칠 출

黑
총17획

파자풀이 黜자는 의미요소인 黑과 발음요소인 出이 결합한 형성자이다.

유의자 斥

용례 黜黨 출당, 黜罰 출벌, 黜遠 출원, 黜陟 출척, 黜斥 출척, 黜會 출회, 減黜 감출, 放黜 방출, 削黜 삭출, 斥黜 척출, 廢黜 폐출, 黜陟幽明 출척유명

942

萃

모을 췌:

艹
총12획

파자풀이 萃자는 의미요소인 艹와 발음요소인 卒이 결합한 글자이다.

유의자 蒐, 集, 聚

용례 萃聚 췌취, 拔萃 발췌, 叢萃 총췌

943

췌장 췌:

月(肉)
총16획

파자풀이 膵자는 의미요소인 肉과 발음요소인 萃가 결합한 형성자이다.

용례 膵管 췌관, 膵臟 췌장, 膵液 췌액

944

悴

파리할 췌:

忄
총11획

파자풀이 悴자는 의미요소인 忄과 발음요소인 卒이 결합한 형성자이다.

유의자 憔

용례 悴顔 췌안, 悴容 췌용, 憔悴 초췌

945

贅

혹 췌:

貝
총18획

파자풀이 贅자는 제멋대로(敖) 써도 좋은 재화(貝)란 의미에서, '군더더기', '혹'을 뜻한다.

유의자 瘤

용례 贅辭 췌사, 贅言 췌언

946

脆

연할 취:

月(肉)
총10획

파자풀이 脆자는 물러져서 먹기 위험한(危) 고기(肉)란 의미이다.

유의자 軟, 弱

용례 脆弱 취약, 脆軟 취연, 柔脆 유취

947

娶

장가들 취:

女
총11획

파자풀이 娶자는 取자와 女자의 결합자로, 女子를 取해서 결혼한다는 의미이다.

상대자 嫁

용례 娶嫁 취가, 娶妻 취처, 嫁娶 가취, 前娶 전취, 婚娶 혼취

948

翠

푸를/물총새 취:

羽
총14획

파자풀이 翠자는 의미요소인 羽와 발음요소인 卒이 결합한 글자이다. '물총새'를 의미하기도 하고, 물총새의 색인 '푸른빛'을 의미하기도 한다.

유의자 翡, 碧, 蒼

용례 翠樓 취루, 翠髮 취발, 翠玉 취옥, 翡翠 비취, 蒼翠 창취

949

惻

슬플 측

忄
총12획

파자풀이 惻자는 의미요소인 忄과 발음요소인 則이 결합한 형성자이다.

유의자 悲, 哀, 悽, 愴

용례 惻憫 측민, 惻心 측심, 惻隱 측은, 惻愴 측창

950

幟

기 치

巾
총15획

파자풀이 幟자는 의미요소인 巾과 발음요소인 戠(찰흙 시)가 결합한 형성자이다.

용례 旗幟 기치, 赤幟 적치, 標幟 표치

951

馳

달릴 치

馬
총13획

파자풀이 馳자는 의미요소인 馬와 발음요소인 也가 결합한 형성자이다.

유의자 奔, 走

용례 馳突 치돌, 馳馬 치마, 馳辯 치변, 馳走 치주, 背馳 배치, 相馳 상치, 星馳 성치

952

嗤

비웃을 치

口
총13획

파자풀이 嗤자는 의미요소인 口와 발음요소인 蚩가 결합한 형성자이다.

유의자 嘲

용례 嗤笑 치소, 嗤點 치점, 嘲嗤 조치

953

緻

빽빽할 치

糸
총16획

파자풀이 緻자는 의미요소인 糸와 발음요소인 致가 결합한 형성자이다.

유의자 密

상대자 疎

용례 緻密 치밀, 堅緻 견치, 密緻 밀치, 精緻 정치

954

侈

사치할 치

亻
총8획

파자풀이 侈자는 亻과 多의 결합자로, 財貨가 많은 사람이 돈을 물 쓰듯 하는 것을 의미한다.

유의자 奢

용례 侈端 치단, 侈濫 치람, 侈靡 치미, 侈傲 치오, 侈風 치풍, 驕侈 교치, 奢侈 사치

955

熾

성할 치

火
총16획

파자풀이 熾자는 의미요소인 火와 발음요소인 戠(찰흙 시)가 결합한 형성자이다.

유의자 盛

상대자 衰

용례 熾盛 치성, 熾熱 치열, 熾烈 치열

956

癡

어리석을 치

疒
총19획

파자풀이 癡자는 疒과 疑의 합체자로, 내가 알던 사람이 맞나 의심(疑)이 들 정도로 지능이 어려져버린 병(疒)이란 의미이다.

유의자 呆, 愚

용례 癡呆 치매, 癡愚 치우, 癡人 치인, 癡情 치정, 癡漢 치한, 白癡 백치, 愚癡 우치, 天癡 천치

957

痔

치질 치

疒
총11획

파자풀이 痔자는 의미요소인 疒과 발음요소인 寺의 합체자이다. 坐禪을 많이 하시는 스님들의 痼疾인 痔疾을 의미한다.

용례 痔漏 치루, 痔疾 치질, 痔核 치핵, 血痔 혈치

958

勅

칙서 칙

力
총9획

파자풀이 勅자는 임금이 특정인에게 훈계하거나 알릴 내용을 적은 글이나 문서를 의미한다.

유의자 詔

용례 勅庫 칙고, 勅斷 칙단, 勅命 칙명, 勅問 칙문, 勅使 칙사, 勅裁 칙재, 勅行 칙행, 詔勅 조칙

959

砧

다듬잇돌 침:

石
총10획

파자풀이 砧자는 의미요소인 石과 발음요소인 占의 결합자이다.

용례 砧石 침석, 砧聲 침성

960

침 침

金
총17획

파자풀이 鍼자는 의미요소인 金과 발음요소인 咸이 결합한 형성자이다. 본래 針과 同字이나, 針은 바느질의 道具로, 鍼은 의료器具로 쓰인다.

용례 鍼工 침공, 鍼孔 침공, 鍼灸 침구, 鍼術 침술, 鍼筒 침통, 頂門一鍼 정문일침

961

숨을 칩

虫
총17획

파자풀이 蟄자는 발음요소인 執과 의미요소인 虫이 결합한 형성자이다.

유의자 隱, 藏

용례 蟄居 칩거, 蟄龍 칩룡, 蟄伏 칩복, 蟄獸 칩수, 蟄藏 칩장, 蟄蟲 칩충, 驚蟄 경칩, 冬蟄 동칩

962

저울 칭

禾
총10획

파자풀이 秤자는 稱의 俗字로, 곡식의 무게를 다는 저울을 의미한다.

유의자 衡

용례 秤心 칭심, 秤錘 칭추, 天秤 천칭

963

게으를 타:

忄
총12획

파자풀이 惰자는 忄과 隋(떨어질 타)의 결합자이다. 마음의 긴장이 풀어져 행동이 게을러진다는 의미이다.

유의자 懶, 怠

상대자 勤

용례 惰氣 타기, 惰農 타농, 惰力 타력, 惰性 타성, 惰容 타용, 惰卒 타졸, 惰怠 타태, 勤惰 근타, 懶惰 나타, 放惰 방타, 懈惰 해타

964

楕

길고둥글 타:

木
총13획

파자풀이 楕자는 의미요소인 木과 발음요소인 隋가 결합한 형성자이다. 原字는 橢이다.

용례 楕圓 타원, 楕率 타율

965

駝

낙타 타

馬
총15획

파자풀이 駝자는 의미요소인 馬와 발음요소인 它의 결합자이다.

유의자 駱

용례 駝酪 타락, 駝峰 타봉, 駝鳥 타조, 駱駝 낙타, 海駝 해타, 駝酪粥 타락죽

966

비탈질/
부처 타

阝(阜)
총8획

파자풀이 陀자는 의미요소인 阜와 발음요소인 它가 결합한 형성자이다. 梵語 'ta', 'dha'의 音譯字로, 쓰여 '부처'를 의미한다.

용례 頭陀 두타, 彌陀 미타, 盤陀 반타, 佛陀 불타, 沙陀 사타

967

침 타:

口
총11획

파자풀이 唾자는 口와 垂의 결합자로, 입에서 드리워 흘리는 '침'을 의미한다.

용례 唾具 타구, 唾罵 타매, 唾線 타선, 唾手 타수, 唾液 타액, 咳唾 해타

968

키 타

舟
총11획

파자풀이 舵자는 의미요소인 舟와 발음요소인 它가 결합한 형성자이다.

용례 舵手 타수, 操舵手 조타수

969

鐸

방울 탁

金
총21획

파자풀이 鐸자는 의미요소인 金과 발음요소인 睪(엿볼 역)이 결합한 글자이다.

유의자 鈴

용례 鐸鈴 탁령, 木鐸 목탁, 鈴鐸 영탁, 風鐸 풍탁

970

擢

뽑을 탁

扌
총17획

파자풀이 擢자는 의미요소인 扌와 발음요소인 翟이 결합한 형성자이다.

유의자 拔

용례 擢登 탁등, 擢拔 탁발, 擢秀 탁수, 擢用 탁용, 擢第 탁제, 登擢 등탁, 拔擢 발탁, 選擢 선탁

971

憚

꺼릴 탄

忄
총15획

파자풀이 憚자는 의미요소인 忄과 발음요소인 單이 결합한 형성자이다.

유의자 忌, 避

용례 憚服 탄복, 忌憚 기탄

972

呑

삼킬 탄

口
총7획

파자풀이 呑자는 목젖을 묘사한 夭와 口의 결합자로, 입을 크게 벌리고 무언가를 삼키는 모습을 묘사했다.

상대자 吐

용례 呑吐 탄토, 併呑 병탄, 甘呑苦吐 감탄고토

973

綻

터질 탄:

糸
총14획

파자풀이 綻자는 의미요소인 糸와 발음요소인 定의 결합자이다. 본래 옷이 터지는 것을 의미했다.

용례 綻露 탄로, 破綻 파탄

974

坦

평탄할 탄:

土
총8획

파자풀이 坦자는 의미요소인 土와 발음요소인 旦이 결합한 형성자이다.

유의자 平

용례 坦路 탄로, 坦腹 탄복, 坦率 탄솔, 坦然 탄연, 坦懷 탄회, 平坦 평탄, 虛心坦懷 허심탄회

975

眈

노려볼 탐

目
총9획

파자풀이 眈자는 의미요소인 目과 발음요소인 冘의 결합자이다.

용례 眈眈 탐탐, 虎視眈眈 호시탐탐

976

탈 탑

扌
총13획

파자풀이 搭자는 의미요소인 扌와 발음요소인 荅이 결합한 형성자이다.

유의자 乘

용례 搭船 탑선, 搭乘 탑승, 搭載 탑재

977

蕩

방탕할 탕:

艹
총16획

파자풀이 蕩자는 의미요소인 艹와 발음요소인 湯이 결합한 형성자이다.

유의자 宕

용례 蕩竭 탕갈, 蕩覆 탕복, 蕩逸 탕일, 蕩子 탕자, 蕩滌 탕척, 蕩敗 탕패, 蕩平 탕평, 放蕩 방탕, 焚蕩 분탕, 掃蕩 소탕, 浩蕩 호탕, 蕩平策 탕평책

978

호탕할 탕:

宀
총8획

파자풀이 宕자는 宀과 石의 결합자이다. 言行에 제약이 없이 크고 넓어 우렁차고 씩씩한 모습이다. 그 정도가 과해 '방탕하다'는 의미도 있다.

용례 跌宕 질탕, 豪宕 호탕

979

跆

밟을 태

足
총12획

파자풀이 跆자는 의미요소인 足과 발음요소인 台가 결합한 형성자이다.

용례 跆拳 태권, 跆拳道 태권도

980

笞

볼기칠 태

竹
총11획

파자풀이 笞자는 의미요소인 竹과 발음요소인 台가 결합한 형성자이다.

유의자 撻

용례 笞杖 태장, 笞刑 태형, 撻笞 달태

981

이끼 태

++
총9획

파자풀이 苔자는 의미요소인 ++와 발음요소인 台가 결합한 형성자이다.

용례 苔徑 태경, 苔石 태석, 苔餠 태병, 苔田 태전, 苔泉 태천, 綠苔 녹태, 碧苔 벽태, 石苔 석태, 蒼苔 창태, 海苔 해태

982

일 태

氵
총7획

파자풀이 汰자는 의미요소인 氵와 발음요소인 太가 결합한 형성자이다.

유의자 淘

용례 汰揀 태간, 汰金 태금, 汰侈 태치, 淘汰 도태, 沙汰 사태, 山沙汰 산사태

983

버틸 탱

扌
총15획

파자풀이 撐자는 의미요소인 扌와 발음요소인 掌이 결합한 형성자이다.

용례 撐支 탱지, 支撐 지탱, 憤氣撐天 분기탱천

984

펼 터:

扌
총18획

파자풀이 攄자는 의미요소인 扌와 발음요소인 慮가 결합한 글자이다.

유의자 伸, 展, 演, 布

용례 攄得 터득, 攄懷 터회

985

서러워할 통:

忄
총14획

파자풀이 慟자는 의미요소인 忄과 발음요소인 動이 결합한 형성자이다.

용례 慟哭 통곡, 慟泣 통읍, 哀慟 애통

986

통 통

木
총11획

파자풀이 桶자는 의미요소인 木과 발음요소인 甬이 결합한 형성자이다.

용례 水桶 수통, 漆桶 칠통, 休紙桶 휴지통, 沐浴桶 목욕통

987

통 통

竹
총12획

파자풀이 筒자는 의미요소인 竹과 발음요소인 同이 결합한 형성자이다.

용례 封筒 봉통, 算筒 산통, 煙筒 연통

988

넓적다리 퇴:

月(肉)
총14획

파자풀이 腿자는 의미요소인 肉과 발음요소인 退가 결합한 형성자이다.

용례 腿骨 퇴골, 腿節 퇴절, 大腿 대퇴, 大腿部 대퇴부

989

頹

무너질 퇴

頁
총16획

파자풀이 頹자는 발음요소인 禿 과 의미요소인 頁의 결합자이다. 본래 머리가 벗겨지는 모습에서, '무너지다'는 의미까지 파생했다.

유의자 崩, 壞, 圮

용례 頹落 퇴락, 頹齡 퇴령, 頹圮 퇴비, 頹舍 퇴사, 頹勢 퇴세, 頹俗 퇴속, 頹廢 퇴폐, 頹運 퇴운, 頹風 퇴풍, 衰頹 쇠퇴, 敗頹 패퇴

990

바랠 퇴:

衤
총15획

파자풀이 褪자는 의미요소인 衣와 발음요소인 退가 결합한 형성자이다. 옷의 색이 바래는 것을 의미했다.

용례 褪色 퇴색, 褪紅 퇴홍

991

堆

쌓을 퇴:

土
총11획

파자풀이 堆자는 의미요소인 土와 발음요소인 隹가 결합한 글자이다.

유의자 積

용례 堆肥 퇴비, 堆積 퇴적, 堆疊 퇴첩

992

槌

망치 퇴
칠 추

木
총14획

파자풀이 槌자는 의미요소인 木과 발음요소인 追가 결합한 형성자이다. 椎와 同字이다.

용례 鐵槌 철퇴

993

妬

샘낼 투

女
총8획

파자풀이 妬자는 의미요소인 女와 발음요소인 石의 결합자이다.

유의자 嫉

용례 妬忌 투기, 妬殺 투살, 妬心 투심, 嫉妬 질투

994

套

덮개 투

大
총10획

파자풀이 套자는 大와 長의 결합자로, 머리칼을 무언가로 덮은 모습이다.

용례 套頭 투두, 套習 투습, 套語 투어, 舊套 구투, 封套 봉투, 常套 상투, 外套 외투

995

慝

사특할 특

心
총15획

파자풀이 慝자는 匿과 心의 결합자로, 마음을 감추는 모습에서 '사특하다'는 의미가 나왔다.

유의자 邪

용례 姦慝 간특, 私慝 사특, 邪慝 사특, 淫慝 음특, 陰慝 음특

996

爬

긁을 파

爪
총8획

파자풀이 爬자는 의미요소인 爪와 발음요소인 巴가 결합한 형성자이다.

유의자 搔

용례 爬蟲 파충, 爬行 파행, 搔爬 소파, 爬蟲類 파충류, 隔靴爬癢 격화파양

997

꼬리 파

己
총4획

파자풀이 巴자는 뱀이 똬리를 틀고 있는 모습을 형상화한 글자로, '꼬리'를 의미한다. 다른 글자 속에서는 '사람'을 의미하기도 한다.

용례 巴戟 파극, 巴豆 파두, 巴人 파인, 巴蜀 파촉

998

비파 파

王(玉)
총12획

파자풀이 琶자는 의미요소인 玨과 발음요소인 巴가 결합한 형성자이다.

용례 琵琶 비파

999

절름발이 파
비스듬히 설
피:

足
총12획

파자풀이 跛자는 의미요소인 足과 발음요소인 皮가 결합한 형성자이다.

용례 跛行 파행, 偏跛 편파, 跛立 피립

1000

파초 파

艹
총7획

파자풀이 芭자는 의미요소인 艹와 발음요소인 巴가 결합한 형성자이다.

유의자 蕉

용례 芭蕉 파초, 芭葉 파엽

1001

할미 파

女
총11획

파자풀이 婆자는 발음요소인 波와 의미요소인 女가 결합한 형성자이다. 世波를 많이 겪은 여자란 의미이다. 또, 梵語 'bha'의 音譯字로도 쓰인다.

용례 婆心 파심, 老婆 노파, 産婆 산파, 老婆心 노파심, 娑婆 사바

1002

힘들일 판

辛
총16획

파자풀이 辦자는 싸우는 두 죄인(辛辛)을 힘들여 말리는 모습이다. 또, 두 죄인의 是非를 '판별하다'는 의미도 있다.

용례 辦公 판공, 辦納 판납, 辦理 판리, 辦務 판무, 總辦 총판, 辦公費 판공비

1003

거스를 패:

忄
총10획

파자풀이 悖자는 의미요소인 忄과 발음요소인 孛가 결합한 형성자이다.

유의자 逆, 戾

용례 悖談 패담, 悖德 패덕, 悖戾 패려, 悖禮 패례, 悖謬 패류, 悖類 패류, 悖倫 패륜, 悖理 패리, 悖慢 패만, 悖說 패설, 悖習 패습, 悖惡 패악, 淫談悖說 음담패설

1004

沛

비쏟아질 패:

氵
총7획

파자풀이 沛자는 氵와 市의 결합자로, 저자에 비가 쏟아지는 모습이다.

용례 沛公 패공, 沛澤 패택, 顚沛 전패, 豊沛 풍패, 豊沛之鄕 풍패지향

1005

唄

염불소리 패:

口
총10획

파자풀이 唄자는 의미요소인 口와 발음요소인 貝가 결합한 형성자이다. 梵語어 'pantaka'의 音譯字로 '염불 소리'를 의미한다.

용례 梵唄 범패

1006

찰 패

亻
총8획

파자풀이 佩자는 珮와 同字로, 본래 허리에 옥을 차는 것을 의미한다.

용례 佩劍 패검, 佩刀 패도, 佩物 패물, 佩服 패복, 佩用 패용, 佩鐵 패철, 佩香 패향, 銘佩 명패, 玉佩 옥패

1007

패 패

片
총12획

파자풀이 牌자는 의미요소인 片과 발음요소인 卑의 결합자이다. 그림이나 글씨를 새긴 나무 따위의 조그만 조각을 의미한다.

용례 牌樓 패루, 骨牌 골패, 木牌 목패, 防牌 방패, 賞牌 상패, 位牌 위패

1008

피 패:

禾
총13획

파자풀이 稗자는 의미요소인 禾와 발음요소인 卑의 결합자이다.

용례 稗官 패관, 稗史 패사, 稗說 패설, 稗官雜記 패관잡기

1009

물결 부딪는 기세 팽

氵

총15획

파자풀이 澎자는 의미요소인 氵와 발음요소인 彭이 결합한 형성자이다.

유의자 湃

용례 澎湃 팽배

1010

불을 팽

月(肉)

총16획

파자풀이 膨자는 의미요소인 肉과 발음요소인 彭이 결합한 형성자이다.

유의자 脹

용례 膨大 팽대, 膨脹 팽창

1011

괴팍할 퍅

忄

총12획

파자풀이 愎자는 남의 말을 듣지 않고 제 고집만 부리는 것으로, '괴팍하다', '강퍅하다'는 의미이다.

용례 愎戾 퍅려, 剛愎 강퍅, 乖愎 괴퍅, 矜愎 긍퍅, 頑愎 완퍅, 專愎 전퍅, 貪愎 탐퍅

1012

속일 편

馬

총19획

파자풀이 騙자는 의미요소인 馬와 발음요소인 扁이 결합한 형성자이다.

유의자 詐, 欺

용례 騙取 편취, 欺騙 기편, 詐騙 사편

1013

鞭

채찍 편

革

총18획

파자풀이 鞭자는 의미요소인 革과 발음요소인 便이 결합한 형성자이다.

용례 鞭撻 편달, 敎鞭 교편, 執鞭 집편, 走馬加鞭 주마가편, 指導鞭撻 지도편달

1014

깎을 폄:

貝

총12획

파자풀이 貶자는 의미요소인 貝와 발음요소인 乏이 결합한 형성자이다.

용례 貶降 폄강, 貶流 폄류, 貶辭 폄사, 貶謫 폄적, 貶遷 폄천, 貶下 폄하, 褒貶 포폄

1015

부평초 평

艹

총12획

파자풀이 萍자는 氵와 苹(개구리밥 평)의 결합으로, 물에 떠서 사는 물풀인 '개구리밥', '부평초'를 의미한다.

용례 萍實 평실, 浮萍 부평, 浮萍草 부평초

1016

대궐섬돌 폐:

阝(阜)

총10획

파자풀이 陛자는 의미요소인 阜와 발음요소인 坒(섬돌 비)의 결합자이다.

용례 陛下 폐하, 九陛 구폐, 丹陛 단폐, 殿陛 전폐, 天陛 천폐

1017

죽을 폐:

夂

총18획

파자풀이 斃자는 발음요소인 敝와 의미요소인 死의 결합자이다.

유의자 死

용례 斃死 폐사, 斃畜 폐축, 病斃 병폐, 瘦斃 수폐, 疲斃 피폐

1018

거품 포

氵

총8획

파자풀이 泡자는 의미요소인 氵와 발음요소인 包가 결합한 형성자이다.

유의자 沫

용례 泡沫 포말, 泡影 포영, 泡幻 포환, 氣泡 기포, 水泡 수포

1019

咆

으르렁거릴 포

口
총8획

파자풀이 咆자는 의미요소인 口와 발음요소인 包가 결합한 형성자이다.

유의자 哮

용례 咆號 포호, 咆哮 포효, 哮咆 효포

1020

기릴 포

衣
총15획

파자풀이 褒자는 의미요소인 衣와 발음요소인 保의 합체자이다.

유의자 譽, 讚

상대자 貶

용례 褒賞 포상, 褒揚 포양, 褒懲 포징, 褒貶 포폄, 過褒 과포

1021

길 포

勹
총9획

파자풀이 匍자는 의미요소인 勹와 발음요소인 甫의 합체자이다.

유의자 匐

용례 匍匐 포복, 匍行 포행

1022

달아날 포

辶
총11획

파자풀이 逋자는 의미요소인 辶과 발음요소인 甫의 합체자이다.

유의자 逃

용례 逋客 포객, 逋欠 포흠, 亡逋 망포, 負逋 부포, 逋脫 포탈

1023

도포 포

衤
총10획

파자풀이 袍자는 의미요소인 衤와 발음요소인 包가 결합한 형성자이다.

용례 褐袍 갈포, 錦袍 금포, 道袍 도포, 同袍 동포, 綿袍 면포, 戰袍 전포

1024

哺

먹일 포:

口
총10획

파자풀이 哺자는 의미요소인 口와 발음요소인 甫가 결합한 형성자이다.

용례 哺乳 포유, 哺育 포육, 反哺 반포, 哺乳動物 포유동물, 反哺之孝 반포지효, 吐哺握髮 토포악발

1025

물집 포:

疒
총10획

파자풀이 疱자는 의미요소인 疒과 발음요소인 包가 합체한 형성자이다.

용례 疱瘡 포창, 水疱 수포

1026

부들 포

艹
총14획

파자풀이 蒲자는 의미요소인 艹와 발음요소인 浦가 결합한 형성자이다.

유의자 菖

용례 蒲蘆 포로, 蒲月 포월, 蒲節 포절, 菖蒲 창포

1027

부엌 포

广
총8획

파자풀이 庖자는 의미요소인 广과 발음요소인 包가 합체한 형성자이다.

유의자 廚

용례 庖宰 포재, 庖丁 포정, 庖廚 포주

1028

채마밭 포

囗
총10획

파자풀이 圃자는 의미요소인 囗과 발음요소인 甫의 합체자이다. 일정한 경계 안에 채소 등을 심어 키우는 모습이다.

용례 圃師 포사, 圃田 포전, 老圃 노포, 司圃 사포, 園圃 원포, 場圃 장포, 玄圃 현포

1029

포 포

月(肉)
총11획

파자풀이 脯자는 의미요소인 肉과 발음요소인 甫가 결합한 형성자이다.

용례 脯肉 포육, 肉脯 육포, 市脯 시포, 左脯右醢 좌포우혜, 酒果脯醢 주과포혜

1030

쪼일 폭
쪼일 포

日
총19획

파자풀이 본래 暴자가 '햇볕 쪼이다'는 의미로 만들어졌으나, 후에 '사납다'는 의미로 전용되면서, 日을 추가해 본래 의미를 대신하고 있는 경우이다. 暴과 通用된다.

유의자 曬

용례 曝書 폭서, 曝衣 폭의, 史庫曝曬 사고포쇄

1031

폭포 폭
소나기 포

氵
총18획

파자풀이 瀑자는 氵와 暴의 결합자로, '폭포'나 '소나기'처럼 사나운 물을 의미한다.

용례 瀑布 폭포, 飛瀑 비폭, 瀑雨 포우

1032

겁박할 표

刂
총13획

파자풀이 剽자는 발음요소인 票와 의미요소인 刂가 결합한 형성자이다.

용례 剽盜 표도, 剽賊 표적, 剽竊 표절, 剽奪 표탈

1033

慓

급할 표

忄
총14획

파자풀이 慓자는 의미요소인 忄과 발음요소인 票가 결합한 형성자이다.

유의자 急

용례 慓毒 표독, 慓疾 표질, 慓悍 표한

1034

나부낄 표

風
총20획

파자풀이 飄자는 발음요소인 票와 의미요소인 風이 결합한 형성자이다.

용례 飄蕩 표탕, 飄風 표풍, 飄忽 표홀

1035

표범 표

豸
총10획

파자풀이 豹자는 의미요소인 豸와 발음요소인 勺의 결합자이다.

용례 豹紋 표문, 豹尾 표미, 豹變 표변, 豹皮 표피, 虎豹 호표, 豹死留皮 표사유피

1036

여쭐 품:

禾
총13획

파자풀이 稟자는 㐭(창고 름)과 禾의 결합으로, 벼슬아치가 녹봉을 받는 것을 의미하며, 나아가 그 벼슬아치가 '여쭙다'는 의미까지 파생했다.

용례 稟達 품달, 稟賦 품부, 稟性 품성, 稟受 품수, 稟申 품신, 稟議 품의, 稟質 품질, 氣稟 기품, 性稟 성품, 天稟 천품

1037

풍자할 풍

言
총16획

파자풀이 諷자는 의미요소인 言과 발음요소인 風이 결합한 형성자이다.

용례 諷諫 풍간, 諷讀 풍독, 諷詠 풍영, 諷刺 풍자, 譏諷 기풍

1038

披

헤칠 피

扌
총8획

파자풀이 披자는 의미요소인 扌와 발음요소인 皮가 결합한 형성자이다.

용례 披見 피견, 披覽 피람, 披露 피로, 披閱 피열, 紛披 분피, 猖披 창피, 披露宴 피로연

1039

필 필
발 소

疋
총5획

파자풀이 疋자는 본래 足과 같은 모양으로 발을 묘사한 글자이나, 주로 匹과 함께 베를 세는 단위로 쓰이고 있다.

용례 疋緞 필단, 疋馬 필마, 疋帛 필백, 馬疋 마필

1040

모자랄 핍

丿
총5획

파자풀이 乏자는 足을 뒤집어 쓴 것으로, '모자라다'나 '다하다'는 의미로 쓰인다.

유의자 困, 窮

상대자 富, 裕

용례 乏材 핍재, 乏財 핍재, 乏盡 핍진, 缺乏 결핍, 困乏 곤핍, 窮乏 궁핍, 耐乏 내핍, 貧乏 빈핍, 承乏 승핍, 絶乏 절핍, 疲乏 피핍

1041

핍박할 핍

辶
총13획

파자풀이 逼자는 의미요소인 辶과 발음요소인 畐의 합체자이다.

유의자 迫

용례 逼迫 핍박, 逼塞 핍색, 逼眞 핍진, 逼奪 핍탈

1042

노을 하

雨
총17획

파자풀이 霞자는 의미요소인 雨와 발음요소인 叚가 결합한 형성자이다.

용례 霞光 하광, 落霞 낙하, 丹霞 단하, 晩霞 만하, 夕霞 석하, 雲霞 운하, 彩霞 채하

1043

새우/
두꺼비 하

虫
총15획

파자풀이 蝦자는 의미요소인 虫과 발음요소인 叚가 결합한 형성자이다.

유의자 蟆

용례 乾蝦 건하, 鯨戰蝦死 경전하사

1044

遐

멀 하

辶
총13획

파자풀이 遐자는 의미요소인 辶과 발음요소인 叚가 결합한 형성자이다.

유의자 遠

용례 遐年 하년, 遐福 하복, 遐齡 하령, 遐壽 하수, 遐裔 하예, 遐遠 하원, 昇遐 승하

1045

옥티/허물 하

王(玉)
총13획

파자풀이 瑕자는 의미요소인 玉과 발음요소인 叚가 결합한 형성자이다.

유의자 疵

용례 瑕疵 하자, 瑕跡 하적, 瑕痕 하흔

1046

구렁 학

土
총17획

파자풀이 壑자는 본래 '골짜기'를 의미하는 叡에 土를 더해 의미를 강조한 경우이다.

유의자 谷

용례 壑谷 학곡, 洞壑 동학, 萬壑 만학, 巖壑 암학, 絶壑 절학, 萬壑千峰 만학천봉

1047

학질 학

疒
총14획

파자풀이 瘧자는 의미요소인 疒에 발음요소인 虐이 결합한 형성자이다.

용례 瘧氣 학기, 瘧疾 학질

1048

謔

희롱할 학

言
총16획

파자풀이 謔자는 의미요소인 言과 발음요소인 虐이 결합한 형성자이다.

유의자 戲, 弄

용례 謔劇 학극, 謔浪 학랑, 謔笑 학소, 嘲謔 조학, 諧謔 해학, 戲謔 희학

1049

罕

드물 한:

⺳
총7획

파자풀이 罕자는 의미요소인 网과 발음요소인 干이 결합한 형성자이다.

용례 罕見 한견, 罕漫 한만, 罕罔 한망

1050

빨래할/ 열흘 한

氵
총16획

파자풀이 澣자는 의미요소인 氵와 발음요소인 幹이 결합한 형성자이다. 浣과 同字이다.

용례 澣衣 한의, 澣滌 한척, 澣濯 한탁, 三澣 삼한, 上澣 상한, 中澣 중한, 下澣 하한

1051

悍

사나울 한:

忄
총10획

파자풀이 悍자는 의미요소인 忄과 발음요소인 旱이 결합한 형성자이다.

유의자 猛, 暴

용례 悍馬 한마, 悍婦 한부, 悍勇 한용, 猛悍 맹한, 雄悍 웅한

1052

다스릴 할

車
총17획

파자풀이 轄자는 의미요소인 車와 발음요소인 害가 결합한 형성자이다.

유의자 管, 治

용례 管轄 관할, 分轄 분할, 所轄 소할, 直轄 직할, 總轄 총할, 統轄 통할

1053

檻

우리/ 난간 함:

木
총18획

파자풀이 檻자는 의미요소인 木과 발음요소인 監이 결합한 형성자이다.

유의자 欄, 牢

용례 檻羊 함양, 檻倉 함창, 欄檻 난함, 籠檻 농함

1054

緘

봉할 함

糸
총15획

파자풀이 緘자는 의미요소인 糸와 발음요소인 咸이 결합한 형성자이다.

유의자 封

용례 緘口 함구, 緘默 함묵, 緘封 함봉, 緘札 함찰, 封緘 봉함

1055

소리칠 함:

口
총12획

파자풀이 喊자는 의미요소인 口와 발음요소인 咸이 결합한 형성자이다.

용례 喊聲 함성, 高喊 고함, 鼓喊 고함

1056

재갈 함

金
총14획

파자풀이 銜자는 말을 가게(行)하기 위하여, 말의 입에 물리는 金屬製의 도구인 '재갈'을 뜻한다.

유의자 勒

약자 啣

용례 銜勒 함륵, 銜枚 함매, 銜泣 함읍, 銜字 함자, 馬銜 마함, 名銜 명함

1057

젖을 함

氵
총11획

파자풀이 涵자는 의미요소인 氵와 발음요소인 函이 결합한 형성자이다.

유의자 潤

용례 涵養 함양, 涵泳 함영, 包涵 포함

1058

짤 함

鹵
총20획

파자풀이 鹹자는 의미요소인 鹵와 발음요소인 咸이 결합한 형성자이다.

상대자 淡

약자 醎

용례 鹹度 함도, 鹹水 함수, 酸鹹辛甘苦 산함신감고

1059

함 함

凵
총8획

파자풀이 函자는 화살을 넣는 동개(医)에 화살이 들어 있는 모양을 본뜬 것으로, '상자', '궤(櫃)'를 의미한다.

용례 函蓋 함개, 經函 경함, 密函 밀함, 玉函 옥함, 寶石函 보석함, 私書函 사서함

1060

조개 합

虫
총12획

파자풀이 蛤자는 의미요소인 虫과 발음요소인 合이 결합한 형성자이다.

용례 蛤子 합자, 魁蛤 괴합, 文蛤 문합, 山蛤 산합, 花蛤 화합, 紅蛤 홍합, 白蛤 백합

1061

합 합

皿
총11획

파자풀이 盒자는 발음요소인 合과 의미요소인 皿이 결합한 형성자이다. 뚜껑이 있는 작은 그릇을 의미한다.

용례 空盒 공합, 卵盒 난합, 粉盒 분합, 煙盒 연합, 烏盒 오합, 印盒 인합, 茶盒 차합, 饌盒 찬합, 香盒 향합

1062

항문 항

月(肉)
총7획

파자풀이 肛자는 의미요소인 肉과 발음요소인 工이 결합한 형성자이다.

용례 肛門 항문, 脫肛 탈항

1063

항아리 항

缶
총9획

파자풀이 缸자는 의미요소인 缶자와 발음요소인 工이 결합한 형성자이다.

용례 玉缸 옥항, 酒缸 주항, 花缸 화항, 醬缸 장항

1064

懈

게으를 해

忄
총16획

파자풀이 懈자는 忄과 解의 결합자로, 마음이 解弛해져서 '게으르다'는 의미이다.

유의자 倦, 懶, 怠

상대자 勤

용례 懈慢 해만, 懈惰 해타, 懈怠 해태

1065

기침 해

口
총9획

파자풀이 咳자는 의미요소인 口와 발음요소인 亥가 결합한 형성자이다.

유의자 嗽, 喘

용례 咳嗽 해수, 咳喘 해천, 咳唾 해타

1066

놀랄 해

馬
총16획

파자풀이 駭자는 의미요소인 馬와 발음요소인 亥가 결합한 형성자이다.

유의자 驚

용례 駭擧 해거, 駭怪 해괴, 駭服 해복, 駭愕 해악, 駭悖 해패, 傾駭 경해, 驚駭 경해, 駭怪罔測 해괴망측

1067

본보기 해

木
총13획

파자풀이 楷자는 의미요소인 木과 발음요소인 皆가 결합한 형성자이다.

유의자 模, 型

용례 楷書 해서, 楷字 해자, 楷正 해정

1068

뼈 해

骨
총16획

파자풀이 骸자는 의미요소인 骨과 발음요소인 亥가 결합한 형성자이다.

유의자 骨

용례 骸骨 해골, 骸炭 해탄, 骸歎 해탄, 骨骸 골해, 死骸 사해, 遺骸 유해, 殘骸 잔해

1069

邂

우연히 만날 해:

辶
총17획

파자풀이 邂자는 의미요소인 辶과 발음요소인 解가 결합한 형성자이다.
유의자 逅
용례 邂逅 해후

1070

偕

함께 해

亻
총11획

파자풀이 偕자는 의미요소인 亻과 발음요소인 皆가 결합한 형성자이다.
유의자 俱
용례 偕樂 해락, 偕老 해로, 偕老同穴 해로동혈, 百年偕老 백년해로

1071

諧

화할 해

言
총16획

파자풀이 諧자는 의미요소인 言과 발음요소인 皆가 결합한 형성자이다.
유의자 和, 暢, 謔
용례 諧聲 해성, 諧語 해어, 諧謔 해학, 和諧 화해

1072

劾

꾸짖을 핵

力
총8획

파자풀이 劾자는 발음요소인 亥와 의미요소인 力이 결합한 형성자이다. 覈과 同字이다.
유의자 彈, 按
용례 劾論 핵론, 劾狀 핵장, 劾情 핵정, 劾奏 핵주, 擧劾 거핵, 按劾 안핵, 自劾 자핵, 推劾 추핵, 彈劾 탄핵

1073

嚮

길잡을 향:

口
총19획

파자풀이 嚮자는 鄕과 向의 결합자이다. 어떤 마을을 향하는데, '길을 잡다'는 의미이다. 向과 通用된다.
용례 嚮內 향내, 嚮導 향도, 嚮導軍 향도군

1074

饗

잔치할 향:

食
총22획

파자풀이 饗자는 발음요소인 鄕과 의미요소인 食이 결합한 형성자이다. 마을에서 음식을 차려놓고 잔치하는 모습이다.
용례 饗告 향고, 饗報 향보, 饗宴 향연, 饗筵 향연, 饗應 향응

1075

噓

불 허

口
총15획

파자풀이 噓자는 의미요소인 口와 발음요소인 虛가 결합한 형성자이다.
유의자 吹
약자 嘘
용례 噓呵 허가, 噓吸 허흡, 吹噓 취허

1076

墟

터 허

土
총15획

파자풀이 墟자는 의미요소인 土와 발음요소인 虛가 결합한 형성자이다.
유의자 垈, 址
용례 墟墓 허묘, 古墟 고허, 故墟 고허, 丘墟 구허, 廢墟 폐허

1077

歇

쉴 헐

欠
총13획

파자풀이 歇자는 발음요소인 曷과 의미요소인 欠이 결합한 형성자이다.
유의자 息
용례 歇價 헐가, 歇看 헐간, 歇泊 헐박, 歇拍 헐박, 歇宿 헐숙, 歇杖 헐장, 歇治 헐치, 歇齒 헐치, 歇後 헐후, 間歇 간헐, 小歇 소헐

1078

絢

무늬 현:

糸
총12획

파자풀이 絢자는 糸와 旬의 결합자이다. 일반 옷감보다 열흘(旬)정도의 공력이 더 들어가는 옷감의 무늬를 의미한다.
유의자 紋, 彩
용례 絢爛 현란, 絢采 현채

1079

眩

파자풀이 眩자는 의미요소인 目과 발음요소인 玄의 결합자이다. 눈앞이 어두워지는 것처럼 어지러운 것을 의미한다.

용례 眩氣 현기, 眩耀 현요, 眩惑 현혹

어지러울 현:

目
총10획

1080

파자풀이 衒자는 의미요소인 行과 발음요소인 玄의 합체자이다.

용례 衒氣 현기, 衒言 현언, 衒學 현학, 衒學的 현학적

자랑할 현:

行
총11획

1081

파자풀이 挾자는 의미요소인 扌와 발음요소인 夾이 결합한 형성자이다.

약자 挟

용례 挾感 협감, 挾憾 협감, 挾攻 협공, 挾輔 협보, 挾私 협사, 挾詐 협사, 挾雜 협잡

낄 협

扌
총10획

1082

파자풀이 頰자는 발음요소인 夾과 의미요소인 頁이 결합한 형성자이다.

약자 頬

용례 頰骨 협골, 口頰 구협, 緩頰 완협, 豊頰 풍협, 紅頰 홍협

뺨 협

頁
총16획

1083

파자풀이 俠자는 의미요소인 亻과 발음요소인 夾이 결합한 형성자이다.

약자 侠

용례 俠客 협객, 俠士 협사, 俠勇 협용, 俠者 협자, 大俠 대협, 勇俠 용협

의로울 협

亻
총9획

1084

狹

파자풀이 狹자는 의미요소인 犭과 발음요소인 夾이 결합한 형성자이다. 陜과 同字이다.

유의자 隘, 窄

약자 狭

용례 狹量 협량, 狹薄 협박, 狹小 협소, 狹隘 협애, 狹窄 협착, 廣狹 광협, 偏狹 편협

좁을 협

犭
총10획

1085

荊

파자풀이 荊자는 의미요소인 艹와 발음요소인 刑이 결합한 형성자이다.

유의자 棘

용례 荊芥 형개, 荊冠 형관, 荊棘 형극, 荊路 형로, 荊門 형문, 荊婦 형부, 荊扉 형비, 荊艾 형애, 荊妻 형처, 蔓荊 만형, 牡荊 모형, 負荊 부형

가시 형

艹
총10획

1086

彗

파자풀이 彗자는 끝이 가지런한 빗자루를 손에 잡은 모습을 본뜬 글자로, '비'를 의미한다. 그리고 비 모양과 닮은 '살별'을 의미하기도 한다.

용례 彗芒 혜망, 彗星 혜성, 彗掃 혜소

살별/비 혜:

彐
총11획

1087

파자풀이 醯자는 엿기름으로 삭혀서 설탕을 넣고 차게 식힌 음료인 '食醯'를 의미한다.

용례 食醯 식혜, 左脯右醯 좌포우혜, 酒果脯醯 주과포혜

식혜 혜

酉
총19획

1088

瑚

파자풀이 瑚자는 의미요소인 玉과 발음요소인 胡가 결합한 형성자이다.

유의자 珊

용례 珊瑚 산호

산호 호

王(玉)
총13획

1089

狐

여우 호

犭
총8획

파자풀이 狐자는 의미요소인 犭과 여우의 특색인 꼬리를 묘사한 瓜의 결합자이다.

용례 九尾狐 구미호, 狐假虎威 호가호위, 狐死首丘 호사수구

1090

糊

풀칠할 호

米
총15획

파자풀이 糊자는 의미요소인 米와 발음요소인 胡가 결합한 형성자이다.

용례 糊口 호구, 糊塗 호도, 糊口之策 호구지책, 曖昧模糊 애매모호

1091

琥

호박 호:

王(玉)
총12획

파자풀이 琥자는 의미요소인 玉과 발음요소인 虎가 결합한 형성자이다.

유의자 珀

용례 琥珀 호박

1092

활 호

弓
총8획

파자풀이 弧자는 의미요소인 弓과 발음요소인 瓜의 결합자이다.

유의자 弓

용례 弧矢 호시, 括弧 괄호, 圓弧 원호, 弦弧 현호

1093

흐릴 혼:

氵
총12획

파자풀이 渾자는 의미요소인 氵와 발음요소인 軍이 결합한 형성자이다. 混과 同字이다.

유의자 沌, 濁

상대자 澄

용례 渾家 혼가, 渾沌 혼돈, 渾淪 혼륜, 渾成 혼성, 渾然一體 혼연일체

1094

笏

홀 홀

竹
총10획

파자풀이 笏자는 의미요소인 竹과 발음요소인 勿의 결합자이다.

용례 笏記 홀기, 投笏 투홀

1095

惚

황홀할 홀

忄
총11획

파자풀이 惚자는 의미요소인 忄과 발음요소인 忽이 결합한 형성자이다.

유의자 恍

용례 恍惚 황홀

1096

떠들썩할 홍

口
총9획

파자풀이 哄자는 의미요소인 口와 발음요소인 共이 결합한 형성자이다. 여러 사람이 모여 함께 와자지껄 떠드는 모습이다.

용례 哄動 홍동, 哄笑 홍소, 哄然 홍연

1097

무지개 홍

虫
총9획

파자풀이 虹자는 의미요소인 虫과 발음요소인 工의 결합자이다. 虫은 무지개가 뱀처럼 길쭉한 모양인데 착안한 것으로 보인다.

유의자 霓, 蜺

용례 虹橋 홍교, 虹彩 홍채, 白虹 백홍, 雰虹 분홍, 彩虹 채홍

1098

어지러울 홍

言
총10획

파자풀이 訌자는 의미요소인 言과 발음요소인 工이 결합한 글자이다.

유의자 紛, 亂

용례 內訌 내홍

1099

驩

기뻐할 환

馬
총28획

파자풀이 驩자는 의미요소인 馬와 발음요소인 雚이 결합한 형성자이다. 歡과 通用된다.

유의자 喜, 悅

상대자 悲, 哀

용례 驩然 환연, 交驩 교환

1100

벼슬 환:

宀
총9획

파자풀이 宦자는 宀자와 臣자의 결합자이다. 궁궐(宀)에서 임금을 섬기는 신하를 표현해서 '벼슬'이나 '벼슬아치'를 의미한 글자이다.

유의자 官, 爵, 尉, 吏

용례 宦官 환관, 宦達 환달, 宦路 환로, 宦味 환미, 宦福 환복, 宦侍 환시, 宦情 환정, 內宦 내환, 冷宦 냉환, 名宦 명환, 未宦 미환, 薄宦 박환, 仕宦 사환, 遊宦 유환

1101

부를 환

口
총12획

파자풀이 喚자는 의미요소인 口자와 발음요소인 奐(빛날 환)자의 결합자이다. 사람을 소리 내어 부른다는 의미이다.

유의자 叫, 召, 呼, 號

용례 喚起 환기, 喚問 환문, 喚聲 환성, 喚醒 환성, 喚集 환집, 喚呼 환호, 叫喚 규환, 宣喚 선환, 召喚 소환, 追喚 추환, 阿鼻叫喚 아비규환

1102

홀아비 환

魚
총21획

파자풀이 鰥자는 魚자와 眔(뒤따를 답)자의 결합자이다. 眔자는 눈으로 쳐다보기 만 하는 모습이다. 따라서 鰥자는 喪妻하고 삶의 의욕을 잃어 물고기를 잡지 않고 쳐다보기만 하는 홀아비의 모습을 표현한 글자이다.

상대자 寡, 孀

용례 鰥居 환거, 鰥寡 환과, 鰥夫 환부, 鰥魚 환어, 孀鰥 상환, 鰥寡孤獨 환과고독

1103

교활할 활

犭
총13획

파자풀이 猾자는 의미요소인 犭자와 발음요소인 骨자의 결합자이다. 매끄럽게(滑) 잔꾀를 부리는 짐승(犭)처럼 교활하다는 의미이다.

유의자 狡

용례 猾吏 활리, 猾賊 활적, 猾智 활지, 奸猾 간활, 狡猾 교활, 巧猾 교활, 老猾 노활, 邪猾 사활

1104

闊

넓을 활

門
총17획

파자풀이 闊자는 의미요소인 門자와 발음요소인 活자의 결합자이다. 문이 넓어 왕래가 자유로운 모습이다. 豁자와 通用字이다.

유의자 廣, 博

상대자 狹

용례 闊達 활달, 闊落 활락, 闊略 활략, 闊別 활별, 闊步 활보, 闊疏 활소, 闊袖 활수, 闊然 활연, 闊狹 활협, 空闊 공활, 廣闊 광활, 迂闊 우활, 快闊 쾌활, 平闊 평활

1105

遑

급할 황

辶
총13획

파자풀이 遑자는 辶자와 발음요소인 皇자의 합체자이다. 급한 마음에 허둥거리며 길을 가는 모습이다.

유의자 急

용례 遑急 황급, 遑遑 황황, 大遑 대황, 未遑 미황, 不遑 불황, 棲遑 서황

1106

두려울 황

忄
총12획

파자풀이 惶자는 의미요소인 忄자와 발음요소인 皇자의 결합자이다. 皇帝의 위엄에 움츠러드는 두려운 마음을 표현했다.

유의자 悸, 恐, 懼, 悚, 怖

용례 惶感 황감, 惶怯 황겁, 惶恐 황공, 惶凜 황름, 惶悚 황송, 惶惑 황혹, 驚惶 경황, 恐惶 공황, 憂惶 우황

1107

봉황 황

几
총11획

파자풀이 凰자는 鳳凰의 암컷을 의미하는 글자이다.

유의자 鳳

용례 鳳凰 봉황, 鳳凰舞 봉황무, 鳳凰臺 봉황대

1108

빛날 황

火
총13획

파자풀이 煌자는 의미요소인 火자와 발음요소인 皇자의 결합자이다. 밝게 빛나는 세찬 불을 묘사한 글자이다. 주로 이름자로 쓰인다.

유의자 曜, 耀, 燦, 赫, 炫, 輝, 熙

용례 煌星 황성, 煌耀 황요, 敦煌 돈황, 炫煌 현황, 輝煌 휘황, 尹煌 윤황, 輝煌燦爛 휘황찬란

1109

慌

어리둥절할 황

忄
총13획

파자풀이 慌자는 의미요소인 忄자와 발음요소인 荒자의 결합자이다. 마음속에 아무 생각이 없는 상태를 표현한 글자이다.

유의자 忙, 惚

용례 慌忙 황망, 慌悴 황췌, 慌惚 황홀, 恐慌 공황, 唐慌 당황

1110

徨

헤맬 황

彳
총12획

파자풀이 徨자는 의미요소인 彳자와 발음요소인 皇자의 결합자이다. 갈피를 잡지 못하고 이리저리 다니는 모습을 표현한 글자이다.

유의자 彷

용례 迷徨 미황, 彷徨 방황

1111

恍

황홀할 황

忄
총9획

파자풀이 恍자는 忄자와 光자의 결합자이다. 분명하지 않은 광채를 보는 것 같은 마음의 상태를 표현했다.

유의자 惚

용례 恍惚 황홀, 昏恍 혼황

1112

誨

가르칠 회:

言
총14획

파자풀이 誨자는 言자와 每자의 결합자이다. 스승은 每事의 言行으로 제자를 가르친다는 의미이다.

유의자 教, 訓

용례 誨諭 회유, 誨育 회육, 教誨 교회, 規誨 규회, 慈誨 자회, 胎誨 태회, 訓誨 훈회

1113

繪

그림 회:

糸
총19획

파자풀이 繪자는 의미요소인 糸자와 발음요소인 會자의 결합자이다. 옷감을 모아 그림을 그린다는 의미이다.

유의자 圖, 畫

약자 絵

용례 繪圖 회도, 繪像 회상, 繪素 회소, 繪塑 회소, 繪畫 회화, 繪事後素 회사후소

1114

晦

그믐 회

日
총11획

파자풀이 晦자는 의미요소인 日자와 발음요소인 每자의 결합자이다. 음력의 매달 마지막 날을 의미한다. 달빛이 없기 때문에 어둡다는 의미가 있다.

상대자 朔

용례 晦間 회간, 晦匿 회닉, 晦昧 회매, 晦朔 회삭, 晦藏 회장, 明晦 명회, 冥晦 명회, 朔晦 삭회, 幽晦 유회, 陰晦 음회, 潛晦 잠회, 顯晦 현회, 昏晦 혼회, 遵養時晦 준양시회, 韜光養晦 도광양회

1115

恢

넓을 회

忄
총9획

파자풀이 恢자는 의미요소인 忄자와 발음요소인 灰자의 결합자이다. 남의 잘못을 태워버리듯 용서하는 넓은 마음을 의미한다.

유의자 廣, 博, 宏

상대자 狹

용례 恢宏 회굉, 恢復 회복, 恢然 회연, 恢弘 회홍, 恢廓 회확

1116

徊

머뭇거릴 회

彳
총9획

파자풀이 徊자는 彳자와 回자의 결합자이다. 제자리를 뱅뱅 도는 모습이다.

유의자 徘, 逍

용례 徘徊 배회, 低徊 저회, 遲徊 지회

1117

賄

재물/뇌물 회:

貝
총13획

파자풀이 賄자는 貝자와 有자의 결합자이다. 有자는 손에 고기를 든 모습이다. 따라서 賄자는 어떤 목적을 위해 자기 소유의 재물을 남에게 준다는 의미이다.

유의자 賂

용례 賄賂 회뢰, 收賄 수회, 容賄 용회, 資賄 자회, 財賄 재회, 貨賄 화회

1118

膾

회 회:

月(肉)
총17획

파자풀이 膾자는 의미요소인 肉자와 발음요소인 會자의 결합자이다. 칼로 잘게 저며서 날로 먹는 고기를 의미한다.

상대자 炙

용례 膾刀 회도, 膾炙 회자, 鮮膾 선회, 魚膾 어회, 肉膾 육회, 人口膾炙 인구회자

1119

회충 회

虫

총12획

파자풀이 蛔자는 의미요소인 虫자와 발음요소인 回자의 결합자이다. 뱃속을 돌아다니며 사람 몸에 기생하는 벌레인 회충을 의미한다.

용례 蛔疳 회감, 蛔厥 회궐, 蛔藥 회약, 蛔積 회적, 蛔症 회증, 蛔蟲 회충, 蛔痛 회통, 動蛔 동회, 安蛔 안회

1120

사귈/가로그을 효

爻

총4획

파자풀이 爻자는 주역의 64괘를 구성하는 '육효(六爻)'에 爻자가 쓰였기 때문에 이것을 두고 점괘를 칠 때 사용하던 도구인 산가지 그런 것으로 보기도 한다. 그리고 산가지를 交叉해 놓은 모습에서 '사귀다'는 의미도 파생되었다.

유의자 交

용례 爻辭 효사, 卦爻 괘효, 六爻 육효

1121

삭힐 효:

酉

총14획

파자풀이 酵자는 의미요소인 酉자와 발음요소인 孝자의 결합자이다. 술을 발효시킨다는 의미이다.

유의자 醱

용례 酵母 효모, 酵素 효소, 醱酵 발효, 糟酵 조효, 酒酵 주효

1122

哮

으르렁거릴 효

口

총10획

파자풀이 哮자는 의미요소인 口자와 발음요소인 孝자의 결합자이다. 짐승이 으르렁거리는 소리를 표현한 글자이다.

유의자 咆, 吼

용례 哮咆 효포, 哮吼 효후, 咆哮 포효

1123

울릴 효

口

총17획

파자풀이 嚆자는 의미요소인 口자와 발음요소인 蒿(쑥 호)자로 구성된 글자이다. 뭔가가 울려서 내는 소리를 의미한다.

용례 嚆矢 효시

1124

만날 후:

辶

총10획

파자풀이 逅자는 의미요소인 辶자와 발음요소인 后자의 결합자이다. 길을 가다 우연히 만나는 것을 의미한다.

유의자 邂, 逢

상대자 離, 別

용례 邂逅 해후

1125

맡을 후:

口

총13획

파자풀이 嗅자는 口자와 臭(냄새 취)자의 결합자이다. 본래는 齅자가 냄새를 맡는다는 의미로 쓰였는데, 획수가 많아 복잡하다보니, 鼻를 口로 간략히 한 嗅자가 본래 의미를 대신한 경우이다.

유의자 齅

용례 嗅覺 후각, 嗅感 후감, 嗅官 후관

1126

朽

썩을 후:

木

총6획

파자풀이 朽자는 木자와 丂자의 결합자이다. 나무가 심하게 굽어(丂) 썩는다는 의미이다.

유의자 腐

용례 朽骨 후골, 朽壞 후괴, 朽滅 후멸, 朽損 후손, 朽敗 후패, 朽廢 후폐, 枯朽 고후, 老朽 노후, 腐朽 부후, 不朽 불후, 衰朽 쇠후

1127

울부짖을 후:

口

총7획

파자풀이 吼자는 口자와 孔자의 결합자이다. 짐승이 울부짖는 것을 의미한다.

유의자 叫, 號

용례 吼號 후호, 鯨吼 경후, 叫吼 규후, 雷吼 뇌후, 鳴吼 명후, 哮吼 효후, 獅子吼 사자후

1128

무리 훈

日

총13획

파자풀이 暈자는 의미요소인 日자와 발음요소인 軍자의 결합자이다. 해 주변을 군인들처럼 둘러싸고 있는 둥근 테(光環)를 의미한다.

용례 暈輪 훈륜, 暈圍 훈위, 月暈 월훈, 日暈 일훈, 酒暈 주훈, 醉暈 취훈, 眩暈 현훈

1129

지껄일 훤

口
총12획

파자풀이 喧자는 의미요소인 口자와 발음요소인 宣자의 결합자이다. 큰 소리로 떠들썩하게 말하는 것을 의미한다.

용례 喧騰 훤등, 喧騷 훤소, 浮喧 부훤, 紛喧 분훤

1130

부리 훼

口
총12획

파자풀이 喙자는 口자와 멧돼지를 의미하는 彖자의 결합자이다. 멧돼지 주둥이처럼 길쭉한 새의 부리를 의미한다.

용례 開喙 개훼, 交喙 교훼, 昂喙 앙훼, 烏喙 오훼, 容喙 용훼, 鳥喙 조훼, 衆喙 중훼, 讒喙 참훼

1131

풀 훼

十
총5획

파자풀이 卉자는 芔자와 同字로 풀(++)이 무성한 모습을 묘사한 글자이다.

유의자 草

용례 卉服 훼복, 卉衣 훼의, 嘉卉 가훼, 芳卉 방훼, 花卉 화훼

1132

기 휘

麻
총15획

파자풀이 麾자는 麻자와 毛자의 합체자이다. 毛는 手자의 변형으로, 손으로 삼대 같이 쭉 뻗은 대장기를 잡은 모습을 표현했다.

유의자 旗, 旌

용례 麾節 휘절, 麾旌 휘정, 麾下 휘하, 軍麾 군휘, 大麾 대휘, 矛麾 모휘, 節麾 절휘, 指麾 지휘

1133

彙

무리 휘

彐
총13획

파자풀이 彙자는 본래 무리 생활을 하는 고슴도치를 의미하는 글자였다. 지금은 '무리'라는 의미로 주로 사용된다.

유의자 黨, 徒, 類

용례 彙類 휘류, 彙報 휘보, 彙纂 휘찬, 剝彙 박휘, 部彙 부휘, 語彙 어휘, 字彙 자휘, 條彙 조휘, 品彙 품휘

1134

숨길/꺼릴 휘

言
총16획

파자풀이 諱자는 의미요소인 言자와 발음요소인 韋자의 결합자이다. 변죽만 울리며 본질을 숨기고 말하기 꺼려한다는 의미이다.

유의자 忌, 避, 祕

용례 諱忌 휘기, 諱名 휘명, 諱秘 휘비, 諱言 휘언, 諱字 휘자, 避諱 피휘, 不諱 불휘, 犯諱 범휘, 隱諱 은휘, 藏諱 장휘, 尊諱 존휘, 觸諱 촉휘

1135

불쌍할 휼

忄
총9획

파자풀이 恤자는 의미요소인 忄자와 발음요소인 血자의 결합자이다. 마음에서 피를 흘리는 것처럼 불쌍히 여긴다는 의미이다.

유의자 矜, 憐, 憫

용례 恤救 휼구, 恤問 휼문, 恤米 휼미, 恤民 휼민, 恤貧 휼빈, 救恤 구휼, 矜恤 긍휼, 憫恤 민휼, 優恤 우휼, 恩恤 은휼, 弔恤 조휼, 賑恤 진휼, 惠恤 혜휼

1136

용솟음칠 흉

氵
총9획

파자풀이 洶자는 의미요소인 氵자와 발음요소인 匈자의 결합자이다. 물이 세차게 용솟음치는 것을 의미한다.

유의자 涌

용례 洶急 흉급, 洶動 흉동, 洶湧 흉용, 洶溶 흉용, 洶洶 흉흉

1137

흉악할 흉

儿
총6획

파자풀이 兇자는 凶자와 儿자의 결합자이다. 흉악(凶)한 성품을 가진 사람(儿)을 의미한다. 凶자와 通用字이다.

유의자 惡

용례 兇黨 흉당, 兇猛 흉맹, 兇變 흉변, 兇說 흉설, 兇賊 흉적, 兇暴 흉포, 兇漢 흉한, 兇行 흉행, 兇兇 흉흉, 奸兇 간흉, 群兇 군흉, 元兇 원흉, 殘兇 잔흉

1138

欣

기쁠 흔

欠
총8획

파자풀이 欣자는 발음요소인 斤자와 의미요소인 欠자의 결합자이다. 입을 벌려(欠) 소리칠 정도로 기쁜 모습이다.

유의자 悅, 歡, 喜, 憙

상대자 悲, 哀

용례 欣嘉 흔가, 欣諾 흔낙, 欣服 흔복, 欣賞 흔상, 欣躍 흔약, 欣快 흔쾌, 欣幸 흔행, 樂欣 낙흔, 悅欣 열흔, 歡欣 환흔

1139

흔적 흔

疒
총11획

파자풀이 痕자는 疒자와 艮자의 합체자이다. 병이 치유되고 난 뒤 몸에 난 흉터를 의미한다.

유의자 跡, 迹

용례 痕迹 흔적, 刀痕 도흔, 痘痕 두흔, 墨痕 묵흔, 傷痕 상흔, 殘痕 잔흔, 瘡痕 창흔, 苔痕 태흔, 血痕 혈흔

1140

하품 흠:

欠
총4획

파자풀이 欠자는 사람이 입을 벌리고 있는 모습을 묘사한 글자이다. 입 벌린 모습에서 '하품'이란 의미가 생겨났다. 또 입 안이 텅 빈 모습에서 '없다'는 의미가 생겨나, 缺乏의 의미로도 사용된다.

유의자 缺, 乏

상대자 剩, 餘

용례 欠缺 흠결, 欠事 흠사, 欠伸 흠신, 欠身 흠신, 欠剩 흠잉, 欠乏 흠핍, 負欠 부흠, 逋欠 포흠, 懸欠 현흠

1141

흠향할 흠

欠
총13획

파자풀이 歆자는 발음요소인 音자와 의미요소인 欠자의 결합자이다. 神이 인간이 마련한 祭物을 받아들이는(欠) 모습이다.

유의자 饗

용례 歆感 흠감, 歆格 흠격, 歆嘗 흠상, 歆饗 흠향

1142

흡사할 흡

忄
총9획

파자풀이 恰자는 의미요소인 忄자와 발음요소인 合자의 결합자이다. 마음(忄)으로 생각했던 바와 符合한다는 의미이다.

유의자 似

용례 恰似 흡사

1143

흡족할 흡

氵
총9획

파자풀이 洽자는 의미요소인 氵자와 발음요소인 合자의 결합자이다. 물이 합쳐지는 곳의 땅은 충분하게 수분을 머금어 윤택하다는 의미이다.

유의자 足

용례 洽覽 흡람, 洽聞 흡문, 洽比 흡비, 洽然 흡연, 洽足 흡족, 洽歡 흡환, 光洽 광흡, 博洽 박흡, 普洽 보흡, 宣洽 선흡, 淵洽 연흡, 協洽 협흡

1144

희생 희

牛
총20획

파자풀이 犧자는 의미요소인 牛자와 발음요소인 羲자의 결합자이다. 제사에 바치는 소와 양을 의미하는 글자이다.

유의자 牲

용례 犧牲 희생, 犧牲羊 희생양

1145

詰

꾸짖을 힐

言
총13획

파자풀이 詰자는 의미요소인 言자와 발음요소인 吉자의 결합자이다. 말로 추궁하며 꾸짖는다는 의미이다.

유의자 呵, 叱, 責

상대자 讚

용례 詰難 힐난, 詰旦 힐단, 詰問 힐문, 詰晨 힐신, 詰朝 힐조, 詰責 힐책, 詰斥 힐척, 究詰 구힐, 窮詰 궁힐, 面詰 면힐, 辨詰 변힐, 彈詰 탄힐

제4장

부록(附錄)

1. 사자성어(四字成語)

街談巷說 길거리에 떠도는 근거를 알 수 없는 소문. 풍문

가 담 항 설 거리 가/말씀 담/거리 항/말씀 설

家徒壁立 세간 하나 없고 집안에 단지 벽만 있음. 집안이 매우 가난함을 이름

가 도 벽 립 집 가/다만 도/벽 벽/설 립

苛斂誅求 세금을 가혹하게 거둬들임

가 렴 주 구 가혹할 가/거둘 렴/벨 주/구할 구

佳人薄命 아름다운 여자는 박복한 운명을 타고남

가 인 박 명 아름다울 가/사람 인/엷을 박/목숨 명

刻骨難忘 뼈에 깊이 사무쳐 결코 잊혀지지 않음

각 골 난 망 새길 각/뼈 골/어려울 난/잊을 망

刻骨銘心 뼈에 새기고 마음에 새겨 결코 잊지 않음

각 골 명 심 새길 각/뼈 골/새길 명/마음 심

刻骨痛恨 뼈에 사무칠 정도의 원한

각 골 통 한 새길 각/뼈 골/아플 통/한할 한

角者無齒 뿔이 발달한 짐승은 이빨이 무딘 것처럼 한사람이 모든 복이나 재주를 가질 수 없음을 비유한 말

각 자 무 치 뿔 각/놈 자/없을 무/이 치

刻舟求劍 어리석고 미련한 행동을 이르는 말

각 주 구 검 새길 각/배 주/구할 구/칼 검

肝膽相照 서로 간과 쓸개를 꺼내 보인다는 말로, 속마음을 터놓고 가까이 사귐을 뜻함

간 담 상 조 간 간/쓸개 담/서로 상/비칠 조

肝膽楚越 간과 쓸개의 거리가 초나라와 월나라의 관계처럼 멀다는 말로, 지리적으로 가깝지만, 관계는 매우 소원함을 뜻함.

간 담 초 월 간 간/쓸개 담/초나라 초/월나라 월

竿頭之勢 대막대기 끝에 서있는 형세라는 말로, 매우 위태로운 형세를 의미함.

간 두 지 세 장대 간/머리 두/갈 지/형세 세

奸臣賊子 간사한 신하와 부모를 거스르는 자식

간 신 적 자 간사할 간/신하 신/도적 적/자식 자

間於齊楚 약자가 강자들 틈에 끼어서 괴로움을 겪음

간 어 제 초 사이 간/어조사 어/제나라 제/초나라 초

葛巾野服 칡베로 만든 두건과 베옷, 거칠고 소박한 옷차림을 뜻함

갈 건 야 복 칡 갈/수건 건/들 야/옷 복

渴而穿井 목이 마르고서야 비로소 우물을 판다는 말로, 미리 대비하지 않고 일이 임박해서 행동하는 것은 늦은 것임을 뜻함

갈 이 천 정 목마를 갈/말이을 이/뚫을 천/우물 정

感慨無量 헤아릴 수 없는 감격

감 개 무 량 느낄 감/슬플 개/없을 무/헤아릴 량

敢不生心 감히 엄두를 내지 못함

감 불 생 심 감히 감/아닐 불/날 생/마음 심

甘言利說 남을 속이거나 아첨하기 위해 늘어놓는 달콤하고 이로움을 주는듯한 말들

감 언 이 설 달 감/말씀 언/이로울 리/말씀 설

感之德之 대단히 감사하게 여기고 덕분으로 여김

감 지 덕 지 느낄 감/갈 지/큰 덕/갈 지

甲男乙女 평범한 사람들

갑 남 을 녀 갑옷 갑/사내 남/새 을/계집 녀

剛毅木訥 강직하고, 의연하고, 질박하고, 어눌함 (論語 子路篇)

강 의 목 눌 굳셀 강/굳셀 의/나무 목/어눌할 눌

去頭截尾 머리와 꼬리를 자른다는 말로, 어떤 일의 요점만 간단히 말함

거 두 절 미 제거할 거/머리 두/끊을 절/꼬리 미

江湖煙波 강이나 호수 위에 안개처럼 어린 기운, 자연경관

강 호 연 파 강 강/호수 호/연기 연/물결 파

改過遷善 허물을 고치고 착하게 변함

개 과 천 선 고칠 개/허물 과/옮길 천/착할 선

蓋世之才 온 세상을 덮을 만큼 뛰어난 재주

개 세 지 재 덮을 개/세상 세/갈 지/재주 재

居安思危 편안히 살 때, 미래에 닥칠지 모르는 위태로움을 생각하고 대비함

거 안 사 위 살 거/편안 안/생각 사/위태로울 위

擧案齊眉 후한서에 나오는 양홍의 아내 맹광이 항상 밥상을 들어 눈썹과 나란히 하여 남편 앞에 놓았다는 고사에서 유래한 말로, 아내가 남편에게 깍듯이 공손함을 이르는 말

거 안 제 미 들 거/책상 안/가지런할 제/눈썹 미

乾坤一擲 하늘과 땅에 한 번 던져본다는 말로, 운명을 걸고 단판걸이로 승부를 겨룸

건 곤 일 척 하늘 건/땅 곤/한 일/던질 척

乞人憐天 거지가 하늘을 걱정한다는 말로 격에 맞지 않는 걱정을 풍자한 말

걸 인 연 천 구걸할 걸/사람 인/불쌍히여길 련/하늘 천

格物致知 사물의 이치를 연구하여 진정한 앎을 이룸

격 물 치 지 격식 격/물건 물/이를 치/알 지

隔世之感 세상이 몰라보게 변하여 아주 다른 세상이 된 것 같은 느낌

격 세 지 감 사이뜰 격/세상 세/갈 지/느낄 감

隔靴搔癢 신을 신고 간지러운 곳을 긁는다는 말로, 성에 차지 않아 안타까움. 隔靴爬癢과 같음

격 화 소 양 사이뜰 격/신 화/긁을 소/가려울 양

牽强附會 무리한 주장을 합리화하기 위해 사리에 맞지 않는 논거를 억지로 끌어 붙임

견 강 부 회 이끌 견/강할 강/붙을 부/모일 회

見利思義 이익이 보일 때조차 먼저 의리를 생각함

견 리 사 의 볼 견/이로울 리/생각 사/옳을 의

犬馬之勞 개나 말 정도의 하찮은 노고

견 마 지 로 개 견/말 마/갈 지/일할 로

見蚊拔劍 모기를 보고 칼을 빼든다는 말로, 사소한 일에 크게 성내어 덤빔. 怒蠅拔劍과 같음

견 문 발 검 볼 견/모기 문/뺄 발/칼 검

見物生心 물건을 보면 그 물건을 가지고 싶다는 욕심이 생김

견 물 생 심 볼 견/물건 물/날 생/마음 심

見危致命 나라가 위태로울 때, 자기 목숨을 나라에 바침. 見危授命과 같음

견 위 치 명 볼 견/위태로울 위/이를 치/목숨 명

堅忍不拔 굳게 참아내고 마음이 흔들리지 않음

견 인 불 발 굳을 견/참을 인/아닐 불/뺄 발

犬兎之爭
개와 토끼가 싸우는 통에 지나가던 나무꾼이 이득을 보듯이, 두 사람의 싸움에 제 3자가 이익을 봄. 漁父之利, 蚌鷸之爭
견 토 지 쟁 개 견/토끼 토/갈 지/다툴 쟁

結者解之
원인을 제공한 사람이 해결해야한다는 뜻
결 자 해 지 맺을 결/놈 자/풀 해/갈 지

結草報恩
죽어서 혼령이 되어서라도 은혜를 잊지 않고 갚는 다는 의미
결 초 보 은 맺을 결/풀 초/갚을 보/은혜 은

兼人之勇
혼자서 능히 여러 사람을 당해낼 만한 용기
겸 인 지 용 겸할 겸/사람 인/갈 지/날랠 용

輕擧妄動
경솔하고 망령되게 행동함
경 거 망 동 가벼울 경/들 거/망령될 망/움직일 동

傾國之色
한 나라의 국운을 기울어지게 할 만큼의 뛰어난 미색
경 국 지 색 기울 경/나라 국/갈 지/빛 색

驚弓之鳥
한 번 활에 놀란 새는 구부러진 나무만 봐도 놀람. 傷弓之鳥
경 궁 지 조 놀랄 경/활 궁/갈 지/새 조

經世濟民
세상을 다스리고 백성을 구제함
경 세 제 민 다스릴 경/세상 세/구제할 제/백성 민

鯨戰蝦死
고래 싸움에 새우 등 터진다는 말로, 강자들의 싸움에 괜한 약자가 해를 입음. 間於齊楚
경 전 하 사 고래 경/다툴 전/새우 하/죽을 사

敬天勤民
하늘을 섬김에 공경하고 백성을 다스림에 부지런함
경 천 근 민 공경할 경/하늘 천/부지런할 근/백성 민

驚天動地
하늘이 놀라고 땅이 놀람
경 천 동 지 놀랄 경/하늘 천/움직일 동/땅 지

敬天愛人
하늘을 공경하고 사람을 사랑함
경 천 애 인 공경할 경/하늘 천/사랑할 애/사람 인

鷄口牛後
닭의 주둥이와 소의 꼬리, 큰 단체의 말단보다는 작은 단체의 우두머리가 더 나음
계 구 우 후 닭 계/입 구/소 우/뒤 후

鷄卵有骨
달걀에도 뼈가 있다는 말로, 재수가 없으면 당연해 보이는 일도 어그러질 수 있다는 의미
계 란 유 골 닭 계/알 란/있을 유/뼈 골

鷄鳴狗盜 남을 속이는 천박한 재주 또는 그런 재주를 가진 사람

계 명 구 도 닭 계/울 명/개 구/도둑 도

季布一諾 계포가 한 번 한 약속이라는 말로, 틀림없이 승낙 함을 뜻함 季札繫劍, 季札掛劍

계 포 일 낙 끝 계/펼 포/한 일/허락할 락

股肱之臣 다리와 발 같이 중요한 신하. 임금이 가장 신임하는 신하를 말함

고 굉 지 신 넓적다리 고/팔뚝 굉/갈 지/신하 신

孤軍奮鬪 여럿을 상대로 홀로 외로운 군력으로 분발해서 싸운다는 의미

고 군 분 투 외로울 고/군사 군/떨칠 분/싸울 투

高臺廣室 높은 누대와 넓은 집이라는 뜻으로 매우 크고 좋은 집을 이름

고 대 광 실 높을 고/대 대/넓을 광/집 실

膏粱珍味 기름진 고기와 좋은 곡식으로 만든 맛있는 음식

고 량 진 미 기름 고/기장 량/보배 진/맛 미

孤立無援 고립되어 도움 받을 만한 곳이 없음

고 립 무 원 외로울 고/설 립/없을 무/도울 원

姑息之計 당장의 편안함만을 꾀하는 얕은 계책. 彌縫策

고 식 지 계 잠깐 고/숨쉴 식/갈 지/셀 계

苦肉之策 적을 속이기 위해 자기 육신의 고통을 감수해가며 이루는 계책

고 육 지 책 괴로울 고/살 육/갈 지/꾀 책

孤掌難鳴 손바닥 한 쪽만으론 울리기 어렵다는 데서, 혼자만 의 힘으로는 어떤 일을 해내기가 어렵다는 것을 비유함

고 장 난 명 외로울 고/손바닥 장/어려울 난/울 명

苦盡甘來 고생 끝에 낙이 옴

고 진 감 래 괴로울 고/다할 진/달 감/올 래

高枕安眠 베개를 높이 돋우고 편히 잔다는 말로, 근심 없이 편히 잘 지냄을 의미함

고 침 안 면 높을 고/베개 침/편안 안/잠잘 면

曲學阿世 학문을 왜곡하여 세속에 아부함

곡 학 아 세 굽을 곡/배울 학/아첨할 아/세상 세

骨肉相殘 같은 민족 또는 형제끼리 해치고 상하게 하는 일

골 육 상 잔 뼈 골/살 육/서로 상/해칠 잔

空前絶後 이전에도 없었고 앞으로도 없을 일
공 전 절 후 빌 공/앞 전/끊을 절/뒤 후

刮目相對 눈을 비비고 상대방을 다시 본다는 말로, 남의 학식이나 재주가 안 본 사이 놀랄 만큼 성장함을 뜻함
괄 목 상 대 비빌 괄/눈 목/서로 상/대할 대

過恭非禮 지나친 공손은 예의가 아님
과 공 비 례 지날 과/공손할 공/아닐 비/예도 예

矯角殺牛 소뿔을 바로잡으려다 애꿎은 소를 죽게 한다는 데서, 사소한 일에 집착해 큰일을 그르침을 말함. 矯枉過正, 矯枉過直, 小貪大失
교 각 살 우 바로잡을 교/뿔 각/죽일 살/소 우

過失相規 鄕約의 네 가지 德目 가운데 하나. 나쁜 행실을 하지 못하도록 서로 규제함
과 실 상 규 허물 과/잃을 실/서로 상/법 규

巧言令色 남의 환심을 사려고 아첨하는 교묘한 말과 거짓으로 보기 좋게 꾸미는 낯빛
교 언 영 색 공교할 교/말씀 언/명령할 령/빛 색

過猶不及 정도를 지나침은 미치지 못한 것과 마찬가지임을 이르는 말
과 유 불 급 지날 과/오히려 유/아닐 불/미칠 급

膠柱鼓瑟 거문고의 기러기발을 아교로 붙였다는 말로, 고지식하여 융통성이 없음을 뜻함
교 주 고 슬 아교 교/기둥 주/북 고/거문고 슬

瓜田李下 오이 밭에서 신을 고쳐 신지 말고, 오얏나무 밑에서 갓을 고쳐 쓰지 말라는 뜻. 즉, 남의 의심을 받기 쉬운 일은 하지 말라는 말
과 전 이 하 오이 과/밭 전/오얏 리/아래 하

狡兎三窟 교활한 토끼는 세 개의 굴을 파 놓음. 사람이 교묘하게 도망갈 궁리를 잘 해놓음을 뜻함. 兎營三窟
교 토 삼 굴 교활할 교/토끼 토/석 삼/굴 굴

管鮑之交 춘추시대 管仲과 鮑叔牙의 우정이 아주 돈독하였다는 고사에서 유래
관 포 지 교 대롱 관/절인 생선 포/갈 지/사귈 교

敎學相長 남을 가르치면서 자기도 배우는 것이 생겨 서로를 발전시킴
교 학 상 장 가르칠 교/배울 학/서로 상/길 장

冠婚喪祭 冠禮, 婚禮, 喪禮, 祭禮를 아울러 이르는 말
관 혼 상 제 갓 관/혼인할 혼/잃을 상/제사 제

九曲肝腸 굽이굽이 사무친 속마음
구 곡 간 장 아홉 구/굽을 곡/간 간/창자 장

狗猛酒酸 술집의 개가 사나우면 손님들이 오지 못 해 술이 시어진다는 말로, 임금 곁에 위세를 부리는 사람이 있으면, 충신이 모이지 못한다는 의미

구 맹 주 산 개 구/사나울 맹/술 주/실 산

狗尾續貂 담비 꼬리가 모자라 개의 꼬리로 잇는다는 말로, 훌륭한 것 뒤에 보잘 것 없는 것이 뒤따름을 뜻함

구 미 속 초 개 구/꼬리 미/이을 속/담비 초

口蜜腹劍 입으로는 꿀처럼 달콤한 말을 하면서 속으로는 칼을 품고 있음을 말함

구 밀 복 검 입 구/꿀 밀/배 복/칼 검

九死一生 높은 확률의 죽을 고비를 넘기고 살아남

구 사 일 생 아홉 구/죽을 사/한 일/살 생

口尙乳臭 입에서 아직 젖비린내가 나는 것처럼 하는 말이 유치함을 이름

구 상 유 취 입 구/아직 상/젖 유/냄새 취

九牛一毛 아홉 마리 소의 수많은 털 가운데 하나라는 뜻으로 극히 적은 것을 말함

구 우 일 모 아홉 구/소 우/한 일/터럭 모

九折羊腸 아홉 번 꺾인 양의 창자란 뜻에서 꼬불꼬불하고 험한 산길을 말함

구 절 양 장 아홉 구/꺾일 절/양 양/창자 장

舊態依然 예전 모습 그대로 변화 발전이 없음

구 태 의 연 예 구/모양 태/의지할 의/그러할 연

國泰民安 나라는 태평하고 백성은 편안함

국 태 민 안 나라 국/태평할 태/백성 민/편안 안

群鷄一鶴 여러 평범한 사람들 가운데 뛰어난 한 사람을 비유하는 말

군 계 일 학 무리 군/닭 계/한 일/학 학

群盲撫象 장님 여럿이 코끼리를 만진다는 말로, 사물을 좁은 소견과 주관으로 잘못 판단함을 뜻함. 群盲評象

군 맹 무 상 무리 군/눈멀 맹/어루만질 무/코끼리 상

君臣有義 임금과 신하 사이에는 의가 있어야 함

군 신 유 의 임금 군/신하 신/있을 유/옳을 의

群雄割據 여러 영웅들이 각자의 영역을 구축하고 서로 세력을 다툼

군 웅 할 거 무리 군/수컷 웅/벨 할/의거할 거

君爲臣綱 임금은 신하의 모범이 되어야 한다는 말

군 위 신 강 임금 군/될 위/신하 신/벼리 강

君子不器 군자는 그릇처럼 국한되지 않아야 한다는 말 (論語學而篇)

군 자 불 기 임금 군/아들 자/아닐 불/그릇 기

龜毛兎角 거북의 털과 토끼의 뿔로, 세상에 없는 것

귀 모 토 각 거북 귀/터럭 모/토끼 토/뿔 각

窮鼠莫追 피할 곳 없는 쥐를 쫓지 말라는 의미

궁 서 막 추 다할 궁/쥐 서/없을 막/쫓을 추

規矩準繩 목수가 쓰는 그림쇠, 자, 수준기, 먹줄을 말함. 일상에서 지켜야 할 기준과 법칙을 비유한 말

규 구 준 승 법 규/법도 구/준할 준/줄 승

窮餘之策 생각다 못해 해보는 계책

궁 여 지 책 다할 궁/남을 여/갈 지/꾀 책

橘化爲枳 귤이 변하여 탱자가 된다는 말로, 환경에 따라 사람이 변함을 의미함. 南橘北枳

귤 화 위 지 귤 귤/변할 화/될 위/탱자 지

權謀術數 목적 달성을 위해 남을 교묘하게 속이는 모략이나 술수

권 모 술 수 권세 권/꾀할 모/재주 술/셈 수

隙駒光陰 문틈 사이로 망아지가 지나가듯 세월이 몹시 빠르게 지나감을 말함. 白駒過隙

극 구 광 음 틈 극/망아지 구/빛 광/그늘 음

權不十年 아무리 대단한 권세도 십년을 가지 못함

권 불 십 년 권세 권/아닐 불/열 십/해 년

克己復禮 자기의 사리사욕을 극복하고 예의범절을 따름

극 기 복 례 이길 극/몸 기/돌아올 복/예도 례

勸善懲惡 선행을 장려하고 악행을 징벌함

권 선 징 악 권할 권/착할 선/징벌할 징/악할 악

極惡無道 지극히 악하여 도덕심이 없음

극 악 무 도 다할 극/악할 악/없을 무/길 도

捲土重來 땅을 말아 일으킬 것 같은 기세로 다시 온다는 말로, 한 번 실패했으나 힘을 회복하여 다시 쳐들어옴을 뜻함

권 토 중 래 말 권/흙 토/거듭 중/올 래

近墨者黑 먹을 가까이 하면 검어지기 쉽듯이 나쁜 사람과 가까이 지내면 나쁜 행동에 물들기 쉬움을 비유함

근 묵 자 흑 가까울 근/먹 묵/놈 자/검을 흑

近朱者赤 나쁜 사람과 가까이 지내면 나쁜 행동에 물들기 쉬움을 비유함

근 주 자 적 가까울 근/붉을 주/놈 자/붉을 적

謹賀新年 삼가 새해를 축하함

근 하 신 년 삼갈 근/축하 하/새 신/해 년

金科玉條 금과 옥 같이 매우 귀중한 법칙이나 규정

금 과 옥 조 쇠 금/항목 과/구슬 옥/가지 조

金蘭之契 친한 친구끼리 마음을 합치면 단단한 쇠도 자를 수 있고, 그 우정은 난초의 향기처럼 아름답다는 뜻으로, 벗 사이의 우정이 깊음을 의미하는 말

금 란 지 계 쇠 금/난초 란/갈 지/맺을 계

錦上添花 비단 위에다 꽃을 얹는 것처럼 좋은 일이 겹쳐 일어남을 이르는 말

금 상 첨 화 비단 금/윗 상/더할 첨/꽃 화

金石之交 쇠나 돌처럼 굳고 변함없는 교제

금 석 지 교 쇠 금/돌 석/갈 지/사귈 교

金石盟約 쇠나 돌처럼 굳고 변함없는 약속. 金石之約

금 석 맹 약 쇠 금/돌 석/맹서 맹/맺을 약

金城湯池 쇠처럼 단단한 성과 끓는 물로 채워놓은 해자라는 뜻으로 적에 대한 방비가 완벽함을 이름

금 성 탕 지 쇠 금/성 성/끓을 탕/못 지

琴瑟之樂 거문고와 비파를 부부에 비유함. 조화를 잘 이루는 부부 사이의 즐거움을 의미함. 琴瑟相和

금 슬 지 락 거문고 금/비파 슬/갈 지/즐거울 락

今始初聞 바로 지금 처음으로 들음

금 시 초 문 이제 금/비로소 시/처음 초/들을 문

錦衣夜行 캄캄한 밤에 비단옷을 입고 다닌다는 뜻으로 아무 보람이 행동함을 비유함

금 의 야 행 비단 금/옷 의/밤 야/다닐 행

錦衣玉食 비단옷과 옥 같은 흰 쌀밥이란 뜻에서 호화롭고 사치스러운 생활을 의미함

금 의 옥 식 비단 금/옷 의/구슬 옥/먹을 식

錦衣還鄕 비단옷을 입고 고향으로 돌아온다는 말로, 입신양명하여 고향에 돌아옴을 말함

금 의 환 향 비단 금/옷 의/돌아올 환/시골 향

金枝玉葉 금으로 된 가지 옥으로 된 잎사귀라는 뜻으로 고귀한 자손을 비유함

금 지 옥 엽 쇠 금/가지 지/구슬 옥/잎 엽

氣高萬丈 기가 만 발이나 높이 올랐다는 말로, 기운이 펄펄나는 모양을 이름

기 고 만 장 기운 기/높을 고/일만 만/장 장

騎虎之勢 호랑이를 타고 달리는 형세. 이미 시작한 일을 중도에 그만 둘 수 없음을 비유

기 호 지 세 말탈 기/범 호/갈 지/형세 세

驥服鹽車 천리마가 소금 수레를 끈다는 말로, 유능한 사람이 때를 만나지 못 해, 천한 일에 종사함을 비유

기 복 염 거 천리마 기/옷 복/소금 염/수레 거

吉凶禍福 길흉과 화복

길 흉 화 복 길할 길/흉할 흉/재화 화/복 복

起死回生 거의 죽을 뻔했다가 도로 살아남

기 사 회 생 일어날 기/죽을 사/돌 회/살 생

落落長松 가지가 축축 길게 늘어지고 키가 큰 소나무

낙 락 장 송 떨어질 락/떨어질 락/긴 장/소나무 송

奇想天外 일반적으로 생각할 수 없는 기발한 생각

기 상 천 외 기이할 기/생각 상/하늘 천/바깥 외

落木寒天 낙엽 진 나무와 차가운 하늘, 곧 닥칠 엄동설한

낙 목 한 천 떨어질 락/나무 목/찰 한/하늘 천

起承轉結 본래 漢詩에서 詩句를 구성하는 방법. 논설문 따위의 글을 구성하는 형식에도 적용됨

기 승 전 결 일어날 기/이을 승/구를 전/맺을 결

落花流水 떨어지는 꽃과 흐르는 물이라는 말로, 가는 봄의 경치

낙 화 유 수 떨어질 락/꽃 화/흐를 류/물 수

旣往之事 이미 지나간 일. 已往之事

기 왕 지 사 이미 기/갈 왕/갈 지/일 사

難攻不落 공격하기가 어려워 좀처럼 함락되지 아니함

난 공 불 락 어려울 난/칠 공/아닐 불/떨어질 락

杞人之憂 기나라 사람의 근심이란 말로, 앞일에 대한 쓸데없는 걱정을 말함

기 인 지 우 나라 기/사람 인/갈 지/근심 우

爛商討議 충분히 생각하고 의견을 나누어 토의함. 爛商公論, 爛商熟議

난 상 토 의 문드러질 란/헤아릴 상/칠 토/의논할 의

亂臣賊子 나라를 어지럽게 하는 신하와 부모에게 불효하는 자식

난 신 적 자 어지러울 란/신하 신/도적 적/아들 자

難兄難弟 누가 형이고 누가 아우인지 분간하기 어렵다는 말로, 두 사람이나 사물의 우열을 분간하기 어려울 때 비유하는 말

난 형 난 제 어려울 난/맏 형/어려울 난/아우 제

南柯一夢 꿈처럼 허망한 헛된 부귀영화를 이르는 말. 一場春夢, 邯鄲之夢

남 가 일 몽 남녘 남/가지 가/한 일/꿈 몽

南蠻北狄 남쪽 오랑캐와 북쪽 오랑캐

남 만 북 적 남녘 남/오랑캐 만/북녘 북/오랑캐 적

男負女戴 재난을 당한 사람들이 남자는 등에 짐을 지고 여자는 머리에 짐을 이고 새로운 살 곳을 찾아 이리저리 떠도는 모습을 이르는 말

남 부 여 대 사내 남/질 부/계집 녀/일 대

囊中之錐 주머니 속의 송곳처럼 재능이 뛰어난 사람은 숨어있어도 저절로 세상에 알려진다는 의미. 穎脫而出

낭 중 지 추 주머니 낭/가운데 중/갈 지/송곳 추

內憂外患 나라 안팎의 근심 걱정

내 우 외 환 안 내/근심 우/바깥 외/근심 환

內柔外剛 내면은 유순한데 외면은 강건함

내 유 외 강 안 내/부드러울 유/바깥 외/굳셀 강

怒甲移乙 갑에게 성낼 일을 을에게 옮긴다는 말로, 종로에서 뺨 맞고 한강에 가서 눈 흘기는 격

노 갑 이 을 성낼 노/갑옷 갑/옮길 이/새 을

怒氣衝天 성난 기색이 하늘을 찌를 정도로 잔뜩 화가 나 있음을 말함

노 기 충 천 성낼 노/기운 기/찌를 충/하늘 천

怒發大發 매우 크게 성을 냄. 怒髮衝冠

노 발 대 발 성낼 노/필 발/큰 대/필 발

爐邊情談 화롯가에 둘러앉아서 서로 한가롭게 주고받는 이야기. 爐邊談話

노 변 정 담 화로 로/가 변/뜻 정/말씀 담

勞心焦思 몹시 마음을 쓰며 애를 태움

노 심 초 사 수고로울 로/마음 심/불탈 초/생각 사

綠陰芳草 짙푸르게 우거진 나무와 향기로운 풀이라는 말로, 여름철의 자연경관을 이름

녹 음 방 초 푸를 록/그늘 음/꽃다울 방/풀 초

論功行賞 세운 공의 크고 작음을 따져 상을 줌

논 공 행 상 논할 논/공 공/행할 행/상줄 상

弄瓦之慶 딸을 낳은 경사. 예전 중국에서 남이 得女를 하면 흙으로 만든 실패를 장난감으로 주는 풍습에서 유래

농 와 지 경 희롱할 롱/기와 와/갈 지/경사 경

弄璋之慶 아들을 낳은 경사

농 장 지 경 희롱할 롱/홀 장/갈 지/경사 경

籠鳥戀雲 새장에 갇힌 새가 구름을 그리워 함. 속박당한 몸이 자유를 그리워 함을 비유

농 조 연 운 대바구니 롱/새 조/그리워할 련/구름

累卵之勢 달걀을 포개어 놓은 것과 같이 몹시 위태로운 형세

누 란 지 세 포갤 루/알 란/갈 지/형세 세

累卵之危 달걀을 포개어 놓은 것과 같이 몹시 위태로운 상황

누 란 지 위 포갤 루/알 란/갈 지/위태로울 위

訥言敏行 말은 어눌하게 해도 행동은 민첩함 (論語 里仁篇)

눌 언 민 행 어눌할 눌/말씀 언/민첩할 민/다닐 행

陵谷之變 높은 언덕과 깊은 골짜기가 서로 바뀐다는 말로, 세상이 크게 뒤바뀜을 뜻함. 桑田碧海

능 곡 지 변 언덕 릉/골 곡/갈 지/변할 변

能小能大 작은 일 큰 일 안 가리고 두루 능함을 이름

능 소 능 대 능할 능/작을 소/능할 능/큰 대

凌遲處斬 대역죄를 범한 죄인에게 과하던 극형. 陵遲處斬

능 지 처 참 능멸할 능/더딜 지/곳 처/벨 참

多岐亡羊 갈림길이 많아 달아난 양을 잃어버린다는 말로, 학문의 길이 여러 갈래여서 진리를 얻기 어려움을 비유

다 기 망 양 많을 다/갈림길 기/잃을 망/양 양

多多益善 많으면 많을수록 좋음

다 다 익 선 많을 다/많을 다/더할 익/착할 선

多才多能 재주와 능력이 많다는 말

다 재 다 능 많을 다/재주 재/많을 다/능할 능

斷機之教 맹모와 맹자의 고사에서 유래한 말로, 학문을 중도에 그만두는 것은 짜던 베의 날을 끊는 것과 같다는 가르침

단 기 지 교 끊을 단/베틀 기/갈 지/가르칠 교

單刀直入 칼 한 자루만 들고 바로 적진으로 쳐들어간다는 말로, 서론은 접고 바로 본론으로 들어가는 것을 비유함

단 도 직 입 홑 단/칼 도/곧을 직/들 입

丹脣皓齒 붉은 입술과 흰 치아라는 뜻으로 외모가 매우 아름다운 여성을 이르는 말

단 순 호 치 붉을 단/입술 순/흴 호/이 치

斷章取義 남의 글에서 전체의 뜻과는 관계없이 자기가 필요한 부분만을 따서 마음대로 해석하여 씀

단 장 취 의 끊을 단/글 장/취할 위/뜻 의

堂狗風月 서당 개 삼년이면 풍월을 읊는다는 말로, 어떤 방면에 문외한이라도 오랫동안 곁에서 보고 들으면 자연히 익히게 된다

당 구 풍 월 집 당/개 구/바람 풍/달 월

螳螂拒轍 제 분수를 모르고 강적에게 대항함

당 랑 거 철 사마귀 당/사마귀 랑/막을 거/수레바퀴 철

大驚失色 크게 놀라 낯빛이 하얗게 변함

대 경 실 색 큰 대/놀랄 경/잃을 실/빛 색

大巧若拙 아주 교묘한 재주는 언뜻 보기엔 서투른 것 같음

대 교 약 졸 큰 대/공교할 교/같은 약/졸할 졸

大器晩成 위대한 사람은 성장의 과정이 더디지만, 결국 대성 한다는 의미

대 기 만 성 큰 대/그릇 기/늦을 만/이룰 성

大同小異 대부분은 같고 소소한 부분만 다름

대 동 소 이 큰 대/한가지 동/작을 소/다를 이

大聲痛哭 목 놓아 비통하게 욺

대 성 통 곡 큰 대/소리 성/아플 통/울 곡

對牛彈琴 소귀에 대고 거문고를 탄다는 말로, 어리석은 사람에겐 깊은 이치를 알려주어도 소용없음을 비유. 牛耳讀經

대 우 탄 금 대할 대/소 우/튕길 탄/거문고 금

道不拾遺 나라의 법이 잘 정비되고, 풍속이 아름다워 길에 떨어진 물건도 주워 가지 않음. 路不拾遺

도 불 습 유 길 도/아닐 불/주울 습/남길 유

道聽塗說 길거리에 떠도는 소문 (論語 陽貨篇) 街談巷說

도 청 도 설 길 도/들을 청/길 도/말씀 설

塗炭之苦 진흙에 빠지고 숯불에 타는 괴로움. 비참한 생활을 비유

도 탄 지 고 진흙 도/숯 탄/갈 지/괴로울 고

獨不將軍 병사들이 있어야 장군 노릇을 할 수 있듯이 세상만 사를 독단적으로만 할 수 없음을 풍자한 말

독 불 장 군 홀로 독/아닐 불/장수 장/군사 군

獨也青青 한 겨울 홀로 푸르른 소나무처럼 혼탁한 속세에서 홀로 높은 절개를 드러냄을 비유한 말

독 야 청 청 홀로 독/어조사 야/푸를 청/푸를 청

同價紅裳 같은 값이면 다홍치마란 말로, 같은 가격이면 좋은 물건을 가짐을 이르는 말

동 가 홍 상 한가지 동/값 가/붉을 홍/치마 상

同苦同樂 괴로울 때나 즐거울 때나 함께 함

동 고 동 락 한가지 동/괴로울 고/한가지 동/즐거울 락

棟梁之材 마룻대와 들보 역할을 할 만한 재목. 한 집안이나 나라를 떠받치는 중대한 일을 맡을 만한 인재를 비유. 棟梁之器

동 량 지 재 마룻대 동/들보 량/갈 지/재목 재

東問西答 묻는 말에 엉뚱한 대답을 함

동 문 서 답 동녘 동/물을 문/서녘 서/대답할 답

同病相憐 같은 병을 앓는 사람끼리 서로를 가엾게 여긴다는 말로, 처지가 비슷한 사람끼리 서로를 동정함

동 병 상 련 한가지 동/병 병/서로 상/불쌍히여길 련

東奔西走 이리저리 바삐 돌아다님

동 분 서 주 동녘 동/달릴 분/서녘 서/달릴 주

同床異夢 같은 잠자리에서 다른 꿈을 꾼다는 말로, 같은 처지에 있으면서도 속으로는 저마다 딴 생각을 하고 있음을 비유함

동 상 이 몽 한가지 동/침상 상/다를 이/꿈 몽

凍足放尿 언 발에 오줌 누기. 임시방편의 계책을 비유. 姑息之計, 彌縫策

동 족 방 뇨 얼 동/발 족/놓을 방/오줌 뇨

杜門不出 문을 걸어 잠그고 밖으로 나오지 않는다는 의미. 세상의 인연을 버리고 초야에 은거함을 말한다.

두 문 불 출 막을 두/문 문/아니 불/날 출

登高自卑 높은 곳을 오르려면 낮은 곳부터 시작한다는 말로, 세상만사가 과정 없이 결과가 있을 수 없음을 비유함

등 고 자 비 오를 등/높을 고/부터 자/낮을 비

燈下不明 등잔 밑이 오히려 어둡다는 데서, 가까이 있는 것을 잘 찾지 못함을 이르는 말

등 하 불 명 등불 등/아래 하/아닐 불/밝을 명

燈火可親 가을밤은 선선하여 등불을 가까이하여 책 읽기에 좋다는 말

등 화 가 친 등불 등/불 화/가히 가/친할 친

磨斧作針 도끼를 갈아 바늘을 만든다는 말로, 작은 노력이라도 끈기 있게 하면 큰일을 이룰 수 있음. 磨斧爲針, 愚公移山

마 부 작 침 갈 마/도끼 부/지을 작/바늘 침

馬耳東風 말 귀를 스쳐가는 동풍처럼 남의 말을 귀담아 듣지 않고 흘려버림

마 이 동 풍 말 마/귀 이/동녘 동/바람 풍

莫上莫下 위도 없고 아래도 없다는 말로, 우열을 가리기 힘들다는 것을 의미함. 難兄難弟

막 상 막 하 없을 막/윗 상/없을 막/아래 하

莫逆之友 서로의 뜻을 거스름이 없는 친한 벗

막 역 지 우 없을 막/거스를 역/갈 지/벗 우

萬頃蒼波 끝없이 넓고 푸른 바다

만 경 창 파 일만 만/이랑 경/푸를 창/물결 파

萬古不變 오랜 세월을 두고 변하지 않음

만 고 불 변 일만 만/옛 고/아닐 불/변할 변

萬事休矣 모든 것이 헛수고로 돌아감. 勞而無功

만 사 휴 의 일만 만/일 사/쉴 휴/어조사 의

晩時之歎 시기가 늦었음을 원통해하는 탄식

만 시 지 탄 늦을 만/때 시/갈 지/탄식할 탄

萬彙群象 우주에 있는 온갖 사물과 현상. 森羅萬象

만 휘 군 상 일만 만/무리 휘/무리 군/형상 상

罔極之恩 다함이 없는 임금이나 부모의 은혜

망 극 지 은 없을 망/다할 극/갈 지/은혜 은

亡羊補牢 양을 잃고 우리를 고침. 晩時之歎, 死後藥方文

망 양 보 뢰 잃을 망/양 양/기울 보/우리 뢰

亡羊之歎 갈림길이 매우 많아 잃어버린 양을 찾을 길이 없음을 탄식한다는 뜻으로, 학문의 길이 여러 갈래여서 한 갈래의 진리도 얻기 어려움을 이르는 말

망 양 지 탄 잃을 망/양 양/갈 지/탄식할 탄

茫然自失 멍하니 정신 줄을 놓음

망 연 자 실 아득할 망/그러할 연/스스로 자/잃을 실

望雲之情 고향 쪽 구름을 바라보며 어버이를 그리워하는 마음. 望雲之懷

망 운 지 정 바라볼 망/구름 운/갈 지/뜻 정

麥秀之歎	고국의 옛 궁궐터에 잘 자란 보리이삭을 보고 탄식함. 고국의 멸망을 한탄함. 亡國之歎, 亡國之恨
맥 수 지 탄	보리 맥/빼어날 수/갈 지/탄식할 탄

命在頃刻	목숨이 아주 짧은 시간에 달렸다는 말로, 숨이 곧 끊어질 지경에 이름. 거의 죽게 됨
명 재 경 각	목숨 명/있을 재/잠깐 경/시각 각

孟母三遷	자식 교육에 정성을 다함
맹 모 삼 천	맏 맹/어머니 모/석 삼/옮길 천

明哲保身	총명하고 사리에 밝아 일을 잘 처리하여 자기 몸을 보전함 (書經 說命)
명 철 보 신	밝을 명/밝을 철/지킬 보/몸 신

面從腹背	겉으로는 순종하는척하며 속으로는 배반함. 陽奉陰違
면 종 복 배	얼굴 면/좇을 종/배 복/등 배

目不識丁	고무래를 보고도 고무래 정(丁)자인 줄 모른다는 뜻으로, 일자무식을 이르는 말
목 불 식 정	눈 목/아닐 불/알 식/고무래 정

滅私奉公	사욕을 버리고 공익을 위하여 힘씀
멸 사 봉 공	멸할 멸/사사 사/받들 봉/공변될 공

目不忍見	몹시 참혹하거나 불쌍해서 차마 눈을 뜨고 볼 수 없음
목 불 인 견	눈 목/아닐 불/참을 인/볼 견

明鏡止水	밝은 거울과 잔잔한 물이란 말로, 고요하고 안정된 마음을 비유함
명 경 지 수	밝을 명/거울 경/그칠 지/물 수

猫項懸鈴	고양이 목에 방울 달기란 말로, 실행의 가능성이 떨어지는 헛된 논의를 비유. 猫頭懸鈴
묘 항 현 령	고양이 묘/목 항/매달 현/방울 령

名實相符	명성과 실상이 서로 딱 들어맞음. 名不虛傳
명 실 상 부	이름 명/열매 실/서로 상/부호 부

武陵桃源	속세에서 벗어난 별천지
무 릉 도 원	호반 무/언덕 릉/복숭아 도/근원 원

明若觀火	불 보듯 분명하고 뻔함. 더할 나위 없이 명백함
명 약 관 화	밝을 명/같을 약/볼 관/불 화

毋望之福	뜻하지 않게 얻은 행운 (全國策)
무 망 지 복	말 무/바랄 망/갈 지/복 복

無味乾燥 재미나 멋이 없이 메마름. 乾燥無味

무 미 건 조 없을 무/맛 미/마를 건/마를 조

無本大商 밑천 없이 하는 큰 장사라는 말로, 도둑을 비꼬는 말. 梁上君子

무 본 대 상 없을 무/근본 본/큰 대/장사 상

無不通知 무슨 일이든지 훤히 통하여 모르는 것이 없음

무 불 통 지 없을 무/아닐 불/통할 통/알 지

無所不爲 하지 못할 것이 없음

무 소 불 위 없을 무/바 소/아닐 불/할 위

無信不立 신의가 없으면 살아갈 수 없음(論語 顔淵篇)

무 신 불 립 없을 무/믿을 신/아닐 불/설 립

無爲徒食 아무 하는 일없이 다만 먹기만 함

무 위 도 식 없을 무/할 위/한갖 도/먹을 식

文房四友 文人의 방에 네 벗이란 말로, 紙筆硯墨을 일컬음

문 방 사 우 글월 문/방 방/넉 사/벗 우

聞一知十 하나를 들으면 열을 앎

문 일 지 십 들을 문/한 일/알 지/열 십

門前成市 문 앞에 시장이 선 것처럼 찾아오는 사람이 많음

문 전 성 시 문 문/앞 전/이룰 성/저자 시

門前雀羅 문 밖에 참새 그물을 쳐놓을 정도로 사람의 발길이 끊어짐

문 전 작 라 문 문/앞 전/참새 작/그물 라

勿失好機 좋은 기회를 놓치지 말아야 함

물 실 호 기 말 물/잃을 실/좋을 호/틀 기

彌縫之策 꿰매어 깁는 계책이란 말로, 임시방편의 계책을 뜻 함. 姑息之計, 凍足放尿, 下石上臺

미 봉 지 책 두루 미/꿰맬 봉/갈 지/꾀 책

尾生之信 우직하여 융통성이 없이 약속만을 굳게 지킴을 비유적으로 이르는 말. 중국 춘추 시대에 미생(尾生)이라는 자가 다리 밑에서 만나자고 한 여자와의 약속을 지키기 위하여 홍수에도 피하지 않고 기다 리다가 마침내 익사하였다는 고사에서 유래

미 생 지 신 꼬리 미/날 생/갈 지/믿을 신

美辭麗句 아름다운 말과 수려한 글귀

미 사 여 구 아름다울 미/말씀 사/고울 려/글귀 구

密雲不雨 짙은 구름이 끼었으나 비가 오지 않음. 어떤 일의 징조만 있고 정작 이루어지지 않음을 비유

밀 운 불 우 빽빽할 밀/구름 운/아닐 불/비 우

反哺之孝 까마귀 새끼가 자라서 늙은 어미에게 먹이를 물어다 주는 孝라는 말로, 자식이 장성한 후에도 어버이의 은혜를 잊지 않고 갚음을 비유

반 포 지 효 도리어 반/먹일 포/갈 지/효도 효

博覽强記 다방면의 책을 두루 읽고 그 내용을 잘 기억함

박 람 강 기 넓을 박/볼 람/강할 강/기억할 기

拔本塞源 뿌리를 뽑고 원천을 막아버린다는 말로, 폐단의 원인을 아주 없앰을 의미

발 본 색 원 뽑을 발/근본 본/막을 색/근원 원

薄利多賣 개당 이익을 적게 보는 대신, 많이 팔아서 전체 이익을 크게 함

박 리 다 매 엷을 박/이로울 리/많을 다/팔 매

發憤忘食 어떤 일에 열중한 나머지 끼니까지도 잊음

발 분 망 식 발할 발/성낼 분/잊을 망/먹을 식

博而不精 여러 방면에 지식은 많지만, 정밀하지 못함

박 이 부 정 넓을 박/말이을 이/아닐 불/정할 정

拔山蓋世 힘은 산을 뽑을 만큼 세고 기개는 세상을 덮을 만큼 웅장함

발 산 개 세 뽑을 발/뫼 산/덮을 개/세상 세

拍掌大笑 손뼉을 치며 크게 웃음

박 장 대 소 칠 박/손바닥 장/큰 대/웃음 소

傍若無人 곁에 아무도 없는 것처럼 언행이 무례함. 眼下無人

방 약 무 인 곁 방/같은 약/없을 무/사람 인

博學多識 학식이 넓고 아는 게 많음

박 학 다 식 넓을 박/배울 학/많을 다/알 식

背水之陣 강이나 바다를 등지고 치는 진. 결사항전의 의지를 표현함. 破釜沈船, 破釜沈舟

배 수 지 진 등질 배/물 수/갈 지/진칠 진

半信半疑 절반은 믿으면서도 절반은 의심함

반 신 반 의 반 반/믿을 신/반 반/의심할 의

背恩忘德 남에게 입은 은혜를 저버리고 은덕을 잊음

배 은 망 덕 등 배/은혜 은/잊을 망/큰 덕

百家爭鳴 여러 학자들이 자신들의 학설이나 주장을 발표하여, 논쟁하는 일

백 가 쟁 명 일백 백/집 가/다툴 쟁/울 명

白骨難忘 은덕이 깊어 죽어서 백골이 되어도 잊기 어렵다는 말

백 골 난 망 흰 백/뼈 골/어려울 난/잊을 망

白駒過隙 문틈으로 흰 망아지가 지나는 것 같이 인생이 빠르게 지나감을 뜻함. 隙駒光陰

백 구 과 극 흰 백/망아지 구/지날 과/틈 극

百年大計 먼 훗날까지 내다보는 큰 계획

백 년 대 계 일백 백/해 년/큰 대/셀 계

百年河清 아무리 오랜 세월을 기다려도 어떤 일이 이루어지기 난망함을 의미함

백 년 하 청 일백 백/해 년/물 하/맑을 청

白面書生 방에서 책만 읽어 세상물정에 매우 어두운 사람

백 면 서 생 흰 백/얼굴 면/글 서/살 생

白衣從軍 벼슬 없이 군대를 따라 전쟁터로 감

백 의 종 군 흰 백/옷 의/좇을 종/군사 군

百戰老將 수많은 전쟁을 경험한 노련한 장수, 인생의 온갖 풍파를 다 겪은 사람을 비유

백 전 노 장 일백 백/싸울 전/늙을 로/장수 장

百戰百勝 싸울 때마다 모조리 이김

백 전 백 승 일백 백/싸울 전/일백 백/이길 승

百折不屈 수없이 꺾여도 굽히지 않는다는 말로, 수많은 시련에도 소신을 굽히지 않고 이겨나감을 의미함

백 절 불 굴 일백 백/꺾일 절/아닐 불/굽힐 굴

伯仲之勢 으뜸과 버금의 형세라는 말로, 서로 우열을 가리기 어려움을 의미함. 伯仲之間, 難兄難弟, 莫上莫下

백 중 지 세 맏 백/버금 중/갈 지/형세 세

百尺竿頭 백 자나 되는 높은 장대 위에 올라선다는 말로, 몹시 위태로운 지경을 비유. 竿頭之勢, 累卵之勢

백 척 간 두 일백 백/자 척/장대 간/머리 두

百八煩惱 불교에서 말하는 인간사의 108가지의 번잡한 괴로움

백 팔 번 뇌 일백 백/여덟 팔/번거로울 번/번뇌할 뇌

兵家常事 전쟁에서 이기고 지는 일은 흔히 있는 일인 것처럼 실패는 흔히 있는 일이므로 낙심할 것 없음을 뜻함

병 가 상 사 군사 병/집 가/항상 상/일 사

覆水不收
엎어진 물은 다시 담을 수 없는 것처럼 이미 지나간 일을 되돌릴 수 없다는 말. 覆水不返盆
복 수 불 수 엎어질 복/물 수/아닐 불/거둘 수

伏地不動
땅에 엎드려 움직이지 아니한다는 말로, 주어진 업무를 처리하는데 몸을 사림을 뜻함
복 지 부 동 엎드릴 복/땅 지/아닐 불/움직일 동

本末顚倒
일이 중요한 것과 사소한 것이 뒤바뀜. 主客顚倒
본 말 전 도 근본 본/끝 말/꼭대기 전/거꾸러질 도

富貴在天
부귀는 하늘의 뜻에 달려 있어서 인력으로는 어찌 할 수 없다는 말
부 귀 재 천 부유할 부/귀할 귀/있을 재/하늘 천

夫婦有別
부부 사이에는 분별이 있어야 한다는 말
부 부 유 별 지아비 부/부인 부/있을 유/나눌 별

夫爲婦綱
남편은 아내의 본보기가 되어야 한다는 말
부 위 부 강 지아비 부/될 위/부인 부/벼리 강

父爲子綱
부모는 자식의 본보기가 되어야 한다는 말
부 위 자 강 아비 부/될 위/자식 자/벼리 강

釜中生魚
오랫동안 밥을 하지 못하여 솥 안에 물고기가 생길 정도로 매우 가난함을 의미함
부 중 생 어 솥 부/가운데 중/날 생/고기 어

不知其數
그 수를 알 수 없을 정도로 매우 많음
부 지 기 수 아닐 불/알 지/그 기/셈 수

夫唱婦隨
남편이 선창을 하면 아내가 따라한다는 말로, 서로 협동하고 화합하는 부부를 가리키는 말
부 창 부 수 지아비 부/부를 창/부인 부/따를 수

附和雷同
우레 소리에 맞추어 천지 만물이 함께 울린다는 뜻으로, 자기 생각이나 주장 없이 남의 의견에 동조한다는 말
부 화 뇌 동 붙을 부/화할 화/우레 뢰/한가지 동

北窓三友
백거이의 시에 나온 표현. 거문고, 술, 시를 아울러 이르는 말
북 창 삼 우 북녘 북/창 창/석 삼/벗 우

粉骨碎身
뼈가 가루가 되고 몸이 부서지도록 노력함. 犬馬之勞
분 골 쇄 신 가루 분/뼈 골/부술 쇄/몸 신

焚書坑儒
중국 秦나라의 始皇帝가 벌인 문화대학살. 일부 실생활에 관계된 것만 빼고 이외의 모든 서적을 불태우고 수많은 儒生들을 구덩이에 매장한 일
분 서 갱 유 불사를 분/글 서/구덩이 갱/선비 유

不可抗力 사람의 힘으로는 저항할 수 없는 힘

불 가 항 력 아닐 불/가할 가/겨룰 항/힘 력

朋友有信 친구 사이에 신의가 있어야 한다는 말

붕 우 유 신 벗 붕/벗 우/있을 유/믿을 신

不俱戴天 하늘을 함께 이고 살 수 없다는 말로, 같은 세상에서 살 수 없을 만큼 큰 원한이 있다는 의미이다. 不共戴天

불 구 대 천 아닐 불/함께 구/일 대/하늘 천

鵬程萬里 전설 속의 새인 붕새는 한 번에 만리를 난다는 데서 전도(前途)가 매우 원대함을 이르는 말

붕 정 만 리 붕새 붕/길 정/일만 만/마을 리

不問可知 묻지 않아도 알 수 있음

불 문 가 지 아닐 불/물을 문/가히 가/알 지

非命橫死 제명대로 다 살지 못하고 갑자기 죽음

비 명 횡 사 아닐 비/목숨 명/가로 횡/죽을 사

不問曲直 옳고 그른 것을 따지지 아니함

불 문 곡 직 아닐 불/물을 문/굽을 곡/곧을 직

非一非再 한 두 번이 아님. 빈번함

비 일 비 재 아닐 비/한 일/아닐 비/두 재

不遠千里 천리 길을 멀다 여기지 아니함

불 원 천 리 아닐 불/멀 원/일천 천/마을 리

貧者一燈 가난한 사람의 등 하나가 부자의 많은 등보다 소중함을 말함

빈 자 일 등 가난할 빈/놈 자/한 일/등불 등

不恥下問 아랫사람에게 묻는 것을 부끄럽게 여기지 않음

불 치 하 문 아닐 불/부끄러울 치/아래 하/물을 문

氷炭之間 얼음과 숯불의 사이처럼 서로 화합할 수 없는 사이

빙 탄 지 간 얼음 빙/숯 탄/갈 지/사이 간

不偏不黨 어느 한 쪽으로 치우침 없이 공평함

불 편 부 당 아닐 불/치우칠 편/아닐 불/무리 당

四顧無親 사방을 둘러보아도 친해서 의지할만한 사람이 없음

사 고 무 친 넉 사/돌아볼 고/없을 무/친할 친

士氣衝天 兵士의 기세가 하늘을 찌를 듯이 높음

사 기 충 천 병사 사/기운 기/찌를 충/하늘 천

四分五裂 이리저리 나눠지고 찢김

사 분 오 열 넉 사/나눌 분/다섯 오/찢어질 렬

沙上樓閣 모래 위에 세운 누각이란 말로, 오래 유지되기 힘든 일이나 실현 불가능한 일을 의미함

사 상 누 각 모래 사/윗 상/다락 루/집 각

死生決斷 죽고 사는 것을 돌아보지 않고 끝을 보려고 덤빔

사 생 결 단 죽을 사/살 생/결단할 결/끊을 단

捨生取義 목숨을 던지고 正義를 취함. 殺身成仁

사 생 취 의 버릴 사/살 생/취할 취/옳을 의

四通八達 도로나 교통망, 통신망 등이 이리저리 사방으로 막힘 없이 통함. 四通五達

사 통 팔 달 넉 사/통할 통/여덟 팔/달할 달

事必歸正 모든 일은 반드시 정도로 돌아오게 됨

사 필 귀 정 일 사/반드시 필/돌아갈 귀/바를 정

山紫水明 산은 울긋불긋하고 물은 맑다는 말로, 매우 아름다운 자연 경관을 이름

산 자 수 명 메 산/자줏빛 자/물 수/밝을 명

山戰水戰 산에서도 싸우고 물에서도 싸움. 세상의 온갖 일과 고생을 다 경험함을 비유

산 전 수 전 뫼 산/싸울 전/물 수/싸울 전

殺身成仁 옳은 일을 위해 자신을 희생함. 捨生取義

살 신 성 인 죽일 살/몸 신/이룰 성/어질 인

三顧草廬 삼국지에서 유비가 제갈량을 모시기 위해 세 번이나 草廬에 찾아갔다는 데서 유래한 말로, 인재를 맞기 위해 온갖 노력을 한다는 의미이다.

삼 고 초 려 석 삼/돌아볼 고/풀 초/오두막집 려

森羅萬象 우주 안에 존재하는 모든 사물과 현상. 萬彙群象

삼 라 만 상 수풀 삼/벌일 라/일만 만/형상 상

三旬九食 굶기를 밥 먹듯 한다는 말

삼 순 구 식 석 삼/열흘 순/아홉 구/먹을 식

三人成虎 세 사람이 짜면 없는 호랑이도 만들어 낸다는 말로, 근거 없는 말이라도 여러 사람이 입을 맞추면 곧이듣게 된다는 의미

삼 인 성 호 석 삼/사람 인/이룰 성/범 호

三從之道 여자는 유년기엔 아버지를 따르고, 결혼해선 남편을 따르고, 남편이 죽으면 아들을 따라야 한다는 유교규범

삼 종 지 도 석 삼/좇을 종/갈 지/길 도

上善若水 지극히 착한 것은 마치 물과 같음. (老子)

상 선 약 수 윗 상/착할 선/같을 약/물 수

桑田碧海 뽕밭이 푸른 바다로 바뀌듯 세상이 몰라볼 정도로 변함을 비유한 말. 陵谷之變

상 전 벽 해 뽕나무 상/밭 전/푸를 벽/바다 해

塞翁之馬 인생의 길흉화복은 항상 바뀌어 미리 점칠 수 없음을 말함

새 옹 지 마 변방 새/늙은이 옹/갈 지/말 마

生不如死 차라리 죽는 게 낫다고 느낄 정도로 힘든 지경

생 불 여 사 살 생/아닐 불/같을 여/죽을 사

席不暇暖 매우 바빠서 앉은 자리가 따뜻할 겨를이 없음

석 불 가 난 자리 석/아닐 불/겨를 가/따뜻할 난

先見之明 앞을 내다보는 현명함

선 견 지 명 먼저 선/볼 견/갈 지/밝을 명

先公後私 공사를 우선하고 사사를 뒤로 함

선 공 후 사 먼저 선/공변될 공/뒤 후/사사 사

雪膚花容 눈 같은 피부와 꽃 같은 얼굴이란 말로, 미인을 의미한다.

설 부 화 용 눈 설/살 부/꽃 화/얼굴 용

雪上加霜 엎친 데 덮친 격. 악재가 겹침

설 상 가 상 눈 설/윗 상/더할 가/서리 상

說往說來 서로 자신의 주장을 내세우며 옥신각신하는 모습

설 왕 설 래 말씀 설/갈 왕/말씀 설/올 래

纖纖玉手 가느다랗고 고운 여자의 손을 말한다.

섬 섬 옥 수 가늘 섬/가늘 섬/옥 옥/손 수

聲東擊西 동쪽을 공격할 것처럼 소리를 내다가 서쪽을 치는 전술

성 동 격 서 소리 성/동녘 동/칠 격/서녘 서

歲寒三友 추운 겨울철의 세 벗, 松竹梅를 뜻함

세 한 삼 우 해 세/찰 한/석 삼/벗 우

歲寒松柏 추운 겨울의 소나무와 잣나무처럼 어떤 역경 속에 서도 지조를 굽히지 않음. 雪中松柏

세 한 송 백 해 세/찰 한/소나무 송/잣나무 백

笑裏藏刀 웃음 속에 칼을 숨겼다는 말로, 表裏不同을 의미함. 口蜜腹劍, 面從腹背, 陽奉陰違

소 리 장 도 웃음 소/속 리/감출 장/칼 도

騷人墨客 시문이나 서화를 일삼는 사람

소 인 묵 객 시끄러울 소/사람 인/먹 묵/손 객

小貪大失 작은 것을 탐내다가 큰 것을 잃음. 矯角殺牛

소 탐 대 실 작을 소/탐할 탐/큰 대/잃을 실

束手無策 손이 묶여 방책이 없다는 말로, 앉아서 꼼짝없이 당할 수밖에 없는 상황

속 수 무 책 묶을 속/손 수/없을 무/꾀 책

送舊迎新 묵은해를 보내고 새해를 맞이함

송 구 영 신 보낼 송/옛 구/맞을 영/새 신

松茂柏悅 소나무가 무성하면 잣나무가 기뻐한다는 말로, 벗이 잘되는 것을 기뻐함을 비유

송 무 백 열 소나무 송/무성할 무/잣나무 백/기쁠 열

宋襄之仁 너무 착하기만 하여 쓸데없는 아량을 베풀어 실속이 없음을 의미함

송 양 지 인 송나라 송/도울 양/갈 지/어질 인

首丘初心 여우가 죽을 때 고향 쪽으로 머리를 두고 죽는다는 데서 고향을 그리워하는 마음을 말함

수 구 초 심 머리 수/언덕 구/처음 초/마음 심

垂簾聽政 임금이 어린 나이로 즉위하였을 때, 왕대비나 대왕대비가 이를 도와 정사를 돌보던 일. 垂簾之政

수 렴 청 정 드리울 수/발 렴/들을 청/정사 정

壽福康寧 장수하고 행복하며 건강하고 안녕함

수 복 강 녕 목숨 수/복 복/편안할 강/편안할 녕

手不釋卷 손에서 책을 놓지 않음

수 불 석 권 손 수/아닐 불/놓을 석/책 권

首鼠兩端 쥐가 구멍에서 머리만 내밀고 나갈까 말까 망설이는 모습에서 머뭇거리며 진퇴를 결정하지 못 함을 의미함. 左顧右眄

수 서 양 단 머리 수/쥐 서/두 량/끝 단

修身齊家 몸을 닦고 집안을 다스림

수 신 제 가 닦을 수/몸 신/가지런할 제/집 가

水魚之交 물과 고기의 사이처럼 불가분의 특별한 사귐

수 어 지 교 물 수/고기 어/갈 지/사귈 교

守株待兎 나무 그루터기만 지키고 앉아 토끼를 기다린다는 말로, 고지식하여 융통성이 없음을 비유한 말

수 주 대 토 지킬 수/그루 주/기다릴 대/토끼 토

壽則多辱 오래 살수록 그만큼 욕됨이 많음. (莊子 天地篇)

수 즉 다 욕 목숨 수/곧 즉/많을 다/욕될 욕

宿虎衝鼻 잠자는 호랑이의 코를 찌른다는 말로, 재앙을 자초함을 의미함

숙 호 충 비 잠잘 숙/범 호/찌를 충/코 비

脣亡齒寒 입술이 없으면 이가 시리다는 말로, 이해관계가 서로 밀접하여 한쪽이 망하면 다른 한쪽도 보전하기 어려움을 비유함

순 망 치 한 입술 순/망실할 망/이 치/찰 한

乘勝長驅 싸움에서 이긴 기세를 타고 계속 적을 몰아침

승 승 장 구 탈 승/이길 승/긴 장/몰 구

是是非非 옳은 것은 옳고 그른 것은 그르다고 하는 일

시 시 비 비 옳을 시/옳을 시/그를 비/그를 비

始終如一 처음부터 끝까지 한결 같음

시 종 여 일 비로소 시/마칠 종/같을 여/한 일

始終一貫 처음부터 끝까지 한결같이 관철함

시 종 일 관 비로소 시/마칠 종/한 일/꿸 관

食少事煩 먹을 것은 적고 할 일은 많음

식 소 사 번 먹을 식/적을 소/일 사/번거로울 번

識字憂患 글을 아는 것이 오히려 근심거리가 된다는 말

식 자 우 환 알 식/글자 자/근심 우/근심 환

信賞必罰 상줄 사람에겐 상을 주고, 벌받을 사람에겐 반드시 벌을 준다는 말

신 상 필 벌 믿을 신/상줄 상/반드시 필/벌할 벌

身言書判 인재를 뽑는 네 가지 조건으로 신수 · 언변 · 학문 · 판단력을 말함

신 언 서 판 몸 신/말씀 언/글 서/판단할 판

新陳代謝 새로운 것을 늘어놓아 물러난 것을 대신함

신 진 대 사 새 신/베풀 진/대신할 대/감사할 사

身體髮膚 몸과 머리털, 그리고 피부. 즉 몸 전체를 이르는 말이다.
신 체 발 부 몸 신/몸 체/터럭 발/살 부

神出鬼沒 귀신처럼 자유자재로 나타났다 사라졌다 함
신 출 귀 몰 귀신 신/날 출/귀신 귀/빠질 몰

實事求是 사실에 근거하여 진리를 탐구함
실 사 구 시 열매 실/일 사/구할 구/옳을 시

心機一轉 이제까지 가졌던 마음가짐을 버리고 새로이 함
심 기 일 전 마음 심/틀 기/한 일/구를 전

深思熟考 깊이 반복해서 생각함
심 사 숙 고 깊을 심/생각 사/익을 숙/생각할 고

深山幽谷 깊은 산의 으슥한 골짜기
심 산 유 곡 깊을 심/메 산/그윽할 유/골 곡

心心相印 마음과 마음으로 서로 통함. 以心傳心
심 심 상 인 마음 심/마음 심/서로 상/도장 인

十年減壽 수명이 십 년 줄어듦. 위험한 고비를 겪음
십 년 감 수 열 십/해 년/덜 감/목숨 수

十伐之木 열 번 찍어 안 넘어가는 나무가 없음
십 벌 지 목 열 십/칠 벌/갈 지/나무 목

十匙一飯 열 숟가락의 밥이 한 공기의 밥이 되듯이 여러 사람이 조금씩 힘을 합하면 한 사람을 돕기 쉬움을 의미함
십 시 일 반 열 십/숟가락 시/한 일/밥 반

十中八九 열 가운데 여덟이나 아홉이란 말로, 매우 높은 확률
십 중 팔 구 열 십/가운데 중/여덟 팔/아홉 구

阿鼻叫喚 佛家에서 말하는 아비지옥과 규환지옥. 여러 사람이 비참한 지경에 빠져 울부짖는 참상을 비유
아 비 규 환 언덕 아/코 비/울부짖을 규/부를 환

我田引水 제 논에 물대는 것처럼 자기에게 이로운 대로만 함
아 전 인 수 나 아/밭 전/끌 인/물 수

惡戰苦鬪 몹시 힘겹게 싸우는 것
악 전 고 투 악할 악/싸울 전/괴로울 고/싸울 투

安分知足 제 분수를 지키고 만족할 줄 아는 삶

안 분 지 족 편안 안/나눌 분/알 지/만족할 족

安貧樂道 가난을 편하게 여기며 즐거운 마음으로 도를 닦음

안 빈 낙 도 편안 안/가난할 빈/즐거울 락/길 도

安心立命 천명을 깨닫고 인간사를 초월하여 마음의 평안을 얻음

안 심 입 명 편안 안/마음 심/설 립/명령할 명

眼下無人 눈 아래 사람이 없다는 뜻으로 남을 업신여김을 말함. 傍若無人

안 하 무 인 눈 안/아래 하/없을 무/사람 인

暗中摸索 물건 따위를 어둠 속에서 더듬어 찾음. 어림으로 무엇을 알아내려 함. 은밀한 가운데 일의 단서나 해결책을 찾아내려 함

암 중 모 색 어두울 암/가운데 중/더듬을 모/찾을 색

殃及池魚 城門에 난 불을 연못물로 끄니 그 못의 물고기가 다 죽었다는 데서 유래. 엉뚱하게 재난을 당함을 의미함

앙 급 지 어 재앙 앙/미칠 급/못 지/고기 어

藥房甘草 약재 중에 쓰임이 잦은 감초처럼 무슨 일이나 빠짐없이 끼임

약 방 감 초 약 약/방 방/달 감/풀 초

弱肉強食 약한 것이 강한 것의 먹이가 됨

약 육 강 식 약할 약/고기 육/강할 강/먹을 식

羊頭狗肉 양의 머리를 내걸어놓고 실은 개고기를 판다는 데서, 겉으로는 그럴 듯하게 내세우나 속은 변변치 않음을 말함

양 두 구 육 양 양/머리 두/개 구/고기 육

梁上君子 도둑을 점잖게 이르는 말. 無本大商

양 상 군 자 들보 량/윗 상/임금 군/아들 자

良藥苦口 좋은 약이 입에 쓴 것처럼 좋은 말도 귀에는 거스린 다는 의미

양 약 고 구 좋을 량/약 약/쓸 고/입 구

養虎遺患 범을 길러서 화근을 남김. 화근이 될 것을 남겨서 후환을 당하게 됨

양 호 유 환 기를 양/범 호/남길 유/근심 환

魚東肉西 제사상에 음식을 진설할 때, 생선은 동쪽에 고기는 서쪽에 놓는 것

어 동 육 서 고기 어/동녘 동/고기 육/서녘 서

魚頭肉尾 물고기는 머리 쪽이, 짐승의 고기는 꼬리 쪽이 맛있다는 말

어 두 육 미 고기 어/머리 두/고기 육/꼬리 미

魚魯不辨 魚자와 魯자를 구별하지 못함. 아주 무식을 뜻함. 菽麥不辨, 目不識丁

어 로 불 변 고기 어/노나라 노/아닐 불/분별할 변

漁父之利 당사자들 간의 다툼으로 인해 제삼자가 손쉽게 이득을 취함을 이르는 말. 蚌鷸之爭

어 부 지 리 고기잡을 어/아비 부/갈 지/이로울 리

語不成說 말이 조금도 이치에 맞지 않음을 말함

어 불 성 설 말씀 어/아닐 불/이룰 성/말씀 설

魚遊釜中 물고기가 솥 안에서 노님. 생명이 얼마 남지 아니함을 비유. 釜中之魚

어 유 부 중 고기 어/놀 유/솥 부/가운데 중

抑强扶弱 강한 자를 억누르고 약한 자를 도움

억 강 부 약 누를 억/강할 강/도울 부/약할 약

億兆蒼生 수많은 백성. 萬戶衆生

억 조 창 생 억 억/조 조/푸를 창/살 생

焉敢生心 어찌 감히 그런 생각을 하겠는가? 敢不生心

언 감 생 심 어찌 언/감히 감/날 생/마음 심

言語道斷 어이가 없어 말문이 막힘

언 어 도 단 말씀 언/말씀 어/길 도/끊을 단

言中有骨 말 속에 뼈가 있다는 말로, 예사로운 말 속에 심상치 않은 뜻이 숨어있음을 의미함

언 중 유 골 말씀 언/가운데 중/있을 유/뼈 골

言行一致 말과 행동이 서로 같음. 말한 대로 실천함

언 행 일 치 말씀 언/다닐 행/한 일/이를 치

嚴妻侍下 아내에게 쥐어 사는 남편을 조롱하는 말

엄 처 시 하 엄할 엄/아내 처/모실 시/아래 하

如履薄氷 살얼음을 밟는 것처럼 아슬아슬하고 위태로운 지경

여 리 박 빙 같을 여/밟을 리/엷을 박/얼음 빙

如出一口 여러 사람의 말이 한 입에서 나온 것처럼 같음을 말함

여 출 일 구 같을 여/날 출/한 일/입 구

女必從夫 아내는 반드시 남편에게 순종해야 한다는 말

여 필 종 부 계집 녀/반드시 필/좇을 종/지아비 부

易地思之	처지를 바꿔서 생각해봄
역 지 사 지	바꿀 역/땅 지/생각 사/갈 지

緣木求魚	나무에 올라가 물고기를 구한다는 뜻으로 도저히 불가능한 일을 굳이 하려는 것을 비유하는 말
연 목 구 어	인연 연/나무 목/구할 구/고기 어

鳶飛魚躍	솔개가 날고 물고기가 뜀. 온갖 동물이 삶을 즐김.
연 비 어 약	솔개 연/날 비/고기 어/뛸 약

連戰連勝	연이은 전투에서 연달아 이김
연 전 연 승	이을 련/싸울 전/이을 련/이길 승

煙霞痼疾	고요한 산수의 경치를 몹시 사랑하고 즐기는 性癖. 煙霞之癖
연 하 고 질	연기 연/노을 하/고질 고/병 질

炎涼世態	세력이 있을 때는 아첨하여 따르고 세력이 없어지면 푸대접하는 야박한 세상인심
염 량 세 태	불꽃 염/서늘할 량/세상 세/모양 태

榮枯盛衰	개인이나 사회의 번성하고 쇠락함이 서로 뒤바뀌는 현상
영 고 성 쇠	영화 영/마를 고/성할 성/쇠할 쇠

五車之書	소장한 도서가 매우 많음을 이르는 말
오 거 지 서	다섯 오/수레 거/갈 지/글 서

五穀百果	온갖 곡식과 과일
오 곡 백 과	다섯 오/곡식 곡/일백 백/열매 과

五里霧中	짙은 안개 속에서 길을 못 찾는 것처럼 도무지 어떤 일의 갈피를 잡기 어려움을 비유한 말
오 리 무 중	다섯 오/마을 리/안개 무/가운데 중

吾鼻三尺	내 코가 석자라는 말로, 자신의 어려움이 심해 남의 사정을 돌볼 겨를이 없음을 이름
오 비 삼 척	나 오/코 비/석 삼/자 척

烏飛梨落	까마귀 날자 배 떨어진다는 말로, 일이 공교롭게 동시에 발생해 남의 의심을 사게 됨을 비유함
오 비 이 락	까마귀 오/날 비/배 이/떨어질 락

傲霜孤節	심한 서릿발 속에서도 굴하지 않고 외로이 절개를 지킨다는 말로, 국화를 의미함
오 상 고 절	거만할 오/서리 상/외로울 고/절개 절

吳越同舟	서로 적의를 품은 사람들이 같은 처지에 있게 되거나 서로 협력하여야 하는 상황
오 월 동 주	오나라 오/월나라 월/한가지 동/배 주

烏合之卒 까마귀를 모아놓은 것처럼 규율이 없는 병졸

오 합 지 졸 까마귀 오/합할 합/갈 지/군사 졸

曰可曰否 어떤 일에 대하여 옳거니 그르거니 이야기 함

왈 가 왈 부 가로 왈/옳을 가/가로 왈/아닐 부

玉骨仙風 옥과 같이 고귀한 골격과 신선과 같은 풍채

옥 골 선 풍 옥 옥/뼈 골/신선 선/바람 풍

樂山樂水 산과 물을 좋아한다는 말로, 자연을 좋아함을 이름. (論語 雍也篇)

요 산 요 수 좋아할 요/메 산/좋아할 요/물 수

屋上架屋 집 위에 또 집을 세운다는 말로 일을 번잡하게 중복해 볼품없게 만드는 것을 비유함. 屋下架屋, 屋上屋

옥 상 가 옥 집 옥/윗 상/시렁 가/집 옥

搖之不動 흔들어도 꿈쩍 않음

요 지 부 동 흔들 요/갈 지/아닐 부/움직일 동

玉石俱焚 옥과 돌을 함께 불에 태운다는 말로, 착한 사람이 나 나쁜 사람 구별 없이 모두 재앙을 당함을 뜻함

옥 석 구 분 옥 옥/돌 석/함께 구/불사를 분

欲巧反拙 너무 잘 만들려고 하다가 도리어 형편없는 물건을 만듦. 너무 잘하려 하면 도리어 잘 되지 아니함을 뜻함

욕 교 반 졸 하고자할 욕/공교할 교/도리어 반/졸할 졸

溫故知新 옛 것을 익혀 새 것을 앎

온 고 지 신 따뜻할 온/옛 고/알 지/새 신

欲求不滿 원하는 만큼 만족하지 못한 상태

욕 구 불 만 하고자할 욕/구할 구/아닐 불/찰 만

蝸角之爭 달팽이의 더듬이 위에서 싸움. 하찮은 일로 벌이는 싸움을 비유함. 蝸角之勢

와 각 지 쟁 달팽이 와/뿔 각/갈 지/다툴 쟁

欲速不達 일을 빨리 하려고 하면 도리어 이루지 못함

욕 속 부 달 하고자할 욕/빠를 속/아닐 불/달할 달

臥薪嘗膽 섶에 누워 자고 쓸개를 맛 봄. 원수를 갚거나 마음먹은 일을 이루기 위하여 온갖 어려움과 괴로움을 참고 견딤을 의미함

와 신 상 담 누울 와/섶 신/맛볼 상/쓸개 담

龍頭蛇尾 용의 머리처럼 시작은 거창했지만, 뱀의 꼬리처럼 끝은 보잘 것 없음을 말함

용 두 사 미 용 룡/머리 두/뱀 사/꼬리 미

龍味鳳湯 맛이 썩 좋은 음식

용 미 봉 탕 용 룡/맛 미/봉황 봉/끓을 탕

用意周到 마음 씀이 두루 미쳐 일에 빈틈이 없음. 周到綿密

용 의 주 도 쓸 용/뜻 의/두루 주/이를 도

愚公移山 어리석은 일 같아도 끝까지 밀고 나가면 목적을 달성할 수 있음. 積土成山, 磨斧作針, 水滴穿石

우 공 이 산 어리석을 우/공변될 공/옮길 이/뫼 산

愚問賢答 어리석은 질문에 현명한 대답

우 문 현 답 어리석을 우/물을 문/어질 현/대답할 답

雨順風調 비와 바람의 때와 양이 적당함

우 순 풍 조 비 우/순할 순/바람 풍/고를 조

迂餘曲折 뒤얽혀 복잡해진 사정

우 여 곡 절 멀 우/남을 여/굽을 곡/꺾일 절

右往左往 갈피를 못 잡고 이리저리 왔다 갔다 함

우 왕 좌 왕 오른쪽 우/갈 왕/왼 좌/갈 왕

優柔不斷 어물어물하기만 하고 딱 잘라 결단하지 못함

우 유 부 단 넉넉할 우/부드러울 유/아닐 불/끊을 단

牛耳讀經 쇠귀에 경 읽는 것처럼 아무리 말해도 소용이 없음

우 이 독 경 소 우/귀 이/읽을 독/글 경

雨後竹筍 비가 온 뒤에 여기저기 솟는 죽순처럼 어떤 일이 동시에 많이 생겨남

우 후 죽 순 비 우/뒤 후/대 죽/죽순 순

雲泥之差 구름과 진흙의 차이. 서로의 차이가 매우 심함. 天壤之差

운 니 지 차 구름 운/진흙 니/갈 지/다를 차

怨入骨髓 원한이 골수에 사무침.

원 입 골 수 원망할 원/들 입/뼈 골/골수 수

遠禍召福 화를 멀리 하고 복을 불러들임

원 화 소 복 멀 원/재화 화/부를 소/복 복

月盈則食 달이 차면 반드시 이지러짐. 무슨 일이든지 盛衰는 同伴됨을 의미함

월 영 즉 식 달 월/찰 영/곧 즉/먹을 식

危機一髮 바로 앞에 닥친 위기의 순간
위 기 일 발 위태로울 위/틀 기/한 일/터럭 발

韋編三絶 공자께서 주역을 즐겨 읽어 책의 가죽 끈이 세 번이나 끊어졌다는 데서 유래. 책을 열심히 읽음을 뜻함
위 편 삼 절 가죽 위/엮을 편/석 삼/끊을 절

有口無言 입은 있으나 할 말이 없다는 뜻으로, 변명할 말이 없거나 변명을 할 수 없음을 이름
유 구 무 언 있을 유/입 구/없을 무/말씀 언

有名無實 이름만 그럴듯하고 실속은 없음
유 명 무 실 있을 유/이름 명/없을 무/열매 실

流芳百世 꽃다운 이름이 후세에 길이 전함
유 방 백 세 흐를 류/꽃다울 방/일백 백/세상 세

有備無患 대비가 되어 있으면 근심거리가 없다는 말
유 비 무 환 있을 유/갖출 비/없을 무/근심 환

唯我獨尊 오직 자신만이 홀로 존귀하다는 말로, 이 세상에 자기 혼자만이 잘났다고 하는 일
유 아 독 존 오직 유/나 아/홀로 독/높을 존

流言蜚語 흐르는 말과 나르는 말. 출처와 사실 여부가 불분명한 뜬소문. 街談巷說
유 언 비 어 흐를 류/말씀 언/날 비/말씀 어

類類相從 서로 비슷한 사람들끼리 어울리는 것
유 유 상 종 무리 류/무리 류/서로 상/좇을 종

悠悠自適 속세를 떠나 아무 것에도 얽매이지 않고 자유롭게 삶
유 유 자 적 멀 유/멀 유/스스로 자/맞을 적

殷鑑不遠 다른 사람의 실패를 자신의 거울로 삼음. 覆車之戒
은 감 불 원 은나라 은/거울 감/아닐 불/멀 원

隱忍自重 마음속으로 참아가며 행동을 신중히 함
은 인 자 중 숨을 은/참을 인/스스로 자/무거울 중

吟風弄月 바람을 읊고 달을 보며 시를 짓는다는 말로, 풍류를 즐김을 의미함
음 풍 농 월 읊을 음/바람 풍/희롱할 롱/달 월

異口同聲 여러 사람이 한 목소리를 냄
이 구 동 성 다를 이/입 구/한가지 동/소리 성

以卵擊石	계란으로 바위치기. 턱없이 약한 것으로 강한 것을 상대하려는 어리석음을 비유함	利害打算	이해관계를 이리저리 따져 보는 일
이 란 격 석	써 이/알 란/칠 격/돌 석	이 해 타 산	이로울 리/해로울 해/칠 타/셀 산
以心傳心	마음에서 마음으로 뜻을 전함	因果應報	원인에 대응하여 합당한 결과가 주어진다는 말
이 심 전 심	써 이/마음 심/전할 전/마음 심	인 과 응 보	인할 인/열매 과/응할 응/갚을 보
以熱治熱	열로 열을 다스림	人面獸心	사람의 얼굴에 짐승의 마음이라는 말로, 인간답지 못한 행동을 하는 사람을 의미함
이 열 치 열	써 이/뜨거울 열/다스릴 치/뜨거울 열	인 면 수 심	사람 인/얼굴 면/짐승 수/마음 심
利用厚生	기물의 사용을 편리하게 하고 백성의 생활을 윤택하게 함	人命在天	사람의 목숨은 하늘에 달려 있다는 말
이 용 후 생	이로울 리/쓸 용/두터울 후/살 생	인 명 재 천	사람 인/목숨 명/있을 재/하늘 천
二律背反	두 가지 규칙이 서로 등 돌리고 반대됨. 상호모순으로 양립할 수 없는 두 명제	人死留名	사람은 죽어서 이름을 남김
이 율 배 반	두 이/법칙 률/등질 배/도리어 반	인 사 유 명	사람 인/죽을 사/남길 류/이름 명
泥田鬪狗	진흙탕에서 싸우는 개처럼 볼썽사나운 저급한 다툼	因循姑息	낡은 관습이나 폐단을 벗어나지 못하고 당장의 편안함만을 취함
이 전 투 구	진흙 니/밭 전/싸울 투/개 구	인 순 고 식	인할 인/따를 순/잠깐 고/숨 쉴 식
離合集散	이해득실에 따라 헤어졌다 모였다 하는 일	一刻千金	매우 짧은 기간도 천금처럼 귀하다
이 합 집 산	떠날 리/합할 합/모일 집/흩어질 산	일 각 천 금	한 일/시각 각/일천 천/쇠 금

一擧兩得 한 가지 일로써 두 가지 이득을 얻음

일 거 양 득 한 일/들 거/두 량/얻을 득

一罰百戒 한 사람을 본보기로 처벌하여 여러 사람에게 경계를 준다는 말

일 벌 백 계 한 일/벌할 벌/일백 백/경계할 계

日久月深 세월이 흐를수록 바라는 마음이 더욱 간절해짐

일 구 월 심 날 일/오랠 구/달 월/깊을 심

一絲不亂 엉클어짐이 없는 한 타래의 실처럼 질서정연하여 조금도 어지러움이 없음을 말함

일 사 불 란 한 일/실 사/아닐 불/어지러울 란

一刀兩斷 칼을 한 번 내리쳐 두 동강 내듯이 일이나 행동에 있어 주저하지 않고 결단함

일 도 양 단 한 일/칼 도/두 량/끊을 단

一瀉千里 강물이 빨리 흘러 천리를 가듯이 어떤 일이 거침없이 빨리 진행됨을 뜻함

일 사 천 리 한 일/쏟을 사/일천 천/마을 리

一蓮托生 다른 사람과 행동이나 운명을 같이 함

일 련 탁 생 한 일/연꽃 련/맡길 탁/살 생

一石二鳥 돌 하나를 던져 두 마리의 새를 잡는다는 말

일 석 이 조 한 일/돌 석/두 이/새 조

一網打盡 한 번 그물을 던져 고기를 다 잡는 것처럼 어떤 무리를 한꺼번에 모조리 잡음

일 망 타 진 한 일/그물 망/칠 타/다할 진

一魚濁水 물고기 한 마리가 물을 흐리는 것처럼 한 사람의 잘못으로 여러 사람이 피해를 보는 것을 말함

일 어 탁 수 한 일/고기 어/흐릴 탁/물 수

一脈相通 하나의 줄기가 서로 통하는 것처럼 사고방식, 상태, 성질 따위가 서로 통하거나 비슷함을 말함

일 맥 상 통 한 일/줄기 맥/서로 상/통할 통

一言半句 아주 짧은 말이나 글귀

일 언 반 구 한 일/말씀 언/절반 반/글귀 구

日暮途遠 날은 저물고 갈 길은 멀다는 말로, 앞으로 해야 할일은 많은데 나이가 들어감을 뜻함. 日暮途窮

일 모 도 원 날 일/저물 모/길 도/멀 원

一衣帶水 한 가닥의 허리띠와 같이 좁은 강이라는 말로, 강폭이 매우 좁음을 의미함

일 의 대 수 한 일/옷 의/띠 대/물 수

一以貫之 하나의 이치로서 모든 것을 꿰뚫음

일 이 관 지 한 일/써 이/뀔 관/갈 지

一日三秋 하루가 삼년처럼 길게 느껴짐

일 일 삼 추 한 일/날 일/석 삼/가을 추

一日之長 하루 먼저 태어난 어른

일 일 지 장 한 일/날 일/갈 지/어른 장

一場春夢 한바탕 봄날의 꿈처럼 헛된 부귀영화나 덧없는 일. 南柯一夢, 邯鄲之夢

일 장 춘 몽 한 일/마당 장/봄 춘/꿈 몽

一觸卽發 조금만 건드려도 폭발할 것 같은 위태로운 상태

일 촉 즉 발 한 일/닿을 촉/곧 즉/폭발할 발

日就月將 나날이 발전해 나감

일 취 월 장 날 일/나아갈 취/달 월/장차 장

一波萬波 하나의 물결이 수많은 물결을 된다는 데서, 하나의 사건이 여러 가지로 자꾸 확대되는 것을 말함

일 파 만 파 한 일/물결 파/일만 만/물결 파

一敗塗地 싸움에 한 번 패하여 간과 뇌가 땅바닥에 으깨어진 다는 말로, 여지없이 패하여 다음을 기약할 수 없게 된 지경

일 패 도 지 한 일/패할 패/진흙 도/땅 지

一片丹心 한 조각의 붉은 마음. 즉 결코 변하지 않을 충성되고 참된 마음

일 편 단 심 한 일/조각 편/붉을 단/마음 심

一筆揮之 막힘없이 단숨에 죽 써내려가는 글씨

일 필 휘 지 한 일/붓 필/휘두를 휘/갈 지

一喜一悲 한편 기쁘고 한편 슬픔

일 희 일 비 한 일/기쁠 희/한 일/슬플 비

臨渴掘井 목이 말라야 우물을 판다는 말로, 대비 없이 있다가 일을 당하여 허둥지둥 서두름. 渴而穿井

임 갈 굴 정 임할 임/목마를 갈/팔 굴/우물 정

臨機應變 그때그때 상황에 맞춰 알맞게 일을 처리함

임 기 응 변 임할 임/틀 기/응할 응/변할 변

臨戰無退 전쟁에 나가서 물러서지 않음

임 전 무 퇴 임할 임/싸울 전/없을 무/물러날 퇴

立稻先賣 아직 논에서 자라고 있는 벼를 미리 돈을 받고 팖

입 도 선 매 설 립/벼 도/먼저 선/팔 매

立身揚名 출세하여 세상에 이름을 널리 알림

입 신 양 명 설 립/몸 신/날릴 양/이름 명

自家撞着 같은 사람의 말이나 행동이 앞뒤가 맞지 아니함. 矛盾, 自己矛盾

자 가 당 착 스스로 자/집 가/칠 당/붙을 착

自强不息 스스로 힘쓰고 쉬지 아니함

자 강 불 식 스스로 자/강할 강/아닐 불/쉴 식

自激之心 자신이 이룬 일의 결과에 대해 스스로 미흡하게 여기는 마음

자 격 지 심 스스로 자/격할 격/갈 지/마음 심

自手成家 물려받은 재산 없이 자기 혼자의 힘으로 집안을 일으키고 재산을 모음

자 수 성 가 스스로 자/손 수/이룰 성/집 가

自繩自縛 자기 줄로 자기 몸을 옭아 묶는다는 말로, 자기의 과거 언행이 자신을 옭아맴을 비유함

자 승 자 박 스스로 자/줄 승/스스로 자/얽을 박

自業自得 자신이 저지른 일의 과보를 자기가 받음

자 업 자 득 스스로 자/업 업/스스로 자/얻을 득

自中之亂 같은 편 사이에서 일어나는 혼란

자 중 지 란 스스로 자/가운데 중/갈 지/어지러울 란

自初至終 일의 처음부터 끝까지 이르는 과정

자 초 지 종 부터 자/처음 초/부터 자/마칠 종

自暴自棄 스스로 자기 몸을 해치고 자기 몸을 버림

자 포 자 기 스스로 자/사나울 포/스스로 자/버릴 기

自畫自讚 자기가 한 일을 자기 스스로 칭찬함

자 화 자 찬 스스로 자/그림 화/스스로 자/칭찬할 찬

作心三日 한 번 마음먹은 것이 사흘을 못 넘김

작 심 삼 일 지을 작/마음 심/석 삼/날 일

張三李四 평범한 사람들. 甲男乙女, 樵童汲婦

장 삼 이 사 베풀 장/석 삼/오얏 리/넉 사

才勝薄德 재주는 남보다 우월하지만 덕이 부족함

재 승 박 덕 재주 재/나을 승/엷을 박/큰 덕

賊反荷杖 도둑이 도리어 몽둥이를 든다는 말로, 잘못한 사람이 잘못 없는 사람을 나무람을 뜻함

적 반 하 장 도적 적/도리어 반/멜 하/몽둥이 장

赤手空拳 맨손과 맨주먹. 아무것도 가진 것이 없음

적 수 공 권 붉을 적/손 수/빌 공/주먹 권

適材適所 적합한 인재를 적합한 자리에 등용함

적 재 적 소 맞을 적/재목 재/맞을 적/장소 소

積土成山 흙이 쌓여 산을 이룸. 積塵成山, 愚公移山

적 토 성 산 쌓을 적/흙 토/이룰 성/뫼 산

電光石火 번갯불이나 부싯돌의 불이 번쩍하는 것처럼 극히 짧은 시간

전 광 석 화 번개 전/빛 광/돌 석/불 화

前代未聞 앞선 시대엔 들어본 적이 없는 일이나 사건

전 대 미 문 앞 전/시대 대/아닐 미/들을 문

前無後無 전에도 없었고 후에도 없을 일이나 사건

전 무 후 무 앞 전/없을 무/뒤 후/없을 무

前人未踏 이전 누구도 밟지 않았다는 말로, 이전 누구도 경험하지 못한 경지

전 인 미 답 앞 전/사람 인/아닐 미/밟을 답

戰戰兢兢 몹시 두려워서 벌벌 떨며 조심함

전 전 긍 긍 다툴 전/다툴 전/삼갈 긍/삼갈 긍

輾轉反側 누워서 몸을 이리저리 뒤척이며 잠을 이루지 못 함

전 전 반 측 돌아누울 전/구를 전/도리어 반/곁 측

轉禍爲福 화가 바뀌어 오히려 복이 됨

전 화 위 복 전환할 전/재화 화/될 위/복 복

絶長補短 긴 것을 잘라서 짧은 것을 보충함. 장점으로 단점을 보충함. 截長補短, 斷長補短

절 장 보 단 끊을 절/긴 장/기울 보/짧을 단

切齒腐心 몹시 분하여 이를 갈고 속을 썩임

절 치 부 심 끊을 절/이 치/썩을 부/마음 심

漸入佳境 점점 흥미로운 경지로 들어감

점 입 가 경 점점 점/들 입/아름다울 가/지경 경

頂門一鍼 정수리에 침을 놓음. 따끔한 충고나 교훈

정 문 일 침 정수리 정/문 문/한 일/침 침

井底之蛙 우물 안의 개구리처럼 소견이 좁음. 坐井觀天

정 저 지 와 우물 정/밑 저/갈 지/개구리 와

糟糠之妻 술지게미와 쌀겨로 끼니를 이을 때의 아내. 몹시 가난할 때 고생을 함께 겪어 온 아내

조 강 지 처 지게미 조/겨 강/갈 지/아내 처

朝令暮改 아침에 내린 명령을 저녁에 고친다는 말로, 무슨 일을 자주 변경함을 이름

조 령 모 개 아침 조/명령할 령/저물 모/고칠 개

朝變夕改 아침저녁으로 뜯어 고침. 즉 일을 자주 변경함

조 변 석 개 아침 조/변할 변/저녁 석/고칠 개

朝三暮四 얕은 꾀로 남을 속여 희롱함을 이르는 말

조 삼 모 사 아침 조/석 삼/저물 모/넉 사

鳥足之血 새 발의 피처럼 극히 적은 분량. 九牛一毛, 滄海一粟

조 족 지 혈 새 조/발 족/갈 지/피 혈

足脫不及 신을 벗고 맨발로 쫓아도 미치지 못함. 능력이나 역량이 현저히 차이가 남을 말함

족 탈 불 급 발 족/벗을 탈/아닐 불/미칠 급

存亡之秋 죽느냐 사느냐의 기로에 선 절박한 상황

존 망 지 추 있을 존/죽을 망/갈 지/가을 추

種豆得豆 콩 심은데 콩 나는 것처럼 원인에 따라 결과가 나옴. 因果應報

종 두 득 두 심을 종/콩 두/얻을 득/콩 두

縱橫無盡 행동을 마음 내키는 대로 자유자재로 함

종 횡 무 진 세로 종/가로 횡/없을 무/다할 진

左顧右眄 왼쪽 오른쪽을 번갈아 돌아본다는 말로, 무슨 일에 얼른 결정짓지 못함을 뜻함

좌 고 우 면 왼 좌/돌아볼 고/오른쪽 우/곁눈질할 면

坐不安席 가만히 앉아 있기 힘들 정도로 마음이 초조하고 불안함

좌 불 안 석 앉을 좌/아닐 불/편안 안/자리 석

坐井觀天 우물 안에 앉아 하늘을 본다는 뜻으로, 소견이 좁아 세상 물정을 너무 모름을 말함

좌 정 관 천 앉을 좌/우물 정/볼 관/하늘 천

左之右之 제 멋대로 다루거나 휘두름

좌 지 우 지 왼 좌/갈 지/오른쪽 우/갈 지

左衝右突 이리저리 마구 치받음

좌 충 우 돌 왼 좌/찌를 충/오른쪽 우/충돌할 돌

主客一體 나와 나 밖의 대상이 하나가 됨

주 객 일 체 주인 주/손 객/한 일/몸 체

晝耕夜讀 낮에는 일하고 밤에는 독서한다는 뜻으로, 바쁜 와중에도 시간을 내어 공부를 말함

주 경 야 독 낮 주/밭갈 경/밤 야/읽을 독

走馬加鞭 달리는 말에 채찍질 하는 것처럼 잘하는 사람을 더욱 장려함

주 마 가 편 달릴 주/말 마/더할 가/채찍 편

走馬看山 달리는 말 위에서 산을 본다는 말로, 자세히 살필 겨를 없이 대충 지나치며 봄을 이름

주 마 간 산 달릴 주/말 마/볼 간/메 산

酒池肉林 술은 못을 이루고 고기는 숲을 이룬다는 말로, 매우 호사스러운 술잔치를 이름

주 지 육 림 술 주/못 지/고기 육/수풀 림

竹馬故友 대나무 말을 타고 놀던 오랜 친구, 즉 어렸을 때부터 친하게 지낸 벗

죽 마 고 우 대 죽/말 마/옛 고/벗 우

衆寡不敵 적은 수의 사람으로는 많은 사람을 대적하지 못함

중 과 부 적 무리 중/적을 과/아닐 불/대적할 적

衆口難防 여러 사람의 입은 막기가 어렵다는 말

중 구 난 방 무리 중/입 구/어려울 난/막을 방

櫛風沐雨 바람으로 빗질하고 빗물로 목욕함. 오랜 세월을 객지에서 방랑하며 온갖 고생을 다 함. 風餐露宿

즐 풍 목 우 빗 즐/바람 풍/목욕할 목/비 우

知己之友 자기를 알아주는 벗. 知音, 伯牙絶絃

지 기 지 우 알 지/몸 기/갈 지/벗 우

芝蘭之交 지초와 난초의 사귐. 管鮑之交

지 란 지 교 지초 지/난초 란/갈 지/사귈 교

指鹿爲馬 윗사람을 농락하여 권세를 마음대로 휘두름

지 록 위 마 가리킬 지/사슴 록/할 위/말 마

支離滅裂 서로 갈라져 흩어지고 찢기어 나눠져 갈피를 잡을 수 없음

지 리 멸 렬 지탱할 지/떠날 리/멸할 멸/찢어질 렬

知命之年 천명을 알 수 있는 나이. 50세

지 명 지 년 알 지/명령할 명/갈 지/해 년

遲遲不進 매우 더뎌서 일 따위가 잘 진척되지 아니함

지 지 부 진 더딜 지/더딜 지/아닐 불/나아갈 진

至誠感天 지극한 정성이 하늘을 감동시킴

지 성 감 천 이를 지/정성 성/느낄 감/하늘 천

盡忠報國 충성을 다하여 나라의 은혜를 갚음

진 충 보 국 다할 진/충성 충/갚을 보/나라 국

進退兩難 나아갈 수도 물러설 수도 없는 상황

진 퇴 양 난 나아갈 진/물러날 퇴/두 량/어려울 난

進退維谷 나아가거나 물러서거나 오직 골짜기뿐인 것처럼 꼼짝할 수 없는 궁지에 빠짐을 말함

진 퇴 유 곡 나아갈 진/물러날 퇴/벼리 유/골 곡

此日彼日 이날저날 하며 자꾸 약속한 날을 이룸

차 일 피 일 이 차/날 일/저 피/날 일

滄海一粟 큰 바다에 떠있는 좁쌀 한 알이란 말로, 극히 적거나 작은 것을 의미한다.

창 해 일 속 큰바다 창/바다 해/한 일/조 속

天高馬肥 하늘을 높고 말은 살찌는 계절, 즉 가을을 말함

천 고 마 비 하늘 천/높을 고/말 마/살찔 비

千慮一得 어리석은 사람도 많은 생각 가운데 한 가지쯤은 좋은 생각을 할 수 있다는 말

천 려 일 득 일천 천/생각 려/한 일/얻을 득

千慮一失 지혜로운 사람도 많은 생각 가운데는 간혹 실수가 있을 수 있다는 말

천 려 일 실 일천 천/생각 려/한 일/잃을 실

天方地軸 하늘 방향이 어디이고 땅의 축이 어디인지 모름. 天方地方

천 방 지 축 하늘 천/모 방/땅 지/굴대 축

天生緣分 하늘이 만들어준 연분

천 생 연 분 하늘 천/날 생/인연 연/나눌 분

千辛萬苦 온갖 고난과 고생

천 신 만 고 일천 천/매울 신/일만 만/괴로울 고

天壤之差 하늘과 땅의 차이, 즉 커다란 차이 雲泥之差

천 양 지 차 하늘 천/흙덩이 양/갈 지/다를 차

天衣無縫 하늘의 옷은 꿰맨 흔적이 없다는 말로, 주로 詩歌나 문장이 完全無缺하여 흠이 없음을 뜻함

천 의 무 봉 하늘 천/옷 의/없을 무/꿰맬 봉

天人共怒 하늘과 사람이 함께 분노한다는 말로, 도저히 용서받을 수 없음을 뜻함

천 인 공 노 하늘 천/사람 인/한가지 공/성낼 노

千載一遇 천년에 한 번 만날 정도로 드물고 좋은 기회

천 재 일 우 일천 천/실을 재/한 일/만날 우

千差萬別 여러 가지 사물이 모두 차이가 있고 구별이 있음

천 차 만 별 일천 천/다를 차/일만 만/나눌 별

千態萬象 세상 사물이 한결같지 않고 각각 모습이나 모양이 다름을 뜻함

천 태 만 상 일천 천/모양 태/일만 만/모양 상

千篇一律 많은 사물이 특색 없이 모두 비슷비슷함

천 편 일 률 일천 천/책 편/한 일/법칙 률

徹頭徹尾 처음부터 끝까지 철저함

철 두 철 미 통할 철/머리 두/통할 철/꼬리 미

徹天之冤 하늘에 사무치는 큰 원한. 徹天之恨

철 천 지 원 통할 철/하늘 천/갈 지/원통할 원

靑出於藍 쪽에서 나온 푸른 염료가 쪽보다 더 푸르다는 말로, 제자가 스승보다 나음을 의미한다.

청 출 어 람 푸를 청/날 출/어조사 어/쪽 람

草綠同色 풀색과 녹색은 같은 색이란 말로, 같은 처지에 있는 사람들끼리 어울림을 뜻함. 同病相憐

초 록 동 색 풀 초/푸를 록/한가지 동/빛 색

焦眉之急 눈썹에 불이 붙은 상황처럼 매우 급박함. 燒眉之急

초 미 지 급 불탈 초/눈썹 미/갈 지/급할 급

初志一貫 처음에 세운 뜻을 끝까지 밀고 나감

초 지 일 관 처음 초/뜻 지/한 일/꿸 관

春雉自鳴 봄이 되면 꿩이 스스로 우는 것처럼 시키거나 요구하지 않아도 자기 스스로 함을 뜻함

춘 치 자 명 봄 춘/꿩 치/스스로 자/울 명

寸鐵殺人 한 치의 쇠붙이로 사람을 죽인다는 말로, 짧은 말로 핵심을 찔러 사람을 크게 감동시키는 것을 말함

촌 철 살 인 마디 촌/쇠 철/죽일 살/사람 인

出將入相 문무를 겸비하여 장군과 재상의 벼슬을 모두 지낸 사람

출 장 입 상 날 출/장수 장/들 입/재상 상

推己及人 자기 마음을 미루어 보아 남에게도 그렇게 대함

추 기 급 인 밀 추/몸 기/미칠 급/사람 인

忠言逆耳 올바른 충언은 귀에 거슬린다는 말

충 언 역 이 충성 충/말씀 언/거스를 역/귀 이

鄒魯之鄕 공자와 맹자의 고향이란 말로, 예절을 알고 학문이 왕성한 곳을 뜻함

추 로 지 향 추나라 추/노나라 노/갈 지/고을 향

取捨選擇 취할 것과 버릴 것을 고름

취 사 선 택 가질 취/버릴 사/가릴 선/가릴 택

追友江南 친구 따라 강남 간다는 말로 자기 主見 없이 남의 말에 쉽게 동조함을 뜻함

추 우 강 남 쫓을 추/벗 우/강 강/남녘 남

醉生夢死 취해서 살다가 꿈꾸듯 죽는다는 말로, 한 평생을 의미 없이 흐리멍덩하게 사는 것을 말함

취 생 몽 사 취할 취/살 생/꿈 몽/죽을 사

秋風落葉 가을바람에 떨어지는 나뭇잎처럼 세력이나 형세가 일순간에 속절없이 실추됨을 비유하는 말

추 풍 낙 엽 가을 추/바람 풍/떨어질 락/잎 엽

置之度外 내버려 두어 더 이상 문제 삼지 아니함

치 지 도 외 둘 치/갈 지/법도 도/바깥 외

秋毫之末 가을의 짐승 털끝이란 말로, 아주 적음을 뜻함. 九牛一毛, 鳥足之血, 滄海一粟

추 호 지 말 가을 추/터럭 호/갈 지/끝 말

七縱七擒 三國志에서 諸葛亮이 孟獲을 일곱 번이나 사로잡았다가 일곱 번 놓아 주었다는 故事에서 유래한 말로, 상대를 마음대로 요리함을 뜻함

칠 종 칠 금 일곱 칠/세로 종/일곱 칠/사로잡을 금

針小棒大 작은 일을 크게 부풀려 떠벌림. 鍼小棒大

침 소 봉 대 바늘 침/작을 소/몽둥이 봉/큰 대

快刀亂麻 잘 드는 칼로 마구 헝클어진 삼 가닥을 자른다는 말로, 복잡한 일을 명쾌하게 처리함을 뜻함

쾌 도 난 마 쾌할 쾌/칼 도/어지러울 란/삼 마

他山之石 다른 사람의 하찮은 언행도 내 수양에 도움이 된다는 말

타 산 지 석 다를 타/메 산/갈 지/돌 석

卓上空論 실현성이 없는 헛된 논의

탁 상 공 론 탁자 탁/윗 상/빌 공/논할 론

貪官汚吏 탐욕스럽고 행실이 지저분한 벼슬아치

탐 관 오 리 탐할 탐/벼슬 관/더러울 오/벼슬아치 리

泰山北斗 중국의 태산과 북두성을 이르는 말로, 세상 사람들로부터 가장 존경받는 사람을 비유한 말

태 산 북 두 클 태/메 산/북녘 북/말 두

土崩瓦解 흙이 무너지고 기와가 깨짐. 어떤 조직이나 사물이 손을 쓸 수 없을 정도로 무너져 버림을 비유

토 붕 와 해 흙 토/무너질 붕/기와 와/풀 해

吐哺握髮 周公이 식사 때나 목욕할 때라도 來客이 있으면 먹던 것을 뱉고, 감고 있던 머리를 거머쥐고 영접했다는 데서 유래함

토 포 악 발 토할 토/먹을 포/쥘 악/터럭 발

波瀾萬丈 물결이 만 길임. 사람의 생활이나 일의 진행이 여러 가지 곡절과 시련이 많음을 비유함

파 란 만 장 물결 파/물결 란/일만 만/길 장

破釜沈舟 밥 지을 솥을 깨뜨리고 돌아갈 배를 가라앉힌다는 말로, 결사항전의 결의를 의미함. 破釜沈船, 背水之陣

파 부 침 주 깨뜨릴 파/솥 부/잠길 침/배 주

破邪顯正 사악한 생각을 깨뜨리고 바른 도리를 드러냄

파 사 현 정 깨뜨릴 파/간사할 사/나타낼 현/바를 정

破顔大笑 만면에 즐거운 표정을 지으며 한바탕 크게 웃음

파 안 대 소 깨뜨릴 파/얼굴 안/큰 대/웃음 소

破竹之勢 대나무를 쪼개는 것처럼 거침없는 형세

파 죽 지 세 깨뜨릴 파/대 죽/갈 지/형세 세

八方美人 다재다능하여 여러 방면에 능통한 사람

팔 방 미 인 여덟 팔/모 방/아름다울 미/사람 인

抱腹絶倒 배를 부여잡고 넘어진다는 표현으로 아주 우스운 상황

포 복 절 도 안을 포/배 복/끊을 절/꺼꾸러질 도

飽食暖衣 배불리 먹고 따뜻하게 입음

포 식 난 의 배부를 포/먹을 식/따뜻할 난/옷 의

暴虎馮河 맨손으로 범을 때려잡고 걸어서 黃河를 건넌다는 말로, 무모한 용기를 뜻함. (論語 述而篇)

포 호 빙 하 사나울 포/범 호/탈 빙/강 하

表裏不同 겉과 속이 다름

표 리 부 동 겉 표/속 리/아닐 불/한가지 동

風樹之歎 한시외전(韓詩外傳)의 '樹欲靜而風不止, 子欲養而親不待' 라는 구절에서 유래

풍 수 지 탄 바람 풍/나무 수/갈 지/탄식할 탄

風前燈火 바람 앞의 등불처럼 매우 위태로운 상황을 가리키는 말

풍 전 등 화 바람 풍/앞 전/등불 등/불 화

風餐露宿 바람을 맞으며 밥 먹고, 이슬을 맞으며 잠을 잔다는 말로, 객지에서 겪는 숱한 고생을 뜻함

풍 찬 노 숙 바람 풍/밥 찬/이슬 로/잠잘 숙

皮骨相接 살가죽과 뼈가 맞붙을 정도로 몹시 마름

피 골 상 접 가죽 피/뼈 골/서로 상/접할 접

彼此一般 저편이나 이편이나 매 한가지

피 차 일 반 저 피/이 차/한 일/일반 반

匹馬單騎 한 필의 말을 혼자 탐. 지원세력이 없음.

필 마 단 기 짝 필/말 마/홑 단/말탈 기

匹夫匹婦 평범한 보통의 남자와 여자

필 부 필 부 짝 필/지아비 부/짝 필/아내 부

夏爐冬扇 여름의 화로와 겨울의 부채란 말로, 격이나 철에 맞지 아니함을 뜻함

하 로 동 선 여름 하/화로 로/겨울 동/부채 선

下石上臺 아랫돌 빼서 윗돌 괸다는 말로, 근본적인 해결책이 아닌 임시방편의 미봉책을 의미함

하 석 상 대 하래 하/돌 석/윗 상/대 대

鶴首苦待 학의 목처럼 목을 길게 빼고 애태우며 기다린다는 뜻으로, 몹시 기다림을 말함

학 수 고 대 학 학/머리 수/괴로울 고/기다릴 대

漢江投石

한강에 돌 던지기. 지나치게 미미하여 아무런 영향을 미칠 수 없음을 뜻함

한 강 투 석 한수 한/강 강/던질 투/돌 석

汗牛充棟

가지고 있는 책이 매우 많아서, 짐으로 실으면 소가 땀을 흘리고, 쌓으면 들보까지 찬다는 의미. 五車之書

한 우 충 동 땀 한/소 우/채울 충/마룻대 동

含哺鼓腹

배불리 먹고 배를 두드림. 먹을 것이 풍족하여 즐겁게 지냄. 鼓腹擊壤

함 포 고 복 머금을 함/먹일 포/두드릴 고/배 복

咸興差使

한번 간 사람이 돌아오지 않거나 소식이 없음

함 흥 차 사 다 함/흥할 흥/다를 차/부릴 사

恒茶飯事

차 마시고 밥 먹는 것처럼 늘상 있는 일

항 다 반 사 항상 항/차 다/밥 반/일 사

偕老同穴

살아서는 같이 늙고 죽어서는 한 무덤에 묻힘. 百年偕老

해 로 동 혈 함께 해/늙을 로/한가지 동/구멍 혈

虛無孟浪

터무니없이 거짓되고 실속이 없음

허 무 맹 랑 빌 허/없을 무/맏 맹/물결 랑

虛心坦懷

품은 생각을 터놓고 말할 만큼 아무 거리낌이 없고 솔직함

허 심 탄 회 빌 허/마음 심/평탄할 탄/품을 회

虛張聲勢

실속 없이 허세만 부림

허 장 성 세 빌 허/베풀 장/소리 성/형세 세

軒軒丈夫

풍채가 좋고 의기가 당당한 데가 있는 남자

헌 헌 장 부 마루 헌/마루 헌/어른 장/지아비 부

懸頭刺股

머리카락을 끈으로 묶고 허벅다리를 찌른다는 말로, 잠을 물리치며 학업에 매진함을 뜻함. 懸梁刺股

현 두 자 고 매달 현/머리 두/찌를 자/넓적다리 고

賢母良妻

현명한 어머니인 동시에 선량한 아내

현 모 양 처 어질 현/어미 모/좋을 량/아내 처

懸河之辯

흐르는 강처럼 거침없이 유창하게 엮어 내려가는 말. 懸河口辯

현 하 지 변 매달 현/물 하/갈 지/말씀 변

螢雪之功

반딧불과 눈빛으로 글을 읽었다 하여 애써 공부한 보람을 의미함

형 설 지 공 반딧불 형/눈 설/갈 지/공 공

互角之勢 쇠뿔의 양쪽이 서로 길이나 크기가 비슷한 것처럼 역량이 서로 비슷비슷해 우열을 가릴 수 없는 형세. 伯仲之勢, 難兄難弟, 莫上莫下

호 각 지 세 서로 호/뿔 각/갈 지/형세 세

糊口之策 입에 풀칠하는 계책이란 말로, 가난한 살림에서 그저 겨우 먹고 살아 가는 방책. 糊口之計

호 구 지 책 풀칠할 호/입 구/갈 지/꾀 책

浩然之氣 거침없이 넓고 큰 기개

호 연 지 기 넓을 호/그러할 연/갈 지/기운 기

好衣好食 잘 먹고 잘 입음

호 의 호 식 좋을 호/옷 의/좋을 호/먹을 식

胡蝶之夢 나비의 꿈. 物我一體의 이치. (莊子 齊物論)

호 접 지 몽 나비 호/나비 접/갈 지/꿈 몽

昊天罔極 어버이의 은혜가 하늘과 같이 다함이 없음

호 천 망 극 하늘 호/하늘 천/없을 망/다할 극

惑世誣民 세상을 어지럽히고 백성을 속임

혹 세 무 민 미혹할 혹/세상 세/속일 무/백성 민

魂飛魄散 혼백이 어지러이 흩어짐. 몹시 놀라 넋을 잃음

혼 비 백 산 넋 혼/날 비/넋 백/흩어질 산

昏定晨省 자식이 조석으로 부모의 안부를 살핌

혼 정 신 성 저물 혼/정할 정/새벽 신/살필 성

紅爐點雪 빨갛게 달아오른 화로 위에 눈을 뿌리면 순식간에 녹듯이 사욕이나 의혹이 일순간에 없어짐을 뜻하는 말

홍 로 점 설 붉을 홍/화로 로/점 점/눈 설

弘益人間 고조선의 건국이념으로서 널리 인간세상을 이롭게 한다는 의미

홍 익 인 간 클 홍/더할 익/사람 인/사이 간

畫龍點睛 용을 그리고 난 후에 마지막으로 눈동자를 찍는다는 말로, 무슨 일을 하는 데에 가장 중요한 부분을 완성함

화 룡 점 정 그림 화/용 룡/점 점/눈동자 정

畫蛇添足 뱀을 그리면서 발까지 보태어 넣는다는 말로, 쓸데없는 일을 하는 것을 말함

화 사 첨 족 그림 화/뱀 사/더할 첨/발 족

花朝月夕 꽃피는 아침과 달뜨는 저녁이란 말로, 경치가 썩 좋은 때를 일컫는 말임

화 조 월 석 꽃 화/아침 조/달 월/저녁 석

和而不同 남과 화목하게 지내기는 하나 同化되지는 않음

화 이 부 동 화할 화/말이을 이/아닐 불/한가지 동

畫中之餠 그림의 떡이란 말로, 아무 소용이 없음

화 중 지 병 그림 화/가운데 중/갈 지/떡 병

確固不動 튼튼하고 굳어 흔들리거나 움직이지 아니함

확 고 부 동 굳을 확/굳을 고/아닐 불/움직일 동

換骨奪胎 뼈대를 바꾸어 끼고 태를 바꾸어 쓴다는 뜻으로, 사람이 보다 나은 방향으로 변하여 전혀 딴사람처럼 됨

환 골 탈 태 바꿀 환/뼈 골/빼앗을 탈/태 태

歡呼雀躍 기뻐서 크게 소리치며 날뜀

환 호 작 약 기쁠 환/부를 호/참새 작/뛸 약

繪事後素 그림 그리는 일은 흰 바탕이 있은 이후에 함. 사람은 좋은 바탕이 있은 뒤에 형식을 더해야 한다는 의미

회 사 후 소 그림 회/일 사/뒤 후/본디 소

會者定離 만나는 사람은 반드시 헤어지게 마련이라는 말

회 자 정 리 모일 회/놈 자/정할 정/떠날 리

後生可畏 장래성 있는 후배는 두려워 할 만함. (論語 子篇)

후 생 가 외 뒤 후/날 생/가히 가/두려울 외

後悔莫及 때늦은 뉘우침은 이미 벌어진 상황을 되돌릴 수 없음. 이미 잘못된 뒤에 아무리 후회하여도 다시 어찌할 수가 없음

후 회 막 급 뒤 후/뉘우칠 회/없을 막/미칠 급

興亡盛衰 흥하고 망하고 성하고 쇠하는 일

흥 망 성 쇠 흥할 흥/망할 망/성할 성/쇠할 쇠

興盡悲來 즐거운 일이 다하면 슬픈 일이 온다는 데서, 돌고 도는 세상의 이치를 가리키는 말

흥 진 비 래 흥할 흥/다할 진/슬플 비/올 래

喜怒哀樂 기쁨과 노여움, 슬픔과 즐거움. 사람의 온갖 감정

희 노 애 락 기쁠 희/성낼 노/슬플 애/즐거울 락

2. 유의자(類義字)

ㄱ

歌曲	가곡	노래 가 / 노래 곡
街道	가도	거리 가 / 길 도
街路	가로	거리 가 / 길 로
家室	가실	집 가 / 집 실
歌樂	가악	노래 가 / 음악 악
歌詠	가영	노래 가 / 읊을 영
家屋	가옥	집 가 / 집 옥
歌謠	가요	노래 가 / 노래 요
加增	가증	더할 가 / 더할 증
歌唱	가창	노래 가 / 부를 창
加添	가첨	더할 가 / 더할 첨
價值	가치	값 가 / 값 치
家宅	가택	집 가 / 집 택
街巷	가항	거리 가 / 거리 항
家户	가호	집 가 / 집 호
刻銘	각명	새길 각 / 새길 명
覺悟	각오	깨달을 각 / 깨달을 오
刊刻	간각	새길 간 / 새길 각
間隔	간격	사이 간 / 사이뜰 격
簡略	간략	간략할 간 / 간략할 략
懇誠	간성	정성 간 / 정성 성

姦淫	간음	간사할 간 / 음란할 음
懇切	간절	정성 간 / 간절할 절
簡擇	간택	가릴 간 / 가릴 택
感覺	감각	느낄 감 / 깨달을 각
監觀	감관	볼 감 / 볼 관
減削	감삭	덜 감 / 덜 삭
減省	감생	덜 감 / 덜 생
減損	감손	덜 감 / 덜 손
監視	감시	볼 감 / 볼 시
敢勇	감용	감히 감 / 날랠 용
監察	감찰	볼 감 / 살필 찰
剛健	강건	굳셀 강 / 굳셀 건
强健	강건	강할 강 / 굳셀 건
剛堅	강견	굳셀 강 / 굳을 견
强硬	강경	강할 강 / 굳을 경
强固	강고	강할 강 / 굳을 고
綱紀	강기	벼리 강 / 벼리 기
康寧	강녕	편안 강 / 편안 녕
講釋	강석	욀 강 / 풀 석
綱維	강유	벼리 강 / 벼리 유
江河	강하	강 강 / 강 하
降下	강하	내릴 강 / 아래 하

講解	강해	욀 강 / 풀 해
開啓	개계	열 개 / 열 계
蓋覆	개복	덮을 개 / 덮을 복
客旅	객려	손 객 / 나그네 려
居家	거가	살 거 / 집 가
居館	거관	살 거 / 집 관
巨大	거대	클 거 / 큰 대
擧動	거동	들 거 / 움직일 동
居留	거류	살 거 / 머무를 류
距離	거리	상거할 거 / 떠날 리
居住	거주	살 거 / 머무를 주
健剛	건강	굳셀 건 / 굳셀 강
乾枯	건고	마를 건 / 마를 고
建立	건립	세울 건 / 설 립
乾燥	건조	마를 건 / 마를 조
乞求	걸구	빌 걸 / 구할 구
檢督	검독	검사할 검 / 감독할 독
檢査	검사	검사할 검 / 조사할 사
檢閱	검열	검사할 검 / 볼 열
檢察	검찰	검사할 검 / 살필 찰
隔間	격간	사이뜰 격 / 사이 간
激烈	격렬	격할 격 / 매울 렬
格式	격식	격식 격 / 법 식
激衝	격충	격할 격 / 찌를 충

擊打	격타	칠 격 / 칠 타
堅剛	견강	굳을 견 / 굳셀 강
堅强	견강	굳을 견 / 강할 강
堅硬	견경	굳을 견 / 굳을 경
堅固	견고	굳을 견 / 굳을 고
牽引	견인	이끌 견 / 끌 인
結構	결구	맺을 결 / 얽을 구
決斷	결단	결단할 결 / 끊을 단
潔白	결백	깨끗할 결 / 흰 백
訣別	결별	이별할 결 / 이별할 별
結束	결속	맺을 결 / 묶을 속
結約	결약	맺을 결 / 맺을 약
潔淨	결정	깨끗할 결 / 깨끗할 정
決判	결판	결단할 결 / 판단할 판
謙讓	겸양	겸손할 겸 / 사양할 양
警覺	경각	경계할 경 / 깨달을 각
鏡鑑	경감	거울 경 / 거울 감
境界	경계	지경 경 / 지경 계
警戒	경계	경계할 경 / 경계할 계
敬恭	경공	공경할 경 / 공손할 공
經過	경과	지날 경 / 지날 과
景光	경광	볕 경 / 빛 광
京都	경도	서울 경 / 도읍 도
傾倒	경도	기울 경 / 넘어질 도

經歷	경력	지날 경 / 지날 력
經理	경리	다스릴 경 / 다스릴 리
慶福	경복	경사 경 / 복 복
傾斜	경사	기울 경 / 비낄 사
境域	경역	지경 경 / 지경 역
經營	경영	다스릴 경 / 경영할 영
競爭	경쟁	다툴 경 / 다툴 쟁
慶祝	경축	경사 경 / 빌 축
慶賀	경하	경사 경 / 하례할 하
契券	계권	맺을 계 / 문서 권
階級	계급	섬돌 계 / 등급 급
階段	계단	섬돌 계 / 층계 단
季末	계말	끝 계 / 끝 말
計算	계산	셀 계 / 셀 산
繫束	계속	맬 계 / 묶을 속
繼續	계속	이을 계 / 이을 속
計數	계수	셀 계 / 셀 수
繼承	계승	이을 계 / 이을 승
契約	계약	맺을 계 / 맺을 약
界域	계역	지경 계 / 지경 역
季節	계절	계절 계 / 계절 절
計策	계책	셀 계 / 꾀 책
溪川	계천	시내 계 / 내 천
階層	계층	섬돌 계 / 층 층

枯渴	고갈	마를 고 / 목마를 갈
故舊	고구	옛 고 / 옛 구
考究	고구	생각할 고 / 연구할 구
苦難	고난	괴로울 고 / 어려울 난
孤獨	고독	외로울 고 / 홀로 독
考慮	고려	생각할 고 / 생각할 려
告白	고백	아뢸 고 / 아뢸 백
古昔	고석	옛 고 / 옛 석
告示	고시	고할 고 / 보일 시
苦辛	고신	쓸 고 / 매울 신
高卓	고탁	높을 고 / 높을 탁
穀糧	곡량	곡식 곡 / 양식 량
哭泣	곡읍	울 곡 / 울 읍
困窮	곤궁	곤할 곤 / 다할 궁
攻擊	공격	칠 공 / 칠 격
恭敬	공경	공손할 공 / 공경할 경
恐懼	공구	두려워할 공 / 두려워할 구
供給	공급	이바지할 공 / 줄 급
貢納	공납	바칠 공 / 바칠 납
共同	공동	한가지 공 / 한가지 동
攻伐	공벌	칠 공 / 칠 벌
供與	공여	이바지할 공 / 줄 여
工作	공작	장인 공 / 지을 작
工造	공조	장인 공 / 지을 조

攻討	공토	칠 공 / 칠 토
空虛	공허	빌 공 / 빌 허
貢獻	공헌	바칠 공 / 드릴 헌
孔穴	공혈	구멍 공 / 구멍 혈
果敢	과감	과실 과 / 감히 감
過去	과거	지날 과 / 갈 거
科目	과목	항목 과 / 항목 목
寡少	과소	적을 과 / 적을 소
果實	과실	과실 과 / 열매 실
過失	과실	허물 과 / 잃을 실
過誤	과오	허물 과 / 그르칠 오
課程	과정	과정 과 / 길 정
館閣	관각	집 관 / 집 각
觀覽	관람	볼 관 / 볼 람
管理	관리	주관할 관 / 다스릴 리
關鎖	관쇄	빗장 관 / 자물쇠 쇄
慣習	관습	익숙할 관 / 익힐 습
觀視	관시	볼 관 / 볼 시
關與	관여	관계할 관 / 더불 여
官爵	관작	벼슬 관 / 벼슬 작
管掌	관장	주관할 관 / 손바닥 장
觀察	관찰	볼 관 / 살필 찰
貫徹	관철	꿸 관 / 통할 철
貫通	관통	꿸 관 / 통할 통

廣漠	광막	넓을 광 / 넓을 막
光明	광명	빛 광 / 밝을 명
廣博	광박	넓을 광 / 넓을 박
光色	광색	빛 광 / 빛 색
光彩	광채	빛 광 / 채색 채
光輝	광휘	빛 광 / 빛날 휘
怪奇	괴기	기이할 괴 / 기이할 기
怪異	괴이	기이할 괴 / 다를 이
愧慙	괴참	부끄러울 괴 / 부끄러울 참
愧恥	괴치	부끄러울 괴 / 부끄러울 치
橋梁	교량	다리 교 / 들보 량
巧妙	교묘	공교할 교 / 묘할 묘
郊野	교야	들 교 / 들 야
矯正	교정	바로잡을 교 / 바를 정
矯直	교직	바로잡을 교 / 곧을 직
敎訓	교훈	가르칠 교 / 가르칠 훈
求乞	구걸	구할 구 / 빌 걸
究竟	구경	궁구할 구 / 마침내 경
究考	구고	궁구할 구 / 생각할 고
舊故	구고	옛 구 / 옛 고
丘陵	구릉	언덕 구 / 언덕 릉
區別	구별	나눌 구 / 나눌 별
區分	구분	나눌 구 / 나눌 분
具備	구비	갖출 구 / 갖출 비

求索	구색	구할 구 / 찾을 색
區域	구역	지경 구 / 지경 역
久遠	구원	멀 구 / 멀 원
救援	구원	구원할 구 / 도울 원
救濟	구제	구원할 구 / 구제할 제
構造	구조	얽을 구 / 지을 조
苟且	구차	진실로 구 / 또 차
構築	구축	얽을 구 / 쌓을 축
群黨	군당	무리 군 / 무리 당
軍旅	군려	군사 군 / 군사 려
軍兵	군병	군사 군 / 군사 병
軍士	군사	군사 군 / 군사 사
君王	군왕	임금 군 / 임금 왕
郡邑	군읍	고을 군 / 고을 읍
君主	군주	임금 군 / 임금 주
群衆	군중	무리 군 / 무리 중
郡縣	군현	고을 군 / 고을 현
屈曲	굴곡	굽을 굴 / 굽을 곡
屈折	굴절	굽을 굴 / 꺾일 절
宮家	궁가	집 궁 / 집 가
窮困	궁곤	다할 궁 / 곤할 곤
窮究	궁구	다할 궁 / 궁구할 구
窮極	궁극	다할 궁 / 다할 극
窮塞	궁색	다할 궁 / 막힐 색

宮殿	궁전	집 궁 / 전각 전
窮盡	궁진	다할 궁 / 다할 진
券契	권계	문서 권 / 맺을 계
勸勵	권려	권할 권 / 힘쓸 려
勸勉	권면	권할 권 / 힘쓸 면
勸奬	권장	권할 권 / 장려할 장
權稱	권칭	저울 권 / 저울 칭
權衡	권형	저울 권 / 저울 형
鬼神	귀신	귀신 귀 / 귀신 신
貴重	귀중	귀할 귀 / 무거울 중
歸還	귀환	돌아올 귀 / 돌아올 환
規格	규격	법 규 / 격식 격
規律	규율	법 규 / 법칙 률
糾察	규찰	규명할 규 / 살필 찰
規則	규칙	법 규 / 법칙 칙
揆度	규탁	헤아릴 규 / 헤아릴 탁
糾彈	규탄	규명할 규 / 탄알 탄
均等	균등	고를 균 / 같을 등
龜裂	균열	터질 균 / 찢어질 렬
均調	균조	고를 균 / 고를 조
均平	균평	고를 균 / 평평할 평
極窮	극궁	다할 극 / 다할 궁
極端	극단	다할 극 / 끝 단
克勝	극승	이길 극 / 이길 승

極盡	극진	다할 극 / 다할 진
根本	근본	뿌리 근 / 근본 본
謹愼	근신	삼갈 근 / 삼갈 신
禽鳥	금조	새 금 / 새 조
金鐵	금철	쇠 금 / 쇠 철
急迫	급박	급할 급 / 닥칠 박
給賜	급사	줄 급 / 줄 사
急速	급속	급할 급 / 빠를 속
給與	급여	줄 급 / 줄 여
急促	급촉	급할 급 / 재촉할 촉
棄却	기각	버릴 기 / 물리칠 각
紀綱	기강	벼리 기 / 벼리 강
機械	기계	베틀 기 / 기계 계
奇怪	기괴	기이할 기 / 기이할 괴
器具	기구	그릇 기 / 갖출 구
記錄	기록	기록할 기 / 기록할 록
起立	기립	일어날 기 / 설 립
企望	기망	바랄 기 / 바랄 망
起發	기발	일어날 기 / 쏠 발
寄附	기부	부칠 기 / 붙을 부
欺詐	기사	속일 기 / 속일 사
技術	기술	재주 기 / 재주 술
己身	기신	몸 기 / 몸 신
飢餓	기아	주릴 기 / 주릴 아
技藝	기예	재주 기 / 재주 예
旣已	기이	이미 기 / 이미 이
記識	기지	기록할 기 / 기록할지
祈祝	기축	빌 기 / 빌 축
忌嫌	기혐	꺼릴 기 / 싫어할 혐
緊要	긴요	긴할 긴 / 요긴할 요

ㄴ

羅列	나열	벌일 라 / 벌일 렬
絡脈	낙맥	줄기 락 / 줄기 맥
落墮	낙타	떨어질 락 / 떨어질 타
難苦	난고	어려울 난 / 괴로울 고
納貢	납공	들일 납 / 바칠 공
納入	납입	들일 납 / 들 입
納獻	납헌	들일 납 / 드릴 헌
浪漫	낭만	물결 랑 / 흩어질 만
耐忍	내인	견딜 내 / 참을 인
冷涼	냉량	찰 랭 / 서늘할 량
冷寒	냉한	찰 랭 / 찰 한
勞勤	노근	일할 로 / 부지런할 근
努力	노력	힘쓸 로 / 힘 력
勞務	노무	일할 로 / 힘쓸 무
奴隷	노예	종 노 / 종 례
老翁	노옹	늙을 로 / 늙은이 옹
綠靑	녹청	푸를 록 / 푸를 청

論議	논의	논할 론 / 의논할 의
農耕	농경	농사 농 / 밭갈 경
雷震	뇌진	우레 뢰 / 우레 진
樓閣	누각	다락 루 / 집 각
樓館	누관	다락 루 / 집 관
陵丘	능구	언덕 릉 / 언덕 구

ㄷ

斷決	단결	끊을 단 / 결단할 결
段階	단계	계단 단 / 섬돌 계
單獨	단독	홑 단 / 홀로 독
端末	단말	끝 단 / 끝 말
團圓	단원	둥글 단 / 둥글 원
斷切	단절	끊을 단 / 끊을 절
斷絶	단절	끊을 단 / 끊을 절
端正	단정	바를 단 / 바를 정
但只	단지	다만 단 / 다만 지
達成	달성	이룰 달 / 이룰 성
達通	달통	통달할 달 / 통할 통
談說	담설	말씀 담 / 말씀 설
談言	담언	말씀 담 / 말씀 언
擔任	담임	멜 담 / 맡길 임
談話	담화	말씀 담 / 말씀 화
堂室	당실	집 당 / 집 실
當該	당해	당할 당 / 갖출 해

大巨	대거	큰 대 / 클 거
刀劍	도검	칼 도 / 칼 검
到達	도달	이를 도 / 이를 달
徒黨	도당	무리 도 / 무리 당
道途	도도	길 도 / 길 도
道路	도로	길 도 / 길 로
道理	도리	길 도 / 다스릴 리
逃亡	도망	도망할 도 / 도망할 망
徒輩	도배	무리 도 / 무리 배
渡涉	도섭	건널 도 / 건널 섭
都市	도시	도읍 도 / 저자 시
跳躍	도약	뛸 도 / 뛸 약
都邑	도읍	도읍 도 / 고을 읍
導引	도인	이끌 도 / 끌 인
盜賊	도적	도둑 도 / 도적 적
盜竊	도절	훔칠 도 / 훔칠 절
到着	도착	이를 도 / 도착할 착
逃避	도피	도망할 도 / 피할 피
圖畫	도화	그림 도 / 그림 화
導訓	도훈	이끌 도 / 가르칠 훈
獨孤	독고	홀로 독 / 외로울 고
毒害	독해	독 독 / 해할 해
敦篤	돈독	도타울 돈 / 도타울 독
敦厚	돈후	도타울 돈 / 두터울 후

突忽	돌홀	갑자기 돌 / 갑자기 홀
同等	동등	한가지 동 / 같을 등
洞里	동리	마을 동 / 마을 리
動搖	동요	움직일 동 / 흔들 요
同一	동일	한가지 동 / 한 일
洞穴	동혈	골 동 / 구멍 혈
頭首	두수	머리 두 / 머리 수
等級	등급	같을 등 / 등급 급
等類	등류	무리 등 / 무리 류

ㅁ

磨研	마연	갈 마 / 갈 연
末端	말단	끝 말 / 끝 단
末尾	말미	끝 말 / 꼬리 미
忘失	망실	잊을 망 / 잃을 실
每常	매상	매양 매 / 항상 상
脈絡	맥락	줄기 맥 / 줄기 락
盟誓	맹서	맹세할 맹 / 맹세할 서
猛勇	맹용	사나울 맹 / 날랠 용
猛暴	맹포	사나울 맹 / 사나울 포
勉勵	면려	힘쓸 면 / 힘쓸 려
面貌	면모	얼굴 면 / 얼굴 모
面顔	면안	얼굴 면 / 얼굴 안
面容	면용	얼굴 면 / 얼굴 용
滅亡	멸망	멸할 멸 / 망할 망

明光	명광	밝을 명 / 빛 광
明朗	명랑	밝을 명 / 밝을 랑
命令	명령	명령할 명 / 명령할 령
明白	명백	밝을 명 / 흰 백
名稱	명칭	이름 명 / 일컬을 칭
名號	명호	이름 명 / 이름 호
明輝	명휘	밝을 명 / 빛날 휘
慕戀	모련	사모할 모 / 사모할 련
毛髮	모발	터럭 모 / 터럭 발
模倣	모방	본뜰 모 / 본뜰 방
模範	모범	본뜰 모 / 법 범
慕愛	모애	사모할 모 / 사랑할 애
募集	모집	모을 모 / 모을 집
謀策	모책	꾀 모 / 꾀 책
茂盛	무성	우거질 무 / 성할 성
貿易	무역	바꿀 무 / 바꿀 역
文書	문서	글월 문 / 글 서
文章	문장	글월 문 / 글 장
文彩	문채	글월 문 / 채색 채
門戶	문호	문 문 / 문 호
物件	물건	물건 물 / 물건 건
物品	물품	물건 물 / 물건 품
美麗	미려	아름다울 미 / 고울 려
尾末	미말	꼬리 미 / 끝 말

微細	미세	작을 미 / 가늘 세
微小	미소	작을 미 / 작을 소
迷惑	미혹	미혹할 미 / 미혹할 혹
憫憐	민련	불쌍히여길 민 / 불쌍히여길 련
敏速	민속	민첩할 민 / 빠를 속

ㅂ

迫急	박급	닥칠 박 / 급할 급
朴素	박소	소박할 박 / 소박할 소
朴質	박질	소박할 박 / 질박할 질
迫脅	박협	협박할 박 / 으를 협
飯食	반식	밥 반 / 밥 식
返還	반환	돌아올 반 / 돌아올 환
發起	발기	필 발 / 일어날 기
發射	발사	쏠 발 / 쏠 사
發展	발전	필 발 / 펼 전
邦國	방국	나라 방 / 나라 국
方道	방도	방위 방 / 길 도
放釋	방석	놓을 방 / 풀 석
方正	방정	모 방 / 바를 정
妨害	방해	방해할 방 / 해할 해
配分	배분	나눌 배 / 나눌 분
配偶	배우	짝 배 / 짝 우
排斥	배척	물리칠 배 / 물리칠 척
配匹	배필	짝 배 / 짝 필

繁茂	번무	번성할 번 / 우거질 무
煩數	번삭	자주 번 / 자주 삭
飜譯	번역	번역할 번 / 번역할 역
番第	번제	차례 번 / 차례 제
番次	번차	차례 번 / 차례 차
法規	법규	법 법 / 법 규
法度	법도	법 법 / 법도 도
法例	법례	법 법 / 법식 례
法律	법률	법 법 / 법칙 률
法式	법식	법 법 / 법 식
法典	법전	법 법 / 법 전
法則	법칙	법 법 / 법칙 칙
碧綠	벽록	푸를 벽 / 푸를 록
碧青	벽청	푸를 벽 / 푸를 청
變改	변개	변할 변 / 고칠 개
變更	변경	변할 변 / 고칠 경
變易	변역	변할 변 / 바꿀 역
邊際	변제	가 변 / 가 제
變革	변혁	변할 변 / 고칠 혁
變化	변화	변할 변 / 될 화
別離	별리	이별할 별 / 떠날 리
別選	별선	나눌 별 / 가릴 선
別差	별차	나눌 별 / 다를 차
兵士	병사	군사 병 / 군사 사

兵卒	병졸	군사 병 / 군사 졸
病患	병환	병 병 / 병 환
報告	보고	알릴 보 / 고할 고
報道	보도	알릴 보 / 길 도
報償	보상	갚을 보 / 갚을 상
保衛	보위	지킬 보 / 지킬 위
保護	보호	지킬 보 / 지킬 호
覆蓋	복개	덮을 복 / 덮을 개
福慶	복경	복 복 / 경사 경
本根	본근	근본 본 / 뿌리 근
本源	본원	근본 본 / 근원 원
奉仕	봉사	받들 봉 / 섬길 사
奉承	봉승	받들 봉 / 받들 승
逢遇	봉우	만날 봉 / 만날 우
奉獻	봉헌	받들 봉 / 바칠 헌
部隊	부대	떼 부 / 무리 대
附屬	부속	붙을 부 / 무리 속
賦與	부여	줄 부 / 줄 여
扶翼	부익	도울 부 / 도울 익
扶助	부조	도울 부 / 도울 조
副次	부차	버금 부 / 버금 차
附着	부착	붙을 부 / 붙을 착
負荷	부하	질 부 / 멜 하
扶護	부호	도울 부 / 지킬 호
憤慨	분개	성낼 분 / 성낼 개
分區	분구	나눌 분 / 나눌 구
墳墓	분묘	무덤 분 / 무덤 묘
分配	분배	나눌 분 / 나눌 배
分別	분별	나눌 분 / 나눌 별
分析	분석	나눌 분 / 쪼갤 석
奔走	분주	달릴 분 / 달릴 주
分割	분할	나눌 분 / 나눌 할
崩壞	붕괴	무너질 붕 / 무너질 괴
朋黨	붕당	벗 붕 / 무리 당
朋友	붕우	벗 붕 / 벗 우
悲慨	비개	슬플 비 / 분개할 개
比較	비교	견줄 비 / 비교할 교
悲哀	비애	슬플 비 / 슬플 애
費用	비용	쓸 비 / 쓸 용
悲慘	비참	슬플 비 / 참혹할 참
卑賤	비천	낮을 비 / 천할 천
批評	비평	비평할 비 / 평론할 평
賓客	빈객	손 빈 / 손 객
貧困	빈곤	가난할 빈 / 빈곤할 곤
貧窮	빈궁	가난할 빈 / 다할 궁
聘召	빙소	부를 빙 / 부를 소
聘招	빙초	부를 빙 / 부를 초

ㅅ		
查檢	사검	조사할 사 / 검사할 검
斜傾	사경	비낄 사 / 기울 경
思考	사고	생각 사 / 생각할 고
賜給	사급	줄 사 / 줄 급
詐欺	사기	속일 사 / 속일 기
思念	사념	생각 사 / 생각 념
思慮	사려	생각 사 / 생각 려
使令	사령	부릴 사 / 명령할 령
思慕	사모	생각 사 / 사모할 모
事務	사무	일 사 / 힘쓸 무
士兵	사병	군사 사 / 군사 병
思想	사상	생각 사 / 생각 상
辭說	사설	말씀 사 / 말씀 설
辭讓	사양	사양할 사 / 사양할 양
事業	사업	일 사 / 업 업
使役	사역	부릴 사 / 부릴 역
查閱	사열	조사할 사 / 볼 열
舍屋	사옥	집 사 / 집 옥
思惟	사유	생각할 사 / 생각할 유
查察	사찰	조사할 사 / 살필 찰
舍宅	사택	집 사 / 집 택
社會	사회	모일 사 / 모일 회
削減	삭감	덜 삭 / 덜 감
削除	삭제	덜 삭 / 덜 제
山陵	산릉	메 산 / 언덕 릉
散漫	산만	흩을 산 / 퍼질 만
産生	산생	낳을 산 / 날 생
算數	산수	셀 산 / 셀 수
山岳	산악	메 산 / 큰산 악
森林	삼림	수풀 삼 / 수풀 림
想念	상념	생각 상 / 생각 념
商量	상량	헤아릴 상 / 헤아릴 량
想思	상사	생각 상 / 생각 사
上昇	상승	위 상 / 오를 승
喪失	상실	잃을 상 / 잃을 실
狀態	상태	모양 상 / 모양 태
相互	상호	서로 상 / 서로 호
色彩	색채	빛 색 / 채색 채
省減	생감	덜 생 / 덜 감
省略	생략	덜 생 / 간략할 략
生産	생산	날 생 / 낳을 산
生出	생출	날 생 / 날 출
生活	생활	살 생 / 살 활
逝去	서거	갈 서 / 갈 거
誓盟	서맹	맹세할 서 / 맹세할 맹
暑熱	서열	더울 서 / 더울 열
徐緩	서완	천천히 서 / 느릴 완

書籍	서적	글 서 / 문서 적
書冊	서책	글 서 / 책 책
釋放	석방	풀 석 / 놓을 방
善良	선량	착할 선 / 좋을 량
鮮麗	선려	고울 선 / 고울 려
選拔	선발	가릴 선 / 뽑을 발
選別	선별	가릴 선 / 나눌 별
選擇	선택	가릴 선 / 가릴 택
旋回	선회	돌 선 / 돌 회
設施	설시	베풀 설 / 베풀 시
說話	설화	말씀 설 / 말씀 화
攝理	섭리	다스릴 섭 / 다스릴 리
性心	성심	성품 성 / 마음 심
姓氏	성씨	성 성 / 성씨 씨
聲音	성음	소리 성 / 소리 음
省察	성찰	살필 성 / 살필 찰
成就	성취	이룰 성 / 이룰 취
世界	세계	세상 세 / 지경 계
世代	세대	세상 세 / 세대 대
細微	세미	가늘 세 / 작을 미
洗濯	세탁	씻을 세 / 씻을 탁
消滅	소멸	사라질 소 / 사라질 멸
小微	소미	작을 소 / 작을 미
素朴	소박	소박할 소 / 소박할 박

訴訟	소송	호소할 소 / 송사할 송
素質	소질	본디 소 / 바탕 질
蔬菜	소채	푸성귀 소 / 나물 채
損減	손감	덜 손 / 덜 감
損傷	손상	덜 손 / 상할 상
損失	손실	덜 손 / 잃을 실
損害	손해	덜 손 / 해할 해
訟訴	송소	송사할 송 / 호소할 소
衰弱	쇠약	쇠할 쇠 / 약할 약
秀傑	수걸	빼어날 수 / 뛰어날 걸
首頭	수두	머리 수 / 머리 두
受領	수령	받을 수 / 받을 령
樹林	수림	나무 수 / 수풀 림
睡眠	수면	잠잘 수 / 잠잘 면
壽命	수명	목숨 수 / 목숨 명
樹木	수목	나무 수 / 나무 목
輸送	수송	보낼 수 / 보낼 송
修習	수습	닦을 수 / 익힐 습
收拾	수습	거둘 수 / 거둘 습
修飾	수식	닦을 수 / 꾸밀 식
授與	수여	줄 수 / 줄 여
守衛	수위	지킬 수 / 지킬 위
殊異	수이	다를 수 / 다를 이
獸畜	수축	짐승 수 / 가축 축

殊特	수특	다를 수/특별할 특
收穫	수확	거둘 수/거둘 확
熟練	수련	익을 숙/익힐 련
肅嚴	숙엄	엄숙할 숙/엄숙할 엄
淑清	숙청	맑을 숙/맑을 청
宿寢	숙침	잠잘 숙/잠잘 침
純潔	순결	순수할 순/깨끗할 결
崇高	숭고	높을 숭/높을 고
崇尙	숭상	숭상할 숭/숭상할 상
習慣	습관	익힐 습/버릇 관
習練	습련	익힐 습/익힐 련
濕潤	습윤	젖을 습/젖을 윤
習學	습학	익힐 습/배울 학
承繼	승계	이을 승/이을 계
承奉	승봉	이을 승/받들 봉
時期	시기	때 시/기간 기
施設	시설	베풀 시/베풀 설
始初	시초	처음 시/처음 초
試驗	시험	시험할 시/시험할 험
式例	식례	법 식/법식 례
飾粧	식장	꾸밀 식/꾸밀 장
植栽	식재	심을 식/심을 재
式典	식전	법 식/법 전
申告	신고	아뢸 신/아뢸 고

辛苦	신고	매울 신/쓸 고
愼謹	신근	삼갈 신/삼갈 근
神靈	신령	귀신 신/신령 령
辛烈	신열	매울 신/매울 렬
伸張	신장	펼 신/베풀 장
愼重	신중	삼갈 신/무거울 중
身體	신체	몸 신/몸 체
室家	실가	집 실/집 가
實果	실과	열매 실/열매 과
失敗	실패	잃을 실/패할 패
尋訪	심방	찾을 심/찾을 방
審査	심사	살필 심/조사할 사
心性	심성	마음 심/성품 성

ㅇ

阿丘	아구	언덕 아/언덕 구
兒童	아동	아이 아/아이 동
樂歌	악가	음악 악/노래 가
安康	안강	편안 안/편안 강
安寧	안녕	편안 안/편안할 녕
顔面	안면	얼굴 안/얼굴 면
眼目	안목	눈 안/눈 목
安全	안전	편안 안/온전할 전
安平	안평	편안 안/평안할 평
殃禍	앙화	재앙 앙/재화 화

愛戀	애련	사랑 애 / 사모할 련
愛慕	애모	사랑 애 / 그리워할 모
厄禍	액화	재앙 액 / 재화 화
約束	약속	맺을 약 / 묶을 속
掠奪	약탈	노략질할 략 / 빼앗을 탈
糧穀	양곡	양식 양 / 곡식 곡
楊柳	양류	버들 양 / 버들 류
養育	양육	기를 양 / 기를 육
諒知	양지	살펴 알 양 / 알지
樣態	양태	모양 양 / 모양 태
壤土	양토	흙덩이 양 / 흙 토
良好	양호	좋을 양 / 좋을 호
御領	어령	거느릴 어 / 거느릴 령
語辭	어사	말씀 어 / 말씀 사
抑壓	억압	누를 억 / 누를 압
言談	언담	말씀 언 / 말씀 담
言辭	언사	말씀 언 / 말씀 사
言說	언설	말씀 언 / 말씀 설
言語	언어	말씀 언 / 말씀 어
嚴肅	엄숙	엄할 엄 / 엄숙할 숙
業務	업무	업 업 / 힘쓸 무
業事	업사	업 업 / 일 사
餘暇	여가	남을 여 / 겨를 가
旅客	여객	나그네 여 / 손 객

女娘	여랑	계집 여 / 아가씨 랑
麗美	여미	고울 려 / 아름다울 미
輿地	여지	땅 여 / 땅 지
域境	역경	지경 역 / 지경 경
役使	역사	부릴 역 / 부릴 사
研究	연구	연구할 연 / 연구할 구
研磨	연마	갈 연 / 갈 마
戀慕	연모	그리워할 연 / 그리워할 모
憐憫	연민	불쌍히여길 연 / 불쌍히여길 민
年歲	연세	해 년 / 해 세
燃燒	연소	불사를 연 / 불사를 소
連續	연속	이을 연 / 이을 속
研修	연수	갈 연 / 닦을 수
練習	연습	익힐 연 / 익힐 습
戀愛	연애	사모할 연 / 사랑 애
悅樂	열락	기쁠 열 / 즐거울 락
閱覽	열람	볼 열 / 볼 람
閱視	열시	볼 열 / 볼 시
閱眼	열안	볼 열 / 눈 안
念慮	염려	생각 념 / 생각 려
念想	염상	생각할 념 / 생각할 상
詠歌	영가	읊을 영 / 노래 가
永久	영구	길 영 / 오랠 구
零落	영락	떨어질 영 / 떨어질 락

領率	영솔	거느릴 영/거느릴 솔
領受	영수	받을 영/받을 수
永遠	영원	길 영/멀 원
詠吟	영음	읊을 영/읊을 음
映照	영조	비출 영/비출 조
領統	영통	거느릴 영/거느릴 통
英特	영특	뛰어날 영/특별할 특
靈魂	영혼	신령 영/넋 혼
榮華	영화	영화 영/빛날 화
例規	예규	법식 례/법 규
銳利	예리	날카로울 예/날카로울 리
例法	예법	법식 례/법 법
藝術	예술	재주 예/재주 술
例式	예식	법식 례/법 식
例典	예전	법식 례/법 전
娛樂	오락	즐길 오/즐거울 락
傲慢	오만	거만할 오/거만할 만
誤錯	오착	그르칠 오/어긋날 착
汚濁	오탁	더러울 오/흐릴 탁
屋舍	옥사	집 옥/집 사
屋宇	옥우	집 옥/집 우
溫暖	온난	따뜻할 온/따뜻할 난
緩徐	완서	느릴 완/천천히 서
完全	완전	완전할 완/온전할 전

畏懼	외구	두려워할 외/두려워할 구
要求	요구	요구할 요/구할 구
要緊	요긴	요긴할 요/긴할 긴
搖動	요동	흔들 요/움직일 동
料量	요량	헤아릴 요/헤아릴 량
遙遠	요원	멀 요/멀 원
料度	요탁	헤아릴 요/헤아릴 탁
勇敢	용감	날랠 용/감히 감
勇猛	용맹	날랠 용/사나울 맹
容貌	용모	얼굴 용/얼굴 모
庸常	용상	떳떳할 용/떳떳할 상
憂慮	우려	근심 우/염려할 려
憂愁	우수	근심 우/근심 수
羽翼	우익	깃 우/날개 익
宇宙	우주	집 우/집 주
憂患	우환	근심 우/근심 환
運動	운동	옮길 운/움직일 동
云謂	운위	이를 운/이를 위
願望	원망	원할 원/바랄 망
院宇	원우	집 원/집 우
怨恨	원한	원망할 원/한할 한
偉大	위대	클 위/클 대
委任	위임	맡길 위/맡길 임
違錯	위착	어길 위/어긋날 착

危殆	위태	위태로울 위 / 위태로울 태
悠久	유구	멀 유 / 오랠 구
流浪	유랑	흐를 유 / 물결 랑
儒士	유사	선비 유 / 선비 사
幼少	유소	어릴 유 / 젊을 소
遺失	유실	잃을 유 / 잃을 실
裕足	유족	넉넉할 유 / 풍족할 족
留住	유족	머무를 유 / 머무를 주
幼稚	유치	어릴 유 / 어릴 치
遊戲	유희	놀 유 / 놀 희
肉身	육신	고기 육 / 몸 신
育養	육양	기를 육 / 기를 양
陸地	육지	뭍 육 / 땅 지
肉體	육체	고기 육 / 몸 체
潤濕	윤습	젖을 윤 / 젖을 습
潤澤	윤택	젖을 윤 / 못 택
律法	율법	법칙 율 / 법 법
隆盛	융성	높을 융 / 성할 성
隆昌	융창	높을 융 / 창성할 창
隆興	융흥	높을 융 / 일 흥
隱祕	은비	숨길 은 / 숨길 비
恩惠	은혜	은혜 은 / 은혜 혜
音聲	음성	소리 음 / 소리 성
音韻	음운	소리 음 / 운 운

泣哭	읍곡	울 읍 / 울 곡
依據	의거	의지할 의 / 의거할 거
議論	의논	의논할 의 / 논할 논
宜當	의당	마땅할 의 / 마땅할 당
依倣	의방	의지할 의 / 본뜰 방
衣服	의복	옷 의 / 옷 복
意思	의사	뜻 의 / 생각 사
意義	의의	뜻 의 / 뜻 의
意志	의지	뜻 의 / 뜻 지
意趣	의취	뜻 의 / 뜻 취
離別	이별	떠날 리 / 이별할 별
移運	이운	옮길 이 / 옮길 운
利益	이익	이할 이 / 더할 익
移轉	이전	옮길 이 / 구를 전
引牽	인견	끌 인 / 끌 견
忍耐	인내	참을 인 / 견딜 내
引導	인도	끌 인 / 이끌 도
認識	인식	알 인 / 알 식
因緣	인연	인할 인 / 인연 연
仁慈	인자	어질 인 / 사랑할 자
認知	인지	알 인 / 알지
一同	일동	한 일 / 한가지 동
賃貸	임대	빌릴 임 / 빌릴 대

ㅈ		
自己	자기	스스로 자 / 몸 기
姿貌	자모	모양 자 / 모양 모
慈愛	자애	사랑할 자 / 사랑할 애
資財	자재	재물 자 / 재물 재
資質	자질	바탕 자 / 바탕 질
刺衝	자충	찌를 자 / 찌를 충
資貨	자화	재물 자 / 재물 화
殘餘	잔여	남을 잔 / 남을 여
長久	장구	긴 장 / 오랠 구
獎勵	장려	장려할 장 / 장려할 려
帳幕	장막	장막 장 / 장막 막
丈夫	장부	어른 장 / 지아비 부
將帥	장수	장수 장 / 장수 수
裝飾	장식	꾸밀 장 / 꾸밀 식
才術	재술	재주 재 / 재주 술
災殃	재앙	재앙 재 / 재앙 앙
災厄	재액	재앙 재 / 재앙 액
才藝	재예	재주 재 / 재주 예
災禍	재화	재앙 재 / 재화 화
財貨	재화	재물 재 / 재물 화
爭鬪	쟁투	다툴 쟁 / 싸울 투
著述	저술	지을 저 / 기술할 술
著作	저작	지을 저 / 지을 작

貯積	저적	쌓을 저 / 쌓을 적
貯蓄	저축	쌓을 저 / 쌓을 축
抵抗	저항	막을 저 / 겨룰 항
積累	적루	쌓을 적 / 쌓을 루
寂靜	적정	고요할 적 / 고요할 정
典例	전례	법 전 / 법식 례
典範	전범	법 전 / 법 범
典法	전법	법 전 / 법 법
典式	전식	법 전 / 법 식
典律	전율	법 전 / 법칙 률
轉移	전이	구를 전 / 옮길 이
戰爭	전쟁	싸울 전 / 다툴 쟁
典籍	전적	책 전 / 문서 적
戰鬪	전투	싸울 전 / 싸울 투
錢幣	전폐	돈 전 / 화폐 폐
轉回	전회	구를 전 / 돌 회
切斷	절단	끊을 절 / 끊을 단
絶斷	절단	끊을 절 / 끊을 단
竊盜	절도	훔칠 절 / 훔칠 도
接續	접속	이을 접 / 이을 속
淨潔	정결	깨끗할 정 / 깨끗할 결
停留	정류	머무를 정 / 머무를 류
正方	정방	바를 정 / 모 방
征伐	정벌	칠 정 / 칠 벌

情意	정의	뜻 정 / 뜻 의
靜寂	정적	고요할 정 / 고요할 적
整齊	정제	가지런할 정 / 가지런할 제
停住	정주	머무를 정 / 머무를 주
停止	정지	머무를 정 / 머무를지
正直	정직	바를 정 / 곧을 직
貞直	정직	곧을 정 / 곧을 직
除減	제감	덜 제 / 덜 감
題目	제목	제목 제 / 항목 목
祭祀	제사	제사 제 / 제사 사
帝王	제왕	임금 제 / 임금 왕
製作	제작	지을 제 / 지을 작
製造	제조	지을 제 / 지을 조
第次	재차	차례 제 / 차례 차
第宅	제택	집 제 / 집 택
調均	조균	고를 조 / 고를 균
租賦	조부	세금 조 / 조세 부
租稅	조세	세금 조 / 세금 세
早速	조속	이를 조 / 빠를 속
照映	조영	비출 조 / 비출 영
造作	조작	지을 조 / 지을 작
組織	조직	짤 조 / 짤 직
調和	조화	고를 조 / 조화로울 화
尊高	존고	높을 존 / 높을 고

尊貴	존귀	높을 존 / 귀할 귀
尊崇	존숭	높을 존 / 높을 숭
存在	존재	있을 존 / 있을 재
拙劣	졸렬	못할 졸 / 못할 렬
卒兵	졸병	군사 졸 / 군사 병
終結	종결	마칠 종 / 맺을 결
終端	종단	마칠 종 / 끝 단
終了	종료	마칠 종 / 마칠 료
終末	종말	마칠 종 / 끝 말
終止	종지	마칠 종 / 그칠 지
座席	좌석	자리 좌 / 자리 석
罪過	죄과	허물 죄 / 허물 과
住居	주거	살 주 / 살 거
主君	주군	임금 주 / 임금 군
州郡	주군	고을 주 / 고을 군
舟船	주선	배 주 / 배 선
珠玉	주옥	구슬 주 / 구슬 옥
周圍	주위	두루 주 / 둘러쌀 위
朱紅	주홍	붉을 주 / 붉을 홍
俊傑	준걸	준걸 준 / 호걸 걸
遵守	준수	지킬 준 / 지킬 수
重複	중복	거듭 중 / 겹칠 복
中央	중앙	가운데 중 / 가운데 앙
增加	증가	더할 증 / 더할 가

贈給	증급	줄 증 / 줄 급
贈與	증여	줄 증 / 줄 여
憎惡	증오	미워할 증 / 미워할 오
知識	지식	알 지 / 알 식
智慧	지혜	지혜 지 / 지혜 혜
珍寶	진보	보배 진 / 보배 보
辰宿	진수	별 진 / 별자리 수
眞實	진실	참 진 / 열매 실
陳列	진열	베풀 진 / 벌일 렬
進出	진출	나아갈 진 / 날 출
進就	진취	나아갈 진 / 나아갈 취
質朴	질박	질박할 질 / 질박할 박
疾病	질병	병 질 / 병 병
秩序	질서	차례 질 / 차례 서
質素	질소	바탕 질 / 본디 소
質正	질정	물을 질 / 바를 정
疾患	질환	병 질 / 병 환
集團	집단	모을 집 / 둥글 단
集募	집모	모을 집 / 모을 모
集會	집회	모일 집 / 모일 회
懲戒	징계	징계할 징 / 징계할 계
徵聘	징빙	부를 징 / 부를 빙
徵收	징수	거둘 징 / 거둘 수

ㅊ		
差別	차별	다를 차 / 다를 별
差異	차이	다를 차 / 다를 이
次第	차제	차례 차 / 차례 제
錯誤	착오	어긋날 착 / 그르칠 오
讚譽	찬예	기릴 찬 / 기릴 예
贊助	찬조	도울 찬 / 도울 조
慚愧	참괴	부끄러울 참 / 부끄러울 괴
參與	참여	참여할 참 / 참여할 여
唱歌	창가	부를 창 / 노래 가
倉庫	창고	곳집 창 / 곳집 고
創始	창시	비롯할 창 / 처음 시
創作	창작	비롯할 창 / 지을 작
彩紋	채문	무늬 채 / 무늬 문
彩色	채색	채색 채 / 빛 색
菜蔬	채소	나물 채 / 푸성귀 소
採擇	채택	가릴 채 / 가릴 택
策謀	책모	꾀 책 / 꾀 모
冊書	책서	책 책 / 글 서
責任	책임	책임 책 / 맡길 임
踐踏	천답	밟을 천 / 밟을 답
淺薄	천박	얕을 천 / 엷을 박
天覆	천부	하늘 천 / 덮을 부
鐵鋼	철강	쇠 철 / 강철 강

添加	첨가	더할 첨 / 더할 가
尖端	첨단	뾰족할 첨 / 끝 단
清潔	청결	맑을 청 / 깨끗할 결
青綠	청록	푸를 청 / 푸를 록
聽聞	청문	들을 청 / 들을 문
青碧	청벽	푸를 청 / 푸를 벽
清淑	청숙	맑을 청 / 맑을 숙
清淨	청정	맑을 청 / 깨끗할 정
青蒼	청창	푸를 청 / 푸를 창
滯塞	체색	막힐 체 / 막힐 색
替換	체환	바꿀 체 / 바꿀 환
超過	초과	넘을 초 / 지날 과
招聘	초빙	부를 초 / 부를 빙
超越	초월	넘을 초 / 넘을 월
初創	초창	처음 초 / 비롯할 창
促急	촉급	재촉할 촉 / 급할 급
促迫	촉박	재촉할 촉 / 닥칠 박
村落	촌락	마을 촌 / 마을 락
村里	촌리	마을 촌 / 마을 리
寸節	촌절	마디 촌 / 마디 절
聰明	총명	귀밝을 총 / 밝을 명
催促	최촉	재촉할 최 / 재촉할 촉
抽拔	추발	뺄 추 / 뺄 발
追隨	추수	쫓을 추 / 따를 수
追從	추종	쫓을 추 / 쫓을 종
祝慶	축경	빌 축 / 경사 경
築構	축구	쌓을 축 / 얽을 구
畜牛	축우	가축 축 / 소 우
蓄積	축적	쌓을 축 / 쌓을 적
出生	출생	날 출 / 날 생
衝激	충격	찌를 충 / 격할 격
衝突	충돌	찌를 충 / 충돌할 돌
充滿	충만	채울 충 / 가득찰 만
趣意	취의	뜻 취 / 뜻 의
側傍	측방	곁 측 / 곁 방
測度	측탁	헤아릴 측 / 헤아릴 탁
層階	층계	층 층 / 섬돌 계
治理	치리	다스릴 치 / 다스릴 리
稚幼	치유	어릴 치 / 어릴 유
侵掠	침략	침략할 침 / 노략질할 략
沈沒	침몰	잠길 침 / 빠질 몰
沈默	침묵	잠길 침 / 잠잠할 묵
浸透	침투	스며들 침 / 사무칠 투

ㅌ

打擊	타격	칠 타 / 칠 격
墮落	타락	떨어질 타 / 떨어질 락
度量	탁량	헤아릴 탁 / 헤아릴 량
濁汚	탁오	흐릴 탁 / 더러울 오

卓越	탁월	높을 탁 / 넘을 월
探求	탐구	찾을 탐 / 구할 구
探訪	탐방	찾을 탐 / 찾을 방
探索	탐색	찾을 탐 / 찾을 색
貪慾	탐욕	탐할 탐 / 욕심 욕
怠慢	태만	게으를 태 / 게으를 만
泰平	태평	태평할 태 / 태평할 평
宅舍	택사	집 택 / 집 사
討伐	토벌	칠 토 / 칠 벌
土壤	토양	흙 토 / 흙덩이 양
土地	토지	흙 토 / 땅 지
洞達	통달	꿰뚫을 통 / 통달할 달
通達	통달	통할 통 / 통달할 달
統領	통령	거느릴 통 / 거느릴 령
統率	통솔	거느릴 통 / 거느릴 솔
統帥	통수	거느릴 통 / 거느릴 수
通徹	통철	통할 통 / 통할 철
通透	통투	통할 통 / 통할 투
統合	통합	거느릴 통 / 합할 합
退却	퇴각	물러날 퇴 / 물리칠 각
鬪爭	투쟁	싸울 투 / 다툴 쟁
鬪戰	투전	싸울 투 / 싸울 전
透徹	투철	통할 투 / 통할 철
透通	투통	통할 투 / 통할 통
特殊	특수	특별할 특 / 다를 수
特異	특이	특별할 특 / 다를 이

ㅍ

波浪	파랑	물결 파 / 물결 랑
判決	판결	판단할 판 / 결단할 결
販賣	판매	팔 판 / 팔 매
敗亡	패망	패할 패 / 망할 망
敗北	패배	패할 패 / 달아날 배
便安	편안	편안할 편 / 편안할 안
平均	평균	평평할 평 / 고를 균
平等	평등	평평할 평 / 같을 등
平安	평안	평안할 평 / 편안할 안
平和	평화	평화로울 평 / 평화로울 화
廢棄	폐기	폐할 폐 / 버릴 기
廢亡	폐망	폐할 폐 / 망할 망
弊害	폐해	폐단 폐 / 해할 해
抱擁	포옹	안을 포 / 안을 옹
包容	포용	쌀 포 / 용납할 용
包圍	포위	쌀 포 / 에워쌀 위
捕捉	포착	잡을 포 / 잡을 착
包含	포함	쌀 포 / 머금을 함
抱懷	포회	안을 포 / 품을 회
捕獲	포획	잡을 포 / 잡을 획
暴露	폭로	드러낼 폭 / 드러낼 로

表皮	표피	겉 표 / 가죽 피
豊足	풍족	풍성할 풍 / 풍족할 족
豊厚	풍후	풍성할 풍 / 두터울 후
疲困	피곤	지칠 피 / 곤할 곤
疲勞	피로	지칠 피 / 지칠 로
皮革	피혁	가죽 피 / 가죽 혁
畢竟	필경	마칠 필 / 마침내 경

ㅎ

下降	하강	아래 하 / 내릴 강
河川	하천	강 하 / 내 천
學習	학습	배울 학 / 익힐 습
寒冷	한랭	찰 한 / 찰 랭
恨歎	한탄	한할 한 / 탄식할 탄
陷沒	함몰	빠질 함 / 빠질 몰
抗拒	항거	겨룰 항 / 막을 거
航船	항선	배 항 / 배 선
該當	해당	갖출 해 / 당할 당
害毒	해독	해할 해 / 독 독
解放	해방	풀 해 / 놓을 방
解散	해산	풀 해 / 흩을 산
解釋	해석	풀 해 / 풀 석
解消	해소	풀 해 / 사라질 소
海洋	해양	바다 해 / 바다 양
行動	행동	행할 행 / 움직일 동
行爲	행위	행할 행 / 할 위
鄕村	향촌	마을 향 / 마을 촌
許可	허가	허락할 허 / 허락할 가
虛空	허공	빌 허 / 빌 공
許諾	허락	허락할 허 / 허락할 락
虛無	허무	빌 허 / 없을 무
虛僞	허위	빌 허 / 거짓 위
獻納	헌납	드릴 헌 / 드릴 납
憲法	헌법	법 헌 / 법 법
懸掛	현괘	매달 현 / 걸 괘
賢良	현량	어질 현 / 좋을 량
玄妙	현묘	오묘할 현 / 오묘할 묘
絃線	현선	줄 현 / 줄 선
顯著	현저	나타날 현 / 나타날 저
顯現	현현	나타날 현 / 나타날 현
嫌忌	혐기	싫어할 혐 / 꺼릴 기
嫌惡	혐오	싫어할 혐 / 미워할 오
脅迫	협박	으를 협 / 협박할 박
協和	협화	화합할 협 / 화할 화
形貌	형모	모양 형 / 모양 모
刑罰	형벌	형벌 형 / 형벌 벌
形象	형상	모양 형 / 모양 상
形像	형상	모양 형 / 모양 상
形式	형식	모양 형 / 법 식

形容	형용	모양 형 / 얼굴 용
形態	형태	모양 형 / 모양 태
惠澤	혜택	은혜 혜 / 덕택 택
毫髮	호발	터럭 호 / 터럭 발
互相	호상	서로 호 / 서로 상
混亂	혼란	섞을 혼 / 어지러울 란
魂靈	혼령	넋 혼 / 신령 령
昏冥	혼명	어두울 혼 / 어두울 명
婚姻	혼인	혼인할 혼 / 혼인할 인
混雜	혼잡	섞일 혼 / 섞일 잡
混濁	혼탁	섞을 혼 / 흐릴 탁
鴻雁	홍안	기러기 홍 / 기러기 안
畫圖	화도	그림 화 / 그림 도
和睦	화목	화할 화 / 화목할 목
貨財	화재	재물 화 / 재물 재
貨幣	화폐	재물 화 / 화폐 폐
和協	화협	화할 화 / 화합할 협
確固	확고	굳을 확 / 굳을 고
歡悅	환열	기쁠 환 / 기쁠 열
歡喜	환희	기쁠 환 / 기쁠 희
皇王	황왕	임금 황 / 임금 왕
皇帝	황제	임금 황 / 임금 제
荒廢	황폐	거칠 황 / 폐할 폐
回歸	회귀	돌아올 회 / 돌아올 귀

會社	회사	모일 회 / 모일 사
回旋	회선	돌 회 / 돌 선
回轉	회전	돌 회 / 구를 전
會集	회집	모일 회 / 모일 집
懷抱	회포	품을 회 / 안을 포
悔恨	회한	뉘우칠 회 / 한할 한
獲得	획득	얻을 획 / 얻을 득
曉晨	효신	새벽 효 / 새벽 신
訓敎	훈교	가르칠 훈 / 가르칠 교
訓導	훈도	가르칠 훈 / 이끌 도
毁壞	훼괴	헐 훼 / 무너질 괴
輝光	휘광	빛날 휘 / 빛 광
携帶	휴대	끌 휴 / 띠 대
休息	휴식	쉴 휴 / 쉴 식
凶猛	흉맹	흉할 흉 / 사나울 맹
凶惡	흉악	흉할 흉 / 악할 악
凶暴	흉포	흉할 흉 / 사나울 포
吸飮	흡음	마실 흡 / 마실 음
興起	흥기	일 흥 / 일어날 기
興隆	흥륭	일 흥 / 높을 륭
稀貴	희귀	드물 희 / 귀할 귀
喜樂	희락	기쁠 희 / 즐거울 락
希望	희망	바랄 희 / 바랄 망
稀少	희소	드물 희 / 적을 소

喜悅	희열	기쁠 희 / 기쁠 열
希願	희원	바랄 희 / 원할 원
戲遊	희유	놀 희 / 놀 유

3. 유의어(類義語)

架空	가공	≒	虛構	허구	功業	공업	≒	功烈	공렬
佳約	가약	≒	婚約	혼약	貢獻	공헌	≒	寄與	기여
角逐	각축	≒	逐鹿	축록	過激	과격	≒	急進	급진
簡拔	간발	≒	選拔	선발	管見	관견	≒	短見	단견
簡冊	간책	≒	竹簡	죽간	冠省	관생	≒	除煩	제번
講士	강사	≒	演士	연사	廣才	광재	≒	逸才	일재
强風	강풍	≒	猛風	맹풍	交番	교번	≒	遞番	체번
開拓	개척	≒	開荒	개황	交涉	교섭	≒	折衝	절충
客房	객방	≒	客室	객실	久疾	구질	≒	宿患	숙환
巨商	거상	≒	豪商	호상	求婚	구혼	≒	請婚	청혼
乞身	걸신	≒	請老	청로	窮民	궁민	≒	難民	난민
激勵	격려	≒	鼓舞	고무	厥初	궐초	≒	始初	시초
決心	결심	≒	覺悟	각오	貴家	귀가	≒	尊宅	존택
敬老	경로	≒	尙齒	상치	歸宅	귀택	≒	還家	환가
敬仰	경앙	≒	仰慕	앙모	極力	극력	≒	盡力	진력
傾向	경향	≒	動向	동향	根幹	근간	≒	基礎	기초
計略	계략	≒	方略	방략	給料	급료	≒	給與	급여
高見	고견	≒	尊意	존의	急所	급소	≒	要點	요점
考量	고량	≒	思料	사료	奇計	기계	≒	妙策	묘책
固守	고수	≒	墨守	묵수	器量	기량	≒	才能	재능
故友	고우	≒	故舊	고구	旣述	기술	≒	前述	전술
鼓吹	고취	≒	鼓舞	고무	氣品	기품	≒	風格	풍격
古賢	고현	≒	先哲	선철	吉凶	길흉	≒	慶弔	경조
古稀	고희	≒	從心	종심	濫用	남용	≒	誤用	오용
曲解	곡해	≒	誤解	오해	浪費	낭비	≒	徒消	도소

冷暖	냉난	≒	寒暑	한서
勞作	노작	≒	力作	역작
短命	단명	≒	薄命	박명
丹粧	단장	≒	化粧	화장
當到	당도	≒	到達	도달
大寶	대보	≒	至寶	지보
待遇	대우	≒	處遇	처우
大河	대하	≒	長江	장강
同甲	동갑	≒	同齒	동치
同類	동류	≒	伴黨	반당
同意	동의	≒	贊成	찬성
頭眉	두미	≒	始終	시종
頭緖	두서	≒	條理	조리
登極	등극	≒	卽位	즉위
晩年	만년	≒	老年	노년
望鄕	망향	≒	懷鄕	회향
面相	면상	≒	容貌	용모
名勝	명승	≒	景勝	경승
謀略	모략	≒	方略	방략
模範	모범	≒	龜鑑	귀감
目讀	목독	≒	默讀	묵독
沒頭	몰두	≒	專心	전심
武術	무술	≒	武藝	무예
默諾	묵낙	≒	默認	묵인
問候	문후	≒	問安	문안
未久	미구	≒	不遠	불원
美酒	미주	≒	佳酒	가주

密通	밀통	≒	暗通	암통
薄情	박정	≒	冷淡	냉담
叛徒	반도	≒	逆黨	역당
反逆	반역	≒	謀反	모반
發端	발단	≒	始作	시작
發送	발송	≒	郵送	우송
傍觀	방관	≒	坐視	좌시
方法	방법	≒	手段	수단
背恩	배은	≒	忘德	망덕
白眉	백미	≒	壓卷	압권
凡夫	범부	≒	俗人	속인
變遷	변천	≒	沿革	연혁
普遍	보편	≒	一般	일반
伏龍	복룡	≒	臥龍	와룡
本末	본말	≒	首尾	수미
部門	부문	≒	分野	분야
負約	부약	≒	違約	위약
祕本	비본	≒	珍書	진서
比翼	비익	≒	連理	연리
射技	사기	≒	弓術	궁술
事前	사전	≒	未然	미연
詐稱	사칭	≒	冒名	모명
私通	사통	≒	通情	통정
山林	산림	≒	隱士	은사
散策	산책	≒	散步	산보
賞美	상미	≒	稱讚	칭찬
狀況	상황	≒	情勢	정세

暑衣	서의	≒	夏服	하복
仙境	선경	≒	桃源	도원
先納	선납	≒	豫納	예납
善治	선치	≒	善政	선정
說破	설파	≒	論破	논파
成就	성취	≒	達成	달성
所望	소망	≒	念願	염원
所願	소원	≒	希望	희망
素行	소행	≒	品行	품행
俗論	속론	≒	流議	유의
刷新	쇄신	≒	革新	혁신
首尾	수미	≒	始終	시종
修飾	수식	≒	治粧	치장
熟歲	숙세	≒	豊年	풍년
承諾	승낙	≒	許諾	허락
昇進	승진	≒	榮轉	영전
視野	시야	≒	眼界	안계
始祖	시조	≒	鼻祖	비조
食言	식언	≒	負約	부약
神算	신산	≒	神策	신책
信音	신음	≒	雁書	안서
心友	심우	≒	知音	지음
我軍	아군	≒	友軍	우군
壓迫	압박	≒	威壓	위압
哀歡	애환	≒	喜悲	희비
野合	야합	≒	私通	사통
約婚	약혼	≒	佳約	가약

御聲	어성	≒	德音	덕음
業績	업적	≒	功績	공적
旅館	여관	≒	客舍	객사
逆轉	역전	≒	反轉	반전
戀歌	연가	≒	情歌	정가
然否	연부	≒	與否	여부
廉價	염가	≒	低價	저가
零落	영락	≒	衰落	쇠락
永眠	영면	≒	他界	타계
領域	영역	≒	分野	분야
領土	영토	≒	版圖	판도
禮物	예물	≒	幣物	폐물
緩急	완급	≒	遲速	지속
愚見	우견	≒	拙見	졸견
優待	우대	≒	厚待	후대
運送	운송	≒	通運	통운
原因	원인	≒	理由	이유
威儀	위의	≒	儀觀	의관
留級	유급	≒	落第	낙제
遊離	유리	≒	漂泊	표박
維新	유신	≒	革新	혁신
幼稚	유치	≒	未熟	미숙
倫理	윤리	≒	道德	도덕
潤文	윤문	≒	改稿	개고
潤澤	윤택	≒	豊富	풍부
應辯	응변	≒	隨機	수기
利潤	이윤	≒	利文	이문

移葬	이장	≒	遷墓	천묘
認可	인가	≒	許可	허가
逸才	일재	≒	秀才	수재
一毫	일호	≒	秋毫	추호
任意	임의	≒	恣意	자의
入寂	입적	≒	歸元	귀원
殘命	잔명	≒	餘壽	여수
壯志	장지	≒	雄志	웅지
在廷	재정	≒	在朝	재조
著姓	저성	≒	名族	명족
摘出	적출	≒	摘發	적발
轉居	전거	≒	轉住	전주
專決	전결	≒	獨斷	독단
轉變	전변	≒	變化	변화
漸漸	점점	≒	次次	차차
精讀	정독	≒	熟讀	숙독
情勢	정세	≒	狀況	상황
情趣	정취	≒	風情	풍정
操心	조심	≒	注意	주의
尊稱	존칭	≒	敬稱	경칭
拙稿	졸고	≒	愚稿	우고
卒壽	졸수	≒	凍梨	동리
從心	종심	≒	稀壽	희수
仲介	중개	≒	居間	거간
遲參	지참	≒	晩到	만도
進步	진보	≒	向上	향상
進退	진퇴	≒	去就	거취

贊反	찬반	≒	可否	가부
贊助	찬조	≒	協贊	협찬
蒼空	창공	≒	碧空	벽공
尺土	척토	≒	寸土	촌토
天地	천지	≒	乾坤	건곤
天地	천지	≒	覆載	부재
淸濁	청탁	≒	好惡	호오
滯拂	체불	≒	滯納	체납
招請	초청	≒	招待	초대
秋毫	추호	≒	毫末	호말
出荷	출하	≒	積出	적출
治粧	치장	≒	裝飾	장식
寢床	침상	≒	寢臺	침대
脫獄	탈옥	≒	破獄	파옥
吐說	토설	≒	實吐	실토
痛感	통감	≒	切感	절감
統率	통솔	≒	統領	통령
特酒	특주	≒	名酒	명주
破産	파산	≒	倒産	도산
遍歷	편력	≒	轉歷	전력
評論	평론	≒	批評	비평
平凡	평범	≒	尋常	심상
抱腹	포복	≒	絶倒	절도
漂流	표류	≒	漂泊	표박
風燈	풍등	≒	累卵	누란
下技	하기	≒	末藝	말예
閑居	한거	≒	燕息	연식

抗爭	항쟁	≒	抗戰	항전
海外	해외	≒	異域	이역
獻供	헌공	≒	獻納	헌납
顯職	현직	≒	達官	달관
脅迫	협박	≒	威脅	위협
螢窓	형창	≒	學窓	학창
護國	호국	≒	衛國	위국
忽變	홀변	≒	突變	돌변
鴻業	홍업	≒	鴻績	홍적
皇恩	황은	≒	皇澤	황택
會得	회득	≒	理解	이해
回覽	회람	≒	轉照	전조
劃一	획일	≒	一律	일률
訓戒	훈계	≒	勸戒	권계
凶報	흉보	≒	哀啓	애계
興亡	흥망	≒	盛衰	성쇠
喜樂	희락	≒	喜悅	희열
懇親會	간친회	≒	親睦會	친목회
改良種	개량종	≒	育成種	육성종
開催者	개최자	≒	主催者	주최자
車同軌	거동궤	≒	書同文	서동문
巨細事	거세사	≒	大小事	대소사
儉約家	검약가	≒	節約家	절약가
景勝地	경승지	≒	名勝地	명승지
經驗談	경험담	≒	體驗談	체험담
孤兒院	고아원	≒	保育院	보육원
高潮線	고조선	≒	滿潮線	만조선

空想家	공상가	≒	夢想家	몽상가
共通點	공통점	≒	同一點	동일점
教鍊場	교련장	≒	訓鍊場	훈련장
交通業	교통업	≒	運輸業	운수업
極上品	극상품	≒	最上品	최상품
金蘭契	금란계	≒	魚水親	어수친
騎馬術	기마술	≒	乘馬術	승마술
都大體	도대체	≒	大關節	대관절
桃源境	도원경	≒	理想鄕	이상향
毒舌家	독설가	≒	險口家	험구가
模造紙	모조지	≒	白上紙	백상지
貿易國	무역국	≒	通商國	통상국
未曾有	미증유	≒	破天荒	파천황
放浪者	방랑자	≒	流浪者	유랑자
訪問記	방문기	≒	探訪記	탐방기
別乾坤	별건곤	≒	別天地	별천지
普遍性	보편성	≒	一般性	일반성
本土種	본토종	≒	在來種	재래종
浮浪者	부랑자	≒	無賴漢	무뢰한
不老草	불로초	≒	不死藥	불사약
比翼鳥	비익조	≒	連理枝	연리지
私有地	사유지	≒	民有地	민유지
相思病	상사병	≒	花風病	화풍병
喪布契	상포계	≒	爲親契	위친계
設計圖	설계도	≒	青寫眞	청사진
所有物	소유물	≒	掌中物	장중물
瞬息間	순식간	≒	轉瞬間	전순간

新年辭	신년사	≒	年頭辭	연두사
愛酒家	애주가	≒	好酒家	호주가
魚水親	어수친	≒	知音人	지음인
力不足	역부족	≒	力不及	역불급
永久性	영구성	≒	恒久性	항구성
隷屬物	예속물	≒	從屬物	종속물
宇宙船	우주선	≒	衛星船	위성선
雲雨樂	운우락	≒	薦枕石	천침석
月旦評	월단평	≒	月朝評	월조평
潤筆料	윤필료	≒	揮毫料	휘호료
雜所得	잡소득	≒	雜收入	잡수입
再構成	재구성	≒	再編成	재편성
精米所	정미소	≒	製粉所	제분소
周遊家	주유가	≒	旅行家	여행가
地方色	지방색	≒	鄕土色	향토색
推定量	추정량	≒	想定量	상정량
通俗物	통속물	≒	大衆物	대중물
合法性	합법성	≒	適法性	적법성
鄕愁病	향수병	≒	懷鄕病	회향병
紅一點	홍일점	≒	一點紅	일점홍
休耕地	휴경지	≒	休閑地	휴한지
街談巷說	가담항설	≒	道聽塗說	도청도설
刻骨難忘	각골난망	≒	結草報恩	결초보은
各樣各色	각양각색	≒	形形色色	형형색색
刻舟求劍	각주구검	≒	守株待兎	수주대토
干城之材	간성지재	≒	命世之才	명세지재
甲男乙女	갑남을녀	≒	張三李四	장삼이사

擊壤之歌	격양지가	≒	鼓腹擊壤	고복격양
見利思義	견리사의	≒	見危授命	견위수명
犬免之爭	견토지쟁	≒	漁父之利	어부지리
傾國之色	경국지색	≒	傾城之色	경성지색
高閣大樓	고각대루	≒	高臺廣室	고대광실
高山流水	고산유수	≒	淡水之交	담수지교
姑息之計	고식지계	≒	臨時方便	임시방편
骨肉之親	골육지친	≒	血肉之親	혈육지친
口蜜腹劍	구밀복검	≒	笑裏藏刀	소리장도
近墨者黑	근묵자흑	≒	近朱者赤	근주자적
金蘭之契	금란지계	≒	水魚之交	수어지교
金城湯池	금성탕지	≒	難攻不落	난공불락
難兄難弟	난형난제	≒	莫上莫下	막상막하
累卵之危	누란지위	≒	風前燈火	풍전등화
淡水之交	담수지교	≒	莫逆之友	막역지우
大海一滴	대해일적	≒	九牛一毛	구우일모
道不拾遺	도불습유	≒	太平聖代	태평성대
同病相憐	동병상련	≒	草綠同色	초록동색
東山高臥	동산고와	≒	悠悠自適	유유자적
馬耳東風	마이동풍	≒	吾不關焉	오불관언
莫上莫下	막상막하	≒	伯仲之勢	백중지세
麥秀之嘆	맥수지탄	≒	亡國之恨	망국지한
孟母斷機	맹모단기	≒	斷機之戒	단기지계
面從腹背	면종복배	≒	陽奉陰違	양봉음위
傍若無人	방약무인	≒	眼下無人	안하무인
百年河淸	백년하청	≒	何待歲月	하대세월
比翼連理	비익연리	≒	二姓之樂	이성지락

山海珍味	산해진미	≒	龍味鳳湯	용미봉탕
首丘初心	수구초심	≒	胡馬望北	호마망북
宿虎衝鼻	숙호충비	≒	打草驚蛇	타초경사
心心相印	심심상인	≒	以心傳心	이심전심
羊頭狗肉	양두구육	≒	表裏不同	표리부동
愚公移山	우공이산	≒	積塵成山	적진성산
類類相從	유유상종	≒	草綠同色	초록동색
因果應報	인과응보	≒	種豆得豆	종두득두
一擧兩得	일거양득	≒	一石二鳥	일석이조
臨時方便	임시방편	≒	目前之計	목전지계
轉禍爲福	전화위복	≒	塞翁之馬	새옹지마
指呼之間	지호지간	≒	一衣帶水	일의대수
天壤之差	천양지차	≒	雲泥之差	운니지차
沈魚落雁	침어낙안	≒	天下絶色	천하절색
通俗歌謠	통속가요	≒	大衆歌謠	대중가요
風前燈火	풍전등화	≒	危機一髮	위기일발
匹夫匹婦	필부필부	≒	甲男乙女	갑남을녀
咸興差使	함흥차사	≒	終無消息	종무소식
下石上臺	하석상대	≒	姑息之計	고식지계
虎死留皮	호사유피	≒	人死留名	인사유명
紅顔薄命	홍안박명	≒	佳人薄命	가인박명
黃狗乳臭	황구유취	≒	口尙乳臭	구상유취
興亡盛衰	흥망성쇠	≒	榮枯盛衰	영고성쇠

4. 상대자(相對字)

ㄱ		
加減	가감	더할 가 / 덜 감
可否	가부	옳을 가 / 아닐 부
加除	가제	더할 가 / 덜 제
干滿	간만	마를 간 / 찰 만
簡細	간세	간략할 간 / 세밀할 세
甘苦	감고	달 감 / 쓸 고
江山	강산	강 강 / 메 산
强弱	강약	강할 강 / 약할 약
剛柔	강유	굳셀 강 / 부드러울 유
開閉	개폐	열 개 / 닫을 폐
去來	거래	갈 거 / 올 래
去留	거류	갈 거 / 머무를 류
巨細	거세	클 거 / 가늘 세
乾坤	건곤	하늘 건 / 땅 곤
乾濕	건습	마를 건 / 젖을 습
硬軟	경연	굳을 경 / 연할 연
經緯	경위	날 경 / 씨 위
慶弔	경조	경사 경 / 조문할 조
輕重	경중	가벼울 경 / 무거울 중
京鄕	경향	서울 경 / 시골 향
啓閉	계폐	열 계 / 닫을 폐
古今	고금	옛 고 / 이제 금

苦樂	고락	괴로울 고 / 즐거울 락
高落	고락	높을 고 / 떨어질 락
姑婦	고부	시어미 고 / 며느리 부
高卑	고비	높을 고 / 낮을 비
高低	고저	높을 고 / 낮을 저
高下	고하	높을 고 / 아래 하
曲直	곡직	굽을 곡 / 곧을 직
功過	공과	공 공 / 허물 과
空陸	공륙	빌 공 / 뭍 륙
攻防	공방	칠 공 / 막을 방
公私	공사	공변될 공 / 사사로울 사
供需	공수	이바지할 공 / 쓰일 수
攻守	공수	칠 공 / 지킬 수
功罪	공죄	공 공 / 허물 죄
寬猛	관맹	너그러울 관 / 사나울 맹
官民	관민	벼슬 관 / 백성 민
教習	교습	가르칠 교 / 익힐 습
巧拙	교졸	공교할 교 / 옹졸할 졸
教學	교학	가르칠 교 / 배울 학
君民	군민	임금 군 / 백성 민
君臣	군신	임금 군 / 신하 신
屈伸	굴신	굽힐 굴 / 펼 신
弓矢	궁시	활 궁 / 화살 시

貴賤	귀천	귀할 귀 / 천할 천
勤慢	근만	부지런할 근 / 게으를 만
勤怠	근태	부지런할 근 / 게으를 태
今古	금고	이제 금 / 옛 고
今昔	금석	이제 금 / 옛 석
及落	급락	미칠 급 / 떨어질 락
起結	기결	일어날 기 / 맺을 결
起伏	기복	일어날 기 / 엎드릴 복
飢飽	기포	주릴 기 / 배부를 포
起陷	기함	일어날 기 / 빠질 함
吉凶	길흉	길할 길 / 흉할 흉

ㄴ

諾否	낙부	허락할 낙 / 아닐 부
難易	난이	어려울 난 / 쉬울 이
男女	남녀	사내 남 / 계집 녀
南北	남북	남녘 남 / 북녘 북
來往	내왕	올 래 / 갈 왕
內外	내외	안 내 / 바깥 외
冷暖	냉난	찰 냉 / 따뜻할 난
冷熱	냉열	찰 냉 / 따뜻할 열
冷溫	냉온	찰 냉 / 따뜻할 온
奴婢	노비	종 노 / 계집종 비
勞使	노사	일할 노 / 부릴 사
老少	노소	늙을 노 / 젊을 소
老幼	노유	늙을 노 / 어릴 유

ㄷ

多寡	다과	많을 다 / 적을 과
多少	다소	많을 다 / 적을 소
單複	단복	홑 단 / 겹칠 복
旦夕	단석	아침 단 / 저녁 석
斷續	단속	끊을 단 / 이을 속
短長	단장	짧을 단 / 긴 장
當落	당락	당할 당 / 떨어질 락
當否	당부	마땅 당 / 아닐 부
大小	대소	큰 대 / 작을 소
貸借	대차	빌려줄 대 / 빌릴 차
都農	도농	도읍 도 / 농사 농
東西	동서	동녘 동 / 서녘 서
同異	동이	한가지 동 / 다를 이
動靜	동정	움직일 동 / 고요할 정
動止	동지	움직일 동 / 멈출 지
頭尾	두미	머리 두 / 꼬리 미
鈍敏	둔민	둔할 둔 / 민첩할 민
得喪	득상	얻을 득 / 잃을 상
得失	득실	얻을 득 / 잃을 실
登降	등강	오를 등 / 내릴 강
登落	등락	오를 등 / 떨어질 락
騰落	등락	오를 등 / 떨어질 락

ㅁ

賣買	매매	팔 매 / 살 매

明滅	명멸	밝을 명 / 멸할 멸
明暗	명암	밝을 명 / 어두울 암
母子	모자	어미 모 / 아들 자
問答	문답	물을 문 / 답할 답
文武	문무	글월 문 / 호반 무
物心	물심	물건 물 / 마음 심
美惡	미악	아름다울 미 / 악할 악
美醜	미추	아름다울 미 / 추할 추

ㅂ

班常	반상	나눌 반 / 항상 상
發着	발착	쏠 발 / 붙을 착
方圓	방원	모 방 / 둥글 원
背向	배향	등질 배 / 향할 향
煩簡	번간	번잡할 번 / 간략할 간
腹背	복배	배 복 / 등 배
本末	본말	근본 본 / 끝 말
父母	부모	아미 부 / 어미 모
夫婦	부부	지아비 부 / 지어미 부
父子	부자	아비 부 / 아들 자
夫妻	부처	남편 부 / 아내 처
浮沈	부침	뜰 부 / 잠길 침
分合	분합	나눌 분 / 합할 합
悲樂	비락	슬플 비 / 즐거울 락
悲歡	비환	슬플 비 / 기쁠 환
貧富	빈부	가난할 빈 / 부자 부
賓主	빈주	손 빈 / 주인 주
氷炭	빙탄	얼음 빙 / 숯 탄

ㅅ

士民	사민	선비 사 / 백성 민
死生	사생	죽을 사 / 살 생
邪正	사정	간사할 사 / 바를 정
師弟	사제	스승 사 / 제자 제
死活	사활	죽을 사 / 살 활
朔望	삭망	초하루 삭 / 보름 망
山海	산해	메 산 / 바다 해
殺活	살활	죽일 살 / 살릴 활
詳略	상략	상세할 상 / 간략할 략
賞罰	상벌	상줄 상 / 벌할 벌
上下	상하	위 상 / 아래 하
生滅	생멸	날 생 / 멸할 멸
生沒	생몰	날 생 / 빠질 몰
生死	생사	살 생 / 죽을 사
生殺	생살	살 생 / 죽일 살
暑寒	서한	더울 서 / 찰 한
善惡	선악	착할 선 / 악할 악
先後	선후	먼저 선 / 뒤 후
盛衰	성쇠	성할 성 / 쇠할 쇠
成敗	성패	이룰 성 / 패할 패
細大	세대	가늘 세 / 큰 대
損得	손득	덜 손 / 얻을 득

損益	손익	덜 손 / 더할 익
送受	송수	보낼 송 / 받을 수
送迎	송영	보낼 송 / 맞을 영
受給	수급	받을 수 / 줄 급
收給	수급	거둘 수 / 줄 급
水陸	수륙	물 수 / 뭍 륙
首尾	수미	머리 수 / 꼬리 미
受拂	수불	받을 수 / 지불할 불
授受	수수	줄 수 / 받을 수
手足	수족	손 수 / 발 족
收支	수지	거둘 수 / 지출할 지
水火	수화	물 수 / 불 화
叔姪	숙질	아재비 숙 / 조카 질
順逆	순역	순할 순 / 거스를 역
乘降	승강	탈 승 / 내릴 강
昇降	승강	오를 승 / 내릴 강
勝負	승부	이길 승 / 질 부
乘除	승제	탈 승 / 덜 제
勝敗	승패	이길 승 / 패할 패
始末	시말	처음 시 / 끝 말
是非	시비	옳을 시 / 그를 비
始終	시종	처음 시 / 마칠 종
新古	신고	새 신 / 옛 고
新舊	신구	새 긴 / 옛 구
臣民	신민	신하 신 / 백성 민
信疑	신의	믿을 신 / 의심할 의
伸縮	신축	펼 신 / 줄일 축
實否	실부	열매 실 / 아닐 부
深淺	심천	깊을 심 / 얕을 천
心體	심체	마음 심 / 몸 체

ㅇ

雅俗	아속	맑을 아 / 세속 속
安否	안부	편안 안 / 아닐 부
安危	안위	편안 안 / 위태로울 위
哀樂	애락	슬플 애 / 즐거울 락
愛惡	애오	사랑 애 / 미워할 오
愛憎	애증	사랑 애 / 미워할 증
哀歡	애환	슬플 애 / 기쁠 환
良否	양부	좋을 양 / 아닐 부
抑揚	억양	누를 억 / 날릴 양
言文	언문	말씀 언 / 글월 문
言行	언행	말씀 언 / 행할 행
與受	여수	줄 여 / 받을 수
與野	여야	참여할 여 / 들 야
然否	연부	그러할 연 / 아닐 부
炎凉	염량	불꽃 염 / 서늘할 량
榮枯	영고	영화 영 / 마를 고
榮辱	영욕	영화 영 / 욕될 욕
豫決	예결	망설일 예 / 결단할 결
銳鈍	예둔	날카로울 예 / 둔할 둔

玉石	옥석	옥 옥 / 돌 석
溫涼	온량	따뜻할 온 / 서늘할 량
緩急	완급	느릴 완 / 급할 급
往來	왕래	갈 왕 / 올 래
往返	왕반	갈 왕 / 돌아올 반
往復	왕복	갈 왕 / 돌아올 복
往還	왕환	갈 왕 / 돌아올 환
用捨	용사	쓸 용 / 버릴 사
優劣	우열	뛰어날 우 / 못할 열
雨晴	우청	비 우 / 갤 청
遠近	원근	멀 원 / 가까울 근
有無	유무	있을 유 / 없을 무
陸海	육해	뭍 육 / 바다 해
隱見	은견	숨길 은 / 볼 견
恩怨	은원	은혜 은 / 원망할 원
隱現	은현	숨길 은 / 나타날 현
隱顯	은현	숨길 은 / 나타날 현
陰陽	음양	그늘 음 / 볕 양
陰晴	음청	그늘 음 / 갤 청
理亂	이란	다스릴 리 / 어지러울 란
吏民	이민	벼슬아치 리 / 백성 민
離合	이합	떠날 리 / 합할 합
利害	이해	이로울 이 / 해할 해
因果	인과	원인 인 / 결과 과
日月	일월	날 일 / 달 월

任免	임면	맡길 임 / 면할 면
入落	입락	들 입 / 떨어질 락

ㅈ

子女	자녀	아들 자 / 계집 녀
姉妹	자매	손위누이 자 / 손아래누이 매
自他	자타	스스로 자 / 다를 타
昨今	작금	어제 작 / 이제 금
長短	장단	긴 장 / 짧을 단
將兵	장병	장수 장 / 군사 병
將士	장사	장수 장 / 군사 사
長幼	장유	어른 장 / 어릴 유
將卒	장졸	장수 장 / 군사 졸
田畓	전답	밭 전 / 논 답
前後	전후	앞 전 / 뒤 후
正反	정반	바를 정 / 도리어 반
正副	정부	바를 정 / 버금 부
正邪	정사	바를 정 / 사악할 사
正誤	정오	바를 정 / 그르칠 오
正僞	정위	바를 정 / 거짓 위
早晚	조만	일찍 조 / 늦을 만
朝暮	조모	아침 조 / 저물 모
朝夕	조석	아침 조 / 저녁 석
祖孫	조손	조상 조 / 자손 손
燥濕	조습	마를 조 / 젖을 습
朝野	조야	조정 조 / 들 야

存亡	존망	있을 존 / 망할 망
存滅	존멸	있을 존 / 멸할 멸
存沒	존몰	있을 존 / 빠질 몰
存無	존무	있을 존 / 없을 무
尊卑	존비	높을 존 / 낮을 비
尊侍	존시	높을 존 / 모실 시
存廢	존폐	있을 존 / 폐할 폐
縱橫	종횡	세로 종 / 가로 횡
坐立	좌립	앉을 좌 / 설 립
坐臥	좌와	앉을 좌 / 누울 와
左右	좌우	왼 좌 / 오른쪽 우
罪罰	죄벌	허물 죄 / 벌할 벌
罪刑	죄형	허물 죄 / 형벌 형
主客	주객	주인 주 / 손 객
晝夜	주야	낮 주 / 밤 야
主從	주종	주인 주 / 좇을 종
衆寡	중과	무리 중 / 적을 과
中外	중외	가운데 중 / 바깥 외
增減	증감	더할 증 / 덜 감
贈答	증답	줄 증 / 답할 답
增削	증삭	더할 증 / 덜 삭
增損	증손	더할 증 / 덜 손
遲速	지속	더딜 지 / 빠를 속
智愚	지우	지혜로울 지 / 어리석을 우
知行	지행	알 지 / 행할 행

眞假	진가	참 진 / 거짓 가
眞僞	진위	참 진 / 거짓 위
進退	진퇴	나아갈 진 / 물러날 퇴
集配	집배	모을 집 / 나눌 배
集散	집산	모을 집 / 흩을 산

ㅊ

贊反	찬반	찬성할 찬 / 반대할 반
天壤	천양	하늘 천 / 흙덩이 양
天地	천지	하늘 천 / 땅 지
添減	첨감	더할 첨 / 덜 감
添削	첨삭	더할 첨 / 덜 삭
清濁	청탁	맑을 청 / 흐릴 탁
春秋	춘추	봄 춘 / 가을 추
出缺	출결	날 출 / 빠질 결
出納	출납	날 출 / 들일 납
出沒	출몰	날 출 / 빠질 몰
出入	출입	날 출 / 들 입
忠逆	충역	충성 충 / 거스를 역
取貸	취대	취할 취 / 빌릴 대
取捨	취사	취할 취 / 버릴 사
治亂	치란	다스릴 치 / 어지러울 란

ㅋ

快鈍	쾌둔	쾌할 쾌 / 둔할 둔

ㅌ

吐納	토납	토할 토 / 들일 납

投打	투타	던질 투 / 칠 타

ㅍ

廢立	폐립	폐할 폐 / 설 립
廢置	폐치	폐할 폐 / 둘 치
表裏	표리	겉 표 / 속 리
豊薄	풍박	풍성할 풍 / 엷을 박
豊凶	풍흉	풍년 풍 / 흉할 흉
皮骨	피골	가죽 피 / 뼈 골
彼我	피아	저 피 / 나 아
彼此	피차	저 피 / 이 차

ㅎ

夏冬	하동	여름 하 / 겨울 동
寒暖	한난	찰 한 / 따뜻할 난
閑忙	한망	한가할 한 / 바쁠 망
寒暑	한서	찰 한 / 더울 서
寒熱	한열	찰 한 / 뜨거울 열
寒溫	한온	찰 한 / 따뜻할 온
海空	해공	바다 해 / 빌 공
向背	향배	향할 향 / 등질 배
虛實	허실	빌 허 / 열매 실
顯微	현미	나타날 현 / 작을 미
顯密	현밀	나타날 현 / 감출 밀
玄素	현소	검을 현 / 흴 소
賢愚	현우	현명할 현 / 어리석을 우
形影	형영	모양 형 / 그림자 영
兄弟	형제	맏 형 / 아우 제
好惡	호오	좋아할 호 / 미워할 오
呼吸	호흡	불 호 / 마실 흡
昏明	혼명	어두울 혼 / 밝을 명
禍福	화복	재화 화 / 복 복
和戰	화전	평화로울 화 / 싸울 전
會散	회산	모일 회 / 흩어질 산
厚薄	후박	두터울 후 / 엷을 박
毁譽	훼예	헐 훼 / 기릴 예
胸背	흉배	가슴 흉 / 등 배
黑白	흑백	검을 흑 / 흰 백
興亡	흥망	흥할 흥 / 망할 망
興敗	흥패	흥할 흥 / 패할 패
喜怒	희로	기쁠 희 / 성낼 로
喜悲	희비	기쁠 희 / 슬플 비

5. 상대어(相對語)

可決	가결	↔	否決	부결
架空	가공	↔	實在	실재
加重	가중	↔	輕減	경감
幹線	간선	↔	支線	지선
干涉	간섭	↔	放任	방임
間接	간접	↔	直接	직접
干潮	간조	↔	滿潮	만조
減産	감산	↔	增産	증산
感性	감성	↔	理性	이성
剛健	강건	↔	柔弱	유약
槪述	개술	↔	詳述	상술
拒否	거부	↔	承認	승인
傑作	걸작	↔	拙作	졸작
結果	결과	↔	原因	원인
高雅	고아	↔	卑俗	비속
困難	곤란	↔	容易	용이
供給	공급	↔	需要	수요
公平	공평	↔	偏頗	편파
過失	과실	↔	故意	고의
寬大	관대	↔	嚴格	엄격
拘束	구속	↔	放免	방면
均等	균등	↔	差等	차등
僅少	근소	↔	過多	과다
近接	근접	↔	遠隔	원격
及第	급제	↔	落第	낙제

奇數	기수	↔	偶數	우수
濫用	남용	↔	節約	절약
納稅	납세	↔	徵稅	징세
朗讀	낭독	↔	默讀	묵독
內包	내포	↔	外延	외연
弄談	농담	↔	眞談	진담
農繁	농번	↔	農閑	농한
能動	능동	↔	被動	피동
單式	단식	↔	複式	복식
當番	당번	↔	非番	비번
對話	대화	↔	獨白	독백
獨創	독창	↔	模倣	모방
漠然	막연	↔	確然	확연
忘却	망각	↔	記憶	기억
滅亡	멸망	↔	隆盛	융성
模倣	모방	↔	創造	창조
未熟	미숙	↔	老鍊	노련
微視	미시	↔	巨視	거시
敏速	민속	↔	遲鈍	지둔
發生	발생	↔	消滅	소멸
白晝	백주	↔	深夜	심야
複雜	복잡	↔	單純	단순
不當	부당	↔	妥當	타당
富裕	부유	↔	貧窮	빈궁
紛爭	분쟁	↔	和解	화해

辭任	사임	↔	就任	취임
削減	삭감	↔	添加	첨가
相逢	상봉	↔	離別	이별
生面	생면	↔	熟面	숙면
洗練	세련	↔	稚拙	치졸
消滅	소멸	↔	生成	생성
送舊	송구	↔	迎新	영신
拾得	습득	↔	遺失	유실
濕潤	습윤	↔	乾燥	건조
昇天	승천	↔	降臨	강림
新婦	신부	↔	新郎	신랑
辛勝	신승	↔	樂勝	낙승
愼重	신중	↔	輕率	경솔
惡化	악화	↔	好轉	호전
安靜	안정	↔	興奮	흥분
愛好	애호	↔	嫌惡	혐오
抑制	억제	↔	促進	촉진
年頭	연두	↔	歲暮	세모
溫暖	온난	↔	寒冷	한랭
緩慢	완만	↔	急激	급격
外柔	외유	↔	內剛	내강
容易	용이	↔	難解	난해
韻文	운문	↔	散文	산문
原告	원고	↔	被告	피고
原書	원서	↔	譯書	역서
遠心	원심	↔	求心	구심
遠洋	원양	↔	近海	근해

怨恨	원한	↔	恩惠	은혜
柔和	유화	↔	强硬	강경
隆起	융기	↔	沈降	침강
應用	응용	↔	原理	원리
義務	의무	↔	權利	권리
異端	이단	↔	正統	정통
人爲	인위	↔	自然	자연
臨時	임시	↔	經常	경상
潛在	잠재	↔	顯在	현재
低下	저하	↔	向上	향상
漸進	점진	↔	急進	급진
精算	정산	↔	概算	개산
靜肅	정숙	↔	騷亂	소란
精神	정신	↔	物質	물질
定着	정착	↔	漂流	표류
弔客	조객	↔	賀客	하객
拙劣	졸렬	↔	巧妙	교묘
左遷	좌천	↔	榮轉	영전
重厚	중후	↔	輕薄	경박
增進	증진	↔	減退	감퇴
支出	지출	↔	收入	수입
質疑	질의	↔	應答	응답
借用	차용	↔	返濟	반제
贊成	찬성	↔	反對	반대
慘敗	참패	↔	快勝	쾌승
聽者	청자	↔	話者	화자
超人	초인	↔	凡人	범인

總角	총각	↔	處女	처녀
抽象	추상	↔	具體	구체
縮小	축소	↔	擴大	확대
忠臣	충신	↔	逆臣	역신
就任	취임	↔	離任	이임
治世	치세	↔	亂世	난세
稱讚	칭찬	↔	非難	비난
快樂	쾌락	↔	苦痛	고통
脫退	탈퇴	↔	加入	가입
統合	통합	↔	分析	분석
退步	퇴보	↔	進步	진보
特殊	특수	↔	普遍	보편
破壞	파괴	↔	建設	건설
平等	평등	↔	差別	차별
廢業	폐업	↔	開業	개업
飽食	포식	↔	飢餓	기아
被害	피해	↔	加害	가해
畢讀	필독	↔	始讀	시독
必然	필연	↔	偶然	우연
下待	하대	↔	尊待	존대
下落	하락	↔	騰貴	등귀
夏至	하지	↔	冬至	동지
陷沒	함몰	↔	隆起	융기
解散	해산	↔	集合	집합
許可	허가	↔	禁止	금지
虛僞	허위	↔	眞實	진실
革新	혁신	↔	保守	보수

顯官	현관	↔	微官	미관
現實	현실	↔	理想	이상
紅顔	홍안	↔	白髮	백발
訓讀	훈독	↔	音讀	음독
吸氣	흡기	↔	呼氣	호기
興奮	흥분	↔	鎭靜	진정
可燃性	가연성	↔	不燃性	불연성
開架式	개가식	↔	閉架式	폐가식
開放性	개방성	↔	閉鎖性	폐쇄성
巨視的	거시적	↔	微視的	미시적
高踏的	고답적	↔	世俗的	세속적
具體的	구체적	↔	抽象的	추상적
急騰勢	급등세	↔	急落勢	급락세
及第點	급제점	↔	落第點	낙제점
旣決案	기결안	↔	未決案	미결안
奇順列	기순열	↔	偶順列	우순열
落選人	낙선인	↔	當選人	당선인
老處女	노처녀	↔	老總角	노총각
農繁期	농번기	↔	農閑期	농한기
單純性	단순성	↔	複雜性	복잡성
大殺年	대살년	↔	大有年	대유년
大丈夫	대장부	↔	拙丈夫	졸장부
都給人	도급인	↔	受給人	수급인
同質化	동질화	↔	異質化	이질화
買受人	매수인	↔	賣渡人	매도인
門外漢	문외한	↔	專門家	전문가
發信人	발신인	↔	受信人	수신인

白眼視	백안시	↔	青眼視	청안시
富益富	부익부	↔	貧益貧	빈익빈
不文律	불문율	↔	成文律	성문율
非需期	비수기	↔	盛需期	성수기
上終價	상종가	↔	下終價	하종가
夕刊紙	석간지	↔	朝刊紙	조간지
小口徑	소구경	↔	大口徑	대구경
送荷人	송하인	↔	受荷人	수하인
輸入國	수입국	↔	輸出國	수출국
收入額	수입액	↔	支出額	지출액
拾得物	습득물	↔	紛失物	분실물
勝利者	승리자	↔	敗北者	패배자
昇壓器	승압기	↔	降壓器	강압기
始發驛	시발역	↔	終着驛	종착역
兩非論	양비론	↔	兩是論	양시론
嚴侍下	엄시하	↔	慈侍下	자시하
逆轉勝	역전승	↔	逆轉敗	역전패
劣等感	열등감	↔	優越感	우월감
外斜面	외사면	↔	內斜面	내사면
外疏薄	외소박	↔	內疏薄	내소박
唯心論	유심론	↔	唯物論	유물론
賃貸料	임대료	↔	賃借料	임차료
立席券	입석권	↔	座席券	좌석권
積極的	적극적	↔	消極的	소극적
早熟性	조숙성	↔	晩熟性	만숙성
縱斷面	종단면	↔	橫斷面	횡단면
增加率	증가율	↔	減少率	감소율

初盤戰	초반전	↔	終盤戰	종반전
出發驛	출발역	↔	到着驛	도착역
就任辭	취임사	↔	離任辭	이임사
販賣品	판매품	↔	非賣品	비매품
廢刊號	폐간호	↔	創刊號	창간호
暴騰勢	폭등세	↔	暴落勢	폭락세
必然性	필연성	↔	偶然性	우연성
閑中忙	한중망	↔	忙中閑	망중한
合憲性	합헌성	↔	違憲性	위헌성
歡送宴	환송연	↔	歡迎宴	환영연
凶漁期	흉어기	↔	豊漁期	풍어기
見利思義	견리사의	↔	見利忘義	견리망의
輕擧妄動	경거망동	↔	隱忍自重	은인자중
景氣上昇	경기상승	↔	景氣下降	경기하강
高官大爵	고관대작	↔	微官末職	미관말직
高臺廣室	고대광실	↔	一間斗屋	일간두옥
高山流水	고산유수	↔	市道之交	시도지교
錦上添花	금상첨화	↔	雪上加霜	설상가상
奇數拍子	기수박자	↔	偶數拍子	우수박자
吉則大凶	길즉대흉	↔	凶則大吉	흉즉대길
樂觀論者	낙관론자	↔	悲觀論者	비관론자
暖房裝置	난방장치	↔	冷房裝置	냉방장치
凍氷寒雪	동빙한설	↔	和風暖陽	화풍난양
物價下落	물가하락	↔	物價騰貴	물가등귀
歲入豫算	세입예산	↔	歲出豫算	세출예산
始終一貫	시종일관	↔	龍頭蛇尾	용두사미
我田引水	아전인수	↔	易地思之	역지사지

違法行爲	위법행위	↔	適法行爲	적법행위
流芳百世	유방백세	↔	遺臭萬年	유취만년
積善餘慶	적선여경	↔	積惡餘殃	적악여앙
卒年月日	졸년월일	↔	生年月日	생년월일
支出豫算	지출예산	↔	收入豫算	수입예산
千慮一得	천려일득	↔	千慮一失	천려일실
下意上達	하의상달	↔	上意下達	상의하달
興盡悲來	흥진비래	↔	苦盡甘來	고진감래

6. 동음이의어(同音異義語)

가교

假橋 임시 다리

架橋 다리를 놓음

가담

加擔 같은 편이 되어 함께 일을 함

街談 거리에 떠도는 소문이나 풍문

가무

家務 집안 일

歌舞 노래와 춤

가보

家寶 한 집안에서 전해 내려오는 귀한 물건

家譜 한 집안의 혈연관계나 내력을 체계적으로 적은 책

가사

假死 죽은 것처럼 보이는 상태

家事 집안 일

가설

假設 임시로 설치함

假說 어떤 사실을 설명하기 위하여 설정한 가정

架設 전깃줄이나 교량 따위를 공중에 가로질러 설치함

街說 거리에 떠도는 말, 세상의 평판

가세

加勢 힘을 보태거나 거듦

家勢 집안의 살림살이 따위의 형세

가작

佳作 매우 뛰어난 작품

假作 임시로 만든 것. 다른 작품을 베껴서 만든 작품

가호

加護 보호하고 도와줌

家戶 집이나 가구 따위를 세는 단위

각기

各其 각각 저마다

脚氣 비타민 b1이 부족하여 일어나는 증상

각자

刻字 글자를 새김

覺者 진리를 깨달은 사람

각하

却下 소송 따위가 요건을 갖추지 못한 경우, 소송을 종료하는 일

閣下 고급 관료나 인사들에 대한 경칭

감리

監吏 감독하는 일을 맡아보던 관리

監理 감독하고 관리함

감사

感謝 고마움을 나타내는 인사

監査 감독하고 조사함

監事 재산이나 업무를 감사하는 사람

감산

減産 생산을 줄임
減算 빼어 셈함

감상

感想 마음속에서 일어나는 느낌이나 생각
感傷 하찮은 일에도 슬퍼져서 마음이 상함
鑑賞 주로 예술 작품을 즐기고 평가함

감수

甘受 책망이나 고통 따위를 달갑게 받아들임
監修 책의 저술이나 편찬 따위를 감독함
感受 외부의 영향을 수동적으로 받아들임
監守 감독하고 지킴

강단

剛斷 굳세고 야무지게 견디어 내는 힘
講壇 강연 따위를 하는 사람이 올라서도록 약간 높게 만든 자리

강도

剛度 단단하고 센 정도
强盜 폭행 따위의 수단으로 남의 재물을 빼앗는 행위

강변

江邊 강가
强辯 이치에 닿지 않은 것을 억지스럽게 주장함

강사

講士 강연회에서 강연을 하는 사람
講師 학교 따위에서 위촉을 받아 강의를 하는 사람

강설

講說 강론하여 설명함
降雪 눈이 내림

강습

强襲 습격을 강행함
講習 학문 따위를 가르치고 익힘

강점

强占 남의 것을 강제로 차지함
强點 남보다 우세한 점

강직

剛直 마음이 꼿꼿하고 곧음
降職 직위를 낮춤

강판

鋼板 강철판
降板 투수를 경기 도중에 마운드에서 내려오게 하는 일

강화

强化 강하게 함
講和 싸우던 두 편이 싸움을 멈추고 평화로운 상태가 됨
講話 강의하듯이 쉽게 풀어서 이야기함

개간

改刊 고쳐서 간행함
開刊 처음으로 간행함

개관

概觀 전체를 대강 살펴봄
開館 도서관 따위의 기관이 처음으로 문을 엶

개설

槪說 줄거리만 잡아 대강 설명함
開設 사무소나 제도 따위를 새로 마련하고 일을 시작함

개수

改修 고쳐서 바로잡거나 다시 만듦
個數 낱으로 셀 수 있는 물건의 수효

개정

改正 고쳐서 바르게 함
改定 정해져 있던 것을 고쳐서 다시 정함
改訂 글의 틀린 곳 따위를 고쳐 바로잡음
開廷 재판을 시작하려고 법정을 엶

개조

改造 고쳐서 다시 만듦
改組 조직 따위를 고쳐 다시 짬

개표

改票 차표 따위를 입구에서 검사함
開票 투표함을 열고 결과를 확인함

거부

巨富 큰 부자
拒否 요구나 제안 따위를 물리침

거사

居士 재야의 선비
擧事 반란이나 혁명 같은 큰일을 일으킴

거성

巨星 뛰어난 인물을 비유적으로 이르는 말
去聲 중세 국어 사성(四聲)의 하나

거처

居處 자리 잡고 사는 장소
去處 가 있는 곳 또는 갈 곳

건조

乾燥 물기나 습기가 없거나 없앰
建造 건물이나 배 따위를 만듦

검기

劍氣 칼날에서 풍기는 싸늘한 기운
劍技 검을 다루는 솜씨

검사

檢査 사실이나 상태 또는 물질의 구성 성분 따위를 조사함
檢事 범죄를 수사하고 공소를 제기하여 형벌의 집행을 감독하는 사법관

검수

檢水 수질의 좋고 나쁨을 검사하는 일
檢收 물건의 수량, 품질 따위를 검사하여 받아들임

경각

警覺 잘못을 하지 않도록 정신을 차림
頃刻 아주 짧은 시간

경계

境界 사물이나 지역이 분간되는 한계
警戒 조심하여 단속함

경기

京畿 서울을 중심으로 한 주위의 지방
景氣 매매나 거래에 나타나는 호황 · 불황 따위의 경제 활동 상태
驚氣 놀라서 일어남
競技 일정한 규칙 아래 기량과 기술을 겨룸

경보

競步 걸음의 빠르기를 겨루는 경기
警報 태풍이나 공습 따위의 위험이 닥쳐올 때 경고하는 일

경비

經費 사업을 경영하거나 운영하는 데 필요한 비용
警備 도난 따위를 염려하여 미리 대비하는 일

경사

傾斜 비스듬히 기울어짐. 기울기
慶事 축하할 만한 기쁜 일

경상

經常 일정한 상태로 계속하여 변동이 없음
輕傷 가벼운 상처

경연

慶宴 경사스러운 잔치
競演 예술이나 재주 따위의 실력을 겨룸

경외

境外 일정한 경계의 밖
敬畏 공경하면서 두려워함

경유

經由 어떤 곳을 거쳐 지남
輕油 석유의 원유를 증류할 때, 등유 다음으로 얻는 기름

경주

傾注 힘이나 정신을 한 곳에만 기울임
競走 빠르기를 겨루는 일

경향

京鄕 서울과 시골
傾向 사상, 행동 따위가 어떤 방향으로 기울어짐

계기

契機 어떤 일이 일어나거나 변화하도록 만드는 결정적인 원인이나 기회
繼起 어떤 일이나 현상이 잇따라 일어남
計器 길이, 무게 따위나 온도, 강도 따위를 재는 기구

계도

啓導 남을 일깨우고 이끌어 줌
系圖 어떤 집안의 대대의 계통을 나타낸 도표

계주

契主 계를 조직하여 관리하는 사람
繼走 이어달리기

고구

故舊 사귄지 오래된 친구
考究 자세히 살펴 연구함

고려

考慮 생각하고 헤아려 봄
高麗 왕건이 세운 나라

고사

固辭 굳이 사양함
故事 유래가 있는 옛 일
枯死 말라 죽음
告祀 액운(厄運)은 없어지고 풍요와 행운이 오도록 집안에서 섬기는 신(神)에게 음식을 차려 놓고 비는 제사

고성

古城 오래된 성
高聲 크고 높은 목소리

고소

告訴 범죄 사실을 신고하여 수사를 요구하는 일
苦笑 쓴웃음

고아

高雅 뜻이나 품격 따위가 높고 우아함
孤兒 부모를 여의거나 버림받아 의지할 곳 없는 아이

공납

公納 국고로 들어가는 조세
貢納 백성이 그 지방 특산물을 조정에 바치던 일

공론

公論 공적인 논의
空論 실속이 없는 논의

공모

公募 공개적으로 모집
共謀 함께 어떤 일을 꾀함

공물

供物 신령이나 부처 앞에 바치는 물건
貢物 지방에서 중앙에 상납하게 한 특산물

공방

攻防 서로 공격하고 방어함
空房 사람이 거처하지 않는 빈 방

공세

公稅 나라에 바치는 세금
攻勢 공격하는 태세

공수

供需 공급과 수요
攻守 공격과 수비

공영

公營 공적인 기관에서 공공의 이익을 위하여 경영함
共榮 함께 번영함

공익

公益 사회 전체의 이익
共益 공동의 이익

공전

公轉 한 천체가 다른 천체의 둘레를 주기적으로 도는 일
空轉 기계나 바퀴 따위가 헛돎
空前 비교할만한 것이 이전에는 없음

공포

公布 일반에게 널리 알림
空砲 실탄을 넣지 않고 소리만 나게 하는 총질

과도

果刀 과일 깎는 칼
過渡 한 상태에서 다른 상태로 넘어가거나 바뀌어 가는 도중

과시

科試 과거시험
誇示 자랑해 보임

과정

科程 학과 과정
課程 해야 할 일의 정도. 학습하여야 할 과목의 내용과 분량
過程 일이 되어 가는 정도

관계

官界 국가 기관, 또는 그 관리들로 이루어지는 사회
關係 서로 관련을 맺거나 관련이 있음

관록

官祿 관원에게 주던 봉급
貫祿 쌓은 경력과 그에 따르는 권위

관리

官吏 관직에 있는 사람
管理 어떤 일을 맡아 처리함

관용

官用 관청에서 쓰기 위한 것
寬容 너그럽게 용서하고 받아들임
慣用 습관적으로 늘 씀

관장

管掌 일을 맡아서 주관함
館長 박물관 같은 '관(館)' 자가 붙은 기관의 우두머리

광폭

廣幅 넓은 폭
狂暴 미쳐 날뛰듯이 매우 거칠고 사나움

교도

矯導 바로잡아 인도함
教導 가르쳐서 인도함
教徒 종교를 믿는 사람이나 그 무리

교사

教師 학교 따위에서 학생을 가르치는 사람
校舍 학교의 건물

교정

校訂 출판물 따위의 잘못된 글자나 글귀 따위를 바르게 고침

校庭 학교의 넓은 뜰이나 운동장

矯正 틀어지거나 잘못된 것을 바로잡음

구도

構圖 그림에서 모양, 색깔, 위치 따위의 짜임새

求道 진리나 종교적인 깨달음의 경지를 구함

구비

具備 필요한 것을 빠짐없이 다 갖춤

口碑 비석에 새긴 것처럼 오래도록 말로 전해 내려온 것

구상

具象 사물이 일정한 형태와 성질을 갖춤

構想 일의 실현 방법 따위를 이리저리 생각함

球狀 공같이 둥근 모양

구속

拘束 행동이나 의사의 자유를 속박함

舊俗 낡은 풍속

구원

救援 어려움이나 위험에 빠진 사람을 구하여 줌

舊怨 오래전부터 품어 왔던 원한

구제

救濟 피해를 당하여 어려운 처지에 있는 사람을 도와줌

驅除 해충 따위를 몰아내어 없앰

구조

構造 부분이나 요소가 어떤 전체를 짜 이룸

救助 재난 따위를 당하여 어려운 처지에 빠진 사람을 구하여 줌

구축

驅逐 어떤 세력 따위를 몰아서 쫓아냄

構築 쌓아 만듦

국경

國境 나라와 나라 사이의 경계

國慶 나라의 경사

군수

軍需 군사상 필요한 것

郡守 한 군(郡)의 행정을 맡아보는 최고 직위

궁색

窮塞 아주 가난함

窮色 곤궁한 기색

귀경

歸京 서울로 돌아가거나 돌아옴

歸耕 시골로 돌아가서 농사를 지음

극단

劇團 연극을 전문으로 공연하는 단체

極端 맨 끄트머리

극한

極寒 몹시 심한 추위

極限 도달할 수 있는 최후의 단계나 지점

근간

根幹 뿌리와 줄기. 바탕이나 중심이 되는 중요한 것
近刊 최근에 출판함

급전

急錢 급하게 쓸 돈
急傳 급하게 전함

기관

器官 일정한 모양과 생리 기능을 가지고 있는 생물체의 부분
機關 일정한 역할과 목적을 위하여 설치한 기구나 조직
汽管 증기를 내보내는 관
氣管 호흡 기관

기구

器具 세간, 도구, 기계 따위를 통틀어 이르는 말
機構 어떤 목적을 위하여 구성한 조직의 구성 체계

기민

機敏 눈치가 빠르고 동작이 날쌤
飢民 굶주린 백성

기사

技師 특별한 기술 업무를 맡아보는 사람
騎士 말을 탄 무사
記事 신문·잡지 등에서, 어떤 사실을 알리는 글

기상

氣象 대기 중에서 일어나는 물리적인 현상, 날씨
氣像 사람이 타고난 기개나 마음씨가 겉으로 드러난 모양
起床 잠자리에서 일어남

기수

奇數 홀수
騎手 경마에서 말을 타는 사람
機首 비행기 머리

기술

旣述 이미 앞서 기술함
記述 있는 그대로 기록하여 서술함

기안

奇案 기묘한 생각이나 계획
起案 초안을 만듦. 또는 그 초안

기우

奇遇 기이한 인연으로 만남
祈雨 날이 가물 때에 비가 오기를 빎

기원

祈願 바라는 일이 이루어지기를 빎
紀元 연대를 계산하는 데에 기준이 되는 해
起源 사물이 처음으로 생긴 근원

기인

奇人 성격이나 말, 행동 따위가 별난 사람
起因 일이 일어나게 된 까닭

기장

機長 항공기 승무원 가운데 최고 책임자
記帳 장부에 적음. 또는 그 장부

기재

器材 기구와 재료
奇才 아주 뛰어난 재주. 또는 그런 사람
記載 기록하여 올림

기점

起點 처음으로 일어나거나 시작되는 곳
基點 기본이 되는 점이나 곳

기행

奇行 기이한 행동
紀行 여행하는 동안에 겪은 것을 적은 것

난국

難局 일을 하기 어려운 상황
亂國 질서가 없고 어지러운 나라
亂局 어지러운 판국

난류

暖流 따뜻한 해류
亂流 공기나 물 따위가 불규칙하게 흐르는 현상

난사

難事 처리하기 어려운 일
亂射 총 따위를 아무 곳에나 마구 쏨

난의

難義 이해하기 어려운 뜻
暖衣 따뜻한 옷

난해

暖海 따뜻한 바다
難解 이해하기 어려움

남벌

南伐 무력으로 남쪽 지방을 침
濫伐 나무를 함부로 베어 냄

내성

內城 이중으로 쌓은 성에서 안쪽의 성
耐性 환경 조건의 변화에 견딜 수 있는 생물의 성질

내장

內臟 척추동물의 위, 간 등 여러 가지 기관
內藏 내부에 가지고 있음
內裝 내부를 꾸미거나 설비를 갖춤

노안

老顔 노쇠해진 얼굴
老眼 늙어서 시력이 나빠짐

녹음

錄音 소리를 기록함
綠陰 푸른 잎이 우거진 나무나 수풀

누대

樓臺 누각이나 대사(臺榭)와 같이 높은 건물
累代 여러 대(代)

다과

多寡 수효의 많음과 적음
茶果 차와 과일

단발

短髮 짧은 머리털
斷髮 머리털을 짧게 깎음

단서

但書 본문 다음에 그에 대한 어떤 조건이나 예외 따위를 나타내는 글

端緖 어떤 문제를 해결하는 방향으로 이끌어 가는 실마리

단수

單數 홑수

斷水 물길이 막힘

단식

單式 단순한 방식이나 형식. 일대일로 하는 경기

斷食 음식을 먹지 아니함

단원

單元 어떤 주제나 내용을 중심으로 묶는 학습 단위

團員 어떤 단체에 속한 사람

단장

丹粧 얼굴, 머리, 옷차림 따위를 곱게 꾸밈

斷腸 몹시 슬퍼서 창자가 끊어지는 듯함

端裝 단정하게 차림

단전

丹田 배꼽 아래로 한 치 다섯 푼 되는 곳

斷電 전기의 공급이 끊김

단정

斷定 딱 잘라서 판단하고 결정함

端正 옷차림새나 몸가짐 따위가 얌전하고 바름

단지

但只 다만. 오직

斷指 손가락을 자름

단층

單層 하나로만 이루어진 층

斷層 지각 변동으로 지층이 갈라져 어긋나는 현상

단편

斷片 끊어지거나 쪼개진 조각

斷篇 내용이 연결되지 못하고 조각조각 따로 떨어진 짧은 글

답사

答辭 회답하는 말

踏査 현장에 가서 직접 보고 조사함

대도

大刀 큰 칼

大盜 큰 도둑

대비

對比 서로 맞대어 비교함

對備 어떠한 일에 대응하기 위하여 미리 준비함

대사

大師 승려를 높여 이르는 말

大事 큰일

臺詞 연극이나 영화 따위에서 배우가 하는 말

대역

大役 큰 공사. 큰 역할
大逆 국가와 사회의 질서를 어지럽히는 큰 죄
代役 다른 사람이 역할을 대신 맡아 하는 일

대장

大將 한 무리의 우두머리, 군대 계급의 하나
大腸 큰창자
臺帳 일정한 양식으로 기록한 장부

대적

大賊 큰 도적
對敵 맞서 겨룸

대전

大殿 임금이 거처하는 궁전
大田 충청남도에 있는 광역시

도적

圖籍 그림과 책
盜賊 도둑

도청

盜聽 남의 이야기 따위를 몰래 엿듣는 일
道廳 도의 행정을 맡아 처리한는 관청

도화

導火 폭약을 터지게 하는 불. 사건의 원인이나 동기를 비유하는 말
桃花 복숭아꽃

독사

毒死 독약에 의해 죽음
毒蛇 독액을 분비하는 뱀

독소

毒素 해로운 요소
毒笑 독기를 품고 웃는 웃음

독주

毒酒 매우 독한 술
獨走 혼자서 뜀
獨奏 한 사람이 악기를 연주하는 것

동기

動機 행동을 일으키게 하는 계기
同氣 형제자매

동사

動詞 사물의 동작이나 작용을 나타내는 품사
凍死 얼어 죽음

동요

童謠 어린이 노래
動搖 물체나 생각 따위가 흔들리고 움직임

동지

冬至 24절기의 하나
同志 뜻이 서로 같은 사람

동태

凍太 얼린 명태
動態 움직이거나 변하는 상태

만성

慢性 버릇이 되다시피 하여 쉽게 고쳐지지 아니하는 성질
晩成 늦게 이루어짐

만화

滿花 가득 핀 온갖 꽃
漫畫 이야기 따위를 간결하고 익살스럽게 그린 그림

망령

亡靈 죽은 사람의 영혼
妄靈 늙거나 정신이 흐려서 말이나 행동이 정상을 벗어남

매장

埋葬 시체나 유골 따위를 땅속에 묻음
埋藏 묻어서 감춤. 지하자원 따위가 땅속에 묻혀 있음

맹장

盲腸 척추동물의 막창자
猛將 용맹한 장수

모계

母系 어머니 쪽의 핏줄 계통
謀計 계교를 꾸밈

모사

模寫 사물을 형체 그대로 그림. 원본을 베끼어 씀
謀事 일을 꾀함
謀士 꾀를 써서 일이 잘 이루어지게 하는 사람

무기

武器 전쟁에 사용되는 기구
無機 생명이나 활력이 없음

무단

武斷 무력이나 억압을 써서 강제로 행함
無斷 미리 승낙을 얻지 않음

무장

武將 무술에 뛰어난 장수
武裝 전투에 필요한 장비를 갖춤

문호

文豪 크게 뛰어난 문학가
門戶 집으로 드나드는 문. 외부와 교류하기 위한 통로

미간

眉間 눈썹사이
未刊 아직 간행되지 않음

미수

未收 아직 다 거두어들이지 못함
未遂 목적한 바를 시도하였으나 이루지 못함

미제

美製 미국에서 생산해 낸 물품
未濟 일이 아직 해결되지 않음

미진

未盡 다하지 못함
微震 약한 지진

밀봉

密封 단단히 붙여 꼭 봉함

蜜蜂 꿀벌

반사

反射 다른 물체의 표면에 부딪혀서 나아가던 방향을 반대로 바꾸는 현상

半死 반죽음

반상

班常 양반과 상민

反常 떳떳한 이치에 어긋남

반주

伴奏 노래나 기악의 연주를 도와주기 위하여 옆에서 다른 악기를 연주함

飯酒 밥을 먹을 때에 곁들여서 한두 잔 마시는 술

방공

防共 공산주의 세력을 막아 냄

防空 적의 항공기나 미사일 등의 공중 공격을 막음

방문

房門 방으로 드나드는 문

訪問 찾아가서 만나거나 봄

방한

訪韓 한국을 방문함

防寒 추위를 막음

배수

排水 안에 있는 물을 밖으로 내보냄

背水 강, 호수 따위의 큰물을 등지고 있음

配水 급수관을 통하여 물을 나누어 보냄

배포

配布 신문이나 책자 따위를 널리 나누어 줌

排布 머리를 써서 조리 있게 계획함. 또는 그 속마음

백미

白米 흰쌀

白眉 흰 눈썹. 여럿 가운데에서 가장 뛰어난 사람이나 훌륭한 물건을 비유

百味 온갖 맛있는 음식물

변경

邊境 나라의 경계가 되는 변두리 땅

變更 다르게 바꾸어 새롭게 고침

변상

變狀 보통과 다른 상태나 상황

辨償 남에게 진 빚을 갚음

병기

兵器 전쟁에 쓰는 기구

竝記 함께 나란히 적음

보고

報告 어떤 일에 관하여 말이나 글로 알림

寶庫 귀중한 것이 간직되어 있는 곳

보국

保國 나라를 보호하여 지킴
報國 나라의 은혜를 갚음

보도

步道 걸어 다니는 사람을 위한 도로
報道 일반 사람들에게 새로운 소식을 알림

보상

報償 남에게 진 빚 또는 받은 물건을 갚음
補償 남에게 끼친 손해를 갚음

보석

保釋 보증금 따위를 받고 형사 피고인을 구류에서 풀어 주는 일
寶石 빛깔이 아름다우며 희귀한 광물

보수

保守 전통적인 것을 보전하여 지킴
補修 낡은 것을 보충하여 수리함

보신

保身 자신의 몸을 온전히 지킴
補身 몸의 영양을 보충함

보위

保衛 보호하고 지킴
寶位 왕위(王位)

보조

補助 보충해 도와줌
步調 걸음걸이의 속도나 모양 따위의 상태

복수

腹水 배 속에 액체가 괴는 병증
複數 둘 이상의 수

복역

卜役 나라에서 백성에게 책임 지우던 강제 노동이나 병역
服役 공역이나 병역 따위에 종사함. 징역을 삶

본관

本貫 성씨의 시조(始祖)가 난 곳
本館 별관이나 분관에 대하여 주가 되는 건물

부기

簿記 자산, 자본, 부채의 수지증감 따위를 밝히는 장부 기록법
附記 원문에 덧붙이어 적음

부대

部隊 일정한 규모로 편성된 군대 조직
附帶 기본이 되는 것에 곁달아 덧붙임

부상

副賞 상장 외에 덧붙여 주는 상품
富商 자본이 많은 상인
浮上 물 위로 떠오름. 훨씬 높은 위치로 올라섬
負傷 몸에 상처를 입음

부역

負役 백성이 부담하는 공역
賦役 국가가 보수 없이 국민에게 의무적으로 책임을 지우는 노역

부유

富裕 재물이 넉넉함
浮遊 물 위나 공기 중에 떠다님. 이리저리 떠돌아다님

부정

否定 그렇지 않다고 단정함
不貞 정조를 지키지 아니함
不正 바르지 아니함

부호

富豪 재산이 넉넉하고 세력이 있는 사람
符號 어떤 뜻을 나타내는 기호

비명

悲鳴 위험·공포 등을 느낄 때 갑자기 지르는 외마디 소리
碑銘 비석에 새긴 글
非命 제명대로 다 살지 못하고 죽음

비문

碑文 비석에 새긴 글
非文 문법에 맞지 않는 문장

비보

悲報 슬픈 소식
祕報 남몰래 보고함
飛報 급히 알림
祕寶 남몰래 감춰 둔 보물

비상

非常 평상시와 다른 뜻밖의 사태
飛上 날아오름

비행

非行 잘못되거나 그릇된 행위
飛行 공중으로 날아다님

비화

悲話 슬픈 이야기
飛火 어떤 일의 영향이 다른 데까지 번짐
祕話 세상에 드러나지 않은 이야기

사고

事故 뜻밖에 일어난 불행한 일
思考 생각하고 궁리함
史庫 국가의 중요한 서적을 보관하던 서고

사과

沙果 사과나무의 열매
謝過 잘못을 인정하고 용서를 빎

사관

史觀 역사관
史官 역사를 기록하던 관리
士官 군대 장교의 총칭

사기

沙器 사기그릇
詐欺 나쁜 꾀로 남을 속임
事記 사건의 기록
史記 역사적 사실을 기록한 책. 사마천의 저서
士氣 병사들의 기세

사모

思慕 애틋하게 생각하고 그리워함
私募 주식 등을 발행할 때에 관계자에게서 모집하는 일

사상

思想 사회, 인생 따위에 관한 인식이나 견해
死傷 죽거나 다침

사설

私設 개인이 사사로이 설립한 시설
辭說 잔소리나 푸념을 길게 늘어놓음

사수

死守 목숨을 걸고 지킴
射手 대포나 총, 활 따위를 쏘는 사람

사심

私心 사사로운 마음. 자기 욕심을 채우려는 마음
邪心 바르지 않은 간사한 마음

사양

斜陽 기울어지는 태양. 시세의 변화에 따라 쇠퇴해 감
辭讓 남에게 양보함

사연

事緣 앞뒤 사정과 까닭
辭緣 편지나 말의 내용

사원

私怨 사사로운 원한
社員 회사원
寺院 종교의 교당. 사찰

사은

師恩 스승의 은혜
謝恩 은혜를 감사히 여겨 사례함

사의

謝意 감사하게 여기는 뜻
辭意 맡아보던 자리를 그만두고 물러날 뜻

사장

社長 회사의 대표자
死藏 활용하지 않고 쓸모없이 묵혀 둠
私藏 개인이 사사로이 간직함

사적

私的 개인에 관계되는 것
史籍 역사 기록 서적
史蹟 역사적으로 중요한 사건이나 시설의 자취

사제

司祭 주교와 신부를 통틀어 이르는 말
師弟 스승과 제자
私製 개인이 사사로이 만듦

사채

私債 개인이 사사로이 진 빚
社債 주식회사가 채권을 발행하여 사업 자금을 조달하는 채무

사표

師表 학식과 덕행이 높아 남의 모범이 될 만한 인물
死票 선거에서 낙선한 후보자에게 던져진 표
辭表 직책에서 사임하겠다는 뜻을 적어 내는 문서

사형

師兄 한 스승의 제자로서, 먼저 제자가 된 사람
死刑 죄인의 목숨을 끊는 형벌

산란

産卵 알을 낳음
散亂 흩어져 어지러움, 어수선함

산적

山賊 산속에 근거지를 두고 활동하는 도둑
山積 물건이나 일이 산더미처럼 쌓임

상가

商街 가게가 죽 늘어서 있는 거리
喪家 사람이 죽어 장례를 치르는 집

상권

商權 상업상의 권리
商圈 상업상의 세력이 미치는 지리적 범위
上卷 두 권이나 세 권으로 된 책의 첫째 권

상기

想起 지난 일을 돌이켜 생각하여 냄
上記 글의 위나 앞쪽에 기록함. 또는 그 내용

상사

上司 자기보다 벼슬이나 지위가 위인 사람
喪事 초상이 난 일
常事 늘 있는 일
想思 곰곰이 생각함

상소

上訴 상급 법원에 재심을 요구하는 일
上疏 임금에게 글을 올리던 일

상여

喪輿 사람의 시체를 실어서 묘지까지 나르는 도구
賞與 상으로 금품을 줌

상주

常駐 언제나 머물러 있음
常住 항상 살고 있음
喪主 상을 치를 때 주장이 되는 상제. 맏상제

상처

傷處 다친 자리
喪妻 아내의 죽임을 당함

서사

敍事 사실을 있는 그대로 적음
序詞 책 따위의 첫머리에 그 책의 취지나 내용을 적은 글

선도

先導 앞장서서 이끌거나 안내함
善導 올바른 길로 이끎

선전

善戰 잘 싸움
宣傳 주장 따위를 널리 알리는 일
宣戰 전쟁을 선포함

선진

先進 문물의 발전 단계가 다른 것보다 앞섬
先陣 본진의 앞에 자리 잡거나 앞장서서 나아가는 부대

성단

星團 항성의 집단
聖壇 신을 모신 제단

성대

盛大 규모 따위가 풍성하고 큼
聲帶 인체에서 목소리를 내는 기관

성원

成員 모임이나 단체를 구성하는 사람
聲援 소리쳐서 사기를 북돋우어 줌

성전

聖殿 신성한 전당
聖戰 거룩한 사명을 띤 전쟁
聖典 성인들의 거룩한 말씀으로 이루어진 책

소극

消極 마지못해 일을 하거나 자발적이 아닌 태도
笑劇 관객을 웃기기 위하여 만든 저속한 연극

소원

疏遠 사이가 두텁지 아니하고 거리가 있어서 서먹함
所願 바라고 원함
訴願 호소하여 청원함

소장

小腸 작은 창자
所長 연구소 같은 '所' 자가 붙은 기관의 우두머리
訴狀 소송을 제기하기 위하여 법원에 제출하는 서류

소지

所持 가지고 있음
掃地 땅을 쓺
素地 본래의 바탕

속보

速報 빨리 알림
速步 빨리 걸음

송사

送辭 떠나는 사람을 이별하여 보내는 인사말
訟事 소송
頌辭 공덕을 기리는 말

송장

送狀 보내는 짐의 내용을 적은 문서
送葬 죽은 이를 장사 지내어 보냄

수경

水耕 물재배
水鏡 물안경

수급

需給 수요와 공급
收給 수입과 지급
受給 급여 따위를 받음

수난

受難 견디기 힘든 어려운 일을 당함
水難 물난리

수령

受領 돈이나 물품을 받아들임
首領 한 당파나 무리의 책임자

수복

壽福 오래 살고 복을 누리는 일
收復 잃었던 땅이나 권리 따위를 되찾음

수사

修辭 말이나 글을 다듬고 꾸미는 일
搜査 찾아서 조사함

수성

水星 태양에서 첫 번째로 가까운 행성
守成 성을 지킴. 조상이 이루어 놓은 일을 이어 나감

수세

收稅 세금을 거둬들이는 일
守勢 적의 공격을 맞아 지키는 형세

수신

受信 신호를 받음
修身 마음과 행실을 바르게 닦음

수심

水深 물의 깊이
愁心 매우 근심함

수용

受容 받아들임
收容 포로, 관객, 물품 따위를 일정한 장소나 시설에 모아 넣음

수입

收入 돈이나 물품 따위를 거둬들임. 또는 그 돈이나 물품
輸入 외국에서 물품을 사들임

수정

修正 바로잡아 고침
修訂 글이나 글자의 잘못된 점을 고침
受精 암수의 생식 세포가 서로 하나로 합치는 현상

수축

修築 헐어진 곳을 고쳐 지음
收縮 근육 따위가 오그라듦

수행

修行 행실, 학문, 기예 따위를 닦음
遂行 계획한 대로 일을 해냄
隨行 일정한 임무를 띠고 가는 사람을 따라감

수호

修好 나라 간에 서로 사이좋게 지냄
守護 지키고 보호함

숙연

肅然 고요하고 엄숙함
宿緣 오래된 인연

순간

瞬間 아주 짧은 동안
旬刊 신문, 잡지 따위를 열흘에 한 번씩 간행하는 일

습득

習得 배워서 자기 것으로 만듦
拾得 주어서 얻음

승강

昇降 오르고 내림
乘降 차, 배, 비행기 따위를 타고 내림

승무

僧舞 불교풍의 민속춤
乘務 기차, 비행기 따위에서 운행과 관련된 사무를 맡아봄

승복

僧服 승려의 옷
承服 납득하여 따름

시가

市街 도시의 큰 거리
時價 어느 일정한 시기의 물건 값
市價 시장 가격
詩歌 시와 노래

시각

時刻 시간의 한 점
視覺 눈을 통해 빛의 자극을 받아들이는 감각 작용
視角 사물을 관찰하는 자세

시비

是非 옳고 그름
施肥 거름주기
侍婢 곁에서 시중드는 여자 종
詩碑 시를 새긴 비석

시상

施賞 상장이나 상품 따위를 줌
詩想 시의 구상

시선

視線 눈길. 눈의 방향
詩選 시를 뽑아 모은 책

시인

是認 옳다고 인정함
詩人 시를 전문적으로 짓는 사람

시점

始點 처음으로 일어나거나 시작되는 곳
時點 시간의 흐름 가운데 어떤 한 순간
視點 어떤 대상을 볼 때에 시력의 중심이 가 닿은 점

시정

是正 잘못된 것을 바로잡음
施政 정치를 시행함
詩情 시적인 정취

시제

時制 어떤 사실이 일어난 시간선상의 위치를 표시하는 문법 범주
時祭 철마다 지내는 제사

시행

施行 실지로 행함
試行 시험적으로 행함

신고

申告 행정 관청 따위에 일정한 사실을 보고함
辛苦 어려운 일을 당하여 몹시 애쓰거나 고생함

신성

神聖 매우 거룩하고 성스러움
晨省 새벽에 부모의 밤사이의 안부를 살피는 일

신축

伸縮 늘이고 줄임
新築 새로 지음

실권

實權 실제로 행사할 수 있는 권리나 권세
失權 권리나 권세를 잃음

실연

失戀 연애에 실패함
實演 실제로 해 보임

안면

顔面 얼굴
安眠 편안히 잠

안식

安息 편히 쉼
眼識 안목과 식견

안위

安危 편안함과 위태함
安慰 몸을 편안하게 하고 마음을 위로함

약사

藥師 약에 관한 일을 맡아보는 사람
略史 간략하게 줄여 적은 역사

양식

良識 뛰어난 식견이나 판단력
樣式 일정한 모양이나 형식
糧食 사람의 먹을거리
洋式 서양식
洋食 서양식 음식

양호

良好 매우 좋음
養護 기르고 보호함

어의

御醫 임금이나 왕족의 건강을 담당하는 의사
語義 단어나 말의 뜻

여경

女警 여자 경찰관
餘慶 남에게 좋은 일을 많이 한 보답으로 뒷날 그 자손이 받는 경사

여권

女權 여성의 권리
旅券 외국을 여행하는 사람의 신분증명서

여비

旅費 여행의 비용
餘備 넉넉하게 갖춤

여장

女裝 남자가 여자처럼 차림
旅裝 여행할 때의 차림

여정

旅程 여행의 일정
餘情 남아 있는 정이나 생각

역경

易經 주역(周易)
逆境 일이 순조롭지 않아 매우 어렵게 된 처지

역전

驛前 역의 앞쪽
逆轉 형세가 뒤집혀짐

역학

易學 주역(周易)을 연구하는 학문
力學 물체의 운동에 관한 법칙을 연구하는 학문
疫學 전염병 따위의 원인이나 변동 상태를 연구하는 학문

연가

戀歌 사랑을 표현하는 노래
年暇 직원들에게 1년에 일정한 기간을 쉬도록 해주는 유급 휴가

연기

延期 정해진 기한을 뒤로 늘림
演技 배우가 배역의 성격, 행동 따위를 표현해 내는 일
煙氣 무엇이 불에 탈 때에 생겨나는 기체

연명

延命 목숨을 겨우 이어 살아감
連名 두 사람 이상의 이름을 잇대어 씀

연무

煙霧 고운 먼지와 그을음이 공중에 떠다니어 생기는 대기의 혼탁 현상
硏武 무예를 닦음

연사

演士 연설하는 사람
連射 발사 장치를 갖춘 기구로 잇달아 쏨

연수

年收 한 해 동안의 수입
硏修 연구하여 닦음

열강

列强 여러 강한 나라
熱講 열정적 강의

열성

劣性 열등한 성질
熱誠 열렬한 정성

염기

鹽基 산과 반응하여 염을 만드는 물질
鹽氣 소금기
厭忌 싫어하고 꺼림

영감

令監 고위 벼슬아치, 지체 높은 사람, 남편, 나이 많은 남자를 이르는 말

靈感 신령스러운 예감이나 느낌

영도

領導 앞장서서 이끌고 지도함

零度 온도, 고도 따위의 도수를 세는 기점이 되는 자리

영상

映像 빛의 굴절이나 반사에 의하여 물체의 상이 비춰진 것

領相 조선 시대 의정부 수반인 영의정

零上 섭씨온도계에서, 눈금이 0℃ 이상의 온도

영화

榮華 몸이 귀하게 되어 이름이 세상에 빛남

映畫 움직이는 대상을 촬영하여 상황을 재현하는 종합 예술

예방

豫防 질병이나 재해 따위가 일어나기 전에 미리 막는 일

禮訪 예를 갖추는 의미로 인사차 방문함

예속

禮俗 예의범절에 관한 풍속

隸屬 남의 지배나 지휘 아래 매임

오기

傲氣 남에게 지기 싫어하는 마음

誤記 잘못 적음

옥사

獄舍 감옥으로 쓰는 건물

獄死 감옥에서 죽음

요원

要員 어떤 일을 하는 데 꼭 필요한 인원

遙遠 까마득함

우수

憂愁 근심과 걱정을 아울러 이르는 말

優秀 여럿 가운데 뛰어남

원판

原版 복제하거나 다시 새기는 바탕이 되는 본디의 판

圓板 둥근 널빤지

위장

胃腸 위와 장

僞裝 본 모습이 드러나지 않도록 거짓으로 꾸밈

위화

違和 조화가 어그러짐

僞貨 위조한 화폐

유고

遺稿 죽은 사람이 생전에 써서 남긴 원고

有故 특별한 사정이 있음

유기

有機 생활 기능을 갖추고 있음. 생물체처럼 전체를 구성하고 있는 각 부분이 서로 밀접하게 관련을 가지고 있음

遺棄 내다 버림

유도

柔道 맨손으로 던지기, 조르기 등의 기술로 승부를 겨루는 운동
誘導 사람이나 물건을 목적한 장소나 방향으로 이끎

유독

有毒 독성이 있음
惟獨 많은 가운데 홀로

유리

有利 이익이 있음
遊離 따로 떨어짐
流離 일정한 집과 직업이 없이 이곳저곳 떠돌아다님

유서

由緖 예로부터 전하여 내려오는 까닭과 내력
遺書 유언을 적은 글

유성

流星 지구의 대기권 안으로 들어와 빛을 내며 떨어지는 작은 물체
有聲 소리가 있음

유세

遊說 자기 의견 또는 정당의 주장을 선전하며 돌아다님
有勢 세력이 있음

유업

遺業 선대부터 이어온 사업
乳業 우유나 유제품을 생산하거나 판매하는 사업

유인

誘因 어떤 일 또는 현상을 일으키는 원인
誘引 주의나 흥미를 일으켜 꾀어냄

유전

油田 석유가 나는 곳
遺傳 물려받아 내려옴

유지

有志 마을이나 지역에서 명망 있는 사람
維持 어떤 상태를 보존하여 변함없이 지킴
遺志 죽은 사람이 살아서 이루지 못하고 남긴 뜻

유치

幼稚 어린 아이
誘致 꾀어서 데려옴
留置 남의 물건을 맡아 둠

유학

留學 외국에 머물면서 공부함
儒學 공자를 시조로 하는 전통적인 학문

은사

恩師 가르침을 받은 은혜로운 스승
隱士 출사(出仕)하지 않고 숨어 살던 선비

은인

恩人 은혜를 베풀어준 사람
隱人 산야에 묻혀 숨어 사는 사람

음성

陰性 밖으로 드러나지 않은 성질
音聲 사람의 목소리나 말소리

응시

凝視 눈길을 모아 한 곳을 똑바로 바라봄
應試 시험에 응함

의거

依據 어떤 사실이나 원리에 근거함
義擧 정의를 위하여 의로운 일을 도모함

의관

醫官 의술에 종사하던 벼슬아치
衣冠 옷과 갓이라는 뜻으로, 남자가 정식으로 갖추어 입는 옷차림

의사

義士 의로운 뜻을 지니고 행동하는 사람
醫師 의술로 병을 치료하는 사람
意思 무엇을 하고자 하는 생각
議事 회의에서 어떤 일을 의논함

의안

議案 회의에서 심의하고 토의할 안건
義眼 인공적인 눈알

의원

議員 국회 등의 의결권을 가진 사람
醫員 의사와 의생의 총칭

의장

議長 회의를 주재하고 그 회의의 집행부를 대표하는 사람
儀裝 의식을 행하는 장소의 장식이나 장치

의지

依支 다른 것에 몸을 기대거나 도움을 받음
意志 어떠한 일을 이루고자 하는 마음

이기

利己 자기만을 이롭게 하는 것
利器 날카로운 병장기
移記 옮겨 적음

이동

移動 움직여서 옮김
異同 다른 것과 같은 것
異動 지위나 직책의 변동

이론

理論 사물의 이치를 해명하는 정연한 명제의 체계
異論 다른 논의나 의견

이상

理想 가장 완전하다고 여겨지는 상태
異常 정상적인 상태와 다름
異狀 평소와 다른 상태

이설

異說 통설과는 다른 의견
移設 다른 곳으로 옮겨 설치함

이적

移籍 적을 옮기는 일
利敵 적을 이롭게 함

이행

履行 실제로 행함
移行 다른 상태로 옮아감

인도

人道 사람 다니는 길
引導 이끌어 지도함
引渡 사물이나 권리 따위를 넘겨 줌

인상

引上 끌어 올림
印象 어떤 대상에 대하여 마음속에 새겨지는 느낌

인자

仁慈 마음이 어질고 따뜻함
仁者 마음이 어진 사람

인정

人情 사람이 본디 가지고 있는 감정이나 심정
認定 옳거나 확실하다고 여김

인지

印紙 수수료 따위를 낸 것을 증명하기 위하여 서류에 붙이는 종이 표
認知 어떤 사실을 인정하여 앎

인화

引火 불이 붙음
印畫 사진 원판을 인화지 위에 올려놓고 사진이 나타나도록 하는 일

일단

一段 한 계단. 한 토막
一旦 우선 먼저

일원

一元 사물이나 현상의 근원이 오직 하나임
一員 단체에 소속된 한 구성원
一圓 일정한 범위의 지역. 일대(一帶)

일제

一齊 여럿이 한꺼번에 함
日帝 일본 제국주의의 준말
日製 일본에서 만들어진 물품

자부

子婦 며느리
自負 스스로 능력을 믿고 당당함

자진

自盡 스스로 자기의 목숨을 끊음
自進 스스로 나섬

작위

作爲 사실과는 다른, 보이기 위한 의식적 행위
爵位 벼슬과 지위

장관

壯觀 훌륭하여 볼만한 광경
長官 국무를 처리하는 행정 각부의 우두머리

장기

長技 가장 능한 재주
臟器 내장의 여러 기관

장부

丈夫 장성한 남자

帳簿 물건의 출납이나 돈의 수지(收支) 계산을 적어 두는 책

장사

壯士 몸이 우람하고 힘이 아주 센 사람

葬事 죽은 사람을 땅에 묻거나 화장하는 일

장성

將星 군대의 장군

長成 자라서 어른이 됨

長城 길게 둘러쌓은 성

장수

長壽 오래 삶

將帥 군사를 거느리는 우두머리

재배

再拜 두 번 절함

栽培 식물을 심어 가꿈

재적

在籍 학적 따위의 명부에 이름이 올라 있음

載積 실어서 쌓음

재정

裁定 일의 옳고 그름을 따져서 결정함

財政 개인 · 가계 · 기업 등의 경제 사정

재판

再版 이미 간행된 책을 다시 출판함

裁判 옳고 그름을 따져 판단함

적기

適期 알맞은 시기

敵機 적군의 비행기

적당

適當 정도에 알맞음

的當 꼭 들어맞음

賊黨 도적 무리

敵黨 적의 무리

적선

積善 착한 일을 많이 함

敵船 적이나 적국의 배

적지

敵地 적이 점령하고 있는 땅

適地 무엇을 하기에 조건이 알맞은 땅

전권

全權 일체의 권한

全卷 책 전부

전단

傳單 선전이나 선동 등의 글이 담긴 종이쪽

專斷 제 마음대로 결정하고 실행함

전도

前途 앞으로 나아갈 길. 장래

前導 앞길을 인도함

傳導 열 또는 전기가 물체 속을 이동하는 일

전략

前略 편지나 글, 말의 앞부분을 줄임
戰略 전쟁을 전반적으로 이끌어 가는 책략

전매

專賣 어떤 물건을 독점하여 팖
轉賣 샀던 물건을 도로 다른 사람에게 팔아넘김

전범

典範 본보기가 될 만한 모범
戰犯 전쟁 범죄 또는 그것을 저지른 사람

전세

田稅 논밭에 부과되는 조세
戰勢 전쟁의 형세

전송

轉送 물건이나 편지 따위를 전하여 달라고 남에게 맡겨 보냄
電送 글이나 사진 따위를 전류나 전파를 이용하여 보냄

전용

專用 남과 공동으로 쓰지 않고 혼자서만 씀
轉用 예정되어 있는 곳에 쓰지 않고 다른 데로 돌려서 씀

전원

全員 소속된 인원의 전체
田園 도시에서 떨어진 시골이나 교외
電源 전력을 공급하는 원천

전적

典籍 책
前績 이전에 이루어 놓은 업적
戰績 상대와 싸워서 얻은 실적
田籍 토지대장

전제

前提 조건 따위를 먼저 내세우는 것
專制 권력을 장악한 사람의 의사에 따라 모든 일을 처리함

전직

前職 이전에 가졌던 직업이나 직위
轉職 직업이나 직무를 바꿔 옮김

전진

前進 앞으로 나아감
前陣 여러 진 가운데 앞에 친 진

전파

傳播 전하여 널리 퍼뜨림
電波 전류가 진동함으로써 방사되는 전자기파

전편

全篇 글이나 책 따위의 한 편 전체
前篇 두세 편으로 나누어진 책이나 영화 따위의 앞 편

절세

絶世 세상에 견줄 데가 없을 정도로 아주 뛰어남
節稅 세금을 절약함

절제

切除 잘라 냄
節制 정도에 넘지 않도록 알맞게 조절하여 제한함

점점

漸漸 조금씩 더하거나 덜하여지는 모양
點點 낱낱의 점

정공

正攻 정면으로 하는 공격
精工 정교하게 공작함

정부

情婦 아내가 아니면서, 정을 두고 깊이 사귀는 여자
政府 입법, 사법, 행정의 삼권을 포함하는 통치 기구
正否 바른 것과 그른 것

정상

情狀 있는 그대로의 사정과 형편
正常 특별한 변동이나 탈이 없이 제대로인 상태
頂上 산 등의 맨 꼭대기. 최고의 상태. 한 나라 최고 수뇌

정세

情勢 일이 되어 가는 형편
政勢 정치상의 동향이나 형세

정의

正義 올바른 도리
定義 어떤 말이나 사물의 뜻을 명백히 밝혀 규정함

정자

亭子 경치가 좋은 곳에 놀거나 쉬기 위하여 지은 집
精子 생물의 수컷의 생식 세포

정적

政敵 정치에서 대립되는 처지에 있는 사람
靜寂 고요하고 쓸쓸함
靜的 정지 상태에 있는(것)

정직

停職 일정 기간 직무에 종사하지 못하도록 하는 처분
正直 거짓 없이 마음이 곧음
定職 일정한 직업

정통

正統 바른 계통
精通 어떤 사물에 깊고 자세히 통함

제기

祭器 제사에 쓰는 그릇
提起 의견이나 문제를 내어 놓음

제도

制度 한 사회의 관습이나 규범 따위의 체계
製圖 기계, 건축물, 공작물 따위의 도면이나 도안을 그림
諸島 모든 섬

제독

提督 해군 함대의 사령관
除毒 독을 없애 버림

제약

制約 조건을 붙여 내용을 제한함
製藥 약을 만듦

제의

祭儀 제사를 지내는 의식
提議 의안을 내놓음

제정

制定 제도나 법률 따위를 만들어서 정함
帝政 황제가 다스리는 정치. 제국주의 정치
祭政 제사와 정치

제지

制止 말려서 못하게 함
製紙 종이를 만듦

조기

弔旗 남의 죽음을 슬퍼하는 뜻을 나타내는 기
早期 이른 시기
早起 아침 일찍 일어남

조류

鳥類 새무리
潮流 밀물과 썰물 때문에 일어나는 바닷물의 흐름

조사

祖師 어떤 학파나 종파를 처음 세운 사람
調查 사물의 내용을 자세히 살펴보거나 찾아봄
助詞 말뜻을 도와주는 품사

조장

助長 힘을 도와서 더 자라게 함. 부정적인 의미로 씀
組長 조로 편성한 단위 조직의 우두머리

조화

弔花 조의를 표하는 데 쓰는 꽃
造花 인공적으로 만든 꽃
造化 만물을 창조하고 변화시키는 자연의 이치
調和 서로 잘 어울리게 함

존속

存續 어떤 대상이나 현상이 그대로 있거나 계속됨
尊屬 부모 또는 그와 같은 항렬 이상에 속하는 친족

종단

宗團 종교나 종파의 단체
終端 맨 끝
縱斷 남북 방향으로 건너가거나 건너옴

종사

宗社 종묘와 사직이란 뜻에서 나라를 이름
從事 어떤 일을 일삼아서 함

주간

主幹 어떤 일을 책임지고 맡아서 처리함
週刊 한 주마다 발간함
晝間 낮 동안

주기

週忌 사람이 죽은 뒤 그 날짜가 해마다 돌아오는 횟수
週期 한 바퀴를 도는 시간
酒氣 줄기운

주도

主導 주동적으로 이끎
周到 주의가 두루 미쳐서 빈틈없음
酒道 술자리에서의 도리

주력

主力 중심이 되어 주요한 역할을 하는 세력
走力 달리는 힘
注力 어떤 일에 온 힘을 기울임

주모

主謀 주장하여 일을 꾸밈
酒母 술을 파는 여인

주사

注射 약액을 생물체의 조직이나 혈관 속에 직접 주입하는 일
酒邪 못된 술버릇

주연

主演 연극이나 영화에서 주인공을 맡아 하는 일
酒宴 술잔치

주장

主張 자기의 의견이나 주의를 굳게 내세움
主將 우두머리가 되는 장수

주조

主潮 주된 사조나 경향
酒造 술을 빚어 만듦
鑄造 녹인 쇠붙이를 거푸집에 부어 물건을 만듦

주지

周知 여러 사람이 두루 앎
住持 절을 주관하는 승려

준수

俊秀 생김, 풍채 따위가 빼어남
遵守 규칙 따위를 그대로 좇아서 지킴

중복

中伏 삼복(三伏)의 하나
重複 거듭하거나 겹침

증원

增員 사람 수를 늘림
增援 사람 수를 늘려 도움

지각

知覺 알아서 깨달음
遲刻 정한 시각보다 늦게 도착함

지급

支給 돈이나 물품 따위를 정해진 몫만큼 내줌
至急 매우 급함

지사

支社 본사에서 갈려 나가, 본사의 관할 아래 일정한 지역에서 본사의 일을 대신 맡아 하는 곳

志士 나라와 민족을 위하여 몸 바쳐 일하려는 뜻을 가진 사람

지연

遲延 무슨 일을 더디게 끌어 시간을 늦춤
地緣 살고 있는 지역을 근거로 하는 인연

지원

支援 지지하여 도움
志願 어떤 일이나 조직에 뜻을 두어 끼이길 바람

지장

指章 손가락 도장
支障 일의 진행에 방해가 되는 장애

지점

支店 본점에서 갈라져 나온 가게
地點 땅 위의 일정한 점

지지

支持 어떤 의견 따위에 찬동하여 힘을 보탬
紙誌 신문과 잡지의 총칭

진공

眞空 물질이 전혀 존재하지 아니하는 공간
進攻 나아가 공격함

진미

珍味 음식의 아주 좋은 맛
眞味 참된 맛
眞美 참된 아름다움

진보

珍寶 진귀한 보배
進步 정도나 수준이 나아지거나 높아짐

진상

眞相 참된 모습
進上 진귀한 토산물 따위를 임금이나 권력자에게 바침

진정

眞正 거짓이 없이 참되고 바름
眞情 참되고 애틋한 정이나 마음
鎭靜 흥분이나 아픔, 소란 따위를 가라앉힘.

진통

陣痛 해산할 때에 짧은 간격을 두고 주기적으로 반복되는 복부의 통증
鎭痛 통증을 가라앉힘

진화

鎭火 불이 난 것을 끔
進化 일이나 사물 따위가 점점 발달하여 감

차등

差等 차별이 있음
次等 버금가는 등급

차례

次例 순서에 따라 각각에게 돌아오는 기회
茶禮 명절날처럼 밝은 시간에 지내는 제사

창의

創意 새로운 의견을 생각해 냄
唱義 앞장서서 정의를 부르짖음

천직

天職 타고난 직업이나 직분
賤職 사회적 지위가 낮고 천한 직업

초혼

初婚 처음으로 하는 혼인
招魂 혼을 부름

총기

聰氣 총명한 기운
銃器 권총, 소총 따위의 무기를 총칭

총수

總數 전체의 수량이나 분량을 나타낸 수
總帥 전군을 지휘하는 사람. 큰 조직체나 집단의 우두머리

추계

秋季 가을철
推計 추정해서 계산함

축사

畜舍 가축을 기르는 건물
祝辭 축하의 뜻을 나타내는 글이나 말

출항

出航 선박이나 항공기가 출발함
出港 배가 항구를 떠남

치하

治下 지배 또는 통치 아래
致賀 남이 한 일에 대하여 고마움이나 칭찬의 뜻을 표함

침공

侵攻 다른 나라를 침입하여 공격함
針孔 바늘귀

침수

寢睡 잠자는 것을 높인 말
浸水 물에 젖거나 잠김

타파

他派 다른 당파
打破 부정적인 제도 따위를 깨뜨려 없애 버림

탄성

彈性 물체에 외부에서 힘을 가하면 부피와 모양이 바뀌었다가, 그 힘을 제거하면 본디의 모양으로 되돌아가려고 하는 성질
歎聲 감탄하거나 탄식하는 소리

탈취

奪取 빼앗아 가짐
脫臭 냄새를 빼어 없앰

택일

擇一 여럿 가운데에서 하나를 고름
擇日 여러 날 가운데 한 날을 고름

통장

通帳 예금의 출납 장부
統長 행정 구역의 단위인 통(統)을 대표하는 사람

투기

投機 기회를 틈타 큰 이익을 보려 함
投棄 내던져 버림

투사

投射 창이나 포탄 따위를 내던지거나 쏨
鬪士 싸우거나 싸우려고 나선 사람

특수

特殊 특별히 다름
特需 특별한 상황에서 발생하는 수요

파문

波紋 어떤 사건이 다른 데에 미치는 영향
破門 사제의 의리를 끊고 문하에서 내쫓음

파장

波長 어떤 사건이 끼치는 영향의 정도를 비유
罷場 백일장, 시장 따위가 끝남

평상

平床 나무로 만든 침상의 하나
平常 보통 때

폐관

廢館 도서관 따위 시설을 운영하지 아니함
閉館 정한 시간에 도서관 따위의 문을 닫음

폐교

廢校 학교의 운영을 폐지함
閉校 학교 문을 닫고 수업을 중지하고 쉼

포수

砲手 총으로 짐승을 잡는 사냥꾼
捕手 야구에서 투수가 던지는 공을 받는 선수

포식

捕食 다른 동물을 잡아먹음
飽食 배불리 먹음

포화

砲火 총포를 쏠 때에 일어나는 불
飽和 더 이상의 양을 수용할 수 없이 가득 참

폭발

暴發 감정, 분노, 힘, 열기, 사건 따위가 갑작스럽게 퍼지거나 일어남
爆發 불이 일어나며 갑작스럽게 터짐

폭음

暴飮 술을 한꺼번에 많이 마심
爆音 폭발할 때 나는 큰 소리

풍성

豊盛 넉넉하고 많음
風聲 바람 소리

필수

必修 반드시 학습하거나 이수하여야 함
必須 꼭 있어야 하거나 하여야 함

필적

匹敵 능력이나 세력이 엇비슷하여 서로 맞섬
筆跡 글씨의 모양이나 솜씨

합장

合掌 두 손바닥을 합하여 마음이 한결같음을 나타냄
合葬 여러 사람의 시체를 한 무덤에 묻음

항의

降意 항복할 의사
抗議 반대의 뜻을 주장함

해독

害毒 좋고 바른 것을 망치거나 손해를 끼침
解毒 독성 물질의 작용을 없앰
解讀 읽어서 뜻을 알아냄

해산

解産 아이를 낳음
解散 모였던 사람들이 흩어짐

향수

鄕愁 고향을 그리워하는 마음이나 시름
香水 향을 풍기는 액체 화장품의 하나

향유

享有 누리어 가짐
香油 향기가 나는 기름

현명

顯名 이름이 세상에 널리 알려짐
賢明 어질고 슬기로움

현상

懸賞 판매, 모집, 수배 등에 상금 따위를 내걺
現狀 현재의 상태
現象 인간이 지각할 수 있는, 사물의 모양과 상태
現像 노출된 필름이나 인화지를 약품으로 처리하여 상이 나타나도록 함

호구

戶口 호적상의 집의 수효와 식구 수
虎口 매우 위태로운 처지. 어수룩하여 이용하기 좋은 사람

호기

呼氣 날숨
好機 좋은 기회
豪氣 씩씩하고 호방한 기상

호부

呼父 아버지라고 부름
好否 좋음과 나쁨

혼수

昏睡 의식을 잃고 인사불성이 되는 일
婚需 혼인에 드는 물품

혼전

婚前 결혼하기 전
混戰 두 편이 뒤섞여서 싸움

화랑

花郞 신라의 귀족 청소년 단체
畫廊 그림 따위의 미술품을 진열하여 관람하도록 만든 방

화상

和尚 수행을 많이 한 승려
火傷 불에 데인 상처

화성

火星 태양에서 네 번째로 가까운 행성
和聲 일정한 법칙에 따른 화음의 연결

화장

火葬 죽은 사람을 불에 살라 장사 지냄
化粧 화장품 따위로 얼굴을 곱게 꾸밈

회보

回報 돌아와서 보고함
會報 모임에 관한 일을 그 회원에게 알리는 보고

회의

會議 여럿이 모여 의논함
懷疑 의심을 품음

7. 약자(略字)

3급 / 4급		
價	값 가	価
假	거짓 가	仮
覺	깨달을 각	覚
減	덜 감	减
監	볼 감	监
鑑	거울 감	金+监
蓋	덮을 개	盖
個	낱 개	个
槪	대개 개	概
慨	슬퍼할 개	忄+既
據	근거 거	拠
擧	들 거	挙, 舉
儉	검소할 검	倹
檢	검사할 검	検
劍	칼 검	剣
擊	칠 격	撃
堅	굳을 견	坚
缺	이지러질 결	欠
徑	지름길 경	径
經	지날 경	経
輕	가벼울 경	軽

繫	맬 계	繋
溪	시내 계	渓
繼	이을 계	継
穀	곡식 곡	穀
寬	너그러울 관	寛
館	집 관	舘
觀	볼 관	观, 観, 文+見
關	관계할 관	関
鑛	쇳돌 광	鉱
廣	넓을 광	広
壞	무너질 괴	壊
龜	거북 구	亀
句	글귀 구	勾
舊	예 구	旧
區	지경 구	区
國	나라 국	国
勸	권할 권	劝, 勧
權	권세 권	权, 権
歸	돌아갈 귀	帰
旣	이미 기	既
棄	버릴 기	弃
氣	기운 기	気

器	그릇 기	器－丶
緊	긴할 긴	紧
寧	편안 녕	寍, 寕
惱	번뇌할 뇌	恼
腦	골 뇌	脑
斷	끊을 단	断
單	홑 단	单
團	둥글 단	团
擔	멜 담	担
黨	무리 당	党
當	마땅 당	当
對	대할 대	对
臺	대 대	台, 㙜
德	큰 덕	徳
圖	그림 도	図
獨	홀로 독	独
讀	읽을 독	読
燈	등 등	灯
樂	즐거울 락	楽
亂	어지러울 란	乱
濫	넘칠 람	滥
覽	볼 람	覧, 览
來	올 래	来
涼	서늘할 량	凉
兩	두 량	両
勵	힘쓸 려	励
麗	고울 려	麗
戀	그리워할 련	恋
聯	연이을 련	联
鍊	쇠불릴 련	錬
練	익힐 련	糸+東
獵	사냥 렵	猟
靈	신령 령	霊, 灵
禮	예도 례	礼
爐	화로 로	炉
勞	일할 로	労
錄	기록할 록	録
龍	용 룡	竜
淚	눈물 루	涙
樓	다락 루	楼
離	떠날 리	文+隹
臨	임할 림	临
萬	일만 만	万
滿	찰 만	満
賣	팔 매	売
麥	보리 맥	麦
貌	모양 모	皃
夢	꿈 몽	梦

廟	사당 묘	庙, 庿
無	없을 무	无
默	잠잠할 묵	黙
墨	먹 묵	墨
迫	핍박할 박	廹
發	필 발	発
輩	무리 배	輩
拜	절 배	拝
繁	번성할 번	繁
邊	가 변	边, 辺
變	변할 변	变
屛	병풍 병	屏
竝	나란히 병	並
寶	보배 보	宝
富	부자 부	冨
拂	떨칠 불	払
佛	부처 불	仏
辭	말씀 사	辞
絲	실 사	糸
師	스승 사	师
寫	베낄 사	写, 写, 冩
殺	죽일 살	殺
嘗	맛볼 상	甞
桑	뽕나무 상	桒
狀	형상 상	状
敍	펼 서	叙
緖	실마리 서	緒
釋	풀 석	釈
船	배 선	舩
禪	선 선	禅
攝	다스릴 섭	摂
涉	건널 섭	渉
聲	소리 성	声
歲	해 세	岁, 嵗
燒	사를 소	焼
屬	붙일 속	属
續	이을 속	続
數	셈 수	数
搜	찾을 수	捜
壽	목숨 수	寿
獸	짐승 수	獣
隨	따를 수	随
帥	장수 수	帅
收	거둘 수	収
肅	엄숙할 숙	粛, 庯-广
濕	젖을 습	湿
乘	탈 승	乗
實	열매 실	実

雙	두 쌍	双
亞	버금 아	亜
兒	아이 아	児
惡	악할 악	悪
巖	바위 암	岩
壓	누를 압	圧
藥	약 약	薬
壤	흙덩이 양	壌
讓	사양할 양	譲
嚴	엄할 엄	厳
與	더불 여	与
餘	남을 여	余
譯	번역할 역	訳
驛	역 역	駅
鉛	납 연	鉛
硏	갈 연	研
鹽	소금 염	塩
營	경영할 영	営
榮	영화 영	栄
譽	기릴 예	誉
豫	미리 예	予
藝	재주 예	芸, 藝
溫	따뜻할 온	温
遙	멀 요	遥

搖	흔들 요	揺
遠	멀 원	遠
員	인원 원	員
圍	에워쌀 위	囲
僞	거짓 위	偽
爲	할 위	為
隱	숨을 은	隐, 隠
應	응할 응	応
醫	의원 의	医
宜	마땅할 의	宜
逸	편안할 일	逸
者	놈 자	者
殘	남을 잔	残
雜	섞일 잡	雑
臟	오장 장	臓
藏	감출 장	蔵
莊	씩씩할 장	荘
壯	장할 장	壮
奬	장려할 장	奨
裝	꾸밀 장	装
將	장수 장	将
哉	어조사 재	戈
爭	다툴 쟁	争
戰	싸울 전	战, 戦

轉	구를 전	転
專	오로지 전	専
傳	전할 전	伝
錢	돈 전	銭
竊	훔칠 절	窃
節	마디 절	節
點	점 점	点, 奌
定	정할 정	㝎
淨	깨끗할 정	浄
靜	고요할 정	静
齊	가지런할 제	斉
濟	건널 제	済
條	가지 조	条
卒	마칠 졸	卆
縱	세로 종	縦
從	좇을 종	从, 従
晝	낮 주	昼
鑄	쇠불릴 주	鋳
準	준할 준	凖
卽	곧 즉	即
曾	일찍 증	曽
蒸	찔 증	蒸
證	증거 증	証
增	더할 증	増

遲	더딜 지	遅
盡	다할 진	尽
珍	보배 진	珎
質	바탕 질	貭
徵	부를 징	徴
贊	도울 찬	賛
讚	기릴 찬	讃
慘	참혹할 참	惨
參	참여할 참	参
處	곳 처	処
淺	얕을 천	浅
賤	천할 천	賎
踐	밟을 천	践
遷	옮길 천	迁
鐵	쇠 철	鉄
聽	들을 청	聴
廳	관청 청	庁
體	몸 체	体
遞	갈릴 체	逓
觸	닿을 촉	触
聰	귀밝을 총	聡, 聦
總	다 총	総, 緫
蟲	벌레 충	虫
醉	취할 취	酔

齒	이 치	歯
稱	일컬을 칭	称
墮	떨어질 타	堕
彈	탄알 탄	弾
澤	못 택	沢
擇	가릴 택	択
兎	토끼 토	兎
廢	폐할 폐	廃
學	배울 학	学
陷	빠질 함	陥
虛	빌 허	虚
獻	드릴 헌	献
險	험할 험	険
驗	시험 험	験
縣	고을 현	県
顯	나타날 현	顕
賢	어질 현	贤
螢	반딧불 형	蛍
惠	은혜 혜	恵
擴	넓힐 확	拡
歡	기쁠 환	欢, 歓
鄕	시골 향	郷
號	부르짖을 호	号
畫	그림 화	画
會	모일 회	会
懷	품을 회	懐
曉	새벽 효	暁
效	본받을 효	効
黑	검을 흑	黒
興	일 흥	兴
戲	희롱할 희	戯, 戱

1급 / 2급		
殼	껍질 각	殻
箇	낱 개	個, 个
漑	물댈 개	漑
莖	줄기 경	茎
廐	마구간 구	厩
歐	토할 구	欧
鷗	갈매기 구	鴎
膽	쓸개 담	胆
擡	들 대	抬
燾	비칠 도	焘
鸞	난새 란	鸾
籃	대바구니 람	篮
藍	쪽 람	蓝
蠟	밀 랍	蝋
輛	수레 량	輌
廬	오두막집 려	庐

齡	나이 령	齢
蘆	갈대 로	芦
籠	대바구니 롱	篭
壘	보루 루	塁
灣	물굽이 만	湾
蠻	오랑캐 만	蛮
彌	미륵 미	弥
倂	아우를 병	併
敷	펼 부	旉
濱	물가 빈	浜
滲	스밀 삼	滲
揷	꽂을 삽	插
澁	떫을 삽	渋
璽	도장 새	壐
纖	가늘 섬	繊
燮	불꽃 섭	变
粹	순수할 수	粋
穗	이삭 수	穂
髓	골수 수	髄
繡	수놓을 수	繍
繩	노끈 승	縄
腎	콩팥 신	肾
啞	벙어리 아	唖
礙	거리낄 애	碍

釀	술빚을 양	醸
孃	아가씨 양	嬢
淵	못 연	渊
姸	예쁠 연	妍
穩	편안할 온	稳, 穏
堯	요임금 요	尭
鬱	답답할 울	欝
爾	너 이	尔
貳	두 이	弐, 弍
壹	한 일	壱
棧	사다리 잔	桟
蠶	누에 잠	蚕
醬	장 장	醤
蔣	성 장	蒋
豬	돼지 저	猪
劑	약제 제	剤
慫	권할 종	怂
瓚	옥잔 찬	瓚
鑽	뚫을 찬	鑚
疊	겹칠 첩	畳
囑	부탁할 촉	嘱
沖	화할 충	冲
癡	어리석을 치	痴
兌	바꿀 태	兑

覇	으뜸 패	覇
鹹	짤 함	醎
銜	재갈 함	啣
艦	큰배 함	(舟+监)
嘘	불 허	嘘
俠	의기로울 협	侠
挾	낄 협	挟
狹	좁을 협	狭
頰	뺨 협	頬
峽	골짜기 협	峡
陜	좁을 협	陕
繪	그릴 회	絵
膾	회 회	脍
勳	공 훈	勲

8. 첫 음절에서 장음(長音)으로 발음되는 한자

可	옳을 가ː	可決 가결, 可能 가능, 可否 가부, 可視 가시
假	거짓 가ː	假令 가령, 假名 가명, 假作 가작, 假定 가정
暇	겨를 가ː	暇日 가일
減	덜 감ː	減少 감소, 減員 감원, 減縮 감축
敢	감히 감ː	敢戰 감전, 敢鬪 감투, 敢行 감행
感	느낄 감ː	感激 감격, 感動 감동, 感謝 감사, 感化 감화
講	욀 강ː	講究 강구, 講讀 강독, 講習 강습, 講演 강연
去	갈 거ː	去來 거래, 去勢 거세, 去就 거취
巨	클 거ː	巨大 거대, 巨物 거물, 巨人 거인
拒	막을 거ː	拒否 거부, 拒逆 거역, 拒絕 거절
據	근거 거ː	據點 거점
擧	들 거ː	擧國 거국, 擧動 거동, 擧手 거수, 擧行 거행
建	세울 건ː	建國 건국, 建物 건물, 建設 건설, 建築 건축
健	굳셀 건ː	健脚 건각, 健康 건강, 健在 건재
儉	검소할 검ː	儉素 검소, 儉約 검약
檢	검사할 검ː	檢擧 검거, 檢査 검사, 檢出 검출
見	볼 견ː	見聞 견문, 見學 견학, 見解 견해
敬	공경 경ː	敬禮 경례, 敬愛 경애, 敬意 경의

慶	경사 경ː	慶事 경사, 慶弔 경조
警	깨우칠 경ː	警覺경각, 警戒경계, 警告경고, 警備경비
鏡	거울 경ː	鏡鑑 경감, 鏡臺 경대, 鏡浦臺 경포대
競	다툴 경ː	競技 경기, 競馬 경마, 競爭 경쟁
系	이어맬 계ː	系譜 계보, 系列 계열, 系統 계통
戒	경계할 계ː	戒告 계고, 戒嚴 계엄, 戒律 계율
季	계절 계ː	季刊 계간, 季節 계절
界	지경 계ː	界域 계역, 界限 계한
係	맬 계ː	係數 계수, 係員 계원, 係長 계장
計	셀 계ː	計略 계략, 計量 계량, 計算 계산, 計劃 계획
繼	이을 계ː	繼母 계모, 繼續 계속, 繼承 계승, 繼統 계통
古	옛 고ː	古今 고금, 古代 고대, 古典 고전, 古稀 고희
告	고할 고ː	告發 고발, 告白 고백, 告示 고시
困	곤할 곤ː	困境 곤경, 困窮 곤궁, 困難 곤란
孔	구멍 공ː	孔丘 공구, 孔孟 공맹
共	한가지 공ː	共感 공감, 共謀 공모, 共通 공통
攻	칠 공ː	攻擊 공격, 攻防 공방, 攻守 공수
果	실과 과ː	果樹 과수, 果實 과실, 果然 과연

過	지날 과:	過去 과거, 過誤 과오, 過渡期 과도기
廣	넓을 광:	廣告 광고, 廣範圍 광범위
鑛	쇳돌 광:	鑛山 광산, 鑛夫 광부, 鑛業 광업
校	학교 교:	校舍 교사, 校長 교장, 校訓 교훈
敎	가르칠 교:	敎授 교수, 敎育 교육, 敎會 교회
救	구원할 구:	救命 구명, 救助 구조
舊	옛 구:	舊面 구면, 舊式 구식, 舊習 구습
郡	고을 군:	郡民 군민, 郡守 군수, 郡廳 군청
勸	권할 권:	勸農 권농, 勸誘 권유
貴	귀할 귀:	貴族 귀족, 貴中 귀중, 貴下 귀하
歸	돌아갈 귀:	歸家 귀가, 歸國 귀국, 歸省 귀성
近	가까울 근:	近郊 근교, 近似 근사, 近況 근황
禁	금할 금:	禁忌 금기, 禁煙 금연, 禁止 금지
暖	따뜻할 난:	暖流 난류, 暖房 난방
內	안 내:	內閣 내각, 內科 내과, 內部 내부
念	생각 념:	念頭 염두, 念願 염원
怒	성낼 노:	怒氣 노기, 怒色 노색
但	다만 단:	但書 단서, 但只 단지
斷	끊을 단:	斷交 단교, 斷水 단수, 斷食 단식
代	대신할 대:	代理 대리, 代表 대표, 代行 대행
待	기다릴 대:	待機 대기, 待遇 대우, 待避 대피
貸	빌릴 대:	貸金 대금, 貸出 대출
對	대할 대:	對決 대결, 對答 대답 對象 대상, 對話 대화
到	이를 도:	到達 도달, 到着 도착, 到處 도처
倒	넘어질 도:	倒産 도산, 倒錯 도착
途	길 도:	途上 도상, 途中下車 도중하차
導	인도할 도:	導入 도입, 導出 도출
洞	골 동: 밝을 통:	洞內 동내, 洞里 동리, 洞察 통찰
凍	얼 동:	凍結 동결, 凍傷 동상, 凍破 동파
動	움직일 동:	動機 동기, 動力 동력, 動物 동물
等	무리 등:	等級 등급, 等式 등식, 等號 등호
亂	어지러울 란:	亂動 난동, 亂離 난리
濫	넘칠 람:	濫發 남발, 濫用 남용
朗	밝을 랑:	朗讀 낭독, 朗報 낭보, 朗誦 낭송
冷	찰 랭:	冷却 냉각, 冷氣 냉기, 冷待 냉대
兩	두 량:	兩家 양가, 兩極 양극, 兩親 양친
勵	힘쓸 려:	勵精 여정
練	익힐 련:	練習 연습, 練兵場 연병장
戀	그리워할 련:	戀慕 연모, 戀愛 연애, 戀情 연정
鍊	단련할 련:	鍊磨 연마, 鍊金術 연금술

例	법식 례:	例示 예시, 例外 예외
禮	예도 례:	禮物 예물, 禮拜 예배, 禮儀 예의
老	늙을 로:	老衰 노쇠, 老人 노인
路	길 로:	路上 노상, 路線 노선, 路資 노자
弄	희롱할 롱:	弄談 농담, 弄調 농조
累	여러 루:	累計 누계, 累進 누진, 累積 누적
淚	눈물 루:	淚腺 누선, 淚水 누수
屢	여러 루:	屢屢 누누, 屢代 누대
漏	샐 루:	漏落 누락, 漏出 누출
里	마을 리:	里長 이장, 里程標 이정표
理	다스릴 리:	理科 이과, 理論 이론, 理致 이치
利	이할 리:	利得 이득, 利潤 이윤, 利己主義 이기주의
離	떠날 리:	離陸 이륙, 離別 이별, 離婚 이혼
裏	속 리:	裏面 이면, 裏書 이서
李	오얏 리:	李氏 이씨, 李朝 이조
吏	벼슬아치 리:	吏道 이도, 吏頭 이두
馬	말 마:	馬軍 마군, 馬上 마상, 馬耳東風 마이동풍
萬	일만 만:	萬能 만능, 萬歲 만세, 萬愚節 만우절
晩	늦을 만:	晩成 만성, 晩秋 만추, 晩學 만학
慢	거만할 만:	慢性 만성, 慢心 만심
漫	흩어질 만:	漫談 만담, 漫然 만연, 漫畫 만화

妄	망령될 망:	妄念 망념, 妄動 망동, 妄想 망상
望	바랄 망:	望鄕 망향, 望遠鏡 망원경
買	살 매:	買受 매수, 買入 매입, 買占 매점
猛	사나울 맹:	猛犬 맹견, 猛攻 맹공, 猛烈 맹렬
免	면할 면:	免稅 면세, 免罪 면죄, 免職 면직
面	낯 면:	面識 면식, 面接 면접, 面會 면회
勉	힘쓸 면:	勉勵 면려, 勉學 면학
命	목숨 명:	命令 명령, 命脈 명맥, 命中 명중
母	어미 모:	母系 모계, 母校 모교, 母情 모정
某	아무 모:	某國 모국, 某年 모년, 某氏 모씨
慕	그릴 모:	慕心 모심, 慕情 모정
暮	저물 모:	暮景 모경, 暮年 모년, 暮春 모춘
卯	토끼 묘:	卯末 묘말, 卯初 묘초
妙	묘할 묘:	妙計 묘계, 妙技 묘기, 妙術 묘술, 妙策 묘책
苗	모 묘:	苗脈 묘맥, 苗木 묘목, 苗床 묘상
墓	무덤 묘:	墓碑 묘비, 墓所 묘소, 墓地 묘지
廟	사당 묘:	廟堂 묘당, 廟論 묘론
戊	천간 무:	戊辰 무진, 戊午士禍 무오사화
茂	무성할 무:	茂林 무림, 茂盛 무성, 茂才 무재
武	호반 무:	武器 무기, 武斷 무단, 武力 무력, 武臣 무신

務	힘쓸 무:	務望 무망, 務安郡 무안군
貿	무역할 무:	貿易 무역
舞	춤출 무:	舞曲무곡, 舞臺 무대
霧	안개 무:	霧散 무산, 霧中 무중
問	물을 문:	問答 문답, 問病 문병, 問安 문안, 問題 문제
反	돌이킬 반:	反對 반대, 反復 반복, 反省 반성
半	반 반:	半減 반감, 半導體 반도체, 半信半疑 반신반의
返	돌이킬 반:	返納 반납, 返送 반송, 返品 반품
叛	배반할 반:	叛軍 반군, 叛起 반기, 叛亂반란, 叛逆반역
訪	찾을 방:	訪客 방객, 訪問 방문
拜	절 배:	拜金 배금, 拜禮 배례, 拜伏 배복
背	등 배:	背景 배경, 背叛 배반, 背信배신, 背水陣배수진
配	나눌 배:	配管 배관, 配給 배급, 配列 배열
培	북돋을 배:	培根 배근, 培植 배식, 培養 배양
犯	범할 범:	犯法 범법, 犯人 범인, 犯罪 범죄, 犯行 범행
範	법 범:	範式 범식, 範圍 범위
辨	분별한 변:	辨別 변별, 辨證 변증, 辨理士 변리사
辯	말씀 변:	辯論 변론, 辯明 변명, 辯護士 변호사
變	변할 변:	變更 변경, 變動 변동, 變化 변화

步	걸음 보:	步道 보도, 步兵 보병, 步幅 보폭, 步行 보행
普	넓을 보:	普及 보급, 普通 보통, 普遍 보편
補	기울 보:	補强 보강, 補償 보상, 補修 보수, 補充 보충
報	갚을 보:	報告 보고, 報答 보답, 報道 보도, 報償 보상
譜	족보 보:	譜所 보소, 譜學 보학
寶	보배 보:	寶庫 보고, 寶物 보물, 寶石 보석
奉	받들 봉:	奉公 봉공, 奉仕 봉사, 奉送 봉송
鳳	봉황새 봉:	鳳德 봉덕, 鳳凰 봉황, 鳳仙花 봉선화
付	부칠 부:	付託 부탁, 付着 부착
否	아닐 부:	否決 부결, 否認 부인, 否定 부정
負	질 부:	負擔 부담, 負傷 부상, 負債 부채
副	버금 부:	副賞 부상, 副業 부업, 副作用 부작용
富	부자 부:	富强 부강, 富國 부국, 富貴 부귀, 富者 부자
簿	문서 부:	簿記 부기, 簿籍 부적
憤	분할 분:	憤慨 분개, 憤氣 분기, 憤敗 분패
奮	떨칠 분:	奮發 분발, 奮然 분연, 奮戰 분전, 奮鬪 분투
比	견줄 비:	比較 비교, 比例 비례, 比率 비율
批	비평할 비:	批判 비판, 批評 비평
卑	낮을 비:	卑賤 비천, 卑下 비하
祕	숨길 비:	祕訣 비결, 祕密 비밀, 祕法 비법

悲	슬플 비:	悲觀 비관, 悲劇 비극, 悲鳴 비명
費	쓸 비:	費用 비용, 費財 비재
備	갖출 비:	備考 비고, 備蓄 비축, 備忘錄 비망록
鼻	코 비:	鼻祖 비조
士	선비 사:	士氣 사기, 士兵 사병, 士禍 사화
巳	뱀 사:	巳時 사시
四	넉 사:	四季 사계, 四時 사시, 四君子 사군자
史	역사 사:	史家 사가, 史記 사기, 史學 사학
死	죽을 사:	死力 사력, 死亡 사망, 死因 사인
似	닮을 사:	似而非 사이비
事	일 사:	事件 사건, 事理 사리, 事物 사물
使	부릴 사:	使動 사동, 使命 사명, 使臣 사신
賜	줄 사:	賜藥 사약, 賜額 사액
謝	사례할 사:	謝禮 사례, 謝意 사의, 謝罪 사죄
産	낳을 산:	産苦 산고, 産卵 산란, 産母 산모
散	흩을 산:	散漫 산만, 散文 산문, 散在 산재
算	셈 산:	算數 산수, 算術 산술, 算出 산출
上	윗 상:	上級 상급, 上層 상층, 上品 상품, 上下 상하
想	생각 상:	想起 상기, 想念 상념, 想定 상정
序	차례 서:	序頭 서두, 序論 서론, 序文 서문, 序列 서열

恕	용서할 서:	恕諒 서량, 恕罪 서죄
庶	여러 서:	庶務 서무, 庶民 서민
暑	더울 서:	暑退 서퇴, 暑滯 서체
署	관청 서:	署理 서리, 署名 서명, 署長 서장
緖	실마리 서:	緖論 서론, 緖正 서정
善	착할 선:	善導 선도, 善意 선의, 善行 선행
選	가릴 선:	選擧 선거, 選拔 선발, 選定 선정, 選擇 선택
性	성품 성:	性格 성격, 性質 성질, 性品 성품
盛	성할 성:	盛大 성대, 盛況 성황, 盛需期 성수기
聖	성인 성:	聖歌 성가, 聖經 성경, 聖人 성인
世	세상 세:	世界 세계, 世代 세대, 世上 세상
洗	씻을 세:	洗練 세련, 洗面 세면, 洗濯 세탁
細	가늘 세:	細菌 세균, 細密 세밀, 細心 세심, 細胞 세포
稅	세금 세:	稅關 세관, 稅金 세금, 稅務 세무
歲	해 세:	歲暮 세모, 歲拜 세배, 歲費 세비
勢	형세 세:	勢道 세도, 勢力 세력
小	작을 소:	小劇場 소극장, 小說家 소설가
少	적을 소:	少量 소량, 少數 소수
所	바 소:	所見 소견, 所望 소망, 所信 소신
笑	웃을 소:	笑聲 소성, 笑話 소화

損	덜 손:	損傷 손상, 損失 손실, 損益 손익, 損害 손해
送	보낼 송:	送別 송별, 送舊迎新 송구영신
訟	송사할 송:	訟官 송관, 訟事 송사
誦	욀 송:	誦經 송경, 誦讀 송독
刷	인쇄할 쇄:	刷新 쇄신
鎖	쇠사슬 쇄:	鎖骨 쇄골, 鎖國 쇄국
順	순할 순:	順理 순리, 順産 순산, 順序 순서, 順位 순위
市	저자 시:	市街 시가, 市價 시가, 市民 시민, 市場 시장
示	보일 시:	示範 시범, 示威 시위
矢	화살 시:	矢心 시심, 矢言 시언
侍	모실 시:	侍女 시녀, 侍墓 시묘, 侍婢 시비
始	비로소 시:	始動 시동, 始作 시작, 始終 시종
是	옳을 시:	是認 시인, 是正 시정, 是日 시일
施	베풀 시:	施工 시공, 施政 시정, 施行 시행
視	볼 시:	視力 시력, 視野 시야, 視察 시찰
信	믿을 신:	信仰 신앙, 信用 신용, 信義 신의, 信任 신임
愼	삼갈 신:	愼言 신언, 愼重 신중
甚	심할 심:	甚難 심난, 甚深 심심, 甚至於 심지어
我	나 아:	我國 아국, 我軍 아군, 我執 아집
餓	주릴 아:	餓鬼 아귀, 餓死 아사

岸	언덕 안:	岸壁 안벽
案	책상 안:	案件 안건, 案內 안내
眼	눈 안:	眼鏡 안경, 眼目 안목, 眼下無人 안하무인
雁	기러기 안:	雁行 안항
顔	낯 안:	顔面 안면, 顔色 안색
暗	어두울 암:	暗記 암기, 暗示 암시
仰	우러를 앙:	仰望 앙망, 仰視 앙시
也	어조사 야:	也帶 야대
夜	밤 야:	夜間 야간, 夜景 야경, 夜勤 야근, 夜學 야학
野	들 야:	野球 야구, 野望 야망, 野人 야인
養	기를 양:	養鷄 양계, 養成 양성, 養育 양육
壤	흙덩이 양:	壤土 양토
讓	사양할 양:	讓渡 양도, 讓步 양보, 讓位 양위
御	거느릴 어:	御命 어명, 御用 어용, 御殿 어전
語	말씀 어:	語感 어감, 語根 어근, 語不成說 어불성설
汝	너 여:	汝等 여등, 汝輩 여배
與	더불 여:	與件 여건, 與野 여야
輿	수레 여:	輿論 여론, 輿望 여망
宴	잔치 연:	宴樂 연락, 宴席 연석, 宴會 연회
軟	연할 연:	軟骨 연골, 軟禁 연금, 軟弱 연약
硏	갈 연:	硏究 연구, 硏修 연수

演	펼 연:	演技 연기, 演說 연설, 演出 연출
永	길 영:	永訣 영결, 永久 영구, 永遠 영원
詠	읊을 영:	詠歌 영가
影	그림자 영:	影像 영상, 影響 영향
銳	날카로울 예:	銳角 예각, 銳利 예리, 銳敏 예민
藝	재주 예:	藝能 예능, 藝術 예술
譽	기릴 예:	譽聲 예성, 譽言 예언
午	낮 오:	午睡 오수, 午前 오전, 午後 오후
五	다섯 오:	五感 오감, 五輪 오륜, 五色 오색
汚	더러울 오:	汚名 오명, 汚染 오염
悟	깨달을 오:	悟道 오도, 悟性 오성
娛	즐길 오:	娛樂 오락
傲	거만할 오:	傲氣 오기, 傲慢 오만
誤	그르칠 오:	誤報 오보, 誤算 오산, 誤解 오해
瓦	기와 와:	瓦屋 와옥, 瓦解 와해
臥	누울 와:	臥龍 와룡, 臥病 와병
緩	느릴 완:	緩急 완급, 緩衝 완충, 緩和 완화
往	갈 왕:	往年 왕년, 往來 왕래, 往復 왕복
外	바깥 외:	外家 외가, 外見 외견, 外交 외교, 外國 외국
曜	빛날 요:	曜日 요일
用	쓸 용:	用途 용도, 用兵 용병, 用意 용의, 用品 용품

勇	날랠 용:	勇敢 용감, 勇氣 용기, 勇斷 용단
友	벗 우:	友軍 우군, 友邦 우방, 友愛 우애, 友情 우정
雨	비 우:	雨期 우기, 雨備 우비, 雨天 우천
遇	만날 우:	遇知 우지, 遇害 우해
運	옮길 운:	運命 운명, 運營 운영, 運行 운행
援	도울 원:	援軍 원군, 援助 원조, 援護 원호
遠	멀 원:	遠隔 원격, 遠景 원경, 遠近 원근
願	원할 원:	願望 원망, 願書 원서
有	있을 유:	有感 유감, 有利 유리, 有名 유명
應	응할 응:	應答 응답, 應當 응당, 應手 응수
意	뜻 의:	意見 의견, 意圖 의도, 意思 의사
義	옳을 의:	義理 의리, 義務 의무, 義士 의사, 義人 의인
二	두 이:	二流 이류, 二律背反 이율배반
以	써 이:	以南 이남, 以北 이북, 以上 이상, 以下 이하
耳	귀 이:	耳順 이순, 耳鳴 이명, 耳目口鼻 이목구비
異	다를 이:	異見 이견, 異質 이질, 異口同聲 이구동성
姿	모양 자:	姿色 자색, 姿勢 자세, 姿態 자태
壯	장할 장:	壯骨 장골, 壯年 장년
在	있을 재:	在庫 재고, 在野 재야, 在學 재학

再	두 재:	再開 재개, 再建 재건, 再考 재고, 再現 재현
低	낮을 저:	低價 저가, 低調 저조, 低質 저질
底	밑 저:	底力 저력, 底邊 저변, 底意 저의
貯	쌓을 저:	貯金 저금, 貯蓄 저축, 貯水池 저수지
典	법 전:	典據 전거, 典例 전례, 典範 전범
展	펼 전:	展開 전개, 展覽 전람, 展望 전망, 展示 전시
電	번개 전:	電氣 전기, 電鐵 전철, 電話 전화
錢	돈 전:	錢主 전주, 錢貨 전화
戰	싸움 전:	戰亂 전란, 戰略 전략, 戰死 전사, 戰爭 전쟁
轉	구를 전:	轉落 전락, 轉補 전보, 轉移 전이, 轉換 전환
店	가게 점:	店員 점원, 店長 점장
定	정할 정:	定價 정가, 定立 정립, 定員 정원, 定着 정착
整	가지런할 정:	整理 정리, 整備 정비, 整地 정지
弟	아우 제:	弟子 제자, 弟夫 제부
制	마를 제:	制度 제도, 制動 제동, 制約 제약, 制限 제한
帝	임금 제:	帝國 제국, 帝王 제왕, 帝政 제정
第	차례 제:	第一 제일
祭	제사 제:	祭器 제기, 祭禮 제례, 祭物 제물, 祭祀 제사
製	지을 제:	製鋼 제강, 製藥 제약, 製作 제작

際	즈음 제:	際遇 제우, 際會 제회
濟	건널 제:	濟度 제도, 濟世 제세, 濟民 제민
早	일찍 조:	早産 조산, 早熟 조숙, 早退 조퇴
助	도울 조:	助教 조교, 助力 조력, 助言 조언
造	지을 조:	造景 조경, 造成 조성, 造作 조작
左	왼 좌:	左傾 좌경, 左翼 좌익
座	자리 좌:	座談 좌담, 座席 좌석, 座中 좌중
罪	허물 죄:	罪過 죄과, 罪惡 죄악, 罪人, 罪責感 죄책감
住	살 주:	住居 주거, 住民 주민, 住所 주소
注	부을 주:	注力 주력, 注目 주목, 注射 주사, 注意 주의
準	준할 준:	準備 준비, 準優勝 준우승
重	무거울 중:	重傷 중상, 重役 중역, 重工業 중공업
衆	무리 중:	衆論 중론, 衆口難防 중구난방
進	나아갈 진:	進路 진로, 進步 진보, 進退 진퇴
盡	다할 진:	盡力 진력, 盡忠 진충
讚	기릴 찬:	讚歌 찬가, 讚美 찬미, 讚辭 찬사
唱	부를 창:	唱歌 창가, 唱劇
創	비롯할 창:	創團 창단, 創立 창립, 創造 창조
採	캘 채:	採算 채산, 採點 채점, 採集 채집, 採取 채취

處	곳 처:	處理 처리, 處方 처방, 處世 처세, 處所 처소
寸	마디 촌:	寸數 촌수, 寸陰 촌음, 寸志 촌지
村	마을 촌:	村落 촌락, 村老 촌로
總	다 총:	總計 총계, 總額 총액
最	가장 최:	最高 최고, 最近 최근, 最大 최대, 最善 최선
取	가질 취:	取得 취득, 取消 취소, 取材 취재, 取下 취하
就	나아갈 취:	就業취업, 就任취임, 就職취직, 就學취학
趣	뜻 취:	趣味 취미, 趣向 취향
致	이를 치:	致命 치명, 致富 치부, 致死 치사, 致賀 치하
置	둘 치:	置簿 치부, 置重 치중, 置換 치환
寢	잠잘 침:	寢具 침구, 寢臺 침대, 寢室 침실
打	칠 타:	打開 타개, 打算 타산
妥	온당할 타:	妥結 타결, 妥當 타당, 妥協 타협
炭	숯 탄:	炭鑛 탄광, 炭素 탄소
彈	탄알 탄:	彈力 탄력, 彈壓 탄압, 彈丸 탄환
歎	탄식할 탄:	歎服 탄복, 歎息 탄식, 歎願 탄원
態	모양 태:	態度 태도, 態勢 태세
痛	아플 통:	痛感 통감, 痛症 통증, 痛快 통쾌
統	거느릴 통:	統計통계, 統一통일, 統制통제, 統合통합

退	물러날 퇴:	退却 퇴각, 退去 퇴거, 退任 퇴임
破	깨뜨릴 파:	破壞 파괴, 破産 파산
敗	패할 패:	敗北 패배, 敗戰 패전
閉	닫을 폐:	閉校 폐교, 閉鎖 폐쇄, 閉店 폐점, 閉會 폐회
砲	대포 포:	砲擊 포격, 砲聲 포성, 砲彈 포탄
品	물건 품:	品格 품격, 品性 품성, 品質 품질
避	피할 피:	避難 피난, 避暑 피서, 避身 피신
下	아래 하:	下降 하강, 下校 하교, 下山 하산, 下車 하차
夏	여름 하:	夏季 하계, 夏服 하복
恨	한 한:	恨歎 한탄
限	한할 한:	限界 한계, 限度 한도, 限定 한정
漢	한수 한:	漢字 한자, 漢學 한학
抗	겨룰 항:	抗拒 항거, 抗辯 항변, 抗訴 항소, 抗議 항의
航	배 항:	航空 항공, 航海 항해
港	항구 항:	港口 항구, 港都 항도
害	해할 해:	害毒 해독, 害惡 해악, 害蟲 해충
海	바다 해:	海岸 해안, 海洋 해양
解	풀 해:	解決 해결, 解答 해답, 解明 해명, 解釋 해석
向	향할 향:	向方 향방, 向上 향상, 向學 향학, 向後 향후
憲	법 헌:	憲法 헌법, 憲章 헌장, 憲政 헌정

險	험할 험:	險難 험난, 險談 험담, 險地 험지
驗	시험 험:	驗算 험산
現	나타날 현:	現金 현금, 現代 현대, 現實 현실
顯	나타날 현:	顯官 현관, 顯示 현시, 顯著 현저
惠	은혜 혜:	惠存 혜존, 惠澤 혜택
户	집 호:	戶口 호구, 戶籍 호적
好	좋을 호:	好感 호감, 好調 호조, 好奇心 호기심
護	도울 호:	護國 호국, 護衛 호위
混	섞을 혼:	混同 혼동, 混亂 혼란, 混雜 혼잡
貨	재물 화:	貨物 화물, 貨幣 화폐
患	근심 환:	患難 환란, 患者 환자
況	하물며 황:	況且 황차
會	모일 회:	會見 회견, 會計 회계, 會社 회사
孝	효도 효:	孝道 효도, 孝誠 효성, 孝子 효자
效	본받을 효:	效果 효과, 效能 효능, 效力 효력
厚	두터울 후:	厚待 후대, 厚生 후생, 厚意 후의
後	뒤 후:	後記 후기, 後代 후대, 後世 후세
候	기후 후:	候補 후보, 候鳥 후조
訓	가르칠 훈:	訓練 훈련, 訓示 훈시, 訓民正音 훈민정음

9. 첫음절에서 장음(長音)·단음(短音) 발음되는 한자

街	거리 가(:)	단 街路樹 가로수, 街路燈 가로등 장 街道 가도, 街頭 가두
肝	간 간(:)	단 肝氣 간기, 肝腸 간장 장 肝臟 간장, 肝要 간요
間	사이 간(:)	단 間隔 간격 장 間食 간식, 間接 간접
簡	간략할 간(:) 대쪽 간(:)	단 簡單 간단, 簡略 간략 장 簡易 간이, 簡紙 간지
降	내릴 강: 항복할 항	단 降伏 항복 장 降等 강등, 降臨 강림
强	강할 강(:)	단 强力 강력, 强化 강화 장 强勸 강권, 强盜 강도, 强制 강제
改	고칠 개(:)	단 改漆 개칠 장 改良 개량, 改正 개정
蓋	덮을 개(:)	단 蓋草 개초 장 蓋頭 개두, 蓋然 개연
個	낱 개(:)	단 個人 개인 장 個別 개별, 個性 개성, 個體 개체
更	다시 갱: 고칠 경	단 更張 경장 장 更生 갱생, 更新 갱신
契	맺을 계: 부족이름 글	단 契丹 거란 장 契機 계기, 契約 계약, 契員 계원
景	볕 경(:)	단 景氣 경기, 景致 경치 장 景福宮 경복궁, 景品 경품
考	생각할 고(:)	단 考案 고안, 考察 고찰 장 考古 고고, 考查 고사, 考試 고시
故	연고 고(:)	단 故鄕 장 故國 고국, 故事 고사, 故障 고장
固	굳을 고(:)	단 固辭 고사, 固守 고수, 固着 고착 장 固城 고성
恐	두려울 공(:)	단 恐怖 공포 장 恐龍 공룡
課	공부할 과 과정 과(:)	단 課程 과정, 課業 과업 장 課稅 과세
貫	꿸 관(:)	단 貫通 관통, 貫鄕 관향, 貫徹 관철 장 貫珠 관주
怪	괴이할 괴(:)	단 怪常 괴상, 怪異 괴이 장 怪物 괴물, 怪變 괴변, 怪病 괴병
口	입 구(:)	단 口文 구문, 口錢 구전 장 口論 구론, 口辯 구변, 口號 구호
具	갖출 구(:)	단 具備 구비, 具色 구색, 具現 구현 장 具氏 구씨

卷	책 권(ː)	단 卷數 권수 장 卷煙 권련
勤	부지런할 근(ː)	단 勤告 근고 장 勤儉 근검, 勤勞 근로, 勤務 근무
難	어려울 난(ː)	단 難關 난관, 難局 난국, 難解 난해 장 難處 난처
短	짧을 단(ː)	단 短點 단점, 短縮 단축, 短距離 단거리 장 短簫 단소, 短靴 단화
唐	당나라 당 당황할 당(ː)	단 唐書 당서, 唐詩 당시 장 唐突 당돌
大	큰 대(ː)	단 大斗 대두, 大田 대전 장 大家 대가, 大國 대국, 大將 대장
帶	띠 대(ː)	단 帶狀 대상, 帶率 대솔 장 帶劍 대검, 帶同 대동, 帶妻僧 대처승
度	법도 도(ː) 헤아릴 탁	단 度外視도외시, 度支部 탁지부 장 度量 도량, 度數 도수
盜	도둑 도(ː)	단 盜用 도용, 盜賊 도적 장 盜跖 도척
冬	겨울 동(ː)	단 冬至 동지 장 冬期 동기, 冬眠 동면
童	아이 동(ː)	단 童蒙先習 동몽선습 장 童心 동심, 童謠 동요, 童話 동화
浪	물결 랑(ː)	단 浪太 낭태 장 浪漫 낭만, 浪費 낭비, 浪說 낭설
來	올 래(ː)	단 來年 내년, 來歷 내력, 來日 내일 장 來客 내객, 來賓 내빈, 來住 내주
令	하여금 령(ː)	단 令夫人 영부인, 令愛 영애 장 令監 영감
露	이슬 로(ː)	단 露骨 노골, 露出 노출 장 露積 노적
料	헤아릴 료(ː)	단 料理 요리, 料食 요식, 料量 요량 장 料金 요금, 料給 요급
類	무리 류(ː)	단 類달리(유달리) 장 類萬不同 유만부동, 類類相從 유유상종
柳	버들 류(ː)	단 柳京 유경, 柳氏 류씨 장 柳器 유기, 柳綠 유연
麻	삼 마(ː)	단 麻姑 마고, 麻布 마포, 麻織物 마직물 장 麻雀 마작
滿	찰 만(ː)	단 滿朔 만삭, 滿了 만료, 滿足 만족 장 滿面 만면, 滿堂 만당, 滿發 만발
每	매양 매(ː)	단 每日 매일 장 每年 매년, 每事 매사, 每時間 매시간
賣	팔 매(ː)	단 賣買 매매 장 賣却 매각, 賣國奴 매국노
孟	맏 맹(ː)	단 孟浪 맹랑 장 孟冬 맹동, 孟子 맹자, 孟母三遷 맹모삼천
侮	업신여길 모(ː)	단 侮辱 모욕 장 侮慢 모만

木	나무 목	단 木工 목공, 木馬 목마, 木曜日 목요일 장 木瓜 모과
聞	들을 문(ː)	단 聞慶 문경 장 聞見 문견, 聞一知十 문일지십
未	아닐 미(ː)	단 未安 미안 장 未開 미개, 未決 미결, 未來 미래, 未熟 미숙
美	아름다울 미(ː)	단 美國 미국, 美人(미인 : 미국인) 장 美術 미술, 美人(미인 : 미녀)
迷	미혹할 미(ː)	단 迷兒 미아, 迷惑 미혹 장 迷信 미신, 迷宮 미궁
放	놓을 방(ː)	단 放學 방학 장 放浪 방랑, 放送 방송
倍	곱 배(ː)	단 倍達民族 배달민족 장 倍加 배가, 倍量 배량, 倍率 배율
凡	무릇 범(ː)	단 凡節 범절 장 凡例 범례, 凡夫 범부, 凡俗 범속
屛	병풍 병(ː)	단 屛風 병풍, 屛山書院 병산서원 장 屛迹 병적
保	지킬 보(ː)	단 保證 보증 장 保健 보건, 保管 보관, 保留 보류
復	회복할 복 다시 부(ː)	단 復古복고, 復歸복귀, 復學복학 장 復興 부흥, 復活 부활
符	부호 부(ː)	단 符節 부절 장 符籍 부적, 符號 부호
府	관청 부(ː)	단 府使 부사, 府域 부역 장 府君 부군
附	붙을 부(ː)	단 附子 부자 장 附記 부기, 附錄 부록, 附設 부설
分	나눌 분(ː)	단 分家 분가, 分校 분교, 分配 분배 장 分量 분량, 分福 분복, 分數 분수
粉	가루 분(ː)	단 粉骨 분골, 粉食 분식 장 粉紅 분홍
非	아닐 비(ː)	단 非但 비단 장 非常 비상, 非情 비정, 非行 비행
仕	섬길 사(ː)	단 仕官 사관, 仕記 사기 장 仕宦 사환
思	생각 사(ː)	단 思考 사고, 思念 사념, 思慕 사모 장 思想 사상
寺	절 사(ː)	단 寺門 사문, 寺院 사원 장 寺奴婢 시노비, 寺人 시인
射	쏠 사(ː)	단 射擊 사격, 射殺 사살, 射手 사수 장 射場 사장, 射亭 사정
殺	죽일 살 감할 쇄(ː)	단 殺氣 살기, 殺伐 살벌, 殺生살생 장 殺到 쇄도
尙	오히려 상(ː)	단 尙宮 상궁, 尙今 상금, 尙門 상문 장 尙古 상고, 尙文 상문, 尙武 상무

狀	형상 상 문서 장(:)	단 狀態 상태, 狀況 상황 장 狀啓 장계, 狀頭 장두
喪	잃을 상(:)	단 喪家 상가, 喪服 상복, 喪主 상주 장 喪配 상배, 喪妻 상처
徐	천천할 서(:)	단 徐氏 서씨, 徐羅伐 서라벌 장 徐步 서보, 徐行 서행
說	말씀 설 달랠 세(:)	단 說明 설명, 說樂 열락 장 說客 세객
素	본디 소(:) 흴 소(:)	단 素朴 소박, 素材 소재, 素質 소질 장 素物 소물, 素服 소복
掃	쓸 소(:)	단 掃灑 소쇄, 掃蕩 소탕 장 掃除 소제, 掃地 소지
燒	사를 소(:)	단 燒却 소각, 燒失 소실, 燒火 소화 장 燒紙 소지
孫	손자 손(:)	단 孫女 손녀, 孫婦 손부, 孫子 손자 장 孫(손 : 後孫)
手	손 수(:)	단 手段 수단, 手足 수족 장 手巾 수건
受	받을 수(:)	단 受講 수강, 受賞 수상, 受信 수신 장 受苦 수고
數	자주 삭 / 셈 수:	단 數尿症 장 數學 수학, 數量 수량
宿	잘 숙 별자리 수:	단 宿命 숙명, 宿食 숙식, 宿願숙원 장 宿曜 수요
試	시험 시(:)	단 試驗 시험 장 試官 시관, 試食 시식, 試金石 시금석
審	살필 심(:)	단 審理 심리, 審査 심사, 審美眼 심미안 장 審議 심의, 審判 심판
亞	버금 아(:)	단 亞鉛 아연, 亞細亞 아세아 장 亞流 아류, 亞聖 아성, 亞將 아장
雅	맑을 아(:)	단 雅淡 아담 장 雅俗 아속, 雅趣 아취
愛	사랑 애(:)	단 愛國 애국, 愛人 애인, 愛情 애정 장 愛誦 애송, 愛煙 애연
易	바꿀 역 쉬울 이(:)	단 易數 역수, 易學 역학 장 易行 이행
沿	따를 연(:)	단 沿岸 연안, 沿邊 연변, 沿海 연해 장 沿革 연혁
燕	제비 연(:)	단 燕京 연경, 燕行 연행 장 燕子 연자, 燕雀 연작
映	비칠 영(:)	단 映寫 영사, 映畫 영화 장 映窓 영창
要	요긴할 요(:)	단 要緊 요긴, 要領 요령, 要約 요약 장 要綱 요강, 要求 요구, 要點 요점
怨	원망할 원(:)	단 怨讐 원수 장 怨望 원망, 怨聲 원성

爲	할 위(:)	단 爲始 위시, 爲人(위인 : 사람됨) 장 爲人 위인(위인 : 사람을 위함)
飮	마실 음(:)	단 飮毒 음독, 飮料 음료 장 飮福 음복, 飮食 음식
議	의논할 의(:)	단 議決 의결, 議員 의원, 議長 의장 장 議政府 의정부
任	맡길 임(:)	단 任氏 임씨 장 任期 임기, 任命 임명, 任務 임무
刺	찌를 자: / 찌를 척	단 刺殺 척살 장 刺客 자객
暫	잠깐 잠(:)	단 暫間 잠간, 暫定 잠정 장 暫時 잠시
長	긴 장(:)	단 長短 장단, 長久 장구, 長篇 장편 장 長官 장관, 長老 장로, 長成 장성
將	장수 장(:)	단 將軍 장군, 將來 장래, 將次 장차 장 將校 장교, 將帥 장수, 將兵 장병
奬	장려할 장(:)	단 奬忠壇 장충단 장 奬勵 장려, 奬學生 장학생
著	나타날 저:	단 著押 착압 장 著書 저서, 著者 저자, 著述 저술
占	차지할 점: 점칠 점	단 占卜 점복, 占術 점술 장 占據 점거, 占領 점령
點	점 점(:)	단 點檢 점검, 點線 점선, 點數 점수 장 點心 점심
井	우물 정(:)	단 井華水 정화수 장 井邑詞 정읍사
正	바를 정(:)	단 正月 정월, 正初 정초 장 正當 정당, 正道 정도, 正直 정직
操	잡을 조(:)	단 操作 조작, 操縱 조종 장 操心 조심, 操鍊 조련
從	좇을 종(:)	단 從屬 종속, 從事 종사, 從軍 종군 장 從弟 종제, 從姪 종질, 從兄 종형
種	씨 종(:)	단 種子 종자, 種豚 종돈, 種族 종족 장 種類 종류, 種目 종목, 種別 종별
酒	술 주(:)	단 酒案床 주안상, 酒池肉林 주지육림 장 酒酊 주정
奏	아뢸 주(:)	단 奏效 주효 장 奏功 주공, 奏請 주청
仲	버금 중(:)	단 仲介 중개, 仲媒 중매 장 仲兄 중형
症	증세 증(:)	단 症勢 증세, 症候 증후 장 症(증)나다
陳	베풀 진: / 묶을 진	단 陳久 진구, 陳腐 진부 장 陳列 진열, 陳設 진설, 陳述 진술
鎭	진압할 진(:)	단 鎭靜劑 진정제, 鎭魂祭 진혼제 장 鎭壓 진압, 鎭痛 진통
昌	창성할 창(:)	단 昌寧 창녕, 昌平 창평 장 昌盛 창성, 昌德宮 창덕궁

倉	곳집 창(ː)	단 倉庫 창고 장 倉卒 창졸
針	바늘 침(ː)	단 針葉樹 침엽수 장 針母 침모, 針線 침선
沈	잠길 침(ː) 성 심ː	단 沈降 침강, 沈滯 침체, 沈痛 침통 장 沈默 침묵, 沈潛 침잠, 沈氏 심씨
吐	토할 토(ː)	단 吐露 토로 장 吐根 토근, 吐血 토혈
討	칠 토(ː)	단 討伐 토벌, 討滅 토멸, 討破 토파 장 討論 토론, 討議 토의
播	뿌릴 파(ː)	단 播多 파다, 播植 파식 장 播種 파종, 播遷 파천
片	조각 편(ː)	단 片影 편영, 片肉 편육 장 片紙 편지
便	편할 편(ː)	단 便利 편리, 便法 편법, 便安 편안 장 便紙 편지
布	펼 포(ː)	단 布木 포목 장 布告 포고, 布敎 포교, 布德 포덕
暴	사나울 폭 모질 포ː	단 暴徒폭도, 暴露폭로, 暴行폭행 장 暴惡 포악
包	쌀 포(ː)	단 包裝 포장, 包含 포함 장 包容 포용, 包圍 포위
胞	세포 포(ː)	단 胞子 포자 장 胞胎 포태
荷	멜 하(ː)	단 荷花 하화 장 荷物 하물, 荷役 하역
汗	땀 한(ː)	단 汗國 한국, 汗黨 한당 장 汗馬 한마, 汗蒸 한증
韓	나라 한(ː)	단 韓山 한산, 韓氏 한씨 장 韓國 한국, 韓服 한복
行	다닐 행(ː) 항렬 항	단 行動 행동, 行路 행로, 行事행사 장 行實 행실
虎	범 호(ː)	단 虎班 호반 장 虎口 호구, 虎患 호환
號	이름 호(ː)	단 號角 호각 장 號哭 호곡, 號外 호외
火	불 화(ː)	단 火曜日 화요일 장 火氣 화기, 火力 화력, 火葬 화장
化	될 화(ː)	단 化學 화학, 化粧 화장 장 化石 화석, 化身 화신
畫	그림 화ː 그을 획	단 畫一 획일, 畫策 획책 장 畫家 화가, 畫幅 화폭
環	고리 환(ː)	단 環狀 환상 장 環境 환경
興	일 흥(ː)	단 興盛 흥성, 興亡盛衰 흥망성쇠 장 興味 흥미, 興趣 흥취

제5장

실전문제(實戰問題)

1. 4급 실전문제

(1~32) 다음 밑줄 친 漢字語의 讀音을 쓰시오.

▶ 도킨스의 '이기적 (1)遺傳子'를 읽고 (2)主張과 (3)根據의 (4)連結 (5)關係를 파악하여 봅시다.

▶ 이윤의 일부는 (6)環境 (7)保護 활동이나 문화 (8)藝術 활동, (9)自願奉仕 활동 등 사회에 투자하여 기업과 사회 모두가 (10)發展할 수 있도록 노력합니다.

▶ (11)節氣의 시작인 정월에 하던 (12)歲時 풍속에는 긴 겨울의 (13)休息을 끝내고 (14)豊盛한 수확을 기대하며 (15)熱心히 농사를 짓겠다는 뜻이 담겨 있었다.

▶ 교통 (16)施設과 통신 (17)手段은 지역들 간의 (18)交流를 촉진해 줍니다.

▶ (19)朝鮮 시대를 (20)背景으로 (21)組員들과 역할해 보고 조별로 역할극을 잘 하였는지 (22)評價해 봅시다.

▶ 여러 종류의 (23)資料에서 얻은 (24)情報를 (25)整理하며 글을 읽어 봅시다.

▶ 우리 시에서는 태풍 피해 (26)住民을 돕기 위해 정부에 (27)特別 (28)災難 (29)區域 (30)宣布 (31)基準 법령 개정을 (32)建議하였다.

(33~54) 다음 漢字의 訓과 音을 쓰시오.

(33) 曜	(34) 衛	(35) 潔	(36) 緣	(37) 就
(38) 貯	(39) 朗	(40) 納	(41) 端	(42) 覽
(43) 壓	(44) 探	(45) 快	(46) 延	(47) 損
(48) 採	(49) 儀	(50) 康	(51) 辭	(52) 假
(53) 創	(54) 細			

(55~57) 다음 單語 중 첫소리가 長音인 것을 가려 그 번호를 쓰시오.

(55) ① 依支 ② 意志

(56) ① 感謝 ② 監査

(57) ① 長官 ② 長短

(58~60) 다음 밑줄 친 漢字와 뜻이 대립되는 漢字를 ( )속에 적어 문장을 完成하시오.

(58) 해외 시장 진출에 회사의 ( )活이 걸려 있다.
(59) 조국의 興( )이 우리 손에 달려 있다.
(60) ( )罰이 공정해야 임금의 권위가 산다.

(61~65) 다음 ( ) 안에 알맞은 漢字를 넣어 四字成語를 完成하시오.

(61) 同苦同( ) : 같이 고생하고 같이 즐김.
(62) 殺( )成仁 : 자기 몸을 희생하여 仁을 이룸.
(63) 不問( )直 : 옳고 그름을 따지지 않음.
(64) ( )失相規 : 나쁜 행실을 못하도록 서로 규제함.
(65) 半( )半疑 : 반쯤은 믿고 반쯤은 의심함.

(66~68) 다음 漢字의 部首를 쓰시오.

(66) 男 (67) 能 (68) 奉

(69~71) 다음 밑줄 친 漢字와 뜻이 유사한 漢字를 ( ) 속에 넣어 문장을 完成하시오.

(69) 신문에 經( ) 사원을 모집한다는 공고가 났다.
(70) 이 건물은 100년이 지나도 안전하고 堅( )하다.
(71) 신분과 직업으로 사람을 差( )하지 마라.

(72~74) 다음 漢字語의 同音異義語를 제시된 뜻에 맞게 漢字(正字)로 쓰시오.

(72) 青山 - ( ) : 채권 채무 관계를 셈하여 깨끗이 해결함.
(73) 戰亡 - ( ) : 넓고 먼 곳을 멀리 바라봄.
(74) 羊肉 - ( ) : 부양하여 기름.

(75~77) 다음 漢字語의 바른 뜻을 <보기>에서 찾아 그 번호를 쓰시오.

① 농촌으로 돌아감	② 헛되이 수고함	③ 이김과 짐
④ 손님을 대접함	⑤ 늙은이와 젊은이	

(75) 徒勞　　(76) 勝負　　(77) 歸農

(78~80) 다음 漢字의 略字를 쓰시오.

(78) 醫　　(79) 廣　　(80) 鐵

(81~100) 다음 각 문장의 밑줄 친 單語를 漢字(正字)로 쓰시오.

▶ 석유나 (81)석탄과 같은 화석 연료의 (82)사용은 대기 오염을 일으킨다.

▶ 이 (83)여행은 (84)친구와 함께 떠나는 여행입니다.

▶ 우리 지역의 (85)교통 상황을 (86)조사하기 위해서는 교통도가 필요합니다.

▶ 옛날 생활 (87)도구에는 우리 (88)조상들의 지혜가 담겨 있습니다.

▶ (89)태양을 맨눈으로 보지 않도록 (90)주의합니다.

▶ 우리나라도 1988년 남극 대륙에 세종 (91)과학 (92)기지를 세웠다.

▶ (93)도시로의 인구 (94)집중은 생태계에 영향을 미칩니다.

▶ (95)방과 후 세 사람은 (96)교실 구석구석을 깨끗이 청소한다.

▶ 통일 (97)비용은 분단 비용과 달리 우리나라의 미래를 위한 투자의 (98)성격을 갖고 있다.

▶ 자동차 배기가스는 공기를 오염시키는 (99)주요 (100)원인이 된다.

2. 3급 실전문제

(1~20) 다음 문장의 밑줄 친 漢字語의 讀音을 쓰시오.

(1) 경복궁을 기준으로 왼쪽에 宗廟가 있다.
(2) 신축 아파트 동과 동 사이의 間隔이 좁다.
(3) 우리나라가 세계 문화 강국으로 跳躍하고 있다.
(4) 鑄貨는 통용화폐로서의 기능을 상실했다.
(5) 권력에 취한 그 사람의 태도가 너무 傲慢하다.
(6) 행사장에 아름다운 꽃 裝飾을 하다.
(7) 영화 기생충이 오스카 작품상을 受賞했다.
(8) 형제간의 우애가 敦篤하다.
(9) 모든 재산을 공익재단에 贈與하다.
(10) 반전의 좋은 기회를 捕捉하다.
(11) 그들은 사건을 隱蔽하려 했다.
(12) 행락객들이 매우 騷亂스럽다.
(13) 정치인이 腐敗하면 나라가 위태롭다.
(14) 건강하려면 적당한 睡眠이 필요하다.
(15) 전통의 계승과 踏襲을 혼동해서는 안 된다.
(16) 그는 透徹한 사명감을 지닌 역사학도이다.
(17) 그 사건의 유일한 증인은 자신의 증언을 飜覆했다.
(18) 부도가 나자 사장은 潛跡해 버렸다.
(19) 실전에서 실력을 發揮하는 것이 중요하다.
(20) 도서관에서 관련 도서를 閱覽했다.

(21~45) 다음 漢字語의 讀音을 쓰시오.

(21) 鹽田	(22) 飛騰	(23) 遲延	(24) 租稅	(25) 軟性
(26) 惜別	(27) 依賴	(28) 純綿	(29) 憐憫	(30) 苟且
(31) 掛念	(32) 繫辭	(33) 派遣	(34) 脅迫	(35) 郵遞
(36) 擁護	(37) 誕辰	(38) 竊盜	(39) 負擔	(40) 均衡
(41) 庸劣	(42) 凝滯	(43) 輿望	(44) 尖銳	(45) 暢達

(46~75) 다음 문장에서 밑줄 친 漢字語를 漢字(正字)로 쓰시오.

▶ 사람들은 자기 (46)취향에 따라 삶의 방식을 달리 한다.

▶ 미래의 변화를 (47)추측하고 사업 계획을 (48)구상했다.

▶ 그 (49)정당은 온건 노선을 (50)견지하며 평화적으로 (51)시위를 했다.

▶ (52)음주 운전은 일종의 (53)살인 (54)행위이므로 강하게 (55)처벌해야 한다.

▶ 외국의 새로운 (56)사조가 이 땅에도 무분별하게 밀려와 사람들은 정신적 (57)혼란을 겪었다.

▶ 그는 자동차 (58)정비 공장에서 일하며 (59)기술은 익혔다.

▶ 벚꽃은 (60)자태를 뽐냈고, 행인들은 (61)감탄을 (62)연발했다.

▶ 그 혐의자는 (63)은밀히 마을을 떠나 도시로 향했다.

▶ 젊은이들은 (64)취업을 위해 (65)노고를 아끼지 않는다.

▶ 그 교수는 (66)분필로 칠판에 판서를 하며 (67)열강을 했다.

▶ 주민들은 홍수로 (68)파손된 집들을 (69)청소하고 (70)수리했다.

▶ 학교는 (71)우수한 학생에게 지속적 노력을 (72)권장하는 (73)의미로 장학금을 수여했다.

▶ 그는 남을 (74)배려하는 마음으로 살고자 (75)여생을 봉사활동에 매진했다.

(76~102) 다음 漢字의 訓과 音을 쓰시오.

(76) 祈	(77) 諾	(78) 寧	(79) 泥	(80) 但
(81) 畓	(82) 稻	(83) 陶	(84) 涼	(85) 晩
(86) 尙	(87) 架	(88) 脚	(89) 鑑	(90) 綱
(91) 謙	(92) 啓	(93) 稿	(94) 壞	(95) 謹
(96) 畢	(97) 蝶	(98) 朔	(99) 旦	(100) 蜂
(101) 推	(102) 鴻			

(103~107) 다음 중 첫음절이 길게 소리 나는 것을 고르시오.

(103) ① 注射 ② 主事

(104) ① 斷想 ② 壇上

(105) ① 戶數 ② 湖水

(106) ① 今週 ② 禁酒

(107) ① 援助 ② 元祖

(108~112) 다음 ( ) 안에 類似한 뜻을 가진 漢字(正字)로 써넣어 널리 쓰이는 單語를 完成하시오.

(108) ( )- 斜

(109) 歡 - ( )

(110) 添 - ( )

(111) ( )- 較

(112) 副 - ( )

(113~117) 다음 ( ) 안에 뜻이 對立되는 漢字(正字)를 써넣어 널리 쓰이는 單語를 完成하시오.

(113) ( )- 緯

(114) ( )- 濁

(115) ( )- 捨

(116) 攻 - ( )

(117) 委 - ( )

(118~122) 다음 漢字語의 相對語 또는 反對語를 2음절로 된 漢字(正字)로 쓰시오.

(118) 內包 ↔ ( )

(119) 單純 ↔ ( )

(120) 加入 ↔ ( )

(121) 白晝 ↔ ( )

(122) 左遷 ↔ ( )

(123~127) 다음 漢字語의 同音異義語를 제시된 뜻에 맞는 漢字(正字)로 쓰시오.

(123) 驅逐 - ( ) 쌓아 만듦

(124) 豪氣 - ( ) 좋은 기회

(125) 微塵 - ( ) 다하지 못함

(126) 赤字 - ( ) 어떤 일이나 상황에 적합한 사람

(127) 詩碑 - ( ) 옳은 것과 그른 것

(128~137) 다음 ( ) 안에 알맞은 漢字(正字)를 써넣어 四字成語를 完成하시오.

(128) 鶴首苦( ) : 몹시 애타게 기다림
(129) 竹馬( )友 : 옛날부터 아주 가까운 친구
(130) 百年( )淸 : 아무리 기다려도 일이 해결되지 않음
(131) 東奔西( ) : 이리저리 바쁘게 돌아다님
(132) 實事求( ) : 사실에 근거하여 진리를 탐구하는 일
(133) ( )學阿世 : 학문을 왜곡하여 세상에 아부함
(134) ( )掌難鳴 : 혼자만의 힘으로는 어떤 일을 하기가 어렵다
(135) 森( )萬象 : 우주 속에 존재하는 모든 사물과 현상
(136) 錦衣還( ) : 출세하여 고향에 돌아옴
(137) 百( )不屈 : 백 번 꺾여도 굽히지 않음

(138~142) 다음 漢字의 部首를 쓰시오.

(138) 肅　(139) 承　(140) 卒　(141) 去　(142) 表

(143~145) 다음 漢字의 略字를 쓰시오.

(143) 黨　(144) 辭　(145) 餘

(146~150) 다음 漢字語의 뜻을 쓰시오.

(146) 假橋　(147) 施肥　(148) 飢色　(149) 眉間　(150) 解散

3. 2급 실전문제

(1~25) 다음 漢字語의 讀音을 쓰시오.

1. 炭坑	2. 欄杆	3. 蘆笛	4. 棋譜	5. 蓮塘
6. 欽慕	7. 謹呈	8. 鬱憤	9. 扁額	10. 制覇
11. 滑降	12. 畿甸	13. 膠漆	14. 廬幕	15. 財閥
16. 敷衍	17. 被拉	18. 腎臟	19. 刹那	20. 奎章
21. 伽藍	22. 閻羅	23. 纖細	24. 蠻貊	25. 皐蘭

(26~45) 다음 밑줄 친 漢字語의 讀音을 쓰시오.

26. 그 법안의 통과로 惹起되는 문제점들을 하나씩 검토해 보아야 한다.
27. 복권 당첨금 전액을 은행에 預託해 두었다.
28. 한겨울 酷寒에도 난방을 하지 않았다.
29. 허준은 가난한 백성을 위해 무료 診療를 했다.
30. 전황이 불리하게 돌아가자 군대를 전선에서 撤收하기 시작했다.
31. 두 원내대표는 각 정당의 상이한 정견을 折衷해 새로운 안을 도출했다.
32. 수술을 위해 환자를 痲醉했다.
33. 그 정부 5년간 대북 穩健 정책을 유지했다.
34. 수능시험이 다가올수록 焦燥하여 신경이 예민해졌다.
35. 그는 선박의 특수 鎔接을 담당해 높은 소득을 올렸다.
36. 그는 온갖 시련에 굴하지 않고, 오히려 스스로를 鍛鍊시키는 계기로 삼았다.
37. 반려동물 虐待 방지를 위한 법 개정이 신중하게 검토되고 있다.
38. 그 회사는 경비절감과 환경보호의 趣旨에서 이면지 사용을 적극 권장하고 있다.
39. 생애 첫 주택 구입 자금을 은행에서 장기 저리로 融資를 받았다.
40. 손님을 鄭重하게 배웅했다.
41. 정부는 적폐 청산을 위한 措置를 즉시 단행하였다.
42. 동일한 성질을 가진 부류나 범위를 範疇라고 한다.
43. 정부는 矛盾된 제도와 관행을 타파하기 위해 과감히 도전하고 있다.
44. 올림픽 선수촌엔 여러 나라의 국기가 揭揚되어 있었다.
45. 4차 산업혁명 시대에는 한 사람의 嶄新한 생각이 수 억 명을 먹여 살릴 것이다.

(46~72) 다음 漢字의 訓과 音을 쓰시오.

46. 鼎	47. 鋪	48. 陟	49. 熊	50. 彬
51. 謄	52. 睿	53. 允	54. 旌	55. 巢
56. 鷹	57. 峴	58. 鴨	59. 穆	60. 兢
61. 磁	62. 酸	63. 諜	64. 峽	65. 雇
66. 戴	67. 繩	68. 馥	69. 雉	70. 裸
71. 庠	72. 炅			

(73~77) 다음 漢字語 중 첫 음절이 길게 발음 되는 것을 골라 그 번호를 쓰시오.

73. ① 幹部 ② 姦婦
74. ① 玄琴 ② 懸金
75. ① 照査 ② 朝使
76. ① 演奏 ② 聯珠
77. ① 夫妻 ② 付處

(78~107) 다음 문장에서 밑줄 친 한글로 된 漢字語를 漢字(正字)로 바꾸어 쓰시오.

78. 그는 자신이 경험한 것을 <u>과장</u>해서 말하는 버릇이 있다.
79. 이 정부에서는 계층 간 소득 <u>격차</u> 완화에 정책적 노력을 집중하고 있다.
80. 태풍으로 인해 바다를 <u>표류</u>하던 배가 운 좋게 육지에 닿았다.
81. 문화 현상은 일반적으로 중심부에서 주변부로 <u>전파</u>된다.
82. 일부 몰지각한 정치인들의 <u>추태</u>가 크게 보도되었다.
83. 간수를 넣어 콩의 단백질을 <u>응고</u>시켜 두부를 만든다.
84. <u>졸속</u> 행정 때문에 국민의 혈세가 낭비되는 일이 비일비재하다.
85. 대입 제도가 크게 바뀌면서 수험생들의 재수 <u>기피</u> 현상이 두드러지고 있다.
86. 일본의 경제 보복이 오히려 국내 기술의 세계적 <u>도약</u>의 발판이 되고 있다.
87. 그녀는 신앙심이 매우 <u>돈독</u>한 사람이었다.
88. 삼풍백화점 <u>붕괴</u> 사고는 백화점과 관리 당국의 총체적 부실이 만들어낸 인재였다.
89. 나라는 <u>순직</u>한 공무원에게 충분한 보상을 해 주기로 했다.

90. 검사는 피의자에게 사건의 경위에 대해 물었다.
91. 지구 온난화로 인한 재앙을 막으려면 탄소 배출을 줄여야한다.
92. 그는 한시 여러 편을 암송해 주변 사람들을 놀라게 했다.
93. 정수기의 필터를 새것으로 교체하였다.
94. 그는 어릴 적부터 총명하고 재주가 남달랐다.
95. 여름에는 음식물 쓰레기의 악취가 골칫거리다.
96. 책의 부록에 있는 연표와 색인이 독자의 이해를 도왔다.
97. 성공적인 경제 개발 정책은 단시간에 물질적 풍요를 제공해 주었다.
98. 신도시에 교통시설이 확충될 전망이다.
99. 북미가 핵 포기에 따른 보상에 관해 한 치의 양보도 없이 첨예하게 대립하고 있다.
100. 최저임금인상에 따른 부작용에 대해 신축적으로 대응해야 한다.
101. 관중들의 열광적인 응원에 선수들이 매우 고무되었다.
102. 모든 교육과정을 이수하고 현장에 투입되었다.
103. 육류 위주의 식단이 비만과 성인병의 원인이다.
104. 갑작스러운 공장 폐쇄 소식에 직원들은 망연자실했다.
105. 유럽으로 파견 근무를 나가게 되었다.
106. 민주시민으로서 투철한 준법정신을 가져야 한다.
107. 나와 생각이 다른 사람에 대한 관용적인 태도가 필요하다.

(108~112) 다음 ( ) 안에 밑줄 친 漢字와 뜻이 같거나 유사한 漢字(正字)를 써넣어 문장에 어울리는 단어를 완성하시오.

108. 예로부터 거북이는 ( )瑞로운 짐승으로 여겨졌다.
109. 가정의 화목을 위해서는 가족 간의 忍( )가 필요하다.
110. 화석 에너지의 ( )渴에 대한 대책이 시급하다.
111. 남남북녀가 婚( )하여 가정을 꾸렸다.
112. 뜬금없는 금전 요구의 카톡은 詐( )일 가능성이 높다.

(113~117) 다음 漢字와 뜻이 反對 또는 相對되는 漢字(正字)를 ( ) 안에 써 넣어 漢字語를 완성하시오.

113. 榮 ↔ ( )
114. ( ) ↔ 坤
115. 濃 ↔ ( )
116. ( ) ↔ 略
117. 貴 ↔ ( )

(118~122) 다음 漢字語의 反意語 또는 相對語를 漢字(正字)로 쓰시오.

118. 具體 ↔ ( )
119. 獨創 ↔ ( )
120. 高雅 ↔ ( )
121. 和解 ↔ ( )
122. 相逢 ↔ ( )

(123~132) 다음 ( ) 안에 알맞은 漢字(正字)를 써넣어 四字成語를 완성하시오.

123. 改過( )善 : 잘못을 고치고 착하게 됨
124. 孤軍( )鬪 : 홀로 여럿을 상대하여 싸움
125. 深思( )考 : 깊이 생각하고 곰곰이 생각함
126. 表( )不同 : 겉과 속이 다름
127. 縱( )無盡 : 자유자재로 행동하여 거침이 없음
128. 滄海一( ) : 아주 큰 물건 속에 있는 아주 작은 물건
129. 烏飛( )落 : 일이 공교롭게 동시에 일어나 남의 의심을 사게 됨
130. 權( )術數 : 남을 속이는 교묘한 술책
131. ( )上添花 : 좋은 일이 겹침
132. 面從( )背 : 겉으로는 복종하면서도 속으로는 배반함

(133~137) 다음 漢字語의 同音異議語를 제시된 뜻에 맞춰 漢字(正字)로 쓰시오.

133. 蜜蜂 : (　) 단단히 붙여 꼭 봉함
134. 浮游 : (　) 재물이 넉넉함
135. 初喪 : (　) 사진이나 그림에 나타낸 사람의 얼굴이나 모습
136. 但書 : (　) 어떤 문제를 해결하기 위한 실마리
137. 冠禮 : (　) 앞선 사례가 관습으로 굳어진 것

(138~142) 다음 漢字語의 뜻을 한글로 쓰시오.

138. 遮斷
139. 哀悼
140. 閨秀
141. 補闕
142. 誤謬

(143~147) 다음 漢字의 부수를 쓰시오.

143. 升　　144. 丕　　145. 巵
146. 袁　　147. 歪

(148~150) 다음 漢字를 널리 通用되는 略字로 바꾸어 쓰시오.

148. 鐵　　149. 巖　　150. 竊

4. 1급 실전문제

(1~30) 다음 漢字語의 讀音을 쓰시오.

1. 攪亂	2. 逍遙	3. 誘拐	4. 顚倒	5. 殉葬
6. 生薑	7. 截取	8. 股肱	9. 酬酌	10. 日蝕
11. 悚懼	12. 撞球	13. 首魁	14. 泣訴	15. 按摩
16. 官銜	17. 明礬	18. 粉碎	19. 甥姪	20. 轟音
21. 吝嗇	22. 罹災	23. 陋巷	24. 戰歿	25. 慰撫
26. 捏造	27. 嗜好	28. 堪耐	29. 鞦韆	30. 聾啞

(31~50) 다음 밑줄 친 漢字語의 讀音을 쓰시오.

31. 한의원에서 조제한 약 속에 귀한 麝香이 들어 있다.
32. 이 장식품은 珊瑚로 만들어졌다.
33. 폭격기의 대대적 공습으로 적군이 潰滅되었다.
34. 전남 강진에는 土蝦로 담은 젓갈이 유명하다.
35. 한국의 纖維 산업은 한 때 사양 산업이었다.
36. 한류 연예인은 세계적 羨望의 대상이다.
37. 암세포가 骨髓까지 침투했다.
38. 그 노인의 성격이 몹시 乖愎하다.
39. 뱀은 생김새가 몹시 邪慝해 보인다.
40. 태풍으로 인해 많은 배들이 埠頭에 묶여있다.
41. 화투는 癡呆 예방에 도움이 된다.
42. 간질환으로 인해 黃疸이 생겼다.
43. 賭博은 패가망신의 지름길이다.
44. 교수님이 논문 작성에 대해 지도 鞭撻을 해 주신다.
45. 인생이 걸린 결단 앞에서 躊躇하게 된다.
46. 연못에 맹꽁이가 棲息한다.
47. 먹구름 사이로 閃光이 번뜩였다.
48. 살인 용의자의 행방이 渺然하다.
49. 더운 여름에는 김치 국물에 素麵을 말아 먹는다.
50. 은퇴하신 어른께 새로운 직장을 斡旋해 드렸다.

(51~82) 다음 漢字의 訓과 音을 쓰시오.

51. 丹	52. 捉	53. 啼	54. 捺	55. 狄
56. 壤	57. 晶	58. 霞	59. 曉	60. 柴
61. 僕	62. 奎	63. 煜	64. 杰	65. 滌
66. 磁	67. 腕	68. 睡	69. 戟	70. 戌
71. 剝	72. 苗	73. 溢	74. 翊	75. 貯
76. 葛	77. 謄	78. 膨	79. 唾	80. 袒
81. 獐	82. 擁			

(83~122) 다음 밑줄 친 漢字語를 漢字(正字)로 쓰시오.

83. 학교 내 규칙을 <u>준수</u>해야 한다.
84. 배우들이 짙은 <u>화장</u>을 했다.
85. 광복절을 맞아 대대적인 <u>사면</u>이 있었다.
86. 로펌을 찾아가 소송을 <u>의뢰</u>했다.
87. 여권용 사진 촬영 때에는 <u>탈모</u>를 해야 한다.
88. 적군의 <u>탄환</u>이 날아들었다.
89. 대통령배 대회에서 연속으로 <u>패권</u>을 차지했다.
90. 나들이하기 좋은 <u>화창</u>한 봄날이다.
91. 환경보호와 물자절약 차원에서 이면지 사용을 <u>권장</u>한다.
92. 신하들은 새로 등극한 임금을 <u>알현</u>했다.
93. 측근의 갑작스런 총격으로 대통령이 <u>서거</u>했다.
94. 해외에서 노벨상 출신의 학자를 <u>초빙</u>했다.
95. 그 신문의 <u>만평</u>은 매우 시의적절한 풍자였다.
96. 멀쩡해 보였던 다리가 하루아침에 <u>붕괴</u>되었다.
97. 한국의 <u>수출</u>품이 우수한 품질로 인정받고 있다.
98. 중국과 달리 한국의 <u>궁궐</u>은 매우 단아하다.
99. 장애인 주차 구역에 주차한 비양심 자동차를 <u>견인</u>했다.
100. 운동 후에 이온 음료로 <u>갈증</u>을 풀었다.
101. 경기의 과열을 막기 위해 <u>긴축</u> 재정을 실시했다.
102. 불필요한 규제를 <u>철폐</u>하는 법안을 마련했다.
103. 죽는 날까지 함께 하기로 <u>맹서</u>했다.
104. 중고 서점에서 저렴하게 책을 <u>구매</u>했다.

105. 여야의 새로운 원구성 협상이 답보상태이다.
106. 주가가 등락을 거듭하고 있다.
107. 겨울철에는 중국에서 날아든 미세먼지가 극심하다.
108. 연주실황의 일부도 음반에 삽입되었다.
109. 사람들의 주목을 받을수록 언행을 신중해야 한다.
110. 성인병 예방을 위해 적당한 채소 섭취가 중요하다.
111. 예전에는 담임선생님이 학생들의 집을 심방하였다.
112. 약사가 조제한 약만 믿고 복용한다.
113. 새로운 분야를 개척해 나간다.
114. 목욕탕에서 증기로 인해 앞이 잘 안 보였다.
115. 순간의 선택이 평생을 좌우하는 경우도 있다.
116. 엄청난 비바람을 동반한 태풍이 상륙했다.
117. 글라이더가 바람을 타고 푸른 하늘을 활공한다.
118. 돈이 없으면 구차해지기 쉽다.
119. 권력을 이용해 여성을 희롱한 사람이 구속되었다.
120. 소원이 이뤄지기를 간절히 기도했다.
121. 가난하지만 밝은 그녀에게 연민의 정을 가졌다.
122. 경복궁 왼쪽에 종묘가 있다.

(123~132) 다음 ( ) 안에 밑줄 친 漢字와 유사한 뜻을 가진 漢字(正字)를 써넣어 문장을 완성하시오.

123. 지은 죄를 懺( )하다.
124. 아무런 ( )憚 없이 말하다.
125. 성난 ( )濤가 밀려오다.
126. 그 집안과 婚( )관계를 맺다.
127. 번 돈의 일부를 貯( )하다.
128. 학교 주변 嫌( ) 시설을 철거하다.
129. 물건을 안전하게 運( )하다.
130. 공무원은 국가에서 祿( )을 받는다.
131. 정권이 바뀌어도 ( )餘 임기를 채우다.
132. 학교 내에서 이름표를 ( )着하다.

(133~142) 다음 漢字語 중 첫 음절이 길게 발음 되는 것을 골라 그 번호를 쓰시오.

133. ① 馬乳 ② 麻油
134. ① 治下 ② 致賀
135. ① 眞空 ② 震恐
136. ① 交市 ② 敎示
137. ① 軍丁 ② 郡政
138. ① 久住 ② 歐洲
139. ① 懦劣 ② 羅列
140. ① 來援 ② 內院
141. ① 斷決 ② 團結
142. ① 材積 ② 在籍

(143~147) 다음 ( ) 안에 밑줄 친 漢字와 뜻이 反對 또는 相對되는 漢字(正字)를 써넣어 문장을 완성하시오.

143. 수영복이 ( )縮성을 가지고 있다.
144. 형사가 용의자에게 사건의 經( )를 캐묻는다.
145. 급우들 간의 ( )疎관계가 생겨났다.
146. 대결로 인해 실력의 優( )이 판가름 났다.
147. 직원의 勤( )를 감시하고 보고한다.

(148~152) 다음 漢字語의 뜻이 反對 또는 相對되는 2음절의 漢字語(正字)를 쓰시오.

148. 昇天 ↔ ( ) 149. 溶解 ↔ ( ) 150. 敷衍 ↔ ( )
151. 寒冷 ↔ ( ) 152. 反駁 ↔ ( )

(153~162) 다음 빈칸에 알맞은 漢字를 써넣어 四字成語를 완성하시오.

153. 九( )羊腸
154. 畫( )點睛
155. ( )牛充棟
156. ( )哺握髮
157. 口( )腹劍
158. 因循( )息
159. 肝( )相照
160. 首鼠兩( )
161. ( )而穿井
162. 左( )右眄

(163~167) 다음 뜻풀이에 알맞은 유사한 의미의 漢字(正字)를 빈칸에 써넣어 漢字語를 완성하시오.

163. ( )揆 : 함께 지키기로 정한 규칙
164. 貢( ) : 힘을 써 이바지함
165. 苛( ) : 몹시 심하게 못살게 굶
166. ( )塹 : 깊고 길게 판 구덩이
167. 疆( ) : 나라와 나라 사이의 경계

(168~177) 다음 漢字의 部首를 쓰시오.

168. 泰
169. 匙
170. 琵
171. 蠢
172. 帶
173. 戌
174. 衙
175. 剎
176. 展
177. 鼎

(178~187) 다음 漢字語의 뜻을 한글로 쓰시오.

178. 旗幟
179. 赤霞
180. 質朴
181. 逼迫
182. 貝塚
183. 囹圄
184. 闡揚
185. 設令
186. 焦眉
187. 壟斷

(188~197) 다음 제시된 뜻을 참조하여 ( ) 속 漢字語의 同音異議語를 漢字(正字)로 쓰시오.

188. (政敵) : 고요하고 평온함
189. (基數) : 경주마를 타는 사람
190. (防己) : 놓아 내버려 두는 것
191. (獨室) : 열정이 있고 진실함
192. (舞技) : 싸울 때 쓰는 도구
193. (私有) : 논리적으로 생각함
194. (散在) : 산업재해의 준말
195. (高聳) : 대가를 받고 남의 일을 하는 것
196. (裂創) : 힘차게 노래를 부르는 것
197. (初月) : 크게 앞지르다

(198~200) 다음 漢字의 널리 알려진 略字를 쓰시오.

198. 蠶 199. 鹽 200. 醫

4급 실전문제 답안

(1) 유전자	(2) 주장	(3) 근거	(4) 연결	(5) 관계
(6) 환경	(7) 보호	(8) 예술	(9) 자원봉사	(10) 발전
(11) 절기	(12) 세시	(13) 휴식	(14) 풍성	(15) 열심
(16) 시설	(17) 수단	(18) 교류	(19) 조선	(20) 배경
(21) 조원	(22) 평가	(23) 자료	(24) 정보	(25) 정리
(26) 주민	(27) 특별	(28) 재난	(29) 구역	(30) 선포
(31) 기준	(32) 건의			

(33) 빛날 요	(34) 지킬 위	(35) 깨끗할 결	(36) 인연 연	(37) 나아갈 취
(38) 쌓을 저	(39) 밝을 랑	(40) 들일 납	(41) 끝 단	(42) 볼 람
(43) 누를 압	(44) 찾을 탐	(45) 쾌할 쾌	(46) 늘일 연	(47) 덜 손
(48) 캘 채	(49) 거동 의	(50) 편안 강	(51) 말씀 사	(52) 거짓 가
(53) 비롯할 창	(54) 가늘 세			

(55) ② 意志 (56) ① 感謝 (57) ① 長官

(58) 死 (59) 亡 (60) 賞

(61) 樂 (62) 身 (63) 曲 (64) 過 (65) 信

(66) 田 (67) 月, 肉 (68) 大

(69) 歷 (70) 固 (71) 別

(72) 清算 (73) 展望 (74) 養育

(75) ② (76) ③ (77) ①

(78) 医 (79) 広 (80) 鉄

(81)石炭 (82)使用 (83)旅行 (84)親舊 (85)交通

(86)調査	(87)道具	(88)祖上	(89)太陽	(90)注意
(91)科學	(92)基地	(93)都市	(94)集中	(95)放課
(96)敎室	(97)費用	(98)性格	(99)主要	(100)原因

3급 실전문제 답안

(1) 종묘	(2) 간격	(3) 도약	(4) 주화	(5) 오만
(6) 장식	(7) 수상	(8) 돈독	(9) 증여	(10) 포착
(11) 은폐	(12) 소란	(13) 부패	(14) 수면	(15) 답습
(16) 투철	(17) 번복	(18) 잠적	(19) 발휘	(20) 열람
(21) 염전	(22) 비등	(23) 지연	(24) 조세	(25) 연성
(26) 석별	(27) 의뢰	(28) 순면	(29) 연민	(30) 구차
(31) 괘념	(32) 계사	(33) 파견	(34) 협박	(35) 우체
(36) 옹호	(37) 탄신	(38) 절도	(39) 부담	(40) 균형
(41) 용렬	(42) 응체	(43) 여망	(44) 첨예	(45) 창달

(46) 趣向	(47) 推測	(48) 構想	(49) 政黨	(50) 堅持
(51) 示威	(52) 飮酒	(53) 殺人	(54) 行爲	(55) 處罰
(56) 思潮	(57) 混亂	(58) 整備	(59) 技術	(60) 姿態
(61) 感歎	(62) 連發	(63) 隱密	(64) 就業	(65) 勞苦
(66) 粉筆	(67) 熱講	(68) 破損	(69) 淸掃	(70) 修理
(71) 優秀	(72) 勸奬	(73) 意味	(74) 配慮	(75) 餘生

(76) 빌 기	(77) 허락할 락	(78) 편안할 녕	(79) 진흙 니	(80) 다만 단
(81) 논 답	(82) 벼 도	(83) 질그릇 도	(84) 서늘할 량	(85) 늦을 만
(86) 오히려 상	(87) 시렁 가	(88) 다리 각	(89) 거울 감	(90) 벼리 강
(91) 겸손할 겸	(92) 열 계	(93) 볏짚 고	(94) 무너질 괴	(95) 삼갈 근
(96) 마칠 필	(97) 나비 접	(98) 초하루 삭	(99) 아침 단	(100) 벌 봉
(101) 밀 추	(102) 기러기 홍			

(103) ①	(104) ①	(105) ①	(106) ②	(107) ①

(108) 傾	(109) 喜	(110) 加	(111) 比	(112) 次
(113) 經	(114) 淸	(115) 取	(116) 防, 守	(117) 任
(118) 外延	(119) 複雜	(120) 脫退	(121) 深夜	(122) 榮轉
(123) 構築	(124) 好機	(125) 未盡	(126) 適者	(127) 是非
(128) 待	(129) 故	(130) 河	(131) 走	(132) 是
(133) 曲	(134) 孤	(135) 羅	(136) 鄕	(137) 折
(138) 聿	(139) 手	(140) 十	(141) 厶	(142) 衣
(143) 党	(144) 辞	(145) 余		

(146) 임시 다리
(147) 거름주기
(148) 배고픈 얼굴빛
(149) 눈썹 사이
(150) 모였다 흩어짐

2급 실전문제 답안

1. 탄갱	2. 난간	3. 노적	4. 기보	5. 연당
6. 흠모	7. 근정	8. 울분	9. 편액	10. 제패
11. 활강	12. 기전	13. 교칠	14. 여막	15. 재벌
16. 부연	17. 피랍	18. 신장	19. 찰나	20. 규장
21. 가람	22. 염라	23. 섬세	24. 만맥	25. 고란
26. 야기	27. 예탁	28. 혹한	29. 진료	30. 철수
31. 절충	32. 마취	33. 온건	34. 초조	35. 용접
36. 단련	37. 학대	38. 취지	39. 융자	40. 정중
41. 조치	42. 범주	43. 모순	44. 게양	45. 참신

46. 솥 정 47. 펼/가게 포 48. 오를 척
49. 곰 웅 50. 빛날 빈 51. 베낄 등
52. 슬기 예 53. 맏 윤 54. 기 정
55. 새집 소 56. 매 응 57. 고개 현
58. 오리 압 59. 화목할 목 60. 떨릴 긍
61. 자석 자 62. 실 산 63. 염탐할 첩
64. 골짜기 협 65. 품팔 고 66. 일 대
67. 노끈/줄 승 68. 향기 복 69. 꿩 치
70. 벗을 라 71. 학교 상 72. 빛날 경

73. ② 姦婦
74. ② 懸金
75. ① 照査
76. ① 演奏
77. ② 付處

78. 誇張 79. 隔差 80. 漂流 81. 傳播 82. 醜態
83. 凝固 84. 拙速 85. 忌避 86. 跳躍 87. 敦篤
88. 崩壞 89. 殉職 90. 經緯 91. 災殃 92. 暗誦
93. 交替 94. 聰明 95. 惡臭 96. 索引 97. 提供
98. 擴充 99. 尖銳 100. 伸縮 101. 鼓舞 102. 履修
103. 肥滿 104. 閉鎖 105. 派遣 106. 遵法 107. 寬容

108. 祥 109. 耐 110. 枯 111. 姻 112. 欺

113. 辱 114. 乾 115. 淡 116. 詳 117. 賤

118. 抽象 119. 模倣 120. 卑俗, 低俗 121. 紛爭 122. 離別

123. 遷 124. 奮 125. 熟 126. 裏 127. 橫
128. 粟 129. 梨 130. 謀 131. 錦 132. 腹

133. 密封 134. 富裕 135. 肖像 136. 端緒 137. 慣例

138. 통하지 못하게 막거나 끊음
139. 사람의 죽음을 슬퍼함
140. 혼기에 이른 처녀
141. 빈자리를 채움
142. 그릇되어 이치에 어긋남

143. 十 144. 一 145. 户
146. 衣 147. 止

148. 鉄 149. 岩 150. 窃

1급 실전문제 답안

1. 교란 2. 소요 3. 유괴 4. 전도 5. 순장
6. 생강 7. 절취 8. 고굉 9. 수작 10. 일식
11. 송구 12. 당구 13. 수괴 14. 읍소 15. 안마
16. 관아 17. 명반 18. 분쇄 19. 생질 20. 굉음
21. 인색 22. 이재 23. 누항 24. 전몰 25. 위무
26. 날조 27. 기호 28. 감내 29. 말갈 30. 농아

31. 사향 32. 산호 33. 궤멸 34. 토하 35. 섬유
36. 선망 37. 골수 38. 괴팍 39. 사특 40. 부두
41. 치매 42. 황달 43. 도박 44. 편달 45. 주저
46. 서식 47. 섬광 48. 묘연 49. 소면 50. 알선

51. 붉을 단 52. 잡을 착 53. 울 제
54. 누를 날 55. 오랑캐 적 56. 흙덩이 양
57. 맑을/밝을/수정 정 58. 노을 하 59. 새벽 효
60. 섶 시 61. 종 복 62. 별 규
63. 빛날 욱 64. 뛰어날 걸 65. 씻을 척
66. 자석 자 67. 팔뚝 완 68. 졸음 수
69. 창 극 70. 개 술 71. 벗길 박

72. 싹/모 묘　73. 떫을 삽　74. 도울 익
75. 쌓을 저　76. 칠 갈　77. 베낄 등
78. 불을 팽　79. 침 타　80. 해길 창
81. 노루 장　82. 낄 옹

83. 遵守　84. 化粧　85. 赦免　86. 依賴　87. 脫帽
88. 彈丸　89. 覇權　90. 和暢　91. 勸奬　92. 謁見
93. 逝去　94. 招聘　95. 漫評　96. 崩壞　97. 輸出
98. 宮闕　99. 牽引　100. 渴症　101. 緊縮　102. 撤廢
103. 盟誓　104. 購買　105. 踏步　106. 騰落　107. 微細
108. 揷入　109. 愼重　110. 菜蔬　111. 尋訪　112. 調劑
113. 開拓　114. 蒸氣　115. 瞬間　116. 颱風　117. 滑空
118. 苟且　119. 戱弄　120. 懇切　121. 憐憫　122. 宗廟

123. 悔　124. 忌　125. 波　126. 姻　127. 蓄
128. 惡　129. 搬　130. 俸　131. 殘　132. 附

133. ① 馬乳
134. ② 致賀
135. ② 震恐
136. ② 教示
137. ② 郡政
138. ① 久住
139. ① 懦劣
140. ② 內院
141. ① 斷決
142. ② 在籍

143. 伸　144. 緯　145. 親　146. 劣　147. 怠

148. 降臨　149. 凝固　150. 省略　151. 溫暖　152. 共鳴

153. 折　154. 龍
155. 汗　156. 吐

157. 蜜　158. 姑
159. 膽　160. 端
161. 渴　162. 顧

163. 度　164. 獻　165. 虐　166. 坑　167. 界

168. 氺(水)　169. 匕　170. 玉　171. 虫　172. 巾
173. 戈　174. 行　175. 刂(刀)　176. 尸　177. 鼎

178. 목적을 위해 내세운 태도나 주장
179. 붉은 노을. 저녁 노을
180. 꾸밈없이 수수함
181. 형세가 매우 절박함
182. 조개더미
183. 감옥. 죄를 지어 갇힘
184. 드러내어 널리 퍼지게 함
185. 그렇다 하더라도
186. 매우 위급함
187. 이익이나 권력을 교묘히 독점함

188. 靜寂　189. 騎手　190. 放棄　191. 篤實　192. 武器
193. 思惟　194. 産災　195. 雇傭　196. 熱唱　197. 超越

198. 蚕　199. 塩　200. 医

봉선생의 한자능력 검정시험 고급(1급, 2급)

편 저 자 김봉환
제 작 유 통 메인에듀(주)
초 판 발 행 2021년 03월 02일
초 판 인 쇄 2021년 03월 02일
마 케 팅 메인에듀(주)
주 소 서울시 강동구 성안로 115, 3층
전 화 1544-8513
정 가 27,000원

I S B N 979-11-89357-23-8